王力文存

WANGLI WENCUN

清华大学国学研究院　主编

张晓伟　选编

江苏人民出版社

图书在版编目(CIP)数据

王力文存 / 清华大学国学研究院主编 ; 张晓伟选编
.—南京 : 江苏人民出版社, 2024.1
(清华国学书系)
ISBN 978-7-214-28673-4

Ⅰ. ①王… Ⅱ. ①清… ②张… Ⅲ. ①王力(1900—1986)—文集 Ⅳ. ①H1-53

中国国家版本馆 CIP 数据核字(2023)第 205471 号

书　　名 王力文存
主　　编 清华大学国学研究院
选　　编 张晓伟
责任编辑 孟　璐　胡海弘
装帧设计 姜　嵩
出版发行 江苏人民出版社
地　　址 南京市湖南路 1 号 A 楼,邮编:210009
照　　排 江苏凤凰制版有限公司
印　　刷 江苏凤凰新华印务集团有限公司
开　　本 652 毫米×960 毫米　1/16
印　　张 43.5　插页 2
字　　数 580 千字
版　　次 2024 年 1 月第 1 版
印　　次 2024 年 1 月第 1 次印刷
标准书号 ISBN 978-7-214-28673-4
定　　价 218.00 元

王力先生

與趙元任先生(左二)在北京大學

與陳寅恪先生(左一)在廣州康樂園

西南聯大時期的合影,左起:朱自清、罗庸、罗常培、闻一多、王力

1935—1937 年王力先生在清華大學的住址

總　序

晚近以來，懷舊的心理在悄悄積聚，而有關民國史的各種著作，也漸次成爲熱門的讀物。——此間很重要的一個原因，當然是在驀然回望時發現：那盡管是個國步艱難的年代，却由於新舊、中西的激盪，也由於愛國、救世的熱望，更由於文化傳承的尚未中斷，所以在文化上並不是空白，其創造的成果反而相當豐富，既涌現了制訂規則的大師，也爲後來的發展開闢了路徑。

此外還應當看到，這種油然而生的懷舊情愫，又並非只意味着"向後看"。正如斯維特蘭娜·博伊姆在《懷舊的未來》中所説："懷舊不永遠是關於過去的；懷舊可能是回顧性的，但是也可能是前瞻性的。"——由此也就啓發了我們：在中華文明正走向偉大復興、正祈望再造輝煌的當下，這種對過往史料的重新整理，和對過往歷程的從頭叙述，都典型地展現了堅定向前的民族意志。

正是在這樣的背景下，本院早期既曇花一現、又光華四射的歷程，就越發引起了世人的矚目。簡直令人驚异的是，一個僅存在過四年的學府，竟能擁有像梁啓超、王國維、陳寅恪、趙元任、李濟、吴宓這樣的導師，擁有像梁漱溟、林志鈞、馬衡、鋼和泰及趙萬里、浦江清、蔣善國這樣的教師，乃至擁有像王力、姜亮夫、陸侃如、姚名達、謝國禎、吴其昌、高亨、劉盼遂、徐中舒這樣的學生……而且,無論是遭逢外亂還是内耗,這個如流星般閃過的學府,以及它的一位導師爲另一位導師所寫的、如今已是斑駁殘損的碑文内容——"獨立之精神,自由之思想",都在激勵後學們去保持操守、護持文化和求索真理,就算不必把這一切全都看成神話,但它們至少也是不可多得的佳話吧?

可惜在相形之下,雖説是久負如此盛名,但外間對本院歷史的瞭解,總體説來還是遠遠不够的,尤其對其各位導師、其他教師和衆多弟子的總體成就,更是缺少全面深入的把握。緣此,本院自恢復的那一天起,便大規模地啓動了"院史工程",冀能在深入研究的基礎上,最終以每人一卷的形式,和盤托出院友們的著作精選,以作爲永久性的追思緬懷,同時也對本院早期的學術成就,進行一次總體性的壯觀檢閲。

就此的具體設想是,這樣的一項"院史工程",將會對如下四組接續的梯隊,進行總覽性的整理研究:其一,本院久負盛名的導師,他們無論道德還是文章,都將長久地垂範於學界;其二,曾以各種形式協助過上述導師、後來也卓然成家的早期教師,此一群體以往較少爲外間所知;其三,數量更爲龐大、很多成爲學界中堅的國學院弟子,他們更屬於本院的驕傲;其四,等上述工作完成以後,如果我們行有餘力,還將涉及某些曾經追隨在梁、王、陳周圍的廣義上的學生,以及後來在清華完成教育、並爲國學研究作出突出貢獻的其他學者。

這就是本套"清華國學書系"的由來。盡管曠日持久、工程浩大、卷帙浩繁,但本院的老師和博士後們,却不敢有絲毫的懈怠,而如今分批編出的這些"文存",以及印在其前的各篇專門導論,也都凝聚了他們的辛勞和心血。此外,本套叢書的編輯,也得到了多方的鼎力支持;而各位院友的親朋、故舊和弟子,也都無私地提供了珍貴的素材,這讓我們長久地銘感在心。

爲了最終完成這項任務,我們還在不停地努力着。因爲我們深知,只有把每位院友的學術成就,全都搜集整理出來獻給公衆,本院的早期風貌才會更加逼真地再現,而其間的很多已被遺忘的經驗,也才有可能有助於我們乃至後人，去一步一步地重塑昔日之輝煌。在這個意義上，這套書不僅會有很高的學術史價值，也會是一塊永久性的群英紀念碑。——形象一點地説，我們現在每完成了一本書，都是在爲這塊豐碑增添石材，而等全部的石塊都叠立在一起，它們就會以一格格的浮雕形式，在美麗的清華園裏，竪立起一堵厚重的"國學墻"，供同學們來此興高采烈地指認：你看這是哪一位大師，那又是哪一位前賢……

我們還憧憬着：待到全部文稿殺青的時候，在這堵作爲學術聖地的"國學墻"之前，歷史的時間就會濃縮爲文化的空間，而眼下正熙熙攘攘的學人們，心靈上也就多了一個安頓休憩之處。——當然也正因爲那樣，如此一個令人入定與出神的所在，也就必會是恢復不久的清華國學院的重新出發之處，是我們通過緊張而激越的思考，去再造"中國文化之現代形態"的地方。

清華大學國學研究院

2012 年 3 月 16 日

凡 例

一、本書選編王力先生學術論文十七篇、隨筆五篇、詩三題(五首)。

二、學術論文十七篇含語音學論文九篇、語法學論文四篇、詞彙學論文三篇、《漢越語研究》一篇。其選編思路,在選擇王力先生論文中最具"基礎理論"色彩者。庶幾治先生之學者,先讀此書,可明先生學術原理,再讀先生其他文章,則能綱舉目張。

三、王力先生之學,非一成不變。如《上古韻母系統研究》與《上古漢語入聲和陰聲的分野及其收音》二篇,於上古韻部説法有重大歧異。幸善讀書者,勿執一篇以爲全體。

四、隨筆五篇、詩三題,選録標準除文學性外,特重與清華國學院相關者。

五、所有選文,皆以《王力全集》(中華書局,2013—2015 年)爲底本。

六、各篇學術論文以初發表本爲校本,如《南北朝詩人用韻考》以 1936 年 7 月《清華學報》本爲校本,《中國文法學初探》以 1936 年 1 月《清華學報》本爲校本,《新訓詁學》以 1947 年《開明書店二十周年紀念文集》爲校本等。

七、選編詩作,校以王力先生自書手跡。

八、凡校改處,除少數明顯錯誤外,皆以頁下注形式出校記。然王力先生論文本有頁下注。本書頁下注凡以“編者注”三字起首者，爲選編者所作校記。其餘一般爲王力先生自注。又有極少其他來源注釋，則隨處注明，不拘一例。

九、有一篇中某部分全據校本而不據底本者，如《上古韻母系統研究》中所有韻部表格，凡此等處，必出校注説明。又有底本與初發表本内容差異較大者，如《關於漢語有無詞類的問題》第一部分，則以底本為王力先生晚年定本，徑據底本不出校注。

十、書後《王力先生學術年表》是參合前賢之作而成，並非獨創，已注于年表之末。

選編者謹識

目　録

詞彙學

漢語與周邊語言

隨筆

詩

導言：王力先生的學術歷程與貢獻

張曉偉

如果說上世紀的清華國學院畢業生可以用"燦若群星"來形容，那麼王力先生無疑又是其中的一顆"超新星"。在中國語言學的學科創立過程中，他的作用無人能出其右。他所創立的學科框架、學術方法，乃至具體成果，至今都還在相當程度上影響着這個學科。他的學術，是多維度的文化和學術背景下的產物，其結果自身也體現了豐富的維度，既不可歸入哪家哪派，又蘊含了多家多派的特點，以及多種繼續發展的可能性，十分經得起後人對他進行研究。也許，這就是每個學科"開山祖師"們的普遍特點吧。

一、 王力先生生平與學術的幾個階段

王力（1900—1986），字了一，廣西博白縣人。曾祖父爲清代貢生，父親是秀才，但是到王力這個時候，家裏不但經濟困難，而且連藏書也不多。他高小畢業後即失學，後因刻苦自學而有聲於鄉曲，在博白當過私塾老師和小學老師。1924 年入上海南方大學學習，次年轉入上海國民大學。1926 年考入清華國學院，選擇了語言學作爲專業。1927 年赴法國留學，1931 年獲巴黎大學博士學位。回國後，歷任清華大學、西南聯合大

學、廣西大學、中山大學、嶺南大學教授,從1954年開始在北大任教授三十餘年。一生留下著作三十餘部、論文二百餘篇、譯著二十餘種。他在語言學的研究上是一代宗師。他還積極探索國家語文教育,參與語言文字改革。他在翻譯法國文學方面也有所建樹。另外,他還以舊體詩詞、書法自娱。

王力先生在創立了中國現代學術中的一大顯學的同時,自身似乎也成爲被後人研究的"顯學"。他的生平,具見於其女儿王緝國與女婿張谷合著的《王力傳》[1]。對他的學術,唐作藩、郭錫良、張雙棣、孫玉文等學者都作了研究。宏观来看,王力的學術歷程中,有許多非常值得玩味的東西。他與清華國學院、清華大學多位前輩之間的關係,也令人矚目。

(一)早年自學與1921年的"十四箱書"

1914年,王力先生因家境貧寒而輟學在家,到1924年赴滬爲止,有十年以自學爲主的學習時期。王力在這個時期的情況,主要記載于張谷、王緝國《王力傳》中,其中有很多記載,顯然是出自王先生生前的"口傳心授",是外人無從得知的事。這個時期看似不起眼,卻對王先生後來的學術十分重要,因爲這是王力按照中國傳統的讀書方法朝夕誦讀的時期。

王力少年時讀書一直十分刻苦。到十八九歲時,同村的鄉紳王禮賢到縣城任職,請他到縣城自己的家裏做家庭教師。他參加縣中名士李蔭田主持的對聯比賽,幾乎每次都獲獎。此後他又到李蔭田家鄉的村子教私塾。這時候他教學的内容已經很豐富,據説他講過《禮記·檀弓》,杜甫《石壕吏》,白居易《有木詩八首·其七》(有木名凌霄)等。他繼續參加李蔭田組織的"綴句"比賽和詩會,仍然表現出色,這期間有兩首七絕作品,王力先生後來自編《龍蟲并雕齋詩集》時將其置于卷首。正是在李蔭

① 廣西教育出版社1992年出版了此書的第一版,2000年出版了經過修訂的第二版。王力先生的夫人夏蔚霞給書寫了後記,並和王力先生著名的學生唐作藩先生一起增訂了書後所附《王力先生年譜》。可以說,此書是王力先生多位身邊的人整理王力生平的成果。本文對王力生平的介紹多有參考此書之處,不再一一出注。

田的村子裏,王力先生結識了清代貢生李月莊的家人。李月莊的兒子把李月莊留下的十四箱書全部送給了王力。王力如獲至寶,從此夜以繼日、手不釋卷,連私塾的教職都辭掉了。李月莊在書上留下的批語,也給了他不少啟發。

直到晚年,王力先生還高度評價這十四箱書對他的重要性,他說:

> 如果説發現十四箱書,是我治學的第一個轉折點,使我懂得了什麽是學問,那麽研究院的這一年是我治學的第二個轉折點,有了名師的指點,我懂得了到底應該怎麽樣做學問。①

這裏竟把這十四箱書作爲與在清華國學院學習並列的治學轉折點。我們今天回顧王力的學術歷程,自然不能忽略這件事情。

爲什麽王力的自學階段,特别是這十四箱書的閲讀會對他如此重要呢? 首先,王力先生由此充分熟悉了古代典籍,他在日後的語言學研究中,可以説是處處都能從這裏得力。王力先生的時代,没有我們今天研究語言學這麽方便的"語料庫",即便有,其實也總不如自己在讀書過程中留意到的例子、留意到的語言現象更加鮮活。這在王力語法史的研究上,往往體現於他所用例句的精準和精彩。王先生用的例句,往往就是《詩經》、《史記》、杜詩、《朱子語類》這樣的常見典籍中的,他卻總是能發現新意。他十分倚重杜甫詩集。比如王力的名著《漢語史稿》在研究"處置式"句法的產生時,認爲早期的處置式句子用"將"字較多,這一現象大約產生於七世紀到八世紀間。證據就是杜詩中的三個例子:

> 已用當時法,誰將此議陳?(杜甫《寄李十二白》)
>
> 見酒須相憶,將詩莫浪傳。(杜甫《泛江送魏十八》)
>
> 念我能書數字至,將詩不必萬人傳。(杜甫《公安送韋二少府匡贊》)②

---

① 田小琳《苦學精研八十春——訪王力教授》,《語文教學通訊》1980 年第 8 期。

② 王力《漢語史稿》,第 400 頁,中華書局 2013 年版。

爲了證明唐代的被動式句子中帶關係語(施事語)的越來越多,王力一口氣舉了十個唐詩的例子,其中有七個例子是杜詩:

夫子嵇阮流,更被時俗惡。(杜甫《有懷台州鄭十八司戶》)

一朝被馬踏,唇裂板齒無。(杜甫《戲贈友》)

且爲辛苦行,蓋被生事牽。(杜甫《贈李十五丈别》)

共被微官縛,低頭愧野人。(杜甫《獨酌成詩》)

縱被微雲掩,終能永夜清。(杜甫《天河》)

拙被林泉滯,生逢酒賦欺。(杜甫《夔府抒懷》)

江上被花惱不徹,無處告訴只顛狂。(杜甫《江畔獨步尋花》)①

王力把杜詩和其他典籍用得精彩的地方,當然還遠遠不止這兩處。除了在研究問題時去重翻這些書,許多時候,他應該還是在依靠早年讀書的記憶。他對杜詩的精熟,與他早年讀詩、作詩的經歷當然有關係。還有一點,就是杜詩看上去森嚴整飭,但實際上在整個盛唐詩裏,其語言是最新的,最能體現新時代的語法和詞彙特點。古人從文學的角度發現了杜甫之新,陳廷焯《白雨齋詞話》卷七:"若杜陵忠愛之忱,千古共見。而發爲歌吟,則無一篇不與古人爲敵。其陰狠在骨,更不可以常理論……杜陵乃真與古人爲敵,而變化不可測矣。"②王力通過杜甫對古代文言語法的背棄、對唐代口語語法和詞彙的使用,讓我們見識了杜甫"與古人爲敵"的一面。也正因爲這些例句,王力的語言學著作雖然在框架上主要是參考西方語言學,但是處處充滿中國氣象,例句總是很有"營養"。看他的書,仿佛在看一部"中國古代名句集"。

在語音史和詞彙史的研究上,王力對古代典籍的熟稔,還體現在對"故訓"的充分使用上。這個暫不展開說。

這"十四箱書"第二個方面的影響,應該是讓王力有了全面的中國文化素養。王力 1924 年去上海,在上海短短兩年間,曾發表過一篇短篇小

① 王力《漢語史稿》,第 414—415 頁。

② 陳廷焯《白雨齋詞話》,第 183—184 頁,人民文學出版社 1959 年版。

說,並有寫作長篇小説的計劃。他這期間還寫了《老子研究》一書,由上海商務印書館出版。他在1926年夏天參加清華國學院招生考試,試題爲寫出"四個100",即:100個古人名,要寫出每個人所處的朝代和主要著述;100個古地名,要答出各是今天的什麽地方;100部書名,要答出各部書的作者是誰;100句詩詞,要答出各出自哪首詩詞。這試題簡直是爲王力這種所受现代教育有限,而自己讀書刻苦的人"量身定做"的,王力便考上了。這也體現出王力早年讀書讀得扎實。後來王力在長期的學術生涯中,不但有着驚人的學術創造力,而且還總是對學術的發展有整體的觀照、敏鋭的眼光。他也總是能在社會上發光發熱、爲社會做出自己的貢獻。他的道德人品,也得到了廣泛的承認。所有這些,若没有他早年通過廣泛閱讀所獲得的知識眼界和文化修養,是不可想象的。

第三,令人嘖嘖稱奇的是,即便在這自學的十年間,王力也已經體現了對語言學的某些特殊敏感。早在得到"十四箱書"之前,王力教私塾的方法就與其他老師不同。據當時聽課的王力弟弟的回憶,當時有的私塾老師只管讓學生背誦,連字義都不解釋。王力則不然,他逐字逐句講解,最後還翻譯成白話文來串講。在王力自學的時代,中國現代形式的語言研究雖然没有全面展開(這個要等到王力將來親自去展開了),卻也並非一片空白。王力就曾在父親的書架上看見一本周善培的《虚字使用法》。他在博白縣城曾短暫地教過高小,這期間他更是按照自己的意見擴充了那本《虚字使用法》,編成自己的古文文法講義。他每講一課,對文章的文意、詞義、語法都要講清楚,讓學生掌握古文的語言特點和規律。後來他曾經回憶,他對中國文言文語法產生濃厚的興趣,正是從這時候開始的,這算是他從事語言學活動的開端。① 即便是他在上海讀書期間寫的《老子研究》,也能從《老子》中每個概念的語言使用脈絡去研究問題,體例稍與戴震《孟子字義疏證》類似。王力在上海的兩年間,已經認真研讀了《馬氏文通》。他自己説,他此時在三個方面有興趣,對將來從事哪個

① 張谷、王緝國《王力傳》,第21頁。

方面拿不定主意：一是文學創作，二是語言學研究，三是諸子研究。[①] 可見王力與語言學的緣分，正是在十四歲到二十四歲這漫長的自學生涯中自然生發出來的，並在後面他所說的第二個生涯轉折點進一步發展，不是無根無源而來的。

（二）清華國學院

王力先生所說自己的"第二個轉折點"，是清華大學國學院。王力於1924年初離開故鄉，到了上海。他先是在南方大學讀書。校長江亢虎爲溥儀復辟作鼓吹，南方大學師生舉行了反對江亢虎的集會，王力因爲積極參加集會而被開除，轉入新建的上海國民大學。國民大學請章太炎做了掛名的校長。1926年夏天，清華國學院要在全國招收32名研究生。招生簡章上規定，報考者須滿足以下三個條件之一：一、大學畢業生；二、曾在中學任教五年的教員；三、從名師研究有心得者。這時王力在上海只待了兩年多。王力先生想來想去，只有自己的校長是章太炎這一點，勉強能符合第三條。他便以這個理由去報考，居然就考上了。其實從清華國學院當年那份"四個100"的入學試題來看，國學院導師們儘管各自都有西學修養和豐富的學術背景，但還是非常注重中國傳統的讀書積累。是否大學畢業，還只是其次的條件。

清華國學院對王力的影響是巨大的。當時國學院的院長梁啟超先生，可以說是奠定這個國學院學術品質、精神氣質的人物。他不論是在課堂上，還是在私下，與學生交流都是熱情洋溢，富於精神感召力。有段時間梁啟超喜歡"集聯"，就是把古人詩詞中的句子連綴起來，組成對聯。王力去梁啟超家的時候，梁問他喜歡哪一聯，他挑了其中一聯：

人在畫橋西，冷香飛上詩句。
酒醒明月下，夢魂欲斷蒼茫。

---

① 張谷、王緝國《王力傳》，第28頁。

這一聯意境淒美,很有些"純文藝"的色彩——當然也是梁啟超藉此消愁。[①] 梁先生是思想宏富的大學者,他集的聯,想必不會都是這種風格。王力看中這一聯,與他早年的作詩經歷也是有關的。他在家鄉李蔭田的詩會上作過一首閨怨詩:

中秋步月

金餅蹲鴟懶入唇,徘徊月下翠眉顰。

香閨寂寞難歸寢,恨煞天涯薄倖人。[②]

這首詩是今所見《龍蟲并雕齋詩集》的第一首。寫這首的時候王力才二十一歲,生活在博白縣鄉下,有一個包辦婚姻的妻子,所接觸的也以農民和小生意人居多,哪裏有什麽思念天涯薄倖人的閨中少婦讓他寫?其實這首詩是繼承了六朝以來文人詩對女子的"代言體"傳統,是首"唯美主義"的、形式主義的詩。這樣的文化,到了二十世紀二十年代竟然在廣西偏遠的鄉下也這樣表現了出來。說起來,這也是中國文化的可愛之處。

梁啟超對學生的培養,看起來是以鼓勵爲主的。王力在清華國學院的畢業論文《中國古文法》,只寫了前兩章,梁啟超的總評是:"精思妙悟,可爲斯學辟一新途徑。第三、四、五章以下,必更可觀,亟思快睹。"梁啟超還在文章上作了"卓識""開拓千古,推倒一時"這樣的批語。王力先生這篇論文只是他的起步作品,能否當得上這些評論,倒還可以討論,但梁啟超對學術、對培養學術後進的拳拳的熱心,我們是能體會到的。

國學院的四位導師各有各的精神與性格。像王國維,儘管善於填詞,詞作和詞論方面都有地位,但在這個時期似乎很強調要治"實學"。王力入學前很喜歡王國維的《人間詞話》,心目中的王國維是一位才華横溢、風度翩翩的人物。入學后他才發現原來王國維不善言談,一副清代

---

① 按《王力傳》的說法,此時梁先生集聯是爲了藉此消愁,因爲當時他的妻子病逝、愛子遠行,並且中國内憂外患頻仍。

② 王力《龍蟲并雕齋詩集》,第1頁,中華書局2015年版。

鄉塾教師的打扮。有時王國維一堂課講下來,竟會說好幾個"這個我不懂"。後來王力也明白,這其實是王國維性格謹慎,在學術上也嚴謹持重的表現。王國維還對學生們說:"我原來愛好文學,後來爲什麼研究古文字和歷史呢?因爲這是實實在在的東西。"這話對同時愛好文學、諸子學、語言學的王力來説,似乎有直接的影響。他便選了趙元任做導師,要以語言學爲研究方向。當時中國願意學習語言學的人很少,王力便成了清華國學院研究生裏唯一以趙元任爲導師的學生。王國維的去世,讓王力產生了不小的心理震動。他寫了首很長的七言古詩《哭静安師》,結尾一句是"十年忍淚爲公流",頗爲感人。

趙元任和梁啟超一樣,對學生很好,王力這期間和他的關係很密切,經常去他家裏。有時去趙先生家的時候正遇見他吃飯,師母便對王力說:"我們邊吃邊談吧,不怕你嘴饞。"還有時候他會碰見趙元任正在彈自己譜寫的歌曲。[①] 梁、趙兩位先生這種和學生密切的關係,對學生言傳身教的方式,也許都是清華國學院學生成材率奇高的原因。不過趙元任是哈佛的博士,與梁啟超也有不小的差異。與梁啟超的"鼓勵式教學"相比,趙元任對王力的畢業論文就很不客氣了,没說什麼好話。王力《中國古文法》中提到"反照句、綱目句"的時候,加上一個附言說:"反照句、綱目句,在西文罕見。"趙元任作批語說:"刪附言!未熟通某文,斷不可定其無某文法。言有易,言無難!"[②]按照王力先生自己後來在《中國現代語法》自序裏的說法,這個時候王力似乎只懂英文這一種外語。這個附言,確實下得輕易了些。同樣的事情後來又發生了一次。1927年王力發表《兩粵音說》,說兩粵没有撮口呼。1928年趙元任去廣州搞方言調查,就寫信告訴已經在巴黎的王力說,廣州話裏就有撮口呼。王力認真總結了自己犯錯的原因,一是方法錯誤,方言只能一個地點一個地點地調查。二是用自己家鄉方言去以偏概全。趙元任在當時是比較"西化派"的人

---

① 見王力《懷念趙元任先生》,《龍蟲并雕齋瑣語》,第343頁,中華書局2015年版。

② 王力《龍蟲并雕齋瑣語》,第343頁。

物。他曾勸王力學好外語,對王力說:"西方許多科學論著都未譯成中文,不懂外語,就很難接受别人的先進科學。"王力後來去巴黎,也是趙元任先生建議他去的。王力與趙元任的師生情誼,是維持了終生的。1973年趙元任回國探親,受到周恩來總理接見時,特地提出想見見王力。當時王力正在被批判,還没有"解放",但還是見到了自己敬愛的這位導師。趙元任回美國後給王力寄來了一封"緑色的信"①,王力寫了封真誠而又恭敬的回信,開頭是"宣重吾師",落款是"生王力拜上"②。1975年王力还收到趙元任寄來的用英文寫的《早年自傳》。趙元任去世時,王力寫了一篇七言律詩作爲悼念。趙元任當年的批語"言有易,言無難"六字,王力一直把它當作治學的座右銘。

1943年,王力在《中國現代語法》自序中又回顧了自己的《中國古文法》一文,作了非常中肯的自我評價。他認爲這篇文章裏提出"死文法"和"活文法"的區别,并提出詞有本性、準性、變性,這兩點是可取的。缺點是"只知有詞不知有句;只知斤斤於詞類的區分,不知中國語法真正特徵之所在;只知從英語法裏頭找中國語法的根據,不知從世界各族語裏頭找語法的真詮"。其實王力在《中國古文法》裏也已經批評了單純套用英語語法的做法,但是王力覺得自己當年的批評只是"五十步笑百步"罷了。③

有个有趣的现象是,上面所説王力在清華國學院所受的各位老師的不同影響,在那一代清華國學院研究生中並非個案。王力的同年級同學裏有一位便是著名的姜亮夫先生,他後來奠定了中國現代的楚辭學和敦煌學,和王力一樣是能够"開宗立派"的學者。姜亮夫説,梁啟超在講課的時候"經常運用當代日、美、英等國關於某些問題的見解",這成了姜亮夫"廣開學術道路的第一階段"。④ 王國維給他的印象則是"細膩、細緻"。

① 這是趙元任特有的習慣,每隔十年寫一次"緑色的信",寄給不常見面的朋友親戚。

② 張谷、王緝國《王力傳》,第202—203頁。

③ 王力《中國現代語法・自序》,《王力全集》第七卷,第17頁,中華書局2015年版。

④ 見姜亮夫《回憶錄》,《姜亮夫全集》第二十四冊,第87頁,雲南人民出版社2002年版。

王國維這位大詞人,竟然差點讓姜亮夫放棄了詩詞創作。原因是王國維說他"理性東西多,感情少,詞是複雜感情的產物"①。當然,從現存資料來看,姜亮夫後來還是寫了很多詩詞的。同樣與王力類似的是,王國維的投湖自殺給了姜亮夫巨大的震動。姜亮夫之所以研究楚辭學,正是因爲這個震動,他覺得屈原和王國維一樣是投水而死,所以要去研究他。趙元任則讓他知道了,除傳統音韻學以外,還有一種應用科學手段的描寫語言學。他把描寫語言學和"聲音考古學"相對照,便成了自己"一生學問基礎的關鍵"②。可見趙元任對他的影響主要在科學方法上。當時清華國學院的幾位導師雖然精誠合作,但是各自的風格卻十分不同。對這些學生而言,幾位先生的不同風格正好形成了一種中西折中、傳統文化氣質與科學精神配合的最佳"精神配比"。雖然王、姜兩位先生的經歷還未必能推廣到全部的同學,而且這裏還遺漏了大學者陳寅恪先生,但這兩位後來成爲大師的國學院學生在求學過程中的相似之處,還是很有趣的。

(三) 巴黎大學

在趙元任先生的建議下,王力先生于 1927 年來到了法國,1928 年進入巴黎大學,研究方向爲實驗語音學。他在巴黎大學的導師是貝爾諾(Pernot)教授和福歇(Fouché)教授,并曾聽房德里耶斯(Vendryes)講授普通語言學。語言學開始使用生理學和聲學手段,始於十九世紀。實際上一個人在説同一個詞的時候,發音也會有極大的偶然性,不同時刻會千差萬別。嚴格地在語言中區分所有的聲音,既不可能,也無必要。早在 1877 年,斯威夫特就曾經提出,發音差異在一種語言中是否有區別性,取決於多種因素,具有區別性的語音才需要用不同符號表示。這實際上就是"音位"的概念,只是還没有使用"音位"這個詞。1893 年,波蘭

① 姜亮夫《回憶錄》,第 79 頁。
② 姜亮夫《回憶錄》,第 76 頁。

的庫爾特內提出了“音位”一詞。到了索緒爾的語言學産生影響之後,音位便成爲語言學核心概念。在王力留學的時代,實驗語音學已經可以説是完全運用了音位學原理。我們從王力先生後來的研究中,也可以充分看到這個概念的影響。

王力的博士論文爲《博白方音實驗録》。這個題目看似只是拿自己的方言去作了些科學研究,但還是有相當的學理背景的。在二十世紀上半葉的西方,由於經驗主義在語言學中的流行,去描述一種不常見的語言或方言,本來就是重要的研究方法。博白方言豐富的聲調,又讓王力這篇文章有了特殊意義。王力後來對這部論文不太滿意,所以没有將其翻譯成中文。我們從王力的一些文章中,還能看到此文的影子。比如他在 1935 年發表過一篇出色且重要的文章《從元音的性質説到中國語的聲調》。王力先生在剛回國的幾年發表的文章還以翻譯作品居多,這篇文章是回國後發表的第一篇重要的學術論文。此文帶有很深的法國期間學習實驗語音學的印跡,用了很多自然科學上對聲音的描述方法。他還介紹了自己《博白方音實驗録》裏的一些内容,比如總結了博白方言“凡兩字相連的名詞或動詞語,其第一字的聲調往往變化”等五條聲調變化規律。他還發現博白方言竟有十一個聲調,其中一個是“情感的聲調”。這都是很有意思的語言現象。王力的法國求學之旅本就是趙元任推薦的,這篇論文可以看做趙元任學術思想指引的産物。1935 年這個時期,趙元任對王力還有很直接的指導。《從元音的性質説到中國語的聲調》裏認真引述了趙元任的相關説法,並且在文後特地註明“本文經趙元任師很仔細地看過,詳加指正”①。

王力在博士論文選題上,受到過巴黎大學的先生不小的啟發。他原本想繼續用他在清華的題目《中國古文法》來作博士論文。但是巴黎大學的格拉奈教授跟他説了兩個意見:一是這個題目太大,不是三年五年能寫好的。二是認爲王力不能像《馬氏文通》那樣,照搬西文語法去套中

① 王力《龍蟲并雕齋文集補編》,第 316 頁,中華書局 2015 年版。

國語法。[①] 王力覺得有道理，就放棄了這個題目。他回國之後研究中國語法的思路，也受這件事影響。中國人自己用西方的東西套中國，反倒是西方人告訴中國人不能照搬硬套，這在當時的中國可不是什麽稀罕事。不過王力後來對《馬氏文通》有自己的看法，就是認爲《馬氏文通》也有自己的獨創之處，其照搬西方框架之處也有合理的成分。[②] 這就是另外一個話題了。

王力留學的時候，歐洲的語言學也分爲很多流派，王力自然不會只受實驗語音學這一個方面的影響。如上所述，即便是實驗語音學，當時也是處在索緒爾以來結構主義語言學的深度影響之下。當時整個歐洲的語言學，不論是哪一派，都有這個相同的時代背景。要理清楚王力在法國期間具體所受的現代語言學影響，與其去機械地考察他那幾位法國老師的學術，還不如採用"結果論證"，從王力回國后的研究方法裏，去探尋一二。《從元音的性質説到中國語的聲調》那樣的研究方法，在王力後來的研究中算不上是核心部分。我們倒是會發現，王力先生在整個學術生涯中，非常重視語言的系統性。比如他在語音學研究上非常重視"分化條件"的原則，認爲清代音韻學家在有些問題上"完全不講分化條件"[③]，所以才犯了錯。又比如他在訓詁學上，反對那種缺乏歷史演變機制的"神出鬼没"的詞語義項。[④] 在很多研究中，他還很重視語言的心理因素和語言系統的獨立性。從這些都看出結構主義語言學的端倪。儘管這些觀點在不同的時候，特别是在新中國成立後，會發生一些變化，但仍有其一貫的方面。

王力赴法國時，他的父親在印尼，經濟上仍然不太樂觀。父親爲了幫助王力去法國留學，借了不少錢。王力在法國期間，爲了緩解經濟壓力，開始了翻譯法國文學的工作。王力在法國四年，1932 年回國，成爲清

① 張谷、王緝國《王力傳》，第 43 頁。

② 王力《龍蟲并雕齋瑣語》，第 338—340 頁。

③ 王力《先秦古韻擬測問題》，《龍蟲并雕齋文集補編》，第 567 頁。

④ 參考王力《新訓詁學》，《龍蟲并雕齋文集》，第 307—308 頁，中華書局 2015 年版。

華大學的“專任講師”。王力的父母此時也在王力的勸説之下，結束了在印尼的客居，回到家鄉過起了安穩日子。

(四) 清華任教時期及廣州任教時期

清華任教時期，是王力先生開始獨立研究并初步形成自己的學術體系的階段。不過王力剛回清華的時候，並没有馬上投入學術研究，而是爲了還巴黎留學期間家裏的債務，繼續翻譯法國文學，還爲商務印書館的《萬有文庫》撰寫《希臘文學》《羅馬文學》《倫理學》等小册子。按當時清華的規定，“專任講師”做滿兩年就可以提升爲教授。但是 1934 年，中文系主任朱自清卻繼續讓他做專任講師。他去問朱自清原因，朱自清没有正面回答，只是“寬厚地笑笑”①。王力便意識到，朱自清是想讓他用學術成果來評教授。1935 年，他發表了《從元音的性質説到中國語的聲調》《類音研究》等論文。1936 年發表《中國文法學初探》《南北朝詩人用韻考》等重要論文。1937 年發表《中國文法中的繫詞》《上古韻母系統研究》《古韻分部異同考》《雙聲疊韻的應用及其流弊》等。這三年的文章涵蓋了許多重要的學術問題，奠定了王力日後的研究方法和方向，使他完全進入了學術佳境。本書所選的王力先生論文中，光是這三年的論文就有七篇，也是因爲看到了這三年的分量。

抗日戰爭爆發后，王力隨校南遷，生活當然不如戰前安定。特别是抗戰後期，大後方生活困頓。他的夫人夏蔚霞還要給人繡錦旗、織毛衣補貼家用。1940 年昆明經常被空襲，王力一家搬入鄉下不到二十平方米的農民房。那個房子的一樓原本是關牲畜的，臭氣熏天。王力倒是不在乎，還在大門兩邊貼了副對聯：“閑招白鶴雲千里，静讀黄庭香一爐。”如果看單篇論文的話，會覺得他在全面抗戰八年間没有達到此前三年的分量。但是王力在這期間寫了重要的專著《中國語法理論》和《中國現代語

① 張谷、王緝國《王力傳》，第 54 頁。此事又見于王力《懷念朱自清先生》，《龍蟲并雕齋瑣語》，第 347 頁。

法》。他還開始關注編字典的問題,1941 年在清華大學 30 週年紀念會上作了題爲《理想的字典》的演講。另外,他在這期間前往越南一年,寫成了研究漢越語的《漢越語研究》。

王力清華任教期間的漢語語言學研究,基本上分爲語音學和語法學兩部分。詞彙學尚在起步階段。語音學上,只看他的文章題目就知道,在實驗語音學之外,他對中國傳統的音韻學產生了濃厚興趣,開始系統地研究音韻學。上面引到姜亮夫先生曾說,把描寫語言學和"聲音考古學"相對照是自己"一生學問基礎的關鍵"。同樣也可以想見,專治語言學的王力把他學到的西方語音學與中國音韻學結合之後,可以產生多麼驚人的學術進步。在語法學上,他在《中國現代語法》的自序中自稱經過了"妄""蔽""疑""悟"四個時期。簡單些說,就是不生搬硬套西方語法,而是尋找中國語法學的獨立道路。

在清華教書期間,王力與聞一多、朱自清等人的交誼很是引人注目。在西南聯大教授們住在鄉下躲避空襲的日子裏,朱自清經常去王力家裏做客。王力的夫人是江蘇人,與朱自清算同鄉。因此朱自清每到王力家,必會用上江蘇話,説句:"我打牙祭來了!"[①]王力夫婦知道朱自清經常在星期天來,也總是預先買下朱自清愛吃的菜等他。朱自清不只是個文學家。他在英國留學的時候,曾經研究過語言學。王力的《中國現代語法》脱稿後,他欣然寫了長達五千字的序言,對王力的書高度讚賞,並作了語言學上很專業的評述。到了 1981 年,王力還寫了首七律《憶佩弦》來懷念他。聞一多也關心語言學。王力的《中國語法理論》和《中國現代語法》原本是一部書,正是聽了聞一多的建議才拆成了兩部書。聞一多生性剛強,對朋友能夠直諫。他在做中文系代理主任的時候,曾給王力派一名助手。王力習慣獨自工作,只讓助手做一些抄寫工作。聞一多聽説後很不高興,批評王力這麼做是"浪費人才",請王力"另覓抄胥",竟把

---

① 張谷、王緝國《王力傳》,第 89 頁。

助手撤回了。① 王力想了想,覺得聞一多雖然看起來不講情面,但做得有道理。我們可以看到,王力在此後的學術生涯中,經常把很重要的工作交給助手或學生去做,有意去鍛煉他們。王力的學生裏人才輩出,至今還在照耀着學術界,說起來,這裏面也許竟有聞一多先生的一份功勞!

1946 年,王力應聘爲中山大學教授兼文學院院長。王力提出要建設"科學的文學院",即重視科研,科研和教學並重。他還做了個很重要的改革,就是把中國語言文學系分成了中國語言學系和中國文學系兩個系。成立單獨的語言學系,本是聞一多的設想。1947 年朱自清也想在清華這麽做,但没有成功。從國際通行的做法來看,這麽做是有一定道理的。王力作爲中國第一個語言學系的創辦者,值得被人記住。1947 年王力在學術上的重要成果是《漢語詩律學》一書的脱稿,和《新訓詁學》一文的發表。1948 年王力辭去中山大學教職,到嶺南大學任教。陳寅恪在解放前也來到了嶺南,這期間王力與自己這位多年前在清華國學院的老師有所交集。

(五) 北大任教時期的再啟程

1954 年,王力離開廣州,來到北京大學任教。從此王力長住北大,直到二十世紀八十年代去世。他被調來北大的原因,是北大要辦首屆漢語史研究生班。王力先生以此爲契機,寫成了可能是他最著名的一部書,那就是既是教材、也是學術著作的《漢語史稿》。郭錫良對此書的評價是:"第一次勾畫了漢語歷史發展的輪廓,揭開了中國歷史語言學的新篇章,從而形成了 20 世紀下半個世紀歷時語言研究和共時語言研究並重的新階段。"②王力重來北京時已經五十五歲了,但是此後的三十年,是王力學術更加成熟、碩果累累的時期。他除了學術活動,還積極

① 本段所述朱自清、聞一多事跡,皆主要參考《王力傳》。

② 郭錫良《王力先生在漢語史方面的貢獻——重讀〈漢語史稿〉》,《紀念王力先生百年誕辰學術論文集》,第 78 頁,商務印書館 2002 年版。

參與普通話規範的制定和推廣、漢語拼音方案的制定、中學教學語法方案的制定等工作。

他在二十世紀五六十年代的學術成果,下面還要詳細介紹,這裏從略。我們只看一點,從王力在二十世紀五十年代的漢語詞類研究,來理解王力的思變苦心。王力當時連續寫了《關於漢語有無詞類的問題》《關於詞類的劃分》《漢語實詞的分類》三篇文章,基本解決了當時學術界衆説紛紜的漢語詞類問題。這三篇文章的原理說起來也簡單。當時大部分人主張漢語没有詞類,因爲他們要麼採用句法標準,要麼採用形態標準。按照前者的話,會發現同一個詞在不同句子裏性質經常變化。按照後者,漢語又没有印歐語那麼規律的詞形變化。王力首先證明了漢語並非没有形態變化。然後提出了用"詞彙—語法"範疇來劃分漢語詞類。按照《關於詞類的劃分》,這個概念似乎是照搬蘇聯語言學的。但是仔細體會這三篇文章,特別是第三篇,會發現王力的標準其實是"意義—語法"標準。"意義"著重於詞彙反映客觀事物的客觀性一面。"語法"方面則強調一種語言在語法形式上的獨立性,與客觀範疇並不一一對應。這裏除了標舉語言的客觀性,還有一個客觀性與語言系統獨立性之間的辯證統一。按照這個標準,王力在新中國成立前對詞類的認識反而不是"唯心"的,而是更加"唯物"的,只強調"意義—語法"中的前一者。認爲語言是對客觀事物的反映,本來就是思維方式高度理性的漢民族認識語言的一種傳統方式。王力在《中國語言學史》中引用了《荀子·正名篇》裏的話:"名無固宜,約之以命,約定俗成謂之宜,異於約則謂之不宜。名無固實,約之以命實,約定俗成謂之實名。名有固善,徑易而不拂,謂之善名。""凡同類同情者,其天官之意物也同。故比方之疑似而通,是所以共其約名以相期也。"①說的就是這個道理,甚至還說出了思維是人類共性,而語言隨着不同族群而不同的道理。王力這種帶有辯證法色彩的兩面綜合,也可以看作他在主動修正自己學到的西方二十世紀上半葉的結

① 王力《中國語言學史》,第5頁,中華書局2013年版。

構主義語言學。在西方,結構主義語言學在二十世紀下半葉也受到了不同方面的挑戰和修正。把王力新中國成立以後的思變努力看作當時全世界各種不同修正方式裏的一種,亦無不可。

"文化大革命"期間,王力受到了很大的衝擊。1966 年 7 月,王力被北大中文系"文革籌委會"點名爲二十多個"革命對象"之一,從此與多位老教授一起參加勞動。8 月,被《人民日報》點名爲"資産階級學閥"。當年 9 月開始被批鬥,此後抄家、扣發工資、没收存款、封門、關"牛棚"等事件接連而來。後來情勢反反復復,直到 1973 年他才被"解放"。令人動容的是,長達七年的肉體折磨和精神折磨並没有終止他的學術道路。甚至王力在二十世紀七八十年代的學術成果還十分有分量,很多方面都有所推進。即便是一個不受政治干擾、享有安静晚年的學者,在七十歲后把自己的學術推進這麽多,也是很罕見的事情。1972 年,還没有"解放"的他開始秘密撰寫《詩經韻讀》和《楚辭韻讀》,1974 年完稿;1975 年審定《古漢語常用字字典》。1974 到 1978 年四年間,他寫成了也許是他在詞彙和訓詁方面最重要的一本書《同源字典》(五十七萬字),到此他在詞彙學上的理論體系才宣告完成。1982 年他開始撰寫《〈康熙字典〉音讀訂誤》。1983 年應中華書局之邀撰寫《古漢語字典》,八十四歲的他又給自己制定了一百二十萬字的寫作計劃,想要實踐自己的字典編纂思想。我們會發現王力二十世紀七十年代后的著作以詞彙訓詁方面居多,這是因爲他在這方面的理論體系成熟較晚,最需要繼續做工作。這一點上,上天對他是眷顧的,讓他最終完成了他的語言學中這一塊重要的拼圖。但是這份"眷顧"似乎又没有"貫徹到底",《古漢語字典》只寫了一小半,他就去世了。在最後這段時間中,他還把《漢語史稿》中的語音史、語法史、詞彙史部分分别擴充成專著《漢語語音史》《漢語語法史》《漢語詞彙史》。其中《漢語語音史》的擴充力度最大,還修改了不少具體觀點。整體框架上,則是又更加突出了歷史觀點,以歷史階段爲綱目。

爲什麽在生命的最後階段,他還有這麽强烈的研究慾望,和這麽强大的研究能力呢?顯然,這樣的生命動力已經遠遠超越了一般功利性的考量。他常對人說:“我有兩種娛樂。一種和普通人一樣,就是看電影、看電視、聽音樂;一種是喜歡求知。搞科研工作,就是我的生活動力。”有人曾問他:“你爲什麽數十年如一日地堅持科研?”他回答說:“大概因爲我的求知慾很強吧!我覺得從不知到知,從不懂到懂,這是一種快樂,是一種很大的快樂。幾十年來,我已經習慣搞科研工作了,讓我放下就覺得很無聊,日子不好過。等到一天的工作做完了,有收穫了,就很高興。”①

在家庭生活方面,王力先生在1916年因父母之命與秦祖瑛結婚。1917年,生長子王緝和,王緝和後來改名秦似。1922年生次子緝平,1925年生長女緝國。後來與秦祖瑛離婚。1935年與夏蔚霞結婚。1941年生三子緝志。1948年生四子緝思。王力先生的哲嗣們分别在不同領域做出了很大貢獻,這自然有家風的影響。

在社會活動方面,王力幾乎從不介入政治,但是對國家的建設一直非常熱心。他曾任中國政協常務委員,北京市政協常務委員,中科院社會科學學部委員,中國文字改革委員會副主任,中國語言學會名譽會長,中國音韻學研究會名譽會長等職務。1985年,王力用二十卷本《王力文集》的稿酬十餘萬元設立了“北京大學王力語言學獎金”,該獎項至今在語言學界有很高的地位。

二、王力先生多方面的成就

王力先生的學術貢獻涵蓋了語言學的多個分支分科。他在字典編纂和語文教學等方面也有很大貢獻,同時他還從事文學活動。以下分門别類,略作介紹。

(一)語音學

這裏說的“語音學”,是廣義的,除了實驗語音學等西方語音學,還包

① 王力這兩段話見于張谷、王緝國《王力傳》第233—234頁。

含中國傳統音韻學。在整理古代音韻學方面,王力先生在早期寫有《中國音韻學》(二十世紀五十年代改名爲《漢語音韻學》),還寫有《古韻分部異同考》,初步排比整理了清代各家對上古韻部劃分的分合異同。二十世紀六十年代,他在北大爲漢語專業高年級本科生和研究生開設了選修課,講清代古音學。講稿在"文革"中散失。1984 年王力根據一位學生當年的聽課筆記重新寫作並擴充成書,此書直到 1990 年才作爲遺著出版,即《清代古音學》一書。

他把清代以來的古音學家分爲兩派,即"考古派"和"審音派"。這兩個名字來自江永對顧炎武的評價:"考古之功多,審音之功淺。"(江永《古韻標準・例言》)所謂考古派,就是主要從《詩經》押韻這樣現有的語言材料出發,去統計歸納上古音。審音派則在這個基礎上,更多地考慮"陰陽入"三種聲調的對應關係等語言本身的系統性。王力自稱,自己早年是"考古派",後來變成了"審音派"。

王力的語音學研究既能完全吸收和運用自己學到的西方語言學理論,又能建立在他對古代音韻學系統整理的基礎上,以至於他的有些研究,看起來似乎是傳統音韻學的一個水到渠成的發展,毫無移植西洋的"違和感"。1936 年,他寫了《南北朝詩人用韻考》。此文的出發點,是對陸法言《切韻》的糾正。陸法言《切韻》的語音系統很可能不是一時一地的語音實錄,而是將不同時代不同地域的語音系統融匯貫通,並有一定的復古思想。王力先生試圖通過把整個魏晉南北朝的詩人分時代、分地域進行統計,整理出更精確的魏晉南北朝韻部系統。1937 年他發表《上古韻母系統研究》,這是他第一篇系統研究上古韻母的文章,文中提出了上古音的"脂微分部",在傳統音韻學的基礎上,增加了一個上古韻部。1963 年他發表《古韻脂微質物月五部的分野》,對相關問題作了更全面的探討。

二十世紀五十年代《漢語史稿》中的語音史部分,相當於一部系統的語音史著作。王力在這裏面開宗明義,先介紹"語音和語法、詞彙的關係",重視語言這三個方面的相互關係和語言的系統性。正文部分先介紹中古的語音系統，進而上推上古的語音系統、下推近現代的語音系統。從中古的《切韻》系統出發，還是清儒的傳統做法，也確實是研究上古和近代音的必由之路。與清儒不同的是，王力在《漢語史稿》裏非常注重分析從中古到近現代的語音變化，對各個聲母和韻母的演變，做到了條分縷析。

《漢語史稿》中對上古、中古、近現代語音全方位的演變研究，是王力所追求的語音學框架，不像清儒一樣只執着于上古音。但是，上古音畢竟是漢語語音史裏面核心的、研究難度最大的部分。中古和近古的材料多，而且大都體現在活的語言或方言中，只要去描述就可以了。上古音的研究則不然，要依靠大量的傳世文獻，學術要求更高，並且關係到漢語的一系列早期演變的問題。自清代以來，它就是傳統音韻學中的“尖端科學”。王力也投入了大量的努力去研究上古音，他在這個領域的發明貢獻，也比肩於清代戴震、段玉裁、江有誥，近代章太炎、黄侃，并在具體形式上有以過之。《漢語史稿》是他第一次發表自己對上古音完整的分部和構擬。這裏面把上古韻母分成十一類二十九部，並且採用了陰、陽、入聲相配的原則。可見這時候王力已經變成了他說的“審音派”。聲調則分爲平聲、上聲、長入聲、短入聲四種。對於入聲分長短兩種，王力在别的文章裏表示過，這只是一種可能性，標示着二者有别。其實二者也有可能是音高的差異。

王力在長期的研究中，逐漸確定了自己上古音研究的原則。具體可看他發表于 1960 年的《上古漢語入聲和陰聲的分野及其收音》。這裏面他說自己早年認同“考古派”的時候，分的上古韻部是二十三部。他還說到自己的轉變過程：“前年我講授漢語史，在擬測上古韻母音值的時候遇到了困難。”他發現根據中國傳統音韻學的規律，再加上他的“分化條件”原則，戴震陰陽入三分的學説是合理的。所謂“前年”，推算起來不晚於 1958 年，差不多正是寫作《漢語史稿》的時間。這篇文章批評高本漢的古音構擬中，-g、-d 等韻尾不但破壞了中國傳統的陰陽入三分學說，而且還違反了漢藏語系的一般規律。在這篇文章的結尾，王力甚至說這篇文章的目的是"捍衛中國的傳統音韻學"[①]。當然，這個捍衛不是説因爲它是中國傳統的，就一定要捍衛它。王力也是在經過了數十年的探索後，才認可了陰陽入三分學説的。

關於上古音的構擬，王力也形成了自己完整的體系，見於《先秦古韻擬測問題》一文。他提出了上古音構擬的幾大原則，總結起來，大體如下。第一，古音構擬應該是一種音位性質的示意圖。示意圖不能看作精確的真實語音，但也不能隨意亂來，應該能體現古音的系統。第二，同韻部的字主要元音應該相同，而不是僅僅相近。因爲"韻部不是韻攝"。第三，韻母的構擬還要考慮聲母系統。第四，構擬要合乎陰陽入對應的規律。第五，構擬要考慮不同韻部間的遠近關係。第六，構擬要考慮開口和合口二者的合理關係。第七，韻母的構擬還要考慮上古聲調。這麽多條件，要全部符合似乎難上加難，但王力先生是按照學術規律去做，是自然而然地合乎這些規律的。這是他多年探索的結果。他批評清儒的缺點是不講分化條件，而高本漢的問題除了破壞陰陽入三分，還有就是不考慮聲母因素。

從 1978 年到 1980 年，王力先生在《漢語史稿》的基礎上又作了一部《漢語語音史》。與他晚年的《漢語語法史》《漢語詞彙史》基本建立在《漢語史稿》的基礎上不同的是，《漢語語音史》把《漢語史稿》的相關内容擴充了一倍還多，不論在整體框架還是具體觀點上，都有很多改變。對上古韻母和聲母的構擬，就有了多處變化。比如日母取消了原先的複輔音構擬，使得王力的上古聲母中不再有複輔音，這是值得注意的。不過整個構擬還是按照上面説到的那些原則來進行的。

（二）語法學

王力的語法學開始得很早。他在清華國學院的畢業論文是《中國古文法》，這篇論文他在上海讀書時就開始醞釀了。其原因也可以想見，王

---

① 王力《龍蟲并雕齋文集》，第 183 頁。

力在早年的自學和教書生涯中,最需要的就是琢磨古文的語法。到了法國,王力一開始還想以中國古代語法作爲博士論文題目,在巴黎大學老師的建議下,才改換了題目。回國之後,王力先生在二十世紀三十年代就系統展開了自己的語法學研究。他在二十世紀三十年代的重要語法學文章有《中國文法學初探》和《中國文法中的繫詞》。1938 年,他完成了專著《中國現代語法》的初稿。這部書後來拆成了《中國語法理論》和《中國現代語法》兩部書,1944 年出版。在方法上,王力先生這期間確立了一個重要的總原則,就是不能單純用西方語法來套漢語,而是要從漢語具體的語言現象出發,歸納出語法的規律。

《中國文法學初探》一文是王力早期語法研究計劃的總綱目,分"比較語言學與中國文法""西洋文法與中國文法""中國文字與中國文法""死文法與活文法""古文法與今文法""本性、準性與變性""中國的文法成分""詞的次序""事物關係的表現"①等方面,對中國語法學初步作出了提綱挈領式的論述。從這些小目來看,其中有些內容是他在清華國學院的論文,乃至他來清華之前的相關思考的直接延續。《中國文法中的繫詞》是中國第一篇研究漢語語法史的學術論文,文章認爲中國上古没有繫詞,并系統地考察了漢語中繫詞從無到有的過程。這篇文章體現了對語法現象極爲細膩的分析。比如在討論"爲"字的繫詞性的時候,將其分爲"表詞爲形容詞性者"和"表詞爲名詞性者"兩種。"表詞爲形容詞性者"裏面又分爲兩種,第二種是"爲"字從事物的比較上生出來的情况。然後他舉了很多例子,又把這些例子分爲"僅有的德性""最高級的德性""對比的德性"等情况。② 我們讀起來總會驚異於他對語言不厭其煩的精細考察和背後執著的學術精神。

《中國語法理論》和《中國現代語法》兩部書初步搭起了漢語語法的框架。如他把漢語句法分爲"能願式""使成式""被動式""遞繫式""緊縮

① 王力《龍蟲并雕齋文集》,第 186—236 頁。

② 王力《龍蟲并雕齋文集》,第 252 頁。

式""次品補語和末品補語"等類型,緊扣住漢語的特點,在《馬氏文通》的基礎上更進了一步。

詞類的劃分,是語法學研究的重要部分。上面已經介紹了他在二十世紀五十年代對詞類問題的精彩研究。他既證明漢語並非没有形態,又提出意義和語法綜合標準,最后的結論是"詞義標準、形態標準和句法標準的三結合"。有的現代學者指出,他按照語法功能來劃分詞類的做法,放在世界語言學的視野下也非常超前,開今日"認知語言學"的先河。[①]

《漢語史稿》的第二部分專講語法史,可以說是開創了中國語法史這個領域。這裏具體又分"歷史形態學""歷史句法學"兩部分。前者主要分析了不同詞類的歷史發展情況。後者主要分析了不同句式的歷史發展情況。書中的具體學術創見不勝枚舉。微觀的,比如考察度量衡單位詞和天然單位詞從什麽時代開始可以放在名詞前面。[②] 宏觀一些的,比如他根據上古聲母的不同,把疑問代詞分爲三類。第一類指人,有誰、孰;第二類指物,有何、曷、胡、奚;第三類指處所,有惡、安、焉。三類正好隸屬於三種聲母。上古語音系統與語法系統之間的關係,以至語言的系統性,在這裏看得再清楚不過。[③] 他的這些研究還能廣泛旁涉到古籍方面的其他問題,比如他發現《論語》的文體和《易經》很相似,句子的結構差不多。[④] 1983 年,王力在《漢語史稿》基礎上修訂寫成《漢語語法史》,由商務印書館出版,此書成爲王力語法學的總結之作。

西方語言學對語言的心理因素的關注,集中在所謂"語義"方面。有的語言學家,把这方面看作语言學學術研究的弱项(因爲心理因素不是那麼精確的科學研究對象)。比如布龍菲爾德在其名著《語言論》中就說過:"在語言研究中對'意義'的說明是一個薄弱環節,這種情況要一直持

---

① 宋紹年《王力先生與漢語語法研究》,《紀念王力先生百年誕辰學術論文集》第 122 頁。

② 王力《漢語史稿》,第 235 頁。

③ 王力《漢語史稿》,第 279—280 頁。

④ 王力《漢語史稿》,第 460 頁。

續到人類的知識遠遠超過目前的狀況爲止。”①語義主要對應詞彙學。但是在王力先生的學術中,我們會發現,他對語言心理的很多精妙之説,是出現在語法研究中的。這也許是因爲漢語的語法依賴詞形變化的比較少,更需要分析説話人的心理。比如,王力在《中國文法學初探》中分析句尾助詞的時候,認爲動句的過去時用“矣”字,現在時用“也”字。他緊接着指出:

當我們仔細觀察之後,覺得“矣”字非但用於事實上的過去時,而且用於心理上的過去時;换句話説,非但用於客觀的過去時,而且用於主觀的過去時……過去時在中國,嚴格地説起來,應該叫做決定時……如果我們決定其必然,就等於看見那事實已經實現,於是我們的古人就用過去時,例如“吾將仕矣”。②

“矣”字在古文中的廣泛應用,的確不是機械的“過去時”概念所能解釋。王力敏鋭地發現了中國與西方語法的原理性的不同。又比如在古文中,名句就只用現在時而不用過去時。我們説“孔子,魯人也”,而不是按照西洋語法説成過去時,因爲在中國人的心理上,孔子與魯的關係是永不滅的,“孔子雖死了很久,但他並未因此而停止其爲魯人”③。

又如在分析文言詞“於”字到白話文中的形態時,王力舉例説,“金重於鐵”,在北方白話中變成“金比羽毛重”,在兩廣的大部分方言裏卻是“金重過羽毛”。王力繼續分析兩者的區别:

在北方人的語像裏,先注意到金與羽毛的比較,然後注意到它們的重量;在兩廣人的語像裏,先注意到金的重量,然後注意到它與羽毛的重量的比差。④

“語像”這個詞,本身是分析語言心理因素的術語。這是王力應用西

---

① 布龍菲爾德《語言論》,第167頁,商務印書館1997年版。

② 王力《龍蟲并雕齋文集》,第222頁。

③ 王力《龍蟲并雕齋文集》,第224頁。

④ 王力《龍蟲并雕齋文集》,第211頁。

方語言學的一個顯著案例。

(三) 詞彙學

詞彙學在本文中也是個泛稱,還包含了語義學和中國傳統的訓詁學。王力在 1942 年發表《新字義的産生》,1947 年發表《新訓詁學》。《新訓詁學》是他早期詞彙理論的代表作。文章首先回顧了傳統訓詁學,把傳統訓詁學分爲纂集派、注釋派、發明派。其中發明派最晚出,能夠擺脱字形的束縛,從聲韻關係去考察字義,也就是清代以來小學家盛稱的"因聲求義"的辦法。王力此文詳細考察了古代訓詁學的優點和缺點。他認爲新的訓詁學應該做到:第一,要有歷史的觀念,把語言歷史的每個時代看作有同等的價值,注意時代的演變。而不是像古人一樣因爲崇古而限定很小的時代範圍作爲研究對象。第二,語義學要兼顧語義同語音和語法的關係。通過研究語義和語音的關係,就能突破字形的束縛,走"發明派"的道路,並且後出轉精,超過他們。第三,重視詞彙的系統性。比如某些詞的"遠紹"的義項,數千年未出現過而又忽然重新出現,那一般就是不可靠的(系統性原則,在這裏説得還不是很清楚)。後來王力在《漢語史稿》中把"系統性"原則明確提了出來。這些原則乍看起來十分通俗易懂,基本上是在總結傳統訓詁學成就的基礎上,結合西方的普通語言學,提出的行之有效的研究框架。實際上這裏面説的重視語義和語法的關係、詞彙的系統性等,都是在他之前整个中國語言學學科没怎麽意識到的。

王力對傳統訓詁學的重視,還有一點就是"重視故訓"。所謂"故訓",指的是《爾雅》、漢代經師的經典註解等,以及早期古籍裏面的訓詁。王力在 1962 年的《訓詁學上的一些問題》裏,明確提出了這一點。他認爲墨守故訓固然是缺點,但"訓詁學的主要價值,正在於把故訓傳下來","漢儒去古未遠,經生們所説的故訓往往是口口相傳的,可信的程度較高"。[①] 這個原則,在王力學術中不僅體現在詞彙學方面,也體現在語音

① 王力《龍蟲并雕齋文集》,第 324—325 頁。

學方面。

王力二十世紀五十年代所著《漢語史稿》中“詞彙的發展”一章,已經基本貫徹了這些思想。這一章分爲“漢語基本詞彙的形成及其發展”“鴉片戰爭以前漢語的借詞和譯詞”“鴉片戰爭以後的新詞”“同類詞和同源詞”等八節。第四節又分爲“同類詞”“同源詞”等小節。與他以往的詞彙研究相比,此書是部更加系統而且深入的著作。

王力詞彙學裏面最具開拓性的貢獻,要數他從七十四歲寫到七十八歲的《同源字典》和與之相配的《同源字論》《漢語滋生詞的語法分析》兩篇文章。我們可以看到,王力先生的詞彙學在晚年有了一個極大的拓展,其理論深度,我們在今天還必須要認真地學習和思考。方法上,《同源字典》完全貫徹了他前面發明的諸原則。具體地說,同源字不是通假字或異體字,而是有同一來源的字。這些字或者音義皆近,或者音近義同,或者義近音同。同時產生的同源字如“背”和“負”,先後產生的如“氂”(牦牛)和“旄”(用牦牛尾裝飾的旗子)。許多同源字在開始的時候本是一個詞,完全同音,後來分化爲兩個以上的讀音,產生細微的意義差别。另外還有來源於方言和分别字的同源字。

《同源字典》作爲一部詞源字典,並不以字爲綱,而是以音爲綱,把同源的字羅列在一個音系的下面並加以解釋。王力判斷同源字有兩個原則,一是“必須是同音或音近的字”,並且“必須韻部、聲母都相同或相近”①。當然這裏的“音”指的是王力自己考證出的每個字的上古音。第二個原則是必須有訓詁的根據,並且主要根據“故訓”,也就是古代的訓詁。同源字之間的訓詁關係,又分爲互訓、同訓、通訓、聲訓四類。如《說文解字》裏說“走,趨也”,又反過來說“趨,走也”,就是互訓的例子,再配合上古音的考察,兩個字就能判斷爲同源字。

關於同源字研究的意義,王力先生自己在《同源字論》中說了兩點:一是這是漢語史研究的一部分。詞彙和語音、語法一樣都有很強的系統

① 王力《同源字典》,第 19 頁,中華書局 2015 年版。

性,這一點只有通過研究同源字,才能看得清楚。二是把同源字研究的結果編成字典,可以幫助人們更準確地理解字義。[①] 王力先生說得如此樸素,以至於一般人看見這樣的說法,可能還是不理解同源字研究意義的大小。

王力還寫了一篇《漢語滋生詞的語法分析》,说明了循着同源字研究的思路,我們可以發現大量的漢字是其他字的滋生詞。這揭示了漢語在最早期的一種"音變構詞"原理,即一個滋生詞往往是把原詞的聲母或韻母有規律地變化一下而形成新詞。這個原理,對揭示漢語的早期歷史,意義是重大的。我們還可以藉此去研究兩個至今仍未解決的問題。一是關於早期漢語是否是"屈折語"的問題。按照王力的同源字研究,這種通過音變形成新詞是一種歷時性的變化,而屈折變化應該是共時性的。這在相關研究中,是該得到注意的。二是關於同聲符字的不同聲母問題,如所謂"明曉諧聲"等。一個世紀以來,很多人的處理方式都是構擬複輔音。王力先生的上古音體系中没有複輔音,正是因爲有這個音變構詞的原理,能夠解釋不同聲母是如何產生。没有任何一種學術觀點可以確定地說是完全正確、不容置疑的,但王力先生的觀點,至少是我們必須要考慮的。

(四) 中國语言學史

以上語音、語法、詞彙,是中國語言學的三大方面。我們發現,王力在研究過程中,對中國的語言學史也作了精深的思考和梳理。王力專門的語言學史著作,除《清代古音學》以外還有一本更全面的《中國語言學史》。此書本是 1962 年王力在北大的講義,1963 年和 1964 年曾在《中國語文》連載了一部分。1981 年山西人民出版社出版了第一個單行本。唐作藩、張雙棣先生作了一篇《〈中國語言學史〉介紹》來推介此書。1990 年唐作藩先生將其編校爲一個新版本,由山东教育出版社出版。

---

① 王力《同源字典》,第 43 頁。

此書是中國第一部論述中國語言學發展歷史的著作,集中體現了王力先生在語言學上的史識。比如他指出中國古代語言學雖以語文學爲主,但也有很多超越語文學的東西。他注重《荀子》裏面的語言學思想,上面已經介紹過。他認爲周德清《中原音韻》雖然是作爲"曲韻"出現的,卻是對元代大都實際語音的描寫,這裏面的編纂思想,與隋代陸法言《切韻》的存古思想便不相同。他發現清代的段玉裁、王念孫都很重視語言的歷史發展,比如段玉裁說:"有古形,有今形,有古音,有今音,有古義,有今義。"並且段、王等人能打破字形的束縛,從聲音的角度研究語言。①對這些問題的關注,體現了王力先生在語言學史上的敏感和思考深度。

王力在書中把中國古代語言學分爲"訓詁爲主的時期""韻書爲主的時期"和"文字、聲韻、訓詁全面發展的時期"。第三個時期主要指清代。對中國現代語言學的興起過程,王力也作了評述。王力這本書主張:"中國語言學的發展路線是由兩個因素決定的:第一個因素是社會發展的歷史;第二個因素是漢族語言文字本身的特點。"②這正類同於我們在他二十世紀五十年代的詞類學論文中看見的語言學思想。

（五）漢越語研究

《漢越語研究》是一篇很長的關於越南語的專論。目前雖有大量研究王力先生的論文,但似乎關注此文的不多。唐作藩先生早在十幾年前選編《王力語言學論文集》的時候,曾在編後記中表達過因篇幅問題而無法收入《漢越語研究》的遺憾。一般我們認識王力先生的學術只集中於他對漢語的研究。甚至很多文史專業的人有種印象,覺得王力的學術方法平淡無奇,看起來還只是像傳統的考訂之學。這樣的想法顯然低估了王先生學術中豐富的理論性。《漢越語研究》就是個例子。1939 年,王力先生按照清華大學"教授任滿五年就可以休假一年"的規定,前往越南休

① 這裏的介紹,參考了唐作藩、張雙棣先生的《〈中國語言學史〉介紹》。

② 王力《中國語言學史》,第 212 頁,中華書局 2013 年版。

假。他之所以前往越南，是因爲越南的遠東學院裏有很多東方語言學方面的藏書，他想借此機會去進修，用這一年好好做學問。這真是一個“學術假”！他很快學會了越南話，並且在越南寫了這篇文章。所謂“漢越語”，指的是越南語裏由漢語引申而來的漢根詞和漢源詞。此文分“越語概說”“漢越語在越語中的地位”“漢越語的聲母”“漢越語的韻母”“漢越語的聲調”“古漢越語及漢語越化”“仿照漢字造成的越字”等方面，對漢越語進行了細密的研究。在研究中，他充分發揮了自己漢語古音學和古文字學的功底，並對越南語和漢語、泰語是否爲親屬語言等問題作了探討。他的這種研究，與今日盛行的漢語和周邊語言的比較研究相比，内容是相通的，方法上則有同有異，十分值得今人參考。綜合以上原因，本書特地把它收入。

另外，王力先生對漢藏語系内的兄弟語言也是很重視的，有些文章裏也用漢語和兄弟語言的比較來研究問題。到了晚年，他在山東語言學會成立大會上作《積極發展中國的語言學》演講，還説：“我記得，我的老師趙元任先生説過：所謂語言學理論，實際上就是語言的比較，就是世界各民族語言綜合比較分析研究得出的科學結論。”①（按，趙元任這麼説，顯然是有西方十九世紀比較語言學的影響在裏面。）只不過限於當時學術界的研究進度，王力先生對這個問題一直保持着謹慎罷了。比如他1964年的《先秦古韻擬測問題》開頭就説：“比較語言學所謂重建，是在史料缺乏的情況下，靠着現代語言的相互比較，决定它們的親屬關係，並確定某些語音的原始形式。至於先秦古韻的擬測，雖然也可以利用漢藏語來比較，但是我們的目的不在於重建共同漢藏語；而且，直到現在爲止，這一方面也還沒有做出滿意的成績。一般做法是依靠三種材料：第一種是《詩經》及其他先秦韻文；第二種是漢字的諧聲系統；第三種是《切韻》音系（從這個音系往上推）。這三種材料都只能使我們從其中研究出古

① 王力《龍蟲并雕齋文集》，第1189頁。

韻的系統,至於古韻的音值如何,那是比系統更難確定的。”①

（六）詩律學

詩律學是王力先生爲現代學術開拓的一個全新的領域。中國素稱詩國,古代並不缺乏詩律學方面的傳統。這個傳統大概是受了印度詩律學的啟發,南朝周顒作《四聲論》后,沈約、謝朓一代人開始探索詩律,發明了所謂“永明聲律”。從此一直到唐代,文人都有寫詩律文章的風氣,這在唐代時日本空海大師編纂的《文鏡秘府論》中看得再清楚不過。但是到了宋代以後,中國基本上只有詞譜、曲譜、古體詩聲調譜這類著作,文人作詩律研究文章的傳統,其實是失掉了。這或許是因爲,詩律學更容易在印度這樣的印歐語系裏發達,漢語學術不是很能容納它。

王力先生遊學海外,學術視野廣泛,自然知道印度和西方的詩律學傳統。他在着手建立中國語言學的完整體系的時候,想到要建立詩律學,並不奇怪。還有個原因,就是王力先生自少年時代就善於作詩。不要看傳統文人不大專門寫文章去研究詩詞格律,他們在這方面的琢磨,那是一點都不少的。只有這樣琢磨,自己作起詩來才能得心應手。兼具西方語言學與舊體詩創作兩種素養,要寫一部《漢語詩律學》,也就是件水到渠成的事情了。

王力《漢語詩律學》稱得上是一部鴻篇巨製。這部書分章探討了近體詩、古體詩、詞、曲、白話詩和歐化詩等詩體的格律問題。近體詩列为第一章,因爲近體詩是中國第一個定型的格律詩體系。後來的詞、曲格律是從近體詩格律引申而來。至於古體詩,之所以南朝以後多了一些格律講究,也是受近體詩影響的結果。他的近體詩格律研究,基本術語都是繼承古人的,如“孤平”“失對”“失粘”“拗救”等。甚至框架也是在古人基礎上總結出來的。具體研究方法則細密而且精彩,經常深入古人審美心理的層面,所列材料也十分充分。比如對近體詩第一句可以用鄰韻

① 王力《龍蟲并雕齋文集補編》,第539頁。

(“襯韻”)的問題,古人只是泛泛提及。王力詳細統計了襯韻的韻部通押規律,總結出了“東冬”“支微齊”“魚虞”等八種襯韻的通押組合。他指出,“支微齊”裏面支、微關係較近,它們與齊韻關係較遠。他又通過統計,指出首句用襯韻的做法始於盛唐,到了中晚唐漸成風氣,並且大盛于宋代。他深入古人心理的層面,認爲宋代人這麼做是有意的、是一種時髦。① 又比如他認爲“平仄仄平平仄仄,仄平平仄仄平平”這個句式組合,雖然與他歸納出的“正格”相比有很多處平仄變化,但是並不少見(所謂“正格”的歸納“只是求其整齊”)。這個句式組合在中晚唐也成爲一種風尚,許渾最講究此道。② 又如他認爲近體詩定型以後,古體詩爲了表示與近體詩的差異,故意避開近體詩的平仄格式,形成了一些古體詩特有的平仄格。③ 書中對古體詩押韻規律的研究,方法也與以上類似。他對“上尾”問題的分析,本着歷史演變的眼光,以大量的統計材料爲根據,體現了一種歷史分析的態度。他在當時就已經把白話詩納入了詩律學的考察範圍,這也是很有遠見的。到了新中國時期,郭小川還經常去向他請教中國詩的格律問題——儘管新詩格律問題至今也還在未定階段。

從今天的角度來看,有的工作王力先生似乎還没做。比如,《漢語詩律學》主要是在研究成型之後的近體詩格律、詞曲格律等。對於從永明時代到初盛唐時代這個長達數百年的詩歌格律形成過程,王先生没怎麼關注。以王力先生的語言學成就,若能關注此問題,一定會大有收穫。《漢語詩律學》的宗旨並不在此,這算不上是個缺點。但王力先生的語言學研究裏,還有很多成果可以應用到詩律學研究上去。比如他的《南北朝詩人用韻考》一文,發現漢魏晉宋詩歌用韻較寬,齊梁陳隋詩的韻押得比較嚴。④ 這顯然是因爲齊梁時代發明了詩歌聲律論,詩人們在講求平仄格式的時候,也就講求把韻押得更嚴格一些。這是只看《文鏡秘府論》

① 王力《漢語詩律學》,第 54—73 頁,中華書局 2015 年版。

② 王力《漢語詩律學》,第 96 頁。

③ 王力《漢語詩律學》,第 403—422 頁。

④ 王力《龍蟲并雕齋文集》,第 51 頁。

等材料所無法發現的,也是古人没有注意過的現象。又比如他通過古音學研究漢語詞彙史,提出如果按照上古音系,“有一系列的明母字表示黑暗或有關黑暗的概念”“有一系列的影母字是表示黑暗和憂鬱的概念,以及與此有關的概念”“有一系列的日母字是表示柔弱、軟弱的概念,以及與此有關的概念”“有一系列陽部字表示光明、昌盛、廣大、長遠、剛強等等的概念”①。這四條歸納中,只有第四條是古人略爲觸及過的。像明代王驥德《曲律》說:“各韻爲聲,亦各不同。如東鍾之洪,江陽、皆來、蕭豪之響,歌戈、家麻之和,韻之最美聽者……”②今人龍榆生《創制新體樂歌之途徑》也說:“東、鍾、江、陽、歌、麻等部,發音宏亮,宜抒豪壯之情,支、微、齊、灰、寒、删等部,淒清柔靡,宜抒宛曲之情。”③這些都是從美感的直覺出發的。王力先生卻從實實在在的語言學的角度,分析了陽韻爲什麼帶有這種性質。至於那三種聲母的情緒特質,古人即便略爲能感覺到,也没能這樣分析過(因爲能夠分析上古聲母是很晚近的學術才做到的事情)。從此出發,說不定還能發明出一些古人所不能想象的詩律學。

(七)字典編纂

王力先生在字典編纂方面,既寫了很多理論文章,又有親自編寫字典的實踐。編字典,實爲王力詞彙學(也包括語義學和訓詁學)的“應用層面”。他開始關注編字典的問題,則比系統地發表詞彙學論文還要早。他 1941 年在清華大學紀念會上作的演講《理想的字典》,後來整理成一篇頗具篇幅的文章,發表在 1945 年的《國文月刊》上。這篇文章先是系統回顧了中國字典的歷史,認爲中國古代有良好的字典編纂傳統。如《說文解字》就已經有了“天然定義”“屬中求別”“由反知正”“描寫”“譬況”五種合理的方法。以《康熙字典》爲代表的近代字典又有進步。但是

① 王力《漢語史稿》,第 519—520 頁。

② 中國戲曲研究院編《中國古典戲曲論著集成》第四册,第 153 頁,中國戲劇出版社 1959 年版。

③ 龍榆生《龍榆生詞學論文集》,第 130 頁,上海古籍出版社 1997 年版。

傳統字典又有這樣的缺點:(1)古今字義雜糅。(2)以一字釋一義。王力認爲理想的字典應該是:(1)明字義孳乳。(2)分時代先後。(3)盡量以多字釋一字。這與代表他早期訓詁學思想的《新訓詁學》一文,在思想上是相通的。有趣的是,他還對一些卓越的前輩學者没編字典表示遺憾。如《理想的字典》說:"像段玉裁這樣大才,如果肯編一部字典……一定大有可觀。"①《〈同源字典〉的性質及其意義》說:"假使王念孫寫一部《同源字典》,一定寫得很好的。"②他在最後的《王力古漢語字典》自序中則說:"編寫一部字典,這是我的夙願。"③

很快,在 1946 年他就發表了《了一小字典初稿》。這個初稿只解釋了四十多個字。體例上每個字分爲注音、釋義、語源學三部分。釋義部分貫徹了自己的字典編纂思想,并且標出其每個義項的詞性和語法功能。需要指出的是,這個時代王力對詞性的理解還没有成熟,這個要等到二十世紀五十年代。二十世紀五六十年代編《古代漢語》教材時,王力任主編,同時擔任"常用詞"部分的執筆人之一。常用詞部分其實就是一部小型的古漢語常用字字典。"文革"時期集體編成的《古漢語常用字字典》,至今仍然非常暢銷,一個重要原因就是有王力的參與。當時王力經常去給編寫組講課,親自參與了審定。

二十世紀八十年代初,已經多年不寫字典編纂文章的王力,竟連續發表了《詞典和語言規範化》《字典問題雜談》《詞的本義應是第一義項》三篇文章。他的字典編纂思想,得到進一步完善。同時期他還撰寫了《康熙字典音讀訂誤》一書,詳細訂正了《康熙字典》的訛誤。也許王力自己都没有想到,自己直到八十四歲,才開始撰寫自己的《古漢語字典》。這部書是他只寫了一半的絕筆。據王力家人的記載,1984 年一開始寫的時候,王力每天能寫七八個小時、兩三千字。此後王力患了十二指腸潰

① 王力《龍蟲并雕齋文集》,第 351 頁。
② 王力《同源字典》,第 675 頁。
③ 王力《王力古漢語字典》,序言第 1 頁,中華書局 2015 年版。參考黄麗麗《試論王力先生對我國詞典編纂學的創見和實踐》,《紀念王力先生百年誕辰學術論文集》,第 403 頁。

瘍和輕度腦貧血，接着又患了白内障，他便只能依賴高倍放大鏡工作，效率大大下降。到了 1985 年夏，已經完成了三十萬字。不久他發現自己四肢無力、身體異常疲乏，每天只能寫幾百字。他幾乎一直堅持寫作到最後病倒爲止。他的六位學生遵照老師的囑託，續成了全稿，于 2000 年出版。與《了一小字典初稿》相比，這部字典吸納了他自己二十世紀五十年代的詞類理論和七十年代的同源字理論，不再對每個義項機械地規定詞性，删去了冗長的"語源學"，而加入了"同源字""備考"等項目，體例更加成熟，至今還在廣惠學林。《王力古漢語字典》自序中，王力自己總結這部字典有八個特點：擴大詞義的概括性、僻義歸入備考欄、注意詞義的時代性、標明古韻部、注明聯綿字、每部前有一篇部首總論（有些小部除外）、辨析同義詞、列舉一些同源字。

（八）語言文字改革

王力先生以大語言學家的身份，在新中國的普通話制定和推廣、漢語拼音制定等方面，做了許多工作。

首先是普通話制定方面。普通話雖然是以北京語音爲標準音，但畢竟和作爲方言的北京話不同。要解決普通話標準上的分歧，就有必要制定一個普通話的規範。1956 年 1 月，國家成立了"普通話審音委員會"，但是相關分歧還是不斷。1965 年，王力寫了一篇《論審音原則》，提出了一系列的審音原則。比如"民族共同語並不同於方言，它有超方言的性質"。對"異讀辨義""文白異讀""連音變讀"這三種多音字現象，他提出了不同的解決方法。

再看關於普通話的推廣。在剛開始推行普通話的時候，社會上還有許多反對普通話的聲音。王力寫文章對那些觀點進行了反駁。他還寫了《江浙人怎樣學習普通話》《廣東人怎樣學習普通話》《方言區的人學習普通話》等通俗文章，教不同方言區的人學習普通話。

在漢語拼音方面，1954 年到 1957 年，王力一直協助吳玉章從事《漢語拼音方案》的制定工作。當時工作組内部的分歧非常之多，王力在其間起了不少調和作用。比如漢語拼音使用國際通行的 26 個字母，而不在 26 字母基礎上再發明新字母，就是他所主張的。

必須要説的一點是，王力對漢語拼音方案的期許，不僅僅是將其作爲漢字語音的學習工具。從二十世紀三十年代開始，直到八十年代，王力始終都主張漢字要拼音化。他試圖把漢語拼音作爲漢字拼音化的初步嘗試。這位有着古典文學和書法修養的大學者，爲何在這一點上如此堅定呢？這個問題只怕是不容易輕易得出答案。對他的主張，在民族文化自信心空前高漲的今天，人們盡可以不讚同。但回到歷史語境中，他的立場是容易理解的。並且他也很明確地指出，當時所有已有的漢字拼音系統，正式用作拼音文字的話都有一系列缺點，還難當此大任。

（九）古代漢語教學和語文教學

王力先生學問的“應用方面”，除了編詞典，還有一個很重要的方面是教學。他在教學上的貢獻，體現在大學古代漢語教材編寫和中學教學語法制定等方面。他有句名言，叫作“大學教師要靠寫書教學生，不能靠買書教學生”①。他也的確是這麽做的，從早年在家鄉時對《虚字使用法》的改編就開始了。他的教材中有的本身就是富有創見的學術著作，這方面的最高代表當然是《漢語史稿》。還有一套重要的教材，是在他的主編下多人合著的《古代漢語》。這套書有不少王力的學生輩參與。這套書不但至今還是大學裏的古代漢語教材，而且其編纂過程也是王力對學生進行學術訓練的過程。

國家先後兩次集中專家力量來制定中學教學語法。一次是二十世紀五十年代，討論提出了“暫擬漢語教學語法系統”。王力是參與的學者之一。一次是二十世紀八十年代，提出了“中學教學語法系統提要”。王力在八十年代會議開幕式上的講話提出，好的語法體系“是比較善於説

---

① 見張雙棣《王力：中國語言學研究和教學的一代宗師》，《北京大學學報（哲學社會科學版）》1998 年第 2 期。

明語法本身，說明得很有條理，也符合語法事實”，至於學校語法，“首先是要便于教學”，“跟小孩講的語法，要告訴他們，怎麼說是可以的，怎麼說是不可以的”。①

我們現在在中學裏學會的那些耳熟能詳的漢語語法概念，正是以王力爲代表的那一輩老學者們辛勤工作、熱烈討論的結果。因此只要學過中學裏的漢語語法的人，看王力先生的某些語法學文章，也會有熟悉之感。二者之間本來就有些“脱化”關係。

（十）翻譯、散文及詩詞等

王力先生一直是愛好文藝的。按照《王力傳》，他在十歲前就背誦唐詩、練習書法。讀高小期間，除了愛好古文，還讀了《水滸傳》《平山冷雁》等十幾部小説，並且有過做小説家的志願。直到晚年，他以八十多歲高齡接受《人民日報》採訪，被問及“語言學是不是枯燥無味”時，還拿文學與語言學作比較：

> 如果拿文學來比較，語言學的確是枯燥無味了。但是，語言是科學，文學是藝術，是不好拿來比較的，我愛好文學藝術，但是我更愛科學，這就説明了我爲什麼從文學轉到語言學的道路上來。②

他在這裏説自己“從文學轉到語言學的道路上來”，這話很值得注意，他竟認爲自己在確定語言學方向之前，還有一個“文學時期”。他最早的文學創作活動，如上文所述，是在李蔭田組織的對聯、綴句、作詩比賽上。其中有首作於1921年的《十月刈禾》：

> 大田禾熟正初冬，萬頃黄雲壟上封。
> 盡日揮鐮勤刈獲，歸來樽酒醉山農。③

---

① 王力《在語法和語法教學討論會開幕式上的講話》，《課程·教材·教法》1981年第3期。
② 王力《龍蟲并雕齋瑣語》，第375頁。
③ 王力《龍蟲并雕齋詩集》，第3頁。

這首詩已經具備七言絕句的當行本色,最後一句饒有餘韻。内容上既貼合王力長居鄉間的生活環境,又表現出一種與"山農"之間若即若離的觀察態度,其實還是有傳統士大夫的立場和意趣在裏面。

在法国期间,他又开始了一個重要的文學活動,即翻譯法國文學。客觀上,他開始翻譯法國文學是因爲留學費用太高,需要賺錢。但王力早年本來就有做小説家的願望,這期間的翻譯也正合他所願。回國後,他的翻譯活動也没有馬上停止(部分原因是爲了還留學期間的債務)。從留法開始,他陸續翻譯了莫洛亞《女王的水土》,小仲馬《半上流社會》,喬治桑《小芳黛》,左拉《小酒店》《娜娜》等二十多種法國小説。對於王力的譯作,時爲商務印書館編輯的葉聖陶評價很高,稱其"信達二字,鈞不敢言;雅之一字,實無遺憾"①。葉聖陶的意思是自己不懂法語,所以不敢評價其翻譯是否"信""達",但就譯文的文學水準而言,已經無所遺憾了。尤爲值得注意的,是王力在 1940 年用文言文翻譯了波德萊爾的詩集《惡之花》。《惡之花》的風格晦澀而險峻,王力怎麼想起用文言來翻譯呢?也許他是想到了中國孟郊、李賀等可以與《惡之花》相溝通的一脈詩歌傳統。直到今天,我們還很有必要去回顧一下他的譯本。他在書的開頭寫了三首七言律詩,作爲《惡之花》的譯者序。以筆者淺見,這三首詩代表了王力先生詩詞創作的最高水平:

為信詩情具別腸,平生自戒弄詞章。
蛘蝣投火心徒熱,鶗鴂鳴春語不香。
豈有鴻文傳鵬鳥,空將禿筆詠河梁。
深知遍體無仙骨,敢與騷人競短長。

嗜飲焉能不愛詩,常將篇什當金卮。
青霜西哲豪狂句,醇酒先賢委宛詞。
夜浪激成滄海志,秋風吹動故園思。

① 張谷、王緝國《王力傳》,第 41 頁。

盲心未必兼盲目，蜂蝶猶尋吐蕊枝。

頻年格物嘆偏枯，偶譯佳詩只自娱。
不在文辭呆刻畫，要將神態活描摹。
移根漫惜逾淮橘，買櫝猶存入鄭珠。
莫作他人情緒讀，最傷心處見今吾。①

這三首詩結構整飭、用筆舂容，内在的精神態度卻很精微。第一首把自己想作詩但自嘆缺乏詩才的心態說成"蜉蝣投火心徒熱"，第三首說自己譯詩是"莫作他人情緒讀，最傷心處見今吾"，都是很有意味的句子，也都帶些融于詩性之中的哲理成分。第二首的四聯之間也是相互勾連、各有其妙。說波德萊爾的詩是"豪狂句""委宛詞"，並用"青霜""醇酒"兩個比喻來形容它們，這樣的說法看起來與我們今天對波德萊爾的認識大相徑庭。但仔細想想，這是真的有道理的。這樣的論斷，只有在中國文言的語境下，才作得出來。錢鍾書曾評價王國維的詩詞在那一代人中時能見"西學義諦"②，在融通西方精神上，要高於只會把西方名物地理等寫進詩裹的黄遵憲等人。錢鍾書自己的詩，也經常有這樣的優點。王力這三首詩，正類似于王國維、錢鍾書那種既能把握本國詩歌形態，又能融通西方精神的作品。

王力先生的雜文創作主要是在抗戰期間。說起來，此事也與他當時經濟困難有關係。抗戰後期，大後方經濟困難，教授們幾乎無以爲生，很多人只好搞起了第二職業。王力原本是答應了一位同鄉生意人合夥做生意，結果被對方欺騙，損失了不少錢。他便意識到自己還是對動筆桿子更加擅長，就給報刊寫起了雜文。在發表這類文章的時候，他一般都署名"王了一"，以示與署名"王力"的學術文章有所區别。結果是和翻譯法國小說一樣"無心插柳柳成蔭"，這些雜文的社會反響相當之好。王力

① 王力翻譯波德萊爾《惡之花》弁首。王力《王力譯文集》第一冊，第1頁，中華書局2015年版。
② 錢鍾書《談藝録》，第84頁，生活·讀書·新知三聯書店2001年版。

的齋名"龍蟲并雕齋",正是來源於這個時期。他用《龍蟲并雕齋瑣語》作雜文集的書名,"龍"代表學術文章,"蟲"代表這些雜文隨筆。後來他"覺得龍蟲并雕還含有一些做學問的道理,對自己也有箴言作用"①,就一直把這個齋名沿用下去了。當代留心于王力雜文的研究者也頗有人在,讀者自可關注。

到了新中國時期,王力的文學創作不多。但有一個現象,就是到了二十世紀六十年代以後,他的詩詞創作明顯多了起來。《龍蟲并雕齋詩集》中的詩,絕大部分是他六十五歲以後所作。這些作品與同代的大詩人們比起來或許是有些差距的,但優點是格律謹嚴、用語地道,時常能用上他所擅長的先秦連綿詞等詞彙,給人一種《詩經·國風》般的古樸之感。另一方面,他也常有晚清江湜那樣的生新白描之筆。即便在政治運動最盛的時候,他的詩在藝術上也整體没有失掉傳統文人詩該有的雅意。1981 年他爲《語文研究》雜誌題了一首七絕,後兩句是"駟馬難追筆能繪,心聲繪出請君看"②。這兩句是說人的話語轉瞬即逝,如同駟馬難追,但是語言這個"心聲",語言學家卻能把它描繪出來給别人看,可見語言學的神奇。這兩句除了體現他語言學思想中重視心理因素的一面,又是融哲理入詩的好詩句,治語言學者,當會對此有所會心。

王力先生不以書法名,但是自幼就曾臨池。他的書法中,目前最易見到的大宗作品,是他自己抄寫的整部《龍蟲并雕齋詩集》。每個版本的《龍蟲并雕齋詩集》都影印了這部手跡。從他的手跡來看,其筆法之精到、結體之謹嚴,都是可以稱道的。

從王力的文學藝術活動中,我們不但能看到這位學術大師在"文學"與"科學"兩面之間的折中,而且能看到中國傳統知識分子的文化修養與西方科學研究體系之間的折中。那一代的大學者,又有幾個人不是在這個折中之間呢!甚至,對這種折中的認識高度、融通程度,也在一定程度

① 張谷、王緝國《王力傳》,第 87 頁。

② 王力《龍蟲并雕齋文集》,第 162 頁。

上決定了一個人的學術高度。

三、本書的選編

最後,說一說本書的選編情況。

王力先生的著作,早期自然是在報刊發表或者作爲單行本出版。後來的結集出版有兩次,第一次是山東教育出版社 1984 年的《王力文集》,共二十卷。第二次是中華書局 2015 年完成出版的《王力全集》,達到了二十五卷、三十七冊的規模。王先生的平生著作,可以說是囊括其中了。現在所選錄的內容,在版本上就以中華書局《王力全集》爲底本。在校對過程中,主要參考的是各篇文章的最初表版。對中華書局《王力全集》有所校改的地方,都用"編者注"的形式在當頁注出。王力學術文章的選本,目前主要有兩種。一是商務印書館 2000 年出版的《王力語言學論文集》,唐作藩、李思敬兩位先生作了編後記。這本書相當偏重於王力的學術文章。二是北京大學出版社 2010 年出版的《王力文選》,張雙棣、耿振生、孫書傑三位先生寫了序言。此書除了收錄學術文章,還收錄了王力的一些宏觀上談語言學的短論。

本次選編王力作品,本着兩個原則。一是選擇王力在學術上最具創造性、代表性和影響力的文章,是爲從學者推薦門徑。二是側重王力與清華國學院的求學經歷較有關係的文章,是爲國學院存史。王力對語言學的宏觀討論,這裏基本從略,只好請讀者從學術文章中自己體會。這樣的"體會",只要下一番工夫,是行得通的。對王力實用一面的學問,比如字典編纂、語文教學等,限於篇幅,本書也從略。即本書選擇的是最有"基礎理論"色彩的那些文章,畢竟從理論能推出應用,反過來卻不能推。像字典編纂,基本上是王力詞彙學的應用,並且王力不同時期的字典編纂思想是隨着自己的詞彙學思想而變化的。本書共選擇了王力先生的語音學文章九篇,語法學文章四篇,詞彙學文章三篇,還有一篇《漢越語研究》。另外選了王力先生的隨筆五篇,詩三題(五首)。這裏面的十七篇專業論文,正因爲是王力先生學術上的代表作,所以也可能是他的文章中閱讀難度最大的十七篇。讀者若能沉下心來,就此慢慢讀進去,想必能領略到王力學術中的精華。王力的學術,目前主要只有語言學專業的人在研究。他的學術與其他多個專業間相互融通以推出新成果的巨大可能性,還没有得到充分展現。選本的意義之一在於篇幅不長,其他專業的人士也可以看。這也是編者的一個希望。

张谷、王緝國作的《王力先生年譜》,初刊于 1992 年的《王力傳》。2000 年《王力傳》第二版中,王力先生的夫人夏蔚霞、王先生學生中的著名學者唐作藩又對這個年譜作了補訂。四人合力之作,其中又有很多不見於其他文字記載的王先生口傳之史,自已十分完善。北京大學出版社《王力文選》所附《王力先生生平與學術活動年表》,又是唐作藩先生根據前譜改寫補訂,也刪減了些內容。本書後面的年譜,是參合諸譜而成,這裏是要特別說明的。

本書的選編過程得到北京大學博士生、王力先生的後代學生程悅女士的大力襄助。她不但制定了選目和年表等部分的藍本,而且還承担了相當一部分校對工作,輸入了正文中繁琐的語言學符號與隨處可見的生僻字。編纂本書的過程,實為選編者向她學習的過程,令人永遠難忘。本書成于倉促,定稿中的疏漏之處一定不少,其文責皆屬選編者。

學術的發展日新月異,王力先生的學術框架和方法仍在,但其中少數具體觀點,已不免有積薪之嘆。比如漢語中繫詞的産生年代,與王力的說法相比,如今已經被提前了幾個世紀。甚至王力之學的框架與方法,近年來尤其在語音學方面,也受到了不少的挑戰。學界相關的分歧十分複雜,這裏不具體討論。王力的學術,框架宏偉、手眼細密,真正稱得上博大精深。編者希望本書的編纂意圖能夠實現,是爲對王先生最高的敬意。最後引用王力先生在清華國學院所作《中國古文法》中的一句話,作爲導言的結束。這句話體現了王力先生在語言學研究上有所發現時的興奮心情,這個心情,是那麼地有文人氣。願我們都抱着這樣的心情,去讀王力的文章:

古人用字之神，有味哉，有味哉！①

参考文獻：

《王力全集》，王力，北京：中華書局，2013—2015年版。

《王力傳》，張谷、王緝國，南寧：廣西教育出版社，2000年版。

《紀念王力先生百年誕辰學術論文集》，《紀念王力先生百年誕辰學術論文集》編輯委員會編，北京：商務印書館，2002年版。

《中國現代語言學家傳略》，中國語言學會《中國現代語言學家傳略》編寫組編，石家莊：河北教育出版社，2004年版。

《簡明語言學史》，(英)R. H. 羅賓斯著，徐德寶等譯，北京：中國社會科學出版社，1997年版。

① 王力《龍蟲并雕齋文集》，第215頁。

語音學

學音部

南北朝詩人用韻考

一、導言

二、支佳歌戈麻魚虞模

三、之脂微齊皆灰咍

四、蕭宵肴豪尤侯幽

五、蒸登東冬鍾江陽唐庚耕清青

六、真諄臻欣文元魂痕先仙山刪寒桓

七、侵覃銜談鹽添咸嚴凡

八、職德屋沃燭覺藥鐸陌麥昔錫

九、質術櫛迄物月没廢霽祭屑薛黠鎋曷末泰

十、緝合狎盍葉帖洽業乏

十一、結論

一、導言

南北朝的韻書,有呂靜《韻集》、夏侯該《韻略》、陽休之《韻略》、周思言《音韻》、李季節《音譜》、杜臺卿《韻略》等,陸法言的《切韻·序》裏說它們各有乖互。這種乖互的情形可以有四個原因:(1) 時代的不同;(2) 方音的不同;(3) 音韻知識深淺的差異;(4) 歸類標準的差異。陸法言等人"因論南北是非,古今通塞,欲更捃選精切,除削疏緩",大約就是要把不同時代與不同地域的語音系統加以融會貫通,再憑着他們的音韻知識,去決定他們所認爲完善的歸類標準。假使我們的揣測不錯,《切韻》所定的語音系統竟近似於潘耒的《類音》①,並不是一時一地的語音實錄。呂靜諸人的韻書之所以滅亡,《切韻》之所以獨存,也許恰恰因爲《切韻》能投合從前的中國學者的復古思想,也許還因爲撰述《切韻》的八個人在當時的文學界有很大的權威,所以纔有"我輩數人,定則定矣"的話。總之,如果我們要求一部語音實錄的話,呂靜諸人的韻書的價值未必不在《切韻》的價值之上,而它們的喪佚也就是音韻學上的損失。

但是,我們還有别的史料,藉此可以審核《切韻》的歸類是否符合當時的語音系統。史料中最重要的就是南北朝的韻文,因爲這是與韻書有直接關係的;縱使《切韻》與《廣韻》也都喪佚了,我們還可以根據這些史料編成一部韻書。孔廣森既然能單憑《詩經》著成一部《詩聲類》,我們自然也能單憑南北朝的韻文著成一部《南北朝聲類》,而這《南北朝聲類》既可與《切韻》互相證明,也可以在某一些情形之下矯正《切韻》的錯誤。

研究南北朝詩人的用韻,對於音值的考定也有很大的幫助。我們不敢斷定凡相叶韻的字的主要元音必相同,但我們可以說,相叶韻的字比不相叶韻的字的主要元音一定近似些,例如支脂之三韻,依南北朝的韻文看來,脂之是一類,支獨成一類;當脂之同用的時候,支還是獨用的。因此,我們可斷定當時脂與之的元音必相同或甚相近,而支與之的距離必比脂與之的距離遠了許多;高本漢(Karlgren)把《切韻》的支定爲 ie̯,脂之定爲 i,是很近情理的。又如魚虞模三韻,依南北朝的韻文看來,虞模是一類,魚獨成一類;當虞模同用的時候,魚還是獨用的。因此,我們可斷定當時虞與模的元音必相同或甚相近,而魚與模的距離必比虞與模的距離遠了許多;高本漢把《切韻》的魚定爲i̯wo,模定爲 uo,虞定爲i̯u,倒反

① 參看《清華學報》第 10 卷第 3 期第 647—690 頁,拙著《類音研究》。

是魚與模近而虞與模遠，就很難令人相信了。與其根據宋人的韻圖去定《切韻》的音值，不如根據南北朝詩人用韻的遠近，因爲南北朝離《切韻》的時代很近，而且詩歌裏的韻類總比韻圖裏的系統更自然些①。此外，當時或唐代中外文字的對譯，自然也很能幫助音值的假定，但我們不能因此就拋棄了本國的史料。本篇對於南北朝的聲類將加以詳細的討論，但對於南北朝的音值則暫不考定，因爲音值的考定要比聲類的考定更難，須待把更多的史料研究過，然後敢下斷語。

本篇對於南北朝詩人生卒年及籍貫都特別注意，希望從此窺見語音的進化與方音的差異。本篇所用的材料，衹限於《漢魏六朝百三名家集》裏所有的，我想這已經很够用了，因爲南北朝著作豐富的詩人都在這裏頭，至於著作不多的詩人，他們的用韻頗不便於歸納研究，不援引他們也好。

兹先將《百三名家集》裏的南北朝詩人姓名及其生卒年列表如下：

何承天(370—447)	傅　亮(？—425)	顔延之(384—456)
謝靈運(385—433)	高　允(390—484)	謝惠連(394—430)
袁　淑(408—453)	謝　莊(421—466)	鮑　照(405—466)
張　融(？—497)	沈　約(441—513)	江　淹(444—505)
孔稚珪(447—501)	陶弘景(452—536)	王　儉(452—489)
蕭子良(459—494)	任　昉(460—508)	劉　峻(462—521)
謝　朓(464—499)	邱　遲(464—508)	梁武帝(464—549)
王僧孺(465—522)	王　融(468—494)	吳　均(469—520)
陸　倕(470—526)	劉孝綽(481—539)	王　筠(481—549)
劉孝威(？—548)	劉　潛(484—550)	溫子昇(？)
邢　邵(？)	昭明太子(501—531)	沈　炯(501—560)
簡文帝(503—551)	魏　收(506—572)	徐　陵(507—583)
梁元帝(508—554)	庾肩吾(？—550？)	何　遜(？)

① 我不相信宋人的韻圖能完全符合實際的語音系統；《切韻指掌圖》也許就是與《類音》相似的作品。

庾　信(513—581)　王　褒(?)　江　總(519—594)
張正見(523—594)　李德林(531—591)　盧思道(?)
薛道衡(540—609)　牛　弘(545—610)　陳後主(553—604)
隋煬帝(568—618)

就用韻的變遷看來,南北朝可分爲三個時期。何承天、傅亮、顔延之、謝靈運、高允、謝惠連、袁淑、謝莊、鮑照、張融爲第一期,這一期的特色是:

1. 歌戈麻混;2. 魚虞模混;3. 東冬鍾江混;4. 先仙山混。

沈約、江淹、孔稚珪、陶弘景、王儉、蕭子良、任昉、劉峻、謝朓、邱遲、梁武帝、王僧孺、王融、吳均、陸倕、劉孝綽、王筠、劉孝威、劉潛、溫子昇、邢邵、庾肩吾、何遜、魏收、梁元帝爲第二期,其特色是:

1. 歌戈不與麻混;2. 虞模不與魚混[①];3. 東不與冬鍾混;4. 肴豪各不與蕭宵混。

庾信、徐陵、王褒、江總、張正見、李德林、盧思道、薛道衡、牛弘、陳後主、隋煬帝爲第三期,他們又可分爲南北兩派,北派盧思道等用韻略如第二期,南派庾信、徐陵等用韻則有下列三特色:

1. 江歸陽;2. 欣歸真;3. 青獨立。

這都是大概的說法,其詳見於下文。現在我們再看這些詩人的地域分配:

(1) 山西系

靈州(傅亮);鶉觚(牛弘);汾陰(薛道衡);長安(隋煬帝)。

(2) 河北系

范陽(盧思道);鄚(邢邵);渤海(高允);安平(李德林);下曲陽(魏收);平原(劉陵);東武城(張正見)。

(3) 山東系

博昌(任昉);臨沂(顔延之、王儉、王融、王筠、王褒);郯(何承天、王僧孺、何遜、徐陵);彭城(劉孝綽、劉孝威、劉潛);籍貫未詳者:鮑照(本傳

① 梁武帝父子是例外。

云東海人,虞炎《鮑照集·序》云"本上黨人")。

(4) 河南系

宛句(溫子昇);孝城(江淹、江總);陽夏(謝靈運、謝惠連、袁淑、謝莊、謝朓)。

(5) 南陽系

新野(庾肩吾、庾信)。

(6) 江南系

建康(蕭子良、昭明太子、簡文帝、梁元帝、陳後主);秣陵(陶弘景);蘭陵(梁武帝);吳(陸倕);烏程(邱遲);故鄣(吳均);武康(沈約、沈炯);山陰(孔稚珪);籍貫未詳者:張融。

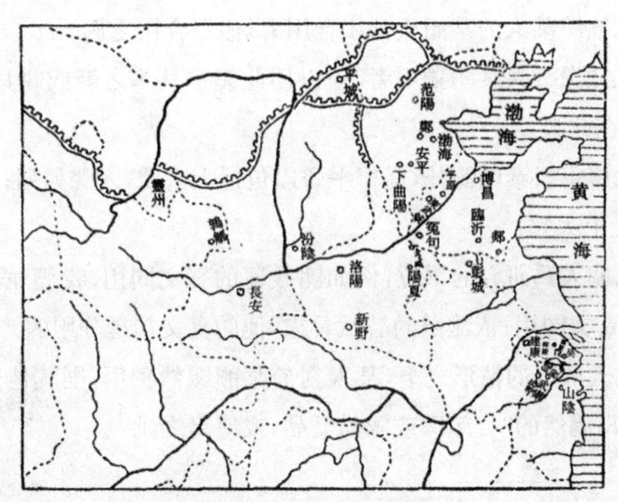

南北朝雖有陽休之《韻略》諸韻書,然而它們在文學界大約没有什麽權威,所以易於喪佚。它們既不像《唐韻》《廣韻》藉政府的力量勉強要一般人遵守,那麽,當時諸詩人當然可以順着自然的語音去押韻了。因此,方音的差異自然會在韻文裏留下痕迹,例如徐陵、庾信是南朝的人(庾後仕北朝),所以他們的青獨立,江歸陽;隋煬帝、盧思道是北朝的人,所以他們的青與庚耕清混,江不歸陽。不過,各詩人的方音是否足以代表他的籍貫,還是一個疑問。有兩種情形可以使他們的籍貫與他們用韻不發生關係:第一,如果他們以祖父的籍貫爲籍貫。這種籍貫在方音關係上就會失掉一半或全部的價值。我在北京常常遇着些不懂福建話的福建籍學生,因而料想南北朝也會有這種名不副實的籍貫。溫子昇本傳載溫"自云太原人",就是籍貫名不副實的證據。第二,諸詩人除陶弘景外,都是做官的人(或皇帝),做官的人就是喜歡打官腔,也許還喜歡依照官音押韻。雖然有時候在藍青官話裏可以留些土音的痕迹,但已經很難代表一地的方音了。因此,我們發現時代對於用韻的影響大,而地域對於用韻的影響小。然有些詩人的時代相同,而用韻不同,在許多情形之下我們仍可以認爲方言的差異的。

在敘述諸詩人用韻之前,我先立下了六個條例:

1. 敘述之先後,大致以時代爲次。

2. 凡欲證某人的某韻與某韻合用者,僅舉合用之例。

3. 凡欲證某人某韻獨用者,僅以用此韻字甚多之詩或賦爲例;但遇窄韻則不在此限。

4. 除廢霽祭泰四韻外,僅舉平聲以包括上去聲,入聲另列;但遇必要時,亦取及上去聲。

5. 以個人爲研究的單位,例如謝靈運的真文同用,我們並不因此就說鮑照的真文同用;依鮑照的詩賦看來,他的真文却是分用的。

6. 在大部分的情形之下,某人對於某韻顯然獨用,則其他少數的例外只可認爲偶然的"合韻",或認爲僞品,或傳寫之訛①。

---

① 本文所根據者爲張溥原輯,彭懋謙重編的《漢魏六朝百三名家集》,書中錯字很多。單就韻字(韻腳)而言,如鮑照《掘黃精》"石"誤"日",《夢歸鄉》"闌"誤"門";沈約《和劉雍州》"充"誤"克",《會圃臨東風》"帟"誤"帣";陶弘景《尋山志》"山"誤"出";王僧孺《永寧令誄》"搏"誤"摶";梁元帝《游後園》"春"誤"舂";何遜《七召》"敞"誤"敝","舍"誤"含";吳均《入蘭臺》"社"誤"祠",《酬別江主簿》"騫"當作"騫";庾信《馬射賦》"宮"誤"官",《陸逞神道碑》"摧"誤"推",《辛威神道碑》"柱"誤"樹",《鄭常神道碑》"部"誤"郡",《詠畫屏風》"粼"誤"憐";李德林《朝日夕月歌》"芬"誤"芳",這都是傳寫之訛的例子。我們不敢斷說此外没有更多的錯字。再說整篇的僞品恐怕還不少:這未必是後人有心作僞,而是把某甲的作品誤抄入某乙的集子裏,例如謝莊的《悅曲池賦》就是從江淹的《悅曲池》裏抄來的兩個片段。江淹的原文是"北山兮黛柏,南江兮頳石;頳峰兮若虹,黛樹兮如畫;暮雲兮千里,朝霞兮千尺……步東池兮夜未艾,臥西窗兮月向山;引一息於魂內,擾百緒於眼前"。謝莊集中"江"作"谿","峰"作"岸","艾"作"久",其餘都與江集相同,顯然是後人誤編入謝集的。這種僞品恐怕也不少。

2、3、4條衹是爲了省篇幅;如果把《百三名家集》裏的韻字完全抄下來做一個全譜,自然更好。但是,現在這種辦法,除了省篇幅之外還有一個好處,就是諸韻分合的情形更顯明些。

二、 支佳歌戈麻魚虞模

(甲)支佳

段玉裁根據先秦古韻,把支脂之分爲三部;今依南北朝詩人的用韻看來,脂之爲一類,支則獨自爲一類。脂之二韻,有些詩人是分用的,有些詩人却把它們合用;至於支韻,却是很嚴格地與脂之隔離。段玉裁又把支佳合爲一部,認爲與歌戈麻相近;在南北朝的韻文裏,這一點仍與先秦相近似。我們試看任昉《王貴嬪哀策文》以"家虵紗佳"爲韻;《侍釋奠宴》以"多家華"爲韻,就可見南北朝還有歌麻與佳通用的痕迹,同時也可猜想它們的韻值相近。至於支佳同用者,則有:

顔延之《赭白馬賦》:儀街螭奇羈馳枝離;《皇太子釋奠》:儀街馳猗。鮑照《園葵賦》:委灑靡解。江淹《空青賦》:施娃離儀虧。王僧孺《詠寵姬》:罷屣解買[①]。

佳韻的字太少,又有幾個常用的字像"涯崖差"是同時屬於支韻的,令我們分不清支佳的界限。如果我們把"涯崖差"也認爲佳韻字,那麽,支佳同用的例子就更多了。

支獨用者:

謝靈運《山居賦》:猗知枝疵,披施崖宜斯池,規奇崖迤[②];《遊南亭》:馳規岐池移垂斯崖知。王融《一志努力篇頌》:移爲離垂危馳窺;《阻雪連句》:池枝離澌馳垂知池虧岐儀移卮疲差。謝朓《將游湘水》:螭垂漪岐離移支縻斯。梁武帝《長安有狹斜行》:知離皮垂卮儀

---

① 凡在《切韻》爲不同韻之字,則加符號以爲標記,例如此處佳韻字下加一畫。

② 凡一篇之中,一韻數見者,以逗點隔開。

> 觽池差;《古意》:離池枝兒知移,枝陲池移知。昭明太子《相逢狹路間》:知離移枝貲兒儀羈卑差池疲奇絁垂吹;《和武帝遊鍾山》:池歧爲垂羈知羲儀奇虧池枝吹麾垂斯隨施窺移。簡文帝《晚春賦》:陂枝移池垂雌披危;《和武帝宴詩》:支碑池漪兒驪儀。梁元帝《玄覽賦》:皮陂池,羈羆奇離支離疲,巇虧。沈約《三月三日》:斯枝兒陂垂離池巵萎炊儀爲;《上巳華光殿》:嫣斯池枝離巵螭漪移曦;《悲落桐》:儀池施知陲枝離斯;《聞夜鶴》:池儀,離垂池宜疲。何遜《哭吴興柳惲》:儀"期"①規奇爲池知麾移巵危垂"坻"披岐擒。吴均《贈柳真陽》:池枝璃螭巵驪知。王筠《奉酬從兄》:儀垂吹枝池施知。庾肩吾《詠美人》:施儀肢池吹垂移知。江總《三日侍宴》:離麾池漪枝危移。邢邵《新官賦》:奇離差垂施披螭曦疲只宜施支危;《三日華林園》:池儀移枝虧巵離。庾信《楊柳歌》:枝垂危吹兒離池隨枝皮陂馳支騎螭碑吹窺璃披爲儀池羅移知垂吹;《北園新齋成》:枝窺垂池移吹皮兒巵知。牛弘《大饗歌》:儀馳披規移離危虧。

此外支韻獨用者尚有謝惠連、謝莊、王儉、陶弘景、邱遲、任昉、劉孝綽、劉孝威、劉潛、陳後主、徐陵、沈炯、張正見、王褒、盧思道、李德林諸人。其中偶有雜脂之微灰韻字者,如:

> 謝惠連《鞠歌行》:"姿"知貲離疲吹危差垂。王融《桐樹賦》:"隈"枝。簡文帝《宣武王碑銘》:迤披"輝"池斯;《春日想上林》:奇宜"衣"移池窺羈。沈約《明之君》:"兹"岐斯爲,移垂爲;《洛陽道》:"比"靡綺倚;《出重圍》:奇"維"巵。劉孝威《望棲烏》:差雌垂枝疲兒"絲"危知。

在將近二百篇的詩賦當中,衹有這八篇與上面何遜一篇是出韻的。我們當然可以把它們認爲例外,也許其中有些還是傳寫之訛,或僞品。最可疑的是沈約的《明之君》。就沈約的全集看來:魚虞顯然是分用的,而《明之君》第一首以"初居"與"愉"爲韻;支之顯然是分用的,而《明之

① 凡認爲偶然合韻的字,則加引號以爲標記。

君》第二首以“岐斯爲”與“茲”爲韻。如果我們在别的方面能證明《明之君》非沈約所作，則用韻方面也可以做一個有力的旁證。

此外，傅亮的《征思賦》以“垂”與“暉闈思”爲韻，是支微之相混；薛道衡《從駕天池》以“陲池螭”與“旗”爲韻，《和許給事》以“戲騎跂”與“鼻至翠”爲韻，是支之脂相混；隋煬帝《贈張麗華》以“知”與“時”爲韻，是支之相混。《百三名家集》在隋煬帝此詩後注云“此或僞筆”；至於傅亮與薛道衡，或因他們的方音如此，或因偶然合韻，未便武斷，衹好存疑而已。

總之，大致看起來南北朝的支韻是獨立的。不過，這裏所謂支韻，其所包括的字，等於《切韻》裏的支韻的字，而不等於段玉裁支部的字。除了邱遲《送張徐州》以“積”字與“吹騎戲寄被義”爲韻之外，更無與昔錫通用的痕迹；又如“皮爲離施儀宜猗靡羅吹差池馳陂罷”等字，也不歸歌而應該依《切韻》歸支。

（乙）歌戈麻

歌戈麻同用者：

何承天《上白鳩頌》：華嘉柯；《朱路篇》：華霞車歌笳和①波阿遐家。謝靈運《撰征賦》：波過沙；《長谿賦》：華羅紗。《感時賦》：賒河跎過何科。顔延之《秋胡行》：河華過柯阿。鮑照《舞鶴賦》：多華夸霞；《河清頌》：河多歌，和波柯羅遐牙家；《代堂上歌行》：歌河何華霞葩梭娥羅和多過；《代白紵曲》：多和芽華；《擬行路難》：花家花華多；《梅花落》：多嗟；《還都至三山》：波阿羅河華芽霞家歌多何；《歎年傷老》：多歌華；《詠老》：華何。謝惠連《雪賦》：沙霞多；《詠螺蚌》：羅加沙和。蕭子良《賓僚七要》：華河沙多波。任昉《侍釋奠宴》：多家華。

歌戈同用者：

謝脁《和王長史》：河多歌沱和波蘿跎荷阿過莎。簡文帝《西齋行馬》：珂跎河靴多，波莎過。梁元帝《屋名詩》：和過歌蘿多波。沈

① 編者注：底本“和”下無短横，據《切韻》加。

約《昭君辭》：河娥波多蘿峨歌過；《從軍行》：多河波莎蘿阿戈歌和何。江淹《水上神女賦》：波阿鼉多歌何；《秋夕納凉》：歌阿波多過河；《效阮公詩》：河多"華"過何阿。庾信《哀江南賦》：河波多河歌。薛道衡《臨渭源》：羅多波河過歌和戈。

同此派者：高允、謝莊、王融、梁武帝、昭明太子、陶弘景、邱遲、劉孝綽、王筠、何遜、吳均、陳後主、盧思道。

麻獨用者：

王融《檢覆三業篇頌》：加瑕華奢邪罝。昭明太子《七契》：家華車邪，華邪花。簡文帝《七勵》：嘉華葩花，家華花霞；《茱萸女》：斜花華斜家車。《孌童》：瑕賒牙霞花斜花車嗟。江淹《蕭太傅東耕祝文》：華霞"波"；《當春四韻》：花霞斜華。沈約《冠子祝文》：加化賒華車家。何遜《南還道中》：華家霞花楂瓜斜麻譁奢車沙嗟。庾信《枯樹賦》：加牙花霞，槎花。盧思道《美女篇》：華花車斜紗家。

同此派者：高允、謝莊、梁武帝、邱遲、王僧孺、王筠、劉孝威、庾肩吾、陳後主、徐陵、張正見。

由上所述，可知南北朝第一期歌戈與麻還是混用的，至第二期以後，麻韻方纔獨立。高允是第一期的人，集中歌麻分用，也許因爲集中韻文太少，看不出合用的例子。蕭子良與任昉是第二期的人，他們的歌麻同用，大約衹是仿古。江淹更奇怪了，依大部分的情形看來，該説他的歌麻是分用的；然而在他的《效阮公詩》與《蕭太傅東耕祝文》裏，却是歌麻合用。江淹是第二期的人，但他的用韻却有好些地方與第一期相似，非但對於歌麻是如此；這也許因爲江淹是早熟的詩人，他用的韻還是第一期的風氣。

（丙）魚虞模

魚虞模同用者：

傅亮《喜雨賦》：娛余濡巫雩乎隅區塗蔬衢漁虞疎。謝靈運《山居賦》：湖區餘徂塗娛敷如，榆樗殊如虚疏衢敷腴初，徒模無書諸渝；《撰征賦》：隅殊書誅奴，餘除余樞，居墟娛餘，都圖謨徂且愚，徒腴都孚,徐珠隅書,"臺"(?)隅渠;《會吟行》:初敷。高允《羅敷行》:敷膚珠梳裾跗。顔延之《行殣賦》:遇衢儲;《秋胡行》:徂除枯隅蕪。鮑照《凌煙樓銘》:隅區除塗吴居扶;《石帆銘》:趨驅虚殂驅途;《代白紵歌》:居疏渠舒竽除須;《從過舊宫》:塗榆圖湖初衢漁荼腴居敷渝徙芻;《擬古》:都儒書壺隅廬初疎。謝莊《舞馬賦》:攄餘都臾。昭明太子《殿賦》:隅廡書;《七契》:吾模圖驅途,驅娱,虚渠書,隅驅慮。簡文帝《七勵》:疎衢珠居;《吴郡石像碑》:書銖驅駒劬袪吴;《宣武王碑銘》:符圖虞初徒;《怨歌行》:餘初居驅除舒魚疎袪輿;《有所思》:輿疎虚蕪;《望同泰寺》:圖珠吾殊雛鳧趨銖驅踰居。梁元帝《玄覽賦》:愚衢墟書,魚鬚軀珠書,娱渝書;《戲作艷詩》:夫蹰珠餘。任昉《知己賦》:車餘娱輿。江淹《思北歸賦》:墟蕪梧徂夫;《娼婦自悲賦》:蕪虚居餘;《丹砂可學賦》:居虚餘,都無裾圖摹;《横吹賦》:都吴儲;《齊太祖誄》:虞都虚居;《郊外望秋》:蕪蹰踰都濡初居書;《悼室人》:無都輿隅居。沈炯《陳武帝哀策文》:墟虞符樞珠,書虞圖符虞。

同此派者:何承天。

魚獨用者:

沈約《郊居賦》:儲書虚餘廬渠蔬余初,墟舒。王僧孺《永寧令誄》:書徐虚舒疏廬車餘諸儲居渠櫨書嶼。陸倕《以詩代書》:疏車書旟車虚袪魚。劉孝綽《三日侍華光殿》:初渠居舒疏餘魚;《歸沐》:廬居渠裾疎虚書如嘘廬璵魚。張正見《帝王所居篇》:居渠廬虚疏書胥輿車除。庾信《窮秋》:沮鋤書魚渠疎廬;《和宇文内史》:疎渠書渠居舒妤;《寒園即目》:居墟書舒餘魚疏;《言志》:譽鋤蘧舒,如裾璩輿,虚墟居初,除閭妤車,餘疏雎書,初畬渠於,沮袪葅諸,嘘廬徐魚,"樗"漁挐書,蔬蛆疏璵。盧思道《遊梁城》:墟餘裾書初疎如虚。

同此派者:王融、謝朓、劉孝威、庾肩吾、何遜、吴均、陳後主、江總、邢邵、王褒、隋煬帝。

虞模同用者:

王融《在家懷善篇頌》:珠芻渝拘途芙;《遊仙詩》:隅區壺珠俱。謝朓《詠蒲》:蒲珠雛塗驅。劉孝綽《還渡浙江》:殊襦隅烏蕪徂鳧衢。劉孝威《青牛畫贊》:區都隅芻模圖;《結客少年場行》:都蘇弧烏衢枯途都壺弧驅;《烏生八九子》:烏雛枯呼;《郄縣遇見人織》:蘇珠轤渝躕。徐陵《驄馬驅》:駒衢敷屠"書"踊;《長安道》:都圖珠吾。江總《辭行李賦》:臾紆區衢樞愚竽汙;《入棲霞寺》:榆拘枯衢俱無塗紆符渝芻夫;《新入姬人》:蘇蛛臾珠;《内殿賦新詩》:鋪壺圖芙。張正見《石賦》:都吾湖珠;《置酒高殿上》:塗罏梧趨珠姝竽雛壺枯都。庾信《哀江南賦》:吳徒渝巫誅弧都;《紇于弘神道碑》:"謀"圖"虛"狐;《宫調曲》:樞都圖烏租梧符;《擬詠懷》:株無跗奴愚;《預麟趾殿校書》:謨圖都夫"疎"狐烏蒲湖;《有喜致醉》:珠弧夫廚須株雛;《别庾七》:烏都圖枯株;《畫屏風》:壺廚孤壚。王褒《出塞》:驅榆蒲圖;《日出東南隅行》:隅鋪無圖襦雛衢趨模顱株吾蘇褕。

同此派者:庾肩吾、陳後主。

虞獨用者:

沈約《郊居賦》:區株娱朱隅衢跗,虞鳧軀珠,武主宇縷膴竪;《高士贊》:無驅夫愉迂拘衢;《少年新婚》:紆嶇朱軀珠鳧膚敷隅駒趨夫。何遜《秋夕歎白髮》:扶殊隅珠軀須廡隅愉樞株鳧隅;《答邱長史》:"路"霧趣句喻騖樹赴賦務驅務屢。

同此派者:吴均、牛弘、王僧孺、陸倕。

模獨用者:

沈約《郊居賦》:菰蒲湖都,堵戶杜覩"下",步顧路訴;《賢首山》:徒狐都胡塗烏逋酺吳;《宿東園》:路步互故露顧兔素暮度。王僧孺《永寧令誄》:艫塗吾都烏呱"墟"。吴均《城上烏》:烏逋呼篭吾;《行路難》:烏轤蘇胡麤;《酬蕭新浦》:壺浦塗吾烏。何遜《宿南洲浦》:苦浦五鼓莽土。

同此派者:隋煬帝、牛弘、盧思道。

魚虞模的變遷,不像歌戈麻那樣有系統;祇有第一期的魚虞模通用與第三期的魚不與虞模通用是顯然的。至於第二期的詩人,有兩種極端相反的情形:昭明太子、江淹、沈炯一派仍依第一期的規矩,以三韻同用;沈約、何遜、吳均、王僧孺一派却似乎走到第三期的前頭,非但魚獨用,連虞模也分用起來。依籍貫看來,沈炯與沈約是同鄉,然而他們却代表着極端相異的兩派。沈炯比沈約小六十歲,我們似乎可說時代形成他們語音的差異;但這個推論是不對的,因爲我們不該假定武康的方音在一二百年內走循環路徑:先是魚虞模不分,後來是魚虞模三分,再後又是魚虞模不分。祇有一個猜想是比較近理的,就是沈約、何遜諸人的審音程度比沈炯他們的程度高些。

三、之脂微齊皆灰咍

之脂微齊皆灰咍同用者[1]:

謝靈運《山居賦》:隈回肥歸,資衣頹違歸懷揮推,芋(?)詞噫墀遺;《撰征賦》:遺私蕤逵期熙,悲思詩時期湄辭乖階霏哀懷頹,基期機歸暉稀,基維湄夷,疑持悲詞;《宋武帝誄》:哀徊徽,哀縗雷基期悲兹;《慧遠法師誄》:資師疑怡,凄骸懷凄棲蹊,依違微希;《君子有所思行》:畿歸闈逵詩徽飛歸饑譏;《石壁精舍》:暉歸微霏依扉違推;《登石門》:棲溪基迷蹊蹄攜荑排梯。謝惠連《雪賦》:思辭之,懷暉衣飛薇違歸;《口箴》:機追微肥;《祭古冢文》:司基兹輀摧低醢犀,齊迴頹哀;《秋胡行》:遲萋荑蹊諧;《却出東西門行》:思徽機祈之;《擣衣》:催槐啼閨攜階哀題歸衣開非。

(甲)之脂微

脂微同用者:

[1] 凡五韻以上同用者,有時候字下不加符號,以省麻煩。

何承天《木瓜賦》:姿輝葳;《思悲公篇》:衣悲歸;《巫山高篇》:微威機師①;《君馬篇》:姿飛暉旂畿機悲稀師私肥歸。顏延之《陽給事誄》:衰威翬畿圍悲;《秋胡行》:違畿依遲歸。高允《答宗欽》:微機墀暉;《徵士頌》:遺遲推饑。鮑照《觀漏賦》:歸飛暉微衰違;《傷逝賦》:衰違暉非歸;《河清頌》:徽微歸推輝機衣;《代白紵舞歌》:禕衣晞飛"回"歸輝;《代北風涼行》:歸悲"哀"追;《吳興黃浦亭》:輝依歸違揮衣追飛韋;《夢歸鄉》:逵畿歸闈暉蕤徽違飛巍衰誰;《秋夕》:機暉稀霏微違帷;《詠雙燕》:歸飛衣衰威機。

之獨用者:

顏延之《秋胡行》:辭基之時持,起始已齒汜。鮑照《傷逝賦》:時茲疑基絲辭期;《松柏篇》:時期治醫辭;《擬行路難》:期詞基時怡;《答客》:詞思疑之基持期詩滋絲時嗤;《送從弟道秀別》:"悲"時怡旗思滋辭持期;《紹古辭》:時絲治緇旗欺;《舞鶴賦》:恥止擬市里;《代門有車馬客行》:士里俚喜已止始起耳李;《登廬山》:士趾里汜耳祀裏起似子市;《贈傅都曹別》:沚已里耳起裏。王融《禮舍利寶塔篇頌》:思"悲"滋基之時疑。謝脁《在郡臥病》:茲時菑辭颸持絲期碁嗤;《懷故人》:期思之茲時詩。沈約《郊居賦》:期時辭基司持,怡基芝栭持嬉茲時,熾記餌截值;《貞女引》:疑"悲"詞;《去東陽》:期茲淇碁旗思;《和竟陵王抄書》:期茲詩疑滋詞輜芝嗤;《春思》:絲持時淇姬思;《高士贊》:志事餌截"織"異緇記;《滌雅》:熾置忌事志"洎"嗣;《豫章行》:駛思異嗣亟志熾事餌"寄"。任昉《贈郭桐廬》:思"坻"持茲"悲"期辭;《答何徵君》:裏市士"軌"喜止。

同此派者:何承天、高允、王儉、謝莊、孔稚珪。

脂獨用者:

謝脁《詠邯鄲才人》:墀眉悲姿私;《三日侍華光殿》:帷墀姿昵,

① 編者注:底本"師"下有横線,據《切韻》删。

位懿轡肆。沈約《三婦艷》：墀帷眉私；《九日侍宴》：墀姿蕤湄；《六憶》：墀"思"飢；《郊居賦》：地嗜肆庇，燧器肆祟地至淚；《麗人賦》：位至媚翠膩；《彌勒贊》：二地轡器位墜至貳媚祕邃備懿；《金庭館碑》：位器祕簣；《陸昭王碑》：遂簣轡瘁；《梁宗廟登歌》：備位致遂地；《憂威》：水雉指矢軌。任昉《答劉居士》：四類肆至。

脂之同用者：

江淹《別賦》：期辭滋悲時湄；《去故鄉賦》：持期滋悲；《空青賦》："微"之；《齊太祖誄》：墀期辭，師詩疑辭，熙夔詩；《劉僕射東山集》：滋思湄遲時詩；《吳中禮石佛》：疑時湄滋坻私遲淄期；《王微養疾》：滋悲墀帷淄期詩；《悼室人》：玆"微"滋時持。梁武帝《淨業賦》：怡眉肌脂欺；《代蘇屬國婦》：期時基帷湄辭思持絲詩。昭明太子《七契》：遲滋熙，"黎"鴟滋。簡文帝《悔賦》：怡遺，期欺蚩基之師；《箏賦》：飢治絲時，私嗤帷遲；《梅花賦》：墀姿帷眉時；《七勵》：淇悲眉，"離"遺"飛"；《妾薄命》：姿期眉絲疑遲帷時期嗤。梁元帝《玄覽賦》：基治師疑辭，辭嬉眉絲思貔時颸龜麋；《登顏園故閣》：墀姿眉遲悲帷時。邱遲《還林賦》："吹"湄墀辭絲蓍悲。陳後主《巫山高》：期思眉絲時，期思時遲疑。沈炯《陳武帝哀策文》：時熙芝欺醫，欺悲遲之帷。庾信《小園賦》：飢遲茨眉龜時絲悲；《遊仙》：師期龜芝棋絲祠。隋煬帝《秦孝王誄》：旗湄禔持台夙玆師。

同此派者：陶弘景、王僧孺、劉孝綽、陸倕、王筠、劉孝威、劉潛、何遜、吳均、徐陵、江總、張正見、王褒、盧思道、牛弘。

微獨用者：

謝朓《酬德賦》：闈扉輝違依歸晞；《擬風賦》：飛暉霏威，歸微徽飛；《休沐重還》：歸非違依飛微衣菲徽闈扉；《詠落梅》：菲歸威輝"追"。梁武帝《白紵辭》：衣"誰"歸飛。簡文帝《圍城賦》：肥扉威"綏""誰"；《南郊頌》：衣"蕤""誰"飛；《詠晚閨》："追"飛衣；《春情》："追"飛衣歸扉。梁元帝《秋興賦》：歸"衰"衣；《鴛鴦賦》：依"衰"機；

《船名詩》:飛"追"歸磯暉衣;《池中燭影》:輝扉微飛稀"追";《祀伍相廟》:"追"圍非衣;《宴清言殿》:璣非"追"。江淹《扇上彩畫賦》:徽衣飛"衰"歸;《效阮公詩》:衣"誰"晞歸"疑"。沈約《晨征》:飛衣歸"衰"違依。劉孝綽《對雲詠懷》:霏飛衣闈歸違扉圍暉非機;《擬劉公幹》:歸飛"追"霏。劉孝威《擬古》:"追""誰"。庾肩吾《遊甑山》:"追"歸稀飛衣。何遜《行經孫氏陵》:依機畿威淝扉違歸微非暉飛衣。陳後主《紫騮馬》:歸飛輝衣"追"。徐陵《侯安都德政碑》:歸暉飛威"綏"。江總《勞酒賦》:菲"推"沂。魏收《美女篇》:歸騑沂妃飛非衣微稀威依機違。庾信《哀江南賦》:"綏"闈飛,威微歸飛;《傷心賦》:"哀"依歸譏;《枯樹賦》:歸薇扉"衰";《鶴贊》:歸飛羈衣;《司馬裔墓銘》:輝機飛圍,微稀衣"衰";《吳明徹墓銘》:"衰"飛"追"歸;《謹贈司寇》:機旂歸衣飛稀依圍肥微妃"吹"威磯扉闈微非"衰""追";《入彭城館》:威圍"衰"飛稀衣歸;《和何儀同》:機衣歸稀輝飛"衰"機微;《擬詠懷》:非薇違"衰"。王褒《日出東南隅行》:歸輝飛"追"。

同此派者:王融、邢邵、昭明太子、任昉、謝莊、王僧孺、陸倕、王筠、張正見、溫子昇、隋煬帝、盧思道、薛道衡。

在段氏十七部裏,脂微是同部的;南北朝第一期,脂微也是通用的。到了第二期,微韻獨立了,脂之卻又混了,祇有沈約、謝朓幾個人是脂之微三分的。

有些字是浮動於二韻之間的,例如"軌"字依先秦古韻該歸幽(近之),依《切韻》該歸脂;任昉在《答何徵君》裏把它押入之韻,沈約在《忱威》裏卻把它押入脂韻。又有些字是容易因傳抄而致誤的,例如"旂"與"旗"、"饑"與"飢"、"幃"與"帷",意義都差不多("饑"訓穀不熟,"飢"訓飢餓,但也因聲近而易混),然而它們却是不同韻的。所以我們遇着這些字的時候該加一點兒判斷力,例如江淹《齊太祖誄》以"旗"與"輝微"爲韻,邢邵《古露詩》以"旗"與"霏機"爲韻,"旗"當爲"旂"之誤;吳均《贈杜容成》以"帷"與"衣飛"爲韻,"帷"當爲"幃"之誤;餘如"飢饑"相混之例甚多,當視其韻類而加以校正。

本篇在整理材料的時候,曾用陳蘭甫系聯的歸納法。系聯的結果,對於其他諸韻仍逃不出《切韻》的系統(祇在分合上稍有異同),但對於脂微兩部則有意外的發現。脂韻一部分的字是該歸微的;自從第二期脂微分用以後,這一部分的字就專與微韻同押,而與另一部分的字絕不相通。這一部分的字是:追綏推衰誰蕤。

我們再看這六個字同屬於舌音與齒音的合口呼,可見它們在同一條件之下歸微,並不是零亂的,也不是偶然的。把這六個字認爲微韻字,則見南北朝第二期以後微韻絕對不再與脂韻相通,換句話說,就是不再與"悲眉師姿遲龜"等字通押。南北朝聲類與《切韻》系統的異同如下表:

<table>
<tr><td>《切韻》系統</td><td colspan="3">脂韻</td><td colspan="2">微韻</td></tr>
<tr><td>等呼</td><td>開口</td><td colspan="2">合口</td><td>開口</td><td>合口</td></tr>
<tr><td>發音部位</td><td>喉牙脣舌齒</td><td>喉牙脣</td><td>舌齒</td><td>喉牙</td><td>喉牙脣</td></tr>
<tr><td>南北朝聲類</td><td colspan="2">脂韻</td><td colspan="3">微韻</td></tr>
<tr><td>例字</td><td>伊墀師尼黎夷遲胝坻飢私屍資脂尸肌湄</td><td>惟悲惟龜湄逵遺夔丕</td><td>追衰綏誰推蕤</td><td>衣旂譏依沂幾希饑磯</td><td>圍歸飛非微違暉徽肥威</td></tr>
</table>

由表看來,《切韻》的微韻没有舌音與齒音,而南北朝的聲類却以舌齒的合口歸微。對於這種現象,我們可以在現代的北京話裏得到一個解釋。現代北京對於脂微是没有分别的,然而對於脂微的合口字却有兩種韻母:第一種是"龜歸逵威違"等喉牙音字,它們的韻母是 uei;第二種是"追綏推蕤"等舌齒音字,它們的韻母是 ui。等韻家却把這些字都併成一類,認爲一個韻母,因此我想從前北京也許曾經把"追綏推蕤"念入 uei 韻過。從這一事實可以揣測南北朝脂微韻的進化情形:"追綏推蕤"等字大約先念的是 uei,所以入微,因爲微韻的開口呼是 ei,後來它們的韻母轉變爲 ui,如今北京音,所以入脂,因爲脂韻的開口呼是 i。這是暫時的一種假定。

微韻去聲字少,故常與脂韻去聲通押,如庾信《哀江南賦》以"沸尉"

與“帥”爲韻,“氣”與“泗至魅冀器地悴”爲韻,“撌沸”與“地帥淚”爲韻,“氣”與“位棄醉”爲韻,《徵調曲》以“氣緯”與“位類”爲韻等等。所以南北朝第二期的“醉萃翠邃遂帥類”等舌齒音字雖該認爲微韻去聲,仍可與脂韻去聲“冀季器棄地至鼻寐次自四視懿位利二”等字通押的。

(乙)齊皆灰咍

齊皆灰咍同用者:

何承天《芳樹篇》:徊開諧階棲懷桂乖。鮑照《野餓賦》:排哀臺摧隈乖懷;《代放歌行》:“非”懷開來埃“歸”才猜萊臺迴;《代淮南王》:閨懷;《三日》:懷臺開苔栽梅杯摧。高允《詠貞婦》:笄諧乖懷;《徵士頌》:偕諧懷摧哀。江淹《别賦》:珪來徊;《步桐臺》:哉埃臺來懷,徊階;《渡泉橋》:哉來鰓迴開苔懷來;《休上人怨别》:哉來徊開臺埃懷;《冬盡難離》:閨題懷西啼乖睽蹊。

齊皆同用者:

顏延之《和謝靈運》:迷棲閨睽霾乖蹊荑稽泥淮黎畦偕凄珪懷。王儉《褚彦回碑文》:階懷諧黎。

皆灰咍同用者:

謝朓《擬風賦》:才徠臺懷;《奉和隨王殿下》:隈來回臺杯,開來懷徊,來開臺枚。張融《海賦》:排開瞶。陶弘景《水仙賦》:開淮臺來;《尋山志》:萊臺懷諧埃。陸倕《思田賦》:懷萊隈迴。邢邵《冬日傷志篇》:栽杯臺來開哀枚萊懷。

齊獨用者:

謝朓《遊敬亭山》:齊棲谿低啼凄蹊迷梯睽。沈約《和陸慧曉》:稽齊黎圭犀攜泥畦西迷。王融《戒法攝心篇頌》:荑棲倪齊蹊迷。王僧孺《朱鷺》:堤鷖①雞珪棲。王筠《春日》:齊泥棲閨萋。梁元帝《晚

① 編者注:底本作“鷺”,據1936年7月《清華學報》改。

棲烏》：棲迷齊閨妻。吳均《渡易水歌》：齊觝西嘶齊；《與柳惲贈答》：凄珪齊泥西。江總《紫騮馬》：凄閨嘶堤啼；《雨雪曲》：溪西蹄低迷。張正見《從軍行》：西齊梯迷泥；《神仙篇》：蜺溪迷泥鷄。庾信《小園賦》：閨攜妻畦低嘶；《將命至鄴》：隄黎珪迷低蹊；《至老子廟》：蜺谿圭泥低啼迷西；《初晴》：隄低泥溪齊。王褒《山家》：攜霓“埤”迷啼棲蹊齊。盧思道《神仙篇》：攜梯雞溪霓泥西迷；《贈李若》：凄蹊西迷珪蹄；《贈劉儀同》：攜黎西雞蹊齎低嘶泥萋。薛道衡《昔昔鹽》：堤齊蹊妻閨啼低雞泥西蹄。

同此派者：謝莊(?)、簡文帝、任昉、何遜、庾肩吾、陳後主、徐陵、沈炯。

皆獨用者：

江總《靜臥棲霞寺房》：齋霾階懷乖儕。庾信《陸逞神道碑》：乖埋揩懷；《商調曲》：“開”乖懷“哉”；《山齋》：齋階埋槐乖；《晚秋》：階槐霾排；《畫屏風》：齊埋懷偕。

同此派者：沈約、吳均。

灰咍同用者：

顔延之《陽給事誄》：恢萊埃骸才臺。沈約《飲馬長城窟》：堆迴臺埃；《三日侍鳳光殿》：臺哉迴。梁元帝《詠石榴》：催梅來栽開；《早發龍巢》：隈開來臺。徐陵《梅花落》：梅栽臺徊栽；《鬬鷄》：才媒臺來。庾信《高鳳好書》：迴臺來開；《陸逞神道碑》：摧迴哀雷；《長孫儉神道碑》：雷開臺才；《步陸孤氏墓銘》：迴灰臺徊[1]；《周宗廟歌》：徊壘來；《步虛詞》：開來臺迴萊災；《遊田》：開來臺回枚杯；《闡弘三教》：開來臺才迴灰；《喜雨》：回媒雷臺開來胎才偲；《蒲州刺史》：迴開催來；《奉和趙王》：臺雷杯采臺莓。盧思道《盧記室誄》：杯埃迴臺開來。薛道衡《遊昆明池》：徊材來灰開杯；《和許給事》：灰梅徊來杯

① 編者注：“徊”下短線據《切韻》及 1936 年 7 月《清華學報》補。

哉；《梅夏》：梅來開才。

同此派者：謝莊、王融、邱遲、王僧孺、劉孝綽、劉孝威、庾肩吾、何遜、吳均、陳後主、王褒、隋煬帝。

當齊皆灰咍同用的時候，它們的音值未必完全相同。齊與皆近，皆與灰咍近，齊與灰咍則較遠；所以齊皆同用與皆灰咍同用的例子都很多，齊灰咍同用的例子就非常少見。

四、 蕭宵肴豪尤侯幽

(甲) 蕭宵肴豪

蕭宵肴豪同用者：

何承天《采進酒篇》：朝肴交僚鑣濠勞遨醪妖謠呶；《上邪篇》：矯表草道；《木瓜賦》：劭耀撓效操好報。傅亮《登陵囂館賦》：皋騷飈勞忉遼。謝靈運《山居賦》：椒摽綯茭，沼表道，抱表草矯道窕兆早；《緣覺聲聞合贊》：少寶老道；《宋武帝誄》：昭韜郊朝，道趙造表，沼早昊；《相逢行》：道草抱保槁早老好鳥造燥繞曉了縞；《平原侯植》：沼草討好道裊抱早藻昊飽老；《從遊京口》：高超鑣椒潮皋桃昭苗巢謠；《石室山》：郊高椒朝霄喬交條；《酬從弟惠連》：交遨苞陶勞；《入東道路詩》：朝飈韶桃苗遼高朝謠。顏延之《範連珠》：交昭潮；《皇太子釋奠》：照奧教効。高允《答宗欽》：寶矯表縞；《鹿苑賦》：教蹈奧號躁誥照廟導妙；《詠貞婦》：好到醮効；《徵士頌》：到誥操孝教。鮑照《傷逝賦》：夭少抱保草藻老討道；《擬行路難》：朝銷"頭"。張融《海賦》：艘高飈。陶弘景《水仙賦》：璈餚桃霄。王儉《高帝哀策文》：孝炤教。邢邵《文宣帝哀策文》：寶草皓擾矯。

蕭宵同用者：

謝惠連《泛湖歸》：橈潮要椒飈條囂朝。梁武帝《玄覽賦》：霄譙橋朝軺貂超條標寮遶霄朝；《鳥名詩》：要橈蕭腰潮。王融《効請增進篇頌》:朝遙翹遼超橋鑣;《清楚引》:岧宵遼飈苗妖;《遊仙詩》:鑣潮飆霄寥。謝朓《遊後園賦》:迢寥飈遙;《擬風賦》:椒朝遙寥超。昭明太子《芙蓉賦》:"號"曜調;《七契》:曜照召笑耀妙"樂"。簡文帝《三日侍皇太子》:嶤寮搖條;《三月三日》:搖朝夭條朝妖翹腰嬌潮椒。沈約《華陽先生》:霄譙朝鑣凋;《傷庾杲之》:僚條飈昭。江淹《水上神女賦》:鑣條要嬌嬌寥;《檀超墓銘》:鑣條要嬌椒寥。劉孝威《三日侍皇太子》:朝謠橋鑣簫椒潮;《奉和六月壬午應令》:瑤潮遙橋霄跳橈苗樵瓢朝遙綃;《奉和晚日》:綃搖潮飈僑簫。江總《營涅槃懺》:條要遙椒銷飄朝。陳後主《獨酌謠》:謠謠飈聊調超霄飄遙喬,謠宵朝,謠消調朝譙嬌遙。沈炯《獨酌謠》:謠謠要招飄超喬霄韶朝遙囂;《八音詩》:嬌迢橋飄朝韶囂飈瑤。庾信《連珠》:標"巢";《司馬裔神道碑》:遙橋遼姚;《夢入堂內》:椒條撩腰搖調朝;《畫屏風》:鑣條飄驕橋,飄腰調姚。盧思道《納涼賦》:條簫鑣嶤霄寮;《盧記寶誄》:朝翹招條鑣僚。牛弘《方邱歌》:昭"郊";《食舉歌》:昭饒調曉朝。

同此派者:謝莊、王僧孺、庾肩吾、何遜、吳均、徐陵、王褒、隋煬帝。

看獨用者:

沈約《郊居賦》:郊茅交巢坳。江淹《齊太祖誄》:孝貌教效。梁武帝《孝思賦》:孝撓教。江總《陸君誄》:教撓孝。庾信《小園賦》:淆交坳巢匏;《周祀方澤歌》:郊庖茅匏;《擬詠懷》:哮交茅巢膠弰崤包;《園庭》:郊爻茆巢苞膠嘲殽庖交。隋煬帝《秦孝王誄》:胞郊巢。

豪獨用者:

謝莊《和元日雪花應詔》:道寶造藻杲掃。王融《善友獎劾篇頌》:草皓藻道保造;《奉養僧田篇頌》:掃寶道老藻草皓。江淹《謝惠連贈別》:勞遨臯陶"瑤";《栟櫚》:草道寶"巧";《陰長生》:寶道草"鳥";《孫綽雜述》:老道皓草"巧鳥";《效阮公詩》:好道寶草抱。謝朓《奉和竟陵王》:寶道抱早草老;《忝役湘州》:奧好暴冒竈導號操報勞蹈。梁武帝《淨業賦》:道草老惱。昭明太子《擬古》:草皓掃老。簡文帝《大同九年七月》:"橈"好。王僧孺《古意》:刀袍毫遭毛蒿;《至半渚》:掃島鴇潦好。何遜《聊作百一體》:螬毫勞袍敖曹褒蒿糟滔毛。江總《贈賀蕭舍人》:道老抱藻草保。陳後主《立春日泛舟》:桃滔袍刀高濠。沈炯《離合詩》:桃高蒿陶騷毫曹勞。庾信《步虚詞》:高敖桃刀逃;《侍從徐國公》:韜旄皋醪高刀毛勞;《和裴儀同》:皋騷毛勞高袍。

同此派者:沈約、劉孝綽、王筠、吳均、王褒、薛道衡。

蕭宵肴豪祇在第一期是同用的;第二期以後就分爲三部,蕭宵爲一部,肴爲一部,豪爲一部。陶弘景、江淹、王儉還算是第一期的派頭;邢邵《文宣帝哀策文》也許是轉韻。此四韻不與尤侯幽通,鮑照《擬行路難》是例外。

(乙)尤侯幽

尤侯幽同用者:

傅亮《傅府君銘》:修求周幽;《奉迎大駕》:舟球尤收輈留修謀酬浮繇謳。謝靈運《登臨海嶠》:舟流游樓留;《山居賦》:口首阜藪後右。顔延之《車駕幸京口》:遊州流舟浮斿謳洲疇邱柔。鮑照《園葵賦》:抽油疇投憂羞;《代結客少年場行》:頭鉤讎遊邱。簡文帝《悔賦》:富宙構授守獸寇;《大同哀辭》:候漏岫就;《餞劉孝儀》:候守鬬溜舊;《和蕭東陽》:構守候富。徐陵《出自薊北門行》:愁樓流秋州侯。庾信《哀江南賦》:舟游流樓邱舟侯洲牛,胄漏寇獸宿鬬;《擬詠懷》:謀侯頭留秋;《徵調曲》:首后負;《司馬裔神道碑》:構候鬬宿;《步陸孤氏墓銘》:守鏤鬬。王褒《墻上難爲趨》:邱酬由求鉤侯州投浮鉤。盧思道《日出東南隅行》:鉤樓羞眸愁留頭;《河曲游》:流游洲稠樓猶謳溝憂;《聽鳴蟬篇》:州求樓遊侯憂牛。薛道衡《豫章行》:甌游流洲樓;《入郴江》:流牛洲浮鉤頭;《渡北河》:洲流樓浮侯愁;《苔紙》:流鉤。

同此派者:全南北朝詩人。

關於尤侯幽三韻,全南北朝詩人是一致的;三韻完全没有分用的痕迹。尤侯大約衹是開合口的分別;尤與幽恐怕就完全無別了。

五、 蒸登東冬鍾江陽唐庚耕清青

(甲) 蒸登

蒸獨用者:

傅亮《感物賦》:蠅陵徵承膺。顔延之《宋文帝元后哀策文》:昇憑凝膺蠅。鮑照《代白頭吟》:繩冰仍興勝蠅陵升稱憑膺;《與謝莊三連句》:澄勝凝興。謝惠連《雪賦》:"窮"升凝冰興繒;《代古》:綾繩興凌升繩。梁武帝《采菱曲》:繩興菱。簡文帝《賦得橋》:陵冰繩鷹;《吴郡石像碑》:勝證孕乘應。沈約《介雅》:升仍應。江淹《恨賦》:陵興乘膺勝;《横吹賦》:蹭澄鷹;《齊太祖誄》:繩興澄。陶弘景《水仙賦》:蹭繩陵;《尋山志》:陵矜承。王筠《俠客篇》:矜膺陵興。何遜《七召》:懲繩冰。徐陵《陳文帝哀策文》:稱憑繩升。庾信《連珠》:膺勝;《鄭常墓銘》:憑陵凝承;《周祀圜丘歌》:憑升繩。盧思道《從駕》:陵繩承憑冰凝蒸徵陵勝。牛弘《方邱歌》:承膺。

登獨用者:

謝靈運《宋武帝誄》:弘登輣滕。顔延之《赭白馬賦》:登稜層騰。簡文帝《詠煙》:藤登層燈。梁元帝《幽逼詩》:恒鵬。劉孝綽《酬陸倕》:僧燈弘能曾。何遜《渡連沂》:恒騰嶒崩藤登朋。庾信《北園射堂新成》:登堋能藤朋。

蒸登在南北朝没有合用的痕迹,同時,與它們相配的職德也很少有合用的情形。依謝惠連《雪賦》看來,蒸可與東通用(實際上與上古冬部通用),同時,職德與"竹曲"爲韻。由此看來,蒸登與東冬鍾相近,而它們距離庚耕清青甚遠。

（乙）東冬鍾江陽唐

東冬鍾江同用者：

何承天《社頌》：工龍雍江邦庸。傅亮《感物賦》：中櫳墉東充終融蹤封宋隆躬工通蒙。謝靈運《山居賦》：峰縱江紅風；《田南樹園》：同中風江墉窗峰功蹤同；《於南山往北山》：峰松瓏淙蹤容茸風重同通。顔延之《陶徵士誄》：風邦恭農；《直東宮》：工風墉中宮窮衷松充桐；《除弟服》：冬窮容躬。高允《答宗欽》：通封從同；《徵士頌》：躬功崇隆，通胸龍邦。鮑照《野鵝賦》：崇潼蓬空雙胸；《代陳思王京洛篇》：窗龍風容中鴻蓬空縫濃縱；《代陳思王白馬篇》：弓風中冬縫封松墉戎功鍾雄；《縱拜陵登京峴》：終松重通峰容窮中邦空；《贈馬子喬》：中風容鴻雙；《與荀中書别》：風躬終容江從空；《還都口號》：宫通風冬空容江邦逢功；《數詩》：東宫邦鴻豐風鍾重容通；《玩月》：𢡊同中風。袁淑《大蘭王九錫》：雄東風攻峰。謝惠連《豫章行》：江從峰鍾蹤茸龍胸封容；《猛虎行》：峰容蹤恭縱；又：風"傷"；《前緩聲歌》：胸峰公，"楊"同豐；《七月七日》：櫳風窮從容蹤雙悰空龍重。王儉《贈徐孝嗣》：龍東蹤雍從。謝朓《移病還園》：蓬鴻空重容冲從。

東獨用者：

梁武帝《淨業賦》：童躬窮風雄；《靈空》：同風中沖空。王融《十種慚愧篇頌》：隆中崇通風忡；《法樂辭》：窮風中葱宫；《春遊迴文》：東叢風紅中。昭明太子《七契》：桐葱嵩東風中。簡文帝《梅花賦》：宫中叢通筩風；《七勵》：宫風虹瓏東，中紅風，"容"童風翁，空通；《上之回》：中宫風曈戎窮；《艷歌篇》：中空紅終宫通驄駿銅弓嗡豐櫳風筒桐東窮；《行幸甘泉宫》：通宫空風虹終中鴻；《奉和登北顧樓》：宫澧峒童虹中。沈約《瑞石像銘》：功空濛融通葱風東衷宫工隆嵩；《前緩聲歌》：東風宫鴻空虹童空中嵩；《遊沈道士館》：功充中宫窮豐躬"蘢"風"蹤"鴻通嵩同；《和劉雍州》：工銅瓏窮鴻窮叢風雄桐充嵩；

《望秋月》:叢風紅濛空通瓏鴻宫東。江淹《泣賦》:紅窮東風;《哀千里賦》:窮紅東空;《知己賦》:"容"同終;《麗色賦》:中風桐東空;《靈邱竹賦》:宫空風濛東通;《山桃》:叢風虹"宗";《齊太祖誄》:工空"庸"沖功風,同功東崇,公終"邦"風;《赤亭渚》:楓紅窮中空風鴻。任昉《王貴嬪哀策文》:宫風中沖窮終;《侍釋奠宴》:沖風蒙"鎔"。徐陵《傅大士碑》:雄空通叢風;《徐則法師碑》:童中"鎔"蒙;《紫騮馬》:"鬃"幪空鴻東。沈炯《長安少年行》:翁蓬雄功宫中通空東終同聾翁蒙。魏收《後園宴樂》:中風穹功通叢。庾信《馬射賦》:風宫紅弓熊空;《鄭偉墓銘》:公通雄"封";《蕭太墓銘》:宫戎中東窮風;《祀方澤歌》:宫中風,同宫中馮風葱;《上益州》:窮同蓬風紅空;《和樂儀同》:通風宫豐筒東;《和王内史》:宫功弓熊"重"。盧思道《孤鴻賦》:鴻蟲東風空濛弓;《祭灤湖文》:東濛同風通戎;《後園宴》:叢櫳紅窮中。薛道衡《隋高祖頌》:蒙同功風。

同此派者:謝莊(?)、梁元帝、陶弘景、劉孝綽、劉孝威、劉潛、庾肩吾、何遜、吴均、張正見、牛弘。

冬鍾江同用者:

江淹《哀千里賦》:峰江;《麗色賦》:雙容龍邦;《赤虹賦》:逢容峰龍"紅";《江上之山賦》:江峰重;《鏡論語》:縱重峰窗;《陸東海譙山集》:濃"紅"松峰重從容。昭明太子《七契》:邦封從;冬從。

冬鍾同用者:

沈約《俊雅》:重容從雍恭;《於穆》:鐘鏞容龍蹤。簡文帝《劉顯墓銘》:鞏重冢壟拱氄湧踵;《被幽連珠》:鐘宗;《王規墓銘》:鋒鐘冬;《雁門太守行》:濃重墉逢封蹤。梁元帝《玄覽賦》:墉封衝蹤松鐘。庾肩吾《奉使北徐州》:恭從蹤封墉雍重龍容鐘松鋒濃茸"蘩"峰鏞喁峰庸逢。江總《入龍邱巖精舍》:龍峰松鐘重容從。張正見《和諸葛覽》:封重鋒蹤"戎";《題新雲》:松峰重龍。庾信《陪駕》:龍峰衝松蓉鐘重峰容封;《任洛州》:蹤龍重鋒從庸峰松龔封;《送靈法師葬》:封鋒松重鐘濃從。王褒《山家》：冬峰蹤松鐘逢龍。盧思道《春夕》：松封峰濃容重春從。牛弘《太廟樂歌》：宗雍重恭容從。薛道衡《展敬上鳳林寺》：峰龍重濃鐘松蓉從。

同此派者：魏收、邢邵。

江獨用者：

簡文帝《秋晚》：江窗缸。

陽唐同用者：

顏延之《赭白馬賦》：王方裝光章"衡"防；《陽給事誄》：陽昌皇良霜"衡"①。謝靈運《山居賦》：忘常堂陽，樢章梁涼，堂房芳長傍場，芳薑霜陽，芳狂；《宋武帝誄》：茫傷皇忘。鮑照《喜雨》：陽光鄉潢莊堂芳箱皇。梁武帝《孝思賦》：傷望裳方蒼茫腸央徨狂陽芳傷。沈約《郊居賦》：忘場翔昌堂方藏莊茫攘。昭明太子《七契》：光芳黃堂羊瀼桑唐康。簡文帝《大法頌》：長王璜皇梁廊裳張鏘庠揚藏章彰黃王狼荒鄉桑湯良鏜祥芳光凰翔王唐梁常莊驤行狼暘煌香墻涼量王芒霜揚張光房方航疆。王褒《陌上桑》：桑光芳筐徨。李德林《夏日》：涼塘黃漿光妝央。薛道衡《隋高祖頌》：方強王康；《月夜聽軍樂》：隍霜光陽章強；《和許給事》：行場房妝鴦香。

同此派者：全南北朝詩人（惟孔稚珪、徐陵、庾信又以陽唐與江同用）。

江陽唐同用者：

孔稚珪《旦發青林》：江長央霜忘。徐陵《鴛鴦賦》：雙鴦。庾信《鴛鴦賦》：王梁桑牀；《柳霞墓銘》：陽張章江；《配帝舞》：藏堂湯香疆康；《昭夏》：長昌陽煌唐翔方；《王昭君》：陽梁行霜張；《從駕》：楊場張傷狼驪裝行方長昌；《夏日應令》：陽長黃香涼房簧；《送衛王》：降

① 顏延之的"衡"字兩次與陽唐同用，而不見與庚韻字同用，令人推想顏氏方言裏祇把這一個字讀入陽唐，並不是把庚與陽唐合韻。這是該辨別清楚的。江淹的"瓏"字也是如此（見下文）。

江;《代人傷往》:鴦雙。

在南北朝第一期,東冬鍾江是同用的,王儉、謝朓還有第一期的遺風。江淹可以代表第一期與第二期之間的過渡人物,所以他的東韻與鍾韻雖在大部分的情形之下是分開的,卻仍有些混用的地方。第二期除江、王、謝三人以外,東鍾的界限就很顯明;冬江字少,不常見,偶見時,則歸鍾而不歸東。第二期以後的東鍾合用時,僅能認爲例外,因這種情形太少了。陽唐之不可分,也像尤侯幽之不可分。江韻獨用,僅有簡文帝的一個例子,似乎是孤證;但與江相配的入聲覺韻也有獨用的。覺韻獨用者有簡文帝、沈約、陶弘景、王僧孺、王褒、盧思道諸人,例子很多,顯然可信①;那麼沈、陶、王、王、盧的江韻大約也是獨用的,不過没有史料可憑罷了。孔稚珪的江陽同用,覺鐸也同用,大約是方音使然,因爲南北朝第一、二兩期的江陽韻是顯然劃分的。到了第三期,江陽在更大的地域裏實際混合了:徐陵與庾信都屬於這一派,尤其是庾信,他的江與陽唐,覺與藥鐸,都有許多同用的例子,絕對不會是偶然的合韻。江韻之離東鍾而入陽唐,是在頗短的時間内發生的變遷;簡文帝諸人的江韻獨用(同時覺也獨用),正是已離東鍾而未入陽唐的一個過渡時期。由此看來,江之歸陽,並非在唐宋以後,而是在隋代以前;《切韻》以江次於東冬鍾之後顯然是志在存古,戴東原的話有了佐證了②。

(丙) 庚耕清青

庚耕清青同用者:

何承天《雍離篇》:情兵庭旌英鳴傾清鯨城平誠。謝靈運《山居賦》:汀傾縈平,平明菁靈縈,經并秔成,猛麖硎鳴,經腥傾成,征行停星,靈生迎形驚情纓彭;《撰征賦》:平寧京扃塋明,情刑舲靈,輕爭明生庭刑,舲城,經荊庚彭兵,驚萌城蘋;《宋武帝誄》:行并誉明,齡明

① 參看下文覺韻條。

② 戴氏《聲韻考》云:"江韻不附東冬鍾韻内者,今音顯然不同,不可没今音,且不可使今音相雜成一韻也;不次陽唐後者,撰韻時以可通用字附近,不可以今音之近似而淆紊古音也。"

萌經。顔延之《陽給事誄》:蘋爭亭城扃生。高允《王子喬》:卿庭星冥。謝惠連《塘上行》:營庭甍馨明。鮑照《野鵝賦》:縈行城庭扃驚寧;《代升天行》:城情平榮生靈經行庭齡聲腥;《擬行路難》:庭莖罌爭;《從臨海王》:行冥荊旌鳴京情零盈。孔稚珪《白馬篇》:鳴平庭征星城驚聲兵清青亭傾成英。梁武帝《孝思賦》:成榮溟形靈猩停零;《圍棋賦》:形榮平名爭;《會三教》:經青生名清齡星明生驚英萌榮形情。昭明太子《七契》:榮形聲英情名營;《同泰僧正講》:城名冥驚形英情成盈明更生清輕。沈約《郊居賦》:崝星平形經成坰縈青。江淹《丹砂可學賦》:"瓏"屏冥鯨名;《燈賦》:縈形靈庭箏平營;《蓮華賦》:名英名莖清英靈冥馨;《靈邱竹賦》:"瓏"青汀坰;《構象臺》:精名生青溟生扃汀欞形;《登香爐峰》:經靈青冥星驚生情名旌;《渡西塞》:榮鳴橫英情生莖經;《王粲懷德》:京情橫清莖零平纓成萍領名;《傷內弟》:名聲榮輕情鳴生庭坰。簡文帝《馬寶頌》:明聲經平英,清"興"①;《秋閨夜思》:征生屏鳴螢成聲。梁元帝《玄覽賦》:誠明京精庭經。陸倕《和昭明太子》:京城楹溟征靈英坰旌瓊榮。庾肩吾《經陳思王墓》:生名寧明成鳴驚城京情。江總《雲堂賦》:清營靈名楹英生。盧思道《櫂歌行》:清城名纓輕情汀;《贈別司馬幼之》:盟行亭旌清生纓名。李德林《相逢狹路間》:經橫名城明營生輕兄情明籯星靈箏纓。牛弘《大射登歌》:明成行正庭名英平橫清。薛道衡《出塞》:驚兵星城生聲庭營纓溟京;《昭君辭》:庭情形輕城征平聲屏明縈名傾生星;《從駕》:經營旌清亭。

同此派者:傅亮、袁淑、王融、張融、謝朓、陶弘景、任昉、吴均、陳後主、沈炯、魏收、溫子昇、隋煬帝。

庚耕清同用者:

① 簡文帝以"興"韻"清",謝惠連以"傷揚"韻"風同豐"(見上文),這是以頗遠的韻合用的,我們衹能認爲偶然合韻,不能把蒸與清或陽與東之間的畛域泯滅。由韻文裏研究韻部,該下些判斷的工夫;否則《詩經》的韻部必不滿十部,而不能分爲二十二或二十三部了。

何遜《與崔錄事別》：行城盈平并明清驚迎征清兄京生。徐陵《陳文帝哀策文》：城明清精平，禎征鳴荊傾。庾信《哀江南賦》：城營兵行鳴聲；《象戲賦》：枰"靈"生行明；《燈賦》：清聲鳴榮明情；《段永神道碑》：生"星"鳴"坰"聲；《周祀圜丘歌》：誠請傾情明，清"甯"成；《商調曲》：明行成衡"刑"情"甯"平，聲"形"平，平成旌盟①；《角調曲》：征兵生聲"并"盈成"刑"；《徵調曲》：生清明傾平"庭銘"；《出自薊北門行》：情城鳴兵營名；《奉報趙王》：平兵鳴名征明行營城迎聲衡；《伏聞遊獵》：晴橫行聲鳴驚平城；《同泰寺》：清京城驚生聲輕明城笙情；《夜聽搗衣》：聲城明成聲鳴；《宮調曲》：平"靈庭"衡庚。

同此派者：謝莊、王儉、張正見、王褒。

青獨用者：

謝莊《月賦》：經靈冥庭；《宋孝威帝哀策文》：亭星庭冥；《宋明堂歌》：庭靈，庭靈，甯靈；《江都平解嚴》：靈甯馨；《懷園引》：庭青。王儉《高帝哀策文》：經坰利庭；《明德凱容樂》：靈庭形甯。劉孝威《妾薄命篇》：庭陘屏坰亭冥形。何遜《七召》：庭"聲"；《和蕭諮議》：庭螢屏青星。徐陵《太極殿銘》：屏櫺銘經廷。庾信《哀江南賦》：涇陘亭螢青；《邛②竹杖賦》：銘庭；《齊王憲神道碑》：經靈寧庭；《長孫儉神道碑》：靈星經庭；《辛威神道碑》：靈星庭經；《豆盧公神道碑》：涇星靈亭銘；《柳霞墓銘》：星經螢；《鄭常墓銘》：靈經亭星；《趙廣墓銘》：經庭銘星；《青帝雲門舞》：星靈。王褒《從軍行》：經亭陘涇形星青刑銘庭屏。

《廣韻》以庚耕清同用，青獨用；劉淵平水韻直以庚耕清併爲一韻，青仍獨立。凡《廣韻》同用、獨用之例，並不僅是因爲韻窄而歸併的，而是依聲音的遠近：支韻已够大了，還要與脂之同用；微韻雖窄，仍該獨用。可

① 編者注：底本"盟"下有兩横，據《切韻》改。

② 編者注：底本與《清華學報》本俱作"卬"，據《漢魏六朝百三家集》改。

見窄不窄並不是同用、獨用的主要原因。青既獨用,可見它的音距離庚耕清頗遠,而這種現象在南北朝已經看得出了。庾信有十篇詩賦是專用青韻的。其餘雖也有庚青同用的地方,但都是些祭歌、神道碑、賦;詩裏則絕對没有青與庚耕清混用的例子(詩的用韻比較嚴格,非但庾信如此)。除何遜、徐陵、庾信等人外,南北朝大部分的詩人似乎以四韻同用;然如江淹《知己賦》以"經靈形"爲韻、《靈邱竹賦》以"青汀坰"爲韻、《石劫賦》以"溟靈寧形"爲韻,沈約《彌陀佛銘》以"形靈冥齡"爲韻、《金庭館碑》以"庭星櫺青"爲韻,謝脁《酬德賦》以"迥艇溟鼎並婞"爲韻,簡文帝《七夕》以"靈軿星停"爲韻,似乎都不是偶然的;尤其是青韻上聲字那麽少,而謝脁用了六個上聲字還不至於出韻,更顯出青韻的獨立性來了。

六、 真諄臻欣文元魂痕先仙山删寒桓

(甲) 真諄臻欣文

真諄臻欣文同用者:

何承天《社頌》:民"行"人鈞泯;《天贊》:人辰分;《戰城南篇》:塵震殷雲;《有所思篇》:閔辛因墳;《遠期篇》:辰親賓人文塵神均身春。謝靈運《山居賦》:文神陳倫;《撰征賦》:辰人綸分民,君焚勳仁;《宋廬陵王誄》:淪春雲申;《鞠歌行》:鄰因雲陳淪真親斤人辰;《述祖德詩》:雲氛人軍分人塵綸"屯"民;《魏太子》:辰津民臻仁新陳人茵塵珍;《答惠連》:旬蓁;《登臨海嶠》:近畛忍隱;《臨終詩》:盡殞菌愍泯忍"朕"。梁武帝《淨業賦》:人塵嗔筠春真芬新鄰因神。陶弘景《雲上之仙風賦》:文雲辰;《瘞鶴銘》:"禽"真,辰辛"門";《許長史舊館壇碑》:芬文巾薰;《告逝篇》:因欣身賓津。

真諄臻同用者:

顔延之《迎送神歌》:親春禋陳民晨淪神輪振。謝惠連《雪賦》:陳親紳因春;《仙人草贊》:人臻春"林";《夜集作離合》:賓臻遵。鮑

照《代蒿里行》：伸晨親巾陳淪人塵；《送盛侍郎》：闉津塵人身春；《學古》：巾親人身神脣珍塵申晨陳春。謝朓《齊雩祭歌》：巡賓臻。昭明太子《宴闌思舊》：淳鄰新仁濱塵巾；《東齋聽講》：珍仁均真塵津陳新蘋伸。簡文帝《長安有狹斜行》："尋"銀臣塵陳新巾輴脣；《傷離新體》：申"襟"漘塵輪人。何遜《贈族人》：紳薪姻陳綸巾淳身民人仁貧珍倫神淪濱真陳親鄰塵秦辰。徐陵《歐陽頠德政碑》：陳臣因新申鎮鄰賓塵仁春；《王勱德政碑》：臣濱因神恂珍倫臻椿陳春。江總《梁故度支陸君誄》：仁真神"禽"辰身貧姻人。盧思道《城南隅讌》：新人春濱塵輪旬秦；《上巳禊飲》：塵春蘋人；《珠簾》：晨人塵春。薛道衡《豫章行》：嚬春新人塵。

同此派者：蕭子良、王融、庾肩吾、吳均、王褒。

真諄臻欣同用者：

謝莊《孝武宣貴妃誄》：姻臻；輴身旻闉；《宋明堂歌》：晨春，新垠。沈約《郊居賦》：津秦闉珍春人；《需雅》：珍薪陳神垠；《大壯舞歌》：人倫薪晨旻津震人輪新陳寅；《新安江》：珍春鱗津磷巾塵。梁元帝《玄覽賦》：真珍欣陳麟。徐陵《走筆戲書》：勤春人塵新巾身。庾信《哀江南賦》：人民輪筠臣濱麟人，綸勤臣真人；《吹臺微銘》：筠真晨人秦春新塵；《皇夏》：辰人馴隣塵輪臣麟賓；《羽調曲》：辰臣麟輪巡銀賓人。牛弘《蜡祭歌》：民垠；《方邱歌》：神辰純陳臻人。

文欣同用者：

顏延之《夏夜呈從兄》：紛分雲聞芬殷文；《還至梁城作》：勤軍群分雲文墳君聞殷。鮑照《蕪城賦》：殷勤墳雲文君分；《野鵝賦》：殷"鶉"文雲群；《還都道中》：勤分群紜聞。盧思道《升天行》：群君文雲垠氳聞紛。

文獨用者：

謝莊《侍宴蒜山》：雲氳分雲；《侍東耕》：聞雲熏汾。王融《出三界外樂篇頌》:氛雲墳群薰君。沈約《秋夜》:分氳雲裙聞。昭明太子《七契》:雲文分芬聞。簡文帝《七勵》:聞君分勳文雲。何遜《九日侍宴》:勛君分氛氳群雲曛紋芬雲聞汾。庾信《豆盧公神道碑》:君雲分勳文;《段永神道碑》:聞君紛雲軍;《同盧記室從軍》:文軍群汾分聞雲君;《西京路春旦》:分雲汾群氛君文薰軍;《紇豆陵氏墓銘》:問慍訓"舜"。

同此派者:蕭子良、袁淑、謝朓、王僧孺、庾肩吾、吳均、江總、王褒。

真諄臻之不可分,全南北朝是一致的。欣韻或歸文,或歸真,大致可說第一期的欣歸文,第二期以後的欣歸真。"垠"字本有"語巾、語斤"二切,故上面所舉謝莊以"垠"韻"新",仍不當認爲欣真同用;反過來說,盧思道以"垠"與"群君"等字爲韻,也不能認爲欣文同用。《切韻》是志在存古的,隋時江已入陽却仍把它放在東冬鍾之後;同理,隋時欣已入真却仍把它放在文之後,因此就與實際語音系統衝突。顧亭林注意到杜甫以欣真合用,亦可爲唐時欣已入真之證。就真諄臻三韻看來,收 n 的韻尾很有些地方是與收 ng 或收 m 的韻尾混用的,例如何承天以"行"與"民人鈞泯"爲韻,是韻尾 ng、n 相混;陶弘景以"禽"與"真"爲韻,謝惠連以"林"與"人臻春"爲韻,簡文帝以"尋"與"銀臣"等字爲韻,"襟"與"申湑"等字爲韻,江總以"禽"與"人真"等字爲韻,是韻尾 m、n 相混。我們再看庾信《夜聽搗衣》以"纂"與"暗摻"爲韻,也是 m、n 相混。乍看起來,真侵相混與桓覃相混都很像今北音與吳音,真庚相混也像今北音;但我們決不能如此判斷。在南北朝的韻文裏,韻尾 m、n、ng 三系的界限是很顯明的,我們不能因爲有了六七個例外而把三系的界限完全泯滅。同時,我們也衹能認爲例外,不能認爲傳寫之訛,因爲這些例外也有它們的條理:真衹與庚混而不與陽唐或蒸登混,又衹與侵混而不與覃談或鹽添混。由此看來,一定是以爲真庚侵的主要元音相同,所以詩人們可以偶然忽略了它們的韻尾而以真庚合韻,或真侵合韻。由此類推,桓覃的主要元音也該相同,或被認爲相同。

(乙)元魂痕先仙山刪寒桓

元魂痕先仙山刪寒桓同用者:

何承天《上白鳩頌》:乾山淵宣言;《上陵者篇》:攀紈巒桓端軒蘭原山歎還班乾酸歡。謝靈運《山居賦》:山川員端觀盤,便閑研旋川川阡漣,園存"西"山然源田阡,蓀蓮鮮翻闌殘歡還,繁源川敦鯿鱣鮮淵旋泉,山園存肩餐溫,湍還巒單軒前椽牽翾,山卷員淵綿然,轅門蓀泉,觀歡難闌端還攀,篇艱旃賢山;《撰征賦》:山淵虔,寒安端藩難言歎,難艱便川魂,廛難川賢旃顛,天恩藩門,遷根淵宣元恩言,端冠湍關難歎,瀾顏端旋年川漣旋埏圓田痊焉。張融《海賦》:天川門,奔魂前天。陶弘景《水仙賦》:山言川轅,翻門前淵田連年仙;《尋山志》:山艱根存巒原山門源天蟬田。

元魂痕同用者:

顏延之《宋文帝元后哀策文》:門園轅軒原"讙"援;《挽歌》:昏門園根。鮑照《代東武吟》:諠言恩源垣奔溫存論門豚猿怨軒魂;《代東門行》:遠晚飯"斷";《擬行路難》:門園蹲"鵾"魂髡尊言。謝莊《懷園引》:蓀樊園喧門;《孝武宣貴妃誄》:怨萬,"媛"憲遜怨。梁武帝《方丈曲》:門"遵"。沈約《銷聲贊》:魂樊存"騫"言;《酬謝宣城》:門諠翻園尊蓀存昆繙源;《奉和竟陵王》:魂存門園樽論。江淹《恨賦》:原魂論,冤魂門恩言;《遂古篇》:門存沅,元魂尊原論言渾惛,孫繁奔;左思《詠史》:門魂源恩尊軒言門園。任昉《苦熱》:軒恒根溫奔。簡文帝《蒙預懺悔》:昏門園怨猿喧軒翻門樊;《山齋》:藩門猿"鶱"。劉孝威《思歸引》:恩燔奔魂屯鞬論。吳均《酬別江主簿》:源根門樽恩"騫"原翻萱。徐陵《剎下銘》:垣鶤翻怨闇論昏孫。王褒《送觀寧侯葬》:源蕃溫昆喧魂垣孫轅樽存園門根村昏喧原。

同此派者:謝惠連、高允、謝朓、王僧孺、劉潛、庾肩吾。

先仙山同用者:

顏延之《陽給事誄》:甄賢間先傳;《赤權頌》:宣玄天間;《從軍行》:間山天川涓燕弦邊前懸煙憐;《觀北湖田收》:川仙廛山"環"天先煙芊年筵妍牽;《北使洛》:艱山間川賢椽煙年"言""繁"僁然。高允《鹿苑賦》:簡踐典宴遣顯。鮑照《蕪城賦》:肩天田山妍;《舞鶴賦》:年天泉山;《河清頌》:"溱"川年山涓淵鮮;《代別鶴操》:間懸山煙;《代朗月行》:山前妍絃先篇宣間;《代白紵舞歌》:捐天"恩"筵山年"言";《和王承》:年綿賢山煙牽傳間;《擬古》:泉堅年山川煙填賢;《擬青青陵上柏》:泉煙年絃川山蓮前賢;《學劉公幹體》:山前天妍;《白雲》:天仙淵山煙泉間絃傳旋。謝惠連《雪賦》:鮮山;《甘賦》:圓山。袁淑《效子建白馬篇》:翩間賢年權鄽"言"泫"西"捐泉前然。謝莊《月賦》:涓閑燕玄傳;《宋孝武帝哀策文》:蹇冕"釁"剪;《舞馬賦》:薦盼箭練袨。王融《贈族叔衛軍》:宣山。沈約《栖禪精舍銘》:禪煙天田筌年旃椽山玄泉蓮遷懸筵蟬傳緣;《君子有所思行》:川"軒"仙絃年蟬玄;《早發定山》:山間圓濺然荃仙;《悲落桐》:山天懸。江淹《泣賦》:山泉煙連;《去故鄉賦》:淵山天;《哀千里賦》:憐"難"遷山;《赤虹賦》:山"軒"蓮年;《江上之山賦》:旋遷天山堅;《空青賦》:僊山泉煙;《翡翠賦》:山泉天泉;《薯蕷》:憐仙年山;《白雲》:捐山前天;《劉喬墓銘》:賢傳宣年"闕"堅甄玄山煙鐫;《遂古篇》:然邊天山淵川先間然傳仙緣宣艱"論"旋"言""亶"偏間千篇堅"言"懸煙天先,然傳山邊緣前田千年全堅然間連鮮前先間山"淪"圓邊船;《訪道經》:傳然山;《悅曲池》:綿旋天泉山,湲蓮閑山前邊;《愛遠山》:山天田泉;《遊黃蘗山》:邊仙天泉煙間年山前然;《歷山集》:年山田天然連間;《貽袁常侍》:天泉"姻"山蓮前堅年;《寄丘三公》:川"西"堅天山;《袁淑從駕》:玄年川懸山淵鄽絃天筵前宣;《學魏文帝》:山"寒"燕賢。謝朓《思歸賦》:盼絢變電眩見。梁武帝《遊鍾山》:纏眠權遷年然然煎先緣川懸山綿圓娟濺牽泉"姻"禪虔田天邊前賢;《春歌》:眼"恨"。吳均《吳城賦》:煙年遷堰山;《八公山賦》:山僊燕,天山鮮僊山翩天。溫子昇《常山公主碑》:山泉田傳。邢邵《文襄金像銘》:詮焉纏緣鐫宣邊千天山年玄傳;《廣平王碑》:山編玄。①

① 編者注:本段底本有四個"山"字下缺韻部標識,據上下文補齊。

寒桓删同用者：

鮑照《觀漏賦》：雞丸瀾歡歎；《蕪城賦》：寒殘"言"；《石帆銘》：難安"言"還"煙"；《代東門行》：酸寒顏端；《擬行路難》：寬難"言"還關寒顏難歎，寒安看冠；《贈王子喬》：丹難顏還蘭；《和王護軍》：寒還彈酸單殘難紈餐；《苦雨》：灌亂旦晏岸館漫彈；《冬至》：歎换雁岸晏散彈。謝惠連《秋懷》：患晏爛雁慢半算慢宦玩翰亂旦焕歎"串"。謝莊《孝武宣貴妃誄》：紈闌寒樂攀；《懷園引》：關寒還。江淹《丹砂可學賦》：觀瀾紈安顏；《横吹賦》：冠寒還；《王太子》：丹岏蘭還；《蕭太傅東耕祝文》：壇"年"鑾；《山中楚辭》：巒團寒難還蘭；《贈煉丹法》：還顏攀丹歡簞寒鸞；《采石上菖蒲》：看端瀾丹歡寬顏還；《古離别》：關還團寒；《征怨》："閒"顏還；《學梁王兔園賦》：雁漢散，亂歎半。吴均《贈王桂陽别》：歡干關湍還；《古意》：干紈團"言"；《閨怨》：還安難紈。

先仙同用者：

梁元帝《玄覽賦》：阡田連田然，然天蓮連躔壇。何遜《學古》：年翩鞭圓連前天。張正見《御赤樂遊宴》：埏宣編畋邊川煙僊旃鞭弦筵絃天鮮蟬鉛①涓泉年；《重陽殿》：泉連泉瀍懸煙僊椽蓮年鮮躔天弦前翩。隋煬帝《步虚詞》：然天蓮煙篇連泉田玄年。盧思道《盧記室誄》：聯年天賢前田；《從軍行》：泉連年賢天；《後園宴》：仙年田連然。李德林《從駕》：宣年川煙連天旋篇。薛道衡《老氏碑》：先天川然；《隋高祖頌》：然仙玄年；《和許給事》：年圓懸前連川絃。

同此派者：傅亮(?)、簡文帝、庾肩吾、吴均、陳後主、徐陵、沈炯。

寒桓同用者：

沈約《日出東南隅行》：鄲端紈瀾樂官鞍鸞冠；《白馬篇》：鞍蘭難盤寒飡蘭安官單完；《登高望春》：安桓紈翰丹鞍蘭難歡歎。王僧孺

---

① 編者注：底本誤作"鉛"，據1936年7月《清華學報》改。

《永寧令誄》：湍干漫瀾翰端殘棺寒摶攢安瀾。劉孝綽《櫟口守風》：歡瀾難巒寒安蘭鸞；《愛姬贈主人》：看殘紈歡冠。邢邵《冬夜》：安寒酸端殘闌冠寬蘭官韓干摶難桓。薛道衡《出塞》：團安寒端乾難官鞍韓刊蘭；《山亭》：蘭端寒；《和許給事》：蘭難鞍丸。

同此派者：顏延之、袁淑、蕭子良、昭明太子、簡文帝。

寒桓先仙同用者：

劉孝威《采蓮曲》：船蓮鮮盤鈿；《龍沙宵明月》：圓殘瀾寒單難歡丸。

寒桓山同用者：

庾肩吾《奉和賽漢高廟》：壇安殘寒難；《和竹齋》：竿欒欄乾艱；《從駕》：蘭壇寒官安；《奉和武帝》：攢寒餐蘭巒蟠瀾；《歲盡》：彈安盤丸看。庾信《哀江南賦》：難端安殘難丸寒山；《傷心賦》：間安棺欒寒；《柳霞墓銘》：觀寒寬棺；《雍夏》：闌"關"；《舞媚娘》：看安"還"殘；《正旦上司憲府》：闌端官盤彈寒欄摶欄難冠丹竿；《奉和賜曹美人》：寒蘭看；《問疾示封中録》：閒寒"還"紈。

删獨用者：

梁元帝《春別》：攀關還。劉孝綽《遙見鄰舟》：關還顏管班環攀。庾肩吾《南苑看人還》：顏攀鬟關還。徐陵《和王舍人》：顏鬟關還。江總《別永新侯》：關還。庾信《連珠》：關還；《反命河朔》：班還顏關；《應令》：灣還關；《看舞》：關鬟；《望渭水》：灣還；《詠雁》：關還；《步陸孤氏墓銘》："官"雁澗"贊"。李德林《入山》：關環攀還顏。

山獨用者：

簡文帝《遊人》：間山。梁元帝《玄覽賦》：殷山閒；《秋興賦》：間"蘭"。

删山同用者：

盧思道《從重行》：攀還間。

大致看來，元魂痕是一類，先仙山是一類，删寒桓是一類。元魂痕與先仙山相近,先仙山又與刪寒桓相近。山刪必不可混,否則先仙山刪寒桓六韻就衹好併成一類了;因爲在南北朝大部分的韻文看來,山是與先仙混的,刪是與寒桓混的,至於山刪混用的例子則很少。刪雖與寒桓相混,它的主要元音未必與寒桓完全相同:非但梁元帝、庾肩吾、庾信、江總、李德林的刪韻獨用是顯然的,鮑照的《蕭史曲》以"顔攀關還"爲韻、《幽蘭》以"顔還"爲韻,謝莊《山夜憂》以"還顔關"爲韻,江淹《古意》以"關環鸞還"爲韻,都能顯出刪的獨立性。山韻字比刪韻字更少,所以很少獨用的例子,但它的主要元音是否與先仙完全相同,也還是個疑問。刪山完全相混,恐怕是第三期以後的事。其次,我們注意到元魂痕在南北朝没有分用的痕迹,先仙也是完全相混的。

"西"字很奇怪:謝靈運、袁淑都把它讀入先仙韻,這與先秦古音相符;但江淹在《寄丘三公》裏雖把它讀入先仙韻,在《冬盡難離》裏又把它讀入齊韻,同是一個人而有兩種讀法,便不容易索解。我們可以這樣猜測:南北朝第一期的"西"字歸先仙,第二期歸齊;江淹在《寄丘三公》裏用古音,在《冬盡難離》裏用今音。

七、 侵覃銜談鹽添咸嚴凡

侵獨用者:

謝靈運《傷己賦》:心臨陰音;《曇隆法師誄》:深臨林嶔。高允《答宗欽》:深心尋箴。鮑照《日落望江》:深陰林尋音心金沈;《和傅大農》:音心林陰深禽沈岑尋。謝莊《孝武宣貴妃誄》:祲滲衽禁。沈約《侍宴樂遊苑》:臨心沈陰林禽襟潯簪;《郊居賦》:甚稟稔墋枕。簡文帝《金錞賦》:深金陰欽心音尋琳。庾信《小園賦》:林簪沈尋林心琴;《夜聽擣衣》:陰林砧琴針心;《幽居值春》:沈臨林侵琴深金;《臥疾窮愁》:侵心林尋琴吟。盧思道《盧紀室誄》:深金沈簪臨陰吟箴尋任音心;《有所思》:任深金林心。薛道衡《老氏碑》:林心琛琴。

同此派者:全南北朝詩人。

覃銜同用者：

謝靈運《山居賦》：南潭參耽。鮑照《采菱歌》：潭南。沈約《江南曲》：潭南諳簪嵌。江淹《麗色賦》：南驂衫。謝朓《臨楚江賦》：南潭嵐"嚴"。昭明太子《七契》：耽南。簡文帝《正智寂師墓銘》：潭堪；《采菱曲》：含蠶南。梁元帝《玄覽賦》：篸暗。吴均《古意》：堪南篸潭蠶。庾信《傷心賦》：篸男含；《竾竹杖賦》：南潭；《枯樹賦》：南潭堪；《紇豆陵氏墓銘》：南驂覃蠶；《鄭氏墓銘》：南覃參蠶；《和侃法師》：潭南；《贈别》：含浛；《夜聽搗衣》：暗"纂"摻。隋煬帝《錦石擣流黄》：暗慘。

談獨用者：

簡文帝《七勵》：三甘談慚。

鹽添凡同用者：

謝莊《宋明堂歌》：簾檐。顔延之《陶徵士誄》：占贍歙窆。高允《答宗欽》：兼謙潛閻。沈約《八關齋》：染掩險漸。江淹《齊太祖誄》：掩險儉漸，塹念劍。昭明太子《七契》：瞻簷潛沾淹。簡文帝《七勵》：添甜鹽，劍塹；《春閨情》：纖縑簾簷嫌；《詠雪》：匳鹽。劉孝綽《望月有所思》：纖簷簾。魏收《永世樂》：添沾嫌。何遜《雜花》：染點斂。江總《東飛伯勞歌》：臉斂。庾信《連珠》：染險；《元氏墓銘》：冉驗掩。徐陵《鴛鴦賦》：念厭。

侵韻之獨用，是全南北朝一致的。覃談鹽添咸銜嚴凡八個韻很少見，尤其是嚴韻，祇有"嚴"字見一次，咸韻則完全不見。這樣，我們頗難斷定它們的音值的異同或遠近。依我們所有的史料看來，覃銜的音值該很相近，或相同；談不與覃混，則它們的音值也許相差較遠。"嚴"字似乎就是銜韻中字，否則祇能説它是偶然與覃合韻，嚴的入聲業韻却是與凡的入聲乏韻同用，例如沈約《釋迦文佛像銘》以"業脇劫"與"法"爲韻，可見《廣韻》的嚴凡同用不是没有理由的。咸韻字雖未見，但與它相當的洽韻是與葉帖同用的,可見《廣韻》把咸放在鹽添的後面也是有緣故的。

八、 職德屋沃燭覺藥鐸陌麥昔錫

(甲) 職德

職獨用者:

顏延之《宋文帝元后哀策文》:飾測側極。高允《徵士頌》:直識翼食式色。鮑照《遊思賦》:抑蝕逼息織力棘;《擬行路難》:食息翼息側識直;《代雉朝飛》:翼力逼直臆色;《行京口至竹里》:仄色翼逼食力息。謝惠連《鸂鶒賦》:鶒色息側;《順東南門行》:力息直識惻。王儉《高帝哀策文》:職式極昃。謝朓《酬德賦》:息翼側慝植敕臆;《答張齊興》:極色"昔"職側直翼飾力陟。沈約《郊居賦》:棘即息翼力植直;《相逢狹路間》:憶側食直翼色織即翼;《赤松澗》:測息陟翼食側;《夢見美人》:息憶色食側憶。江淹《江上之山賦》:色逼息仄力極;《劉楨感遇》①:色直翼職飾側測。梁武帝《登北顧樓》:識陟逼域側測織。邢邵《七夕》:側息測色軾織翼。江總《辭行李賦》:力棘息直翼飾極。王僧孺《中寺碑》:測極息"赫"力;《中川長望》:即極息昃識直色憶。劉峻《登都洲山》:嶼翼測息色;《始晉山居》:息織嶼植翼極側色食臆。劉孝綽《餞庾於陵》:側色飾翼昃力息。何遜《擬輕薄篇》:億飾植息直側食類色織匿極。庾信《豆盧公神道碑》:嶷直色殖棘軾;《步陸孤氏墓銘》:域色直植。盧思道《聽鳴蟬篇》:極側食。

同此派者:何承天、梁武帝、昭明太子、簡文帝、梁元帝、吳均、陳後主、溫子昇、任昉、劉潛。

德獨用者:

謝靈運《山居賦》:默勒國得;《陳琳》:慝北勒國賦則德刻黑默

① 編者注:底本作"劉楨《感遇》",誤。據1936年7月《清華學報》改。

惑。顏延之《宋文帝元后哀策文》:則德塞國。高允《徵士頌》:惑國墨忒;《北伐頌》:德國塞則。鮑照《河清頌》:國北黑僰德。袁淑《驢九錫文》:默刻忒德。謝惠連《雪賦》:國"域竹曲"德;《秋胡行》:得惑。王儉《諸彦回碑文》:默國則德。謝朓《敬皇后哀策文》:忒則國德;《海陵王昭文墓銘》:則默克德;《三日侍華光殿》:"式"德默國。沈約《需雅》:國德則忒塞。任昉《知己賦》:惑"渴"默;《泛長谿》:勒國"域"惑纆黑。江淹《齊太祖誄》:德國克黑則默,國德塞則;《薦豆呈毛血歌辭》:則德塞默黑國。王僧孺《白馬篇》:北勒得國"棘"惑黑墨特塞德。梁元帝《玄覽賦》:則國,則國德墨"極"。吴均《送歸曲》:默塞國北;《贈任黄門》:德勒北黑默;《古意》:塞德勒北。江總《瑪瑙盤賦》:特國刻勒;《陳宣帝哀策文》:"業"默德塞。庾信《慕容寗神道碑》:北國則德;《趙廣墓銘》:塞德國勒;《宇文顯和墓銘》:德則北勒。王褒《于謹墓碑》:塞德北國。

同此派者:謝莊、王融、梁武帝、沈炯、邢卲、牛弘。

職德同用者:

隋煬帝《秦孝王誄》:則國德克,翼國塞,直側。薛道衡《隋高祖頌》:慝國德塞則植息極;《豫章行》:極憶息;《山亭》:息側色。

職德與蒸登相配;蒸登既分用,職德也跟着分用。這種整齊的情形,非但蒸登職德如此,其餘平入相配的韻也都如此。不過,職德合韻的例子比蒸登合韻的例子多些;隋煬帝與薛道衡竟似以職德相混。也許職德在南北朝第一、第二兩期中,它們的主要元音是不相同的;後來在北方漸漸混同,只剩下洪細音的分别了。

(乙)屋沃燭覺藥鐸

屋沃燭覺同用者:

顏延之《赭白馬賦》:屬束足轂亍岳躅。謝靈運《山居賦》:谷竹麓瀆,陸菽熟牧腹,牧逐竹谷蘊薁福熟,木贖濁谷竹緑;《撰征賦》:目曲旭濯啄邈學躅屬"慝"足;《歸塗賦》:渥局邈谷樂;《宋廬陵誄》:酷毒辱贖;《慧海法師誄》:覺學"澤"琢;《過白岸亭》:屋木曲屬鹿樂慼朴;《東陽溪中》:足"得"。謝惠連《雪賦》:服曲,幄縟燭曲;《祭古冢文》:渥曲卜麓木。高允《北征賦》:育"域"福服。鮑照《觀漏賦》:仆覺促玉屬木哭續;《芙蓉賦》:渥曲綠玉燭木;《河凌頌》:竹邈;《石帆銘》:陸服木斲谷;《紹古辭》:木促"鶴"錄玉曲。

屋沃燭同用者:

袁淑《啄木詩》:木宿欲辱。謝朓《酬德賦》:六淑複穆菊服勗;《冬日晚郡事隙》:木竹肅陸目馥軸菊;《和王著作》:澳服陸竹複目縠牧曝倏淑軸谷沐築;《治宅》:曲足旭菉粟;《詠竹火籠》:玉褥曲綠旭。孔稚珪《北山移文》:覆哭贖,續獄録牧。

屋獨用者:

沈約《循役》:穆服陸複木伏牧竹復。江淹《靈邱山賦》:馥木矗肅陸。梁武帝《凡百箴》:肉築祿;《東飛伯勞歌》:六"玉"。昭明太子《講席將訖》:竹宿菊築軸蓄伏目郁蹙馥熟穀腹郁谷覆恧屋族獨縮木宿撲菽澳槭逐轂。簡文帝《登城》:軸竹陸谷木復目穀。吳均《春怨》:復煜竹宿目谷屋逐複獨。徐陵《陳文帝哀策文》:畜築熟肅;《詠柑》:淑竹"國"郁育。庾信《哀江南賦》:覆鹿黷"酷"睦軸熟屋哭;《角調曲》:谷竹牧穀叔漉屋。盧思道《盧記室誄》:福陸淑目。牛弘《圜丘歌》:穆肅服祝福。

同此派者:王融、王筠、劉孝威、何遜、江總。

燭覺同用者:

謝莊《舞馬賦》:躅燭足駮。王融《和南海王》:欲矚濁曲。江淹《學梁王兔園賦》:確駁褥續;《燈賦》:縟樸。任昉《答陸倕知己賦》:朴學幄曲樂幄褥。

燭獨用者:

簡文帝《書案銘》:足玉綠曲褥束俗燭勗。沈約《郊居賦》:項燭俗玉;《傷美人賦》:玉曲躅燭褥;《遊鍾山》:足曲欲足;《傷春》:綠曲續玉;《愍衰草》:燭續曲綠。邱遲《何府君誄》:"揫"俗玉辱。王僧孺《擣衣》:促綠旭燭曲續足;《在王晉安酒席》:曲矚玉䣼。王筠《三婦艷》:褥燭曲續。何遜《七召》:欲足俗躅玉。梁元帝《玄覽賦》:旭促燭玉;《烏棲曲》:玉曲"逐";《示吏民》:足欲綠俗。徐陵《傅大士碑》:足"蔔"促獄燭。江總《真女峽賦》:矚曲燭玉。庾信《長孫儉神道碑》:局玉燭粟;《徵調曲》:欲俗粟觸足。陳後主《朱鷺》:綠曲續矚。隋煬帝《秦孝王誄》:促"谷"曲;《東宫春》:綠促玉曲。牛弘《和許給事》:燭續曲玉。盧思道《孤鴻賦》:綠浴旭粟續玉。

同此派者:梁武帝、張正見。

覺獨用者:

沈約《僧敬法師碑》:覺學邈。陶弘景《許長史舊餘壇碑》:學濁朴覺。簡文帝《箏賦》:角學樂;《七勵》:覺朴學;《劉顯墓銘》:握學岳。王僧孺《雲碑法師》:樸"測"邈學覺握岳。王褒《陸騰勒功碑》:岳璞。盧思道《盧記室誄》:朔樂學握。

藥鐸同用者:

謝靈運《山居賦》:薄壑若,托籥作;《撰征賦》:托絡諾弱鑊;《宋武帝誄》:薄弱錯躍;《善哉行》:落薄索卻謔蕚鑠酌瘼樂。鮑照《遊思賦》:壑絡灼鶴泊樂;《舞鶴賦》:廓落漠灼閣躍。沈約《愍衰草》:薄灼閣鶴。何遜《七召》:惡樂作穫壑"鵲"。

同此派者:全南北朝詩人(惟孔稚珪、庾信又以藥鐸與覺同用)。

覺藥鐸同用者:

孔稚珪《北山移文》:郭岳壑爵。庾信《哀江南賦》:樂學落角樂略索鶴濁;《和張侍中述懷》:剝角落壑鶴渥寞鑊殼籜洛索藥繳諾托亳郭藿薄穫樂涸朔雹濁鵲橐數廓。

屋沃燭覺藥鐸與東冬鍾江陽唐爲並行式的進化:東冬鍾江先合後

分,屋沃燭覺亦先合後分;孔稚珪、庾信的江入陽唐,他們的覺也入藥鐸;陽唐始終不分用。這種並行式的進化情形足以證明《切韻》平入相配的系統是按照南北朝的實際語音系統而定的。

(丙)陌麥昔錫

陌麥昔錫同用者:

謝靈運《山居賦》:石隔適激,適隔石戳"借覔";《撰征賦》:狄析格厄宅逆,策迹滌役;《嶺表賦》:隔迹翮;《曇隆法師誄》:賾析襞夕。鮑照《遊思賦》:役客白石夕陌翮慼;《石帆銘》:惕鷁璧歷;《遇銅山掘黃精》:策歷迹日滴壁積白客惜;《和王義興》:白客夕隔。謝惠連《雪賦》:"錯"索奕積隙席白。沈約《會圃臨東風》:碧石帟摘襞射隙席役惜。江淹《知己賦》:藉"密"歷;《學梁王兔園賦》:石壁尺;《空青賦》:璧磧;《齊太祖誄》:迹敵冊,益亦射石夕液;《構象臺》:寂迹石惜;《鏡論語》:冊寂革;《悦曲池》:柏石畫尺。庾肩吾《暮遊山水》:歷鷁磧壁。

同此派者:何承天、王融、簡文帝、徐陵、薛道衡。

陌麥昔同用者:

劉孝威《臥疾》:璧席益客。何遜《七召》:赫迹譯帛;《別沈助教》:舄隻昔石益;《和劉諮議》:陌驛石白積夕璧澤。徐陵《陳文帝哀策文》:腊懌益舄擗。庾信《連珠》:格客石;《崔説神道碑》:策客石璧;《祀圜丘歌》:格澤尺,澤帛迹百;《羽調曲》:尺石璧"錫"脊策藉。

錫獨用者:

何遜《閨怨》:壁滴。

依平聲韻看來,謝莊、王儉、劉孝威、何遜、徐陵、庾信、王褒的錫韻都該獨用;因爲他們的青韻是獨用的,與青相配的錫也該獨用纔對。但是錫韻頗窄,他們不大用它,我們祇須看他們用陌麥昔韻時不雜錫字就可證明錫是獨立的了。庾信在《羽調曲》中雜用一個"錫"字,因爲是一種宗廟歌,用韻可以較寬,自當認爲偶然的合韻。

九、質術櫛迄物月没廢霽祭屑薛黠鎋曷末泰

(甲)質術櫛迄物

質術櫛同用者:

顏延之《赭白馬賦》:日質出律蹕秩。謝靈運《山居賦》:一悉實出,一律栗悉,質袠七術;《撰征賦》:日“益”;《羅浮山賦》:悉“憰”七日室術;《登綠嶂山》:室畢質密日悉吉匹一出;《徐幹》:瑟密畢慄質室一日匹失。鮑照《河清頌》:密疾一術室日;《從庾中郎遊》:室密疾日質溢慄述畢;《登九里埭》:疾一瑟日。高允《鹿苑賦》:出吉術室溢畢。沈約《郊居賦》:崒日,溢失華瑟日述筆一;《綉像題贊》:壹質律術溢實“測”室日。江淹《知己賦》:“策”實術;《麗色賦》:日密溢瑟,瑟出;《水山神女賦》:實質,質瑟疋悉日術;《橫吹賦》:日一出瑟;《齊太祖誄》:膝日“匱”逸匹,秩日律謐實,一密橘,日謐蹕;《潘岳述哀》:日畢瑟一失質“寐”;《盧諶感交》:匹一恤失謐出質瑟逸實。王融《生老病死篇頌》:實日術瑟質汩;《皇太子哀策文》:日吉“側”瑟;《寒晚》:律日華瑟疾逸“轡”。昭明太子《七契》:日密出溢悉實栗橘。簡文帝《奉答南平王》:實失橘日密筆。王筠《昭明太子哀策文》:“位”恤溢畢。何遜《登石頭城》:一窣出恤悉日術出疾室;《劉博士江丞同顧不值》:室出疾帙膝日匹筆實搴逸術。吳均《贈朱從事》:漆出日一“泣”。江總《衡州》:瑟疾實日。庾信《長孫儉神道碑》:密失膝出;《昭夏》:日瑟質。盧思道《駕出圜丘》:日吉出。薛道衡《隋高祖頌》:日瑟一秩。

質術櫛物同用者:

梁武帝《孝思賦》:室瑟匹;《效柏梁體》:紱術弼物密汩秩實質匹一“匱”。

物獨用者:

顔延之《應詔讌曲水》：物黻屈拂。謝惠連《隴西行》：屈黻。江淹《悼室人》：鬱拂物忽"慰"。徐陵《宋司徒寺碑》：佛物。

關於這五個韻，我們注意到幾件事：第一，迄韻太窄，故完全未見。第二，質術櫛之不可分，適如真諄臻之不可分。第三，質術櫛之偶然與陌麥昔錫或緝合韻，適如真諄臻之偶然與庚耕清青或侵合韻（衹有王融以職質合韻，是頗難索解的）。第四，脂韻去聲"匱轡位痓"等字，與質術櫛爲韻，微韻去聲"慰"字與物爲韻。第四件事是最有趣的，我們從此可斷定脂與真質的主要元音相同，微與文物的主要元音也相同。但是如果質物的韻尾是 t，脂微没有韻尾 t，那麽，質與脂或物與微押起韻來就不諧和；除非脂微的去聲字在南北朝屬於入聲，與質物纔能押韻，但這種假定尚待多方面的證明，現在未便下斷語。

（乙）月没廢霽祭屑薛黠鎋曷末泰

月没廢霽祭屑薛黠鎋曷末同用者：

謝靈運《撰征賦》：節屑結月越説没雪垤，"代"濟滋閲；《怨曉月賦》：悦月缺潔澈；《辭祿賦》：窟絶；《聚沫泡合》：沫"壑"奪怛；《曇隆法師誄》：察月越發，絶涅拔節；《折楊柳行》：雪潔節滅拔哲；《鄰里相送》：越發月歇闕别蔑；《登廬山》：閉轍雪。

月没霽薛曷末泰同用者：

張融《海賦》：蔕翳"界"，裂勢"浩"外，鮨"鮹"月發，月忽逮外，外帶瀨闕月，月"界"滅雪，外末太泰會達大。

月没同用者：

顔延之《赭白馬賦》：骨髪月没闕越；《爲織女贈牽牛》：月闕髪越發没歇。鮑照《觀漏賦》：月越"鬅"歇闕没；《芙蓉賦》：發越月髪没歇；《代陸平原》：闕髪月渤越發歇骨没"晰"；《岐陽守風》：没月發歇越髪。沈約《郊居賦》：窟越闕"及"；《任昉墓銘》：闕"滅絶"；《却出東西門行》：闕没發謁月歇髪越渤窟；《和竟陵王》：闕月没歇髪。謝朓

《冬緒羈懷》：闕髮月“對菱績”没越“渴昧”歇。梁武帝《朝雲曲》：謁“曖”没；《遊女曲》：“滑”月闕。昭明太子《殿賦》：“要”發。江淹《水山神女賦》：月發没；《石劫賦》：髮没發闕；《齊太祖誄》：發“内”闕鉞月，“義愛”罰，“節”闕月。江總《陸君誄》：“勿”謁忽闕月。隋煬帝《飲馬長城窟行》：没忽卒窟月發謁闕。盧思道《從軍行》：越月骨歇没；《彭城王挽歌》：發没卒月；《聽鳴蟬篇》：没月越髮。

同此派者：謝惠連、王融、高允、溫子昇、薛道衡。

霽祭屑薛同用者：

蕭子良《登山望雷居山精舍》：缺絕哲滅裔逝。王儉《褚彦回碑文》：缺遞列竭；《侍太子》：潔衛轍。王融《皇覺辨德篇頌》：哲枻缺滅徹轍；《皇太子哀策文》：轍說世棣；《法樂辭》：結滅缺世；《遊仙詩》：節雪碣說礪。江淹《傷友人賦》：潔徹絕“闕”，絕結逝折烈；《齊太祖誄》：製絕澨結礪衛綴，筮撤結絕；《祭石頭戰亡文》：節烈折轍銳雪“欷”世“邇”。謝靈運《遊山》：缺設絕徹晰汭蔽汭逝雪穴滅澨說。謝惠連《贈别》：汭别袂雪；《四時賦》：“思”滯；《丹砂可學賦》：“怪佩”厲；《孫緬墓銘》：衛世烈節藝轍缺喆結閉歲。謝朓《芳樹》：枻結折絕。陶弘景《雲上之仙風賦》：裔際雪。邱遲《思賢賦》：世悦弊傑藝别閉袂際喆惠結。任昉《王貴嬪哀策文》：撤裔，哲“殺”缺翳。庾肩吾《聯句》：折穴節缺，囓訣熱設，劣設截結，曀涅别滅。沈炯《歸魂賦》：紲轍雪折袂咽裂；《昭烈王碑》：裔系汭計。

寘祭同用者：

高允《鹿苑賦》：裔世被制稅叡義寄；《答宗欽》：逝滯敝賜。

霽祭同用者：

傅亮《登陵囂館賦》：逝憩厲滋蕙脆。顏延之《宋文帝元后哀策文》：晰沴世衛；《陶徵士誄》：斃逝世惠。袁淑《詠冬至》：歲滯惠晢。謝莊《宋孝武帝哀策文》：筮衛裔世翳蔕。簡文帝《采桑》：閉袂繫壻。

沈約《梁宗廟登歌》：帝祭衛際裔。劉孝威《公無渡河》：厲枻祭袂逝娣。何遜《七召》：世細麗。徐陵《塵尾銘》：制勢細。庾信《慕容寧神道碑》：筮世閉衛逝；《柳霞墓銘》：惠衛世隸繼；《周祀方澤歌》：荔衛齊祭。王褒《于謹墓碑》：世濟契厲。隋煬帝《秦孝王誄》：翳替世，弟替歲閉滯筮睿藝惠世。薛道衡《隋高祖頌》：世帝替弊；《豫章行》：滯遞堉。

同此派者：謝惠連(?)、牛弘。

泰獨用者：

謝靈運《撰征賦》：旆滯沛外泰；《慧遠法師誄》：泰"昧"大害。袁淑《弔古文》：艾蔡。蕭子良《遊後園》：外藹會；《行宅》：外艾；《高德宣列樂》：大外靄泰。謝朓《齊雩祭歌》：蓋外；《答王世子》：外籟會帶艾；《後齋回望》：帶外蓋旆。簡文帝《招真館碑》：會外大兑泰蓋最。梁元帝《玄覽賦》：蓋會靄帶，會帶駄，蓋旆蓋。沈約《侍林光殿》：蓋旆薈瀨泰會；《餞謝文學》：帶溘瀨會外。陶弘景《水仙賦》：沫瀨外。王僧孺《豫州墓銘》：藹旆帶會最大。江淹《齊太祖高皇帝誄》：藹蓋旆外，沛藹旆蓋帶；《蕭大傅東耕祝文》：蓋沫；《山中楚辭》：藹大蓋帶。王筠《苦暑》：瀨蓋帶；《望夕霽》：籟靄汰會。吴均《食移》：膾艾。徐陵《陳文帝哀策文》：大外帶泰。沈炯《歸魂賦》：泰會旆害帶。江總《真女峽賦》：外旆。庾信《鄭偉墓銘》：外蓋"拜"。王褒《關山篇》：藹外帶。隋煬帝《秦孝王誄》：會外蓋大帶旆最賴界。盧思道《祭灤湖文》：大外泰薈旆蓋。牛弘《圜丘歌》：泰大會賴；《方邱歌》：會蓋；《武舞歌》：大外賴。

屑薛同用者：

顔延之《赭白馬賦》：設折埒絶節裂血洩悦；《祭屈原文》：折潔缺節；《贈王太常》：折徹穴哲列耋閉轍雪節闋"扎"。鮑照《芙蓉賦》：絶潔悦埒；《代悲哉行》：節轍結悦别列絶，《發後渚》：雪别"發樾"滅結節絶。謝惠連《代悲歌行》：節轍結悦别列絶；《詠冬》：滅切雪潔轍。

梁武帝《孝思賦》：結折雪颼絕切；《春歌》：雪"月"舌絕。沈約《黑帝》：節"閟"；《羽引》："拆"悅絕；《長歌行》：雪結節缺滅耋絕别裂設。何遜《詠春雪》：雪滅屑結節。徐陵《長相思》：節洩結雪。盧思道《盧記室誄》：滅折絕烈。

曷末泰同用者：

顔延之《陽給事誄》：闊秣褐達渴奪括；《吴歌》：闊達；《紹古辭》：達靄捋闊闥葛。謝莊《月賦》：末脱瀨藹；《宋明堂歌》：達沫。孔稚珪《北山移文》：外脱瀨。

曷末同用者：

沈約《郊居賦》：闊沫達豁末栝渴。王筠《行路難》：襪襊達。

月没屑薛同用者：

庾信《馬射賦》：節穴埒絕月；《枯樹賦》：絕别血節折裂穴孽；《鶴贊》：折閉絕别；《鉏麑見趙盾》：笏發闕絕；《吴明徹墓銘》：没骨月；《紇豆陵氏墓銘》：絕月發雪；《擬詠懷》：闕滅絕雪别。

由本節的許多例子看來，去聲寘至志未霽祭泰怪隊代都有與入聲相通的痕迹；廢韻字很罕見，但謝靈運《撰征賦》以"廢"與"内對碎"爲韻，而謝朓又以"對"與"闕髮月"爲韻，可見廢也可與入聲相通。歸納起來可以説：以今音讀之，凡全韻爲 i 或韻尾爲 i 者，其去聲皆可與入聲相通（卦夬兩韻未見，恐因韻窄之故）。泰韻在南北朝第一期是與曷末同用的，到了第二期以後纔變爲獨用。霽祭則在第一、二兩期都與屑薛同用，偶然也有不與屑薛同用的，但我們可斷定霽祭與屑薛的音值極相近，因爲依王融、江淹諸人的用韻看來，這四韻簡直是併爲一韻了。此外如月没不分，屑薛不分，曷末不分，都與平聲的系統相符。鎋韻常用字少，未見。黠韻"察"字與月韻字同用，"拔"字與屑薛韻字同用，見於謝靈運文；"扎"字與屑薛韻字同用，見於顔延之詩；"滑"字與月韻字同用，見於梁武帝詩；而何遜《答江革聯句不成》以"扎、拔"爲韻，似乎黠也能獨立。今姑認"察、滑”爲歸月没之字,“扎、拔”爲歸屑薛之字。

十、 緝合狎盍葉帖洽業乏

緝獨用者:

顏延之《陶徵士誄》:立及集級;《祭弟文》:邑立集泣及。謝靈運《慧遠法師誄》:集立習輯。鮑照《代白紵舞歌》:濕入急泣戢立集;《學劉公幹體》:“柏”集急立澀。王融《訶詰四大篇頌》:入習給集及泣。謝朓《秋夜》:急立入濕及;《夏始》:隰邑襲戢入及楫立汲粒集。昭明太子《玄圃講》:及急岌入濕吸立給邑十。簡文帝《舞賦》:集急入及立;《隴西行》:入急及汲澀邑立;《雪朝》:隰襲及濕。陸倕《新漏刻銘》:襲級噏入。梁元帝《夜宿柏齋》:入急泣立。吳均《贈王桂陽别》:急濕邑泣;《酬聞人侍郎别》:邑急泣立。盧思道《盧記室誄》:立執習集。牛弘《述天下太平》:戢立緝集。

同此派者:全南北朝詩人。

合獨用者:

謝靈運《山居賦》:納沓“浥”合。謝朓《落日》:雜合沓颯。沈約《聽猿》:合沓答。江淹《麗色賦》:匝合沓闔;《江上之山賦》:納沓匝合;《悦曲池》:合沓颯。江總《修心賦》:雜沓匝颯合。陳後主《晝堂良夜》:颯欱沓答合納閤匝雜拉。

葉帖洽同用者:

顏延之《赭白馬賦》:葉洽接<u>牒</u>。謝靈運《登石鼓山》:接涉躡<u>協</u>狹<u>叠</u>葉<u>燮</u><u>愜</u>。高允《北伐頌》:捷<u>浹</u><u>協</u><u>牒</u>葉。張融《海賦》:洽箑。梁武帝《芳樹》:葉接<u>叠</u><u>愜</u>。江淹《愛遠山》:葉<u>叠</u>接涉<u>愜</u>。簡文帝《菩提樹頌》:<u>莢</u><u>浹</u><u>疊</u>葉<u>牒</u>攝<u>叶</u>;《采桑》:妾<u>蝶</u>攝鑷葉;《北渚》:葉<u>堞</u>妾檝。梁元帝《蕭琛墓銘》:<u>篋</u><u>牒</u>;《烏棲曲》:檝葉。吳均《吳城賦》:葉<u>蝶</u>。張正見《衰桃賦》:葉妾。庾信《司馬裔神道碑》:接<u>挾</u><u>燮</u>。薛道衡《山齋獨坐》:疊接葉。

業乏同用者:

沈約《釋迦文佛像銘》:業法脇劫。

侵獨用,緝亦獨用。覃銜同用,合狎也該同用,但狎韻字未見,故合成爲獨用。談獨用,盍也該獨用;但盍韻字亦未見。鹽添凡同用,葉帖乏也該同用;但實際上乏韻“法”字歸業,這恐怕衹有“法”一個字如此,“乏泛”二字也許是歸葉[①]帖的。咸韻字雖未見,但由其入聲洽韻與葉帖同用的例字看來,咸韻該是與鹽添同用的。

十一、結論

南北朝諸韻書既“各有乖互”,陸法言的《切韻》與其他韻書比較起來,也該有許多“乖互”的地方。《切韻》在後人看來,似乎是“定於一”了,然而這是所謂“成者爲王,敗者爲寇”;如果其他韻書至今未佚,也許會比《切韻》更合於南北朝的語音系統。不過,現在我們仍可不受《切韻》的束縛,而以南北朝的韻文爲根據,歸納成爲一部韻書或韻譜。這種韻書或韻譜的價值,未必不在私人所著的韻書的價值之上;因爲前者完全是客觀的,後者則不免摻雜主觀。陸法言所謂“南北是非,古今通塞”都是主觀的東西,如果我們依南北朝的韻文歸納出一個韻譜,其中便無“是非通塞”之可言,較易接近於語音實録。

大致看來,南北朝第一期的韻部較寬,以後的韻部較嚴。第一期分用而第二、三期合用的僅有脂之兩韻;第一期合用而第二、三期分用的却有歌麻、魚虞、齊皆灰、蕭肴豪、東鍾江、庚青、真文、屋燭覺、陌錫、質物等。這種寬嚴的分别,有些當然是實際語音的變遷,例如歌與麻、魚與虞、東與鍾江、屋與燭覺等;有些衹能認爲詩人用韻的方式的異同,例如

① 編者注:底本作“業”,據1936年7月《清華學報》改。

謝靈運以元魂痕寒桓刪山先仙同用，我們決不能説當時謝靈運的方言裏這九個韻的韻值完全相同。謝惠連、袁淑與他同時，而且同鄉，但他們的元魂痕爲一類，寒桓刪爲一類，山先仙爲一類，是絕不相混的。可見當時陽夏的方言對於這九韻是可以分爲三類的，不過謝靈運喜歡把韻用得寬些罷了。用韻的寬嚴似乎是一時的風尚：《詩經》時代用韻嚴，漢魏晉宋用韻寬，齊梁陳隋用韻嚴，初唐用韻寬（尤其是對於入聲）。因爲齊梁陳隋的用韻嚴，所以南北朝韻譜容易做。

齊梁陳隋的用韻雖嚴，其韻部仍不能如《切韻》之繁多。下列諸韻部，皆《切韻》所能分而南北朝韻文中所不能分者：

> 歌戈；灰咍；蕭宵；尤侯幽；冬鍾；陽唐；庚耕清；真諄臻；元魂痕；先仙；寒桓；鹽添；沃燭；藥鐸；陌麥昔；質術櫛；月没；屑薛；曷末；葉帖。

在《切韻》裏，歌戈灰咍寒桓曷末由開口合口而分，尤侯陽唐藥鐸由有無韻頭 i 而分，冬鍾沃燭由合口撮口而分，耕清麥昔由開口齊齒而分，元魂痕由撮口合口開口而分；雖與全書的體例不符，還可以説得過去。至於蕭與宵、尤與幽、庚與耕清、真與臻、先與仙、鹽與添、陌與麥昔、質與櫛、屑與薛、葉與帖，這種分法，恐怕是陸法言"論古今通塞"的結果；如果衹論"南北是非"，大約不會這樣分析的，因爲無論南朝或北朝的詩人都不曾這樣分析過。

凡是南北朝詩人所未嘗分析的韻（例如歌戈），儘管在韻頭有分别，它們的韻腹與韻尾該是完全相同的。如果歌是 a，戈該是 ua，不會是 uo；如果寒是 ân，桓該是 uân，不會是 uon；如果先是 ien，仙也該是 ien，甚或可以是 en，却不會是 iän，等等。因爲如果主要元音不相同，必有分用的痕迹，例如脂與之、佳與皆、刪與山、蒸與登、覃與談，《廣韻》注云同用者，在南北朝韻文裏也有分用的痕迹了。歸納起來，南北朝的韻類如下表：

> 1. 支（第一期包括《切韻》的支佳，後來佳似乎獨成一韻，但未能斷定）；

2. 歌(包括《切韻》的歌戈);

3. 麻(第一期與虞同用);

4. 魚(第一期與虞模同用);

5. 虞(沈約等少數人的虞與模似有别,餘人皆混用);

6. 模;

7. 之(第一期之脂有别,其後混用);

8. 脂(包括《切韻》中的脂韻一部分的字);

9. 微(包括《切韻》中的微韻全部及脂韻一部分,第一期與脂同用);

10. 齊(第一期與皆同用,後乃獨立);

11. 泰;

12. 皆;

13. 灰(包括《切韻》的灰咍);

14. 蕭(包括《切韻》的蕭宵);

15. 肴(第一期與蕭豪同用,後乃獨立);

16. 豪;

17. 尤(包括《切韻》的尤侯幽);

18. 蒸(偶然與東鍾通押);

19. 登;

20. 東(第一期與鍾江同用,後乃獨立);

21. 鍾(包括《切韻》的冬鍾);

22. 江(庾信等少數人的江與陽同用);

23. 陽(包括《切韻》的陽唐);

24. 庚(包括《切韻》的庚耕清);

25. 青(庾信等少數人庚青有别);

26. 真(包括《切韻》的真諄臻,第二、三期又包括《切韻》的欣);

27. 文(第一期包括《切韻》的文欣,其後衹包括《切韻》的文韻字);

28. 元(包括《切韻》的元魂痕,往往與先仙通押);

29. 先(第一期包括《切韻》的先仙山,第二期沈約、江淹、謝朓諸人猶如此，其後山似歸刪）；

30. 刪（第一、二期與寒同用，其後似獨立）；

31. 寒（包括《切韻》的寒桓）；

32. 侵；

33. 覃（包括《切韻》的覃銜）；

34. 談；

35. 鹽（包括《切韻》的鹽添凡，也許咸也在內）；

36. 嚴（由入聲推想，嚴似可獨立；惟因韻太窄，未嘗獨用）。

以上係舉平聲以包括上去（惟泰爲去聲韻），至於入聲則如下表：

1. 職（偶然與屋燭同押）；

2. 德（偶然與屋燭同押）；

3. 屋（第一期與燭覺同用，後乃獨立）；

4. 燭（包括《切韻》的沃燭）；

5. 覺（庾信等的覺與藥同用）；

6. 藥（包括《切韻》的藥鐸）；

7. 陌（包括《切韻》的陌麥昔）；

8. 錫（由平聲推想其可獨用）；

9. 質（包括《切韻》的質術櫛）；

10. 物；

11. 月（包括《切韻》的月没，及黠韻"察滑"等字，往往與屑薛通押）；

12. 屑（包括《切韻》的屑薛，及黠韻"扎拔"等字）；

13. 曷（包括《切韻》的曷末）；

14. 緝；

15. 合（包括《切韻》的合；由平聲推想，大約還包括《切韻》的狎）；

16. 盍（由平聲推想，盍可獨立）；

17. 葉(包括《切韻》的葉帖,及乏韻的"乏泛"等字);

18. 業(包括《切韻》的業,及乏韻的"法"字)。

這是由南北朝韻文裏歸納出來的實際韻部,雖比《切韻》的韻部較少,如果拿來與現代中國各地方言裏的韻部比較已經覺得很豐富了。

末了,依南北朝的韻文觀察,我們可以看得出陸法言的《切韻》有兩個特色:

(1) 除脂韻一部分字該歸微,又先仙、蕭宵、陽唐等韻不必細分之外,《切韻》每韻所包括的字,適與南北朝韻文所表現的系統相當。可見《切韻》大致仍以南北朝的實際語音爲標準。

(2)《切韻》陽聲韻與入聲韻相配,是以南北朝的實際語音爲標準的。故某人以某陽聲韻與另一陽聲韻同用時,則與此兩陽聲韻相配的兩入聲韻亦必同用;若分用,則相配的入聲韻也分用。

由此可見《切韻》根據"古今通塞"的地方頗少,而所謂"南北是非",恐怕也不過是儘量依照能分析者而分析①,再加上著者認爲該分析者再分析②,如此而已。

原載《清華學報》11 卷 3 期,1936 年 7 月

[後記]本文所謂《切韻》,實際上就是《廣韻》,因而所論及的《切韻》分韻的寬嚴就和原來的《切韻》有些出入。例如歌戈、寒桓、真諄、曷末、質術等,《廣韻》各分爲兩部,《切韻》實是不分的。

1962.9.20.

---

① 例如謝朓脂之能分而江淹脂之不分,則從謝朓;鮑照的脂微不分而沈約的脂微能分,則從沈約。

② 例如寒桓以開口合口分爲二韻。

上古韻母系統研究

一、 關於上古韻母諸問題

(一) 韻部多少問題

上古韻部的研究,到了王念孫、江有誥以後,似乎没有許多話可說了。上古的史料有限,我們從同樣的史料去尋求韻部,其結論必不會大相違异。但是,有時因爲離析唐韻的方法未能儘量運用,有時又因爲一二字發生轇轕而没有把兩部分開,以致後人仍有商量的餘地。像章炳麟之别隊於脂,實足以補王、江之所不及。所以我們雖承認王、江的造就已很可觀,但仍不能像夏炘那樣排斥顧、江、段、王、江以外的古韻學說爲異說。

近代古韻學家,大致可分爲考古、審音兩派。考古派有顧炎武、段玉裁、孔廣森、王念孫、嚴可均、江有誥、章炳麟等,審音派有江永、戴震、劉逢祿、黃侃等。所謂考古派,並非完全不知道審音;尤其是江有誥與章炳麟,他們的審音能力並不弱。不過,他們着重在對上古史料作客觀的歸納,音理僅僅是幫助他們作解釋的。所謂審音派,也並非不知道考古;不過,他們以等韻爲出發點,往往靠等韻的理論來證明古音。戴氏說:"僕謂審音本一類,而古人之文偶有相涉,有不相涉,不得捨其相涉者,而以不相涉者爲斷。審音非一類,而古人之文偶有相涉,始可以五方之音不同,斷爲合韻。"這可算是審音派的宣言。

審音派的最大特色就是入聲完全獨立,换句話說,就是陰陽入三分。因此,審音派所分的古韻部數常比考古派爲多。普通我們說江永分古韻爲十三部,段玉裁分爲十七部,其實江永還有入聲八部,總數是二十一部①。戴氏分部,若不是入聲獨立,還比段氏少一部,但他加上了入聲九部,才成爲廿五部。黃侃的廿八部衹是把章炳麟的廿三部再加入聲五

① 段氏雖也有異平同入之說,却没有像江氏把入聲分爲第一部、第二部等名目。

部。黄氏所謂“余復益以戴君所論,成爲廿八部”①,就是承受戴氏入聲獨立的學説。衹有蕭部入聲未獨立,稍與戴氏乖違罷了②。

要知道入聲應否完全獨立,須先知道《切韻》所有一切入聲字的韻尾是否都與平聲的韻尾迥异。假使我們相信章太炎的話,以爲之部的韻母是-ai,“待”是 dʻai,“特”也是 dʻai,“臺”也是 dʻai,那麽,我們絶對没有理由把之部分爲哈德兩部,以“待特”歸德,以“臺”歸之③。又假使我們相信高本漢的話,“待臺”是 dʻəg(衹有聲調的殊異),“特”是 dʻək,我們也不能把之部析爲兩類。除非我們把之部平聲的韻尾假定爲某種元音(例如-i),同時却把入聲的韻尾假定爲某種破裂音(例如-k),然後可分爲哈德兩部。但是,就《詩經》押韻而論,絶對不容我們這樣設想,《静女》的“異貽”,《大東》的“裘試”,《采芑》一章的“芑畝試”,三章的“止試”,《小宛》的“克富又”,《大田》的“戒事耜畝”,《賓之初筵》的“識又”,《緜蠻》的“食誨載”,《生民》的“字翼”,《蕩》的“式止晦”,《崧高》的“事式”,《瞻印》的“富忌”,《潛》的“鮪鯉祀福”,《柏舟》的“側特忒”,《黄鳥》的“棘息息特”,《出車》的“牧來載棘”,《我行其野》的“葍特富異”,《正月》七章的“特克則得力”,九章的“輻載意”,《大東》三章的“載息”,四章的“來服”,《楚芡④》一章的“棘稷翼億食祀侑福”,四章的“祀食福式稷敕極億”,《大田》的“祀黑稷祀福”,《緜》的“直載翼”,《旱麓》的“載備祀福”,《靈臺》的“亟來囿伏”,《生民》的“匐嶷食”,《假樂》的“子德”,《常武》的“塞來”,都是哈德通押的例子⑤。總之單就上古史料歸納,我們看不出哈德當分的痕迹來。此外如支之與錫、模之與鐸、侯之與屋、豪之與沃、幽之與覺,都可以拿同樣的理由證明其不能分立。

---

① 見黄氏《音略》。

② 聞黄氏晚年頗主廿九部之説,那麽他的理論更顯得一貫了。

③ 編者注:按文意,“之”當作“哈”。

④ 編者注:據《詩經》,“芡”當作“茨”。

⑤ 舉例根據段氏《六書音均表》。

根據上述的理由,我大致贊成章氏的廿二部[1]。但是,我近來因爲:在研究南北朝詩人用韻的時候,有了新的發現;看見章氏《文始》以"歸藟追"等字入隊部,得了些暗示;仔細尋求《詩經》的用韻,也與我的假設相符,於是我考定脂微當分爲兩部。一切證據及理論,都待下文第十二節再說。現在先說我對於古韻分部的結論:如果依審音派的說法,陰陽入三分;古韻應得廿九部,即陰聲之幽宵侯魚歌支脂微,陽聲蒸東陽寒清真諄侵談,入聲德覺沃屋鐸曷錫質術緝盍;如果依考古派的說法,古韻應得廿三部,即之蒸幽宵侯東魚陽歌曷寒支清脂質真微術諄侵緝談盍。上面說過,德覺沃屋鐸錫都不能獨立成部。所以我采取後一說,定古韻爲廿三部。

(二) 諧聲問題

自從顧炎武以來,大家都知道諧聲偏旁對於古韻歸部的重要。段玉裁說得最明白:"一聲可諧萬字,萬字亦必同部。"[2]這一個學說是一般古韻學者所恪守不違的。依原則上說,這話自然是真理;但是,關于聲符的認定,有時還成爲問題。在最迷信"許學"的人看來,《說文》所認定的聲符是不容否認的,這一派可以嚴可均爲代表。但《說文》所認爲聲符,而與古音學大相衝突的地方,實在不少,如"妃"從己聲、"必"從弋聲、"存"從才聲、"杏"從可省聲之類,都是很難說得通的[3]。反過來說,有許多未被許慎認爲聲符的,依音理看來,却該認爲聲符,如"義"從我聲、"陸"從坴聲之類,都該補正[4]。

此外還有個更重要的問題,就是諧聲時代與《詩經》時代不可混爲一談。諧聲時代至少比《詩經》時代更早數百年。"凡同聲符者必同部"的

---

① 章氏本分古韻爲廿三部,但他晚年發表《音論》(見於光華大學《中國語文學研究》),主張併冬於侵。我覺得他的理由很充足。下文第十三節裏當再論及。

②《六書音均表》第22頁。

③ 此種情形,皆爲朱駿聲所駁改,見《說文通訓定聲》。

④ 這類地方,朱氏也補正了不少。

原則，在諧聲時代是没有例外的，在《詩經》時代就不免有些出入了。依《詩經》韻部看來，“求”入幽而“裘”入之，“夭”入宵而“飫”入侯，“奴”入魚而“呶”入宵，“芹”入諄而“頎”入微，“錞”入諄而“敦”入微。諸如此類，不在少數。假使我們拘泥於段氏學説，我們衹能説是“合韻”。但是，如果我們把諧聲時代認爲在《詩經》時代之前，則此種聲音的演化並不足怪，我們盡可以把同聲符的兩個字歸入兩個韻部，認爲極和諧的押韻，例如我們索性把“裘”認爲之部字，把“飫”認爲侯部字，把“呶”認爲宵部字，把“頎”“敦”認爲微部字，也未嘗不可。顧炎武以“裘”入之第二部，孔廣森以“呶”入宵，以“飫”入侯，都是很好的見解；衹可惜他們不能充其量。孔廣森從顧氏以“裘”入之，却又以爲“寒者求衣，故其字從衣從求，似會意，非諧聲”①，想藉此衛護“凡同聲符者必同部”之説，其實可以不必。

自然《詩經》裏也有真的“合韻”，如“母”字常與之部字押韻，衹在《蝃蝀》韻“雨”，與魚部通；“集”字既在《大明》韻“合”，又在《小旻》韻“猶咎道”。我們可以認爲“母”當屬之，“集”當屬緝，其他情形衹能認爲時間或空間之差異所致。但如“頎”字在《詩經》裏衹押韻一次，却在微部，我們盡可説“頎”字當入微部，而不必認爲合韻了。此外如“儺”當入歌、“怛”當入曷之類，皆同此理。在後面各節中，遇着這種情形的時候，當再討論。

(三) 陰陽對轉問題

陰陽對轉，是清代古韻學家的大發明。我們衹要拿《切韻》系統與現代各地方音相比較，就可以發現許多陰陽對轉的實例。但是，我們首先要明白的，就是對轉衹能解釋語音變遷的規律，而不能做押韻的理由。换句話説，我們衹能拿對轉的道理去解釋甲時代的 ta 變了乙時代的 tan，却不能拿它去證明同一時代的 ta 與 tan 可以互相押韻。即就現代中國民歌看來，也没有陰陽通押的例子。譬如“頎”字既然能與“衣”字押韻，

① 《詩聲類》十一。

它們的韻尾一定相同或相似,假定"衣"音是 i,"頎"該是 g'i。我們没法子假定"頎"音爲 g'in,因爲 g'in 與 i 押韻是不近情理的。《廣韻》頎,渠希切,如果我們説"頎"字在《詩經》裏已經是渠希切,並不是不可能的事。即使我們假定造字之初,從"斤"得聲的字的韻尾本來就有陰陽兩種,也比陰陽通押的説法更合理些。

不過,陰陽通押的説法雖則不通,陰陽對轉的道理却可以幫助我們擬測上古的韻值。譬如"頎、欣"同從斤聲,而一個入微,一個入諄(《廣韻》"頎"入微,"欣"入殷),我們非但可以相信微諄對轉,而且可以假定微諄的主要元音是相同的。

然而對轉的條理也成問題。自從戴、孔發明陰陽之説,大家都喜歡造成極整齊的局面。戴氏的收脣韻没有陰聲相配,趕快找一個解釋,於是有"以其爲閉口音,配之者更微不成聲"的謬論[①]。孔氏更進一步,以宵配緝,以合配談,於是他的古音十八部就成了一陰配一陽的呆板局面。嚴可均的十六部,也是一陰配一陽。關於這一點,章氏就高明多了。他説:"對轉之理,有二陰聲同對一陽聲者,有三陽聲同對一陰聲者,復有假道旁轉以得對轉者;非若人之處室,妃匹相當而已。"[②]但是,章氏衹知道不必妃匹相當,却不知道有些韻部簡直可以不必有配偶。試以現代方音爲例,北京有[o]而無[ong]或[on],上海有[e]而無[eng]或[en],有[ö]而無[öng]或[ön],廣州有[öng]而無[ö],有[ɐn]而無[ɐ],都是没法子匹配成對的。

對轉最明顯者,有微與諄、脂與真、魚與陽、侯與東、之與蒸、歌與寒;至於支與清,已經不很能確定了。章氏以宵配談,以幽配冬侵,更是十分勉強[③];倒不如讓它們獨立無配,以順"物之不齊"的道理。

① 《答段若膺論韻》。
② 《國故論衡》上,第 8 頁。
③ 理由散見下文。

(四) 聲調問題

一般古音家,對於古韻部是走增的路,對於古聲紐與古聲調是走減的路。古韻部從顧氏的十部增至黄氏的廿八部,古聲紐却從章氏的廿一紐減至黄氏的十九紐。至於聲調,顧氏雖主張四聲一貫,並未否認四聲的存在;後來段氏減了去聲,孔氏減了入聲,都衹剩下三聲,黄侃更進一步,以爲上古衹有平入兩聲。這顯然與古韻學説是矛盾的。研究古韻的人都知道,偶然通押並不足以證明韻部相同,否則衹好走上苗夔七部的路。同理,研究上古聲調的人也該知道,不同的聲調而偶然通押,也不足以證明調類相同,否則平入通押的例子也不少,何難併四聲爲一聲?

在未研究得確切的結論以前,我們不妨略依《切韻》的聲調系統,暫時假定古有四聲。陰聲有兩個聲調,即後世的平上,入聲也有兩個聲調,即後世的去入。陰聲也有轉爲後世去聲的,例如之部的"忌賚",歌部的"賀貨",脂部的"涕穧"等。陽聲的聲調數目較難決定,現在衹好暫時依照《切韻》的平上去三聲。關於這個問題,我暫時不想詳論。

(五) 開合問題

稍爲研究漢語音韻的人,都知道漢語上古音開合兩呼的界限頗嚴。諧聲偏旁屬於開口呼者,其所諧的字也常常屬於開口呼;諧聲偏旁屬於合口呼者,其所諧的字也常常屬於合口呼。其在例外者,有"每"之於"海"、"景"之於"憬"、"支"之於"頍"、"玄"之於"牽"等。這種少數的例外,如果拿來與現代方言相比較,真是少得出乎意料之外①。在最初諧聲的時候,大約連這些例外也没有。例如《釋名》"海,晦也",也許"海"字古讀合口②。

有些字,似乎是以開諧合,或以合諧開,其實我們如果仔細尋求古音

① 例如上海"陳""存"無别,北京"劇""句"無别,廣州"危"開而"津"合,客家於合口三等字多念齊齒。

②《釋名》的聲訓,也是以開訓開,以合訓合,例外很少。

系統，就知道諧聲偏旁與所諧的字原是同呼，例如“有”之於“賄郁”、“者”之於“諸暑”、“土”之於“社”，在今音爲不同呼，在上古則“有賄郁”皆屬於合口，“者諸暑土社”皆屬於開口，正是同呼。我們不該設想上古等呼與中古等呼系統完全相同；其中也有上古屬開而中古屬合的，也有上古屬合而中古屬開的①。

關於脣音的開合問題，更易引起爭論。《廣韻》脣音字的反切，常游移於開合之間，例如“拜”，博怪切，“誡”，古拜切。如果說“拜”字屬合口，就不該拿來切開口的“誡”；如果說它本屬開口，又不該拿合口的“怪”來切它。高本漢(Karlgren)解釋這種現象，以爲中古的 p 該是撮脣的 p，發音時兩脣同時向前伸出，這種撮脣的 p 可寫作 p^w。這樣，開口的 p^wai 與合口的 p^wuai 在實際上雖有分別，而在聽覺上却十分近似。因此，《廣韻》有脣音開口字切合口字的現象(如以開口的“拜”切合口的“怪”)。《切韻指掌圖》更進一步，索性把一切脣音字都歸入合口圖内②。高氏於此一說，自信甚深③；我們也承認他的推測確有理由。

高氏因此斷定《切韻》時代有兩種“合口”的[w]：一種是原有的，上古的，拼在一切聲紐之後；一種是附屬的，後起的，只拼在脣音之後。單說脣音的合口三等也有兩種：一種是後代變爲輕脣的，如“方分非”等字，它們自古就屬合口；另一種是後代未變輕脣的，如“丙平明”等字，它們在上古原屬開口，後來由於雙脣調節作用的擴大，其韻頭才產生一個輕微的[w]④。

我大致贊成高氏的斷案，但我比他更進一步，不僅拿《廣韻》系統爲根據，而且還拿諧聲偏旁爲根據。凡諧聲偏旁，或其所諧之字，後世有變入輕脣音者，在上古即屬合口呼；凡諧聲偏旁，或其所諧之字，完全與後世輕脣絕緣者⑤，在上古即屬開口呼，例如“板”字在上古當屬合口呼，因爲

---

① 江有誥認虞之通侯者爲古開，麻之通模者爲古合，又於屋沃燭覺皆認爲古開，其所歸開合雖與本文恰恰相反，然而其不拘泥於中古開合系統，則與本文理論相同。

② 效流深咸四攝衹是獨圖，故脣音字衹好與其他開口共爲一圖。

③ 參看 Karlgren, Etudes sur la Phonologie Chinoise, pp. 57－66。

④ 參看 Karlgren, Word Families in Chinese。

⑤ 所謂絕緣，除諧聲不相通之外，在六書中的假借上也不相通。

它的諧聲偏旁是“反”,“反”字在後世變入輕脣[①];“翩”字在上古當屬開口呼,因爲從“扁”得聲的字在後世没有一個變入輕脣的。這是與高氏所定上古開合系統相符的。然而像“蝱”字,高氏假定上古音值爲 mǎng,“波”字,高氏假定上古音值爲 puâ[②],就與我的意見相反了。我以爲上古讀“蝱”當如 muang,讀“波”當如 pâ[③],此外如“浮缶”之類皆當屬上古合口,“婆波”之類皆當屬上古開口,這是可以犧牲《廣韻》系統而遷就諧聲系統的。

（六）洪細問題

這裏所謂洪細,是指有無韻頭[i̯-]或[i̯w-]而言。没有韻頭[i̯-]或[i̯w-]的,叫做洪,有韻頭[i̯-]或[i̯w-]的,叫做細。從前中國音韻學家,往往以爲上古每一個韻部當中,有了洪音就没有細音,有了細音就没有洪音,例如顧亭林以爲“離”古音“羅”,“爲”古音“譌”,就是不知“羅譌”是洪音,“離爲”是細音。假定上古的“離”是 lia,“羅”是 la,“爲”是 gi̯wa,“譌”是i̯ua,一樣地可以互相押韻,正不必把細類併入洪類。然而這種毛病直至清末還未能避免:段玉裁以“丕”爲鋪怡切,江有誥《諧聲表》以“離”爲呂歌切,“爲”爲薳歌切,《詩經韻讀》謂“友”音以,依舊是顧亭林的派頭。黄侃更進一步,索性以灰没痕歌曷寒模鐸唐侯屋東豪沃冬咍德登合覃二十部爲洪音,屑先齊錫青蕭帖添八部爲細音[④],於是灰等二十部没有細音,屑等八部没有洪音,未免把古音看得太簡單了。若如黄氏所論,“來”與“釐”、“離”與“羅”等,在上古都是同音字,那麼,它們憑什麼條件能變爲後代的不同音呢?固然,同音字也有變爲不同音的可能,例如方音的影響、僻字與口語字的分歧,都足以把它們拆散;但這祇是極少數的例外,我們決不能把上古同部的洪細音完全相混,以致在音理上説不通。

---

① “板、反”同屬合口,爲什麼一個未變輕脣,另一個却變了輕脣呢?這因爲“板”的韻頭是 w-,“反”的韻頭是“i̯w-”。

② 見 Word Families in Chinese。

③ 此處着重在韻頭性質之斷定,其主要元音尚待再加研究。

④ 見黄氏《與友人論小學書》。這種説法完全以他所認定的古本韻爲標準。

（七）選字問題

研究上古的音，必須以上古的字爲根據。這裏所謂上古的字，並非指上古的字體而言，而是上古漢語裏所有的詞（words）。這是很容易瞭解的；上古口語裏既然没有這字，我們還研究它的上古音值或是音系，豈非無的放矢？例如江有誥《入聲表》裏有"套"字，這是先秦史料所未載的一個字，它盡可以是中古以後纔產生的，與上古漢語不發生關係。我們對於這類後起的字，爲慎重起見，自然應該削而不載。

除了江有誥之外，普通古音學家的選字，往往以《說文》所有的字爲標準。這自然比根據《廣韻》或《集韻》好些，因爲某一字既爲《說文》所載，它的時代至少是在東漢以前。不過，這種辦法還不能没有毛病；《說文》裏也有許多字是先秦書籍所未載的，甚至有些字祇見於《說文》，連漢魏以後的書籍中也不曾發現過。這些字，雖不能說先秦絕對没有，但是不該斷定先秦一定有。爲慎重起見，我們該取寧缺毋濫主義，把先秦史料所未載的字一律削去。

然而先秦史料的本身也成問題。我們在未能鑒定先秦一切史料以前，最好先拿一兩部可靠的古書做根據。本篇暫以《詩經》所有的字爲研究的對象。這有三個理由：第一，《詩經》是最古而且最可靠的書之一；第二，《詩經》的字頗多（約有2850字），足以表示很豐富的思想及描寫很複雜的事實；第三，普通研究上古韻部就等於研究《詩經》韻部，如果我們把《詩經》所有的字作爲研究上古韻母系統的根據，也很相宜。

有些字，在先秦頗爲常見，而在《詩經》却是没有，例如"欺"字見於《莊子》《荀子》《論語》《戰國策》《韓非子》《呂氏春秋》諸書[①]，而爲《詩經》所不載。這有兩種可能性：或者因爲《詩經》時代没有這字，直至戰國時代它纔產生；或者《詩經》時代已有這字，而偶然用不着它。爲了慎重起見，我們寧信其無。

---

① 例子見於《說文通訓定聲》頤部"欺"字下。

若用這種選字的方法，對於上古音系的研究頗多便利之處，例如“疑”聲有“礙”，屬於洪音，又有“疑嶷”，屬於細音，然而《詩經》有“薿嶷”而無“礙”，可見從“疑”得聲的字最初本屬細音，洪音乃是後起的現象。這麽一來，許多複雜的問題都變爲簡單了。

（八）語音與字義的關係

章太炎先生的《文始》、高本漢的《漢語詞族》(Word Families in Chinese)，都從語音去研究字義的關係。他們對於字義的解釋，儘多可議之處，然而他們的原則是可以成立的。語音相近者，其字義往往相近；字義相近者，其語音亦往往相近。由語音系統去尋求詞族，不受字形的束縛，這是語史學的坦途。

同時，我們也可以把這個原則反過來應用，就是從字義的關連去證明古音的部居，如“改”之與“革”、“晦”之與“黑”、“子”之與“息”，都是之咍職德同部的證據。我們雖不能單憑這個去證明古音，但若有了别的重要證據之後，再加上這個做旁證，原有的理論就可以藉此增加不少的力量。

此外，意義相反的字，有時也可以證明語音之相近，如“否”之與“福”、“禮”之與“戾”、“氏”之與“顛”、“明”之與“暮”等，都是同部或對轉的字。但這一類的例字比前一類的例字少些。

本文談到字義的地方，衹是舉例的性質；因爲如上文所論，字義方面衹能作爲旁證，不求詳備也没有什麽妨礙的。

二、 圖表凡例

1. 本文的圖表專爲上古韻母系統而作，故特别着重在韻母方面。至於聲母的系統，暫時略依陳澧所分《切韻》四十聲類，復從黄侃把明微分立。端系與知系，在《切韻》裏不會同在一韻[1]，故表中依《韻鏡》以端知兩

---

① 僻字不算。

系同列。于喻兩類，應分屬喉舌兩音。現在把匣于排在一欄，因爲匣母没有三等，于母祇有三等，恰相補充；把喻母排在定澄的前一欄，因爲我暫依高本漢的說法，認喻母的上古音是不吐氣的［d-］①。總之，關於聲母的一切，都是暫時的性質，我願意保留到將來再研究。

2. 此表除瑣碎的修改不計外，自起稿至今，共有兩次大變更。最初是略依江有誥的《入聲表》，再加擴充，使陰陽入相配，如下圖：

該攝開口呼

影于	曉匣	见溪群	疑	
○ 欸 ○ 餩 ○ ○ ○	咍孩 海亥 儗劾 黑劾 ○恒 ○○ ○○	該掇 改輆 ○欬 裓克 揯○ ○肯 亙○	○ ○ 礙 ○ ○ ○ ○	咍德登類（一等）
挨 挨 噫 ○	○○ ○駭 欬械 ○核	荄○ ○○ 戒炫 革緙	○ 騃 譺 ○	皆麥類（二等）
噫 譩 意 億 膺 ○ 應	熙 喜 憙 赩 興 ○ 興	基欺其 已起○ 記亟忌 亟輻極 兢殑殑 ○○○ ○○殑	疑 擬 儗 嶷 凝 ○ 凝	之職蒸類（二三等）

這種做法有三種毛病：第一，許多後代的僻字都摻在裏頭，徒然把上

① 補注：實際上高本漢把喻母四等的上古音分爲 d、z、g 三類。

古的音系弄亂了①。第二,拘泥於等韻門法,把不該細分的音也細分了,例如之部實際上衹該分爲洪細兩類就够了,《切韻》的皆麥兩韻所含少數之部字,都可以認爲從咍德類變來,是不規則的演變。其見於《詩經》者僅有"戒革豺馘"四字,如果用等韻的説法,可以説它們原屬一等,後來才流入二等。"改"與"革"音義並通,"改"既在一等,"革"亦可在一等。第三,每音衹限定舉一字爲代表,以致相配的字不能盡現於表中,例如平聲"基姬"與入聲"亟棘"相配,今若僅載"基亟"相配,則"基"與"棘"、"姬"與"亟"、"姬"與"棘"、"基"與"姬"、"亟"與"棘"的關係都無從表示。

因此,我另製一種圖表,大致定下了三個條例:(1) 凡《詩經》所有的字,一概列入表中;如係《詩經》所無之字,即不列入。(2)《詩經》非但没有此字,並且没有此音,而先秦書籍中却有此音者,則舉一字爲代表,加圈於外以爲分别。(3)《詩經》雖有此字,然《廣韻》中共有兩種以上的讀法,則假定一種爲最古的讀法,其餘的讀法索性不載。但如果此音無他字可表,則仍載此字,加圈於外。今以之職蒸類喉牙音舉例如下表:

影	曉	見	溪	群	疑
噫	熙嘻	基箕姬	僛	其綦淇棋期騏	疑
○	喜	紀	起芑屺杞	○	薿
意	○	(記)	○	忌	○
億	○	亟棘襋	○	極	嶷
膺鷹	興	兢	○	○	(凝)
○	○	○	○	○	○
應	(興)	○	○	○	○

這次的辦法,我認爲進步了;但還有最後的修訂如下:(1) 洪細音當共列一欄,一則可省篇幅,二則諧聲的系統更爲明顯,如"改"與"紀"、"台"與"治",都可一目了然。(2)《詩經》所無之字,索性完全不録;加圈於外的辦法還不好,因爲此字既爲《詩經》所無,我們憑什麽把它列入而

① 理由見上文。

不列另一個字?(3)一字有兩音以上,則在重見之音加圈。惟宜加小圈於字旁,以便印刷。(4)無字處不加圈,更覺清楚①。

3. 開口呼與合口呼不同圖。大約每圖各分爲洪細兩類。同屬一個聲母的洪細音,則以虛綫爲界。亦有一圖分爲三類者,則因洪音有二類或細音有二類之故;又有一圖分爲四類者,則因洪細各有二類之故。

4. 一字分屬兩個以上的聲母或調類的時候,以重見爲原則。亦有不重見者,或因一時失察,尚待補載,或因我確認古無此音。此等情形未能一一注明。

5. 洪細共列一欄,好處既如上文所述,而其缺點則在語音系統不如分欄之清楚。爲補救這缺點起見,每圖之前先列一表,表中依洪細分類,與圖互相闡明。

6. 每圖之後,附有:諧聲對轉證、訓詁對轉證、同部聲訓證、歸字雜論。所謂對轉,非僅指陰陽對轉,而是兼指陰與入對轉或陽與入對轉而言,例如“旦”在寒部,“怛”在曷部②,我們即可從這諧聲的事實去證明寒與曷是陽入對轉。又如“何”在歌部,“曷”在曷部,我們又可從這訓詁的事實去證明歌與曷是陰入對轉。至於同部聲訓,其例更多,現在擇其不同聲符者爲例,以見一斑。末了說到歸字雜論,這是討論某字應歸某部的。大部分的字,其所應歸的韻部都已不成問題,但還有少數的字引起爭執。本文既有圖表,對於每字應歸何部,都該認定,所以對於引起爭執的字,也不能不加論斷。凡此四事,或係前賢的意見,或係我個人的私見,也不能分別注明。反正這都是圖表的附屬品,而且是舉例性質,不求詳備,不過藉此略爲證明音系之分排不是隨意亂做而已。

7. 有些字,依《詩經》用韻當屬此部,而依諧聲偏旁當屬彼部者,則以《詩經》爲準;然其諧聲偏旁所屬之部中,此字亦重見,加一括弧以示分別,例如“怛”字,見於曷部,無括弧;又見於寒部,加括弧。亦有不敢完全

① 這裏敘述製表的經過,目的在乎解釋我爲什麼不依等韻的成規。

② “怛”在《詩經》一見,與“發偈”爲韻,當入曷部,不當拘泥舊説以入寒部。理由已見上 2。

以《詩經》用韻爲準者,則一律加括弧,例如"膴"字,見於之、魚兩部,皆有括弧。另有些字,在《詩經》裏不入韻,依諧聲偏旁當屬此部,而依《廣韻》當屬彼部者,則以諧聲偏旁爲準,例如"畽"字從"重"得聲,故列入東部,無括弧;然《廣韻》"畽",吐緩切,故又列入寒部,加括弧。《詩經》一字分入兩部叶韻,則認其中一部爲方音,亦加括弧。

8. 本文的圖表僅爲擬測上古音值的準備,故於韻母系統雖力求其有條理,却暫時不願意談及音值。

三、之蒸系①

(一) 開口呼

哈登類:海醢;改戒革,克;德得,郜忒慝,台臺迨怠殆代特;乃迺鼐能;來萊騋賚;㚫,栽災哉宰載則,偲采菜,才在賊,塞;霾䅘。

恒;肯;登,騰螣滕;增憎,曾贈。

之蒸類:噫意億;熙嘻喜;基箕姬紀亟棘襋,僛起杞屺芑,其綦淇祺期騏忌極;疑薿嶷;置植陟,恥敕飭,飴詒貽以苢矣異翼弋,治峙庤值直;暱,而耳;釐貍里理裏李力;之止址祉趾職織,蚩齒饎饎熾,食,詩始試式識飾

影	曉		匣	見		溪		群	疑
噫		熙嘻			基姬箕		僛	其淇期綦祺騏	疑
	海醢	喜		改	紀		起屺芑杞		薿
意				戒			亟°	忌	
億				革	刺亟襋	克		極	嶷
膺鷹應		興	恒		兢				
						肯			
應°		興°							

① 編者注:以下表格(第113—158頁),聲類位置依據1937年7月《清華學報》初發表本,不據底本。不一一出注。

端知		透徹		喻	定澄		泥娘		日	來	
		郈		詒飴 貽台°	台臺	治	能°		而 陾°	來萊 騋	釐 貍
			恥	以苢 矣	迨怠 殆	峙 庤	乃鼐 迺		耳		里裏 理李
	置			異	代	值 治°	能			賚	
德 得	稙 陟	忒 慝	敕 飭	翼 弋	特	直		暱			力
登				蠅	螣騰 縢	懲	能°		仍 陾		陵 淩

照	穿	神	審	禪	莊	初	牀		山
之	蚩		詩	時 塒	緇 菑		豺		
止祉 沚趾	齒		始	恃 市				士俟 仕	史 使
	饎熾 糦		試		葴			事	使°
職 織		食	式飾 識奭	殖	側	測			色穡 嗇
丞 蒸	稱	繩 乘	勝 升	承					
	稱°	乘°	勝°						

精		清	從		心		邪	幫	明
哉災 栽	鼒茲	偲	才			思司 絲	詞辭		霾
載宰	子耔 仔梓	采	在				似耜汜 姒祀		
載°		菜		字			寺嗣		
則	畟稷		賊		塞	息			麥
曾° 憎 增			曾					（冰）	
			贈						

奭,時塒恃市殖;緇菑葴側,測,士仕俟事,史使色嗇穡;鼒茲子仔耔梓畟稷,字,思司絲息,詞辭似姒耜祀汜嗣寺。

膺鷹應;興;兢;蠅懲;陾仍;陵淩;烝蒸,稱,乘繩,升勝,承。

諧聲對轉證：疑凝①，乃仍，寺等，能態，而陾（如之切，又音仍）。

訓詁對轉證：正義：陟登，螾螣，熙興，貽贈。

反義：革恒。

同部聲訓證：改革，子息，才偲。

歸字雜論：

“海”從“每”聲，“醢”從“㐭”聲，實從“右”聲（“右”在上古屬合口，說見下文），疑此兩字在上古皆屬合口呼。《釋名》“海，晦也”，又“醢，晦也”，“海醢晦”音並相近。今暫依舊說，以“海醢”爲開口呼，同時重見於合口呼，加括弧以示未定。

（二）合口呼

灰［登］類②：賄晦誨悔黑，或；國馘；背北，掊倍佩邶；梅䱕媒敏。

薨，弘鞃；肱；崩，朋；夢。

尤［東］類：尤訧郵友有又右宥侑囿彧緎域蜮罭棫淢；龜久玖，丘，裘俅舊；牛；秠駓伾，否備葡；謀母畝牧；不富福葍幅輻福，紑副，芣婦負伏服。

雄；弓，穹；掤冰，馮。

影	曉		匣于		見		溪	群	疑
				尤郵訧		龜	丘	裘俅	牛
	賄（海）（醢）			友有		久玖			
	晦誨悔			又宥囿右侑				舊	
彧	黑	緎°淢°	或	域緎罭囿°蜮棫淢	國馘				
	薨		弘鞃	雄	肱	弓	穹		

① 凡《詩經》所未載之字，加橫畫於其下，以示分別。

② 凡韻目加括弧者，表示其本身不屬此呼，甚至不屬此系。

幫		滂	並		明		非	敷	奉
		秠伾駓	掊		梅媒鋂	謀	不	紑	芣（膴）
			倍	否°	敏	母畝	否		婦負
背			佩邶	備			富輻°	副	伏°
北	楅			葡		牧	福幅楅°葍輻	副°	伏服
崩	掤冰		朋	馮	夢				
					夢°				

訓詁對轉證:恢宏,晦夢。

同部聲訓證:正義:晦黑,婦伏,久舊,背負。

反義:否福。

歸字雜論:

尤侯韻字之在之部者,當屬合口呼。若以諧聲爲證,“某”聲有“媒”,“不”聲有“坏”,又有“丕”;“有”聲有“賄”,又有“郁”,“尤”聲有“蚘”(亦做“蛕蛔”)。若以反切爲證,則“囿”于救切,又于六切;“副”敷救切,又芳福切;“覆”敷救切,又敷六切;“葍”方副切,又芳福切;“復伏”皆扶富切,又音“服”。若以假借字爲證,則“有”借爲“或”,“負”借爲“倍”。若以聲訓爲證,則《廣雅·釋親》“母,牧也”;《白虎通》“婦者,服也”;《釋名》“負,背也”;《國語·楚語》“王在靈囿”注“囿,域也”。諸如此類,都可以證明尤侯韻字入之部者在上古當屬合口。

“龜”字有居求、居追兩切①,當以居求切爲較近上古音;若完全依上古音,當改爲居丘切。今世僅於“龜茲”讀居丘切,實則上古“龜”字皆讀此切。後來變爲居追切,雖則失了上古的韻部,倒反因此保留下了合口呼的痕迹。

“黑北”兩字皆當入合口呼。陳澧與高本漢皆誤以此類字入開口呼。今按《廣韻》“黑”,呼北切;“北”,博墨切;“墨”,莫北切;“菔”,蒲北

①《廣韻》尤韻“龜”字下注云“又居危切”,微誤。當依脂韻注爲居追切。

切;“覆”,匹北切,凡以“北”字爲切者,皆屬合口,與開口字之反切絕對不混。宋代以後,“黑”字轉入開口呼,世人因此誤以“北墨蔔覆”皆隨“黑”字轉入開口。若以反切爲證,則“仆”,芳遇切,又蒲北切;“菩”,蒲北切,又音“蒲”;“僰”,符逼切,又蒲北切;“匐”,房六切,又蒲北切;“覆”,芳福切,又匹北切,皆與合口呼相通。若以諧聲爲證,則“蔔覆仆”等字皆與輕脣字相通,應入合口(理由見上文);況“北”聲有“背邶”,更顯示“北”屬合口呼。若以聲訓爲證,《白虎通》“北方者,伏方也”;《廣雅》“北,伏也”;《釋名》“黑,晦也”;又“墨,晦也”,亦皆以合口字釋合口字。顧亭林《唐韻正》云:“黑,呼北切,上聲則呼每反。”“黑”字是否應認爲有上入兩聲,姑置勿論,但“呼每反”爲合口呼,可見顧氏亦能審音。

四、幽系

(一) 開口呼

[豪]類:薅好,昊;考栲;翺;禱檮,透,陶綯翿稻道蹈;老;遭早蚤棗爪,草,曹皁漕,騷慅搔埽;褒裒保鴇報,袍。

[肴]類:孝,巧;包苞飽,匏炮炰庖。

[尤]類:麀;朽;輈侜,猷酉卣櫾誘牖,裯綢;劉瀏懰;周舟洲,醜臭,收手首守獸狩,讎醻魗受授售壽;遒酒,秋鶖,酋蝤,秀琇,囚。

[蕭]類:呦幽窈;糾赳叫,莜;鳥蔦,調蜩;滮。

同部聲訓證:考老,狩獸,麀呦。

歸字雜論:

幽部的開合兩呼,甚難分別。最初我把幽部字一律認爲合口呼,後來我覺得不對,因爲豪韻字之屬於幽部者,大多數没有與合口相通的痕迹。現在改爲開合兩呼;分呼的標準是:(1) 諧聲偏旁有没有屬合口呼的?(2) 假借、聲訓、謰語三方面,是否與合口呼相通?這種標準衹是一種嘗試,其準確的程度尚待將來多方面的證明。

影	曉			匣	見	溪		群	疑	端知			透	喻
幽麀呦	薅							荍	翱		輈侜			猷
窈	好		朽	昊	糾赳	考栲	巧			檮擣		鳥蔦		酉槱牖卣誘
	好°	孝			叫								透	

定澄			來	照	穿	審	禪	精莊		
陶翿綯	裯綢	調蜩		周洲舟		收	讎魗醻	遭		遒
稻道			老		醜	手守首	受	早棗蚤	爪	酒
蹈		調°			臭	獸狩	授壽售			

清		從		心山		邪	幫		並		
	秋鶖	曹	酋蝤	騷搔慅		囚	褒裒	包苞	袍	匏炰炮庖	滮
草		阜		埽			保鴇	飽			
		漕			秀琇		報				

（二）合口呼

皓類:皓浩鵠;鼛鼛告;篤,毒;猱獿;牢;造,搜叟瞍溲;寶,牟矛蝨牡戊茂。

[肴]類:虓烋,學;膠攪覺。

[尤]類:攸悠滺憂優懮奥薁燠;休旭勗慉;鳩穋樛九韭玖救究匊,軌氿,仇厹艽求逑球銶捄觩舅咎鞠,逵;竹築,抽瘳畜蓄,遊游由蝣育,胄軸妯蓫;杻狃,柔揉蹂;旒流留駵劉瀏懰柳霤六陸蓼;祝鬻,俶柷,叔菽,淑熟;蹙,就,脩修繡夙宿肅,褎;卯茆昴貿穆目;缶腹,孚罦覆,浮蜉阜復。

蕭類:條鰷倏滌迪;惄;聊;椒,戚,蕭瀟蟰儵嘯歗。

影		曉		匣		見			
	攸滺優 悠憂懮	虓 烋	休 怸°			謷 [illegible]	膠	鳩樛 穋	
				皓 浩			攪	九玖 韭	軌氿
奧°						告°	覺°	救 究	
	奧薁燠		旭慉 勗	鵠	學	告	覺	匊 鞠°	

群		端知		徹	喻	定澄		
仇艽逑銶觩 厹求球捄	逵			抽 瘳	遊由 游蝣			條鋚 鯈
舅咎								
					褎°		冑	
鞠		篤	竹 築	畜 蓄	育鬻°	毒	軸蓫 妯	滌迪

泥娘			日		來			照	穿	審	禪
猱 峱			柔 揉		牢	旒留劉瀏 流騮懰	聊				
	杻 狃		蹂	擾		柳罶	蓼°				
								祝°			
		惄				六穋° 陸蓼		祝鬻	俶 柷	叔 菽	淑 熟

精		清		從	心山			邪
	椒				搜	修 脩	蕭蟰 瀟（翛）	
					叟溲 瞍			
		造		就		繡	嘯歗	褎
蹙			戚			夙肅 宿		

幫	滂	明		非	敷	奉	微
		牟矛 蟊			孚罦	浮蜉	
寶		牡	卯昴 茆	缶		阜	
		戊茂	貿		覆°	復°	
	覆°		目 穆	腹	覆	復	

同部聲訓證:正義:目眸,鞠告,戚憂,造就。

反義:休戚。

歸字雜論:

"告"聲有"鵠","九"聲有"軌","由"聲有"軸","攸"聲有"儵","丑"聲有"蚰","翏"聲有"戮","就"聲有"蹴";"攪"從覺聲,"椒"從叔聲,"蕭"從肅聲,故凡告聲、九聲、由聲、攸聲、丑聲、翏聲、就聲、覺聲、叔聲、肅聲的字,都應該歸入合口呼。

《釋名》:柳,聚也。鵂鶹,《說文》作"舊留"。《釋名》:霤,流也。劉,《說文》作"鎦";《漢書·匈奴傳》注:游猶流也;又"蜉蝣"謰語。故凡休聲、丣聲、流聲、劉聲、游聲的字也應該歸入合口呼。

五、宵系

宵部衹有開口呼。

豪類:沃鋈;蒿耗熇,鎬號鶴;高膏羔縞杲;敖暬;刀忉倒到,桃逃洮鞉盜悼;呶怓;勞潦樂;藻鑿;襮,暴;毛髦旄芼。

肴類:殽傚;交郊狡佼教較;樂;罩倬,濯;犖;巢;豹駮駁。

宵類:妖要喓葽夭約;囂鴞梟謞;驕鷮矯,喬蹻;虐;朝,遙謠搖瑤燿曜躍籥禴,朝旐肇趙召;蕘;僚寮;昭招沼照炤勺灼,弨綽,少,紹;焦嚼雀,悄,樵譙,宵消逍蛸翛小笑削;麃儦瀌鑣,飄嘌漂,摽驃;苗藐廟。

[蕭]類:杳;曉;皎皦,翹;釣弔的,挑恌趯,迢佻苕窕翟藋;溺;膋櫟。

影			曉				匣	見				群	
	要嘤 要妖		蒿	嚣梟 鴞	曉	號	殽	高膏 羔	交 郊	驕 鷮		喬	翹
	夭 （飫）	杳				鎬		縞杲	狡 佼	矯	皎 皦		
	要°		耗			號°	傚	膏°	教 較°				翹°
沃 鋈	約		熇	謔		鶴			較	蹻°		蹻	

疑			端知				透	喻	定澄			
敖 聱			刀 忉		朝		挑 恌	遙搖 謠瑶	挑鞉 逃洮		朝	迢苕 佻
			倒								旐肇 趙	窕
			到	罩		釣 弔		燿曜	盜悼		召	
	樂	虐		倬		的	趯	躍籥 禴		濯		翟籊

泥娘		日	來				照	穿	審	禪	精清		
呶 怓		蕘	勞		僚 寮	膋	昭 招	弨				焦	
			潦				沼		少	紹	藻		悄
	溺°		勞°				照 炤		少°				
	溺		樂	犖		櫟	勺 灼	綽			鑿°	爵雀	

從牀			心山		幫			滂	並		明	
	巢	樵 譙	蛸°	宵逍翛 消蛸			麃瀌 儦穮	飄漂 嘌			毛髦 旄	苗
				小						摽		藐
鑿°		譙°		笑		豹			暴°	驃	芼	廟
鑿				削	襮	駮 駁			暴			

同部聲訓證:正義:要約,囂號,嶅曉,矯翹,敖樂,弔悼,迢遙,燿爍,趯跳,

　　　　　　　呶鬧,照灼,卓超,驃鑣,豹暴。

　　　　　反義:勞樂,朝召,悄笑。

歸字雜論:

“焦”聲的字,段玉裁、孔廣森諸人皆以入幽部,獨江有誥、夏炘以入宵部,今依江、夏。按“焦灼燥”音義並近,“僬僥”則爲謰語,又“噍”或作“嚼”,“譙”或作“誚”,“焦”聲的字與宵部的關係似較深。若以《詩經》用韻爲證,《鴟鴞》四章“譙”字押“翛翹搖嘵”,“翛”,《正義》引定本作“消”,則亦在宵部。

六、 侯東系

侯東系衹有合口呼。

侯東類:漚屋;侯喉餱厚後后候餱逅;鉤句苟笱耇枸垢翟冓媾構覯雊穀谷轂,口寇;斗,投豆讀獨;婁鏤漏祿鹿麓;騶聚走奏,藪速蔌樕;卜,僕樸;木沐霂。

烘,洪鴻虹訌;公工功攻,空孔控;東蝀,恫畽,同桐童僮動;弄;翪總,葱聰,送;琫,篷菶;蒙濛饛幪矇。

[覺]江類:渥握;角桷;嶽;味晝琢椓啄斲,濁;剝,璞。

項巷;江講;雙;邦,龐;龙庬。

遇鍾類:傴飫;駒屨,驅曲,劬窶具局;愚隅遇玉獄;株,瘉踰愉揄渝榆庾楰愈裕欲,躕蠋;濡醹孺辱;蔞縷屨綠;朱主注畀,姝樞,贖,輸戍束,殊殳樹屬;芻,芻,數;諏足,趨取趣,須粟,續藚;柎,附;毋侮務楘。

雍饔雝廱;恭,恐,邛共;顒;冢,庸鄘傭墉鏞容勇踴用,重;龍;鍾鐘種,衝罿充,舂,艟;豵樅縱,從,崧竦,松訟;唪葑,蜂豐捧,逢縫奉。

影			曉	匣		見			溪		群	疑	
				餱喉侯		鉤句		駒		驅	劬		愚隅
			齵（飫）	厚后後		苟耇垢笱枸鞏		屨	口		寠		
漚				候逅鍭		冓構雊°媾覯			寇		具		遇
屋	渥握					穀谷轂	角桷			曲	局	嶽	獄玉
		雍雝饔廱	烘	鴻訌虹洪		公功工攻	江	恭	空		邛		顒
					項		講	（鞏）	孔	恐			
		雍°			巷				控		共		

端知			透	喻	定澄			日	來	
	咮	株		瘉踰揄渝愉楡	投		躕	濡	婁	蔞
斗				庾楰				醹		縷
	晝			愈裕	豆			孺	漏鏤	屢
	琢啄椓斲			欲	讀獨	濁	蠋	辱	鹿祿麓	綠
東崠			恫瞳	庸傭鏞鄘墉容	同童桐僮		重			龍
			冢	踴勇	動		重°			
				用					弄	

照	穿	神	審	禪	莊		初	山		精		清		從	
朱	姝樞		輸	殊殳	騶棸		芻				諏		趨		
主									數	走			取		
注畀			戍	樹		縐			數°	奏	足°		趣		
		贖	束	屬				數°			足		趣°	族	
鍾鐘	衝充罿		舂					雙		鬷	豵樅	聰蔥			從
種				尰						總					
種°											縱				從°

心		邪	幫		滂	並		明		非	敷	奉	微
	須												毋
藪											柎		侮
												附	務
速樕 蔌	粟	續 藚	卜	剝	璞	僕 樸		木霂 沐					楘
	崧	鬆		邦		蓬	龐	蒙饛幪 蒙矇	龙 庬	葑	蜂 豐	逢 縫	
	竦		琫			菶				唪	捧	奉	
送		訟								葑°			

諧聲對轉證:蒪講,愚顒,束竦。

訓詁對轉證:正義:傴僂,口孔,寇恐,叢聚,充足,童禿①。

反義:同獨。

同部聲訓證:傴踽,逅覯,隅角,味啄,趣促。

歸字雜論:

"敄"聲的字,當依王念孫、江有誥歸入侯部。

"鞏"字在《詩經》祇見一次,與"後"字押韻,當入侯部。按"講顒竦"皆由侯入東,則"鞏"未嘗不可以由東入侯;甚至最初諧聲的時候就以東部的"巩"去諧侯部的"鞏",也不是絕對不可能的事。

"衝"與"充","蜂"與"豐",在《廣韻》分屬鍾、東兩韻。現在認爲同屬東部細音,不再分別。"充豐"似乎是由鍾入東,係不規則的演變。

七、 魚陽系

(一) 開口呼

模唐類:烏戲惡;呼虎篪滸壑,乎胡戶扈祜岵怙楛貉;姑辜酤古賈鼓瞽罟股羖盬顧固故各閣,苦恪;吾梧五午晤寤咢鄂;都闍堵,土吐兔擇橐,

① 《釋名・釋長幼》:"山無草木曰童,人無髮曰禿。"

瘏屠荼塗徐徒圖杜度；帑怒諾；盧廬魯虜路賂露鷺洛落雒駱；租祖組作柞酢，錯，徂祚，蘇素遡愬索；謨暮墓莫瘼。

杭頏；岡剛綱，康抗伉；卬；湯，堂棠鎲唐螗蕩；囊；狼稂朗浪；臧牂，倉瑲蒼鶬，藏，桑喪。

馬庚類：亞；赫，遐騢瑕下夏暇；家葭假椵斝稼嫁格；牙雅；野夜亦奕懌斁驛繹，宅；者赭柘炙，車尺赤，射，舍釋螫，闍社石碩；借踖，且，藉，寫舃昔，邪謝夕席蓆；豝百伯栢，白；馬禡霡。

亨，行珩衡荇；庚羹梗；彭孟。

魚陽類：於；虛許；居椐琚据車舉筥據戟，袪祛，渠蘧秬距虛朦劇；魚語圉御禦逆；著，余餘輿譽鸒旟畬予與豫，除篨紵佇羜；女，如洳汝茹若；廬旅慮略；諸渚，處杼，書舒紓鼠癙暑庶；菹阻俎詛，初楚，助，疏所；罝苴沮，砠鵲，胥湑，徐序鱮藇緒。

央鴦泱鞅；香鄉享饗向；姜疆京景竟，羌卿慶，競；迎仰；張粻長，鬯暢韔，羊洋痒陽鍚楊揚養，長萇場腸；穰攘瀼讓；梁粱良涼糧兩諒；章璋掌，昌倡，傷商，常裳當鱨上尚；莊壯，牀，霜爽；將漿，鏘蹌蹡，墻戕斨，相箱湘襄鑲，祥詳翔象；兵秉怲柄；明。

影			曉			匣		疑		
烏		於	呼戲		虛	乎胡	遐騢瑕	吾梧	牙	魚
			虎滸篪		許	戶祜怙扈岵楛	下夏	五午	雅	語圉
惡	亞		呼°	赫°			暇	晤寤		御禦
惡°			壑	赫		貉		咢鄂		逆
	英	央泱鴦		亨	香鄉	杭頏行°	行衡珩	卬		迎
		鞅			享饗		荇			仰
					向		行°			迎°

見			溪			群
姑酤 辜	家 葭	居琚車 椐据			祛 袪	渠 蘧
古鼓罟羖賈 瞽股盬	假賈° 斝嘏	舉 筥	苦			柜虡 距
顧固故	稼 嫁	據				臄劇
各閣	格	戟	恪	客		
剛岡綱	庚羹	姜疆京	康		卿羌 慶	
	梗	景				
		竟	抗 伉		慶°	競

端知		透徹		喻		定澄		
都 闍°			樗		余畬輿鸒 餘予譽旟	瘏稌荼圖 屠塗徒		除 篨
堵		土 吐		野	與予°	杜		紵羜 佇
	著	兔		夜	豫	度°		
	著°	薼橐		亦懌斁 奕繹驛		度	宅	
	張 粻	湯	鬯 畼 韔		羊痒楊鍚 洋陽揚	堂棠螗 鏜唐		長場 萇腸
	長				養	蕩		

泥娘		日	來		照		穿		神	
帑		如茹 洳	盧廬	蘆		諸	車°			
	女	汝	魯虜	旅	者 赭	渚		處		杼
怒	女°	茹°	路鷺 賂露	慮	柘°			處°	射	
諾		若	洛駱 落雒	略	炙 柘		尺 赤		射°	
囊		穰瀼 攘	狼 稂	梁良糧 粱涼		章 璋		昌		
			朗	兩		掌				
		讓	浪	諒				倡		

審		禪		莊	初	牀	山	精		
	舒書紓	闍°		葅	初		疏	租		罝
舍	署癙鼠	社		阻俎	楚		所	祖組		苴
舍°	庶			詛		助	疏°	作°	借	沮
釋螫		石碩						作酢柞	踖	
	傷商		常嘗裳鱨	莊		牀	霜	臧牂		將漿
			上				爽			
			尚上°							

清			從			心			邪	
		砠	徂			蘇		胥湑	邪	徐
	且						寫			緒藇序鱮
錯°			祚	藉°		素愬遡			謝	
錯		鵲		藉		索	舄昔		席蓆夕	
倉蒼瑲鶬		鏘	藏		墻斨戕	桑喪		相湘鑲箱襄		祥翔詳
										象
		蹌鏘	藏°			喪°		相°		

幫		並	明		
豝			謨		
				馬	
			暮墓	禡	
伯栢百		白	莫瘼	霢	
	兵	彭			明
	怲秉				
	柄			孟	

訓詁對轉證：正義：逆迎，吾卬，格梗，舍釋，罟綱，瘼病。

反義：苦康，豫痒，暮明。

同部聲訓證：竟疆，寤愕，明柄，迓逆，假格，渠壑，舍處，牾屰，射斁，赭赤。

歸字雜論：

魚模兩韻字，在上古當入開口呼。就諧聲而論，魚模是一個系統，虞是另一個系統①。這因爲魚模在上古屬開口呼，虞在上古屬合口呼，故能截然不紊。若以諧聲爲證，則魚模兩韻的聲符與麻鐸藥陌昔諸韻開口呼相通的痕迹非常明顯，如庶聲有“席”、豦聲有“劇”、固聲有“涸”、“惡”從亞聲、“路”從各聲、“醋”從昔聲、“舒”從舍聲，“惡且賈度著作朔”皆有開合兩讀。就諧聲的常例看來，開合互諧是不會有的；於是我們推測庶聲、豦聲（實爲虍聲）、固聲（實爲古聲）、亞聲、各聲、舍聲、且聲、賈聲、者聲、乍聲、屰聲等類的字在上古漢語，若非全屬開口，就是全屬合口。但虞韻顯然是合口，不能與魚模相混，故魚模當是開口②。

“京”與“疆”、“卿”與“羌”同屬三等，在《廣韻》雖有庚、陽之別，在表中未便分爲兩類，因爲庚韻三等衹有“京卿英”三個字見於《詩經》，似乎不會獨成一類。現在把“英”字認爲古二等，“京卿”則暫時認爲與“疆羌”同音，以待再考。

（二）合口呼

［模］［唐］類：污；憮幠藿，瓠狐壺濩穫楛；罛，廓鞹；吳；補布博搏鎛，痡鋪圃浦，蒲葡步薄。

荒，黃簧皇遑喤凰煌；光洸廣，曠；雱滂，旁傍；芒。

［馬］［庚］類：華獲；瓜呱寡，夸。

兄，觥；祊；甂氓。

① 魚、虞的諧聲偏旁不相通。像“矩”字有俱雨、其呂兩切，是極少數的例外。即如“矩”字，當以其呂切爲古本音，俱雨切爲偶然的現象。

② 魚模直至《切韻》時代仍當是開口，羅常培先生修正高本漢的意見是對的。

虞[陽]類：訏盱吁昫栩于宇禹楀雨羽芋；踽，懼；虞娛麌噳俁；夫膚甫脯黼斧傅賦，敷，扶鳧釜父輔；無舞武膴。

貺況，永泳王迋；憬，匡筐，狂；方，訪，房魴防；忘亡望罔網。

影	曉			匣于			
汙	幠幠	訏盱吁		瓠狐壺	華	于	
		昫栩				宇禹羽雨楀	
					華°	芋	
	雚			濩穫（擭）	獲		
	荒	兄		黃皇喤煌簧遑凰			王
						永	
			貺況			泳	迋

見			溪			群	疑	
罛	瓜呱			夸			吳	虞娛
	寡				踽			麌噳俁
						懼		
			廓鞹					
光洸	觥				匡筐	狂		
廣		憬						
			曠					

幫		滂	並	明	
		痡鋪	蒲匍		
補		圃浦			
布			步		
博鎛搏			薄		
	祊	雱滂	旁傍	芒	蝱甿
			傍°		

非	敷	奉	微
夫膚	敷	扶凫	無
甫脯黼斧		釜父輔	舞武（膴）
傅賦			
方		房魴防	亡忘望
			罔網
	訪	防°	望°

訓詁對轉證：皇華，夸狂，無亡，幠荒，旁溥。

同部聲訓證：煌光，瓠壺，永廣，虞懼，幠㕞。

歸字雜論：

“檴”從雩聲，實從于聲，當入合口呼；《說文》“檴”下云“讀若華”，又重出文“檴”字，下注云“或從蒦”，據此，亦當入合口呼①。但《廣韻》作“樟”，却又當入開口呼。今暫兩歸，以待再考。

“憬”從景聲，似屬開口；然《廣韻》音俱永切，則屬合口。

今按《詩經·泮水》“憬彼淮夷”，《韓詩》作“獷”，然則“憬”爲“獷”之假借，自當屬合口呼。

八、歌曷寒系

（一）開口呼

歌曷寒類：阿；何河荷賀；歌柯哿，可；我俄蛾我；多，佗他，鼉紽沱杝驛；那儺；羅蘿；左佐，磋瑳，瘥，傞娑；波簸，破，婆；磨。

藹遏；害曷褐；蓋葛，愒渴；艾；帶怛，泰太闥撻，大達；貝，敗。

安按；罕漢熯嘆，韓寒翰旱；干竿榦，衎；岸；丹單癉亶旦誕，嘽歎嘆，檀墠襢憚；難戁；蘭爛；餐粲，殘，散。

① 段氏以爲“檴”“樟”二篆互譌，恐未必是。

麻鍇山類:加珈嘉駕;差哆,沙鯊莎灑;麻。

介界价;齘;蠆;瘵,殺。

閑閒僩;間蕳菅簡澗諫;顏鴈;棧,山潸汕。

支薛仙類:猗椅倚;犧戲,畸掎,錡;儀宜義議;蛇也,池馳;離罹縭纚驪詈;

迻,施,釃,差;彼,皮罷;靡。

孑揭,愒朅,偈桀傑;蓺刈;哲,曳勩,滯;熱;厲礪烈栵洌;制折

晣晢,舌,世,逝誓筮噬;祭,泄紲嵾;蔽鼈鼈,敝;威滅。

焉鰋偃;軒獻憲,衍;建,愆褰騫遣譴,乾虔;言唁彥;鱣邅展輾,

筵;然;連漣;旃膳戰,煽,善;翦,遷淺,錢踐俴餞,僊,羨。

[齊][屑]霰類:髢杕地;蠡麗。

契;蝃(蝂);截,瞥,蹩。

禋闉宴燕;顯,晛睍;肩豣見,牽;典,靦;薦前,霰;籩,駢。

諧聲對轉證:奈捺,大馱,折(杜奚切)哲,旦怛,賴嬾,獻讞,難攤,單驒鼍。

影				曉			匣于			
阿		猗椅			犧		何荷°河			
		倚					荷			
					戲		賀			
藹							害			
遏					歇		曷害°褐			
安		焉	禋闉		軒		韓寒翰	閑閒		
		鰋偃	宴	罕		顯	旱	僩		晛睍
按	晏		燕	漢熯暵	獻憲		翰°		衍	

見				溪				群	疑		
歌柯	加嘉珈	畸						錡	莪蛾俄		儀宜
哿		掎		可					我		
	駕										義議
蓋	介界价			愒	憩	契		偈	艾		蓺刈
葛		揭孑		渴	朅			桀傑		齾	
干竿	菅簡間		肩豜		愆騫褰		牽	乾虔		顏	言
	簡				遣						
榦	澗諫	建	見	衍	譴				岸	雁	彥唁

端知			透徹			喻	定澄			泥娘	日
多			佗他			蛇	鼉紽驒沱杝	池馳	折°	那（難）儺	
						也					
帶		蝃	太泰	蠆	髢	曳勩	大	滯	杕髢°地		
怛	哲		闥撻				達				熱
單丹癉	鱣邅		嘽			筵	檀墰			難	然
亶	展輾	典			覥		襢			戁	
旦（怛）誕			歎嘆				憚嘽°			難°	

來			照	穿	神		審	禪
羅蘿	離縭驪罹纚				蛇°		施	
		蠡		侈				
	詈	麗					施°	
	厲礪		制				世	逝筮誓噬
	烈栵洌		折晣哲			舌		折°
蘭	連漣		旃					
			膳					善
爛			戰				煽	

莊	初	牀	山		精			清		從		
	差		沙莎鯊					磋瑳	差	瘥		
	哆		灑	釃	左			瑳°				
					佐							
瘵						祭						
			殺									截
			山					餐	遷	殘	錢	前
			潸			翦			淺		踐餞俴	
		棧	汕				薦	粲				

心			邪	幫			滂		並			明		
傞娑				波					婆	皮罷		磨	麻	
				簸	彼									靡
							破					磨°		
				貝	蔽				敗	敝				
	泄暬紲				鼈鱉			瞥			蹩			烕滅
	僊鮮°					邊					（駢）			
散	（鮮）													
散°		霰	羨											

訓詁對轉證：正義：何曷，破敗敝，磨滅，揭褰，大誕，烈爛，熱然，祭薦，紲綫，鵝雁，義彥，議言，蛇誕，地墠。

反義：離連，多單。

同部聲訓證：義宜，離麗，熱烈，筮蔡，閑限，菅蕑，顔眼，壇禪，月憚，膳餐，殘殫。

歸字雜論：

"也"字本屬歌部而轉入《切韻》的馬韻，這是不規則的演變。現在我把它歸入歌部細音，認爲支韻"蛇"字（弋支切）的上聲。

典聲、亜聲的字，段玉裁以入諄部，江有誥以入寒部，今暫從江氏，以待再考。罤聲的字，段、江皆入寒部，而朱駿聲入屯部，今從段、江。

"莎"從"沙"得聲，當依《集韻》師加切，讀入開口呼。

（二）合口呼

戈末桓類:貨,和禍;戈過果裹蜾,薖;吪訛;妥,墮;嬴羸;坐,瑣;播。

蒼濊,噦翽,會活;檜髖膾括,闊;外;祋掇,駾脫,兌奪;捋;撮;撥,沛旆,軷跋茇魃;靺秣。

奐渙,丸芄完桓萑澣;冠莞觀倌管筦雚鸛貫瘝館灌祼;鍛碫,湍彖,慱溥斷;鸞欒亂;纘贊,爨,瓚;判泮,槃伴畔。

［麻］夬［山］類:騧;瓦。

話;噲;拜,拔;邁。

還環睆患;關丱串;版板,阪昄;蠻慢。

［支］月元類:麾,爲;虧;惢;惴,吹,垂;隨。

衛越鉞;厥蕨蹶,闕;月;綴惙啜,閱說;贅,喙,帨說;絕,歲雪;芾廢髮發,肺,茷吠伐。

鴛宛婉菀苑怨;諼貆儇嬛咺,園爰援媛垣遠;卷眷,綣,權拳跧鬈;元原源嫄騵阮願;轉,鳶;孌;穿川,遄;泉,宣選,旋;變,弁拚;綿面湎;番反販,幡,蕃燔藩樊繁蘩袢;萬曼蔓。

［屑］［霰］類:彗;決,缺。

駽,縣;蜎鞙畎,犬。

影		曉			匣			
			麾		和		爲	
					禍			
		貨			和°		爲°	
薈 濊		噦 翽	喙°	嘒	會	話	衛	
	噦°	濊°		決°	活		越 鉞	
	鴛		諼儇 貆嬛	駽	丸完萑 芄桓	還 環	園援垣 爰媛	縣
	宛菀 苑婉		咺		澣	睆	遠	
	怨	奐 渙		駽°		患	援°	縣°

見				溪				群	疑		
戈過	騧			薖		虧			吪訛		（原）
果裹蜾										瓦	
檜膾鱠					噲				外		
括		厥蹶蕨	決	闊		闕	缺				月
冠觀莞倌	關		鞙蜎	寬				權踡拳鬈			元原源嫄騵
管筦		卷	畎				犬				阮
雚灌痯祼鸛貫館	丱串	眷				綣					願

端知		透徹		喻	定	澄	日
		妥			墮		蕊
祋	綴	駾	惙°		兌		
掇	啜惙	脫		閱說	奪		
		湍		鳶	傳漙		
	轉	（腄）			斷		
鍛斷°碫		彖					

來		照	穿	神	審	禪
羸			吹			垂
贏						
		惴	吹°			
		贅	喙		帨	
捋					說	
鸞欒	戀		穿川			遄
亂						

精	清	從		心		邪	幫			滂
				莎		随				
		坐		瑣						
							播			
					歲			拜		沛旆
	撮		絕		雪		撥			
			泉		宣	旋				番°
纘		瓚			選			版板		
贊	爨								變	判泮

並			明			非		敷	奉	微
軷			韎	邁		廢	芾	肺	茷吠	
犮魃跋	拔		秣		蔑幭	髮發			伐	
槃			曼°	蠻	緜	番		幡	蕃藩繁袢燔樊蘩	
伴	阪畈					反				
畔伴		弁拚		慢	面湎	販				曼萬蔓

諧聲對轉證:番播,耑惴,果裸,宛涴(烏臥於阮兩切);萬邁。

訓詁對轉證:正義:虧缺,咼刮;寬闊,揞抉;婆娑。

反義:纘絕;穢濊。

同部聲訓證:正義:裸灌,環垣,綿曼;喙啜,拜拔。

反義:惙說。

歸字雜論:

“妥”字,依朱駿聲歸入歌部。

贊聲的字,在《廣韻》屬開合兩呼。開口呼有"贊讚瓚"等,合口呼有"鑽[①]欑纘"等。"酇"字共有"在丸、作管、則旰"三個切音,是一個字可以分屬開合。上古音系不會像這樣紊亂。今按《釋名》"讚,纂也",《說文》"簪"下注云"讀若纂",又"酇"下注云"酇,聚也",由此看來,"贊"聲在上古似宜屬合口呼。

九、 支耕系

(一) 開口呼

佳耕類:瘥隘;解邂;讁;簀,柴;派,牌粺;䨜。

嚶鶯;耕;爭;生甥笙牲省。

支清類:益,溢;跂,岐衹伎;知,易埸蜴,篪踟;兒;支枝只忮,適,是氏湜寔;訾積蹟脊蹐,雌此玼泚佌刺,斯;鞞俾璧辟,譬,埤脾。

嬰;贏盈;驚荊敬;禎楨,檉,酲鄭,征鉦整正政,聲聖,成城誠盛;菁旌,清倩,情靜靖,性姓;并,聘,平苹;鳴名命。

[齊]青類:鬩,兮盻;笄擊;鶂;帝蹢,揥逷剔惕,狄;績,鮮錫裼析晳;甓。

馨,刑;經涇,罄磬;丁鼎,聽町,廷庭定;寧;靈苓零鈴蛉領令;青,星;屏缾並;冥螟。

影		曉	匣于			見			溪		群	疑
					兮盻		笄				岐衹	
			解			解°					伎	
瘥隘°			邂						跂			
隘	益	鬩		溢				擊				鶂
嚶鶯	嬰	馨		贏盈	刑	耕	驚荊	經涇				
							敬			罄磬		

① 編者注:底本作"纘",據《清華大學學報》初發表版改。

端知			透徹		喻	定澄		泥娘	日	來
	知					踟篪	題提		兒	
	知°	帝		揥	易°					
謫		嫡謫°		逷剔惕	易場蜴		狄			
禎楨	丁	樫	聽			酲	廷庭	寧		苓鈴靈零蛉
		鼎		町						領
				聽°		（鄭）	定			令

照	審	禪	莊	牀	山	精	
支枝				柴		訿	
只		是氏					
忮						積°	
	適	湜寔	簀			積脊蹟蹐	績
征鉦	聲	成誠城	爭		生笙甥狌	菁旌	
整					省		
正政	聖	盛					

清		從	心		幫	滂		並			明		
雌			斯					牌	埤脾				
此泚玼佌				鮮	俾鞞								
刺						派	譬	粺					
刺°				錫析裼晳	辟壁					甓	霹		
清	青	情		星	并				平苹	屏缾		鳴名	冥螟
		靜靖	省°		鞞°					並			
倩			性姓				聘					命	

諧聲對轉證：卑鞞（并頂、并弭兩切）。

訓詁對轉證：諦聽，洴避，溢盈。

同部互訓證：嚶鶯，盈嬴，裼褆。

歸字雜論：

“笄”字，嚴可均、朱駿聲以入脂部，黄侃以入支部，從黄氏，以待再考。

“鮮”字，《詩經》衹見一次，與“泚瀰”爲韻，當入支部。《説文》：“霹，從雨，鮮聲，讀若斯。”《史記・五帝紀》：“鮮支渠廋。”《索隱》：“鮮析聲相近。”皆可爲證。

（二）合口呼

［支］［清］類：鵑，眭頍。

縈鶯，瑩營潁；鸀；傾頃，瓊睘惸；騂。

［齊］迥類：攜觿；圭，奎。

泂；駉坰，耿褧。

影	匣于		見		溪		群	心
		攜觿		圭		奎		
					眭頍			
			鵑（鸀）					
縈鶯	瑩營		鸀	駉坰	傾		瓊惸睘	騂
	穎	泂			頃	褧耿		

諧聲對轉證：圭眭（口迥、烏圭兩切）。

訓詁對轉證：眭頃。

同部聲訓證：耿炯，鶯熒，瓊瑩，睘惸。

歸字雜論：

“鶯”字從熒省聲，當入合口呼；但《廣韻》“鶯”，烏莖切，又當入開口呼。按《詩經・桑扈》“有鶯其羽”傳：“鶯然有文章。”“鶯熒瑩”音義並近，皆當屬合口呼;黄鶯之鶯當作"鸎",因爲其鳴嚶嚶,則當屬開口呼。疑"有鶯其羽"的"鶯"與黄鶯的"鶯"本是不相干的兩個字。今以"有鶯其羽"的"鶯"歸入合口圖内。

"耿"與"炯"音義並近,當同屬合口呼。《集韻》:"耿,俱永切,光也,本作炅。""炯"下又云"或作耿";《說文》"耿"從耳,炯省聲。《楚辭·遠遊》"夜耿耿而不寐兮"注引《詩經》作"炯"。今以"耿"字歸入合口圖内。"瓊"字當入青部。《說文》"奐"從夐省聲,未必可靠。

十、 脂質真系

(一) 開口呼

皆[怪][痕]類:皆湝階喈偕;届;恩。

脂質真類:伊懿;飢几,耆祁;夷桋姨彝,遲雉稺;爾邇二貳;履利;脂祗旨指砥寘,鴟,示視,尸鳲蓍屎矢豕,嗜;師;咨資姊沛秭,佽,茨自,司私死四駟泗肆,兕;匕比妣轡閟,配,毗紕貔膍仳;眉湄郿采①彌弭瀰媚。

一壹抑;咥;吉姞,佶;疐致輊室挃銍,徹,肆逸,秩;日;泣栗溧慄;至摯質,實,失室設;櫛,瑟;即,七漆,疾,悉蟋;毖泌必珌畢韠觱,匹,苾駜飶怭;密。

因茵駰姻;矜;憖;引靷;陳塵;人仁;鄰粼麟;鬒,身申矧,臣慎;臻蓁溱榛,莘;進,親,秦螓盡燼藎,辛新薪信訊;賓儐濱,頻蘋嬪牝;民黽。

齊屑[先]類:鷖翳;奚;鷄稽繼,啟;牴底坻軧氐疷,體替涕,荑鵜弟娣棣逮;瀰禰泥;黎禮醴鱧;隮懠躋濟,妻淒萋,齊蠐薺穧,棲犀;膍;迷。

曀殪噎咽;結拮襭袺頡,棄;嚏,驖;戾;節,切,屑;畀閉,淠,鼻。

臤;堅,牽;顛巔瘨,天,田闐瑱填電甸奠;年;戩,千;扁褊徧,翩;沔。

① 編者注:底本作"宷",據《清華學報》初發表版改。

影			曉	匣	見			溪	群	疑
	伊	鷖		奚	皆階偕 湝喈	飢	雞稽		耆 祁	
						几		啟		
	懿	翳					繼			
		噎 殪	咥		屆			棄		
	一 壹 抑	噎 咽				吉 姞	結襭頡 袺拮		佶	
恩	因駰 茵姻			賢		矜	堅	牽		
										憖

端知		透徹		喻	定澄		泥	日	來	
	甁氏°			夷桋 姨彝	遲	荑鵜	泥			黎
	底軝疧 坻氐		體		雉	弟娣	濔 禰	爾 邇	履	禮鱧 醴
			替 涕		稺	逮棣	泥°	二 貳	利	
致疐 輊	嚏			肆					泣	戾
挃窒 銍		徹	驖	逸	秩			日	栗慄 溧	戾°
	顛瘨 巔		天		陳 塵	填闐 瑱田	年	人 仁	鄰麟 粼	
				引						
				靷	陳°	電奠 甸				

照	穿	神	審		禪	莊	山	精		清	
脂 祗	鴟		尸蓍 鳲				師	咨資	隮懠 躋		妻萋 淒
旨砥 指		示 視	屎 矢	豕	視°			姊秭 泲	濟		
寘					嗜				濟°	佽	妻°
至摯											
質		實	失 室	設		櫛	瑟	即	節	七 漆	切
		神	身 申		臣	溱臻 蓁榛	莘			親	千
鬒			矧						戩		
					慎			進			

從		心		邪	幫		滂		並		明	
茨	齊蠐	司私	棲犀（西）						毗貔紕	膍	眉郿湄冞①彌	迷
	薺	死	（洒）	兕	匕妣比				仳		弭瀰	
自	穧	四泗駟肆			轡閟		配				媚	
					毖（閟）泌	畀閉		淠		鼻		
疾		悉蟋	屑		必韠珌鷝畢	閉°	匹		苾飶駜怭		密	
秦蓁		辛薪新			賓濱儐			翩	頻嬪蘋		民	
盡燼						扁褊			牝		黽	沔
藎		信訊			儐°	偏						

諧聲對轉證：矢疾；因咽，壹懿②；匕牝，真實。

訓詁對轉證：正義：係結，茨蒺，細屑，洎屆，配匹；盡悉，臻至；底顛，示神，隮進，妻親，配嬪。

反義：禮戾③。

同部聲訓證：正義：雞喈，禮履，涕淚，美媚；韠膝，閉閟；盡戩，濱瀕。

反義：比佌，新陳。

歸字雜論：

"塵"字，段玉裁、朱駿聲歸入真部，江有誥歸入諄部。按江氏所以把它歸入諄部者，因爲他認《詩經·無將大車》的"疷"字爲"痻"字之誤，於是以爲"塵""痻"叶韻，兩字都在諄部。其實脂真可以對轉，《詩經》時代的"塵"字也許是與"遲"同音，正不必改"疷"爲"痻"。今從段氏把它歸入

① 編者注：底本作"冞"，《清華學報》初發表版作"宷"，據前後文改。

② 懿，《說文》云"恣省聲"，疑誤。"懿"與"恣"聲母相差太遠；恐係"壹"聲。

③《左傳·文四》："其敢干大禮，以自取戾。"

真部。

“珥”字依《說文》是從耳得聲，當入之部；但或從兒聲作“䋩”，則又當入支部。今按“珥”“敉”常相通假，則“珥”當入脂。《楚辭・遠遊》以“珥”韻“涕”，可以爲證。

奚聲的字，段玉裁、江有誥以入支部，朱駿聲以入履部（即脂部），今依朱氏。雞鳴喈喈，故謂之“雞”；“雞”“喈”音當同部。又“係”與“結”音義並相近，亦當係脂質對轉。

（二）合口呼

［齊］［屑］［先］類：騤葵揆。

　　　　　　侐血，惠穴鴥；季，闋；恤，穗。

　　　　　　淵；玄昀；均鈞；筍，旬詢洵郇。

諧聲對轉證：癸闋。

訓詁對轉證：淵穴。

影	曉	匣	于	見	溪	群	心	邪
						騤 癸		
						揆		
	侐	惠		季				穗
	血	穴	鴥		闋		恤	
淵		玄	昀	均 鈞				旬詢 洵郇
							筍	

十一、 微術諄系

（一）開口呼

［咍］［代］痕類：哀愛；溉，開凱嘅。

　　　　　　艱。

［微］迄殷類：衣依；唏；饑幾，豈，鐖祈頎近；絺。

暨愾迄汔；既；仡。

殷慇隱；欣；斤巾謹堇，勤旂芹饉墐覲；疢，胤，殄殿；振眕震，辰晨；忍軔；詵駪，先西洗洒。

影		曉	見			溪		群	疑
哀	衣依	唏		饑		開		禨祈 旂° 頎	
				幾		凱	豈	近	
	衣°								
愛		暨愾	溉	既		嘅			
		迄汔							仡
	殷慇	欣	艱	斤	巾			芹勤 旂	
	隱			堇 謹				近°	
								饉瑾覲	

徹	喻	定	照	神	日	山	心
絺							
							（洗）
			振	辰 晨		詵駪	先西
疢		殄	眕		忍		洗洒
	胤	殿	震 振°		軔		

諧聲對轉證：希絺（音迄），乞汔（音祈），辰䢅（丑飢、敕辰、抽敏三切），斤祈。

訓詁對轉證：正義：覬欥；饑饉，衣隱，沂垠。

　　　　　反義：欷欣，恨愛。

同部聲訓證：正義：闓開，剴鐖，禨近；仡暨①。

　　　　　反義：愷哀。

①《博雅》："仡仡暨暨，武也。"

歸字雜論：

兮聲的字，段玉裁、江有誥以入諄部，朱駿聲以入坤部（即真部），今按當以段、江爲是。《詩經・載芟》叶“耘畛”，《楚辭・惜誦》叶“忍軫”，可證。

斤聲的字，在《詩經》時代已分屬微諄兩部。其屬微部者，有“近”（《杕杜》叶“偕近邇”，脂微合韻），有“頎”（《碩人》叶“頎衣”）；其屬諄部者，有“斤”（《釋名》“斤，謹也”），有“芹”，有“旂”（《采菽》叶“芹旂”，《庭燎》叶“晨煇旂”，《左傳・僖五》叶“辰晨振旂賁軍奔”）。

“西”字，依《説文》是與“棲”同爲一字，古文字學家釋甲骨文仍用其說；按《詩經》“妻”聲的字入脂部，“西”聲的字入諄部，界限非常明顯。現在把“棲”字歸入脂部，“西”字歸入諄部；但於脂部仍錄“西”字，加括弧以示分別。

（二）合口呼

［灰］没魂類：虺火，回洄淮懷壞；瑰；嵬；敦，推蓷，隤頹；雷靁罍，崔漼，摧罪；枚。

忽，潰；杌；對懟，退；内；類；毳；悖；妹痗沫昧。

溫；昏惛；混昆袞緄；錞頓，哼，盾遁遯；論；尊噂，忖，存蹲鱒，孫飧；奔本，濆；門璊亹糜（虋）浼。

微物諄類：威倭萎委畏；翬徽卉諱睢毁，韋圍違遺帷惟維唯；歸鬼詭垝愧，巋；追；綏；纍藟；騅隼雖，誰；蓑，雖綏；悲；美；非飛匪，菲霏騑斐，肥腓；微薇尾。

蔚慰；渭謂聿驈遹曰；橘鱊，屈，掘；芮；律；出；茁，率蟀；醉卒，毳，萃瘁，誶，遂隧璲檖檖；沸弗紼，茀拂；未物勿。

熅蘊慍；熏薰煇壎訓，云雲芸耘員隕；君窘，困，群；尹允狁；倫淪輪綸；諄，春蠢，漘順，舜，純鶉焞犉；遵浚，隼；函，濆，貧；旻緡痻閔勉；饙奮，芬，賁墳幘濆蕡汾頒枌雰；文汶聞晚問。

影			曉		匣于					見		
	威	倭萎	虺	煇°徽翬	睢	回洄	懷淮	韋圍違	遺帷維唯惟	瑰	歸	
		委	火	卉	毀				唯°		鬼	詭垝
	畏			諱			壞		遺°		愧	
	蔚尉						潰	渭謂	位		貴喟	
			忽					曰驈聿遹			橘	[illegible]
溫	熅		昏惛	熏煇薰	壎			云雲①蕓耘	員	昆混	君	
	蘊		惛°				混°		隕	袞緄	窘	
	慍		惛°	訓								

溪	群	疑	端	知	透	喻	定	泥	日	來	
巋		鬼	敦	追	推蓷		隤穨		緌	雷罍靁	彙
											藟
											虆°
	匱饋		對懟		退			內	芮	類	
屈	掘	杌									律
困	群		（敦）錞		啍				犉	論	倫淪輪綸
						尹狁允	盾				
			頓				遁遯				

照	穿	神	審	禪	莊	山
騅騅隼	推°			誰		衰
			水			
	出°					
	出				茁	率蟀
諄	春	漘		鶉焞純犉		
	蠢					
		順	舜			

① 編者注：底本作“云”，據《清華學報》初發表版改。

精		清	從		心		邪
		崔	摧			睢綏	
		漼	罪				
	醉	毳		萃瘁		誶	遂隧璲檖樣
卒°	卒						
尊	遵		存蹲		孫飧		
噂		忖	鱒			（隼）	
	浚						

幫		滂	並		明	
	悲				枚	
					浼°	美
賁°	賁°					
					妹沬寐昧	
			悖			
奔	豳	濆		貧	門璊亹穈	旻緡痻
本					浼	閔勉
奔°						

非	敷	奉	微
非飛	菲騑霏	肥腓	微薇
匪	斐		尾亹°
沸			未
弗紼	拂沸°茀	佛	勿物
餴	芬	賁幩蕡頒雰墳濆汾枌	文汶聞
			晚
奮			問聞°

諧聲對轉證：貴隤；鶉敦（都回、都昆兩切），雖準，卉賁（詖、肥、墳、奔四音）①，

① “賁”依《說文》係從奔得聲，朱駿聲以爲從奔省聲。

軍翬。

訓詁對轉證:正義:壞潰;曰云,鬱煴,憒惛,飛奮。

反義:遁追。

同部聲訓證:威畏,蔚鬱,謂曰,未勿,邠豳。

歸字雜論:

"璊"字,段玉裁以入諄部,江有誥、朱駿聲以入寒部。按《詩經·大車》"哼璊奔"叶韻,自當以段說爲是。

享聲的字,在《詩經》時代已分屬微諄兩部。其屬於微部者,有"敦",都回切(《北門》叶"敦遺");其屬於諄部者,有"哼"(《大車》叶"哼璊奔"),有"鶉"(《伐檀》叶"輪漘淪囷鶉飧"),有"錞"(《小戎》叶"群錞")。

軍聲的字,在《詩經》時代已分屬微諄兩部。其屬於微部者,有"翬"①;其屬於諄部者,有"煇"(《庭燎》叶"晨煇旂")。

"隼"字在《沔水》與"水弟"叶韻,當入微部。"隼"與"鵻"通,上古當爲職追切,屬微部合口細音。

十二、脂微分部的理由

(一)脂微分部的緣起

章太炎在《文始》裏,以"嵬隗鬼夔畏傀虺隤卉衰"諸字都歸入隊部;至於𠂤聲、隹聲、靁聲的字,他雖承認"《詩》或與脂同用",同時他却肯定地說"今定爲隊部音"②。

黄侃的没部,表面上是等於章氏的隊部,實際上不很相同,就因爲黄氏的没部裏不收畏聲、鬼聲、虫聲、貴聲、卉聲、𠂤聲、隹聲、靁聲的字,而把它們歸入灰部(即脂部)裏。這自然因爲黄氏認没部爲古入聲,不肯收容

① "翬"字在《詩經》不入韻,故其當屬於微部者,僅係一種猜想。

② 《文始》所定隊部字,與《國故論衡》所定略有不同;但《文始》成書似在《國故論衡》之後,今依《文始》。

他所認爲古平聲的字了。然而章氏把這些平上去聲的字歸入隊部,也該是經過長時間的考慮,值得我們重視的。

我們首先應該注意的,就是這些字都是屬於合口呼的字。去年七月,我發表《南北朝詩人用韻考》,其中論及南北朝的脂微韻與《切韻》脂微韻的異同,我考定《切韻》的脂韻舌齒音合口呼在南北朝該歸微韻,换句話説,就是"追綏推衰誰蕤"等字該入微韻①。這裏頭的"追推誰衰"等字,恰恰就是章氏歸入隊部的字。

因爲受了《文始》與《南北朝詩人用韻考》的啟示,我就試把脂微分部。先是把章氏歸隊而黄氏歸脂的字,如"追歸推誰雷衰隤虺"等,都認爲當另立一部,然後仔細考慮,更從《詩經》《楚辭》裏探討,定下了脂微分部的標準。

(二) 脂微分部的標準

中古音系雖不就是上古音系,然而中古音系裏頭能有上古音系的痕迹。譬如上古甲韻一部分的字在中古變入乙韻,但它們是"全族遷徙",到了乙韻仍舊"聚族而居"。因此,關於脂微分部,我們用不着每字估價,衹須依《廣韻》的系統細加分析,考定某系的字在上古當屬某部就行了。今考定脂微分部的標準如下:

(1)《廣韻》的齊韻字,屬於江有誥的脂部者,今仍認爲脂部。

(2)《廣韻》的微灰咍三韻字,屬於江有誥的脂部者,今改稱微部。

(3)《廣韻》的脂皆兩韻是上古脂微兩部雜居之地;脂皆的開口呼在上古屬脂部,脂皆的合口呼在上古屬微部②。

上古脂微兩部與《廣韻》系統的異同如下③:

① 見本書。

② 祇有癸聲的字當屬上古脂部,因爲癸聲的字有"睽聧"等字入《廣韻》齊韻。又季聲的字也當屬上古脂部。

③ 表中之韻,皆舉平聲以包括上去聲。

廣韻系統	齊韻	脂皆韻		微韻	灰韻	咍韻
等呼	開合口	開口	合口	開合口	合口	開口
上古韻部	脂部		微部			
例字	鷖羝黎迷 奚體濟（睽） 稽替妻 繼弟犀 啟棣腖	皆彝鴟司 喈遲示私 伊二尸比 飢利師眉 夷脂資	淮惟巋 懷遺毀 壞藟唯 追悲雖 衰睢	衣祈韋肥 依頎歸微 晞威鬼尾 幾翬非 豈徽飛	虺摧 回萑 嵬雷 傀隤 敦	哀 開 凱

（三）脂微分部的證據

脂微分部起初衹是一個假設，等到拿《詩經》來比對，然後得到確實的證明。今以段氏《六書音均表》爲根據，而加以分析評論如下：

(1) 段氏表已顯示脂微分部者：

A. 脂部獨用。《碩人》二章①：荑脂蠐犀眉。《風雨》一章：淒喈夷。《衡門》一章：遲飢。《候人》四章：隮飢。《下泉》三章：蓍師。《大田》三章：淒祈私。《瞻彼洛矣》一章：茨②師。《卷阿》九章：萋喈。《板》五章：懠毗迷尸屎葵資師。《瞻卬》三章：鴟階。《谷風》二章：薺弟。《泉水》二章：泲禰弟姊。《蝃蝀》一章：指弟。《相鼠》三章：體禮禮死。《載馳》三章：濟閟。《載驅》二章：濟濔③弟。《陟岵》三章：弟偕死。《魚麗》二章：鱧④旨。五章：旨偕。《吉日》四章：矢兕醴。《大東》：匕砥矢履視涕。《大田》三章⑤：穉穧。《賓之初筵》一章：旨偕。《旱麓》一章：濟弟。《行葦》二章：弟

① 編者注：底本與初發表版皆作“一章”，檢《詩經·碩人》，當作二章。
② 編者注：底本作“茨”，據《清華學報》初發表版改。
③ 編者注：底本作“彌”，據《清華學報》初發表版改。
④ 編者注：底本與初發表版皆作“鱣”，韻部不合，檢《詩經·魚麗》，當作“鱧”。
⑤ 編者注：底本與初發表版皆作“二章”，檢《詩經·大田》，當作三章。

爾几①。《豐年》:秭醴妣禮皆。《載芟》:濟(積)秭醴妣禮。

B. 微部獨用。《卷耳》二章:嵬隤罍懷。《樛木》一章:纍綏。《柏舟》五章:微衣飛。《終風》四章:靁懷。《式微》一二章:微歸微歸。《北門》三章:敦遺摧。《揚之水》:懷歸懷歸懷歸。《將仲子》一二三章:懷畏懷畏懷畏。《丰》四章:衣歸。《東方未明》二章:晞衣。《南山》一章:崔綏歸歸懷。《素冠》二章:衣悲歸。《東山》一章:歸悲衣枚。二章:畏懷。四章②:飛歸。《九罭》四章:衣歸悲。《四牡》二章:騑歸。《常棣》二章:威懷。《采薇》一二三章:薇歸。《南有嘉魚》三章:纍綏。《湛露》一章:晞③歸。《采芑》四章:(焞)靁威。《十月之交》一章:微微哀。《巧言》一章:威罪。《谷風》二章:穨懷遺。三章:嵬萎(怨)。《鴛鴦》四章:摧綏。《車舝》三章:幾幾。《旱麓》六章:枚回。《泂酌》二章:罍歸。《板》七章:壞④畏。《雲漢》三章:推雷遺遺畏摧。《常武》六章:回歸。《瞻卬》六章:幾悲。《有駜》二章:飛歸。《靜女》三章:煒美。《敝笱》三章:唯水。《七月》一章:火衣。三章⑤:火葦。《魚藻》二章:尾豈。《瞻卬》二章:罪罪。

(2) 依段氏表雖當認爲脂微合韻,實際上仍可認爲分用者。此類又可細別爲轉韻與不入韻兩種。

A. 可認爲轉韻者:《碩人》一章:頎衣,妻姨私(由微轉脂)。《七月》二章:遲祁,悲歸(由脂轉微)。《采薇》六章:依霏,遲飢,悲哀(由微轉脂復轉微)。《鼓鐘》二章:喈湝,悲回(由脂轉微)。

B. 可認爲不入韻者:《葛覃》一章"葛之覃兮,施於中谷,維葉萋萋,黄鳥于飛,集于灌木,其鳴喈喈"("谷木"侯部叶韻,"萋喈"脂部叶韻,"飛"字不入韻,按此章顯然分爲兩段,每段首句無韻)。《葛覃》三章:"言告師氏,言告言歸;薄汙我私,薄澣我衣"("衣歸"微部叶韻,"私"字不入

① 編者注:底本與初發表版皆作"幾",韻部不合,檢《詩經·行葦》,當作"几"。

② 編者注:底本與初發表版皆作"三章",檢《詩經·東山》,當作四章。

③ 編者注:底本作"唏",據《清華學報》初發表版改。

④ 編者注:底本與初發表版皆作"懷",檢《詩經·板》,當作"壞"。

⑤ 編者注:底本與初發表版皆作"二章",檢《詩經·七月》,當作三章。

韻,江有誥亦認爲非韻,按奇句不一定入韻)。《谷風》二章"行道遲遲,中心有違;不遠伊邇,薄送我畿"("違畿"微部叶韻,"遲"字非韻,又可認"遲邇"爲叶韻)。《北風》二章"北風其喈,雨雪其霏;惠而好我,攜手同歸"("霏歸"微部叶韻,"喈"字不入韻)。《巧言》六章"彼何人斯,居河之麋;無拳無勇,職爲亂階;既微且尰,爾勇伊何;爲猶將多,爾居徒幾何"("麋階"脂部叶韻,"何多何"歌部叶韻,"伊幾"非韻,段氏誤)。《四月》二章"秋日淒淒,百卉具腓;亂離瘼矣,爰其適歸"("腓歸"微部叶韻,"淒"字不入韻)。《桑柔》二章"四牡騤騤,旟旐有翩;亂生不夷,靡國有泯;民靡有黎,具禍以燼;於乎有哀,國步斯頻("翩泯燼頻"真部叶韻,奇句"騤夷黎哀"不必認爲入韻)。《桑柔》三章"國步滅資,綏不我將;靡所止疑,云徂何往;君子實維,秉心無競;誰生厲階,至今爲梗"("將往競梗"陽部叶韻,奇句"資疑維階"不必認爲入韻)。《匏有苦葉》二章:"有瀰濟盈,有鷕雉鳴"("盈鳴"耕部叶韻,"瀰鷕"在句中,不必認爲入韻)。《谷風》一章"采葑采菲,無以下體;德音莫違,及爾同死"("體死"脂部叶韻,奇句則"菲違"微部叶韻,段氏以"菲體死"叶韻,非是)。《葛藟》一章"緜緜葛藟,在河之滸;終遠兄弟,謂他人父"("滸父"魚部叶韻,奇句"藟弟"不必認爲入韻)。

(3)確宜認爲脂微合韻者[①]:

《汝墳》一章:枚飢。《采蘩》三章:祁歸。《草蟲》三章:微悲夷。《蒹葭》二章:萋晞湄躋坻。《出車》六章:遲萋喈祁歸夷。《杕杜》二章:萋悲萋悲歸。《斯干》四章:飛躋。《節南山》三章:師氏[②]維毗迷師。五章:夷違。《小旻》二章:(訿)哀違依底。《四月》六章:薇桋哀。《楚茨》五章:尸歸遲私。《采菽》五章:維葵膍戾。《生民》七章:惟脂。《崧高》六章:郿歸。《烝民》八章:騤喈齊歸。《有客》:追綏威夷。《閟宫》一章:枚回依遲。《長發》三章:違齊遲躋遲祗圍。《汝墳》三章:尾燬燬邇[③]。《狼跋》一

① 所謂合韻,是依段氏的說法,凡不同部而偶然叶韻者,叫做合韻。

② 編者注:底本作"氏",據《清華學報》初發表版改。

③ 編者注:底本作"尾毀邇",據《清華學報》初發表版改。

章:尾幾。《常棣》一章:韡弟。《蓼蕭》三章:泥弟弟豈。《大田》二章:穉火。《公劉》四章:依濟几[①]依。《行葦》一章:葦履體泥。

以上共一百一十個例子,可認爲脂微分用者八十四個,約佔全數四分之三,可認爲脂微合韻者二十六個,不及全數四分之一。

若更以段氏《群經韻分十七部表》爲證,在三十四個例子當中,可認爲脂微分用者二十七個,約佔全數五分之四,可認爲脂微合韻者僅有七個,約佔全數五分之一。

最可注意的,是長篇用韻不雜的例子,例如《板》五章叶"懠毗迷尸屎葵師資",共八韻。《大東》一章叶"匕砥矢履視涕",共六韻。《載芟》叶"濟積秭醴妣禮"("積"係支部字),共六韻,《碩人》二章叶"荑脂蠐犀眉",共五韻。《豐年》叶"秭醴妣禮皆",共五韻。都不雜微部一字。又如《晉語》國人誦改葬共世子叶"懷歸違哀微依妃",共七韻。《詩經·雲漢》叶"推雷遺遺畏摧",共六韻,《南山》一章叶"崔綏歸歸懷",共五韻,都不雜脂部一字。這些都不能認爲偶然的現象。

(四)脂微分部的解釋

由上面的證據看來,脂微固然有分用的痕迹,然而合韻的例子也不少,我們該怎樣解釋呢?我想,最合理的解答乃是:脂微兩部的主要元音在上古時代並非完全相同,所以能有分用的痕迹;然而它們的音值一定非常相近,所以脂微合韻比其他各部合韻的情形更爲常見。

本來,談古韻的人没有法子不談合韻。假使看見兩韻稍有牽連,就把它們歸併,勢非歸併到苗夔七部不止。就把顧、江、段、王、江五君的古韻分部來相比較,要算顧氏的合韻最少,正因他的分部最少。江永把真寒分開,於是《生民》的"民嫄"、《烈文》的"人訓刑"、《小戎》的"群錞苑"、《楚茨》的"熯愆孫",就不能不認爲合韻。段氏把真諄分開,於是《正月》的"鄰云慇",亦不能不認爲合韻。王氏把脂至分開,於是《載馳》三章的

① 編者注:底本與初發表版皆作"幾",檢《詩經·公劉》,當作"几"。

“濟閟”、《皇矣》八章的“類致”、《抑》首章的“疾戾”、《終風》三章之“曀寐疐”，亦不能不認爲合韻①。其合韻情形最多者，要算幽部與宵部、曷部與術質兩部。依段氏《六書音均表》，幽宵合韻共十二處；依王念孫致江有誥書，曷術合韻共六處②；依江有誥復王念孫書，質曷合韻共四處，質術合韻共七處。由此看來，研究古韻，確要加些判斷；戴東原所謂：“審音非一類，而古人之文偶有相涉，始可以五方之音不同，斷爲合韻。”在某一些情形之下，是合理的。但審音非一類而古人之文偶有相涉時，也未必是五方之音不同，而是雖非一類，却甚相近，即章太炎所謂“同門而异户”。

然而我們不能不承認脂微合韻的情形比其他合韻的情形多些，如果談古音者主張遵用王氏或章氏的古韻學説，不把脂微分開，我並不反對。我所堅持的一點，乃在乎上古脂微兩部的韻母並不相同。假使説完全相同的話，那麽，“飢③”之與“機”、“几”之與“幾”、“祁”之與“祈”、“伊”之與“衣”，其音將完全相等，我們對於後世的脂微分韻就没法子解釋。

嚴格地説，上古韻部與上古韻母系統不能混爲一談。凡韻母相近者，就能押韻；然而我們不能説，凡押韻的字，其韻母必完全相同，或其主要元音相同。因此，我們可以斷定，脂微在上古，雖也可認爲同韻部，却絕對不能認爲韻母系統相同。

十三、 侵緝系

(一) 開口呼

覃合類：咸銜；感，堪；耽湛；醓噆，覃譚黮髧；南男；驂慘憯，蠶，三。

合洽；韐，恰；荅；軜；雜。

侵緝類：音陰飲；歆；金今衿錦，欽衾，琴芩；椹，琛，淫，沈朕，簟驔；念，壬

① 參看江有誥《音學十書》卷首王氏來書。然“濟閟、類致、疾戾”今皆認爲叶韻，非合韻。
② 按江、王辯論時，江稱曷爲祭，王稱曷爲月。
③ 編者注：底本作“饑”，據《清華學報》初發表版改。

任荏;林臨廩;鍼枕,葚,參深諗,諶堪忱甚;譖浸僭,侵綅駸寢,潛,心。

邑浥揖;翕潝,祫;急,及;縶,熠,蟄;入;立笠;執,濕隰,十拾;戢,緝,集輯楫,習。

影		曉	匣		見		溪		群
音陰		歆	咸銜			今金衿	堪	欽衾	琴芩
飲					感	錦			
邑浥	揖	翕潝	合洽	祫	韐	急	恰		及

端知		透徹		喻	定澄			泥娘		日	來	照	神
耽湛	椹		琛	淫	覃譚	沈		南男		壬任	林臨	鍼	
		醓嗿			髧黮	朕	簟驔			荏	廩	枕	葚
									念	任°	臨°	枕°	
荅	縶			熠		蟄		軜		入	立笠	執	

審	禪	精莊			清		從		心			邪
參深	諶忱煁				參°驂	侵駸綅	蠶		潛	三	心	
諗	甚				慘憯	寢						
深°	甚°	譖	浸	僭					潛°	三°		
濕隰	十拾	戢				緝	雜	集楫輯				習

諧聲對轉證:念㪣(奴協切),合頷(胡感切),執墊(都念、徒協兩切),甚斟(昌汁切),音湆(去急切),今盦(烏合切)。

訓詁對轉證:正義:飲吸①,林立②,沈蟄,瀋汁。

反義:愔悒③,暗熠。

①《廣雅·釋詁四》:"吸,飲也。"

②《釋名·釋姿容》:"立,林也。"

③《左傳》"祈招之愔愔"注:"安和貌。"《說文》:"悒,不安也。"

同部聲訓證:含銜,耽湛,忱諶,沈潛,入納。

歸字雜論:

兼聲、閃聲、西聲、甛聲、冄聲、弇聲、猒聲的字,段玉裁以入侵部,江有誥以入談部。聶聲、燮聲、劦聲的字,段氏亦以入侵部,江氏則以入葉部。今皆從江氏。

疌聲的字,江有誥以入葉部,朱駿聲以入臨部,今亦從江氏。

(二)合口呼

冬類:降,絳;冬,彤;農;宗,崇,宋;芃。

[東]類:宮躬,窮;中,忡,融,蟲沖仲;濃穠,戎;隆;終螽衆潨;娀;貶;風,汎,凡鳳。

匣	見		群	端知		徹	喻	定澄	
降		宮躬	窮	冬	中	忡	融	彤	蟲沖
	絳降°①								仲

泥娘		日	來	照	牀	精	從	心	
農	濃穠	戎	隆	終潨螽衆	崇	宗	潨°		娀
				衆°				宋	

幫	並	非	敷	奉	
	芃	風		凡	
貶					
			汎		鳳

同部訓詁證:宗衆②,終窮,螽衆,螽蟲。

① 編者注:底本作"勝絳°",據《清華學報》初發表本改。

②《廣雅·釋詁三》:"宗,衆也。"

歸字雜論：

章太炎晚年以冬部併入侵部，我覺得很有理由。今認冬部爲侵部的合口呼。侵部雖係閉口韻，並不一定不能有合口呼。假設侵部的上古音是-əm、-iəm，那麼，冬部就是-uəm、-iwəm。後來冬部起了異化作用(dissimilation)，洪音變入冬江韻，細音變入東韻，仍舊保存它的合口呼①。

孔廣森以幽與冬對轉，嚴可均併冬於侵，以幽與侵對轉，章太炎以幽與侵冬緝對轉(晚年才併冬於侵)，黄侃以豪與冬對轉，其實冬部與幽部宵部(即黄氏的豪)關係都非常之淺。黄氏豪冬對轉之説更不可從。今以幽侵分爲兩系，不認爲對轉。

十四、談盍系

談盍系衹有開口呼。

談盍類：闞，函涵菡；甘敢監鑑檻，坎；菼，談惔餤萏；藍濫；斬，毚讒，蹇。

夾甲；沓。

鹽葉類：險獫玁；兼；霑，玷，忝；薟斂；詹瞻占，陝；殲，漸。

脅，饁曄，挾；業；葉，疊；獵；攝韘，涉；捷，燮。

曉			匣			見				溪	疑
			函涵			甘		監	兼		
闞	險玁獫		菡			敢				坎	
		脅°						鑑檻			
		脅		饁曄	挾		夾	甲			業

① 王靜如先生在他的《論冬蒸兩部》(《史語所集刊》第一本第三分)裏，假定冬蒸全是合口呼。這裏我贊成他的一半意見：我把蒸部認爲有開合兩呼，把冬部認爲侵部的合口呼。

端知		透徹		喻	定澄			來	
霑				餤°		談惔餤		藍	薟
		菼	忝		萏	餤°			歛
	玷							濫	
				葉	沓		疊		獵

照	審	禪	莊	牀	精		從	心
詹瞻占				毚讒		殲		
	陜		斬		寁		漸	
占°								
	攝韘	涉					捷	燮

諧聲對轉證:寁捷,盍豔,占帖,奄晻(於輒切),厭壓,協脅(許欠、虚業兩切)。

訓詁對轉證:正義:慊愜,惉怗[1],銛銛[2],炎曄。

　　　　　　反義:晻曄。

同部聲訓證:歉欠,瞻覘,沾染;劫脅[3]。

歸字雜論:

毚聲、占聲、欠聲的字,嚴可均歸侵類。占聲的字,段玉裁歸侵部;今依江有誥都歸入談部。

十五、 結論

當我們研究上古語音的時候,韻部的多少並不是最重要的問題。清儒研究古韻已經卓有成績,現在我們所應努力者,不在乎探求韻部的多少,而在乎更進一步,去考定上古韻母的系統,及假定其音值。本文暫不談及音值,所以它的着重點在乎:(1) 考定上古韻母的主要元音的類別;(2) 考定韻母的開合與洪細。

關於主要元音的類別,我雖不願在此時談及音值,但我可以先說出

①《說文》:"恬,安也。"《廣雅·釋詁一》:"惉,安也。"字亦作"怗、帖"。

②《說文》:"銛,銛屬。"

③《說文》:"人欲去以力脅止曰劫。"

一個主張,就是凡同系者其主要元音即相同。假設歌部是-a,曷部就是-at,寒部就是-an。

關於開合與洪細,以洪細爲較易考定,因爲上古的洪細系統與中古的洪細大致相同。開合較難考定,因爲有上古屬開而中古屬合者,有上古屬合而中古屬開者。兹將上文研究所得,歸納如下:

(1) 自上古至中古,開合系統未變者①:

東至微,虞,齊至仙,宵,歌,麻,陽至登,幽,侵至凡。祭泰夬廢。屋至昔,職至乏。蕭韻的"調"類與"迢"類,戈韻的"和"類,肴韻的"孝"類,豪韻的"考"類與"高"類。尤韻的"朽"類。錫韻的"狄"類與"翟"類。

(2) 上古屬開而中古屬合者:

魚韻,模韻。戈韻的"婆"類。

(3) 上古屬合而中古屬開者:

蕭韻的"椒"類,肴韻的"膠"類,豪韻的"晧"類。尤韻的"鳩"類與"久"類。侯韻。錫韻的"惄"類。

這是大致的說法,至於詳細的系統,仍須在圖表上尋求。表中雖然分析得很細,却不願意流於呆板;換句話說,我雖然極端注意語音演變的條件,同時也留些餘地給方言的影響,以及種種不規則的變遷(由於特殊原因,而不是我們所能考知者)。我希望將來研究上古音值的時候,這一篇文章可以作爲研究的基礎。

原載《清華學報》12 卷 3 期,1937 年 7 月

[後記]這是二十多年前的舊稿。今天我的意見(在《漢語史稿》中)已經是稍有出入了。舉例來說,我在這篇文章裏說:"如果依審音派的說法,陰陽入三分,古韻應得廿九部……如果依照考古派的說法,古韻應得

① 中古的江韻與覺韻,當依《切韻指掌圖》認爲合口呼。此類字在上古也是合口呼,故可認爲未變。

廿三部。……我采取後一説,定古韻爲廿三部。”我在《漢語史稿》中,則定爲十一類廿九部。歸字也有出入。關於這些,我還不敢説今是昨非。因爲《漢語史稿》已經三易其稿,將來也不能説不再改動。但是,有一點是可以肯定了的,就是脂微分部。

原載《清華學報》12 卷 3 期,1937 年 7 月[①]

① 編者注:底本無此行文字,此爲選編者添加。

上古漢語入聲和陰聲的分野及其收音

一、中國傳統音韻學對上古漢語入聲和陰聲的看法

二、高本漢、西門等人把大部分或全部陰聲派作入聲

三、韻尾-g、-d 的學説破壞了陰陽入三分的傳統學説，也破壞了"平上爲一類、去入爲一類"的傳統學説

四、從漢藏語系的一般情況證明韻尾-g、-d 和-k、-t 同時並存的不可能

一

中國傳統音韻學，自戴震以後，即將上古漢語的韻部明確地分爲陰陽入三聲。陰聲指以元音收尾的韻母，陽聲指以鼻音(-m、-n、-ng)收尾的韻母，入聲指以清塞音(-p、-t、-k)收尾的韻母①。若依西洋的説法，陰聲韻就是所謂開口音節，陽聲韻和入聲韻就是所謂閉口音節。但是，就漢語的情況來説，陽聲韻也可以認爲半閉口音節，因爲鼻音近似元音，聲調的尾巴可以落在鼻音韻尾上面，它和清塞音的性質大不相同。

① 戴震的理論有一些缺點，後來經過孔廣森、黄侃、錢玄同等人的修訂而更加合理。這裏不細談。

依照《切韻》系統,入聲是配陽聲的;顧炎武以入聲配陰聲,受到了王念孫、章炳麟等人的擁護①。但是,江永主張"數韻共一入",段玉裁主張"異平而同入"②,戴震以陰陽入相配,他們都認爲入聲兼配陰陽。後來黄侃和錢玄同實際上也採用了異平同入的説法。我們是贊成後一説的,因爲(舉例來説)以 ak 配 a 固然説得通,以 ak 配 ang 也未嘗不可。

這裏我想談一談中國傳統音韻學對入聲和陰聲的看法,因爲這篇文章是同入聲、陰聲都有關係的。

清儒對於上古漢語入聲字的收音,大約有四種不同的看法:第一種看法是根本否認上古漢語有入聲,孔廣森主張這一説,他認爲"入聲創自江左,非中原舊韻"。固然,孔廣森也不能不承認緝合諸韻是收音於-p的③,但是,在他看來,上古漢語裏並没有韻尾-k、-t 的存在,更談不上-g、-d了。第二種看法是承認上古有入聲,但是他們衹把入聲看做是陰聲的變相,换句話説,他們把入聲韻看做是一種開口音節,不過這種開口音節比較短些罷了。顧炎武"四聲一貫"的學説,實際上是把入聲和陰聲"一貫"起來,他認爲"四聲之别不過發言輕重之間,非有疆界之分"④。他甚至令人得到這樣一個感覺,就是他把所有的入聲字都派作平聲、上聲或去聲,所以江永批評他説:"顧氏於入聲皆轉爲平、爲上、爲去,大謬。"⑤的確,他説:"没音⑥妹也,見於子產之書;燭音主也,著於孝武之紀。"⑦這樣就是把許多入聲字都改讀爲别的聲調,照我們的説法就是改讀爲陰聲。第三種看法是承認上古有入聲,這些入聲一律讀喉塞音收尾,像現代吴方言一樣。這一派的代表人物很難確定是誰,估計某些吴方言

① 王引之《經義述聞》三十一。章炳麟《國故論衡》"二十三部音準"。

② 江永《四聲切韻表》"例言"。段玉裁《六書音均表》"古異平同入説"。

③ 孔廣森《詩聲類》卷十二:"緝合諸韻爲談鹽咸嚴之陰聲,皆閉口急讀之,故不能備三聲。唐韻所配入聲,惟此部爲近古。"

④ 顧炎武《音論》:"先儒兩聲各義之説不盡然。"

⑤ 江永《古韻標準》"入聲第一部總論"。

⑥ 編者注:底本作"者",據顧炎武原書及下文改。

⑦ 江永《音論》"近代入聲之誤"。按"没"見於《左傳・襄公二十四年》。"一夜三燭"見於《漢書・武帝本紀》,注云:"服虔曰,燭音炷,師古讀如字。"

區的古音學家(如段玉裁)可能有這種看法。第四種看法是不但承認上古有入聲,而且認爲上古入聲字收音於-p、-t、-k,這一派以戴震爲代表,因爲他以爲職屋藥陌都收鼻音[①],質月都收舌齒音,緝合都收脣音。黄侃顯然也屬於這一派;錢玄同更明確地用-p、-t、-k 標出[②]。我們贊同第四種看法。

由於黄侃的學説影響很大,大家以爲這第四種看法是没有爭論的了,其實不然。凡是主張上古漢語衹有二十一個、二十二個或二十三個韻部的音韻學家,大概都接近第二或第三種看法,章炳麟説得很明白:"古之泰部,如今中原呼麻。……古之言蘖,正如今之呼芽也;古之言泄,正如今之呼遮也;古之言泄,正如今之呼寫也;古之言説駕,説正如今呼卸也;古之言召伯所説,説正如今呼舍也;古之言匄(丐),正如今呼叚(假)也;古之言逝,正如今呼謝也(謝者辭去也);古之言歇、言愒(《説文》皆訓息),正如今呼暇也;古之言肆,正如今呼奢也。皆去入聲讀之耳。"[③]對於其他各部,章炳麟也有類似的説法。

問題很明顯:如果不像戴震那樣,把職覺藥屋鐸錫從之幽宵侯魚支諸部中分析出來[④],勢不能不承認這些入聲韻是陰聲韻的變相。章炳麟説:"古音本無藥覺職德沃屋燭鐸陌錫諸部,是皆宵之幽侯魚支之變聲也。"[⑤]在他的《成均圖》中,這些入聲韻部没有標出,因爲它們都屬於陰聲一類。他説:"入聲收喉者,麗陰聲。"[⑥]充其量,他衹能承認這些入聲韻是以喉塞音收尾的,但是,他既然説"平上韻無去入,去入韻亦無平上",又似乎他衹承認泰隊至等部有喉塞音收尾,而不承認之幽宵侯魚支諸部有入聲。這樣,對於之幽宵侯魚支諸部來説,他基本上是走孔廣森的老路,否認入聲的存在,也就等於否認-k 尾的存在。

---

① 他所謂收鼻音實際上是收與鼻音-ng 部位相同的-k。其實鐸部也收"鼻音",戴震以爲收喉,誤。
② 錢玄同《文字學音篇》第 11 頁。
③ 章炳麟《國故論衡》"二十三部音準"。
④ 黄侃没有分出覺部,這是他拘泥於他所幻想的古本韻的結果。據説他晚年對此有所修正。
⑤ 章炳麟《國故論衡》"二十三部音準"。
⑥ 章炳麟《國故論衡》"二十三部音準"。

當然,在不承認職覺藥屋鐸錫和之幽宵侯魚支分立的情況下,對上古漢語這些韻母實際音值的擬測還可以走相反的一條路,那就是取消之幽宵侯魚支,建立職覺藥屋鐸錫,而以原來的之幽宵侯魚支分別隸屬於職覺藥屋鐸錫,這樣等於否認這些韻部作爲開口音節而存在,不管平上去入,一律加上-g 尾、-k 尾或其他輔音韻尾(塞音或擦音)。换句話説,這個理論等於承認這些平聲韻部(包括上去聲)衹是入聲韻的變相,因爲它們也都被擬測爲閉口音節。高本漢、西門走的正是這條路,我們在下文還要詳細討論。

二十年前,我對於上古漢語的韻母主張二十三部的説法①,那就是大致依照章炳麟的二十三部,從他的脂部分出一個微部②,再合併他晚年所主張合併的冬侵兩部③。前年我講授漢語史,在擬測上古韻母音值的時候遭到了困難。我不願意把之幽宵侯魚支等部一律擬成閉口音節,那樣是違反中國傳統音韻學,而且是不合理的(見下文);同時我又不能像章炳麟想得那樣簡單,一律擬成開口音節;假使上古的藥覺職德沃屋燭鐸陌錫諸韻不收-k 尾,它們在中古的-k 尾是怎樣產生出來的呢?講語音發展不能不講分化條件,否則就違反了歷史語言學的根本原則。在這時候我纔覺悟到戴震陰陽入三分的學説的合理,於是我采取了戴震和黄侃的學説的合理部分,定爲十一類二十九部,比黄侃多了一個微部和一個覺部,少了一個冬部(併入侵)。這樣,入聲韻的職覺藥屋鐸錫收音於-k,和開口音節的陰聲韻並行不悖,各得其所,而分化條件也非常明顯了。

在入聲和陰聲關係的問題上,段玉裁和戴震形成兩大派别,可以稱爲考古派和審音派。王念孫、江有誥、章炳麟是繼承段玉裁的,劉逢禄、

---

① 王力《上古韻母系統研究》。見本書。

② 章炳麟對脂隊兩部字的隸屬問題,舉棋不定。在《文始》裏,他以"雖椎雷藟傀嵬鬼夔虺"等字歸入隊部;在《國故論衡》裏,他又以這些字歸入脂部。這裏根據他的"去入韻無平上"的理論,把這些字歸入脂部,而這些字也正是我所分出的微部字(當然還有其他的字)。

③ 章氏晚年,在光華大學《中國語文學研究》發表《音論》,主張冬部併入侵部。按冬併入侵本來是嚴可均的主張。

錢玄同、黄侃是繼承戴震的[1]。入聲是否獨立成部，是兩派的分野。但是，也有一些音韻學家雖然没有明顯地把入聲韻部獨立起來，他們隱約地承認入聲韻有相當獨立的資格。江永的入聲八部，姚文田的入聲九部[2]，都是有一定的獨立性的；朱駿聲的《説文通訓定聲》雖然基本上依照段玉裁把古韻分爲十八部（即加入戴震的泰部），但是書中有"臨之習分部、謙之嗑分部、頤之革分部、孚之復分部、小之犖分部、需之剝分部、豫之澤分部、解之益分部"等[3]，這就是説緝（習）盍（嗑）職（革）覺（復）藥（犖）屋（剝）鐸（澤）錫（益）這八個入聲韻部具有一定的獨立性，它們能在之（頤）幽（孚）宵（小）侯（需）魚（豫）支（解）諸韻中成爲分部。像朱駿聲這種辦法，倒不如索性把入聲韻部獨立起來，特别是上古語音重建以後，入聲獨立顯得系統性較强。

入聲獨立成部以後，音韻學家們要處理一個很複雜的問題，就是陰聲和入聲的分野問題，换句話説就是每一個具體的字的歸類問題。哪些字歸入陰聲韻部，哪些字歸入入聲韻部呢？

就收-p的字來説，問題很簡單。即以考古派而論，從孔廣森起，已經把緝盍從侵談中分析出來。《詩・秦風・小戎》叶"中驂合軜邑"，段玉裁把它分爲兩韻，江有誥也没有異議。在諧聲方面雖然有一些葛藤，如今聲有"㚷"（奴協切）、執聲有"墊"、占聲有"帖"、厭聲有"壓"、盍聲有"豔"、乏聲有"貶"、有"泛"，等等，但是除"貶"字見於《詩・大雅・召旻》與"玷"相押，應歸談部以外，這些字都不見於《詩》韻，我們可以拿陽入通轉來解釋諧聲現象。

就收-t的字來説，問題也比較簡單。自從戴震立了一個泰部，王念孫立了一個至部，章炳麟立了一個隊部，所有收-t的字都從陰聲韻裏分

---

① 巧得很，戴震和段玉裁是師生關係，章炳麟和黄侃、錢玄同也是師生關係，他們師生在這一個問題上分道揚鑣。

② 江永《古韻標準》。姚文田《古音諧》。

③ 朱駿聲的古韻十八部以卦爲名，即豐、升、臨、謙、頤、孚、小、需、豫、隨、解、履、泰、乾、屯、坤、鼎、壯（孚、小、壯是中孚、小畜或小過、大壯的省略）。分部的革、復、剝、益也是卦名，習是習坎的省略（習坎即坎卦），嗑是噬嗑的省略，犖是坎卦的别名，澤是兑卦的代表物。

出來了。根據段玉裁古無去聲的學說,可以認爲泰至隊這三部的去聲字在上古都屬入聲。但是必須承認上古的入聲有兩類(收-t 的字有兩類),否則没有分化的條件。這樣區分以後,脂微兩部就衹有平上而没有去入,被認爲和泰相對應的歌部一向就是有平上而没有去入。當然,就《詩經》的用韻看來,還不能完全没有問題。泰部獨立最可靠,它不但和歌部完全没有葛藤,和脂微兩部也完全没有葛藤。衹有一個小問題:《詩·大雅·生民》叶"旆穟",是泰隊合韻,《桑柔》叶"毖恤熱"是泰至合韻,假使隊至不能離開微脂而獨立,泰部將受牽連。脂至分家的困難比較大一些。王念孫自己承認《詩經》中以質(至)術(脂微入聲)同用者有《載馳》三章的"濟閟"[①],《皇矣》八章的"類致",《抑》首章的"疾戾",江有誥說還有《終風》三章的"曀寐"[②]。但是,從入聲獨立這一點說,質術都是入聲,合用也是可以理解的。

是不是所有的去聲字在上古都隸屬於入聲呢?不是的。有一小部分去聲字本來屬於平聲或上聲[③]。平去兩讀的字,如"過、爲、衣、遲、泥"等,在上古衹有平聲;上去兩讀的字,如"左、被、弟、比"等,在上古衹有上聲。讀破衹是中古經生的習慣。此外還有一些去聲字經段玉裁根據《詩經》《楚辭》證明它們在上古是平聲,如歌部"駕破"叶"猗馳","詈"叶"歌","化"叶"他",叶"離",叶"爲",叶"施","地"叶"過",等等[④]。總之,章炳麟所謂平上韻無去入的話在一定程度上是對的。歌脂微三部和其他各陰聲韻部一樣,和陽聲韻部也一樣[⑤],都衹有平上聲,没有去入聲。平上聲向去入聲的轉化有一些明顯的證據,例如"慶"字在《詩經》中凡六

---

① "濟"是脂部字,王念孫可能把它看做古入聲字。

② 參看王念孫給江有誥的信,見江有誥《音學十書》卷首。

③ 編者注:底本"上聲"作"去聲",據 1960 年《語言學研究與批判》第 2 輯改。

④ 段玉裁《六書音均表》。

⑤ 依照《六書音均表》,陽聲韻一律衹有平聲,因此王國維作出"五聲說"的結論(陰聲韻四聲加陽聲韻一聲)。但是,在《六書音均表》中,宵歌兩部也衹有平聲。我看有些字可以認爲上聲,如陽部的"仰掌"、耕部的"領聘"、真部的"盡引"、寒部的"轉卷選"、宵部的"倒召"、歌部的"左我",等等。

見都讀平聲,“濟”字在南北朝詩人用韻中一律作上聲。

入聲獨立以後,必須承認一些陰聲和入聲互叶的情形。《詩經·鄘風·干旄》叶“紕四畀”,“紕”屬脂部,“四畀”屬至部;《大雅·皇矣》叶“類比”,“比”屬脂部,“類”屬隊部。它們的主要元音相同(如-ei:-et),互叶完全是可能的,這樣就構成了所謂“協押”(assonance)。

若就收-k的入聲來説,問題更加複雜;這些入聲韻部獨立以後,陰聲和入聲互押的情形更多了。考古派之所以不敢把收-k的韻部獨立起來,就是由於考慮到這種交叉的情形。依照段玉裁的《六書音均表》,陰聲和入聲(如果分立的話)互叶的情形如下(入聲韻字加·爲記)[①]:

(1) 之部

異貽　裘試　富時疚兹　背痗　芑畝試　止試　克富又戒事耜畝識又　食海載　字冀　式止晦事式　富忌　鮪鯉祀福　收來載棘　輻載意　載息　棘稷翼億食祀侑福　祀食福式稷敕極億　祀黑　稷祀福直載翼　載備祀福　亟來囿伏　子德　塞來

(2) 宵部

芼樂　暴笑敖悼　勞朝暴笑悼　膏曜悼　沼樂炤虐殽盜暴　濯翯沼躍　虐謔蹻耄謔熇藥　昭樂懆　藐教虐耄到樂藻蹻蹻昭笑教

(3) 幽部

脩歗歗淑　瀟膠瘳　罦造憂覺　晧繡鵠憂　欲孝　祝究

(4) 侯部

裕瘉　附後奏侮　驅續轂馵玉曲　木附猷屬　谷穀垢

(5) 魚部

故露　路袪惡故　著素華　圃瞿夜莫　洳莫度度路　莫除居瞿夜居　固除庶　作莫家故居故　夫夜夕惡　據柘路固　去呱訏路　呼夜　度虞　去故莫虞怒　惡斁夜譽　茹據愬怒　射御　茹穫　除莫庶

① 編者注:以下陰入互叶列表,底本與1960年《語言學研究與批判》本有數處不同。現據1960年本,不一一出注。

暇顧怒　譽射　若賦

(6) 支部

提辟揥刺　解易辟　解帝　辟續辟適解

首先,我們要排除一些可疑的例子。《鄭風·風雨》本來是叶"瀟膠瘳",段氏硬改爲"潚"(江有誥没有改),自然不能算數。《大雅·文王有聲》叶"欲孝","欲"《禮記》作"猶",也在可疑之列("欲"屬侯部入聲)。其次,有些字可能並不算韻腳,又有些字可能是轉韻,例如《大田》四章:

曾孫來止,以其婦子,饁彼南畝,田畯至喜。來方禋祀,以其騂黑,與其黍稷,以享以祀,以介景福。

兩個"祀"字可以不算韻腳,前半章用陰聲韻,後半章改用入聲韻。又如《楚茨》首章和四章:

楚楚者茨,言抽其棘。自昔何爲?我蓺黍稷。我黍與與,我稷翼翼。我倉既盈,我庾維億。以爲酒食。以享以祀,以妥以侑。以介景福。

我孔熯矣,式禮莫愆。工祝致告,徂賚孝孫。苾芬孝祀,神嗜飲食。介爾百福,如幾如式。既齊既稷,既匡既敕,永錫爾極,時萬時億。

兩個"祀"字也可以不算韻腳。

但是,無論如何我們得承認陰聲韻和入聲韻有時互叶這一個事實。這種互叶,從某種意義上説也是一種合韻,但是它和一般所謂合韻不同。一般所謂合韻是指鄰韻相通,如 au 和 əu、an 和 ən,這裏的互叶是指主要元音相同,收音不同,如 ə 和 ək、a 和 ak。

任何漢語音韻學家都不能不談合韻(包括互叶)。江永别侯於魚,别幽於蕭,别真於寒,别侵於談,對顧炎武的古韻分部有所發展,後人稱贊他的功勞。但是,這樣一來,《賓之初筵》叶"楚奏祖",《常武》叶"誓虡羽鼓奏舉",《載驅》叶"滔儦敖",《七月》叶"葽蜩",《思齊》叶"廟保",《公劉》叶"舟瑤刀",《生民》叶"民嫄",《小戎》叶"群錞苑",《楚茨》

叶“熯愆孫”[1],《氓》叶“葚耽”,就不能不認爲合韻。王念孫把至部從脂部分了出來,章炳麟再分出隊部,多數音韻學家認爲他們有很大的貢獻,但是他們也造成了合韻,也就是陰聲和入聲互叶(見上文)。那麼,爲什麼不可以承認收-k 的韻部和陰聲韻部互叶呢?

關於入聲韻部的收字,最普通的標準是根據諧聲偏旁,即聲符。段玉裁說過:“同諧聲者必同部。”[2]就一般說,我們的確可以根據這個原則,把聲符相同的字歸屬到同一韻部裏,例如“視、致”在中古同屬去聲,但是“視”在上古應屬陰聲韻,“致”在上古應屬入聲韻。我們往往可以這樣檢查:凡同聲符的字有在平上聲的,就算陰聲韻(如果不屬陽聲韻的話),例如“視”從示聲,而示聲中有“祁”(平聲),可見“視”屬陰聲韻;又如“致”從至聲,而至聲有“室”(入聲),可見“致”屬入聲韻。祭泰夬廢四韻之所以被認爲上古的入聲韻,就因爲這四個韻中的字的聲符幾乎全部不和平聲相通[3],相反地,幾乎每一個字的聲符都和入聲相通,如大聲有“泰”有“達”,兑聲有“鋭”有“脱”,帶聲有“滯”有“摕”(徒結切,撮取也),最聲有“撮”,害聲有“割”,㓞(契)聲有“齧”,夬聲有“快”有“决”,曷聲有“愒”有“竭”,世聲有“勩”有“泄”,祭聲有“蔡”有“察”,埶(藝)聲有“熱”,戌聲有“歲”有“滅”,折聲有“逝”有“哲”,叕聲有“綴”有“輟”,列聲有“例”有“烈”,寽聲有“酹”有“捋”,發聲有“廢”有“撥”,孛聲有“誖”有“勃”,𠯑聲有“話”有“活”,剌聲有“賴”有“癩”,賴聲有“瀨”有“獺”。

當然這並不是唯一的標準。假使從聲符上看不出它和入聲相通或和平上聲相通,那就要從《詩經》的用韻或其他先秦的韻文,或聲訓、假借等證據來加以斷定,例如“吠”字,它根本没有聲符,但是《詩經·召南·野有死麕》以“吠”叶“脱帨”,“吠”顯然是入聲字。

“同諧聲者必同部”這一原則也不能機械地拘守。當先秦韻文(特别是《詩經》)和聲符發生矛盾的時候,應該以韻文爲標準,不應該以聲符爲

① 江永未分真文爲兩部。

② 段玉裁《六書音均表》“古十七部諧聲表序”。

③ 例外有祭韻的一個“穄”字,而“穄”是兼屬霽韻的。

標準,因爲造字時代比《詩經》時代至少要早一千年,語音不可能没有變化。在這個問題上,不但段玉裁失之拘泥,後代許多著名的音韻學家也都想不通。如果想通了,就免去了許多葛藤。試舉鐸部爲例,"博"從尃聲(從朱駿聲説),"薄"從溥聲,"臄"從㕓聲,依聲符本該屬陰聲魚部,但是這些字在先秦時代已經像中古一樣讀作入聲,所以《周頌·泮水》叶"博斁逆獲",《齊風·載驅》叶"薄鞹夕",《大雅·行葦》叶"炙臄咢",都自然諧和,而不是陰聲和入聲互叶。特别對於之幽宵三部和職覺藥三部,更應該這樣看待。職部"特"字雖從寺聲,但在先秦早已讀作入聲(故字亦作"犆"),所以《鄘風·柏舟》叶"側特忒",《魏風·伐檀》叶"輻側直億特食",《小雅·我行其野》叶"葍特富異";幽部"蕭"字和"椒"字雖從肅聲和叔聲,但在先秦早已讀作平聲,所以《王風·采葛》叶"蕭秋",《曹風·下泉》叶"蕭周",《陳風·東門之枌》叶"蔽椒";覺部"軸"字和"迪"字雖從由聲,但在先秦早已讀作入聲,所以《衛風·考槃》叶"陸軸宿告",《大雅·桑柔》叶"迪復毒";藥部"較"字和"蹻"字雖從交聲(爻聲)和喬聲,但在先秦早已讀作入聲(較,音覺;蹻,其虐切),所以《衛風·淇奧》叶"綽較謔虐",《大雅·板》叶"虐謔蹻耄謔熇藥"。

還有一點:即使向遠古時代追溯,我們也衹能説有些和入聲有諧聲關係的字在遠古時代是屬於閉口音節的,並不能説所有同韻部的字在遠古時代一律屬於閉口音節,例如"蕭"從肅聲,"蕭"在遠古時代應屬閉口音節,這並不牽連整個幽部。高本漢在他的《藏語與漢語》裏批評西門時説過這類話,在這一點上高本漢是對的。

朱駿聲、黄侃等人抓住一個最初的聲符作爲出發點,然後把從此得聲的字一律歸入同部,這種簡單的辦法,在入聲不獨立成部的時候,毛病還不算大(段玉裁《六書音均表》中衹有"顛儺"等少數字是歸得不妥的);至於入聲獨立成部以後,毛病就大了。朱駿聲鬧了一個笑話:他把宵部入聲稱爲"小之犖分部",而"犖"字本身由於從勞省聲,衹好放在"勞"字底下,没法子放進"小之犖分部"裏去。"犖"字屬入聲,宵部入聲稱爲"犖分部"是對的;他把"犖"字本身排斥在入聲韻部之外,則是錯誤的。

如果單憑聲符,聲符本身還可能引起爭論。依照《説文》,彝從彑聲(彑,居例切),彑在泰部,彝在脂部;"巂"從冏聲(冏,女滑切),冏在隊部,巂在支部。這種複雜情況,章炳麟已經指出來了①。朱駿聲《説文通訓定聲》以"彑"歸泰部,"彝"字跟着歸泰部,本屬至部的"肄",跟着也歸泰部;另一方面,他雖承認"巂"從冏聲,他並没有把"巂攜觿"等字歸入隊部,而仍歸入支部,這是自亂其例。又試拿"季"字爲例,《説文》以爲"季"從稚省聲,此説本來可疑②,若依《詩經》用韻,"季"在入聲(《陟岵》叶"季寐棄",《皇矣》叶"對季"),穉(稚)在陰聲(《大田》叶"穉火",又叶"穉穧"),就十分明顯了。

總起來説,中國傳統音韻學對待陰聲和入聲的關係有兩種不同的看法:在考古派看來,陰聲和入聲的分野並不十分清楚,特别是對於之幽宵侯魚支六部,入聲只當作一種聲調看待,不作爲帶有-k 尾看待,因此,在他們的眼光中,這六部都是陰聲,其中的入聲字衹是讀得比較短一點,並不構成閉口音節;在審音派看來,陰聲和入聲的分野特别清楚,因爲在他們眼光中,陰聲是開口音節,入聲是閉口音節。二十年前我傾向於考古派,目前我傾向於審音派。

錢玄同是黄侃的朋友,同時也是黄侃的音韻學説的信奉者。在他的《古韻二十八部音讀的假定》中,陰陽入是三分的,因而陰聲和入聲的分野是非常清楚的③:

歌 a ua	月 at uat	元 an uan
微 è uè	物 èt uèt	文 èn uèn
	質 ät	真 än

① 章炳麟《文始》略例。

② 孔廣居的《説文疑疑》以爲"季"從禾會意,其説近是。

③ 錢氏此文發表於 1934 年 12 月,表面上好像完全接受黄侃的學説,實際上已經不像他在《文字學音篇》中那樣地述而不作。他添上了一個覺部,減去了一個沃部。依我看來,添上一個覺部是對的,減去一個沃部是不對的。

佳 ȧ	錫 ȧk	耕 ȧng
魚 ȯ	鐸 ȯk	陽 ȯng
侯 u	燭 uk	鍾 ung
幽 o	覺 ok	冬 ong
宵 âu		
咍 ė	德 ėk	登 ėng
	緝 op	侵 om
	盍 âp	談 âm

我在我的《漢語史稿》中,定上古韻母爲十一類二十九部,若按照錢氏的名稱和次序,則如下表(表下僅標出主要元音及韻尾):

歌 a	月 at	元 an
微 əi	物 ət	文 ən
脂 ei	質 et	真 en
佳 e	錫 ek	耕 eng
魚 a	鐸 ak	陽 ang
侯 o	燭 ok	鍾 ong
幽 əu	覺 əuk	
宵 au	沃 auk	
咍 ə	德 ək	登 əng①
	緝 əp	侵(冬)əm
	盍 ap	談 am②

儘管我所擬測的主要元音和錢氏頗有出入,但在陰聲擬測爲開口音節、入聲擬測爲閉口音節這一觀點上,我和錢氏是完全一致的。

---

① 錢氏所擬的ė、ėk、ėng 也就是 ə、ək、əng。

② 編者注:以上兩個列表,底本"緝""盍"在陰聲韵一列,"侵""談"在入聲韻一列。《語言學研究與批判》本同底本。按二本皆爲排版之誤,現調整位置。

二

西歐某些漢學家，特別是高本漢和西門，對於上古漢語陰聲韻部和入聲韻部的研究，所得的結論和上述中國傳統的音韻學完全相反。他們把上古的陰聲韻部幾乎完全取消，换句話説就是把上古的開口音節幾乎完全取消，把清儒一向認爲開口音節的字，大部分改爲閉口音節。爲敘述和評論的便利起見，我們先在這裏着重介紹高本漢有關這一方面的學説。

在上古韻部的區分問題上，高本漢和章炳麟、黄侃的差別並不太大。在他的 Grammata Serica 中，他把上古漢語的韻母分爲二十六部，按照我們的術語來説，可以列成下表：

1. 歌部	2. 魚部	3. 侯部	4. 寒部	5. 月部
6. 䵣部	7. 真部	8. 至部	9. 文部	10. 隊部
11. 脂部	12. 談部	13. 盍部	14. 侵部	15. 緝部
16. 陽部	17. 鐸部	18. 耕部	19. 支部	20. 蒸部
21. 之部	22. 冬部	23. 幽部	24. 宵部	25. 東部
26. 屋部				

由此看來，除了䵣部是高本漢所獨創以外，魚鐸分立和侯屋分立都和黄侃一致，其他二十一部更和章炳麟一致（當然，各部收字和章氏稍有出入）。但是，就他的擬音來説，那就和中國傳統音韻學有根本上的差別。最值得注意的有以下兩點：

(1) 向來被中國音韻學認爲陰聲（開口音節）的韻部，除歌魚侯三部外，一律被高本漢派作閉口音節，其中之幽宵支四部的平上聲字被認爲收-g，脂䵣（歌部的小部分）兩部字被認爲收-r，例如：

母 məg	期 ki̭əg	梅 mwəg
子 tsi̭əg	有 gi̭ug	牛 ngi̭ug
憂 ï̭ôg	老 lôg	曹 dz'ôg

好 xôg	修 si̭ôg	由 di̭ôg
高 kog	刀 tog	朝 tiog
瑤 di̭og	交 kŏg	驕 ki̭og
夷 di̭ər	旨 ti̭ər	師 si̭ər
眉 mi̭ər	比 pi̭ər	泥 ni̭ər
違 gi̭wər	推 tʻwər	非 pi̭wər
邇 ni̭ar	譭 xi̭war	

（2）中古的去聲字被高本漢認爲在上古收-g、-d、-b，這些韻尾和入聲的韻尾-k、-t、-p 不同。關於收-b 的去聲字，高本漢說得不十分肯定，這裏不加以討論。關於收-g、-d 的字，舉例如下：

置 ti̭əg	代 dʻəg	富 pi̭ŭg
奧 ôg	就 dzʻi̭ôg	釣 tiog
耀 di̭og	悼 dʻog	暴 bʻog
赴 pʻi̭ug	裕 gi̭ug	耨 nug
彀 kug	鬥 tug	茂 mug
路 klâg	妬 tâg	愬 sâg
度 dʻâg	借 tsi̭ag	護 gʻwâg
肆 dʻâd	戾 liəd	棄 kʻi̭əd
貴 ki̭wəd	遂 dzi̭wəd	醉 tsi̭wəd
賴 lâd	契 kʻiad	廢 pi̭wăd
逝 di̭ad	帶 tâd	會 gʻi̭wad

首先要聲明一件事：加上了韻尾-r、-g、-d 就不能再認爲是陰聲韻，因爲中國傳統音韻學一向認爲衹有開口音節纔算是陰聲，戴震、黃侃、錢玄同在這一點上最爲明確。陸志韋先生（《古音說略》106 頁）說："上古音的歌部不收陰聲。"陸先生把上古歌部擬成收-d，所以他說不收陰聲。帶有-r 尾的韻母的性質在陽聲韻和入聲韻之間，r 和 m、n 都是所謂響音，在這點上 r 尾的韻母近似陽聲韻。至於以-g、-d 收尾的韻母當然應該認爲入聲韻之一種。

西門的主要觀點和高本漢相同;但是他比高本漢更徹底。在他的《關於上古漢語輔音韻尾的重建》①裏,他不但把之幽宵支脂微等部都重建成爲入聲韻部,而且連魚侯歌三部也重建爲入聲了,於是造成了古無開口音節。西門所擬的上古入聲韻尾是-γ、-ð、-β 和-g、-d、-b 對立;他否認上古漢語和中古漢語有清塞音韻尾-k、-t、-p,所以他把高本漢所擬-k、-t、-p 的地方改爲-g、-d、-b,而把高本漢所擬-g、-d、-r、-b 的地方改成-γ、-ð、-β(魚侯兩部定爲收-γ,歌部定爲收-ð)。當然我們應該認爲以-γ、-ð、-β 收尾的韻母(如果存在的話)也算入聲韻母,因爲帶塞聲韻尾的既算入聲,帶擦音韻尾的也不能不算入聲。

高本漢和西門二人的影響很大。從表面上看來,好像高本漢的影響要比西門的影響大,因爲許多現代音韻學家接受了韻尾-g、-d、-b 的學說,而没有接受韻尾-γ、-ð、-β 的學説。實際上,就中國的情況來說,西門的影響要比高本漢的影響大,至少是一樣大,因爲:(1) 西門把魚侯歌脂微等部一律認爲上古入聲韻部(雖然没有明顯地稱爲入聲),中國某些音韻學家也把魚侯歌脂微等部一律認爲上古入聲韻部(也没有明顯地稱爲入聲);(2) 西門没有承認脂微兩部收音於-r,中國的音韻學家也没有任何人承認脂微兩部收音於-r。

高本漢把陰聲韻時而擬成閉口音節,時而擬成開口音節,顯然是進退失據,自相矛盾。此外,高本漢還有一個缺點:本來陰聲和入聲對應,衹能兩分,不能三分,但是高本漢對於魚侯脂微四部都採用了三分法,魚部擬成 o、âg、âk,侯部擬成 u、ug、uk,脂微(高氏合爲一部,有時又像分開)擬成 ər、əd、ət,這樣是平上爲一類,去聲爲一類,入聲爲一類,不但違反了傳統的中國音韻學,而且違反了他自己的原則,因爲他對之幽宵支四部衹採用了兩分法,否定了開口音節的存在。我們雖然反對把陰聲韻擬成閉口音節(理由見下文),但是,我們同時認爲,如果把所有的陰聲韻

① Walter Simon: Zur Rekonstruktion der Altchinesischen Endkonson-anten, Mitteilungen des Seminars f. Orientalische Sprachen, Bd. XXX, Abt. Ⅰ,21 頁。

一律擬成閉口音節，還不失爲自成體系的學説。因此，我們認爲西門的學説基本上是自成體系的，是持之有故，言之成理的，衹有高本漢的關於上古漢語陰入兩聲韻尾的學説是矛盾百出的。

上文説過，如果依照考古派，入聲不獨立成部，那麼，他們在擬測上古音值的時候，衹有兩條路可走：第一條是孔廣森的道路，認爲上古漢語衹有陰聲没有入聲，或者像段玉裁和江有誥那樣，認爲入聲和平上去聲衹是聲調的分别，不是韻尾的分别（這是我的體會），所以入聲衹是陰聲之一種，不是和陰聲對立的東西，换句話説，不但平上去聲的字是念開口音節的，連入聲的字也是念開口音節的。第二條道路就是像西門那樣，認爲上古漢語衹有入聲韻，没有陰聲韻（是否保留"陰聲"這個舊名稱來表示-g、-d、-b 等韻尾不關重要），入聲和平上去聲除了聲調的分别以外，韻尾也有一些分别（如西門的-g、-d、-b，-γ、-ð、-β），但是它們一律讀作閉口音節。除非入聲獨立成部（如戴震、黄侃、錢玄同所做的那樣），否則第三條路是没有的。

上文説過，無論從諧聲偏旁看或者從《詩經》用韻看，陰陽入三聲之間都不免有些葛藤。入聲緝盍和陽聲侵談的關係比較密些，和陰聲的關係比較鬆些；它們在諧聲方面和隊泰發生一些關係（如"納"從内聲、"蓋"從盍聲），那衹是入聲和入聲的關係，並不是入聲和陰聲的關係。因此，從孔廣森起，"合"類就已經獨立起來，到了王念孫和江有誥就索性把緝盍分爲兩部，以配侵談。除緝盍以外，入聲衹有泰部和陰聲的關係較鬆，因此，戴震的泰部獨立能得到考古派王念孫、江有誥的擁護。

高本漢的缺點是考古和審音都無是處。從考古方面看，他並没有遵照江有誥把鐸和魚、屋和侯、至隊和脂微合併起來。我們不從審音方面責備他，因爲看來他並不是走那條道路的（他從來没有提到戴震、黄侃、錢玄同）；但是我們有權利從考古方面責備他，因爲他正是企圖從這方面尋找論據的。

高本漢把鐸和魚分開，屋和侯分開，理由是無論從諧聲方面或者從

《詩經》用韻方面看,陰聲魚侯和入聲鐸屋的關係都不密切[①]。這是沒有根據的説法,陸志韋先生駁過他[②]。我在上文已經指出,依照段玉裁的《六書音均表》,《詩經》魚鐸通叶有二十二處,侯屋通叶有五處。就韻部的大小而論,魚部好比之部,《詩經》之職通叶有二十六處,和魚鐸通叶二十二處的情況差不多,爲什麼之職不分立而魚鐸要分立呢?侯部的大小好比支部,《詩經》支錫通叶有四處,和侯屋通叶五處的情況差不多,爲什麼支錫不分立而侯屋要分立呢?

高本漢談到諧聲的時候更是以意爲之。正如陸志韋先生所批駁的,他硬説"涸"是會意字,是什麼 solid water!《説文》明明説"涸"從固聲,爲什麼要牽強附會呢?高氏援引《説文》以"博"爲會意字(《説文》"博,大通也,從十從尃,尃,布也"),其實應該依照朱駿聲的意見,認爲尃聲。他從否認"博"字爲諧聲字出發,又硬説"縛"從博省聲,這回可不能援引《説文》了,《説文》明明説"縛"從尃聲,並沒有説是從博省聲!其實除了"博縛"以外還有"薄搏"等字。在他的 Grammata Serica 裏(326 頁),他把"薄搏"等字也認爲是從博省聲,但是,這個説法顯然是不能成立的,因爲:(1) 説"搏"是博省聲已經是很勉強的了(《説文》認爲"搏"從尃聲),至於説"薄"從博省聲,更是大兜圈子,我們必須先承認"溥"從博省聲,然後"薄"纔能和"博"發生關係;(2) 高氏硬把從"尃"得聲的字割裂爲陰入兩類,派入陰聲魚部的有"尃傅搏賻鱄"(承認是從尃得聲),派入入聲鐸部的有"博搏溥鎛縛簿薄礴"等字(硬説是從博省聲),這種割裂是違反中國文字學的。高氏還割裂出一個笑話來。他把"溥"字歸到入聲裏去,把它的上古音擬成 pâk,並且説明是水名(根據《廣韻》)。其實水名是中古的意義,上古並沒有這個意義,同時也就沒有這個讀音。在上古漢語裏,"溥"的一般讀法是滂五切,與"普"字音同義近("普天之下"又作"溥天之下");"溥"又通"敷",可見它是陰聲韻字。高氏爲了便於曲解"溥"爲從

① 參看高本漢《詩經研究》,見 1932 年《遠東博物館集刊》第四期第 131—146 頁。

② 陸志韋《古音説略》第 94—100 頁。

博省聲(從而曲解"薄"爲從博省聲),不惜把滂五切的上古音擬成 p'âg,但是他又把與"溥"相通用的"普"和"敷"都歸到陰聲裏去,擬成 p'o、p'i̯wo,這種純任主觀的辦法是不科學的。

上古魚部除了從"尃"得聲的字以外,還有一些諧聲情況足以證明魚鐸相通。豦聲有"劇臄",又有"據鐻醵遽蘧籧","劇"等應屬鐸部,"據"等應屬魚部,高氏把前者擬成-k 尾,後者擬成-g 尾,那是說不通的。"鐻醵籧"都有群餘一切,"蘧"字甚至僅有群餘一切,它們都是平聲字。"籧"亦作"筥",高氏把"筥"擬成 kli̯o,"籧"擬成 g'i̯wag,也自相矛盾。"莫"聲有"謨模",又有"暮墓寞"等,"謨"等應屬魚部,"暮"等應屬鐸部。高氏把"謨模"擬成 mag,也很難說得過去。"謨模"又寫作"譕撫",顯然是平聲字,依高氏的體系當作 mo。其次,高氏對從"著"得聲的字處理得最不妥當。"著"在鐸部,"躇"在魚部,高氏把"躇"擬成 d'i̯o,算是做對了,但是他把"著"擬成 ti̯o、ti̯ak 兩音,就有矛盾。"著"無論讀去聲或入聲,都應該收-k(若依高氏的說法,去聲的"著"也該收-g)。

侯部和屋部在諧聲方面也不是没有一些葛藤的。"婁"聲有"數",而"數"有上去入三聲,高氏把"數"字分爲 sliu、suk 兩讀,但是讀 suk 的"數"仍是從"婁"得聲,所以陰聲和入聲的諧聲關係仍舊存在。從"數"得聲的字有"藪",高氏把"藪"派作收-g,也顯出了侯屋的密切關係。"趨"從芻聲,而"趨"又通"促"。"趣"從取聲,"趣"也通"促"。高氏没法子抹煞侯屋兩部的諧聲關係。

至隊和脂微相通的情況没有鐸屋和魚侯相通的情況那樣明顯,因此,王念孫和章炳麟雖然是考古派,也能把至部和隊部分别地獨立起來(章氏的隊部還没有和陰聲嚴格分開)。但是,我們也不能說至部和脂微之間没有押韻關係和諧聲關係。上文說過,在《詩經》用韻中有"濟""閟"通叶,"類""比"通叶,都可以證明入聲和陰聲不能劃若鴻溝。諧聲方面,撇開生僻的字不說①,常見的字可以證明陰入兩類的諧聲關係的也不是

① 若算生僻的字就很多。參看陸志韋《古音說略》第 189—190 頁。

絕無僅有的。癸聲有"闋",矢聲有"疾"(據《說文》),這是兩個比較明顯的例子。高氏最不受人歡迎的一點是把脂微擬成收-r,他以爲這樣可以說明真文和脂微對轉,又可以說明入聲和陰聲的關係,其實是兩邊不靠岸。關於收-r 的學說,陸志韋先生曾經批駁了他[1]。高氏企圖拿漢藏語系來證明上古漢語有韻尾-r 的可能,但是漢藏語專家沙弗爾(R. Shafer)就批評他不對。沙弗爾指出,"死二"等字在漢藏系許多語言中都有相當的字,但是都不收-r[2]。我没有什麼新的意見,這裏可以不談了。總之,如果必須把脂微擬成閉口音節的話,自然是擬成-d 比擬成-r 好些。

沿着陰聲和入聲不分立這條道路走去的人,西門等人以外,還有陸志韋先生。陸先生把歌部也擬成了收-d 的韻部[3]。打開陸先生的《詩韻譜》,我們找不到一個開口音節。

的確,陸先生的理論體系比高本漢的理論體系更爲完整。陸先生很有力地證明,上古歌部和脂微是通叶的。陸先生指出,《詩・商頌・玄鳥》叶"祁何宜何",《易・家人》叶"義謂(?)",《書・仲虺之誥》叶"懷離"[4],《荀子・成相》叶"過施義禍罷私施移",《老子》叶"離(兒)疵爲疵(知)",又叶"雌谿谿離(兒)",《莊子・山木》叶"訾蛇化爲",《則陽》叶"(知)(知)化爲圍爲過",《九歌・東君》叶"雷蛇懷歸",《遠遊》叶"妃歌夷蛇飛徊",《九辯》叶"偕毀弛",《高唐賦》叶"螭諧哀悽欷"。上古歌部和支部也是通叶的,陸先生指出,《詩・斯干》叶"地裼瓦儀議罹(?)",《易・漸》叶"陸儀(?)",《莊子・在宥》叶"知離",《韓非子・揚權》叶"地解",又叶"離知",《外儲說上》叶"知隨",《九歌・少司命》叶"離知",《大招》叶"佳規施卑移",等等。假使上古歌部收開口音節,脂微支部收閉口音節,按照高本漢的體系來說,顯然是說不通的。陸先生把歌部擬爲收-d,雖

---

① 陸志韋《古音說略》第 104—106 頁。
② 美國《東方學會雜誌》(Journal of the American Oriental Society),LXX,2(1950 年),第 139—141 頁,對高氏新著《漢語的性質及其歷史》的書評。
③ 陸志韋《古音說略》第 102—104 頁。
④《仲虺之誥》是古文《尚書》,也許可以除外。

然在與-g 押韻的時候還不很容易解釋,但這是陰聲收-g、-d 的學說的邏輯結果。我們感覺到陸氏的學說比高氏學說的邏輯性較強;高氏的學說自相矛盾,陸氏的學說不自相矛盾。

但是,除了"古無開口音節"的結論之外,是不是就没有出路了呢?我想不是的。出路很明顯,就是維持陰陽入三分的學說,在陰聲和入聲的收音方面,基本上依照錢玄同的擬測,把陰聲定爲開口音節,入聲定爲閉口音節,問題就解決了。

應該承認,陰聲和入聲之間有着若干葛藤,正如陰聲和陽聲之間、陽聲和入聲之間有着若干葛藤一樣。問題在於怎樣看待這些葛藤。如果讓它們牽連不斷,我們勢必在紛繁的史料中迷失方向。高本漢之所以擬出一個-r 尾來,就是一方面看見微隊相通,另一方面看見微文相通,他以爲衹有-r 尾(或-l 尾)可以兼通-d、-n。其實我們衹要區别一般和特殊,許多問題都可以迎刃而解。

下文我們將着重在批判高本漢關於陰聲韻和入聲韻的收音的學說,主要是他的-g、-d 學說。

三

高本漢把之幽宵支四部的平上去聲字擬成收-g,不擬成收-k,是爲後來平上去聲字發展爲陰聲(依高本漢看法)準備了條件。他把魚侯兩部的去聲擬成收-g,不擬成收-k,也是同樣的理由。至於他把脂微的平上聲字擬成收-r,去聲字擬成收-d,理由更"充分"了,因爲他認爲從韻尾-r、-d 發展到韻尾-i 是很自然的。

但是,從中國傳統音韻學看來,高本漢的-g、-d 學說有兩個很大的缺點:

第一,-g、-d 學說破壞了陰陽入三分的傳統學說。上文説過,中國音韻學上的考古派把入聲歸到陰聲並非想要從上古漢語中消滅開口音節,恰恰相反,他們認爲入聲衹是陰聲的附庸;高本漢和西門把陰聲歸入入聲是和中國傳統音韻學唱對臺戲,他們或多或少地企圖取消上古的陰聲,即開口音節。

像西門那樣做(我們把-γ、-ð 學說認爲是和-g、-d 學說同一性質的),上古漢語裏是完全没有陰聲的。其實高本漢既然做到那一個地步,倒不如乾脆像西門那樣完全取消陰聲。但是陸志韋先生意識到這個學說有一個大危險(這是西門所不肯説出來的),他説:

> 上古漢語没有開音綴的結論有人一定以爲怪誕不經。世上哪裏會有這樣的語言呢?姑不論説話,隨意翻一句古書來念,例如"井竈門戶箕箒臼杵",讀成-ŋ、-g、-n、-g、-g、-g、-g、-g,何等的聱牙。

其實念古書還不算什麼,最糟糕還是讀《詩經》! 陸先生接着説有幾種現象很可以教人懷疑。他舉出兩件事:(1)"齊桓公與管仲謀伐莒,謀未發而聞於國……'君呿而不唫,所言者莒也'"(《呂氏春秋》)。這"呿而不唫"的音好像是張口説的;(2)更可以教人懷疑的,魚部有好些感歎詞跟象聲字,按情理好像不應當有收聲。《大雅》跟《頌》的"於乎"擬爲 a-xa,當然比 ag-xag 近情得多。

陸先生的治學態度是很好的,他没有隱諱困難。他並且還開着一個後門,他説:"心裏不妨存一疑問,上古語是有開口綴的,可是不知道哪些字是的。"①

我們是不相信上古漢語没有開口音節的。就拿高本漢來説,他没有完全否定上古漢語的開口音節,他對於魚侯兩部字和歌部大部分字還擬成開口音節。但是我還覺得不够;在 Grammata Serica 所列舉的一千二百三十五個聲符中,衹有一百三十八個聲符是屬於開口音節的,衹佔全數的百分之十一强,開口音節這樣貧乏,也是全世界找不出來的一種

① 陸志韋《古音説略》第 106—109 頁。看來,陸先生並不想要證明上古漢語確實是一種没有開口音節的語言。但是,陸先生在没有從别的地方發現開口音節以前,先忙着把前人所肯定的開口音節否定了,這是令人感到遺憾的。

語言！

我知道，高本漢之所以不肯把魚侯兩部派作閉口音節，也正是因爲怕開口音節太少了，不像一種實際存在過的語言（高本漢批評西門說他實際上把每一個中古收元音的字都認爲上古收-γ或-ð，見《藏語與漢語》）。但是正是由於這樣，纔造成了他的體系的內部矛盾；也正是由於這樣，他不能不對魚鐸相通的情況和侯屋相通的情況作出若干解釋。我認爲他的解釋是有理由的，並且它們可以同樣地用來說明之職分立、幽覺分立、宵藥分立和支錫分立。

高本漢在他的《詩經研究》（135—136頁）裏說：

> 那麼，爲什麼這個唯閉音* glo_k（指"路"字）只與"故"叶，不與"毒"d'uo_k一類字叶呢①？理由很簡單。像廣州話那樣的唯閉音-k，在句末或在有停頓跟着的時候，實際上是不大聽得見的。像 mo_k 一類的字在一個停頓的前面，這個-k從語音學上去分析，祇是前面的元音的一種滑收音(off-glide)，它使你聽見舌頭放在-k的部位；它的閉塞是悄悄地構成的，並沒有可以感覺到的破裂作用。除非沒有停頓，mo_k 被另一元音直接跟隨着，這個韻尾-k纔是顯然可以聽得見的。現在，《詩經》裏入韻的字差不多全是在一行的末尾出現的，"路"* glo_k 等字經常被一個停頓跟着，這個唯閉音-k就是不大聽得見的。因此，"路"* glo_k 和"故"kuo押韻而不和"毒"d'uok押韻，那是很自然的。這種押韻，在聽覺上是够諧和的。

高本漢承認帶有唯閉音韻尾的字可以跟開口音節押韻，這一點很重要。我們認爲，上古漢語的入聲韻尾-k、-t、-p都是唯閉音，跟現代廣州話的入聲韻尾-k、-t、-p一樣（參看下文）。高氏承認* glo_k，kuo的押韻是够諧和

① 高本漢在這裏犯了一個音韻學的錯誤。"毒"字屬幽部入聲（即覺部），木字（他在另一處提到的）屬侯部入聲（即屋部），它們不可能和"路"字押韻。《詩經研究》把"木、毒"擬成mok、d'uok是錯誤的，依照他自己的體系，應該像Grammata Serica那樣，擬成muk（侯部入聲）和d'ôk（幽部入聲）。

的，就不應該不承認 tsə：tə$_k$（子：德）、məu：ləu$_k$（芼：樂）、ti̭auk：ki̭au（祝：究）、ke：tiek（解：帝）的押韻也是够諧和的。

高氏曾經承認：之幽等部的去聲字和“陰聲字”押韻（如止 tśi：試śik、載 tsâi：意 ïk、究 ki̭eŭ：祝 tsi̭eŭk）並不能充分地證明這類上古“陰聲字”一定收-g，因爲這些去聲字的-k 尾在早年已經變弱了，它們和開口音節押韻已經成爲一種馬馬虎虎的韻了。至於入聲字和“陰聲字”押韻（如來 lai：亟 ki̭ək），他纔認爲是上古“陰聲”收-g 的充分證據①。其實根本就無所謂“變弱”；依我們看來，不但上古去聲從一開始就是以唯閉音收尾的，連上古入聲也是從一開始就是以唯閉音收尾的。那麽，爲什麽上古入聲不可以偶然和平上互押以構成“馬馬虎虎的韻”呢？

高氏屢次提到馬馬虎虎的韻（hedge-rimes）、不完全韻（imperfect rimes）和權宜韻（makeshift rimes）②，可見他承認這種特殊情況的存在。但是，他衹允許魚部和鐸部之間、歌部和寒部之間、微部和文部之間有不完全韻或權宜韻，那就是純憑主觀判斷，不肯根據事實，不肯概括了。

如果我們能够區别一般和特殊、通例和例外，問題本來是容易解決的。顧炎武説：“其入與入爲韻者什之七八，與平上去爲韻者什之三。”③實際上入聲和陰聲的分野比顧氏所論的還要明顯得多。根據段玉裁古無去聲的學説，十分之九以上的去聲字都應該屬於上古入聲（閉口音節），那麽，入聲和陰聲押韻的情況就很少了。歌泰不通叶，脂微和至隊極少通叶，且不必去説它；就拿收-k 的入聲來説，依照段玉裁《六書音均表》的材料④，再依照我們所定的入聲標準⑤，陰入通押所佔的百分比如下表⑥：

① 參看高本漢《上古漢語的一些問題》。趙元任譯文（題爲《上古中國音中的幾個問題》）載《史語所集刊》第一本第三分。原文第 801 頁，譯文第 382 頁。

②《詩經研究》第 134 頁、136 頁。《漢語詞族》第 32 頁。

③ 顧炎武《音論》卷中。

④ 其實有些可算不入韻，現在姑且都算入韻。

⑤ 例字見王力《漢語史稿》。

⑥ 參看上文“陰入互叶表”。

之部　258∶27　佔10.5％弱

幽部　143∶6　佔4.7％弱[①]

宵部　67∶11　佔16.4％強

侯部　57∶5　佔8.8％弱

魚部　228∶22　佔9.6％強

支部　26∶4　佔15.4％弱

由上表看來，高本漢把幽部擬成-g尾最没有道理，因爲幽部陰入通叶的情况衹佔4.7％弱。支部陰入通押佔15.4％弱，似乎是頗大的比重，其實"解"字在上古可能是入聲字，支部陰入通押四個例子當中有三個是"解"字和入聲通押，"解"字如果算入聲，比重就很小了。剩下來衹有宵部陰入通押的比重較大，但也不過16％強。如果區别一般和特殊，陰入分立還是可以説得通的。

高本漢並不是一開始就把之幽宵支四部一律擬成-g尾的。在他的《分析字典》(Analytic Dictionary of Chinese and Sino-japanese[②])裏，他把一些去聲字如"異意富代告釣耀貌易避"等的上古音擬成收-g，那是有相當理由的；我們雖不同意擬成收-g，但是我們同意把這類去聲字擬成閉口音節(收-k)，因爲它們本來是古入聲。至於這四部的平上聲字，高氏在這部書裏並没有把它們的上古音擬成-g尾。"由油抽"由於是平聲字，"浩皓"由於是上聲字，雖然諧聲偏旁和入聲相通，高氏對它們特别慎重，擬成-g尾還加上一個疑問號。對於之部的"有友右母某謀侮"等字高氏更明確地指出它們的上古音是收-ui尾的；對於支部的"支知"等字，他也明確地指出它們的上古音是收-a尾的。可見當時他並没有想到要把之支兩部的陰聲字擬成-g尾；對於幽宵兩部是否收-g尾的問題，他還在舉棋不定。直到1931年，他在《藏語與漢語》裏還説："也許上古漢語所

① 段氏幽部入聲實際上包括侯部入聲，現在依江有誥分爲兩類來統計。《小雅·大東》叶"蜀宿"是幽侯合韻，統計時算幽部；《小雅·采緑》叶"緑菊局沐"也是幽侯合韻，統計時算侯部。(編者注：《大東》中無"蜀""宿"二字。此為《豳風·東山》之誤。)

② 編者注：底本與初次發表版皆作Sino-japonese，徑改。

有的-ə̯u,-i̯ə̯u 當中的舌根音 u 都念得很重,以致人們仿佛聽見一個寄生的-g,如口 k'ə̯ug、九 ki̯ə̯ug 等。"我們認爲當時他是比較明智的。後來他是"出喬木而遷幽谷",越來越錯了。

凡是研究上古漢語韻部的人都知道,之部和魚部的讀音是很相近的。依照段玉裁《六書音均表》,《詩經》之魚通叶的例子有《小旻》的"膴謀",《賓之初筵》的"呶欺郵",《緜》的"膴飴謀龜時茲",《蝃蝀》的"雨母",《巷伯》的"者謀虎",《常武》的"士祖父戎";依照朱駿聲《說文通訓定聲》,先秦韻文中之魚通叶的例子還有《禮記·樂記》的"俯止女子語古",《禮運》的"户下俎鼓祖子所祐",《射義》的"舉士處所"。金文中之魚通押也是常見的[①]。假使上古之魚兩部像高本漢所擬的那樣,一個是閉口音節,一個是開口音節,元音又不相同(如"雨"gi̯wo:"母"məg),它們怎麼能押韻呢?

高本漢自己承認,他雖然在《詩經》用韻上找到了一些證據,但還躊躇着不肯說他早先的學說是錯的(指"有"i̯ə̯u-ui 等等),還不肯說"期基姬紀母畝"等字在上古全有-g 尾;後來他面對着一個稀奇而重要的發現,纔不再躊躇了[②]。這個稀奇而重要的發現是什麼呢? 原來當時他以爲脂部在上古是一種開口音節,收音於-i,上古之部如果在上古也是收音於-i 的話,豈不是没有分別了? 他這個"重要的發現"到現在一點兒也不重要了,因爲他已經把脂部擬成了閉口音節,收音於-r 了!

即使同屬開口音節,實際上也不愁無分別。我在《漢語史稿》中把之支脂微擬成 ə、e、ei、əi,不是都有了分別嗎? 我覺得:陰陽入三分是應該肯定的,上古漢語的開口音節決不會像高本漢所想像的那樣貧乏。至於每一個韻部的主要元音,還是可以反復考慮的。

爲什麼 ə(之部)有時候和 ək(職)押韻,但是從來不和 əi、ət(微、隊)押韻呢? 那也很容易瞭解:之部的 ə 的發音部位和微部的 ə 的發音部位

① 參看郭沫若《殷周青銅器銘文研究》第 130—137 頁。

② 高本漢《上古漢語的一些問題》。譯文見《史語所集刊》第一本第三分第 387 頁。

有所不同。前者發音部位較低、較後(可能是個ɐ),所以有時候和a(魚部)押韻;後者發音部位較高、較前,所以有時候和ei、et(脂、至)押韻。關於元音問題,本文不打算詳細討論了。

第二,韻尾-g、-d的學説破壞了"平上爲一類,去入爲一類"的傳統學説。段玉裁説:"古四聲不同今韻,猶古本音不同今韻也。考周秦漢初之文,有平上入而無去;洎乎魏晉,上入聲多轉而爲去聲,平聲多轉爲仄聲,於是乎四聲大備而與古不侔。有古平而今仄者,有古上入而今去者,細意搜尋,隨在可得其條理。……古平上爲一類,去入爲一類。上與平一也,去與入一也。"[①]段氏在這裏談的是聲調問題,但同時也牽涉到韻尾問題。用他自己的話來説,這是"古四聲"的問題,也是"古本音"的問題。如果我們承認上古入聲是收音於-k、-t、-p的,同時又承認段氏古平上爲一類,去入爲一類的説法,那麼上古漢語中的平上聲字就是屬於開口音節的,去入聲字就是屬於閉口音節的。段氏這一個發現是非常重要的,它不但解決了上古的調類問題,同時也解決了陰聲韻和入聲韻的分野問題。高本漢等人從中古的語音系統去看上古語音系統,以爲平上去爲一類(中古都是開口音節),入聲自成一類(中古是閉口音節),那是很大的錯誤。

段玉裁的話,從表面看來有矛盾。他説"考周秦漢初之文有平上入而無去",又説"去入爲一類",到底上古漢語有没有去聲呢?其實他的話並没有矛盾。上古入聲實有兩類,其中一類到後代變爲去聲,這就是説,從閉口音節發展爲開口音節,另一類則維持閉口音節直到中古漢語裏和現代某些方言裏。

段玉裁雖然主張"同諧聲者必同部",但是在區別入聲和非入聲的時候,他衹以《詩經》用韻爲根據,不以諧聲爲根據,例如"時特"都從寺聲,但是段氏把"時"歸入平聲,把"特"歸入入聲;"葵闋"都從癸聲,但是段氏把"葵"歸入平聲,把"闋"歸入入聲。這一點也很重要。在區別入聲和非

① 段玉裁《古四聲説》(在《六書音均表》內)。

入聲時,如果不拘泥於諧聲系統,就没有很多糾纏。去聲和入聲押韻,在上古漢語裏是明顯的事實。

高本漢把之幽宵支四部的平上去三聲的字和侯魚兩部的去聲字擬成收-g[①],入聲字收-k;其次,他又把脂微兩部的平上兩聲的字擬成收-r,去聲收-d,入聲收-t。這樣顯然和段玉裁的學説相反。

根據去入爲一類的理論,我們應該把去入兩類的字一律擬爲收-k、-t,高本漢在他的《上古漢語的一些問題》和他的《詩經研究》裏也正是這樣主張的[②]。在這一個問題上,高氏是反復了三次的:第一次,在他的《分析字典》裏,他主張這些去聲字收-g、-d;第二次,在上述兩文裏,他主張它們收-k、-t;第三次,到了《漢語詞族》[③](直到現在),他又回到九年前《分析字典》的原説。在我們看來,他在 1928 年(《上古漢語的一些問題》發表的一年)是"出於幽谷而遷於喬木",到了 1932 年(《漢語詞族》發表的一年)却又是"出於喬木而回到幽谷"去了!

最鮮明的證據乃是《詩經》用韻。去入通押在《詩經》裏常見到那種程度,以致段玉裁認爲上古没有去聲,可見韻脚是非常諧和的,決非偶然的"協押"可比。假使-g、-k 通押,-d、-t 通押,那就是"協押"(assonance),並不諧和。依照高本漢的擬音,下面所引《詩經》的兩章的韻脚將是這樣:

《桑柔》十五章

民之罔極(ki̯ek),職涼善背(pwəg);
爲民不利,如云不克(k'ək);
民之回遹,職競用力(li̯ək)。

---

① 這裏所説的平上去入的界限衹是大致的界限,個别字的歸類有出入。對於高氏是這樣,對於段氏也是這樣。

② 高本漢《上古漢語的一些問題》。譯文見《史語所集刊》第一本第三分第 350—355 頁。《詩經研究》,《遠東博物館集刊》第四期第 119—121 頁。

③《漢語詞族》第 14—15 頁、28 頁、31—32 頁。張世禄譯本(名爲《漢語詞類》)第 13—16 頁、46 頁、52—54 頁。

《蟋蟀》二章

蟋蟀在堂，歲聿其逝（d̂i̯ad）；
今我不樂，日月其邁（mwad）。
無已大康，職思其外（ngwad）；
好樂無荒，良士蹶蹶（ki̯wăt）。

pwəg 和 ki̯ək、k'ək、li̯ək 押韻，ki̯wăt 和 d̂i̯ad、mwad、ngwad 押韻，是多麼不諧和！如果像我們所擬的，puək，ki̯ək、k'ək、li̯ək 押韻，ki̯wat，ʑi̯at、muat、nguat 押韻，那就諧和得多了。

當高本漢從去聲收-g、-d 的理論轉變到收-k、-t 的理論的時候，他首先說明入聲能有兩類。他說："我現在的說法就是說，現在有 tan¯、tan`的分別，那麼在上古音當中也有 tat¯、tat`的分別，不過因爲在第六世紀以前 tat`已經變了（tad—）taì或是 taˋ，所以後來的中國音韻學家就看不出那種入聲字當中還有調的變化的可能了。"①其實入聲能分兩類，現代漢語方言就可證明，如吳方言的陰入、陽入，廣州話的陰入、陽入、中入等。不過，陰入和陽入的分化是由於聲母清濁的不同，陰入和中入的分化是由於韻母的不同，而上古漢語的入聲分兩類恐是比較原始的情況，而不是分化的結果。

上古入聲分化爲中古的去入兩聲，這就意味着上古的閉口音節分化爲開口音節和閉口音節兩類。這種分化是憑着什麼條件的呢？高本漢說是由於去聲是一個降調，所以影響到韻尾-d（來自-t）的失落（來自-k 尾的-g 尾也是一樣）；也有人說可能是由於上古去聲是個先強後弱（diminuendo）的調，所以影響到輔音失落；我在我的《漢語史稿》裏說上古有長入和短入，長入到中古變了去聲，短入到中古還是入聲。在這篇文章裏我不打算辯論這個問題；我覺得三種情況都有可能，而且也可能兩三種情況同時存在。衹要不把這兩類入聲完全混同起來，分化條件是容易說明的。

① 高本漢《上古漢語的一些問題》，譯文見《史語所集刊》第一本第三分第 351 頁。

至於高本漢說從-k、-t 到開口音節還要經過一個-g、-d 的階段，這是調和前後兩種理論的一種説法。我看這種説法是不容易成立的。固然，tat—tad—tai 這個發展程序是言之成理的；輔音 d 和元音 i 發音部位相近，d 是濁音，變元音容易些。但是，tək—təg—tai 這個發展程序則是很難自圓其説的，特别是像 ti̭ək—ti̭əg—ti 這樣的程序很難找到滿意的解釋。高氏挖空心思地找到了一個解釋，他說："tṣa'＞ts-g 表示一種普通的-g；·ai＞-g 表示一種硬顎的-g，這個 g 和 i 的部位相當，所以後來它轉變爲 i；kâu＞-g 表示一種軟顎的-g，這個 g 和 u 的部位相當，所以後來它轉變爲 u。"①這種發展程序的人爲性很重，所以缺乏説服力。我看還不如解釋爲韻尾-k 失落以後，元音自身逐漸發生變化。

儘管這樣，當他推翻自己的-g、-d 學説的時候，他説出了許多令人信服的理由。在《上古漢語的一些問題》裏②，他説：

> 1. 先説，有好些字的構造，用了新的説法，可以容易解釋得多。"例"擬爲 li̭ät`，比擬爲 li̭äd 更接近它的聲符"列"li̭ät③。不但如此，代從弋聲，措從昔聲，顯得我的新説法的好處。
>
> 我早期的理論是：
>
> 代 dʻâg　　　　弋聲 (d)i̭ək
>
> 措 tsʻuog　　　　昔聲 si̭äk
>
> 它遠不如我現在修正的説法：
>
> 代 dʻâk`　　　　弋聲 (d)i̭ək
>
> 措 tsʻuok`　　　　昔聲 si̭äk
>
> 2. 其次，修正了的理論可以解釋許多一字兩讀的有趣的例子。"度射惡食塞質易"等字都有兩讀，照我早期的理論，每個字的兩種

① 高本漢《分析字典》第 29 頁。

② 高本漢《上古漢語的一些問題》，譯文見《史語所集刊》第一本第三分第 353—355 頁。

③ 高本漢在文中舉"例、怕"二字作爲去聲的例字，不妥。先秦根本汝有"例"字。先秦雖可能有"怕"字（《老子》"我獨泊兮其未兆"，河上公本作"怕"），那是一個入聲字，和後代的"怕"音義都不同。

讀音之間有不小的差别：

度 d'âk：d'uog　　惡 ·âk：·uog

塞 sək：sâg　　易 iäk：i̯e̯g 等

若用現在修正的理論，那兩種讀音就相近得多了：

度 d'âk：d'uok`　　惡 ·âk：·uok`

塞 sək：sâk`　　易 iäk：iek`

射 dź'i̯ak：dź'i̯ak`　　食 dz'i̯ək：(d)zik`

質 tśi̯et：tśit`

而且從上古音變到中古音的時候，那些失掉韻尾-k、-t 的字，它們跟保存韻尾-k、-t 的字的元音變化未必是一樣的，所以如果追溯到上古時代那些兩讀的字，除了聲調不同以外，可能(甚至非常可能)它們的聲音是完全相同的。如果是這樣，那就跟"好"字的讀爲 haoˊ、hao`，"王"字的讀爲 wang¯、wang`一樣，純然衹有聲調上的分别了。由此看來，我們現在假設爲-k`、-t`，不再像早期那樣擬成-g、-d，這樣對於一字兩讀的現象就解釋得非常好了。

3. 又其次，像 kag 那樣的音，在聽覺上和 kang 很相近似，料想念 kag 的字應該可以用作念 kang 的字的聲符，念 kang 的字也應該可以用作念 kag 的字的聲符。實際上這種事情没有發生過，這種情况也有利於肯定上古的 kak`而不肯定上古的 kag。

4. 最後，有一個"害"字可以給一點暗示。這個字在經書裹，例如《書經·湯誓》和《詩經·葛覃》，有時候可以代替"曷"字。如果"害"字念 γâd 而寫來代替念 γât 的"曷"字，那就奇怪了；如果"害"字念 γât`，稍爲不小心就把"曷"寫成了"害"，那是很可以理解的。

以上四種理由合起來，我想蓋然性的程度就差不多等於必然性了。

在他的《詩經研究》裹①，他重複了他的論據。他說：

① 《遠東博物館集刊》第四期第 119—120 頁。

在我的《分析字典》裏，我把“怕”（聲符“白”）、“例”（聲符“列”）一類的字肯定爲收輔音韻尾。在那裏，我提出的規則很簡單：《切韻》時代以前消失了的輔音都是-g、-d（p‘ag，li̭äd 等），而保存下來的輔音（“入聲”韻尾）都是-k、-t（b‘ɐk、li̭ät 等）。在我的《上古漢語的一些問題》（1928 年）裏，我修正了我的擬測。結果是前一類的收音也是-k、-t，不過“怕例”等字在上古漢語裏已經是一種降調（“去聲”），是這個降調使上述這些輔音韻尾在《切韻》時代以前失落了，至於入聲的“白”b‘ɐk、“列”li̭ät 則仍舊保留着它們的-k、-t。李方桂拒絕接受這種擬測，仍然維持我早期的擬測，但是他没有説明任何理由。因此，我在這裏還要重複我的論據，同時還增加了一些新的材料。

(A) 如果我們把“害曷”擬成 g‘âtˋ、g‘âtˉ，“載則”擬成 tsəkˋ、tsekˉ，就比把它們擬成 g‘âd、g‘ât、tsəg、tsek 更能解釋它們之間的假借。這不是一個決定性的證據，因爲“假借”的字有時候不一定是完全同音的字，但是如果加上下面的一些證據，它還不能説不是有啟發性的。

(B) 如果我們接受去聲收-k 的説法，一字兩讀（詞幹變化）就更容易理解：

度 d‘ak　　又音 d‘uoˋ<*-kˋ

復 p‘i̭uk　　又音 p‘i̭ə̭uˋ<*-kˋ

塞 sək　　又音 sai<*-kˋ

(C) 決定性的證據還在乎這個。我們發現，在“怕”（從“白”聲）這一類諧聲字裏，主諧字或被諧字到《切韻》裏失落了輔音韻尾的，有 95％以上屬於去聲：怕 p‘aˋ：白 b‘ɐk。例外是有的：高 kauˉ：鄗 xak，但這種例外是很少的。從《詩經》和其他上古作品裏，我們知道，許多平聲字和上聲字也都帶着輔音韻尾，如“來”與“亟”叶、“子”與“德”叶，等等。假使平聲“來”等、上聲“子”等、去聲“怕”等一律都收-g（或一律收-k），爲什麽去聲字常常和入聲字互相諧聲（如“怕”），而平聲和上聲則僅僅有一些例外（如“高”）呢？我們不能不下這樣一個結論：“來子”等字收輔音韻尾-g，這個-g 有别於入聲韻尾-k，因此，諧聲的創造者很少把-g、-k混合起來；至於“怕例”一類字和入聲互相諧聲則非常普遍，所以這些去聲字應該也是收音於-k的。

高本漢這些理由都是很有力的論證，我們主張上古去聲收-k、-t，也就根據同樣的理由。就收-g的字來說，如果採用高本漢最近的説法，平上去三聲收音於-g，祇有入聲收音於-k，這樣是平上去爲一類，入聲自成一類，嚴重違反了“平上爲一類，去入爲一類”的傳統學說。在這一點上，高本漢曾經把自己批評得很徹底（特別是上文理由C項），但他不惜自己推翻了自己的可靠學說，根據一些站不着脚的理由，重新回到他早期的-g、-d學說。在重新回到他早期的-g、-d學說的時候，他還不能不承認他的修正學說有着許多很大的優點（great advantages）①，但是他終於把它推翻了。

他的推理是這樣的：(1) 既然脂微兩部是收-r的，而至隊兩部的去聲字又有和脂微押韻的情況，所以這些去聲字的韻尾應該是-d，-d和-r押韻是比較諧和的②；(2) 既然和入聲韻尾-t相當的去聲韻尾是-d，所以和入聲韻尾-k相當的去聲韻尾應該是-g。這個邏輯推理是錯誤的，因爲它的大前提是錯誤的。脂微兩部在上古並非收音於-r（見上文）！

高本漢在早期的學說中，有濁音引出降調的理論。他說：“大家知道，在支那語系中，清音聲母使字調成爲一個高調（如“刀”tâu⁻），濁音聲母使字調成爲一個低調（如“萄”d‘âu⁻）。無疑地，這是由於生理上的原因，而這一件事實正是和我們這個問題有關，因爲上古的tsag（乍）變爲中古的tsa̤`正是變成一個降調，尾音低降，韻尾-d、-g是字音的最後部分，它們是濁音，所以把尾音的聲調拉低了。”③在《上古漢語的一些問題》裏，他承認這是倒果爲因，是降調促成了 li̯ät-li̯äd-li̯äi`的發展，而不是韻尾-d引出一個降調來④。但是，到了《漢語詞族》中，他重新拾起已經放棄了的

① 《漢語詞族》第14頁。

② 同上，第32頁。

③ 《分析字典》第29頁。

④ 高本漢《上古漢語的一些問題》，譯文見《史語所集刊》第一本第三分第372頁。

理論[①]。我們認爲這個理論也是不能成立的。應該指出,聲母和韻尾輔音在影響聲調的作用方面是完全不同的;我們不能從濁聲母產生低調這一件事實引出結論,以爲韻尾輔音也產生低調。聲母在元音前面,所以對元音的高低能產生影響;-d、-g 在元音後面,元音過去了,聲調也就過去了,-d、-g 來不及影響它了。現代粵方言的入聲也有低調(陽入),但是這些低調的字的韻尾並不是-b、-d、-g 而是-p、-t、-k。

總之,"平上爲一類,去入爲一類"的傳統學說必須維持。高本漢在之幽宵支等韻部中以平上去爲一類(收-g),入聲自成一類(收-k),那是嚴重的錯誤。至於魚侯脂微等部,入聲和去聲也不應該有韻尾上的分別,祇能有聲調上的分別。

四

高本漢的-g、-d 學說遭遇着一個不可逾越的障礙。構成障礙的是這樣一件事實:在漢藏語系中,韻尾-g、-d、-b 和-k、-t、-p 是不能同時存在的。

研究漢藏系語言,必須瞭解它們的共同特點,藉此以區別於非漢藏系語言。漢藏系語言的特點之一是:它們的閉口音節,如果是收音於閉塞音或響音的,一律收唯閉音。高本漢認爲在唐代(至少在某些方言裏)入聲韻尾-k"已經"是唯閉音[②],其實它從上古以來一向就是唯閉音。他在《詩經研究》裏還承認"路"等字屬於唯閉音,所以他把"路、夜"寫成 glo_k、$zi̯o_k$等,後來到了《漢語詞族》裏,他修改他的說法。他以爲在《詩經》時代,-g 在 e、ə、o、u 的後面仍舊"活着",但是在 a 的後面已經變了喉塞音:"路、怕、夜"由 glâg、p'ăg、ziug 變爲 glâ˙、p'a˙、zi̯a˙,再變爲 glo˙、p'o˙、zi̯o˙。本來,如果把之幽宵侯魚支六部的去入聲字一律擬成收喉塞音,倒不失爲一個近理的擬測;收喉塞音也是收唯閉音,符合漢藏系語言

---

①《漢語詞族》第 14 頁。

②《詩經研究》第 135 頁。

的特點。但是,高氏在這裹衹是用頭痛醫頭、腳痛醫腳的辦法,鐸部去聲的收喉塞音僅僅是爲了照顧《詩經》押韻,所以他造出一種所謂"《詩經》方言"來,以爲衹有"《詩經》方言"的鐸部去聲收唯閉音,"《詩經》方言"以外有許多"有勢力的姊妹方言",這些方言的"路怕夜"等字一直是收-g的,它們是《切韻》的"直接祖先"①。這是多麼迂曲的解釋!

我們必須能够證明漢藏語系中某些語言(且不要求多數)的閉口音節是以完整的破裂音收尾的,然後可以相信上古漢語也收完整的破裂音。事實不是這樣。據我們所知,現代漢藏系語言閉口音節的尾音-k、-t、-p都收的是唯閉音,並不像印歐系語言那樣收破裂音。聽說日喀則地方的藏語韻尾-k、-p在高元音i、u後面有輕微的破裂現象(如sik豹子、nup西);梭磨地方的嘉戎語(rgyarong)韻尾-k在慢說的時候說成破裂,快說則不破裂,至於-t、-p則無論快說慢說都不破裂②。這些都是個別的現象,不能破壞一般的規律。

我們又必須能够證明漢藏語系中有這樣一些語言(至少也要有一種),它們同時具備清濁塞音兩套韻尾(即同時有-g、-d、-b和-k、-t、-p),然後可以相信上古漢語也有這樣的兩套韻尾。-g、-d、-b作爲非正常的現象而存在,那完全是可能的;特別是在濁音聲母的前面(如廣州話的"黑貓"hekmau、"一年"jətnin、"入來"jəplɐi),容易形成韻尾-k、-t、-p的濁音化。但是這樣並不能構成濁音韻尾和清音韻尾的對立。西門說古代西藏語没有-p、-t、-k,衹有-b、-d、-g,那應該是可信的③。但是當它具備-b、-d、-g的時候,並不同時具備-p、-t、-k。

爲什麼在漢藏系語言裏不可能有兩套清濁對立的塞音韻尾呢?原因就在於它們是唯閉音。我們知道,唯閉音的性質是衹有成阻、持阻而没有除阻(除阻時不成音)。這種唯閉音正如高本漢自己所說的,它"衹是前面的元音的一種滑收音(off-glide),它使你聽見舌頭放在-k的部位,

① 高本漢 Grammata Serica 第31頁。
② 這是金鵬先生供給的材料。志此道謝。
③ 高本漢《上古漢語的一些問題》,譯文見《史語所集刊》第一本第三分第370頁。

它的閉塞是悄悄地構成的,並没有可以感覺到的破裂作用”。在這種情況下,除非用儀器實驗或者由聽覺靈敏的語音學家來辨别,否則韻尾-b和-p、-d和-t、-g和-k是辨别不出來的。

也許可以辯駁説,現代漢藏系語言的塞音韻尾雖然是一種唯閉音,但是上古的漢藏系語言也可能有破裂音韻尾的存在。這種假定完全是虚構的。如果古代漢藏系語言有過破裂音韻尾,不可能不在某些語言中留下一些痕迹。大家知道,漢語及其同系語言的韻尾-m、-n、-ng也是唯閉音;就漢語説,它們是和-p、-t、-k配對的。相對應的韻尾照理也不應該有破裂和不破裂的分别。從來没有人證明過上古漢語韻尾-m、-n、-ng是破裂音,因此上古漢語韻尾-p、-t、-k也不可能是破裂音,否則就破壞了漢語語音系統的完整性。

班奈笛克(Paul K. Benedict)在他的《上古漢語中的* g和* d》裏説①:

> 第四種嘗試(我們認爲這是正確的)就是把古漢藏語擬成祇具有一套塞音韻尾(-k、-t、-p),它有一整套的元音韻母(-u、-o、-a、-e、-i,也許還有其他),還有一對半元音韻尾(-w、-y)。這就是説,這個語音系統是古藏緬語的語音系統,也是現代南亞洲大多數具有聲調的單音節語(漢語、karen語、泰語、kadai語、越南語、苗瑤語)的語音系統。

這一段話是正確的。我們期待着他下那麽一個結論:古漢藏語是這樣,到了上古漢語也是這樣。但是,他不顧他所證明的古藏緬語的事實,也不顧他所證明的古漢藏語的事實,反而相信高本漢和西門的意見,從而説上古漢語的-g、-d是由半元音-w、-i來的。上文已經從各方面證明,-g、-d學説是不能成立的,我看就用不着大兜圈子了。

在高本漢的近著(1954年)《中古及上古漢語語音學概要》裏(234

① 《哈佛亞洲研究雜誌》,1948年,第二卷第203頁。

頁),他企圖拿日本的吳音和漢音來證明中古和上古漢語的塞音韻尾都是破裂音(不是唯閉音)。他說:"吳音和漢音在借詞的形式上有 katu、kati、kapu、kaku,它們顯示着當時日本人聽見的是一種真正的、容易抓得住的清塞音(tenues)。"這個證據是不充分的。第一,高本漢自己說過:"古代日本音没有韻尾-ng,所以他們對譯漢語的'剛'kang 用 kagu(→kau→ko)。假使當初日本人聽見'各'字念作 kag(按:這是西門的說話),他們一定會把這個'各'字翻成 kagu,不會翻作 kaku 了。"①漢語韻尾-ng 是個唯閉音②,爲什麼日本人也聽成了-g 呢? 可見並不需要真正破裂,然後日本人纔能聽得是什麼收音。日本人自己没有-p、-t、-k 一類的閉口音節,當然念成 katu、kati、kapu、kaku 了。第二,高氏自己看重以漢語本身證明漢語(這個原則是對的),也看重以漢藏系語言來證明漢語(那也是對的),但是他在這裏拋棄了漢藏語的共同特點,求證於和漢語没有親屬關係的日本語的特點(它不能有-p、-t、-k 一類的閉口音節),那就不對了。

高本漢說:"也許藏語從前-b、-d、-g、-p、-t、-k 都有的(就像漢語,我想我能證明也有),不過後來由於類化作用都變成了-b、-d、-g,這種普遍化和簡單化的現象是很符合支那語系的特點的。"③這完全是無稽之談! 他不能證明上古藏語同時有兩套,就祇好說個"也許";他說他能證明上古漢語有兩套,但是我們已經從各方面證明他的-g、-d 理論是不能成立的。

在這一個問題上,西門比高本漢高明些。他把上古漢語的閉口音節擬成-b、-d、-g 和-β、-ð、-γ 的對立,一套是塞音,一套是擦音,在聽覺上容易辨别多了。但是他的上古收-b、-d、-g 的說法既然爲高本漢所駁倒④,-β、-ð、-γ 也就搭配不上。西門這一個學說最大的缺點還在於否定了上古

① 高本漢《上古漢語的一些問題》,譯文見《史語所集刊》第一本第三分第 371 頁。

② m、n、ng 也是塞音之一種,全名應稱爲"鼻塞音"(Roudet《普通語音學綱要》152 頁)。既是塞音之一種,所以也有所謂唯閉音(前書講到唯閉音 implosive 的時候,就是舉 ap、am、at、an 爲例的)。

③ 高本漢《上古漢語的一些問題》,譯文見《史語所集刊》第一本第三分第 370 頁。

④ 同上,第 369—374 頁。

漢語的開口音節。

開口音節對閉口音節的優越性，這是漢藏系語言的共同特點。漢藏系語言是元音佔優勢的語言。在現存的漢藏系語言中，我們絕對找不着一種語言像高本漢所擬測的上古漢語那樣，開口音節非常貧乏，更不必說像西門所擬測的那樣，完全缺乏開口音節了。相反的證據倒是不少：阿細語、撒尼語、威寧苗語等都没有閉口音節，這就是說，完全没有韻尾-p、-t、-k、-m、-n、-ng①。因此，把上古漢語擬成開口音節極端貧乏或完全没有開口音節的語言，是不合理的。

* * *

高本漢在中古漢語的語音研究上有頗大的成就；但是，等到他擬測上古漢語的語音系統時，他陷入了機械主義的深淵。本文的主要目的在於批判高本漢的上古漢語音韻學，同時捍衛中國的傳統音韻學。當然中國的傳統音韻學也有它的缺點，例如説"家"古音"姑"、"友"古音"以"之類，它在這些地方違反了歷史語言學的根本原則，必須加以糾正。高本漢在這一方面是正確的，他認清楚了語音分化必須有分化的條件。但是，在語音系統的分析和概括上，中國傳統音韻學有其不可磨滅的成績，因爲先秦的史料有限，客觀的分析會得到客觀的結論，前代學者在這方面的成績幾乎可説是無可修正的了。陰陽入三分的傳統學説必須維持，"平上爲一類，去入爲一類"的傳統學説必須維持。

現在我把本文的要點總結一下：

(1) 在上古漢語裏，每一個陰聲韻部和它的入聲韻部的關係都應該是一樣的，我們不能像高本漢那樣，把它們割裂爲四個類型：第一類是之幽宵支四部及其入聲，一律收塞音(-g、-k)，第二類是魚侯兩部及其入聲，一半收元音，一半收塞音(-o、-u、-g、-k)，第三類是脂微兩部及其入聲，收顫音和塞音(-r、-d、-t)，第四類是歌部及其入聲，一大半收元音，一小半收

① 參看袁家驊《阿細民歌及其語言》。馬學良《撒尼彝語初探》。王輔世《貴州威寧苗語量詞》(《語言研究》1957年第2期)。哈尼語除了少數漢語借詞收-ng以外，也没有閉口音節，參看高華年《揚武哈尼語研究》。

顫音(-a、-ar)。從史料上看,這是没有根據的。

(2) 如果依照高本漢的原則,凡陰聲和入聲在諧聲和押韻上稍有牽連,即將陰聲字改爲閉口音節,那麽,邏輯的結論不應該是高本漢自己所得的結論(因爲高氏没有遵守自己所建立的原則),而應該是西門所得的結論或類似的結論,這就是説,完全否定上古漢語的開口音節。但是,完全没有開口音節的語言是世界上所没有並且不曾有過的,我們不能設想上古漢語是這樣一種語言。這不僅僅是常識判斷的問題,而是關係到語言的本質的問題。語言必須具有開口音節,這是從世界語言概括出來的結論,也就是客觀存在着的語言本質的特點之一。

(3) 從整個語言系統來看,上古漢語的陰陽入三聲是有機地聯繫着的,同時又是互相區别的。在史料上,陰陽入的通轉體現着有機聯繫的一方面;但是,我們並不能因此泯滅了它們之間的界限。我們必須辯證地處理諧聲和押韻的問題,區别一般和特殊,然後不至於在紛繁的史料中迷失方向。

(4) 漢語韻尾-p、-t、-k 是唯閉音,不但現代閩粤等方言如此,中古和上古也莫不如此。它們和西洋語言閉口音節的-p、-t、-k 不同。西洋語言閉口音節的濁尾-b、-d、-g 和清尾-p、-t、-k 由於是完整的破裂音,所以清濁兩套能同時存在而且互相區别;漢語閉口音節的清尾-p、-t、-k 由於是唯閉音(不破裂),所以不可能另有濁尾-b、-d、-g 和它們對立,即使清尾和濁尾同時存在也祇是互换的,不是對立的。因此,高本漢所構擬的清尾和濁尾對立的上古漢語是一種虚構的語言,不是實際上可能存在的語言。

原載 1960 年《語言學研究與批判》第 2 輯

古韻脂微質物月五部的分野

一、各家對這些韻部的處理

二、脂微的分野

三、陰聲和入聲的分野

四、質物月的分野

五、結語

一、各家對這些韻部的處理

古韻脂微質物月五部，在顧炎武看來，衹算一個韻部。江永以質物月劃爲入聲第二部，根據他的異平同入的理論，在《四聲切韻表》中，質物月既配脂微泰(平上去第二部)，也配真文元(平上去第四、第五部)。這樣，在江永的心目中，入聲具有較大的獨立性。他說："入聲與去聲最近；《詩》多通爲韻；與上聲韻者間有之，與平聲韻者少，以其遠而不諧也。韻雖通，而入聲自如其本音。顧氏於入聲皆轉爲平、爲上、爲去，大謬！今亦不必細辨也。"①戴震對古韻採用了陰陽入三分法，以質物(第十七部)

① 江永《古韻標準》第149頁，渭南嚴氏叢書本。

配脂微(第十七部),又配真文(第十六部);以月(第二十一部)配泰(第二十部),又配元(第十九部)。表面上看來,上古入聲韻部,從江永、戴震就獨立起來了,其實江氏、戴氏所瞭解的上古入聲韻部,跟今天我們所瞭解的上古入聲韻部大不相同。當時他們是把《廣韻》去聲至未霽祭泰怪夬隊廢等韻歸到陰聲韻去,而我們今天却把這些韻基本上歸到入聲韻部裏來。黃侃在他的《音略》中說他自己所定古韻二十八部的屑部(即質部)、没部(即物部)都是戴震所立,這就容易引起誤解。因爲如上所說,戴氏所瞭解的上古入聲韻部跟今天我們所瞭解的大不相同,而黃侃所瞭解的上古入聲韻部則跟今天我們所瞭解的大致相同。

段玉裁把我們的質部歸入真部(他的第十二部),作爲真部的入聲。這一點爲戴震所反對,其他各家也都没有採用。但他直到晚年寫信給江有誥,仍舊堅持他的看法。他說:"第十二部既不可不立,則以入質櫛屑配真臻先,此乃自古至六朝如是,而不可易者,故質櫛屑在第十二部,古音今音所同,猶之緝以下九韻在第七部、第八部,亦古今所同也。"①段氏其他收-t 的入聲都配陰聲,衹有質櫛屑配陽聲,實在缺乏系統性。他拿緝以下九韻來比較,但王念孫、江有誥連緝以下九韻也獨立起來了,則其說不攻自破。但是這件事給我們很大的啟示,那就是質部具有很大的獨立性,它跟物部能够截然分開。戴震、江有誥以質物合爲一部,同樣是錯誤的。

段玉裁把我們的物月兩部都歸入脂部(他的第十五部),作爲脂部的入聲。這一點他不如戴震。但是戴震以泰月分立也是缺點,不如王念孫把祭部(即月部)認爲去入韻,泰月同屬一部,而跟物部劃分開來。黃侃在《音略》中不說他的曷部是戴震所立,而說是王念孫所立,正因爲他所定的範圍比戴氏的遏部大一倍,而與王念孫的祭部相當。江有誥、朱駿聲、章炳麟、黃侃在這一點上都跟王念孫相一致,於是物月的分立也就被肯定下來了。

---

① 江有誥《江氏音學》第 12 頁,渭南嚴氏叢書本。

上古入聲韻部的獨立,實際上導源於段玉裁,而不是導源於戴震。如上所說,我們今天所瞭解的上古入聲韻部,跟戴震所瞭解的大相徑庭。我們所謂上古入聲韻部,包括絕大部分的去聲字。入聲的定義是收音於-p、-t、-k,古去聲和古入聲都具有-p、-t、-k 的收音,衹是在聲調上有差別,也許再加上元音長短的差別①。這樣,段氏的古無去聲說是跟我們的意見基本上符合的,衹是我們不把去聲和入聲混同起來罷了。段玉裁在他的第十五部(脂微物月)分爲平聲、上聲和入聲,三聲互不相押,則入聲的獨立性是很明顯的。正因爲這樣,後人更進一步,纔把入聲韻部獨立起來。

章炳麟的隊部獨立,這是一個新發展。這個隊部,段玉裁、王念孫、江有誥等人一向都把它歸入脂部(包括我們的微部)。他在《國故論衡·二十三部音準》中說:"隊異於脂,去入與平異也。"他在這裏明確地說隊部是去入韻,正與黄侃的没部(我們的物部)相當。黄侃在《音略》中說没部爲戴震所立,其實應該說是章炳麟所立。但是,章氏在自己的著作中,對隊部的領域,是前後矛盾的,也是摇擺不定的。他在《文始·二》說:"隊脂相近,同居互轉。若聿出內朮戾骨兀鬱勿弗卒諸聲諧韻,則《詩》皆獨用,而自隹靁或與脂同用。""自隹靁"都是平聲字,從它們得聲的字也多是平聲字,這就跟他在《國故論衡》裏所主張的隊部爲去入韻的說法相矛盾。他在《國故論衡》裏特别舉出從隹、從自、從靁的字共 28 個作爲脂部正音,這個矛盾更加突出了。《文始·二》舉了"豕、乀、勿"三個初文作爲隊部字②,同時又說"左文三,《詩》或與脂同用,今定爲隊部音。""豕"是上聲字,也與去入韻之說不合。他兩次說"或與脂同用",又說脂與隊"同門而異戶",可見他摇擺不定。這樣就造成他在歸字問題上的躊躇,例如從未得聲的字,在《文始·二》裏本是歸入脂部的,在《國故論衡·二十三部音準》裏却歸入隊部去了!

---

① 參看拙著《上古漢語入聲和陰聲的分野及其收音》。

② 乀,分勿切,讀與"弗"同。

章氏對脂隊的分野的看法前後矛盾是富於啟發性的。他看見了從𠂤、從隹、從靁得聲的字應該跟脂部區別開來,這是很可喜的發現;他看見了隊部應該是去入韻,跟脂部也有分别,這也是很好的發現。可惜他没有再進一步設想:從𠂤、從隹、從靁得聲的字如果作爲一個平聲韻部(包括上聲)跟去入韻隊部相配,又跟脂部平行,那就成爲很有系統的局面:

脂:質:真　　　　微:物:文

直到我寫《南北朝詩人用韻考》(1936)①,纔提出了微部獨立。羅常培、周祖謨兩先生合著的《漢魏晉南北朝韻部演變研究》(1958)也主張周秦韻部應該把脂微分開②。看來脂微分部是可以肯定下來了。

關於脂微質物月五部的區分,現在持異議的人不多了。但是這五部的歸字問題却還是相當複雜的。本文的主要目的在於考察這五部之間的界限,也就是討論某些具體的字的歸部問題。

二、 脂微的分野

僅僅衹有從𠂤、隹、靁得聲的字,還不足以構成一個韻部,而且也不成系統。根據我研究的結果,微部的範圍和脂部的範圍一樣大。

段玉裁以《廣韻》的脂微齊皆灰五韻合併爲先秦的脂部(他叫十五部),這是大概的說法。事實上齊韻有一部分字(如"提攜圭")歸古音支部,脂灰兩韻也有少數字(如"丕龜梅")歸古音之部。就這五個韻來說,在脂微分立的時候,是哪些韻應劃入脂部,哪些韻應劃入微部呢?我們認爲:齊韻應劃入古音脂部;微灰兩韻應劃入古音微部;脂皆兩韻是古音脂微兩部雜居之地,其中的開口呼的字應劃歸古音脂部,合口呼的字應劃歸古音微部③。

---

① 發表於《清華學報》第十一卷3期。

②《漢魏晉南北朝韻部演變研究》第一分册第11頁,科學出版社1958年。

③ 這兩個韻的脣音字算開口呼。

《廣韻》的咍韻(包括上聲海韻)有少數字如“哀開闓”等,一向被認爲古脂部字,現在我們把它們劃入古微部。

依照江有誥的《諧聲表》,我們認爲脂部的諧聲偏旁應如下表:

妻聲　皆聲　厶聲　禾聲　夷聲

齊聲　眉聲　尸聲　卟聲　伊聲

犀聲　几聲　豸聲　氐聲　凿聲

比聲　米聲　爾聲　豊聲　死聲

𣎳聲　美聲　矢聲　兕聲　履聲

癸聲(平上聲字)①　家聲　匕聲　示聲

二聲　冀聲　利聲(平上聲字)②

微部的諧聲偏旁應如下表:

飛聲　𠂤聲　衣聲　褱聲　綏聲

非聲　枚聲　敚聲　囗聲　隹聲

幾聲　累聲　希聲　威聲　回聲

衰聲　肥聲　夔聲③　乖聲　危聲

開聲　鬼聲　畾聲　尾聲　虫聲

臯聲　委聲　毀聲　火聲　水聲

卉聲　臾聲(平上聲字)④　耒聲　畏聲

這樣分配的結果,脂部開口字多,合口字少;微部合口字多,開口字少。這種情況跟真文兩部正好相當:真部開口字多,合口字少;文部合口字多,開口字少。

脂微分部以後,擬音也可以比較合理。咍灰兩韻是一等字(一開一合),皆韻是二等字,齊韻是四等字,擬音時都不產生矛盾;至於脂微兩

---

① 癸聲的字,有一部分屬《廣韻》脂韻,如“癸葵騤揆”;另一部分屬《廣韻》齊韻,如“睽”。今一律劃入脂部。唯有入聲“闋”字則劃入質部。

② “犁黎”等字入脂部,但“利”字本身入質部。參看下文。

③ 拙著《漢語史稿》以夔字入脂部,未合。

④ 臾,同“蕢”。“貴”字從此。“遺積”等字歸微部,“貴匱”等字歸物部。

韻,它們都是三等字,如果不分爲兩部,擬音時就產生矛盾了。微韻衹有喉牙輕唇,脂韻没有輕脣,但是喉牙字仍然與微韻喉牙字重疊。高本漢在他的 Grammata Serica 裏,把哈灰擬成 ər、wər,皆擬成 ɛr、wɛr,齊擬成 iər、iwər,雖然我們也不完全同意(特别是韻尾 r 不能同意),但是不產生矛盾;至於他把脂微都擬成i̯ər、i̯wər,那就產生矛盾了。所以他不能不把脂韻的喉牙音擬成i̯ɛr、i̯wɛr,來迴避微韻喉牙音的i̯ər、i̯wər。這樣就破壞了脂韻的系統性:微韻反而與脂韻的韻母完全相同,脂韻本身却分爲兩種差别頗大的元音了。如果分爲兩部,脂部的主要元音是 e,微部的主要元音是 ə,連韻尾成爲 ei 和 əi,那就完全没有矛盾了[①]。

三、 陰聲和入聲的分野

月部與陰聲韻部没有轇轕,因爲在《廣韻》裏,祭泰夬廢四韻没有平上聲的韻跟它們相配。至於入聲質物兩部與陰聲脂微兩部之間的界限,一向就存在着分歧的意見。質與物之間、質與月之間,也不是没有分歧意見的。現在先討論入聲質物與陰聲脂微之間的界限。在目前的討論中,暫時把質物看成一體。

在段玉裁《六書音均表·詩經韻分十七部表》中,第十五部入聲兼收質物月三部(依照我們的看法),其中有些是在《廣韻》屬平上聲的,如《小雅·車攻》叶"佽柴",《唐風·杕杜》叶"比佽比佽",那是很難令人置信的。但其中也有在《廣韻》屬去聲的,如《周南·汝墳》叶"肄棄",《召南·摽有梅》叶"塈謂",《邶風·日月》叶"出卒述",《邶風·谷風》叶"潰肄塈",《衛風·芄蘭》叶"遂悸遂悸",《王風·黍離》叶"穗醉",《魏風·陟岵》叶"季寐棄",《秦風·晨風》叶"棣檖醉",《陳風·墓門》叶"萃誶",《小雅·采芑》叶"涖率",《雨無正》叶"退遂瘁誶退"[②],《小弁》叶"嘒淠屆寐",《蓼莪》叶"蔚悴",《采菽》叶"淠嘒駟屆",《隰桑》叶"愛謂",《大雅·大明》

① 參看《漢語史稿》。

② 段氏以爲還有"荅"字叶韻,其實"荅"字可以認爲不入韻。

叶“妹渭”，《既醉》叶“匱類”，《假樂》叶“位塈”，《洞酌》叶“溉塈”，《蕩》叶“類懟對内”，《抑》叶“寐内”，《桑柔》叶“僾逮”，又叶“隧類對醉悖”，《瞻印》叶“類瘁”，都是令人信服的。其中還有質物和月叶韻，如《小雅·出車》叶“旆瘁”，《小宛》叶“邁寐”，《雨無正》叶“滅戾勩”，《大雅·皇矣》叶“拔兑對季季”，《瞻印》叶“惠厲瘵屆”①。又有去聲和入聲叶韻，如《小雅·雨無正》叶“出瘁”，《大雅·皇矣》叶“茀仡肆忽拂”，《抑》叶“疾戾”，這些都更證實了段氏古無去聲的説法②。

朱駿聲的《説文通訓定聲》履部中有“日分部”，自然也跟段氏一樣，在一定程度上表示了入聲韻部的意思。但是他的錯誤較多。譬如説，他把未聲、尉聲、胃聲、位聲、彗聲、惠聲、四聲、戾聲、至聲等都劃在日分部之外。他又拘泥於不可靠的諧聲偏旁，把入聲與非入聲混在一起，例如由於《説文》説“褱”從衣，罞聲，又説罞從目，隶省聲（依小徐本），就把隶聲的字和褱聲的字混在一起。其實大徐本“罞”字下衹説“從目從隶省”，並無“聲”字，小徐本不一定可信（段玉裁就不信）。又如由於《説文》説“曳”從申，丿聲，又説“系”從糸，丿聲，而“奚”又從系省聲，就把曳聲的字和奚聲的字混在一起。其實“曳”所從的丿，應作厂，餘制切（依段玉裁説），而“系”和“奚”本來都是象形字，“系”在甲骨文作[illegible]，“奚”在甲骨文作[illegible]，“系”上的丿是爪的省略，而“奚”簡直就是從爪。“曳”當屬月部，而“系”和“奚”當屬支部③。朱駿聲的日分部對於陰聲和入聲的辨别，不但没有很大的價值，而且還使人弄不清楚了。

黄侃崇奉段氏古無去聲的説法④，他對陰聲和入聲的界限，照理應該

---

①《瞻印》一章應依江有誥、朱駿聲以“惠厲瘵”爲韻，“疾屆”爲韻，見下文。

② 我們認爲上古有兩種入聲，而没有去聲。當然也可以把第一種入聲叫做去聲，但是那種“去聲”是收音於-t的（專指這五部來説），跟中古的去聲收音於-i的迥然不同。

③ 江有誥雖也誤認“系”從丿聲，但是他把“曳”劃歸祭部（即月部），“系奚”劃歸支部，則是正確的。

④ 黄氏還更進一步否定了上古的上聲。

有很大的參考價值。可惜得很，他的研究結果是頗爲令人失望的①。但是，他既然把聲符都列出來了，仍然值得我們重視，有些地方還是值得參考。現在把他所定灰部（即我們的脂微兩部）和没部（即我們的物部，還有我們的質部的一部分字）的聲符列舉如下：

（1）灰部

胃聲*②	口聲	伊聲	位聲*
㐆聲（於機）	衣聲	畏聲	𢑚聲（羊至）*
尉聲*	夷聲	威聲	委聲
医聲（於計）*	毀聲	火聲	虫聲（許偉）
希聲	贙聲（胡畎）*	回聲	惠聲*
褱聲*	卟聲	皆聲	幾聲
禾聲	鬼聲	几聲	癸聲
啟聲	夔聲	臾聲*	開聲
凷聲*	叡聲（苦壞）*	隹聲	夂聲（陟侈）
黹聲	氏聲	𠂤聲	菡聲（式視）
矢聲	尸聲	屎聲	豙聲
水聲	弟聲	爾聲	二聲
㸚聲（力几）	利聲*	耒聲	豊聲
履聲	頪聲（盧對）*	磊聲	戾聲*
雷聲	盭聲（郎計）	𣎵聲	夊聲（楚危）
妻聲	齊聲	辠聲*	奞聲（息遺）
死聲	師聲	衰聲	厶聲
𧰲聲（息利）*	綏聲	屖聲	采聲*
帥聲*	匕聲	飛聲	非聲
妃聲	配聲*	肥聲	比聲

① 我根據的是劉賾教授的《音韻學表解》。楊樹達在清華大學時，曾將書中的表印發給學生，加按語說："右表乃從武漢大學教授劉君伯平《聲韻學表解》錄出，劉君用黄君季剛之說也。"

② 凡加＊號的，是下文將要提出來討論的。

[illegible]聲* 眉聲 美聲 枚聲

米聲 敳聲 尾聲

(2) 没部

矞聲 鬱聲 卉聲* 旻聲(火劣)

[illegible]聲(呼骨) 寣聲(火滑) 眉聲(許介) 計聲*

骨聲 旡聲 繼聲* 气聲

器聲* 棄聲* 欳聲* 圣聲(苦骨)

兀聲 對聲* 退聲* 出聲

厶聲 示聲* 隶聲* 术聲

突聲 内聲 卒聲 自聲*

囟聲(疾二)* 祟聲 兕聲* 率聲

四聲* 閉聲* 弗聲 乀聲(分勿)

轡聲* 甶聲(敷勿) 鼻聲* [illegible]聲(平祕)

丿聲(房密) [illegible]聲(房六)* 孛聲 𠬛聲(莫勃)

勿聲 鬽聲* 未聲*

高本漢在他的 Grammata Serica 裏,也把上述這些諧聲偏旁的字(少數例外)分爲第十部和第十一部。第十部相當於黄侃的没部,第十一部相當於黄侃的灰部;但是,在歸字的問題上,他跟黄侃有很大的不同。他把灰部的音構擬爲-ər、-εr,没部的音構擬爲-əd、-ət、-εd、-εt,我們雖不同意他的擬音①,但是,從他的擬音中可以看見,他的灰部和没部之間的界限是非常清楚的。現在仍按諧聲偏旁來敘述高本漢對這兩個韻部的劃分:

(1) 灰部

開聲 回聲 𠂤聲 聵聲* 磊聲

① 我們認爲:灰部應該像他在《分析字典》(Analytic Dictionary of Chinese and Sino-japanese)那樣,擬爲收音於-i;没部應該像他在《上古漢語的一些問題》和《詩經研究》那樣,擬爲一律收音於-t。

枚聲 幾聲 豈聲 希聲 衣聲
夷聲 旨聲 示聲* 𠂔聲 次聲
兕聲* 厶聲 死聲 師聲 矢聲
尸聲 履聲 尼聲 二聲 匕聲
比聲 眉聲 美聲 鬼聲 歸聲
韋聲 虺聲 畏聲 威聲 隹聲
水聲 畾聲 耒聲 非聲 飛聲
妃聲 肥聲 尾聲 𢼸聲 亹聲*
笄聲 卟聲 啟聲 医聲* 氐聲
弟聲① 妻聲 齊聲 西聲* 屖聲
犀聲 豊聲 米聲 皆聲 褱聲
淮聲 几聲 冀聲* 伊聲 癸聲*

(2) 没部

骨聲 兀聲 𠫓聲 突聲 卒聲
孛聲 𠬝聲 質聲 疾聲 鬱聲
出聲 术聲 率聲 帥聲* 弗聲
市聲 聿聲 勿聲 𡕥聲 乙聲
蝨聲* 矞聲 愛聲* 隶聲* 凷聲*
對聲 退聲 臯聲* 配聲* 旡聲
豙聲* 气聲* 四聲* 利聲* 洫聲*
畀聲 髟聲* 胃聲* 彙聲* 尉聲*
㒸聲* 彗聲* 祟聲 類聲* 朏聲
未聲* 戾聲* 惠聲* 叡聲* 棄聲*
器聲* 劓聲 季聲* 位聲* 臾聲*

下面我們選擇一些字出來討論：

胃聲有“謂渭喟”等。《詩·召南·摽有梅》叶“塈謂”,《大雅·隰桑》

① 高本漢以爲弟聲有“豑”,這是採用段玉裁的說法。“豑”同“秩”,轉入質部。

叶“愛謂”,《大明》叶“妹渭”,《楚辭·懷沙》叶“喟謂愛類”。應依段氏屬入聲。黃氏誤,高本漢不誤。

位聲。《詩·大雅·假樂》叶“位塈”,《易·旅卦》叶“位快逮”,《渙卦》叶“外大位害”,《説卦》叶“位氣”。應依段氏屬入聲。黃氏誤,高本漢不誤。

希聲。《説文》雖説“希”讀若“弟”,但是《説文》所謂“讀若”不一定就是同音。希聲有“肆”,就是“肄”字。《詩·周南·汝墳》叶“肄棄”,《邶風·谷風》叶“潰肄塈”。應依段氏屬入聲。黃氏誤,高本漢不誤①。

尉聲有“蔚”。《詩·小雅·蓼莪》叶“蔚瘁”②,《曹風·候人》叶“薈”“蔚”③。應依段氏屬入聲。黃氏誤,高本漢不誤。

医聲有“翳”。《詩·大雅·皇矣》叶“翳栵”。應依段氏屬入聲。黃侃、高本漢皆誤。

贙聲。《説文》雖説“贙”讀若“回”,但《廣韻》讀胡畎切。屬灰部可疑。

惠聲。《詩·小雅·節南山》叶“惠戾屆闋”,《大雅·瞻卬》叶“惠厲瘵”,《禮記·月令》叶“泄出達内惠絶”。應依段氏屬入聲。黃氏誤,高本漢不誤。

臾聲有“貴”,“貴”字有“饋潰匱”等。《易·頤卦》叶“貴類悖”,《呂氏春秋·權勳》叶“外内貴”,《易·家人卦》叶“遂饋”,《詩·邶風·谷風》叶“潰肄塈”,《大雅·既醉》叶“匱類”,《左傳·成公九年》叶“蒯悴匱”。應依段氏屬入聲。黃氏誤,高本漢不誤。但貴聲又有“遺”。《詩·邶風·北門》叶“敦遺摧”,《小雅·谷風》叶“頹懷遺”,《大雅·雲漢》叶“推雷遺摧”④。當依段氏屬平聲。高本漢誤,黃氏不誤。貴聲又有“隤穨”。《詩·周南·卷耳》叶“嵬隤罍懷”,宋玉《高唐賦》叶“隤追”,《詩·小雅·

---

① 但高本漢誤以爲“肄”從隶聲。

② 段氏《六書音均表》引作“悴”。

③ 句中韻,依朱駿聲。

④ 韻例依朱駿聲。“畏”字不入韻。

谷風》叶“積懷遺”,《禮記·檀弓》叶“頽懷萎”。也當依段氏入平聲。高本漢以爲“隤”是會意字,“隤”有“崩”的意思,“貴”表示高,墻高則崩①,這純然是臆斷。他又以“積”爲“隤”省聲。其實同諧聲者必同部的原則也有例外,不必曲解。

凷聲。“凷”在《廣韻》讀苦對切,屬隊韻。它雖然又寫作“塊”,但不能跟從“鬼”得聲的字一樣看待。《禮記·禮運》:“蕢桴而土鼓。”鄭玄注:“蕢讀爲凷。”可見“凷、蕢”同音或音近。凷聲有“屆”。《詩·小雅·節南山》叶“惠戾屆闋”,《小弁》叶“嘒屆淠寐”,《大雅·瞻卬》叶“疾屆”。應依段氏屬入聲。黄氏誤,高本漢不誤。

叡聲有“蒯”。《左傳·昭公九年》有“屠蒯”,《禮記·檀弓》作“杜蕢”。可見“蒯、蕢”同音或音近。上古音應屬入聲。黄氏誤,高本漢不誤。

利聲也像臾聲一樣,情況比較複雜。《詩·小雅·大田》叶“穗利”②,《易·大壯卦》叶“退遂利”,《國語·越語》叶“物一失利”。“利”字本身應依段氏屬入聲,黄氏誤。利聲有“黎”。《詩·大雅·桑柔》叶“騤夷黎哀”,又應依段氏屬平聲。高本漢把“利”擬成 li̯əd,而從“利”得聲的字都擬成 li̯ər,從陰聲和入聲的分野看,他是對的。其實《説文》説“黎”從黍,㓚省聲,(“㓚”是古文“利”字),也有點勉強。段氏説:“從㓚省者,不欲重禾也。”也不一定講對了。可能“勿”就是最初的“犁”字,而“黎”字直接從“犁”得聲③。

頪聲有“類”。《詩·大雅·既醉》叶“匱類”,《蕩》叶“類懟對内”,《桑柔》叶“隧類對醉悖”,《易·頤卦》叶“貴類悖”,《楚辭·懷沙》叶“喟謂愛類”,《吕氏春秋·有始》叶“物類”。應依段氏屬入聲。黄氏誤,高本漢不誤。

---

① Grammata Serica,第 262 頁。

② 此依段玉裁説。朱駿聲、江有誥都以爲叶“穉穧穗利”,而不知是轉韻。這是段氏高明的地方。

③ 參看郭沫若《甲骨文字研究》第 84 頁,科學出版社 1962 年。

𦗼聲。《說文》引《虞書》“𦗼類於上帝”，今《書·舜典》作“肆”。依段氏，“肆”當屬入聲。

采聲。“采”即“穗”字。《詩·小雅·大田》叶“穗利”，《王風·黍離》叶“穗醉”。應依段氏屬入聲。黄氏誤。高本漢以“穗”爲從惠聲，歸入他的第十部，不誤。

帥聲。這個問題比較複雜。《說文》“帥帨”同字，那麼就應屬月部，所以《詩·召南·野有死麕》叶“脫吠帨”。如果依一般古書，解作將帥的“帥”，“帥”與“率”音同義通，那麼就應屬物部(即没部)。黄氏歸灰部是進退失據。也許是認爲“帥”從𠂤聲，但是大徐本無“聲”字，可疑。高本漢歸入他的第十部，相當於黄侃的没部，不誤。

配聲。《說文》：“配，酒色也，從酉，己聲。”段玉裁、朱駿聲都說是妃省聲。按：“配”字金文作，不從己，自然也不是妃省聲。宋玉《小言賦》叶“貴類配位”。應屬入聲。黄氏誤，高本漢不誤。

𩰲聲。按：“𩰲”即“狒”字，應屬入聲。黄氏誤。

卉聲。按：“卉”是上聲字，應與平聲爲一類，不應屬入聲。黄氏誤。

計聲、繼聲。高本漢於“計、繼”二字存疑，黄侃屬入聲。我想黄氏是可從的。

器聲。朱駿聲引《左傳·昭公七年》叶“器罪”，原文是“盜所隱器，與盜同罪”，不像押韻。所以不能認爲古上聲。又引《六韜·文韜》叶“害敗器世”，可見“器”字應屬入聲。《六韜》雖是僞書，也不會出在漢代以後。黄侃、高本漢都歸入入聲韻部，我想是可從的。

棄聲。《詩·周南·汝墳》叶“肄棄”，《魏風·陟岵》叶“季寐棄”。應依段氏屬入聲。黄侃、高本漢皆不誤。

季聲有“悸”。《詩·魏風·陟岵》叶“季寐棄”，《大雅·皇矣》叶“對季”，《衛風·芄蘭》叶“遂悸”。應依段氏屬入聲。高本漢歸入他的第十部，不誤。劉賾教授《聲韻學表解》中不列季聲，可能是由於《說文》說“季”字“從子，從稚，稚亦聲”。按：“稚”同“稺”，“稺”從犀聲。黄氏以犀聲屬灰部，類推則“季”也在灰部，那就不對了。甲骨文和金文的“季”都從禾從子,並無稚聲的痕迹。

欶聲。這個字很怪。《説文》説"欶"字"從欠,㱃省"。小徐本作"㱃省聲"。姚文田、嚴可均《説文校議》説:"當作祟聲。"朱駿聲説:"此字古音讀如窟,從欠,祟聲,或從柰聲。"黄氏大約也主張當作祟聲。但這是可疑的。

對聲有"懟"。《詩・大雅・皇矣》叶"拔兑對季季",《蕩》叶"類懟對內",《桑柔》叶"隧類對醉悖"。當依段氏屬入聲。黄侃、高本漢皆不誤。

退聲。《詩・小雅・雨無正》叶"退遂瘁誶退",《易・大壯卦》叶"退遂利"。應依段玉裁屬入聲。黄侃、高本漢皆不誤。

示聲有"祁視"等。《詩・召南・采蘩》叶"祁歸",《商頌・玄鳥》叶"祁河宜何"①,《小雅・大東》叶"匕砥矢履視涕"。應依段氏屬平上聲。黄氏誤,高本漢不誤。

隶聲有"逮棣肆"等。《詩・大雅・桑柔》叶"僾逮",《易・旅卦》叶"位快逮",《説卦》叶"逮悖氣物",《秦風・晨風》叶"棣檖醉",《大雅・皇矣》叶"茀仡肆忽拂"。應依段氏屬入聲。黄侃、高本漢皆不誤。隶聲又有"逮",即"涖"字,所以"涖"也應屬入聲,高本漢不誤。依《説文繫傳》:"眔,目相及也,從目,隶省聲。"而《説文》又説"褱"從眔聲。這樣"褱"就和"隶"發生了關係(朱駿聲《説文通訓定聲》正是這樣做的)。但是"眔"讀徒合切,不可能以"隶"爲聲符。黄氏以隶聲和褱聲分屬入聲與平聲是對的。

旡聲有"既",既聲有"塈溉慨"等。《詩・召南・摽有梅》叶"塈謂",《邶風・谷風》叶"潰肄塈",《大雅・假樂》叶"位塈",《泂酌》叶"溉塈",《楚辭・懷沙》叶"溉謂",《哀郢》叶"慨邁"。應依段氏屬入聲。旡聲又有"㤅",即"愛"字。愛聲有"僾"。《詩・小雅・隰桑》叶"愛謂",《楚辭・懷沙》叶"喟謂愛類",《大雅・桑柔》叶"僾逮"。也應依段氏屬入聲。黄侃、高本漢皆不誤。黄氏愛聲不另列,高本漢另列愛聲。

---

① 微歌合韻,依江有誥《詩經韻讀》。

自聲。高本漢存疑。黄侃歸入聲。我想黄氏是可從的。"自"是古"鼻"字,"鼻"屬入聲(見下文)。黄氏還另列㚡(白)聲。㚡也是"自"字,但因"替"從㚡聲,故另列。

兕聲。《詩・小雅・吉日》叶"矢兕醴"。應依段氏屬上聲。黄氏誤,高本漢不誤。

四聲。《詩・鄘風・干旄》叶"紕四畀"。這是不完全韻,因爲"紕"屬陰聲①,"四畀"屬入聲。段氏把"四"字劃歸入聲,這是對的。黄侃、高本漢皆不誤。章炳麟以"四"聲歸泰部,雖是錯誤的,但這樣就屬入聲,仍然有可取之處。

閉聲。"閉"字本有去、入兩讀。朱駿聲《說文通訓定聲》引《素問・調經論》叶"閉疾",《靈樞・脹論》叶"穴閉越",《九鍼十二原》叶"疾刺結閉畢術",《三略》上叶"疾閉結"。這些書的時代不會太晚,仍有參考價值。"閉"字應屬入聲。黄侃、高本漢皆不誤。

轡聲。高本漢存疑。按:《釋名》:"轡,拂也。"應屬入聲。黄氏不誤。

甶,敷勿切。甶聲有"畀",畀聲有"鼻淠"等。宋玉《高唐賦》叶"氣鼻泪瘁磑",《詩・小雅・小弁》叶"嘒屆淠寐"。應依段氏屬入聲。黄氏不誤。但他以鼻聲另列,因《說文》衹說"從自畀",不說"畀亦聲"②。高本漢以畀聲歸入他的第十部,亦不誤。

㣆聲。"㣆"是古"魅"字。段玉裁說:"當讀如密,今音房六切,非也。"

彪聲。"彪"也是古"魅"字。

未聲有"寐妹昧"等。《詩・小雅・小弁》叶"嘒屆淠寐",《邶風・終風》叶"曀寐嚏"③,《魏風・陟岵》叶"季寐棄",《大雅・大明》叶"妹渭",《楚辭・九辯》叶"帶介慨邁穢敗昧"。應依段氏屬入聲。黄侃、高本漢皆不誤。

亹聲。《說文》没有"亹"字。《廣韻》"亹"有無匪、莫奔二切。段玉裁

① "紕"字在單句,不押韻也行,所以押得不嚴格。

② 這裏說"鼻"從畀聲是依王筠、朱駿聲、苗夔、徐灝等人的說法。

③ 韻例依朱駿聲、江有誥。

歸他的第十三部，朱駿聲歸屯部（即文部）。高本漢歸他的第十一部（即脂微合部）。可能“亹”有兩音，文微對轉。但《詩·大雅·鳧鷖》叶“亹熏欣芬艱”。仍應依段氏認爲文部字較妥。

冀聲。《説文》説“冀”從北，異聲。因此，段玉裁、朱駿聲都把它歸入之部（我們的職部）。這是有問題的。金文“冀”作，從異，象人立之形，北是頭上的裝飾①。“冀”是純粹的象形字。《廣韻》：“冀，几利切。”屬至韻。《楚辭·九辯》叶“冀欷”。《史記·孝武紀》“冀至殊庭焉”，《漢書》作“幾”。“冀”應是脂部字。高本漢劃歸他的第十一部，這是對的。江有誥正是把“冀”字歸入脂部。

癸聲有“葵騤揆闋”等。“癸葵騤揆”應屬脂部没有問題，但是“闋”字應屬入聲。《詩·小雅·節南山》叶“惠戾屆闋”。段氏劃歸入聲，是他的見識高超。江有誥《詩經韻讀》以“惠戾屆闋夷違”通爲一部（脂部），並於“闋”下注爲“音楏”，否認它是入聲字。其實脂質對轉（“闋”應是質部字，見下文），“癸”字正可以諧入聲。高本漢於“癸揆騤葵”擬爲i̯wɛr，睽擬爲i̯wər，屬於他的第十一部（黄侃的灰部），“闋”擬爲i̯wət，屬於他的第十部（黄侃的没部）。他這樣做是對的。

西聲有“洒哂”等。《詩·大雅·桑柔》叶“慇辰西痻”②，《邶風·新臺》叶“洒浼殄”。《白虎通·五行》：“西方者，遷方也。”段玉裁、朱駿聲都以西聲入文部（十三部、屯部），江有誥入元部。我認爲江氏是對的。高本漢把西聲劃歸脂部，不可靠。

蝨聲。《説文》説“蝨”從卂聲。朱駿聲把它劃入坤部（即真部）。其實真質對轉，古音應在質部。高本漢劃歸入聲是對的③。

辠聲。“辠”即“罪”字。《説文》説“罪”從网非，其實應是從非得聲。段玉裁、王筠、朱駿聲皆主此説。辠聲應屬微部。黄氏屬灰部，按他的體

① 參看孫海波《古文聲系》之部第 10 頁。但孫氏調和《説文》的説法，以爲異亦聲。
②《詩經》原文是“自西徂東”，江有誥、朱駿聲都認爲應該是“自東徂西”。
③ 但是他説從卂意義不明，則是錯的。

系是不錯的。高本漢錯了。

气聲有"氣愾"等。"气"又是古"乞"字。"乞"聲有"仡紇訖"等。從"气、乞"二字的相通即可證明古音气聲的字屬入聲。黄侃、高本漢皆不誤。

豙聲有"毅"。高本漢歸入他的第十部,是把它當作入聲(黄侃的没部)。黄侃把它歸入曷部(即月部),雖不完全對,但也是當作入聲看待的。

彙聲。《説文》説"彙"從胃省聲,或從虫作"蝟"。"胃"既應屬入聲,"彙"自應也屬入聲。高本漢不誤。

㒸聲有"遂隊穟檖"等。《詩·衛風·芄蘭》叶"遂悸",《小雅·雨無正》叶"退遂瘁誶退",《易·大壯卦》叶"退遂利",《家人》叶"遂饋",《秦風·晨風》叶"棣檖醉",《大雅·生民》叶"旆穟"。應依段氏屬入聲。《説文》説"㒸"從豕聲,未必可信。金文"㒸"就是"隊(墜)"字,寫作[illegible],是個象形字。如果説是從豕聲,就和脂部糾纏在一起。非但平入不應相諧,而且開口和合口一般也不應相諧。高本漢屬入聲是對的。黄侃不列㒸聲,恐怕算是豕聲,那就錯了。

彗聲有"嘒慧①"等。彗聲屬入聲不成問題,衹是歸月部還是歸物部、質部的問題。下文再討論。

由上文看來,高本漢和黄侃不同的地方,多數是高本漢對了,黄侃錯了②。高本漢實際上是吸收了清儒的研究成果,特别是段玉裁、王念孫的古音學説。

由上述的情况看來,並不是所有的去聲字一律應該劃歸古入聲,例如二聲、示聲等,都是應該歸入古上聲的。

四、 質物月的分野

上文談了陰聲和入聲的分野。我們説黄侃不誤或高本漢不誤,衹是

① 編者注:底本作"彗",據《語言學論叢》本改。

② 如果劉賾教授《聲韻學表解》能代表黄説的話。

說他們在陰聲和入聲的分野上没有錯誤。至於質物月三部的分野，那又是另一問題，須要更深入地加以分析。

大致說來，質與月之間、物與月之間，界限是相當清楚的，祇有少數諧聲偏旁和個別的字有問題。問題較大的在於質部和物部之間的界限。

王念孫所定的至部包括下列這樣一些諧聲偏旁：

至聲	疐聲	質聲	吉聲	七聲
日聲	疾聲	悉聲	栗聲	桼聲
畢聲	乙聲	失聲	八聲	必聲
卩聲[1]	節聲	血聲	徹聲	設聲
閉聲[2]	實聲	逸聲	一聲	抑聲
別聲				

段玉裁的第十二部入聲與王念孫的至部基本上一致，僅僅多了一個替聲。黄侃的屑部與王念孫的至部也大致相同，祇少了一個閉聲，多了暱聲和隉聲[3]。高本漢的第八部相當於王念孫的至部，他的擬音是-ied、iet、iwet、-i̭ĕd、-i̭ĕt、-i̭uĕt。但是高本漢少了質聲、乙聲、抑聲、八聲、徹聲、設聲、別聲，多了弜聲、匹聲、穴聲、佾聲[4]。

現在我們先討論上述各家之間的小分歧。

替聲。應依段氏入質部。《楚辭·懷沙》叶"抑替"，《莊子·則陽》叶"替洫"，"抑、洫"都是質部字。張衡《東京賦》叶"結節替譎秩"，潘岳《西征賦》叶"替結節閉"，這是段氏所謂"未違古音"。

閉聲。應依王念孫入質部[5]。段玉裁以"閉"字歸他的第十五部，黄侃以閉聲歸没部，皆不妥。如上文所引，《素問·調經論》叶"閉疾"，《三略》上叶

① 卩，音節，瑞信也。"即"字從此。

② 閉聲以下，王念孫只說"閉實逸一抑別等字"，現在爲整齊起見，也作爲聲符看待。

③ 根據劉賾教授的《聲韻學表解》。表中未列失聲和節聲，大約因爲"失"從乙聲，"節"從即聲，而"即"又從卩聲。又多了一個銍聲，王氏未列，因爲王氏認爲"銍"從至聲。

④ 高本漢還多列了壹聲、即聲、銍聲。但是這和王氏没有矛盾，因爲王氏認爲"壹"從吉聲，"即"從卩聲，"銍"（人質切）從至聲。

⑤ 王引之《經義述聞》卷三十一載王念孫《與李方伯書》，書中明言"及閉實逸一抑別等字"。書後附韻表，表中缺"閉"字，想係漏列。

"密一疾閉結",都可以作證。

晵聲只有一個"晵"字(於悦切),而且是個僻字,可以不必討論。

陧聲。黄侃歸屑部。由語音系統看,黄説可從。理由見下文。

質聲,高本漢擬成-i̯ət,乙聲,高本漢擬成-i̯ɛt,都屬於他的第十部,相當於黄侃的没部。這顯然是錯誤的。不但黄侃,連段玉裁、王念孫也都認爲"質、實"同部,"一、乙"同部。"躓"從"質"聲,"躓""疐"音近義通。宋玉《高唐賦》叶"室乙畢"。

抑聲。高本漢歸他的二十一部,相當於段玉裁的第一部(之部)。這是依照《切韻》系統,因爲"抑"在《廣韻》中是職韻字。這是錯誤的。《詩·小雅·賓之初筵》叶"抑怭秩",《大雅·假樂》叶"抑秩匹",《楚辭·懷沙》叶"抑替"。"抑"分明是質部字。

八聲、匹聲、穴聲、佾聲。王氏認爲"匹、穴、肙(佾)"都從八聲,所以不另列。高本漢不承認這些字從八得聲,所以匹聲、穴聲、佾聲都另列了。從"匹、穴、佾"得聲的字都入質部,和王氏没有矛盾。唯有"八"字本身,高本漢把它歸入他的第五部(等於我們的月部)。"匹、穴、肙"以八爲聲符,許慎這個説法是靠不住的,可惜段玉裁、王念孫、江有誥都依了他。惟有朱駿聲以爲"匹、穴、肙"都不從八聲。按:金文"穴"寫作,顯然是象形字(有人説象竈形)。"匹"寫作,也是象形(但不知所象何形)。"佾"本作"肙",今本《説文》:"肙,從肉,八聲。"但戴侗引唐本《説文》作"從八",没有聲字。"八""佾"聲母相差很遠,"肙"不應從八得聲。我們認爲"八"字古屬合口呼(這點與高本漢相同),應屬物部(這點與高本漢不同)。

弜聲。羅振玉以"弜"爲"弼"的古文,高本漢從羅説。段玉裁以"弼"歸他的第十五部(脂部)的入聲,朱駿聲把它歸入泰部(即月部),都和高本漢不同。我想段玉裁是對的。"弼"字似乎是古合口字,按語音系統應屬物部。《孟子·告子下》:"入則無法家拂士,出則無敵國外患者,國恒亡。""拂"借爲"弼"。《大戴禮記·保傅》:"弼者,拂天子之過者也。"這是聲訓。"弼、拂"應同屬物部。

徹聲、設聲。王念孫把這兩個聲符歸入至部,段玉裁把它們歸入十二部

(即真部)入聲,朱駿聲把它們歸入履部(即脂部)入聲,黄侃把它們歸入屑部(即至部)。王、段、朱、黄是一派。江有誥則把這兩個聲符歸入祭部(即月部);高本漢歸入他的第五部(即月部),與江有誥一致。我覺得江有誥和高本漢是對的。《詩·小雅·十月之交》叶"徹逸",《賓之初筵》叶"設逸",衹能認爲是質月合韻①。單靠《詩經》還不能説明問題。《老子》七十九章:"有德司契,無德司徹。""契"與"徹"押韻。《管子·弟子職》:"先生已食,弟子乃徹;趨走進漱,拚前斂祭。""徹"與"祭"押韻。又:"俯仰罄折,拚毋有徹。""折"與"徹"押韻。據朱駿聲所引,《三略》上叶"設奪"。《三略》雖是僞書,出書不會太晚,也可作爲旁證。主要證據是:"徹設"在《廣韻》屬薛韻,薛韻應屬古音月部。

別聲。王念孫歸至部,段玉裁歸他的十二部入聲,黄侃歸屑部。王、段、黄是一派。江有誥歸祭部,朱駿聲歸泰部,江、朱是一派。高本漢和江、朱一樣,他把別聲歸入他的第五部。但是朱氏自己也有矛盾。他引《管子·弟子職》叶"鼈別","鼈"字在他的履部,而他對"鼈別"的押韻稱爲"古韻",不稱爲"轉音"(即合韻)。其實連敝聲的字也應入泰部,那就没有矛盾了。高本漢正是這樣做的。

上面所述的是各家之間的小分歧,現在談到我們和段、王、朱、江、黄以及高本漢之間的較大分歧。我們認爲:質部的範圍應該擴大,物部的範圍應該縮小。質部的範圍應該和脂部的範圍相當,物部的範圍應該和微部的範圍相當。因此,大致説來,去聲霽韻、入聲質櫛屑三韻應劃入古音質部;去聲未隊兩韻、入聲術物迄没四韻應劃入古音物部;去聲至怪兩韻、入聲黠韻是古音質物兩部雜居之地,其中的開口呼應劃歸古音質部,合口呼應劃歸古音物部。怪黠兩韻情況比較複雜,其中還包括一部分月部的字。正如咍韻有小部分微部字,代韻也有小部分物部字。江有誥在《入聲表》的凡例上説:質櫛爲脂開口之入,術爲脂合口之入,物爲微合口之入,迄爲微開口之入,没爲灰通脂之入,屑爲齊通脂之入,黠部當分爲二,半爲皆通脂之入,又半爲祭泰通用之入。他的話是對的。因此,古音質部與脂部相配,物部與微部相配,

① 江有誥《詩經韻讀》在這兩個地方都認爲是脂祭通韻。

是很富於系統性的。如下表：

脂部	質部	
脂旨韻開口	至韻開口	質韻，櫛韻
齊薺韻	霽韻	屑韻
皆駭韻開口	怪韻開口	黠韻開口
微部	**物部**	
脂旨韻合口	至韻合口	術韻
微尾韻	未韻	物韻，迄韻
皆韻合口①	怪韻合口	黠韻合口
灰賄韻	隊韻	没韻
咍海韻(少)	代韻(少)	——

依照上述的劃分法，質部與物部的諧聲偏旁應如下表：

(1) 質部

利聲　戾聲　棄聲　器聲

季聲　惠聲　彗聲　計聲

繼聲　劓聲　四聲　隶聲

希聲　閉聲　替聲　屆聲②

医聲　自聲　鼻聲　畀聲

至聲　疐聲　轡聲　𧖦聲(平祕)

屓聲(許介)　必聲　實聲　吉聲

戜聲(徒結)　質聲　七聲　卩聲

日聲　栗聲　桼聲　1聲

畢聲　一聲　血聲　逸聲

抑聲　乙聲　失聲　疾聲

匹聲　佾聲　穴聲　執聲(一部分)

---

① 駭韻没有合口呼的字。

② “屆”從凷聲，“凷”是合口字，存疑。

(2) 物部

气聲	旡聲	胃聲	貴聲(一部分)
未聲	位聲	退聲	祟聲
尉聲	對聲	頪聲	內聲
孛聲	配聲	率聲	帥聲
卒聲	朮聲	出聲	兀聲
弗聲	叟聲	矞聲①	勿聲
突聲	骨聲	鬱聲	聿聲
八聲	戞聲		

王念孫衹是機械地把《詩經》用韻情況分析了一下,得出了他的至部。這個至部是缺乏系統性的。《詩經》不入韻的字,他衹好不管了,例如"替"字,大概他以爲在《詩經》裏不入韻(不贊成段玉裁所説的"替"在《召旻》中與"引頻"押韻),也就不提它。甚至像從戜得聲的"载鐵驖臷"等,明顯地屬於至部的字,也衹好不理會了。江有誥《諧聲表》以戜聲歸脂部,在他的系統中是對的。朱駿聲拘於"戜"從呈聲之説,把"鐵"等字歸入鼎部(即耕部),反而亂了②。段玉裁在他的《六書音均表·古十七部諧聲表》上雖然未列戜聲,但是他在《詩經韻分十七部表》的十二部中注明"替"字平讀如"親"而近"汀",入讀如"七"而近"鐵"。又在《説文解字注》"替"字下注云:他計切,古音鐵。又在"鐵"字下注云"十二部"。段氏是正確的。《詩·小雅·巧言》"秩秩大猷",《説文》引作"载载大猷"。《大雅·假樂》"威儀抑抑,德音秩秩",《説文》於"臷"字下云:"讀若《詩》'威儀秩秩'。"③"鐵"字古文作"銕"從夷,是脂質對轉的證據。由此可以肯定,王念孫至部之説還有許多應該補充的地方。

江有誥不肯接受王念孫至部獨立之説,主要理由之一是:這樣一來,

---

① "矞"從冏聲,冏,女滑切。

② 黄侃於屑部未列戜聲,可能是跟朱氏一樣的見解。

③ 這也可能是引《詩·邶風·柏舟》的"威儀棣棣",參看下文。

脂部就没有去入聲了。到了章炳麟,明確地指出至部和隊部是去入韻[1]。到了黄侃,索性認爲是入聲韻部,即屑部和没部。但是這樣就引起了混亂:原來江有誥脂部的去聲字歸到哪裏去呢?依照王念孫,這些去聲字衹有很小的部分是屬於至部的,黄侃不願意擴大它,於是把這些去聲字胡亂地歸入了没部和灰部,攪亂了整個語音系統。

關於四聲相配,江永《四聲切韻表》已經是良好的開端;到了江有誥的《入聲表》,可以説是基本上達到了完善的地步。現在我們試舉一些例子來看:

飢几○吉　　○○器詰　　紕疕淠匹　　毗仳鼻泌

茨○自疾　　私死四膝　　夷○肆逸　　梨履利栗

梯體替鐵　　黎禮戾捩　　皆鍇屆戛

由此可見,"詰"是"器"的入聲,"匹"是"淠"的入聲,"泌"是"鼻"的入聲,"疾"是"自"的入聲,"膝"是"四"的入聲,"逸"是"肆"的入聲,"栗"是"利"的入聲,"鐵"是"替"的入聲,"捩"是"戾"的入聲,"戛"是"屆"的入聲。黄侃以"詰匹泌疾膝逸栗"等字歸屑部,而以"器淠鼻自四替"等字歸没部,"肆利"等字歸灰部,這是不合語音系統的。

以上談的是語音系統。下面再從史料方面加以證明。

《説文》"趃"字下引《詩經》"威儀秩秩"。錢坫《説文解字斠詮》説:"讀若'威儀秩秩',今《詩》作'棣棣'。"按:"威儀棣棣"見於《邶風·柏舟》。鈕樹玉《説文解字校録》説:"今《詩》無此文。段云即'威儀棣棣',恐未確。顧曰'此《大雅·假樂》之三章'威儀抑抑,德音秩秩'也。"今本段注衹是採用了顧説,不知鈕氏何故批評段氏。我的意見是:"棣棣、秩秩"是同一個詞,衹是字形不同。《禮記·孔子閒居》又作"威儀逮逮"。由此可以證明隶聲應屬質部。

戾聲應屬質部。《詩·大雅·抑》叶"疾戾",這是很好的證明。由於

① 但是他説(《二十三部音準》):"至部古音如今音,去入韻也,以此異支。"他把至看成支的去入,大誤。

《節南山》叶“惠戾屆闋”,《采菽》叶“維葵膍戾”,似乎牽連不斷,所以王氏、段氏都認爲“疾”與“戾”相叶是合韻。其實依照我們的韻部,“惠戾屆闋”都是質部字,正好與“疾”同部,並非合韻。至於“維葵膍戾”相押,那是脂微質三部通韻。《呂氏春秋·樂成》:“麛裘而韠,投之無戾;韠而麛裘,投之無郵。”“韠”與“戾”叶,“裘”與“郵”叶,毫無疑義,“戾”是質部字。張衡《東京賦》叶“日戾洎質”,可見直到漢代,“戾”字仍然讀入質部。

彗聲應屬質部。江有誥入祭部,黄侃入曷部(都等於月部),這是因爲有“雪”字牽連着。朱駿聲以彗聲入履部,而認爲“雪”不從彗得聲,應另入泰部。高本漢以彗聲歸他的第十部,“雪”字另歸他的第五部,與朱略同。《詩·小雅·小弁》叶“嘒屆淠寐”,《廣韻》“慧嘒”等字屬霽韻,可見朱氏是正確的。高本漢不完全對;依他的體系,彗聲應屬他的第八部。

屆聲應屬質部。《詩·大雅·瞻卬》:“瞻卬昊天,則不我惠。孔填不寧,降以大厲。邦靡有定,士民其瘵。蟊賊蟊疾,靡有夷屆。”江有誥、朱駿聲都認爲“惠厲瘵”是脂(履)祭(泰)通韻,而“疾”與“屆”相押則是脂(履)部。段玉裁認爲“惠厲瘵屆”相叶,而“疾”不入韻。我覺得江、朱二人的意見是對的。

利聲應屬質部。《詩·小雅·大田》叶“穗利”,已經可以爲證。特别是《國語·越語》:“唯地能包萬物以爲一,其事不失,生萬物,容畜禽獸,然後受其名而兼其利。”這裏“一失利”叶韻①。

執聲一部分應屬質部。“執”本字和從執得聲的字如“蟄縶”等應屬緝部;但是執聲的“摯贄贄鷙”等則是質部字。朱駿聲以摯聲、鷙聲歸泰部,而以“贄”爲“摯”的變體;江有誥也以摯聲歸祭部,將脂利切改爲脂祭切。他們之所以這樣做,大約是因爲《楚辭·天問》叶“摯說”,宋玉《高唐賦》叶“會磑磕厲滀霈邁喙竄摯”。但是這些衹能算是質月通韻,不能因此斷定“摯”屬月部。《說文》大徐本“摯”字從手從執,小徐本從手,執聲,應以小徐本爲準。《說文》:“摯,至也。”段玉裁注云:“以雙聲疊韻釋之。”

① 朱駿聲以爲叶“物一失利”。按:“物”字不入韻。

這話很對。大徐本和小徐本都説"蓺"從執聲,而段氏偏要改爲埶聲,大徐本説"讀若摯同",小徐本説"讀若執同",段氏偏要改爲"讀若埶同",那就錯了。至於"鷙"字,段氏説古音在十二部,這話對極了。但是大徐本和小徐本也都説是從執聲,而段氏偏要説是從鳥從執,那又錯了。鈕樹玉《段氏説文注訂》説:"按'摯鷙'並從執聲,《繫傳》'摯,本作執聲而《解字》删去'聲'字,今'鷙'下亦删去'聲'字,並非。"鈕氏的意見是正確的。《説文》没有"贄"字,段氏以爲就是"蓺",朱氏以爲就是"摯"。按:"摯"字古通作"質"。《孟子·滕文公下》:"出疆必載質。"趙注:"質,臣所執以見君者也。""質"字從王念孫起就認爲是至部字。高本漢把執聲的字歸入他的第十五部(即緝部),把"摯"等擬爲-i̯ab>-i̯ad 等,並且説這些字很早就由-b 過渡到-d,因爲《書經》已經借"摯"爲"至",《周禮》已經借"摯"爲"致"、爲"輊"①。他的説法是比較正確的,缺點是認爲"摯"屬於他的第十部(物部),而不是屬於他的第八部(質部)。

医聲應屬質部。《釋名》:"殪,翳也。"《詩·大雅·皇矣》"其菑其翳",韓詩"翳"作"殪"。"翳、殪"同音同部。

質物的分野是由脂微的分野推知的;二者之間有着對應的關係。在脂微没有分立以前,還不可能正確地劃分質部與物部之間的界限;脂微分立以後,這個界限也就跟着清楚了。關於脂質對轉,我們也有許多證據,現在試舉一些爲例。

《荀子·勸學篇》:"白沙在涅,與之俱黑。"《群書治要》引《曾子·制言》作"白沙在泥,與之皆黑"。《論語·陽貨》:"不曰白乎?涅而不淄。"《史記·屈原列傳》作"皭然泥而不滓"。按:"涅"從日聲,應屬質部;"泥"屬脂部,脂質對轉。

《左傳·隱公元年》:"不義不暱。"《説文》引作"不義不䵒"。杜子春注《考工記·弓人》引作"不義不昵"。按:"䵒"從日聲在質部;"昵"從尼聲,"尼"在脂部。

---

① Grammata Serica,第 29、301 頁。

《詩・小雅・賓之初筵》叶“禮至”,《易・需卦》叶“泥至”,《楚辭・悲回風》叶“至比”,《九辯》叶“濟至死”,《鄘風・載馳》叶“濟閟”,都是脂質合韻。可見以質配脂是有根據的。至於以物配微,不必詳細討論,因爲章炳麟、黄侃都是以物配微,衹是他們的物部和微部(章氏稱爲隊脂,黄氏稱爲没灰)比我們的物部和微部範圍更大罷了。

質部和物部的分野弄清楚了,月部的分野就非常好懂了。收-t 的韻部衹有質物月三部,除了質物兩部的字以外,就都是月部的字了。月部的諧聲偏旁如下表①:

祭聲　衛聲　贅聲　毳聲　㓞聲

制聲　裔聲　執聲　世聲　祋聲(丁外)

拜聲　介聲　大聲　泰聲　丐聲

帶聲　貝聲　會聲　兑聲　喙聲

最聲　竄聲　外聲　蠆聲　吠聲

乂聲　丯聲　筮聲　曳聲　夬聲

歲聲　戌聲　月聲　伐聲　厥聲

發聲　刺聲　截聲　列聲　末聲

寽聲　犮聲　桀聲　折聲　舌聲

絶聲　薛聲　雪聲　叕聲　臬聲

𠯑聲　威聲　韰聲　杀聲　盍聲

奪聲　戉聲　罰聲　孑聲　劣聲

市聲(分勿)　徹聲　設聲　別聲　朩聲(普活)

現在衹有少數聲符須要提出來討論一下。

曳聲。王念孫、江有誥歸祭部(即月部),朱駿聲歸履部(即脂部),高本漢歸他的第五部(即月部)。王氏、江氏和高本漢是對的。“曳”又作“拽、抴”,“泄”又作“洩”,“紲”又作“絏”。世聲既屬月部,曳聲也應屬月部。

① 爲了便於瞭解,不一定列出最初的聲符。

㡀聲。朱駿聲歸履部(即脂部),王念孫、江有誥歸祭部(即月部),高本漢歸他的第五部。王氏、江氏和高本漢是對的。㡀聲有"敝",敝聲有"蔽"。《國語·越語》叶"蔽察蓺",《荀子·成相》叶"蔽勢制毳",《離騷》叶"蔽折"。除"毳"字屬脂部外,其餘都是月部字。《廣韻》"㡀敝弊斃蔽"等都入祭韻,"鷩鼈瞥"等都入薛韻,依語音系統也應屬月部①。

雪聲。問題比較複雜。朱駿聲以彗聲歸履部,但是"雪"字另歸泰部,因爲他認爲"雪"不從彗得聲。《説文》"雪"字作"䨮",從雨,彗聲。朱駿聲以爲是從雨從彗,會意。按:"雪"字甲骨文作,象雨雪之形,並非從彗得聲。

蠆聲。問題也比較複雜。甲骨文"萬"字作,象蝎子形,看來應該"萬"與"蠆"是同一字。但是"萬"解作"蠆",在文獻上無可證明。王念孫於蠆聲收"邁厲勵"等字,而不收"萬"字。江有誥以萬聲歸元部,蠆聲歸祭部,高本漢亦同。這是對的。朱駿聲把二者混在一起,未妥。

丯,古拜切。丯聲有"契"又有"害",江有誥和朱駿聲都是這樣處理的。高本漢把"契"和"害"分爲兩處,也許他以爲"害"不從丯聲。林義光《文源》也以爲"害"不從丯聲。這個問題不大,不必詳細討論。

歲聲。《説文》說"歲"從戌聲。今依高本漢另列歲聲,因爲"歲"在甲骨文作,是個象形字②。

截聲。"截"字《説文》作"𢧵",從戈,雀聲。"截、雀"旁紐雙聲;但是不同韻部。朱駿聲把它歸入小部(即宵部)是不對的。王念孫、江有誥都歸祭部,黄侃歸曷部,高本漢歸他的第五部,這四家是一致的。《詩·商頌·長發》叶"撥達達越發烈截",又叶"旆鉞烈曷櫱達截伐桀",可以證明截聲屬月部。"截、絶"音近義通,《説文》:"截,斷也。"《廣雅·釋詁一》:"絶,斷也。"可見"截、絶"應同屬一部。《廣韻》"截"入屑韻,在系統上不

① 屑韻有"撆瞥蹩"等少數字,"瞥"字又兩屬,不足爲憑。

② 郭沫若先生以爲"歲、戌"本一字(戌就是鉞),見《甲骨文字研究》第140頁。按:兩字的聲母相差頗遠,未敢肯定。

合(屑韻屬質部),這是一個例外。江有誥《諧聲表》於“截”下注云:“昨結切,改昨薛切。”他也是作爲例外來看待的。

蓋聲。《説文》“蓋”從盍聲。因此,江有誥以盍聲歸祭部,把胡臘切改爲胡葛切。朱駿聲以爲“蓋”從草從盍會意,所以把“蓋”字收入泰部,盍聲收入謙部的嗑分部(等於葉部)。王念孫把“蓋”字收入祭部,盍聲收入盍部,與朱略同。黄侃承認“蓋”從盍聲,但蓋聲仍應歸曷部,與盍聲不同部。高本漢最爲特别:他把去聲、盍聲、蓋聲都擺在一條底下,“去”擬爲 k' i̯ab,“盍”擬爲 g'âp,“蓋”擬爲 kab>kâb。我們認爲,高本漢以“盍”從去聲,雖然在語音系統上不無根據(去聲有“怯劫”都是葉部字),但是於字形無徵。“盍”字古從太作“盇”,不從“去”①。“蓋、盍”同屬一個聲符則是可信的;古“蓋、盍”通用,如《孟子·梁惠王上》“蓋亦反其本矣”等於説“盍亦反其本矣”。但是,“蓋”字可能有兩讀,覆蓋的“蓋”仍應歸月部。至於盍聲,自然應屬葉部。江説不可從。

市聲。《説文》以“市”“米”分爲二字:“市”下云:“韠也,上古衣蔽前而已,市以象之。”又云:“韍,篆文市,從韋從犮。”“市”又作“芾”。“米”下云:“草木盛米米然,象形,八聲,讀若輩。”桂馥以爲通作“孛”,朱駿聲疑即“孛”字之古文。但是,《説文》於“索”下又云“從米糸,杜林説,米亦朱市字”。這樣,“市”與“米”又是同一字了。王念孫於祭部不收市聲,也不收米聲,不知何故。朱駿聲以市聲與米聲分立(都在泰部),“沛旆悖勃”等字都歸米聲。江有誥以孛聲歸脂部,市聲、米聲都歸祭部,他在《詩經韻讀》中把《詩·商頌·長發》的“旆”、《陳風·東門之楊》的“肺”都算作祭部字。黄侃以市聲、米聲都收入曷部,但他的没部另收孛聲,與江氏同。高本漢以孛聲獨立,這是與江、黄一致的;以“旆肺沛”等字爲從市得聲,則與江、黄不一致②。高本漢還有他的特點:他以“市芾”歸他的第十

① 而且不一定從太。林義光以爲“盍”即覆蓋的“蓋”。[古文字形],其中的[古文字形]是皿中有物(不是“血”字),[古文字形]象蓋形。

② 黄侃在這個問題上没有明確的表示,這衹是猜想。

部(即物部),“旆肺沛”歸他的第五部(即月部)。各家分歧的情況是相當複雜的[①]。我們認爲高本漢比較正確。“市米”兩個聲符被人們弄亂了。依大徐注音是:市,分勿切;米,普活切(《廣韻》“市,分勿切”;但普活切没有“米”字)。其實應該對調一下:米,分勿切,去入相通,也就是《玉篇》的甫未切、《說文》的“讀若輩”;市,普活切,“旆沛肺”都應該是從市得聲。《集韻》末韻普活切正寫作“市”。《說文》於“旆沛肺”等字的聲符都寫作“米”,但可能在漢代已經混用了,所以杜林說“米亦朱市字”。既然“市”又作“韍”,從犮聲,可見“市”本身應屬月部。“市”又作“芾”。“蔽芾”是叠韻聯綿字。《詩·曹風·候人》叶“祋芾”,“祋”是月部字(見下文),則“芾”也應屬月部。

“祋”字應依夏炘《詩古韻表》歸月部。《說文》:“祋,殳也……或說城郭市里,高縣羊皮,有不當入而欲入者,暫下以驚牛馬曰祋,故從示殳。”由此看來,“祋”字是否從示字得聲,尚是疑問,或依《說文》則是會意字。“祋”在《廣韻》有丁外、丁括兩切,依語音系統也該屬月部。

“竄”字,王念孫、朱駿聲、江有誥、黄侃都歸月部(韻部名稱各有不同)。衹有高本漢歸他的第四部(即元部)。王、朱、江、黄是對的。《字林》“竄”字讀七外反,所以朱駿聲說古音讀如“毳”。《易·訟卦》叶“竄掇”,宋玉《高唐賦》叶“會磍磕厲滈霈邁喙竄摯”。證據是確鑿的。

喙聲。《說文》“喙”從彖聲。彖,他亂切。喙,許穢切。段注:“許穢切,十五部,彖聲在十四部,合韻也。”段氏說得很對,“喙”從彖聲是月部與元部對轉[②]。桂馥、朱駿聲嫌他亂切不協,改爲彖聲(“彖”音式視切),反而改壞了。《詩·大雅·緜》叶“撥兑駾喙”,可見“喙”正是月部字。《廣韻》“喙”在廢韻(許穢切)和祭韻(昌芮切),依語音系統看,去聲祭泰

① 戴震在《答段若膺論韻》中,談到《詩·商頌·長發》六章的“旆”字,注云:“此字誤。《荀子》引此詩作‘載發’,《說文》引作‘載坺’,‘發、坺’皆於韻合。”這話也是可怪的。旆,蒲蓋切,泰韻。泰韻正是與月末相通的。引文不同正足以證明去入相通。戴震以“旆”歸第十九靄,以‘發、坺’歸第二十遏,遂致判若鴻溝!

② 但對轉的“喙”字應該是昌芮切,而不是許穢切。

夬廢四韻都屬月部。江有誥、黄侃在月部(祭部、泰部)中未收喙聲,不知是從桂馥説,還是以爲"喙"應從"彖"歸元部。高本漢於"喙"字擬爲-w i̯ad,歸他的第五部,那纔是對的。

五、結語

以上所論,我根據的是一個總原則,就是以語音的系統性爲標準。在過去,我對語音的系統性是注意得不够的。在考古、審音兩方面都缺乏較深入的鑽研,而在這兩方面的辯證關係也處理得不好。講語音發展不能不講發展的規律,没有系統性也就無規律可言。而我過去不但在這方面重視不够,而且有輕視的傾向。我引了戴震的一段話:

> 僕謂審音本一類,而古人之文偶有相涉,有不相涉,不得捨其相涉者,而以不相涉者爲斷。審音非一類,而古人之文偶有相涉,始可以五方之音不同,斷爲合韻。

於是批評説[①]:

> 他有了這一個根本觀念,就不肯純任客觀。凡是他所認爲應合的,就説是審音本一類;凡是他所認爲應分的,就説是審音非一類。

其實戴氏的理論本身不能説是有什麽錯誤。《詩經》衹有305篇,連《楚辭》及諸子韻語都算也不能説我們佔有很豐富的材料了,其中不可避免地存在着一些偶然性。我們把先秦韻文中押韻的字系聯起來成爲一個韻部,這是正常的做法。但是,我們不能不注意兩種偶然性:一方面,要注意偶然的合韻不能串連,否則勢必牽連不斷,成爲大韻,脂微物月之所以被段玉裁合爲一部,就是這個緣故。其實質部與物月兩部何嘗没有轇轕,否則江有誥就不會反對王念孫的至部了!另一方面,要注意偶然的不碰頭不能就認爲不同韻部,因爲那樣做是不合邏輯的。事實上古音

① 《漢語音韻學》,中華書局2014年。

學家們也不是處處這樣拘泥的,例如談部,《詩經》入韻字是那樣少,古音學家們仍然劃得出一個韻部來。兼聲、僉聲、㦰聲等,都可以從語音系統而知道它們屬於談部。由此看來,語音系統應該是一個重要的標準。我們從第一個偶然性看出了脂微應分爲二;從第二個偶然性看出了至部應該擴大。當然,我們不能單看語音系統而忘了"考古之功"。考古與審音是相反相成的。

《切韻》音系在很大程度上反映了上古漢語的語音系統。由於語音的發展是有規律的,所以差不多一切的變化都是系統的變化。

中古語音不就是上古語音,但中古語音系統則是上古語音系統的綫索。當然,例外是有的,但系統性則是主要的。考古的結果符合審音的原則,這正是很自然的,而不是主觀主義的東西。假如考古的結果是缺乏系統性的,反而是值得懷疑的了。

戴震的缺點不在於他提出了審音的原則,而在於他不懂得怎樣實踐這個原則。他提出了"呼等同者音必無別",他不知道還有主要元音不同的可能,這就是缺乏歷史主義觀點。我們應該批判他缺乏歷史主義觀點;但是不應該把他所提出的審音原則也一併拋棄了。

本文所論的,主要是古韻脂微質物月五部的歸字問題。其他各部也有歸字問題,但是不像這五部那樣複雜,所以留待將來再談了。

拙著《漢語史稿》中,古韻脂微質物月五部的分野,就是根據本文所論的原則來劃分的。個別字的歸韻,《漢語史稿》與本文有出入,應以本文爲準。至於拙著《上古韻母系統研究》,歸字的錯誤更多一些,將來有機會當再修訂,這裏不再贅及。

原載《語言學論叢》第 5 輯,1963 年

先秦古韻擬測問題

小引　擬測的意義

擬測又叫重建。但是先秦古韻的擬測,和比較語言學所謂重建稍有不同。

比較語言學所謂重建,是在史料缺乏的情況下,靠着現代語言的相互比較,決定它們的親屬關係,並確定某些語音的原始形式。至於先秦古韻的擬測,雖然也可以利用漢藏語來比較,但是我們的目的不在於重建共同漢藏語;而且,直到現在爲止,這一方面也還没有做出滿意的成績。一般做法是依靠三種材料:第一種是《詩經》及其他先秦韻文;第二種是漢字的諧聲系統;第三種是《切韻》音系(從這個音系往上推)。這三種材料都只能使我們從其中研究出古韻的系統，至於古韻的音值如何，那是比系統更難確定的。

是不是我們就應該放棄這一方面的探討呢？我以爲先秦古韻的擬測，在漢語語音發展史的説明上有很大的用處。因爲研究上的困難而放棄這一方面的探討，那是因噎廢食，是不應該的。

首先必須聲明，所謂擬測或重建，仍舊只能建立一個語音系統，而不是重建古代的具體音值。如果擬測得比較合理，我們就能看清楚古今語音的對應關係以及上古語音和中古語音的對應關係，同時又能更好地瞭解古音的系統性，例如清儒説古音“家”讀如“姑”，意思是説讀爲[ku]。爲什麼不説古音“姑”讀如“家”呢？假如魚部字一律讀 a 韻，“姑”讀爲[ka]，不是一樣地解決問題嗎？再説，清儒把“家、姑”認爲同音，是違反比較語言學原則的：假如它們完全同音，後來憑什麼條件分化爲兩音呢？前人又説“亡”通“無”是魚陽對轉，這只指出了現象，至於魚陽憑什麼對轉，就非把古音擬測出來不能從音理上加以説明。

擬測出來的語音系統好比一種示意圖：示意圖不是精確的，但也不是隨意亂畫的。擬測必須做到近似而合理。

十年以來，我一直反復考慮古音擬測的問題。有些地方我自以爲有把握，另有些地方我還没有把握。現在把先秦古韻擬測問題提出來討論一下。我在我的《漢語史稿》裏只講了我的結論，現在我想解釋一下我之所以得出這些結論的理由。其中也有一些小小的修正。

一、韻部是不是韻攝

中國傳統音韻學從來不認爲韻部等於韻攝。實際上韻部就是韻。其所以被稱爲韻部，是對《廣韻》而言的。顧炎武以《廣韻》的魚虞模侯及麻之半合爲一部，就意味着這些韻在先秦應該合爲一個韻，元音只有一個[u]（其撮口呼爲[y]）。所以他説“家”古音“姑”，“牙”古音“吾”，“荼”古音“塗”，“奢”古音“都”，“華”古音“敷”，“斜”古音“餘”，“侯”古音“胡”，

"樓"古音"閭","偷"古音"俞","頭"古音"徒","溝"古音"沽",等等。後人證明侯韻不屬魚部,"侯"古音"胡"之類是錯的。但是這個例子可以説明一個道理,古韻部無論相當於《廣韻》多少韻,也只能認爲只有一個共同的元音。當然,顧炎武由於主張"韻緩不煩改字",有些韻部也讀成兩種元音,例如他説"天"字不必讀鐵因反(見《音論》),"麻"字不必讀爲"磨"(見《唐韻正》卷四)。這樣他的韻部又太大,等於臻攝和山攝相通,假攝和果攝相通。

江永糾正了他,認爲"天"古讀鐵因切,"堅"古讀居因切,"賢"古讀下珍切,"年"古讀泥因切,"麻"古讀莫婆切,"嗟"古讀子娑切,"蛇"古讀唐何切,"嘉"古讀居何切,"沙"古讀桑何切(見《古韻標準》)。從此以後,再也没有人主張"韻緩不煩改字"了。

段玉裁提出"古音韻至諧説",他説(見《六書音均表》):"明乎古本音,則知古人用韻精嚴,無出韻之句矣;明乎音有正變,則知古人哈音同之,先音同真,本無詰屈聱牙矣。"

清儒所講古韻的讀法,有簡單化的毛病,但也有合理之處,那就是"古音韻至諧"的理論。不能設想,先秦押韻多半是馬馬虎虎的(段氏所謂詰屈聱牙)。假如像高本漢(B. Karlgren)所擬測,"家、華"等字的元音是 å(很開口的 o),魚模韻字的元音是 o,那就只能偶然通押,而不能像《詩經》那樣經常碰在一起。如高本漢所擬,雖在先秦,仍然麻韻内部的字是一家,魚模韻字另是一家,那是所謂同門異戶,不夠親密。清儒認爲"家"古讀如"姑","華"古讀如"敷"等,那才親如一家了。把韻部看成韻攝,如高本漢所爲,是不合乎段氏"古音韻至諧"説,是認爲先秦詩人經常押些馬馬虎虎的韻,那是不合事實的。

韻攝只有十六攝,而古韻有廿九部(如果冬部獨立則有三十部)。如果把韻部擬測成爲韻攝,勢必造成上古漢語元音系統的極端複雜化。如上文所論,古音擬測只應該是一種示意圖,因此,上古元音只能是音位性質的描寫,不應該是實驗語音式的描寫。高本漢利用了幾乎一切可以利用的元音音標來擬測上古漢語的語音,我們懷疑事實上存在過這樣紛繁的元音系統。這和他所擬測的上古漢語聲母系統是不相稱的。聲母由於可根據的材料少，就擬測得比較簡單。韻部由於有先秦韻文和《切韻》系統對照，就擬測得非常複雜。這種形而上學的觀點，是值得批判的。

把韻部看成韻攝，最大的毛病是韻部與韻部之間的界限不清楚，例如高本漢把魚部的"家"擬測爲 kå，"古"擬測爲 ko，歌部的"歌"擬測爲 kâ，"加"擬測爲 ka。他並且說明：å 是很開口的 o，â 是 â grâve（法語的 pâte），a 是 a aigu（法語的 patte）。這樣說，å 就是國際音標的[ɔ]，â 就是國際音標的[ɑ]，a 就是國際音標的[a]。試看下面的元音舌位圖：

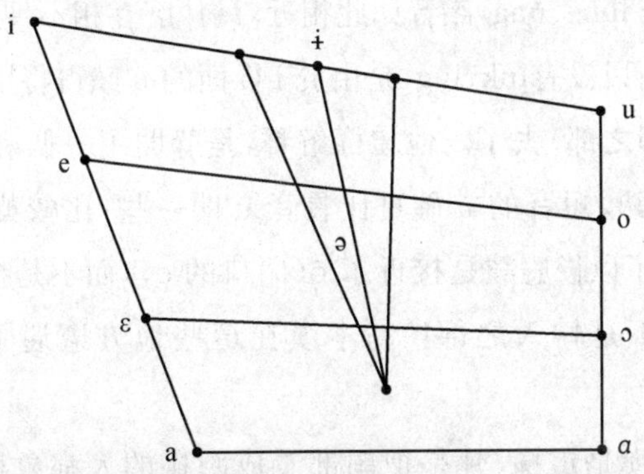

可以看見，[a]和[ɑ]的距離頗遠，而[ɔ]和[ɑ]的距離很近，只相當於[ɔ]和[o]的距離。人們不禁要問：爲什麼"加"和"歌"讀音的距離頗遠，卻同在一個韻部，"家"和"歌"讀音的距離很近，反而不能同在一個韻部呢？"家"和"古"的距離跟它和"歌"的距離相等，爲什麼"家"類字和"古"類字能押韻，而和"歌"類字不能押韻呢？這是無法說明的。

魚部已經占了[o]的位置，剩下只有從[o]到[u]的狹小範圍，要擺得下宵部、藥部、幽部、覺部、侯部、屋部，以及之職兩部的一些字，可以說是"擁擠不堪"！高本漢把宵藥擬測爲 og、ok 等，固然和魚鐸沒有衝突，因爲他把魚部大部分去聲字（如"度"）擬成 ag 等，鐸部擬成 âk 等。但是這樣仍嫌魚部平、上聲的 o 和宵部元音相重，人們會問：魚部平、上聲既然是 o，爲什麼它的去、入聲不能是 og、ok？爲什麼同是一個"著"字，當它讀去聲時是 tio，讀入聲時又是 ti̯ak，元音距離那麼遠？更嚴重的是，像

《邶風・式微》的“故、露”(ko、glâg),《唐風・葛生》的“夜、居”(zi̯ag、kio),不但收音不同,連元音也不同,爲什麼可以經常押韻[①]? 其次,高本漢把宵擬成 og,幽擬成 ôg(相應地,入聲分别擬成 ok、ôk),這樣細微的區别還分爲兩個韻部,顯然違反了他把韻部看成韻攝的原則,與 a、â 合爲一部,å、o 合爲一部成爲鮮明的對比。又其次,我們不能瞭解:之部“久”類和谷部“仆”類、“彀”類,一方面是i̯ŭg,一方面是i̯ug、ŭg,讀音如此相近,爲什麼韻部不同? 同理,職部“囿”類和谷部“曲”類、“角”類,一方面是iŭk,一方面是 iuk、ŭk,蒸部“弓”類和東部“恭”類、“江”類,一方面是iŭng,一方面是 iung、ŭng,讀音如此相近,爲什麼互相不押韻? 高本漢解釋説:谷部之所以没有i̯ŭk、i̯ŭg,是由於 i 後面的 ŭ 讀得特别開,所以轉移到 ək 類(按:即之部)去了。他這樣解釋,是躲開了一個麻煩,又碰上了一個麻煩。不錯,短音的 ŭ 確實比長音 u 開一些(比較英語的 good 和 food),但是開了以後應該是接近了 ô(閉口的 o),而不是接近 ə,應該是轉入幽部,而不是轉入之部! 高本漢在這些地方遭遇了不可逾越的困難。

不但高本漢是這樣,凡是把韻部看成韻攝的人都會得到同樣的結果。高本漢在後高元音的範圍内搞得擁擠不堪,别人可能在别的範圍内搞得擁擠不堪。把先秦古韻擬成二百多個韻母(高本漢擬成了 223 個),元音的舌位有限,要避免擁擠是不可能的。這和清儒的簡單化的作法形成了兩個極端。過猶不及。

我的設想是:每一個韻部只有一種主要元音。由於聲母的不同或介音的不同,發展爲中古的不同的韻。

開口呼原則上共有四種韻母。除第一種没有介音外,其餘三種都有介音,即 e、ĭ、i。假定主要元音是 a,則開口呼的四種韻母就是 a、ea、ĭa、ia。介音 e 表示一種很松的介音,它可能是很開口的 i。ĭ 表示帶輔音性的 i,i 表示元音性的 i。

① 這類例子很多。參看段玉裁《六書音均表》。

合口呼原則上共有四種韻母,它們都有介音,即 u、o、ĭw、iw。假定主要元音是 a,則合口呼的四種韻母就是 ua、oa、ĭwa、iwa。介音 o 表示一種很松的介音,它可能是很開口的 u。ĭw 略等於y̆,即帶輔音性的 y;iw 表示元音性的 y。

大家可以看出,開口呼的四種韻母和合口呼的四種韻母反映了韻圖的兩呼八等(每呼四等)。但是,由於每一個韻部只有一個主要元音,所以仍舊不同於韻攝。

介音 ĭ、i、u、ĭw、iw 是高本漢的老辦法,我想用不著解釋了①。須要解釋的是介音 e 和 o。

介音 e 不是不可能的。英語 shame(羞恥)來自古英語 sceamu;shoe(鞋)來自古英語 sceȫh②。這顯然是上升的複合元音,強元音在 a 或ȫ,弱元音在 e,後來 e 在發展中消失了。我認爲中古漢語的二等字在上古也是有介音 e 的,到了中古,介音 e 消失了,於是"家"從 kea③ 變 ka,"間"從 kean 變 kan 等。現代北方話"家、間"等字有介音 i,可能不是由於元音 a 的分裂,而是直接從介音 e 演變而來,即 kea>kia>tɕia、kean>tɕian,没有經過 ka、kan 的階段。

介音 o 也不是不可能的。越南語既有 tùa(拾),又有 tòa(座),既有 lúa(稻,穀),又有 lóa(閃眼),既有 thua(輸),又有 thoa(抹、擦),既有 hùa(搞陰謀),又有 hòa(和),等等。雖然現代越南語在主要元音 a 上的讀法有分别(在 u 後面讀[ɑ],在 o 後面讀[a]),但是既然在文字上都寫成 a,我們可以設想二者原先都是同一的[a],而分别只在介音上。法國語言學家 Roudet 曾經指出,法語在文字上寫成 oi 的地方,有人讀成[ua],也有人讀成[oa]④。現在我把上古漢語擬成既有 ua 等,又有 oa 等。其實我所擬的介音很接近高本漢所擬的介音 w,只是爲了跟開口呼的介音 e

① 不過我想應該把 ĭw、iw 看成y̆、y,否則很難想像如何發音。

② 參看葉斯泊森《現代英語語法》第一册第 94 頁。

③ 編者注:底本"kea"作"ke",據 1964 年《北京大學學報》初發表本改。

④ Roudet《普通語音學概要》第 108 頁。

相應,才擬成了 o。

先秦韻部主要元音既然只有一個,有時候就產生同呼同等的字如何處理的問題。歌部有麻韻三等極少數的幾個字(如"嗟、蛇")以外[①],同等同呼的字集中在魚鐸陽三個韻部[②]。這三部正好是對轉的,可見不是偶然的。現在我的設想是:魚部的麻韻三等字擬成有介音 i 的,與魚韻的介音 ǐ 有別("邪"zia:"徐"zǐa),鐸部的陌韻三等字和昔韻字(還有麻韻去聲三等字)擬成有介音 i 的,與藥韻的介音 ǐ 有別("戟"kiak:"腳"kǐak;"炙"ȶiak:"斫"ȶǐak;"赦"ɕiak:"庶"ɕǐak)。歌部的麻韻三等字也可以擬成有介音 i 的,與支韻字有別("嗟"tsiai:"厜"tsǐai)。陽部的庚韻三等字擬成 iang、iwang,與陽韻的 ǐang、ǐwang 有別("京"kiang:"姜"kǐang;"永"ɣiwang:"往"ɣǐwang)。這樣,是承認麻庚陌的三等字和昔韻字從四等轉入三等。這是完全可能的。

有些韻部並不具備四種韻母,例如侯部開口呼只有一類(o),合口呼只有一類(ǐwo),屋部開口呼只有兩類(ok、eok),合口呼只有一類(ǐwok),東部開口呼只有兩類(ong、eong),合口呼只有一類(ǐwong)。之部雖有極少數的字發展爲二等字(如"戒革麥馘"),但是字數少到這種程度,恐怕不能自成一類。應該允許有少數不規則的變化。與"該改"相當的一等去聲字缺乏,正好由"戒"字補缺(讀 kək),與"該改"相當的一等入聲字只有僻字"裓棘嫿",這些字是先秦没有的,正好由"革"字補缺。"麥"二等,"默"一等,放在一起似乎不行,但是"默墨"等字很可能是合口呼的字[③],這樣,"麥"開"默"合[④],都歸一等也没有矛盾了。支錫耕真四部有一種很有趣的情況:它們在韻圖中都没有一等字,正好以二等歸一等。我們於開口二等字擬成介音 e,而支錫耕真的主要元音又擬成 e,不

---

① 這裏所謂三等包括韻圖中的一些四等字,因爲這些四等字在《切韻》中是和三等字互切的。餘類推。

② 其有聲母作爲分化條件者,不在此例。參看下文第二節。

③ 參看王力《漢語史論文集》。

④ 在這一點上,我和高本漢相反,他認爲"默"開"麥"合。

是有矛盾了嗎？現在以二等歸一等，這個矛盾很自然地解決了。這不是偶合，而是説明了介音 e 的擬測是符合事實的。侯部没有二等，屋東兩部没有二等合口呼，也避免了介音 o 和元音 o 相撞。這也不是偶合，而是説明了介音 o 的擬測是符合事實的。

二、 聲母系統和擬測的關係

在語音發展中，正常的情況是有條件的變化。注意到了變化的條件，則複雜變爲簡單；不注意變化的條件，則簡單變爲複雜。關於元音所受的影響，在印歐語系中有重音關係，有後面的元音與前面元音的關係(如日爾曼語系的 um-laut)。古代漢語以單音節爲主，所以重音關係和後面元音影響前面元音的關係都是罕見的。漢語發展有一個特點，就是聲母對韻母的影響。大家知道，現代普通話的捲舌輔音 tʂ、tʂʻ、ʂ、ʐ 與元音 i 不相容，韻母的介音 i 因此被失落(如 tʂian>tʂan)，如果全韻爲 i，則演變爲[ʅ]。這是很明顯的影響。有時候不是不相容，而是一種傾向性使韻母因聲母不同而分化，例如《廣韻》的寒韻(ân)在現代廣州話裏分化爲[ɔn]和[an]。分化的條件是喉牙音變[ɔn](幹[kɔn]、漢[hɔn])，舌齒音變[an](藍[lan]、殘[tʃʻan])。這是由於喉牙音發音部位靠後，所以把元音往後拉，舌齒音發音部位靠前，所以把元音往前拉。把元音往前拉以後，使寒韻的舌齒字與删山韻的韻母合流了，以致寒韻的“餐”[tʃʻan]和山韻的“產”[tʃʻan]，韻母完全相同(只有聲調不同)。如果不從聲母的條件去説明韻母的分化，我們是不能把問題講清楚的。

高本漢在擬測先秦韻部讀音時，雖然不是完全忽略，但是他對於這些因素是注意得不夠的。他一般只知道從韻母上尋找分化的條件：先秦能分的，他要分，例如分先韻爲二：1. 寒部“見”kian、“涓”kiwan；2. 真部“天”tien、“淵”iwen。中古能分的，他也要分，例如元仙兩韻雖同屬先秦寒部，他也要區別開來，例如元韻的“言”ngi̯ăn、“原”ngi̯wăn，它們的韻母不同於仙韻的“展”ti̯an、“轉”ti̯wan。這樣，越是追溯到上古，韻母越複雜。幸虧李登《聲類》亡佚了，否則多了一層，不知更複雜到什麼程度！爲什麼不多考慮一下聲母的條件呢？當高本漢擬測中古韻母的時候，並没有因爲現代普通話讀之韻爲[i][ʅ][ɿ][ɚ]四個韻母（“基”[tɕi]、“之”[tʂʅ]、“思”[sɿ]、“而”[ɚɿ]）而把中古的之韻擬成四種不同的韻母，也没有因爲現代廣州話讀寒韻爲[ɔn][an]兩個韻母而把中古的寒韻擬成兩種不同韻母（他那樣做是對的），爲什麼不能用同樣的原則來處理先秦韻部呢？我們認爲：清儒完全不講分化條件的簡單化做法固然是不對的，高本漢常常只從韻母著眼來看分化條件，不大考慮聲母的因素，也是不對的。

現在就那些因聲母條件而分化的先秦韻部分別加以討論。

（1）之部開口呼 ə、ĭə，喉舌齒音爲一類，發展爲中古的咍之兩韻，如“在”dz‘ə>dz‘ɒi，“基”kĭə>kĭə；唇音自爲一類，發展爲中古的侯脂兩韻，如“母”mə>məu，“鄙”pĭə>pi。與“母”同類者有“剖畝某”等字①，與“鄙”同類者有“丕駓秠”等字。

（2）幽部開口四等的 iəu，舌齒音爲一類，發展爲中古的蕭韻，如“調”d‘iəu>d‘ieu，“蕭”siəu>sieu；喉牙唇音爲一類，發展爲中古的幽韻②，如“幽”iəu—iəu，“謬”miəu—miəu③。

（3）微部合口三等ı̯wəi，舌齒音爲一類，發展爲中古的脂韻合口，如“追”tĭwəi>ȶwi，“雖”sĭwəi>swi；喉牙唇音爲一類，發展爲中古的微韻合口，如“歸”kĭwəi—kĭwəi，“飛”pĭwəi—pĭwəi④。

（4）寒部二等開口的 ean，齒音爲一類，發展爲中古的山韻，如“山”ʃean>ʃæn，“棧”dʒean>dʒæn；喉唇音爲一類，發展爲中古的删韻，如“顔”ngean>ngan，“班”pean>pan。二等合口的 oan 只有喉牙類⑤，所以

---

① “埋、霾”是例外，它們從里得聲，可能原來不屬唇音。

② 幽韻在韻圖屬四等，近人歸三等。依先秦韻部的系統看，仍當屬四等。

③《廣韻》幽韻有“磁”，子幽切；“犙”，山幽切。這都是些僻字，不算。

④ 高本漢注意到這部的分化條件，見 Grammata Serica 第 25—26 頁。

⑤ 舌齒類有删韻上聲“撰饌”，去聲“篡”。《説文》無“撰”字。《論語》“異乎二三子之撰”，《經典釋文》引鄭云作“僎”。《説文》有“籑”無“饌”。今《廣韻》去聲線韻士戀切有“僎篡饌”，當以此爲正。“篡”字是不規則的變化。

都發展爲中古的删韻①,如“關”koan>kwan,“還”ɣoan>ɣwan。三等開口ĭan,舌齒唇音爲一類,發展爲中古的仙韻,如“連”lĭan>lĭɛn,“錢”dz‘ĭan>dz‘iɛn,“邊”pĭan>piɛn;喉牙爲一類,發展爲中古的元韻,如“言”ngĭan>ngiɐn,“軒”xĭan>xiɐn。三等合口ĭwan,舌齒爲一類,發展爲中古的仙韻,如“傳”d‘ĭwan>dĭwɛn,“泉”dz‘ĭwan>dz‘ĭwɛn;喉牙唇音爲一類,發展爲中古的元韻,如“元”ngĭwan>ngĭwɐn,“園”ɣĭwɛn>ɣĭwɛn②,“蕃”b‘ĭwan>b‘ĭwɐn。這個韻部最富於啟發性。《廣韻》仙韻雖有喉牙音字,但大多數是從元韻變來的,所以“援媛瑗圈卷”等字元、仙兩收,當以元韻爲正(“騫”字有虚言、去乾兩切,也當以虚言切爲正)。同一諧聲偏旁,讀舌齒就發展爲仙韻,讀喉牙就發展爲元韻。“亙”聲的字最爲典型:“亙”,須緣切,“宣”從“亙”聲,因是齒音,所以發展爲仙韻字;“垣”也從“亙”聲,因是喉音,所以發展爲元韻字。“宣”聲有“喧暄萱”,讀況袁切,屬喉音,所以屬元韻;“宣”聲又有“揎瑄”,因是齒音,所以屬仙韻。聲母系統作爲韻母分化的條件是很明顯的。

(5)文部開口三等的ĭən,舌齒唇音爲一類,發展爲中古的真韻,如“辰”ʑĭən>ʑĭĕn,“貧”b‘ĭən>b‘ĭĕn;喉牙音爲一類,發展爲中古的欣韻,如“欣”xĭən>xĭən,“勤”g‘ĭən>g‘ĭən。合口三等ĭwən,舌齒音爲一類,發展爲中古的諄韻,如“春”ȶ‘ĭwən>tɕ‘ĭuĕn,“遵”tsĭwən>tsĭuĕn;喉牙唇爲一類,發展爲中古的文韻,如“雲”ɣĭwən>ɣĭwən、“群”g‘ĭwən>g‘ĭwən,“分”pĭwən>pĭwən③。

這個説法,對《漢語史稿》略有修正。在《漢語史稿》裏,我把欣韻認爲古四等,原因是真欣都有喉牙字,有矛盾。現在仔細考察,文部的真韻並没有喉牙字。“巾”字雖在《詩經·鄭風·出其東門》叶“門雲存員”,好

① 中古山韻合口有“鰥”,那是由先秦文部發展而來。

② 編者注:底本、《北京大學學報》本俱作此。疑當爲ɣĭwan>ɣĭwɐn。

③ 高本漢注意到文部在發展中所受聲母的影響,他看到了開合三等喉牙音及合口三等唇音發展爲中古的文欣兩韻,開合三等舌齒音及開口三等唇音發展爲中古的真諄兩韻(Grammata Serica 第22頁)。

像是在文部,但是它在宋玉《小言賦》叶“塵鱗身泯”,則在真部。《詩經》的“巾”字可能是合韻。“銀”字雖從“艮”得聲,但《荀子・成相》叶“陳銀門分”,似乎是“陳”與“銀”叶(真部),“門”與“分”叶(文部)。段玉裁《説文解字注》“銀”字下注云“十二部”(即真部),想必有所據。“禋”字在《詩經・周頌・維清》叶“典”字。但是江有誥把“典禋”都歸元部,則“禋”字隸屬也有問題。這樣,我們可以認爲文部真韻没有喉牙字,與欣韻的喉牙字正好互補。我過去又把諄韻的喉牙字認爲古四等,那也不很合理(因爲舌齒字在三等)。其實諄韻只有少數喉牙字如“麕囷隕殞”,可能都是不規則的變化。“員”聲的喉牙字時而入仙韻(如“員圓”),時而入諄韻(如“隕殞”),可能都由文韻變來,《出其東門》“員”字,《釋文》云“員音云,本亦作‘云’”,可以爲證。

過去我在這一點上忽略了語音發展的系統性,現在這樣修正,然後文部與微部的對應關係才顯示出來了(參看下文第三節講陰陽對轉的一段)。

(6) 談部二等的 eam,分化爲中古的咸銜兩韻,《漢語史稿》没有講分化條件。看來,應該是舌齒爲一類,發展爲中古的咸韻,如“讒”dʒeam>dʒɐm,“斬”tʃeam>tʃɐm;喉牙爲一類,發展爲中古的銜韻,如監 keam>kam、巖 ngeam>ngam。咸韻有個“陷”字,似乎是例外。但段玉裁以“臽”聲的字歸侵部,那就没有問題。江有誥以“臽”聲歸談部,但“臽”聲既有喉音字如“陷”,也有舌音字如“萏啗”。“陷”字的原始讀音不一定是單純的喉音。銜韻有個“芟”字,也是例外,這可能是不規則的變化,待將來再考。

(7) 鐸部四等開口呼 iak,舌齒音爲一類,發展爲中古的昔韻(轉入三等),如“懌”diak>jĭɛk,“昔”siak>sĭɛk;喉牙音爲一類,發展爲中古的陌韻三等,如“戟”kiak>kĭɐk,“逆”ngiak>ngĭɐk。

(8) 月部二等開口呼 eat,舌齒音爲一類,發展爲中古的黠韻,如“察”ʧ'eat>ʧ'æt、“殺”ʃeat>ʃæt;喉牙音爲一類,發展爲中古的鎋韻,如“鞷”ɣeat>ɣat。“揠”字屬黠,應認爲不規則的變化(《漢語史稿》没有講清楚這一點)。這樣,鎋黠就和删山對應①。二等合口呼比較複雜:黠韻既有“拔”“茁”(鄒滑切),又有“滑”;鎋韻既有“刮”,又有“刷”。留待再考。三等開口呼 ĭat,舌齒唇音爲一類,發展爲中古的薛韻開口,如“列”lĭat>lĭɛt,“泄”sĭat>sĭɛt,“别”b'ĭat>b'ĭɛt;喉牙音爲一類,發展爲中古的月韻開口,如“歇”xĭat>xĭɐt,“竭”g'ĭat>g'ĭɐt。三等合口呼 ĭwat,舌齒音爲一類,發展爲中古的薛韻合口,如“悦”dĭwat>jĭwɛt,“雪”sĭwat>sĭwɛt;喉牙唇音爲一類,發展爲中古的月韻,如“越”ɣĭwat>ɣĭwɐt、“厥”kĭwat>kĭwɐt,“發”pĭwat>pĭwɐt。這些情況和寒部元仙兩韻的關係是完全對應的。月韻喉牙唇音字有許多兼入薛韻,如“蹶”,居月切,又紀劣切;“噦”,於月切,又乙劣切;“旻”,望發切,又許劣切;“訐揭”,居竭切,又居列切;“竭揭碣楬”,其謁切,又渠列切;“钀”,語訐切,又魚列切。這跟元韻喉牙唇音字有許多兼入仙韻一樣,應該以月韻爲正軌,而以薛韻爲不規則的變化。像“傑孽”入薛,就是不規則的變化。“孑孓”疊韻,“孓”在月韻(居月切),“孑”最初恐怕也在月韻(讀如“訐”),後來才轉到薛韻(居列切)去的。

(9) 質部開口一等的 et,齒音爲一類,發展爲中古的櫛韻(轉入三等②),如“櫛”ʧet>ʧĭet,“瑟”ʃet>ʃĭet;喉唇爲一類,發展爲中古的黠韻(轉入二等),如“黠”ɣet>ɣæt,“八”pet>pæt③。

(10) 物部合口三等的 ĭwət,ĭw ə̄t,舌齒音爲一類,發展爲中古的術至兩韻,如“律”lĭwət>lĭuĕt,“戌”sĭwət>sĭuĕt,“類”lĭw ə̄t>lwi,“醉”tsĭw ə̄t>tswi;喉牙唇音爲一類,發展爲中古的物未兩韻,如“鬱”ĭwət>ĭwət,“屈”k'ĭwət>k'wət,“物”mĭwət>mĭwət,“謂”ɣĭw ə̄t>ɣwəi,“貴”kĭw ə̄t—kwəi,“費”piw ə̄t—pwəi④。

---

①《廣韻》黠配删,鎋配山。經近人考證,應該是鎋配删,黠配山。這裏所講的發展規律證明近人的考證是對的。

② 編者注:底本與《北京大學學報》初發表版皆作“二等”,按文意,應爲“三等”。

③“八”字可能不是質部字,而是月部字。

④ 高本漢注意到物部在發展中所受聲母的影響,見 Grammata Serica 第 23 頁。

(11) 葉部二等開口呼 eap,以陽聲咸銜類推,齒音爲一類,發展爲中古的洽韻,如“插”ʧ‘eap>ʧ‘ɐp,“霎”ʃeap>ʃɐp;喉牙音爲一類,發展爲中古的狎韻,如“壓”eap>ap,“甲”keap>kap。這樣,“夾”(古洽切)和“翜”(所甲切)要算不規則的變化。

由上述的情況看來,聲母作爲韻母的分化條件,並不是孤立的、單一的,而是系統性的。大致說來,舌齒是一類,喉牙是一類,唇音則開口呼歸舌齒一類,合口呼歸喉牙一類。這樣整齊的局面,這樣富於規律性,決不是主觀臆測出來的。

三、 韻母系統和擬測的關係

本文所討論的是先秦韻部的擬測問題,當然與韻母系統有密切關係。這裏特别提出三個問題來談:第一是陰陽入的對應,第二是韻部的遠近,第三是開合口問題。

(一) 陰陽入的對應

古音學家江永、戴震、黄侃都強調了陰陽入三聲之間的對應關係。孔廣森、嚴可均、章炳麟講了陰陽對轉。段玉裁雖不講陰陽對轉,但他所謂“異平同入”實際上包括著陰陽入三聲對應的關係,和江永的學說差不多。也有人不贊成陰陽對轉的理論,例如姚文田和江有誥。但是他們所不贊成的是陰陽互相押韻的說法。那是我們也不完全同意的。我們所贊成的是:在語音發展過程中,陰陽入三聲可以互轉。

一字兩讀最能說明問題。舉例來說,《廣韻》“等”字多肯切,又多改切;“能”字奴登切,又奴來、奴代兩切。古音學家以爲“等”的古音應是多改切,“能”的古音應是奴來切;但是如果之蒸兩部主要元音不相同,則由之部轉入蒸部就很難說明。如果擬測爲“等”tə>təng,“能”nə>nəng,就比較容易說明了。這顯示了陰聲和陽聲的關係。又如《廣韻》“嶷”字有語其、魚力二切,或者由之部轉入職部,或者由職部轉入之部,主要元音總該是一樣，即“嶷”ngǐə>ngǐək，或 ngǐək>ngǐə，或者同時存在，即 ngǐə：ngǐək。這顯示了陰聲和入聲的關係。又如《廣韻》“螣”字有徒登、徒得二切，或者由蒸部轉入職部，即 dʻəng>dʻək，或者由職部轉入蒸部，即 dʻək>dʻəng，或者同時存在，即 dʻəng：dʻək。這顯示了陽聲和入聲的關係。由此看來，在擬測先秦韻部的時候，我們必須堅持陰陽入三聲的對應關係，凡有對應的陰陽入三聲，必須是主要元音相同的。

高本漢對先秦韻部的擬測，在陰陽入對應方面，有些地方做得很好，有些地方做得很差。這大致有四種情況：第一，對應合理、擬音基本上正確的，如歌部 â、a，月部 ât、at、ăt，元部 ân、an、ăn；盍部 âp、ap、ăp，談部 âm、am、ăm。第二，對應合理、擬音不合理的（主要在陰聲韻上），如之部 əg、ɛg、ŭg，職部 ək、ɛk、ŭk[1]，蒸部 əng、ɛng、ŭng；支部 ĕg、eg，錫部 ĕk、ek，耕部 ĕng、eng。第三，對應不合理的，如脂部只有 ər、ɛr，與脂部對應的入聲分爲質部的 et、ĕt 和物部的 ət、ɛt，與脂部對應的陽聲分爲真部的 en、ĕn 和文部的 ən，ɛn。如果說脂部只配物文，不配質真，則更講不過去，因爲脂質關係密切，所以王念孫把它叫做至部（至韻是脂韻去聲），又因爲質真關係密切，所以段玉裁把質部字歸入真部。高本漢不知道區別脂微兩部，所以看不出脂微和質物、真文的對應關係來。附帶說說，高本漢對於真文之間的界限、質物之間的界限，也分不清楚。他把“艱鰥詵巾隕”認爲是收-ɛn 的，那麼文部是收-ɛn 了；但是他把“臻”擬成 tsiɛn，把“莘”擬成ṣi̯ɛn（與“詵”同音[2]），“臻莘”是真部字[3]，那就産生矛盾了。他又把“戛滑瑟暨橘”認爲同類（Grammata Serica，23 頁），應該是同屬物部了[4]，但是他自己反對了自己，在另一個地方（同書 230 頁）他卻把“瑟”字歸入質部。依他的體系，“暨”應擬成 gʻiɛd（他在同書 257 頁正是這樣做的），卻

① 高本漢的職部不完全與我們的職部相當，其餘-k 尾的韻部準此。

② “詵”字，高本漢在 Grammata Serica 22 頁擬成 tṣ i̯ɛn，在 247 頁擬成ṣ i̯ɛn。按：“詵”是審母二等字，照他的體系應擬成ṣ i̯ɛn。

③ 高本漢也認爲是真部字，見同書第 221 頁。

④ “橘”類屬物屬質有爭論，這裏不談。

錯誤地擬成了 ki̯ɛt(23 頁)。實際上“櫛瑟”都是質部字(高本漢在同書227、230 頁在歸類上做對了),高本漢把它們擬成 tsịɛt、sịɛt,就跟物部没有分別了。最糟糕的是他把“質”字本身都歸到物部去了(23 頁、250 頁),跟“質”在一起歸到物部去的還有“疾”(250 頁),我不知道他根據的是什麽。第四,缺乏對應的是魚部與鐸部的關係、魚部與陽部的關係。中國古音學家一向認爲鐸部是魚部的入聲,魚部與陽部是陰陽對轉。高本漢故意把魚部跟陽鐸兩部隔離開來,魚在第二部,陽在第十六部,鐸在第十七部。其實魚部與陽鐸兩部有千絲萬縷的聯繫。高本漢只注意到陽和鐸的對應關係,把陽部擬成 âng、ang、ăng,鐸部擬成 âk、ak、ăk;他忽略了魚和陽鐸的對應關係,把魚部擬成了 å、o。這是最嚴重的缺點。

這裏有必要談一談魚部的擬測問題。很早就有人講到中國人以“浮圖”或“浮屠”翻譯 Buddha 是上古魚部讀 a 的證據①。當然,單靠一兩個翻譯的例子是不夠的,但是,加上諧聲偏旁、一字兩讀和聲訓的證據,就完全能夠説明問題。先講魚鐸對應。固聲有“涸”,豦聲有“劇”,尃聲有“博”等,都是諧聲的證據。一字兩讀則有“著惡”等。高本漢把“著”擬成 ti̯o:tiak,元音相差很遠,不知是怎樣互轉的。他把“惡”擬成˙âg:âk,似乎没有問題,但是他忽略了“惡”字還讀平聲(疑問詞),照他的體系應擬成˙o,那就跟˙âg、˙âk 不好對應了②。其次講魚陽對應。“莽”字有莫補、模朗二切,“亡”字古音通“無”,都是魚陽對轉的證據。聲訓如“荒幠”之類也是旁證。高本漢對證據較爲薄弱的支耕對轉已經承認了,對證據確鑿的魚陽對轉反而否認(表現在擬音上),那是無論如何講不通的。這又是他把韻部看成韻攝的結果:兩種 a(â、a)都被歌部佔用了,魚部不能再用 â 了。這樣反而形成了歌陽對轉,鐸部變了歌部的入聲,這顯然是違反語言事實的。

我的擬測反映了陰陽入三聲的對應,如下表③:

① 汪榮寶《歌戈魚虞模古讀考》。

② 還有《詩經》魚鐸互押不好解釋,已見上文。

③ 除歌部外,擬測基本上與《漢語史稿》相同。

第一類								
之部	ə	ĭə	uə	ĭwə				
職部	ək	ĭək	uək	ĭwək				
蒸部	əng	ĭəng	uəng	ĭwəng				
第二類								
幽部	əu	eəu	ĭəu	iəu				
覺部	əuk	eəuk	ĭəuk	iəuk				
第三類								
宵部	au	eau	ĭau	iau				
藥部	auk	eauk	ĭauk	iauk				
第四類								
侯部	o	—	ĭwo					
屋部	ok	eok	ĭwok					
東部	ong	eong	ĭwong					
第五類								
魚部	a①	ea	ĭa	ia	ua	oa	ĭwa	
鐸部	ak	eak	ĭak	iak	uak	oak	ĭwak	
陽部	ang	eang	ĭang	iang	uang	oang	ĭwang	
第六類								
支部	e	ĭe	ie	ue	ĭwe	iwe		
錫部	ek	ĭek	iek	uek	ĭwek	iwek		
耕部	eng	ĭeng	ieng	ueng	ĭweng	iweng		
第七類								
歌部	ai	eai	ĭai	iai	uai	oai	ĭwai	—
月部	at	eat	ĭat	iat	uat	oat	ĭwat	iwat

① 魚鐸陽三部的元音 a，不一定是前 a，可能是中 a 或後 a(â)。現在歌部改擬爲 ai，魚部擬成 a 也没有衝突，但 a 的性質不必十分確定。

元部	an	ean	ĭan	ian	uan	oan	ĭwan	iwan
第八類								
微部	əi	eəi	ĭəi	uəi	oəi	ĭwəi		
物部	ət	—	ĭət	uət	oət	ĭwət		
文部	ən	eən	ĭən	uən	oən	ĭwən①		
第九類								
脂部	ei	ĭei	iei	uei	ĭwei	iwei②		
質部	et	ĭet	iet	uet	ĭwet	iwet		
真部	en	ĭen	ien	uen	ĭwen	iwen		
第十類								
緝部	əp	eəp	ĭəp	—	uəp	—	ĭwəp	
侵部	əm	eəm	ĭəm	iəm	uəm	oəm	ĭwəm	
第十一類								
盍部	ap	eap	ĭap	iap	ĭwap			
談部	am	eam	ĭam	iam	ĭwam			

比較難解決的問題是冬侵合部的問題,其中牽涉到幽冬對轉的問題。孔廣森别冬於東,幾乎成爲定論,嚴可均併冬入侵,章炳麟晚年也併冬入侵,看來也很有道理。《詩經》《易經》,冬侵通押的地方很多,不能說是偶然。按語音系統說,"風"也該屬冬部(因爲是東韻三等,東韻三等字都該屬冬部),清儒以"風"字歸侵,因爲"風"字押侵韻的情況太常見了,不容否認。其實冬部"宫中蟲"等字和"風"一樣都是 ĭwəm 類,後因異化作用(ĭw 圓唇,與 m 有抵觸),轉爲收-ng。"風宫中蟲"有着共同的命運,高本漢把"風"擬成 pi̯um(接近我所擬的 pĭwəm),而把"宫"擬成 ki̯ung,在音理上是講不通的。章炳麟早年雖未把冬侵合併,但是他在《成均圖》中把冬侵緝放在一條線上,與幽對轉。一方面,他認爲冬部與侵部非常

① 比較《漢語史稿》:文部删去 iəu、iwən,理由見上文。另增加 oən(鰥類)。

② 比較《漢語史稿》:增加了 iwei(睽類)。

近似("同門而異戶");另一方面,他又認爲幽冬可以對轉。章氏不承認幽部有入聲,又以緝部算陰聲,所以没有陰陽入三聲對應上的困難。如果我們承認覺部獨立,緝部又算入聲,則共有兩類入聲,冬侵合併後,侵部就只能與入聲緝部對應,不能與覺部對應了(章氏認爲宵談對轉,我們也不能接受,也是因爲宵談都有入聲,不好對應)。總之,要設想冬幽對轉,必須冬侵分立才能做到。我們不承認冬侵分立,也就不能設想冬幽對轉。冬部和幽部實際上有没有對應關係呢?在押韻上看不出來。從諧聲偏旁看,個別字有對應關係,例如"臭"聲有"趜"(香仲切)。但這是僻字,雖見於《說文》,而不見於先秦文獻,不足爲憑。古音學家之所以講幽冬對轉,主要是考慮到幽部的入聲(覺部)在《切韻》裏正好與冬部相配:東韻三等與鍾韻屬冬部,屋韻三等與燭韻屬幽部入聲(覺部),系統井然不紊。但是我們可以設想冬部很早就從侵部轉入東部,它與覺部相配的整齊局面也可以形成。這樣處理是否妥當,尚待進一步研究。

陰陽入三聲對應的理論也值得仔細探討。陽聲和入聲的對應關係最好解釋:ang 與 ak 對應,因爲 ng 和 k 都是牙音(舌根音);an 與 at 對應,因爲 n 和 t 都是舌音;am 與 ap 對應,因爲 m 和 p 都是唇音。除了主要元音完全相同之外,韻尾的發音部位也相等,所以它們的對應是自然的。陰聲和陽聲的對應就不同了:假定陰聲爲 a,按理說,跟它相配的陽聲既可以是 ang,也可以是 an 或 am。但是古音學家只說魚陽對轉,不說魚元對轉,也不說魚談對轉,可見 a 只跟 ang 對應,而不跟 an、am 對應。陰聲與入聲的對應關係也是不容易解釋的:假定陰聲爲 a,按理說,跟它相配的入聲既可以是 ak,也可以是 at 或 ap。但是古音學家只說鐸部是魚部入聲(或魚鐸合爲一部),不說月部或盍部是魚部入聲,可見 a 只跟 ak 對應,而不跟 at、ap 對應。

高本漢企圖用加韻尾的辦法來說明陰聲和入聲、陽聲的關係:之部、幽部、宵部、支部一律加-g 尾(基 kĭəg,求 g'iŏg,高 kog,知 tȋĕg),魚侯部分去聲字加-g 尾(度 d'ăg,穀 kŭg),歌部小部分字及脂部(包括我們的微部)平上聲字加-r 尾(鼉 d'ăr,歸 kĭwər),月質物三部的去聲字收-d 尾(帶

tăd,嚏 tied,利 liəd)。這樣,收-g 的字必然與-k、-ng 相配,收-r、-d 的字必然與-t、-n 相配,似乎把問題解決了。其實完全没有解決。除收-d 的韻頗有理由以外①,其他都不能成立。陰聲收-g,是陰聲變了入聲,因爲-g 與-k 是同性質的;陰聲收-r,是陰聲變了陽聲,因爲-r 與-n 是同性質的。這樣就大大違反了中國傳統音韻學,把上古漢語的開口音節局限於三個韻部(魚侯歌),而且從這三個韻部中還抽出一部分字作爲收-g 的和-r 的。上古漢語開口音節貧乏到那個地步,那也是違反語言學常識的②。

唯一合理的解釋是韻尾-i 與韻尾-t、-n 相對應,其他韻尾與韻尾-k、-ng相對應。韻尾-i 是部位最高、最前的舌面元音,與[t][n]的發音部位最近,所以能夠對應。我在《漢語史稿》裏把歌部擬成 a,後來在《漢語音韻》裏改擬爲 ai,就是考慮到它應該有-i 尾③。這樣,"單"聲有"鼉"(tan:d'ai),"番"聲有"播"(pĭwan:puai),"耑"聲有"瑞"(tuan:ʑĭwai),都得到合理的解釋。入聲-k 尾的性質可能接近於喉塞音[ʔ]尾,或者是短而不促(連[ʔ]尾也没有),後來逐漸由[ʔ]尾過渡到-k,所以先秦-k 尾的字往往與陰聲字押韻。陽聲-ng 尾的韻部可能不是真正帶-ng 尾,而是鼻化元音。普通語音學證明,高元音不容易鼻化。幽宵兩部收-u 尾,所以没有鼻化元音跟它們相配(雖然它們的入聲收-k);歌微脂三部收-i 尾,所以另配-n 尾,而不配鼻化元音。

(二) 韻部的遠近

自從段玉裁改變《廣韻》的次序,依照先秦韻部的遠近,"循其條理",重新安排次序以後,古音學家們都按韻部遠近來排列。他們的排列與段氏大同小異。這種排列有兩個好處:第一,可以說明合韻(鄰韻才能通押);第二,可以用作擬測的根據之一。這兩個好處又是互相聯繫着的。

---

① 但是只要收-t 就夠了,不必收-d,見下文。

② 關於這個問題,詳細的討論見於我的另一篇文章《上古漢語入聲和陰聲的分野及其收音》。

③ 歌部擬爲 ai,還有其他理由,見下文。

段玉裁把先秦韻部分爲六類：第一類之部；第二類宵部、幽部、侯部、魚部；第三類蒸部、侵部、談部；第四類東部、陽部、耕部；第五類真部、文部、元部；第六類脂部、支部、歌部。現在分别加以討論。

第一類，之部爲ə，其入聲職部爲ək。我們就從這裏作爲出發點進行討論。

第二類，段氏以爲宵近之，所以排在之部後面，幽近宵，所以排在宵部後面，侯近尤（尤韻是幽部三等），所以排在幽部後面，魚近侯，所以排在侯部後面。

江有誥改之宵幽侯的次序爲之幽宵侯，章炳麟改排爲侯幽之宵。我覺得江有誥最有道理。依先秦押韻的情況看，没有必要把幽侯連在一起。幽侯的接近，是漢代的事了①。段氏也許因爲看見幽部入聲字和侯韻去聲字在諧聲偏旁上相通（如族：嗾；續：竇；穀：豰），其實這些所謂幽部入聲字正該是侯部入聲字（段氏晚年對王念孫、江有誥承認了這一點）。因此，幽部應該提升到之部後面，認爲讀音相近。段氏所引《詩經》之幽合韻者十處（包括職覺合韻），《絲衣》叶"紑俅基牛鼒"，《思齊》叶"造士"，《召旻》叶"茂止"，《楚茨》叶"備戒告"，《抑》叶"告則"，《七月》叶"穋麥"，《閟宫》叶"稷福穋麥國穡"，《烈文》叶"福保"，《閔予小子》叶"造疚考孝"，《生民》叶"夙育稷"，大致都確鑿可據。現在設想之部讀ə，幽部讀əu，職部讀ək，覺部讀əuk，主要元音相同，自可通押。

幽宵也有合韻的情況。依段氏所舉《詩經》的例子，《載驅》叶"滔儦敖"，《月出》叶"皎僚糾"，《七月》叶"葽蜩"，《鴟鴞》叶"譙消翹搖嘵"，《思齊》叶"廟保"，《公劉》叶"舟瑤刀"，《桑扈》叶"觩柔敖求"，《角弓》叶"浮流髦憂"，《絲衣》叶"敖休"，《君子陽陽》叶"陶翿敖"，《抑》叶"酒紹"，《良耜》叶"糾趙蓼朽茂"，都是合韻。現在設想宵部讀au，幽部讀əu，藥部讀auk，覺部讀əuk，其中的u相同，自可通押。

---

①《詩經》只有《棫朴》叶"槱趣"是幽侯合韻。《生民》叶"揄蹂叟浮"，但"揄"字《説文》引作"舀"。《抑》"苟"字非韻（據江有誥），段氏誤以爲韻。

魚侯兩部在《詩經》中没有合韻的情況。段玉裁以爲《賓之初筵》叶"鼓奏祖",《有瞽》叶"瞽虡羽鼓圉奏舉",江有誥以爲兩處"奏"字都不入韻。江氏是對的。既然不合韻,元音應有相當的距離,所以魚是 a 而侯是 o,鐸是 ak 而屋是 ok。

第三類,段氏之所以把它放在第二類的後面,並非因爲這類和第二類音近,而是因爲蒸部近於之部("蒸登音亦近之,故次之")。這個理由是不充分的,所以王念孫、章炳麟把這一類都搬到東部後面去,而江有誥也把它搬到東冬兩部後面去了。但是,蒸侵談三部的接近,則是段玉裁、孔廣森、王念孫、嚴可均、江有誥、章炳麟、黄侃所共同承認的。這三部的讀音是怎樣接近的呢?章炳麟把蒸部擬測爲-m 尾,使它和侵談的-m 尾一致起來,這未免太魯莽了①。蒸部如果是-m 尾的韻,它和職部的-k 尾就没法子對應了。實際上,蒸與侵近,侵與談近,但是蒸與談並不近。蒸侵合韻有《小戎》叶"膺弓縢興音",《閟宫》叶"乘縢弓綅增膺懲承",《大明》叶"林興心"爲證,入聲職緝合韻有《六月》叶"飭服急國",《小戎》叶"合軜邑"爲證。侵談合韻有《澤陂》叶"萏儼枕"爲證②,入聲緝盍合韻有《烝民》叶"業捷及"爲證。至於蒸談兩部之間,卻並没有合韻的情況。那麼,只要侵部既有可以與蒸部押韻之處,又有可以與談部押韻之處,就行了。那麼,侵部只可能是 əm,因爲它既可以憑元音 ə 的相同與蒸部 əng 通押,又可以憑韻尾 m 的相同與談部 am 通押。如下圖:

蒸 əng　　職 ək
　⋮　　　　⋮
侵 əm　　緝 əp
　⋮　　　　⋮
談 am　　盍 ap

第四類是東部(包括冬部)、陽部和耕部。段氏認爲東冬鍾江與侵

① 章氏還把東部擬成-m 尾,那更是難於接受的。
② 段氏以"枕"屬談部,不算合韻。江有誥以"枕"屬侵部,算合韻。江有誥是對的。

談兩部音近，所以排在侵談的後面。陽庚音近冬鍾，所以排在東部的後面；庚耕清青音近陽，所以排在陽部的後面。其實只有冬部與侵部關係密切，其他與侵談關係並不密切。段玉裁以爲《殷武》叶"監嚴濫遑"，其實經江有誥證明，《殷武》叶的是"監莊濫遑"("監"與"濫"押，"莊"與"遑"押)。段玉裁以爲《桑柔》叶"瞻相臧腸狂"，但是江有誥並不承認"瞻"字入韻。只有東部與陽部有通押的情況，例如《烈文》叶"公疆邦功皇"①。這可以從韻尾-ng相同得到解答，不一定要把元音擬得十分近似。

段氏既說耕部與陽部音近，又說耕部與真部音近。前者是一種假象，是受《廣韻》的影響；後者才是真實情況，因爲《詩經》真耕互押已經屢見不鮮，《易經》這種情況更多。真耕不同韻尾(真是-n，耕是-ng)，唯一的可能性是主要元音相同，否則不會經常押韻。真部是en，耕部只能是eng。

第五類是真部、文部和元部。由於韻尾同是-n，互相合韻的情況是有的。不必細說。

第六類是脂部、支部和歌部。段氏以爲脂部音近文元兩部，所以把脂部排在文元的後面。支近脂，歌又近支，所以排成一類。其實它們之間的關係是不一樣的，支與脂的關係淺，歌與支的關係、歌與脂的關係都較深。段氏所引《詩經》三處支脂合韻的例子都是不可靠的。《小弁》叶"伎雌枝知"，段氏以爲"雌"是脂部字，江有誥以爲"雌"是支部字。江有誥是對的。段氏以爲《載芟》叶"濟積秭醴妣禮"，江有誥以爲"積"字不入韻。江有誥也是對的。《韓奕》叶"幭厄"，情況特殊，但"幭"是月部字，與脂部無關(依王念孫、江有誥)。我們把支部擬成e，脂部擬成ei，微部擬成əi(從脂部分出)，支部讀音與脂部讀音距離較遠(一個是單元音，一個是複合元音)，是理所當然的。歌支合韻例子不少，《詩經·小雅·斯干》叶"地裼瓦儀議罹"("裼"屬支部入聲)，《楚辭·九歌·少司命》叶"離

---

① 段氏以爲叶"邦崇功皇"，我以爲"崇"不入韻。

知”,《九章·涉江》叶“知螭”,皆可爲證。我們本來可以設想支部爲 ε(其入聲錫部爲 εk),讓它與歌部的 ai 比較接近,但是由於支耕對轉的關係,終於擬成了 e。這個問題没有解决得很好,留待來哲討論。歌部與脂部關係很深。我們把脂微分爲兩部以後,歌部與微部關係最深。《易經·家人》叶“義謂”(“謂”是微部入聲),《楚辭·九歌·東君》叶“雷蛇懷歸”,《九章·遠遊》叶“妃歌夷蛇飛徊”(“歌蛇”,歌部;“妃飛徊”,微部;“夷”,脂部),《莊子·則陽》叶“知化爲圍過”(據朱駿聲、江有誥。“知”,支部;“圍”,微部;“化爲過”,歌部),皆可爲證。我們如果從諧聲偏旁看歌微兩部的關係,兩部更是明顯地接近的,如“衰”聲有“蓑”(據《說文》,“衰”即“蓑”的本字),“妥”聲有“綏”(依段玉裁說),“委”聲有“倭”(“委”入微部是依朱駿聲),“累”聲有“騾螺”。對於這些聲符的字,我們不能簡單地用“同聲必同部”的原則來解釋;它們的讀音徘徊於歌脂兩部之間。“衰”聲的字,段玉裁認爲是歌部字,但是《論語·微子》叶“衰追”,《荀子·成相》叶“衰歸累懷”,《禮記·檀弓》叶“綏衰”,“衰”顯然屬於微部(朱駿聲、江有誥亦以“衰”聲入脂部,即我們的微部)。“綏”從妥聲,段玉裁的說法是對的①。但“妥”在歌部而“綏”在微部。段玉裁以“綏”歸歌部是拘泥於諧聲,《樛木》叶“纍綏”,《南山》叶“崔綏歸懷”,《鴛鴦》叶“摧綏”,《有客》叶“追綏威夷”,“綏”顯然是微部字。段玉裁在《說文解字注》中以“綏”歸歌部,而在《六書音均表》中以“綏”歸脂部(我們的微部),也不能做到一致。朱駿聲、江有誥索性以“綏”字歸脂部。關於“委”字當在何部,段氏在《說文解字注》中閃爍其詞,他說:“十六、十七部合音最近,故讀於詭切也。《詩》之委蛇即委隨,皆疊韻也。”看來段氏還是傾向於肯定“委”屬歌部。他提到十六部(支部)最爲無理,“委”在《廣韻》雖屬紙韻,那是後代的讀音了。他在《六書音均表》中以“委”聲歸脂部,那才對了。朱駿聲、江有誥都以“委”聲歸脂部。《谷風》叶“嵬萎”,《檀弓》叶“頽壞萎”,又叶“綏衰”,可以爲證。但是我們不能忽略聯綿字“委蛇、委隨、逶迤、倭墮”等,

① 朱駿聲“挼”從妥聲,依段玉裁;“綏”不從“妥”聲,不依段說,是自相矛盾。

段氏以“委”聲歸歌部也是有根據的。“累”聲屬脂部（微部）是没有爭論的，但作爲聲符，“累”又和“亷”（郎可切）相通，“騾螺”本作“羸羸”。由上述這些事實看來，歌部和微部的關係，比之它和脂部的關係，還更密切得多。我最近把歌部改擬爲 ai，與其說是從陰陽入三聲的對應上考慮，不如說是更多地從歌微兩部讀音相近的事實上考慮，ai 和 əi 是可以合韻的，也是可以互諧的，也許微部竟是一個 ɐi（相應地，物部 ɐt[①]，文部 ɐn）。只要心知其意，也不必更動了。高本漢也看見了歌微兩部的密切關係，所以他把“衰妥委”等字都歸入鼉部，讓他們收音於-r，好與微部相通（“衰”讀 swâr，又讀 si̯wər；“妥”讀 t‘nwâr，“綏”讀 sn i̯wər；“委”讀˙ i̯wăr，“踒”讀˙ wâr）。他這樣一來，鼉部與脂微的關係照顧到了，鼉部與歌部的關係反而疏遠了（鼉與歌，中國傳統音韻學只看成一部），例如他把“亷”擬成 luâ，“羸”擬成 lwâ，“累”擬成 li̯wər，“騾”擬成 liwâr，這些諧聲相通的字時而不帶-r 尾，時而帶-r 尾，它們怎能互相通假呢？

（三）開合口問題

漢字諧聲，開合口的界限是很明顯的。一般說來，開口諧開口，合口諧合口。凡開合口不對應的地方，常常是後起的現象。江有誥在他的《入聲表》中也注意到古開今合、古合今開的情況，因爲他尋找陰聲和入聲的對應關係，開合口的矛盾就顯露出來。合理的解釋應該是：凡對應的字，特别是同一聲符的字，要麽同屬開口，要麽同屬合口。江有誥的原則是對的，但是他所定的開合口和我們不盡相同。現在把十一類先秦韻部中的開合口問題，分别討論如下。

第一類是之職蒸三部。之部尤韻字古讀合口，所以擬成 ĭwə，這樣就和入聲職部搭配上了。如“有”ɣĭwə：“郁”ĭwək，“富”pĭwə：“福”pĭwək。江有誥把“有郁富福”一律歸開口，和我們正相反。高本漢在這一點上和我們是一致的。

① 編者注：底本、《北京大學學報》本 t 俱作 i，顯誤。現據《漢語史稿》改。

第二類是幽覺兩部。覺部屋韻字我們擬成開口呼(“菊”kiəuk,“竹”tĭəuk),與江有誥是一致的。和高本漢也是一致的①。必須擬成開口,然後去入兩讀的字才有著落,如“宿”sĭəuk∶sĭəu,“畜”xĭəuk∶xĭəu。再說,諧聲字的入聲與非入聲才有了對應,如“肅”sĭəuk∶“蕭”sĭəu,“叔”ɕĭəuk∶“椒”tsĭəu。但是,元音 ə 很早就變爲模糊了,所以 əu、əuk 也近似合口呼,以致東晉時代以“優”或“憂”與梵文字母 u 對音②。

第三類是宵藥兩部。這兩部没有開合口問題。少數屋沃韻字都是不規則的變化,如“曝”bʻauk>bĭuk,“沃”auk>uok。

第四類是侯屋東三部。江有誥以侯屋的一、二等爲開口,三等爲古開今合。江氏在《入聲表》裏没有提到東部,若由此類推,也應該是古開今合。高本漢把侯屋東擬成 u、i̯u、uk、ŭk、iuk、ung、ŭng、i̯ung 是一律歸入合口呼,與江君正相反。我們認爲侯屋東的擬音應該是 o、ĭwo、ok、eok、ĭwok、ong、eong、ĭwong,一、二等屬開口呼,三等屬合口呼。

第五類是魚鐸陽三部。江有誥認爲麻鐸昔陌麥魚部字都是合口呼的字,那仍然是古弇今侈的看法。我們的看法正相反:魚部讀音應該是古侈今弇,不是“家”讀如“姑”,而是“姑”讀近“家”(ka:kea),“姑”與“家”都算開口呼。在傳統音韻學裏,鐸部一字有去入兩讀時,是去聲合口,入聲開口。江永的看法是上古一律歸合口;我們的看法正相反,應該一律歸開口,如“度”dʻak:dʻāk,“著”dʻĭak:dʻĭāk,“惡”ak:āk 等。其實在《切韻》時代,魚韻也屬開口呼(是 ĭo)③。《七音略》以魚韻爲“重中重”,也正是開口呼的意思。

這並不是說魚部就没有合口呼了。虞韻有輕脣字,顯然從上古就屬合口呼。麻韻“瓜華”等字當然也屬合口呼。模韻在《七音略》中與虞韻

① 我在舊作《上古韻母系統研究》中,認爲幽部有開合兩呼。後來在《漢語史稿》中放棄了這種說法。

② 見法顯譯《大般泥洹經》和曇無讖譯《大般涅槃經》。

③ 參看羅常培《切韻魚虞之音讀及其流變》(《史語所集刊》第十三本第 119—152 頁)和李榮《切韻音系》第 145—149 頁。

合圖,算"輕中輕",也該算合口呼。但是模韻有相當大的一部分字在上古應該歸開口呼,如"模"從"莫"聲,"莫"是 mak,"模"也應該是 ma,而不是 mua。把模韻字的上古音分爲開合兩類,是很費考慮的一件事。我在《漢語史稿》中根據這樣一個標準:凡與輕唇音有諧聲偏旁關係的字算合口呼,如"補"pua:"博"puak:"甫"pĭwa,"布"(父聲)pua:"父"bĭwa;凡與合口字有諧聲偏旁關係的字也算合口呼,如"孤"kua:"瓜"kua,"汙"ua:"華"(亏聲)ɣua。根據這個標準,《漢語史稿》還有須修正的地方,如"吴誤"應屬合口呼,讀 ngua,因爲從吴得聲的字有"虞娱"ngĭwa。

高本漢大約也是出於同樣的考慮,他把"都屠祖古胡鼓股蠱戶顧互乎壺虎五吾午烏土於徒兔圖蘇素盧魯鹵普庫步塗奴"擬成開口呼的-o,又把"孤瓠褲汙布補蒲"擬成合口呼的-wo。只有"吴誤博薄"是例外。"吴"聲的字應屬合口,上面已說過了。從古音通假說,"吴"通作"俁"(《方言》"吴,大也";《說文》"俁,大也"),"吴"字也該屬合口。"博"字,高本漢擬爲 pâk,"薄"字擬 b'âk,這就和他所擬的"縛"b'ĭwak 有矛盾。

第六類是支錫耕三部。這三部没有開合口問題。

第七類是歌月元三部。這三部基本上也没有開合口問題。只有一些唇音字不容易斷定,例如"拔",蒲八切①,陳澧《切韻考》認爲是開口二等字,《切韻指南》也把它歸入開口圖内,但是《七音略》《切韻指掌圖》都把它歸入合口。《韻鏡》"拔"字開口、合口兩收,起初我以爲是傳抄之誤,現在看來是搖擺不定。"拔"從"犮"得聲,"犮",蒲撥切,是合口字,從"犮"得聲的"髮"也是合口字,依諧聲偏旁看,"拔"應該屬合口呼。

第八類是微物文三部。没有開合口的問題。

第九類是脂質真三部。也没有開合口的問題。

第十類是緝侵兩部。緝部假定有合口呼 uəp、ĭwəp,如"納"nuəp,"立"lĭwəp,"泣"kĭwəp。因爲"納"從"内"得聲,而"内"的上古音是 nuət;

---

① 在《切韻》裏,"八"字作爲反切下字,既切開口,又切合口。若按《說文繫傳》的朱翱反切,"拔"字彭札切,顯然是開口字。

從"立"得聲的字有"位"(從王筠說),而金文"立"即"位"字,"位"的上古音是 ɣĭwət。uət 與 uəp 相通,ĭwət 與 ĭwəp 相通都是很合理的,因爲介音和主要元音都相同了。侵部有合口呼 uəm、oəm、ĭwəm。如"冬"tuəm,"降"ɣoəm,"中"tĭwəm。上文說過,由於異化作用(圓脣介音與脣音韻尾有矛盾),冬類字演變爲-ng 尾。"降"字發展爲江韻字。江韻在《七音略》裏被認爲是開口呼(重中重),但是江韻字在上古有兩類:一類屬東部,如"江"keong,"邦"peong①;另一類是合口呼,如"降"ɣoəm。在漢代以後,這兩類合流了,"江邦"等字仍屬開口,"降"等字由合口變爲開口。

第十一類是盍談兩部。這兩部没有開合口問題。

四、聲調系統和擬測的關係

入聲在漢語裏是一個特别的聲調,例如,依《切韻》系統,"幫、榜、謗、博"爲四聲,但是"幫、榜、謗"讀音都是 pâng,而"博"是 pâk(中古音)。那麼,入聲不但意味着聲調不同,而且意味着韻尾(收音)不同。不論上古或中古漢語,當我們談到入聲的時候,指的就是以塞音收尾的韻母;當我們擬測成爲塞音收尾的韻母的時候,這個韻母就應該認爲是入聲。因此,當高本漢把之幽宵支四部字與職覺藥錫四部去聲字以及鐸屋兩部去聲字擬成收-g 尾的時候,我們就認爲他把這些字都擬成了入聲。當高本漢把月物質三部的去聲擬成收-d 尾的時候,我們也認爲他把這些字都擬成了入聲。入聲的概念本來是一種常識,但是竟然有人把收-g、-d 的字(假定它是存在的)認爲是陰聲字,這是不可不辨的。

我們反對高本漢把之幽宵支四部的平上聲字擬成收-g,也就是反對他把這些字歸入入聲。我們有條件地贊成高本漢把之幽宵支魚侯六部的大部分去聲字以及月物質三部的去聲字擬成收-g 或-d,也就是贊成他把這些字歸入入聲。

---

① "邦"從"丰"聲,而屬開口("丰"屬合口),是由於它是脣音的緣故。脣音字諧聲在開合口上不很嚴格。

我們同意段玉裁的看法：上古音平上爲一類，去入爲一類。我們也贊成段氏古無去聲説。既然説去入爲一類，又説古無去聲，不是自相矛盾了嗎？段氏當時的話可能稍欠斟酌，以致前後不一致。其實他所謂去入爲一類是指《廣韻》的去入，不是指上古的去入。對於上古，他只承認有入聲，不承認有去聲，他認爲後代去聲是入聲演變成的。我們同意段氏去聲來自入聲的説法，但是不贊成他把去聲和入聲完全混同起來。我們認爲：上古有兩種入聲，其中一種到中古變爲去聲，另一種到中古仍是入聲。我在《漢語史稿》裏以前一種爲長入，後一種爲短入。長短的區别只是一種可能，還不能作爲定論。只要有了兩種入聲，就有了分化的條件，至於這兩種入聲是長短的區别還是高低升降的區别，那是次要的問題，可以留待將來詳細探討①。在本文裏，第二種入聲已經不再加上短音符號；第一種入聲雖加上長音符號，也不必瞭解爲僅僅在長短上區别於第二種。總之，入聲分爲兩種完全是可能的。現代吴方言的入聲不是也分爲兩種嗎？廣州話入聲還分爲三種，博白話入聲還分爲四種呢！

現在集中討論一個問題：到底是平上爲一類、去入爲一類的學説合理呢，還是平上去爲一類、入聲自爲一類的學説合理呢？這個問題很重要：如果承認平上去爲一類，入聲自爲一類，就會像高本漢那樣，把在《廣韻》屬平上去三聲而先秦屬之幽宵支四部的字一律算-g尾，與入聲的-k尾對立。在《廣韻》屬去聲而先秦屬鐸屋月物質五部的一律算-g、-d尾，與入聲的-k、-t尾對立。或者像戴震那樣，把陰聲韻部的平上去聲字都看成收元音，惟有入聲字收促音。如果承認平上爲一類，去入爲一類，就會像段玉裁那樣，他在他的《六書音均表·詩經韻分十七部表》和《群經韻分十七部表》裏，根本不列去聲②。或者像我這樣，平上聲一律擬爲收元音，去聲大部分字和入聲字一律擬爲收-k、-t、-p③。

我們應該分爲兩個步驟來進行考察：第一步是按照同聲必同部的原

① 除了長短音的區别以外，去聲可能是先強後弱，以致韻尾失落。

② 黄侃也屬於段派。

③ 緝、盍兩部情況特殊，去聲只有少數字在上古屬入聲。

則,先確定入聲韻部的聲符。這樣,我們將看見中古的去聲字在上古還應該分爲兩類:一類歸上聲或平聲,另一類歸入聲,例如“疚”雖是去聲字,但應歸之部,因爲“疚”從“久”得聲,而“久”屬之部。又如“富”字應歸職部,算是古入聲字,因爲“富”從“畐”得聲;“畐”讀若“伏”(見《說文》)。第二步是按照古入聲的聲符去檢查,可以看見入聲與去聲的關係非常密切(指陰聲韻的去聲),它們在先秦韻文中經常互相押韻,直到漢代及南北朝初期還有去入通押的痕跡①,而這些所謂去聲字實際上是讀成入聲。

試舉職部爲例,《詩韻》入韻字如下表:

(1) 去聲:熾試備背富戒異意囿

(2) 入聲:識織弋忒螣式亟極塞北福輻葍葡直德力食飭飾敕息則側賊測稷色棘棘稸國緎域蜮彧馘奭得匿克黑革伏服牧翼億

入聲與去聲互押者10處:

翼服戒棘(《采薇》)	葍特富異(《我行其野》)
輻載意(《正月》)	載備祀福(《旱麓》)②
亟來囿伏(《靈台》)③	背翼福(《行葦》)
告則(《抑》)④	極背克力(《桑柔》)
戒國(《常武》)	忒背極慝識織(《瞻卬》)

這是最多的了。入聲與平聲互押者無一處,如果把去聲來自入聲的字算上(應該算上),也只有兩處:異貽(《靜女》),裘試(《大東》);入聲與上聲互押者只有兩處:式止晦(《蕩》)⑤,鮪鯉祀福(《潛》),如果把去聲來自入聲的字算上,也只增加兩處:芑試畝(《采芑》),止試(同上)。

---

① 江淹《齊太祖誄》叶“膝日匱逸匹”,潘岳《述哀》叶“日畢一失質寐”,王融《寒晚》叶“律日葦瑟疾逸轡”,江淹《悼室人》叶“鬱拂物忽慰”,張融《海賦》叶“月界滅雪”,謝朓《冬緒羈懷》叶“闕髮月對蔞績没越渴昧歇”,等等。

② “載”字疑有上入兩讀,與入聲押者讀長入。因未能確定,故《大東》叶“載息”,《綿》叶“直載翼”皆未列入。

③ “來”字疑有平入兩讀,亦未能定。“囿”字依《廣韻》有去入兩讀,這裏算去聲。

④ “告”是覺部字,職覺合韻。

⑤ 江有誥以爲“止”字不入韻。

最值得注意的是去聲自相押韻的只有三處：備戒告(《楚茨》)，富忌(《瞻卬》)，熾富背試(《閟宫》)。《瞻卬》叶"富忌"是職部與之部通押，《楚茨》叶"備戒告"是職部與覺部通押，《閟宫》叶"熾富背試"則完全是職部字。

各個韻部去聲與入聲的關係不很一樣：關係最深的是月部，它的去聲字只跟入聲相通，不和平上聲相通，這就不可能把去聲字分成兩類，只須一律算作古入聲就是了；没有關係的是歌部，它的去聲字只跟平上聲相通，不跟入聲相通，這也不能把去聲分成兩類，只須一律算作古平聲或古上聲就是了①。但是跟之幽宵支魚侯脂微八部的去聲字都應該分爲兩類：一類歸之幽宵支魚侯脂微，作爲這八部的古上聲或古平聲，另一類歸職覺藥錫鐸屋質物，作爲這八部的古入聲。

王念孫把至部(我們的質部)和祭部(我們的月部)叫做去入韻，把緝部和盇部叫做入聲韻②，章炳麟把至部、泰部(我們的月部)、隊部(我們的物部)、緝部、盇部叫做去入韻③。所謂去入韻，實際上就是包括兩種入聲。唯有把質物月三部去入聲字全都擬成-t 尾，然後能與平上聲没有-t 尾的陰聲韻對立起來，不相通押。唯有把緝盇兩部的去入聲字全部擬成-p尾，然後能與平上聲收-m 尾的陽聲韻對立起來，不相通押④。

黄侃把之宵支魚侯五部的入聲獨立起來，另成爲德蕭錫鐸屋五部，這五部其實也是去入韻，雖然他不承認上古有去聲，但是《廣韻》去聲字大部分被他收到這五個入聲韻部來了。覺部未分出，這是他的缺點。如果再分出覺部，就成爲《漢語史稿》所定的入聲職覺藥屋鐸錫月物質緝盇十一個韻部。

我們之所以反對戴震把祭月分爲兩部，是因爲他不懂得同聲必同部的原則，也不懂得去入韻的原則，硬把一個韻部拆成了兩個韻部。由於

① 例如"過磨"都算平聲，不算去聲。"化"算平聲，因爲《離騷》叶"他化"。

② 見王引之《經義述聞》卷三十一。

③ 章炳麟《國故論衡》第 21 頁，浙江圖書館《章氏叢書》本。

④ 王氏之所以不認爲緝盇是去入韻，因爲這兩部的去聲字很少，只有"墊厭"及一些僻字。

他違反了同聲必同部的原則,下面的諧聲關係就講不通了:

"大"聲有"羍","羍"聲有"達"。"大",祭部;"達",月部[①]。

"兑"聲有"說脱梲稅駾閲鋭悦"。"兑梲帨稅駾鋭",祭部;"閲悦脱",月部。"說"讀失爇切或弋雪切時屬月部,讀舒芮切時屬祭部。"脱"又音"兑",則屬祭部。

"最"聲有"撮"。"最",祭部;"撮",月部。

"害"聲有"割豁轄"。"害",祭部;"割豁轄",月部。但"害"又通"曷",則在月部。[②]

"韧"聲有"齧契挈絜","絜"聲有"潔"。"契",祭部;"齧挈絜潔",月部。但"契"又讀私列切,則在月部。

"夬"聲有"抉玦缺袂快決"。"夬快袂",祭部;"抉玦缺決",月部。

"曷"聲有"葛渴遏謁羯竭歇愒","葛"聲有"藹"。"藹",祭部;"曷葛渴遏謁羯竭歇",月部。"愒"讀苦蓋切時屬祭部,讀丘竭切時屬月部。

"世"聲有"貰泄","貰"聲有"勩"。"世貰勩"在祭部,"泄"在月部。但"泄"又讀余制切,則在祭部。

"祭"聲有"察瘵際"。"祭瘵際"在祭部,"察"在月部。

"埶"聲有"勢褻熱"。"埶(藝)勢"在祭部,"褻熱"在月部。

"戌"聲有"歲威","歲"聲有"薉(穢)濊噦翽","威"聲有"滅"。"歲薉翽"在祭部,"戌威滅"在月部。"濊噦"既屬祭部,又屬月部。

"折"聲有"逝誓哲晢"。"逝誓"在祭部,"折哲"在月部。"晢"讀如"制"則屬祭部,讀如"折"則屬月部。

"叕"聲有"啜輟綴惙掇"。"綴",祭部;"啜輟惙掇",月部。但"綴"又讀陟劣切,則在月部;"啜輟"又讀陟衛切,則在祭部。

"列"聲有"烈裂栵例"。"栵例",祭部;"列烈裂",月部。但"栵"又音"列",則在月部。

---

① 這是按戴氏的原則來區分的,其實不該分。

② 編者注:此段底本、《北京大學學報》本標點皆有未愜,現重爲標點。

“寽”聲有“捋埒酹”。“酹”在祭部,“捋埒”在月部。

“發”聲有“廢撥潑”。“廢”在祭部,“發撥潑”在月部。

“孛”聲有“誖悖勃”。“勃”在月部。“孛誖悖”都有蒲昧、蒲没二切,既屬祭部,又屬月部。

“厥”聲有“蹶”。“厥蹶”在月部。“蹶”又讀居衛切,則在祭部。

“昏”聲有“話活刮括”,“活”聲有“闊”。“活刮括闊”在月部,“話”在祭部。

“殺”聲有“鎩”。“殺鎩”都有所拜、所八二切,既屬祭部,又屬月部。

“剌”聲有“賴”,“賴”聲有“獺籟瀨”。“賴籟瀨”在祭部,“剌獺”在月部。違反了去入韻的原則,則下面這些最諧和的押韻也只能算是合韻了①:

厲揭(《匏有苦葉》)　舝邁衛害(《泉水》)

發烈褐歲(《七月》)　結厲滅威(《正月》)

烈發害(《蓼莪》)　烈發害(《四月》)

舝逝渴括(《車舝》)　拔兑駾喙(《綿》)

拔兑(《皇矣》)　月達害(《生民》)

軷烈歲(《生民》)　揭害撥世(《蕩》)

舌逝(《抑》)　舌外發(《烝民》)

王念孫、章炳麟的去入韻説是古音學上的一大進步。段玉裁雖然主張平上爲一類,去入爲一類,但是還未能把平上韻和去入韻截然分開。王念孫把緝盍分出,於是收-p的韻部獨立了,章炳麟把泰至隊分出,於是收-t的韻部獨立了,黄侃把德沃屋鐸錫分出,錢玄同再把覺部分出,於是收-k的韻部也獨立了(但錢氏後來又並藥於宵,那是錯誤的)。到了今天,在古音學昌明的時候,我們不能再回到戴震那種以平上去爲一類、入聲自爲一類的學説上去。

上文説過,除了歌月兩部以外,去聲還應該分爲兩類:一類算是古平聲或上聲,另一類算是古入聲。這樣,上古漢語的聲調到底有幾個呢?

---

① 加重點號的是祭部字,不加的是月部字。

我設想陰陽入三聲各有兩調。陰聲只有平上兩聲,陽聲也只有平上兩聲,入聲也分兩種,仍稱爲去聲和入聲未嘗不可以,但若以收塞音爲入聲的特點的話,則不妨改稱長入、短入。所謂長短只是一種假設,也可能不是長短,而是高低升降及其他特徵。有一點可以肯定,那就是職覺藥屋鐸錫六部的去聲字一定是收-k,月物質三部的去聲字一定是收-t,緝盍兩部的去聲字(極少數)一定是收-p。

依段玉裁《六書音均表・詩經韻分十七部表》,陽聲韻部以及陰聲歌宵兩部都只有平聲;支部只有平聲和入聲,依章炳麟《國故論衡・二十三部音準》,除泰至隊緝盍五部去入韻以外,無論陽聲韻或陰聲韻,一概只有平聲。章氏否認上聲的存在①。依我看,上聲還是不能否定的。段氏對之幽侯魚脂五部所定的上聲韻證據確鑿,不能推翻。宵部上聲獨用者有《邶風・柏舟》的"悄小少摽",《陳風・月出》的"皎僚糾悄",《小雅・魚藻》的"藻鎬"②;歌部上聲獨用者,有《衛風・竹竿》的"左瑳儺",《小雅・何人斯》的"禍我可"③;支部上聲獨用者,有《離騷》的"蕊纚"④。同是陰聲,應有它們的系統性,不能認爲有些陰聲韻有上聲,另一些陰聲韻没有上聲。至於章炳麟、黄侃認爲陰聲韻只有平聲,更不可信。即以陽聲韻部而論,恐怕也不能認爲只有平聲。侵部上聲獨用者有《小雅・斯干》的"簟寢",《巷伯》的"錦甚";談部上聲獨用者有《大雅・召旻》的"玷貶"⑤,《王風・大車》的"檻菼敢",《陳風・澤陂》的"萏儼枕"⑥,《易經・坎卦》的"坎窞",又"坎枕窞",《楚辭・九章・抽思》的"敢憺";陽部上聲獨用者有《小雅・北山》的"仰掌",《楚辭・九章・橘頌》的"長像",《檀弓》叶"仰放";耕部上聲獨用者有《小雅・節南山》的"領騁";真部上聲獨用者有

① 一般人只知道黄侃否認上古有上聲,而不知他這種說法是從他的老師那裏來的。

② 如果以去聲歸上聲,還可以加上《月出》三章的"照燎紹懆",《齊風・東方未明》的"倒召",《小雅・角弓》的"教效",《大雅・思齊》的"廟保"。

③ 如果以去聲歸上聲,還可以加上《大雅・下武》的"賀左"。

④ 段玉裁以"蕊纚"歸支部,江有浩把"蕊纚"歸歌部。

⑤ 段玉裁以"玷貶"歸侵部,這裏從江有誥。

⑥ 江有誥認爲"枕"是侵部字,侵談合韻。

《小雅・楚茨》的“盡引”；文部上聲獨用者有《邶風・新臺》的“洒浼殄”，《離騷》的“忍隕”，《九章・惜誦》的“忍軫”；元部上聲獨用者有《邶風・柏舟》的“轉卷選”，《靜女》的“孌管”，《鄘風・載馳》的“反遠”，《豳風・伐柯》的“遠踐”，《小雅・杕杜》的“幝痯遠”，《角弓》的“反遠”，《周頌・執競》的“簡反反”，《九歌・國殤》和《九章・哀郢》的“反遠”。特別是元部上聲獨用的情況較多。

這樣，如果按入聲兼承陰陽的說法，則上古漢語應該有四聲，即平聲、上聲、長入、短入。

能不能設想爲五聲，即平聲、上聲、去聲、長入、短入呢？我曾經爲此躊躇過。如果仍舊覺得古無去聲説比較可信。有種種跡象使我們傾向于相信古無去聲，其中最重要的有三點：第一，《廣韻》陰聲韻去聲字，除了可認爲長入字外，所餘不多了，陽聲韻去聲字雖不能有長入字，但是可以算是平聲或上聲。第二，一字有平去兩讀者，往往以平聲爲古讀，這種情況以陽聲韻爲最常見，如“信”字古通“伸”，“信義”的“信”亦即讀平聲，例證有《邶風・擊鼓》叶“洵信”，《小雅・節南山》叶“親信”，《巷伯》叶“翩人信”等；“慶”字古通“卿”（慶雲：卿雲），“吉慶”的“慶”亦即讀平聲，例證有《小雅・楚茨》叶“祊明皇饗慶疆”，《甫田》叶“梁京倉箱粱慶疆”，《大雅・皇矣》叶“兄慶光喪方”，《魯頌・閟宮》叶“洋慶昌臧方常”等；“夢”字不但在“視天夢夢”裏讀平聲（《小雅・正月》叶“蒸夢勝憎”），而且在“甘與子同夢”裏（《齊風・雞鳴》叶“薨夢憎”），在“乃占我夢”裏（《小雅・斯干》叶“興夢”），在“訊之占夢”裏（《正月》叶“陵懲夢雄”），也都讀平聲。第三，一字有上去兩讀者，往往以上聲爲古讀，例如“甚”，常枕切，又時鴆切，上古讀上聲，所以《巷伯》叶“錦甚”；又如“玷”，多忝切（《廣韻》），又都念切（《集韻》），上古讀上聲，所以《召旻》叶“玷貶”。因此，我寧願設想上古没有去聲，而以中古的去聲字分别歸入上古的長入、平聲或上聲。

結　語

綜合上文的論據,我們得出以下的一些結論:(1) 先秦韻部不是韻攝,每一個韻部只有一個主要元音;(2) 上古一韻分化爲中古的兩韻,往往是由於聲母條件的不同;(3) 陰陽入的對應是漢語系統性的表現,我們應該依照對應的規律來進行先秦韻部的擬測;(4) 韻部的遠近也是古音擬測的根據之一;(5) 上古的開合口和中古的開合口略有不同;(6) 以中古的聲調和上古的聲調對應來說,平上爲一類,去入爲一類,但是一部分去聲字應歸古平聲或古上聲。古入聲分兩類,一律收音於-k、-t、-p,這兩類的區別可能是長短的不同,也可能是高低升降的不同。

古音的擬測是以音標來說明古音的系統。這些音標只是近理的假設,並不是真的把古音"重建"起來。但是,即使是假設也要做得合理,如果假設不合理,連古音的系統也會弄錯了的。

原載《北京大學學報》(人文科學版)1964 年第 5 期

黄侃古音學述評[1]

黄侃的古音學，特别是他的古韻學説，在漢語音韻學上有很大的影響。他的學説雖然也有合理的部分，但是值得批判的地方也很多。我在我的《漢語音韻學》裏對他提出了批評，但是批評得不深入，同時也没有看見他的學説中的合理部分。張世禄先生在他的《中國音韻學史》裏對黄氏古音學也着重在批評，他的批評比我所做的深刻得多[2]。後來我講清代古音學，在備課過程中仔細看了黄氏的著作，覺得還有許多話要説，所以寫這篇文章。文章打算分爲兩部分：第一部分敘述並分析黄氏的古音學説；第二部分對這個學説加以評論。

一

黄侃治古音學是有他的方法的。他以爲必須認識聲母與韻母之間的密切關係；聲母問題解決了，韻母問題也跟着得到解決；同理，如果韻母問題解決了，聲母問題也跟着解決。所以他説[3]：

---

① 這裏所謂"古音"是依傳統音韻學上的定義，指的是上古語音。

② 張世禄《中國音韻學史》下册第 279—294 頁，又第 313—320 頁，商務印書館 1938 年。

③《制言》半月刊第六期，黄侃《音略》第 1 頁。

> 古聲既變爲今聲，則古韻不得不變爲今韻。以此二物相挾以變，故自來談字母者以不通古韻之故，往往不悟發聲之由來；談古韻者，以不憭古聲之故，其分合又無的證。

黄氏以此方法爲指導，考得古聲母十九個，古韻部廿八個。他是怎樣得出這個結論的呢？錢玄同敘述他考證的過程説（《文字學音篇》第30頁）：

> 黄侃復於《廣韻》中考得有三十二韻爲古本韻。此三十二韻中，惟有影見溪曉匣疑端透定來泥精清從心幫滂並明十九紐，無其他之二十二紐[1]，因知古紐止此十九。

又説（《文字學音篇》第31頁）：

> 黄侃據章君（按：指章炳麟）之説，稽之《廣韻》，得三十二韻（知此三十二韻爲古本韻者，以韻中止有十九古本紐也。因此三十二韻中止有古本紐，異於其他各韻之有變紐，故知其爲古本韻。又因此三十二古本韻中止有十九紐，故知此十九紐實爲古本紐。本紐本韻，互相證明，一一吻合，以是知其説之不可易）。合之爲二十八部。

黄氏所定古韻廿八部如下表：

陰聲	一歌戈	二[灰]	三[齊]	四模	五侯
	六豪	七蕭	八咍		
陽聲	九寒桓	一〇[先]	一一痕魂	一二青	一三唐
	一四東	一五冬	一六登	一七覃	一八添
入聲	一九曷末	二〇屑	二一没	二二錫	二三鐸
	二四屋	二五沃	二六德	二七合	二八帖

歌與戈、寒與桓、痕與魂、曷與末都衹是開合口的關係，所以合併爲一部，古本韻三十二韻實得二十八部。在上面的表中，我加方框的字，表

① 黄侃認爲《廣韻》有四十一個聲母，所以説十九紐之外還有二十二紐。

示本字不在此部:《廣韻》灰韻雖屬古音灰部,但是"灰"字本身屬咍部;《廣韻》齊韻雖屬古音齊部,但是"齊"字本身屬灰部;《廣韻》先韻雖屬古音先部,但是"先"字本身屬痕部①。章氏古韻廿三部與黄氏古韻廿八部的比較如下表(加[　]號者是章氏韻部)②:

[歌部]=歌部	[脂部]=灰部
[支部]=錫部、齊部	[魚部]=鐸部、模部
[侯部]=屋部、侯部	[宵部]=沃部、豪部
[幽部]=蕭部③	[之部]=德部、咍部
[寒部]=寒部	[真部]=先部
[諄部]=痕部	[清部]=青部
[陽部]=唐部	[東部]=東部
[冬部]=冬部	[蒸部]=登部
[侵部]=覃部	[談部]=添部
[緝部]=合部	[盍部]=帖部
[泰部]=曷部	[至部]=屑部
[隊部]=没部	

古音學家如王念孫、江有誥、章炳麟等的古韻部名稱都大同小異,惟有黄氏古韻部名稱與衆迥然不同,這是因爲他選用了古本韻的名稱的緣故。

黄氏於《切韻》的聲母,基本上採用了陳澧《切韻考》的分類。陳澧分爲四十類,他祇多分出了一類,成爲四十一類。他說:

> 依陳君所考,照穿牀審喻應分爲二類,而明微合爲一類。侃以爲明微應分二類,實得聲類四十一。

他以十九紐爲古本紐,其餘二十二紐爲變紐,如下表(大字代表古本

① 根據劉賾先生《聲韻學表解》。
② 參看《唯是月刊》第三期,黄侃《與友人論小學書》第10頁。
③ 章氏幽部包括入聲,黄氏蕭部似乎不包括入聲,討論見下文。

紐,小字代表變紐)①:

影喻于				
見群	溪	曉	匣	疑
端知照	透徹穿審	定澄神禪	來	泥娘日
精莊	清初	從牀	心山邪	
幫非	滂敷	並奉	明微	

黄氏於《廣韻》的二百零六韻,以爲除了開合洪細的區别之外②,主要還是由於從古韻看來不宜合併,又由於古本韻與變韻應該區别開來。他說③:

> 《廣韻》分韻分類雖多,要不外三理:其一,以開合洪細分之。其二,開合洪細雖均,而古本音各異,則亦不能不異,如東冬必分,支脂之必分,魚虞必分,佳皆必分,仙先必分,覃談必分,尤幽必分,是也。其三,以韻中有變音無變音爲分,如東第一④(無變音)鍾(有變音),齊(無變音)支(有變音),寒桓(無變音)删山(有變音),蕭(無變音)宵(有變音),豪(無變音)肴(有變音),青(無變音)清(有變音),添(無變音)鹽(有變音),諸韻皆宜分析,是也。

什麽是變音呢?他說⑤:

> 當知二百六韻中但有本音不雜變聲者爲古本音;雜有變聲者,其本聲亦爲變聲所挾,是爲變音。

可見變紐(變聲)是構成變音的條件。韻中有了變紐,不但帶有變紐的字被認爲是變音(如鍾韻的"蛩重醲封峰逢松鍾衝春容茸"),而且連不帶變紐的字(如鍾韻的"恭顒從邕胸龍")也被認爲是變音,因爲這些古本紐的

① 參照錢玄同《文字學音篇》第 30 頁。

② 開合大約指的是寒桓之分、痕魂之分、歌戈之分等。洪細大約指的是庚韻分爲洪細、東韻分爲洪細等。

③《唯是月刊》第三期,黄侃《與友人論小學書》第 7 頁。

④ 指東韻第一類,即紅類(一等字)。

⑤《唯是月刊》第三期,黄侃《與友人論小學書》第 7 頁。

字也受了變紐的字的影響(“其本聲亦爲變聲所挾”),它們的韻母也起了變化,不能保持上古的韻母了。

單就平聲和入聲而論,古本韻和變韻如下表[①]:

古本韻	變韻
東一[②]	鍾、江
冬	東二
模	魚、虞半、麻半
齊	支半、佳
灰	脂、微半、皆
咍	之、尤半
痕魂	微半、諄半、文、殷
寒桓	元、刪半、山、仙半
先	真、諄半、臻、刪半、仙半
蕭	宵、肴半、尤半
豪	肴半、幽
歌、戈一[③]	戈二、戈三、麻半、支半
唐	陽、庚半
青	庚半、耕半、清
登	耕半、蒸
侯	虞半
覃	侵、咸半、銜、嚴半、凡
添	談、鹽、咸半、嚴半
屋一[④]	屋二、燭、覺半

① 参照錢玄同《文字學音篇》第22—25頁。

② 東一指東韻第一類,即紅類(一等字),東二指東韻第二類,即弓類(三等字)。

③ 戈一指戈韻第一類,即禾類(合口一等),戈二指戈韻第二類,即伽類(開口三等),戈三指戈韻第三類,即靴類(合口三等)。

④ 屋一指屋韻第一類,即谷類(一等字),屋二指屋韻第二類,即六類(三等字)。

沃	覺半、藥半
没	術半、迄、物
曷末	祭、泰、夬、廢、月、黠半、鎋、薛半
屑	質、術半、櫛、黠半、薛半
鐸	陌、藥半、麥半、昔半
錫	麥半、昔半
德	職
合	緝、洽半、狎
帖	盍、葉、業、洽半[①]

黄氏認爲古音祇有平聲和入聲,因此所有上聲韻和去聲韻都認爲是變韻。即以古本韻而論,其上去聲也算是變韻。錢玄同説[②]:

古韻有平入而無上去。故凡上去之韻,皆爲變韻。如此處上聲之董,去聲之送一,在古皆當讀平聲,無上去之音,故曰變韻是也。

古本音和變音,這是黄氏古音學的基本概念。他所擬定的整個古音系統都從此出發。我們必須深入考查他是怎樣看出"本"和"變"來的。

我們首先要知道黄氏對開合洪細的看法。他反對等韻開合各分四等,他認爲開口祇有兩等,合口祇有兩等,總計也不過四個等。他説[③]:

若夫等韻之弊在於破碎。音之出口不過開合,開合兩類各有洪細,其大齊唯四而已。而等韻分開口合口各爲四等。今試舉寒桓類音質之,爲問寒(開洪)桓(合洪)賢(開細)玄(合細)之間尚能更容一音乎?

黄氏這個議論和他的老師章炳麟的議論正相符合。章炳麟説(《國故論衡·音理論》):

---

① 所謂半,祇表示一韻分爲兩部分其中的一部分,字數多寡可以不平衡。
② 錢玄同《文字學音篇》第22頁。按:錢玄同聲明他的古音學説是採用黄侃的。
③ 《唯是月刊》第三期,黄侃《與友人論小學書》第6—7頁。

又始作字母者未有分等。同母之聲，大別之不過闔口開口。分齊視闔口而減者爲撮口，分齊視開口而減者爲齊齒。闔口開口皆外聲，撮口齊齒皆内聲也。依以節限，則闔口爲一等，撮口其細也；開口爲一等，齊齒其細也。本則有二，二又爲四，此易簡可以告童孺者。季宋以降，或謂闔口開口皆四等，而同母同收者可分爲八，是乃空有名言，其實使人哽介不能作語。驗以見母收舌之音，昆（闔口）君（撮口）根（開口）斤（齊齒）以外，復有佗聲可容其閒邪？

由此看來，黄氏所謂開合洪細四等，實際上就是開齊合撮四呼。錢玄同採用他的説法，索性稱爲開齊合撮。如説（《文字學音篇》第22頁）："東二，冬之變韻，由本音變同東韻之撮口呼。"

其次，我們要知道黄氏所謂本與變的含義。所謂本，就是説直到《切韻》時代，仍然保存着上古的讀音，例如見母，從上古到《切韻》時代一直讀[k]；又如咍韻，從上古到《切韻》時代一直讀[ai]。所謂變，就是説上古讀音與《切韻》時代的讀音不同，例如群母的演變過程是[k]→[g'][1]，又如之韻的演變過程是[ai]→[i]。

既然他認爲一攝衹能有開齊合撮四呼，那麽，等韻中的四個等不可能同時存在。他就設想：其中有兩個等是上古時代存在的，另外還有兩個等則是後代的變音。從實際讀音來看，一等與二等没有分别，三等與四等没有分别，衹是一等與四等代表古本音，二等與三等代表後來從别處轉變來的音罷了。劉申叔（師培）在他的《音論序贊》裏泄露了這個祕密[2]：

實考古音二等，《廣韻》四等。一與四者，古音之本；其二與三，本音變也。

黄氏自己在討論等韻時也説[3]：

---

① 黄氏雖認爲群母在中古屬濁音，但是他對濁音的説明很不科學。現在姑且把群母擬成g'。

②《制言》半月刊第六期。

③《唯是月刊》第三期，黄侃《與友人論小學書》第7頁。

顧其理有暗與古合者，則其所謂一等音，由今證之，皆古本音也。此等韻巧妙處，其他則繽紛連結，不可猝理。

我們要進一步追問：爲什麼黄氏選擇了一等和四等，而不選擇一等和三等，或二等和三等，作爲古本音呢？如果能回答這個問題，那就算是知道了黄氏古音學的全部祕密。

原來黄氏是從古本紐出發來證明古本韻的。錢大昕證明古無輕唇、舌上，又正齒亦多歸舌頭，這樣就從三十六母中減去了十三個字母（非敷奉微知徹澄娘照穿牀審禪），剩下二十三個。章炳麟以喻歸影，以日歸泥，又減去了兩個。黄氏即從錢、章的結論出發，看見非敷奉微禪喻日衹出現於三等（喻母雖有喻三喻四之分，但喻四的字可以用三等字爲反切下字，實屬三等），知徹澄娘照穿牀審衹出現於二、三等，可見變紐不能居於一、四等。若以無變紐的韻作爲古本韻的話，衹能從一、四等尋找古本韻了。按照這個簡單的方法來考察十六攝，凡一等韻和純四等韻都算古本韻。具體説來：

江攝全是二等，所以没有古本韻。

止攝只有三等（其中包括假二等和假四等），所以没有古本韻。

遇攝一等有模，三等（包括假二、四等）有魚虞，所以模是古本韻。

蟹攝一等開口有咍泰，合口有灰泰，二等有佳皆夬，三等有祭廢，四等有齊。咍灰齊是古本韻。泰因爲是去聲，不算古本韻。

臻攝一等開口有痕，合口有魂没，二等有臻櫛，三等（包括假四等）有真諄文欣質術物迄，所以痕魂没是古本韻。

山攝一等開口有寒曷，合口有桓末，二等有删山黠鎋，三等（包括假二、四等）有元仙月薛，四等有先屑，所以寒桓曷末先屑是古本韻。

效攝一等有豪，二等有肴，三等（包括假四等）有宵，四等有蕭，所以豪蕭是古本韻。

假攝没有一等,也没有純四等,所以没有古本韻。

宕攝一等有唐鐸,三等(包括假二、四等)有陽藥,所以唐鐸是古本韻。

曾攝一等有登德,三等(包括假四等)有蒸職,所以登德是古本韻。

梗攝没有一等字,二等有庚耕陌麥,三等(包括假四等)有庚清陌昔,四等有青錫,所以青錫是古本韻。

流攝一等有侯,三等(包括假二、四等)有尤幽,所以侯是古本韻。

深攝没有一等,也没有純四等,所以没有古本韻。

咸攝一等有覃談合盍,二等有咸銜洽狎,三等(包括假四等)有鹽嚴凡葉業乏,四等有添帖。覃合添帖是古本韻。照理,談盍也該算古本韻,但是黃氏以前的古音學家都衹把收-m 的韻分兩類(即黃氏的覃添),收-p 的韻分兩類(即黃氏的合帖),黃氏也就不改變前人的結論了①。

此外還有兩個攝,其中找不出一等韻和四等韻,但是能找到一等字。於是黃氏把一韻分成兩、三類,以其中一類爲古本韻:

通攝一等有東韻第一類(紅類),屋韻第一類(谷類)和冬韻、沃韻;三等(包括假二、四等)有東韻第二類(弓類),屋韻第二類(六類)和鍾韻、燭韻,所以東一、屋一、冬、沃是古本韻。

果攝一等有歌韻和戈韻第一類(禾類);三等開口有戈韻第二類(迦類),合口有戈韻第三類(靴類),所以歌和戈一是古本韻。

黃氏的古音十九紐也是從這裏找證據的。上面説過,輕脣、舌上、正齒、日喻等紐都衹出現於二、三等;章炳麟古音二十一紐,正是以輕脣與重脣合併、舌上與舌頭合併等辦法得出來的。黃氏比章氏減少了兩個聲

① 據説黃氏後來又分古韻爲三十部,談添盍帖算是四部。下文當再論及。

紐，即群母和邪母。大家知道，群母衹出現於三等；邪母在韻圖中雖屬四等，那是假四等，因爲它衹出現於三等韻中，以三等字爲反切下字（如敘，徐呂切）。

現在談到黄侃對上古聲調的看法。這個看法和他的古韻部學説是有密切關係的。他説："四聲古無去聲，段君所説；今更知古無上聲，惟有平入而已。"①又説："段茂堂《六書音均表》去去聲而不去上聲者，一則以《詩經》今之上聲連用者多，故不敢下斷語，一則以《詩經》韻例尚未嚴密。"②他否定了上去兩聲之後，衹剩平入兩聲，於是他想到了平入分立，把所有的入聲韻都獨立起來。這樣就成爲陰陽入三分法。本來陰陽入三分不是從黄氏開始的；戴震的古韻二十五部就包括陰聲七部、陽聲九部、入聲九部。但是黄氏的入聲韻部和戴氏的入聲韻部有很大的分别。最明顯的是曷部，包括戴氏的陰聲靄類和入聲遏類。其實豈但曷部？其他各部都有同樣的問題。黄氏同意段玉裁古無去聲的學説，把大多數去聲字（主要是偏旁與入聲相同的字）都歸到入聲韻部去了（其餘少數歸入平聲），他的弟子劉賾教授的《聲韻學表解》和《説文古音譜》反映了他對於入聲的見解。而戴氏則把陰聲韻去聲字仍舊看成去聲，算是陰聲韻部，例如"護祚暮"等字，戴氏歸入去聲③，而黄氏歸入入聲④。

黄氏入聲一律獨立的學説，和他的老師章炳麟的古韻學説是相抵觸的。章氏明白地宣稱，收[-k]的入聲韻部在上古是不存在的。他説：

> 案古音本無藥覺職德沃屋燭鐸陌錫諸部，是皆宵之幽侯魚支之變聲也。有入聲者：陰聲有質櫛屑一類，曷月鎋薛末一類，術物没迄一類，陽聲有緝類盍類耳。

① 《制言》半月刊第六期，黄侃《音略》第1頁。
② 黄永鎮《古韻學源流》第83頁所引。
③ 戴震《聲類表》第3頁，渭南嚴氏叢書本。
④ 參看劉賾《説文古音譜》鐸部。

在入聲問題上,黃氏和章氏的分歧很大。前人因他們有師生關係,而忽略了他們之間的重大分歧,那是不合適的。

依黃氏的學説,二十八個韻部中,每一個韻部衹有一個聲調。陰聲韻和陽聲韻都衹有一個平聲,入聲韻自然也衹有一個入聲。這實際等於説上古漢語没有聲調的存在,因爲在聲母完全相同的情況下,聲調必然相同。即使陰聲、陽聲和入聲在高低升降的形狀上有所不同,聲調已經失掉辨義的作用了。

有一件事是黃氏没有講清楚的:章氏幽部的入聲(我所謂覺部),黃氏歸到哪裏去了?劉賾教授把這一類字歸入蕭部,那就和章氏一致了。楊樹達在把劉賾教授《聲韻學表解》印發給清華大學中文系學生作爲參考資料時[①],加一個附記説:"劉君用黃君季剛之説也。"這樣,似乎以覺類歸蕭部是可信的。但是,如果我們仔細玩味黃氏自己的話,就會得出完全不同的結論:第一,黃氏在《與友人論小學書》提到"侯蕭同入"[②],可見他受了段玉裁《六書音均表》的影響。段玉裁第三部(蕭部)有入,第四部(侯部)無入。段氏晚年接受了王念孫和江有誥的意見,同意把第三部入聲的一半歸入第四部。黃氏因爲找不到覺部的"古本韻",纔又把兩部的入聲合併起來。不過這一回不像段氏那樣算是第三部的入聲,而算是侯蕭同入了。第二,黃氏在《音略》中提到屋部是"戴所立"。戴震的屋部也正是包括屋覺兩部的[③]。第三,黃氏整個古音體系是陰陽入三聲分立,怎肯把入聲字歸到平聲韻裏去呢?因此,如果没有有力的反證,我們還是相信黃氏把覺部合併到屋部去了。

依黃氏的學説,上古音系比中古音系簡單很多。每一個韻部不能同時具備洪細音:有開合者不能有齊撮,有齊撮者不能有開合。有些韻部有開無合,有些韻部有合無開,有些韻部有齊無撮。現在參照他的《與友人論小學書》和《音略》,叙述各韻的開合洪細如下:

---

① 時間約在 1935 年左右。

②《唯是月刊》第三期,黃侃《與友人論小學書》第 11 頁。

③ 戴氏幽侯不分,屋覺不分。參看《聲類表》卷三。

陰聲	入聲	陽聲
—	屑（合開細）	先（合開細）
灰（合洪）	没（合洪）	痕魂（合開洪）
歌戈（合開洪）	曷末（合開洪）	寒桓（合開洪）
齊（合開細）	錫（合開細）	青（合開細）
模（合洪）	鐸（合開洪）	唐（合開洪）
侯（開洪）	屋（合洪）	東（合洪）
蕭（開細）	—	—
豪（開洪）	沃（合洪）	冬（合洪）
咍（開洪）	德（合開洪）	登（合開洪）
—	合（開洪）	覃（開洪）
—	帖（開細）	添（開細）①

這是古本韻學説的邏輯結果，因爲從一等韻中找出古本韻來就必然是洪音，從四等韻中找出古本韻來就必然是細音，絕不可能兼備洪細。有些古本韻只有開口字（如咍），就不容許再有合口；有些古本韻只有合口字（如灰），就不容許再有開口。黄氏自己講得很清楚②：

段君能分支脂之爲三類而不得其本音……謹案："支"之本音在齊韻，當讀爲"鞮"；"脂"之本音在"灰"韻，當讀如"磓"（脂韻古皆合口，前人已多言之③）；"之"之本音在咍韻，當讀如"臺"。今之所以溷

① 這個表見於《音略》和《與友人論小學書》。後者於合帖覃添衹注洪細，不注"開"字。
② 《唯是月刊》第三期，黄侃《與友人論小學書》第13頁。
③ 段玉裁自己也這樣説。他説："第十五部之音，脂讀如追，夷讀如帷，黎讀如纍，師讀如雖，全韻皆以此求之。"見《答江晉三論韻》，在江有誥《音學十書》卷首。

者,以"支"由本聲爲變聲,遂成變韻;"脂"由本聲爲變聲,復由合口爲開口,由洪音爲細音;"之"由本聲爲變聲,復由洪音爲細音。於是"支、脂、之"皆同爲開口細音,斯其分介不憭矣。

黄氏在教人讀古音的時候説:"當知變音中之本聲字,改從本音讀之。其變聲字當改爲本聲,而後以本音讀之。"①他把東韻第二類列成一個表,現在爲了節省篇幅,不照錄原表了,衹引申其意來説明一下。所謂"變音中之本聲字,改從本音讀之",例如東韻撮口呼去聲"趮"字(香仲切)屬曉母,曉母是古本紐(本聲),但仍要改讀如"烘"(呼東切),因爲東韻撮口呼是變韻,去聲韻也是變韻。又如"穹"字(去宫切)屬溪母,溪母是古本紐,但仍要改讀爲"空",因爲讀去宫切則屬撮口呼,仍非本音。所謂"其變聲當改爲本聲,然後以本音讀之",例如"雄"(羽弓切)屬于母(喻三),"融"(以戎切)屬喻母(喻四),都是變紐(變聲),應先改成本紐影母,然後以一等音(本音)讀之,"雄、融"都讀如"翁"。由此類推,"窮"(渠弓切)屬群母,應先變成溪母,然後讀如"空";"中"屬知母,"終"屬照母,都應先變成端母,然後讀如"東"。他講到古聲紐的時候,也採用了同樣的原則。現在衹舉舌音爲例:

舌音

端,本聲。單,都寒切,古今同。驒,都年切,聲同韻變,古音亦讀如單。

知,此端之變聲。邅,張連切,聲韻俱變,古音當讀如亶平聲,亦即讀如單。

照,此亦端之變聲。旃,諸延切,聲韻俱變。古音當讀如丹,即如單。

透,本聲。嘽,他干切,古今同。靦,他典切,聲同韻異,古音亦讀如嘽。"靦"重"靤"②,故知在此韻。

---

①《唯是月刊》第三期,黄侃《與友人論小學書》第11頁。

②"靤"是"靦"的重文,見《説文》。下文"羴"重"羶"仿此。

徹,此透之變聲。𣃘,丑善切,聲韻俱變。古音亦讀如嘽。“𣃘”從㫃聲[①],故知在此韻。

穿,此亦透之變聲。闡,昌善切,聲韻俱變。古音亦讀如嘽。

審,此亦透之變聲。羴,式連切,聲韻俱變。古亦當讀如嘽。“羴”重“羶”,故知在此韻。

定,本聲。沱,徒何切,古今同。地,徒四切,聲同韻變。古亦讀如沱,以《楚辭・天問》用韻知之。

澄,此定之變聲。馳,直離切,聲韻俱變。古亦讀如沱。

神,此亦定之變聲。蛇,食遮切。此即“它”之重文,聲韻俱變。古亦讀如沱。

禪,此亦定之變聲。垂,是爲切,聲韻俱變。古音當讀㯐平聲[②]。

泥,本聲。奴,乃都切,古今同。變韻無泥紐(除上去聲)。

娘,此泥之變聲。挐,女加切,聲韻俱變。古亦讀如奴。

日,此亦泥之變聲。如,人諸切,聲韻俱變。古亦讀如奴。

來,本聲。羅,魯何切,古今同。羅,呂支切,聲變,即羅之後出字,則古只有羅音也[③]。

這樣,在上古音系裏,“單、𧽤、旃”同音,“嘽、覘、𣃘、羴、闡”同音,“沱、地、馳、蛇、垂”同音,“奴、挐、如”同音,“羅、羅”同音。

古音之簡單化是顯然可見的。以“覘”字爲例,透母雖是古本紐,但是必須把[-ian]改爲[-an](齊齒改開口),把上聲改爲平聲,然後合於古音。至於“闡”字,則既不屬於古本紐,又不屬於古本韻,就必須改穿母爲透母,改齊齒呼爲開口呼,改上聲爲平聲,纔合乎古音了。其餘由此類推。

黄氏對於古音擬測,用不着許多理論,因爲古本紐與古本韻的理論已經包含着上古音讀在內了,例如端母爲古本紐,可見端母的讀音古今

① 㫃,於𢤱切,讀若偃。

② “㯐”即“惰”字。“惰”的平聲也是沱。

③《制言》半月刊第六期,《音論》第11—13頁。

都是[t];寒桓爲古本韻,可見寒部的讀音古今都是[an][uan]。衹有少數古本韻在今音不能讀出分別來,纔須要處理一下。他說:

> 兩本音復相溷,則以對轉之音定之。如東冬今音亦難別,然東與侯對轉,此必音近於侯也。冬與豪對轉,此必音近於豪也。試於讀"東"字時先讀"兜"字,讀"冬"字時先讀"刀"字,則二音判矣(簡言之,無異以兜翁切"東",以刀碚切"冬",但須重讀其上聲耳)。

這樣,黄氏的古音擬測應如下表:

古音十九紐:

深喉音①	淺喉音	舌音	齒音	脣音
影○	見 k	端 t	精 ts	幫 p
	溪 kh	透 th	清 tsh	滂 ph
	曉 x	定 d	從 dz	並 b
	匣 h	泥 n	心 s	明 m
	疑 ng	來 l		

古韻二十八部:②

陰聲	入聲	陽聲
—	屑 iat、yat③	先 ian、yan④
灰 uei	没 uet	痕魂 en、uen
歌戈 o、uo⑤	曷末 at、uat⑥	寒桓 an、uan

① 深喉、淺喉之分,依照錢玄同《文字學音篇》第30頁。

② 黄氏以《廣韻》某韻爲古本韻時,即以《廣韻》讀該韻之音爲古本音(有特别聲明者除外)。他以《廣韻》爲今音,即認爲與現代北方音没有分别。

③ 依黄氏"古本音表"(《與友人論小學書》)看來,入聲分别配陽聲-ng、-n、-m。今依錢玄同的說法,把入聲擬成-k、-t、-p三類。

④ 黄氏以"寒、桓、賢、玄"爲四呼(見上文所引)。"寒、桓"是寒部字,"賢、玄"是先部字。所以寒部是an、uan,先部是ian、üan。黄氏並不要求兩個韻部之間的主要元音有分别,衹要洪細不同就行了。餘仿此。

⑤ 黄氏以歌麻合爲阿攝,讀爲o、uo等,不讀a、ua等,另有靄攝纔讀a、ua等。

⑥ 黄氏同意章炳麟泰部讀a,那就没有-t尾,與入聲韻說有矛盾,今依錢玄同的入聲定義,擬成有-t尾。其實黄氏將章氏泰部讀a之說用於《廣韻》,所以靄攝讀a。

齊 i、yi	錫 ik、yk	青 ing、yng
模 u	鐸 ok、uok	唐 ang uang
侯 ou	屋 uk	東°ung
蕭 iau	—	—
豪 au	沃[a]uk	冬[a]ung
咍 ai	德 ek、uek	登 eng、ueng①
—	合 ap	覃 am
—	帖 iap	添 iam②

二

黄侃的古音學説,在當時大受推崇。他的老師章炳麟説:"黄侃云:'歌部音本爲元音,觀《廣韻》歌戈二韻音切,可以證知古紐消息。如非敷奉微知徹澄娘照穿牀審禪喻日諸紐,歌戈部中皆無之,即知古無是音矣。'此亦一發明。"③他的師兄劉申叔(師培)説:"是皆夔曠所未傳,吕忱李登之所忘闕,自非耳順,性與天通,孰能與此?"④他的師弟錢玄同在北京大學講文字學音韻部分,完全採用黄説,以爲黄氏古紐學説"較之錢(大昕)章(炳麟)所考,益爲精確"⑤,又以爲"章君之圖(按:指"成均圖")於入聲分合原未盡善,黄氏據《廣韻》之古本韻以補正之,證據精確,殆可作爲定論"⑥。但是據説黄氏晚年並不滿意他中年時代的著作(《音略》初

① 表中的 e,一律讀如英文 attempt 中的 a。

② 爲了印刷的方便,不用國際音標。在本文中,k、t、ts、p 後面的 h 表示送氣,h 表示與 x 同部位的濁音,ng 表示與 g 同部位的鼻音,y 表示與 i 同部位的圓脣音,等於法文的 u,韻頭 y 等於法文 lui 中的 u。

③ 章炳麟《菿漢微言》第 68 頁,《章氏叢書》浙江本。

④ 劉申叔《音論序贊》,見《制言》半月刊第六期。

⑤ 錢玄同《文字學音篇》第 30 頁。

⑥ 同上,第 31 頁。

次發表在《國學卮林》雜誌[1]，時在1920年，《與友人論小學書》發表在《制言》半月刊，也在1920年，黃氏當時三十四歲）。汪辟疆在《悼黃季剛先生》一文中說："舊撰《音略》《文心雕龍札記》皆非其篤意之作，有詢及之者，心輒不懌，蓋早已芻狗視之矣。"[2]殷孟倫先生在《音略跋》中說："閒嘗請於先生欲觀其真，先生謙讓未遑，以爲少作不足存。"[3]我想他很可能是不滿意，但是他的古音學說衹發表在中年時代，而這個學說至今在學術界還有一定的影響。我們衹好根據他中年時代的著作來敘述和評論了。

黃侃的古音學說有兩個貢獻：第一是照系二等和照系三等分屬不同的古紐；第二是入聲韻部獨立。

黃氏古紐學說遠勝其師，這並非由於他比章氏減少了兩個古紐（這反而是他的缺點），而是由於他採用了陳澧《切韻考》的分析，把照系分爲照穿神審禪和莊初牀疏兩類。尤其值得稱贊的是他把照系三等歸到古端系，照系二等歸到古精系。錢大昕說："古人多舌音，後代多變爲齒音，不獨知徹澄三母爲然也。"[4]齒音在這裏指正齒（照系），不指齒頭（精系）。但是，照系如果不分爲兩類，那麼，或者把所有的正齒字一概歸併到古端系去，或者如章炳麟所做的一樣，保留照穿牀審禪作爲古本紐，而把精清從心邪歸併入正齒[5]。這兩種做法都不能解決問題。實際上，古音衹有照系三等和端系相通，錢大昕所提到的"種舟周至支專"等，都是照系三等字，沒有一個照系二等字。可見衹要把照穿神審禪歸入古端透定中去就够了。從諧聲偏旁看，照系二等字和精系字關係很深：宗聲有崇、衰聲有蓑（衰即古蓑字）、𡿧（即災）聲有菑、辛聲有滓、則聲有廁有側、且聲有助、此聲有柴、才聲有豺、齊聲有齋、秦聲有臻、辛聲有莘、節聲有櫛、戔聲有棧、巽聲有撰、肖聲有稍、倉聲有創、相聲有霜、朿聲有策、秋聲有愁、

---

① 當時衹發表了一部分，後來在《華國月刊》也衹發表一部分。到他逝世後（1935年），《音略》纔全文由《制言》半月刊發表。

② 《制言》半月刊第四期。這裏附帶說一說，《文心雕龍札記》的價值要比《音略》的價值高得多。

③ 《制言》半月刊第六期。

④ 錢大昕《養新錄》卷五第116頁，商務印書館1957年。

⑤ 章炳麟《國故論衡》第5頁，《章氏叢書》浙江本。

聚聲有驟、叟聲有搜、參聲有滲、妾聲有霎等等，不勝枚舉。徐邈《毛詩音》把“驟”注作在遘反，爲顏之推所譏[①]；其實以“在”切“驟”，正是合乎古音。當然，照系三等古音是否完全與端系相同，二等古音是否完全與精系相同，還須進一步考慮（見下文），但是照系三等與端系相近，照系二等與精系相近，則是可以肯定的。因此，在一定程度上，黃侃對照系的看法是正確的。

入聲韻部獨立不從黃侃開始。戴震《聲類表》分古韻二十五部，其中有入聲九部；姚文田《古音諧》分古韻十七部，另立入聲九部；劉逢禄《詩聲衍》（未成書，但有序及條例等）分古韻二十六部，其中有入聲八部。但是，黃侃的入聲概念和戴震等人的入聲概念大不相同。戴、姚、劉等人所謂入聲韻部，是不包括去聲字的。黃侃接受了段玉裁古無去聲的學說，把大部分去聲字歸入入聲。段玉裁說平上爲一類，去入爲一類，黃氏繼承了段氏觀點，索性把平上合併、去入合併。黃氏生在王念孫、江有誥、章炳麟之後，知道了至部、隊部、泰部都是去入韻，由此類推，他的錫部、鐸部、屋部、沃部、德部也該都是去入韻了。從去入爲一類這一點上看，他和朱駿聲比較接近。凡諧聲偏旁爲入聲字者，朱氏一律歸入“分部”，如辱聲有耨，“耨”字雖是去聲字，古音應屬需韻（住）的“剝分部”。朱氏分古韻爲十八部（段氏十七部加泰部），此外還有十個“分部”。“分部”實際上等於入聲韻部，“分部”兼屬陰陽，正像黃氏入聲兼配陰陽。但是黃氏比朱氏做得更徹底，他乾脆把入聲韻部獨立起來，讓它和陰聲、陽聲鼎足三分了。

黃氏以去入爲一類，同歸上古入聲，這是和段氏“同諧聲者必同部”的原理相符合的。如之部“亟識植”、侯部“讀”、支部“易”、魚部“莫度”等既讀去聲，又讀入聲。又如式聲有試、意聲有億、益聲有縊、各聲有路等去入互諧的字也不勝枚舉。這都證明去聲和入聲爲親屬，而黃氏以去入合併是有他的理由的。

---

① 《顏氏家訓・音辭》。

入聲韻部獨立爲什麼是比較合理的呢？衹要從古音擬測上考察，就知道了。從孔廣森、王念孫起，收-p 的韻部已經獨立起來，到了章炳麟，收-t 的韻部也完全獨立了，衹缺少收-k 的韻部，這樣，收-ng 的陽聲韻部就没有入聲和它們對應。再說，假定上古没有收-k 的底子，到中古也不能憑空生出個-k 尾來。如果說上古的之幽宵侯魚支六部全都收-k 尾或-g 尾（高本漢基本上就是這樣做的），那樣在語音發展規律上算是講得通，但是上古漢語閉口音節那樣多，開口音節那樣少，却又不近情理[①]。因此，入聲韻部一律獨立是比較合理的。

章炳麟曾經解釋之幽宵侯魚支六部入聲不應獨立的理由。他說[②]：

> 顧君（按：指顧炎武）以藥覺等部悉配陰聲，徵之《說文》諧聲，《詩》《易》比韻，其法契較然不移。若"藐"得聲於"貌"，"茇"（按：即"沃"字）得聲於"芺"，"㾂"（按：即"療"字）得聲於"樂"，"試"得聲於"式"，"特"得聲於"寺"，"蕭"得聲於"肅"，"賣"得聲於"賣"（按：余六切），"博縛"得聲於"尃"，"錫"得聲於"易"，兹其平上去入皆陰聲也，遽數之不能終其物。

從諧聲偏旁看之幽等六部陰聲與入聲的分野，的確有些麻煩，但是並不像章氏說的那樣嚴重。先就諧聲字來說，章氏所舉"藐"得聲於"貌"、"㾂"得聲於"樂"、"試"得聲於"式"、"賣"得聲於"賣"、"錫"得聲於"易"，都是去入互諧，不能成爲入聲必須與平聲合併的理由。衹有"茇"得聲於"芺"（烏皓切，"芺"又得聲於"夭"），"特"得聲於"寺"（"寺"聲又有"時"），"蕭"得聲於"肅"，"博縛"得聲於"尃"，比較難於解釋。但是諧聲雖然原則上同部，也不是没有一些例外，因爲諧聲時代早於《詩經》時代，若干偏旁已經有了變讀，衹要聲母相同，主要元音相同，也就能成爲諧聲，如旦聲有怛（曷部），"禺"聲有"顒"（東部），可認爲陽聲與入聲對轉，陰聲與陽聲對轉，不必以"怛"歸寒部，以"顒"歸侯部。這樣，如果以"沃"入沃部而

① 王力《上古漢語入聲和陰聲的分野及其收音》，見《龍蟲並雕齋文集》一。

② 章炳麟《國故論衡上》第 21 頁。

以“夭”入豪部,以“特”入德部而以“時”入之部[①],以“肅”入覺部而以“蕭”入蕭部,以“博縛”入鐸部而以“尃”入模部,也未嘗不可。

入聲韻部獨立後,對《詩經》押韻的解釋,也遭遇到一些麻煩。在《詩經》開卷第一篇《關雎》裏,我們就遇到“芼”和“樂”押韻。此外如《大雅·緜》叶“止右理畝事”,而《大雅·崧高》叶“事式”,“事”若歸之部則《崧高》押韻不够和諧,歸德部則《緜》押韻不够和諧。在這種地方有兩種可能的解釋:一種解釋是認爲一種不完全韻(assonance),如以 mau(芼)與 lauk(樂)互押[②];另一種解釋是認爲存在着一字兩讀的情況,如“芼”既可以讀 mau,又可以讀 mauk[③]。前幾年我傾向於前一種解釋,現在我傾向於後一種解釋。江有誥主張古四聲不同於今四聲,事實上正是承認一字兩讀。不過他常常以入爲去,如於《關雎》的“樂”字注云“去聲”,而我却認爲應該以去爲入,如於《關雎》的“芼”字應注云“入聲”。

以上對於諧聲字和《詩經》的解釋,都衹是我的意見,未必就是黄侃的看法。也許黄侃當時把問題看得很簡單,没有考慮過這些複雜的問題。但是,如果不對這些問題作出答案,就會被章炳麟的話所駁倒。我們既然支持黄氏入聲韻部獨立的學説,就不能不爲他辯護一番。

這裏附帶談一談黄氏古韻學説的師承。黄氏説他的古韻分部“皆本昔人,未嘗以己見加入”[④]。他説齊模豪先東覃六部爲鄭庠所立,歌青唐登四部爲顧炎武所立,蕭寒添三部爲江永所立,屑没錫鐸屋沃德合帖九部爲戴震所立,灰侯咍痕四部爲段玉裁所立,冬部爲孔廣森所立,曷部爲王念孫所立。他這種説法是有毛病的:不但不能幫助人們瞭解他的師承,反而模糊了人們對他的古韻學説的認識。其實應該以黄氏二十八部收字的範圍爲標準,不應該簡單地以韻部的名稱爲標準。黄氏在這裏兩個標準同時並用,這是違反邏輯的。如果以黄氏二十八部收字的範圍爲

---

① “寺”字亦當入之部。《詩經·大雅·瞻印》叶“誨寺”。
② 依照我在《漢語史稿》的擬音。
③ “芼”字甚至可能衹有 mauk 音。
④ 見《制言》半月刊第六期,黄侃《音略》。

標準，我們衹能説歌青唐登四部爲顧氏所立，寒部爲江氏所立，覃談合帖四部爲戴氏所立，痕部爲段氏所立，東冬兩部爲孔廣森所立，先屑曷三部爲王氏所立，灰没兩部爲章氏所立，哈蕭豪侯魚齊德沃屋鐸錫十一部爲黄氏自己所立。

爲什麽不能説齊模豪先東覃六部爲鄭庠所立呢？因爲鄭庠的韻部太大了，又不能離析《廣韻》，没有一個韻部合於古韻的要求。黄氏把宋代的鄭庠抬出來，實在最没有道理。其次，爲什麽不能説蕭添兩部爲江氏所立呢？因爲入聲韻部尚未從蕭添分出（江氏雖分入聲八部，但他所謂入聲不包括去聲），而侯又併入於蕭。爲什麽不能説屑没錫鐸屋沃德七部爲戴氏所立呢？上文説過，戴氏這些韻部並不包括去聲，與黄氏的入聲韻部大不相同。衹有合帖兩部和去聲没有關係，所以戴黄纔一致了。爲什麽不能説灰侯哈三部爲段氏所立呢？也是因爲入聲韻部尚未從灰侯哈分出。覃添爲戴氏所立（與合帖分開），東爲孔廣森所立（與冬分開），先屑爲王念孫所立（段氏先屑混合），黄氏反而没有提到。隊部獨立（黄氏的没部）是章氏得意之作，黄氏對他的老師這一個大貢獻完全不提，也欠公平。錢玄同説黄氏古韻二十八部“大體皆與章説相同，惟分出入聲五部（錫鐸屋沃德）爲異”①。這話要比黄氏的話簡明扼要得多，而且確當得多。黄氏對古韻分部有他的創造性（五個入聲韻部從五個陰聲韻部分出），他完全歸功於前人，反而不合事實。

黄氏古音學説雖然有上述的兩個優點（照系二等與三等分立，入聲韻部獨立），但是由於他研究工作缺乏科學方法，以致他的學説存在着嚴重的錯誤。錯誤的原因可以概括爲兩點：第一是在作出結論時違反了邏輯推理的原則，第二是對語音發展的規律缺乏正確的瞭解。

人們不止一次地批評過：黄氏以古本紐證明古本韻，又以古本韻證明古本紐，陷於循環論證的錯誤②。表面上證據確鑿，實際上不能説明任

① 錢玄同《文字學音篇》第 31 頁。

② 參看王力《漢語音韻學》，張世禄《中國音韻學史》下册 316 頁。

何問題。黄氏心目中先有三個成見:第一是他的老師章炳麟的古音二十一紐和古韻二十三部,第二是戴震的古韻二十五部,第三是段玉裁古無去聲説再加上他自己的古無上聲説。他的研究過程實際上是主觀的演繹,而不是客觀的歸納。他是從原則出發,先有了一個結論,然後企圖以材料去證明他的結論。他先從等韻中尋找"變紐"所在的等列,而這些"變紐"絕大多數是錢大昕、章炳麟所已經證明了的。他發現"變紐"都出現在二、三等,於是以爲一、四等韻都是古本韻;反過來又企圖證明這些古本韻裏所没有的聲母都是"變紐"。這樣循環論證,就引出了很不合理的結論。

黄氏强調聲母與韻母的連帶關係,以爲"古聲既變爲今聲,則古韻不得不變爲今韻",他把紐韻關係説成是"二物相挾而變"。在語音發展史上,這個理論能不能成立呢?我們承認,聲母發音部位可以成爲韻母分化的條件,例如現代廣州話寒韻舌齒音字讀-an,而喉牙音字讀-on(吳方言有類似的情況);韻母的發音部位也可以成爲聲母分化的條件,例如現代北京話見母在i、y前面變了tj-,在其他情況仍保存着古代的k-。但是這些條件都衹是可能的,而不是必然的。因此,北京話寒韻字並没有分化爲-an、-on,廣州話見母字也並没有分化爲tj-、k-。再説,作爲分化的條件,無論聲母韻母的演變,都是有道理可以説明的,例如寒韻舌齒音與-an結合,是因爲舌齒音是前腭輔音,和前元音a的部位接近,而喉牙音是後腭輔音,則和後元音o的部位接近。又如見母在i、y前面演變爲tj-,是因爲tj-的發音部位和i、y的發音部位幾乎是相同的,其他元音就很難和tj-結合了。黄侃的理論不是這樣。他不能説明,爲什麼群母一定是後起的聲母,而且一定是由溪母變來的;我們尤其不明白,見溪兩母既是古本紐,爲什麼有些見溪母字也受了群母的拖累,跑到變韻裏去了。我們必須找出事物發展的内在聯繫;如果講不出發展的條件來,空談"二物相挾而變"是無濟於事的。

《切韻》(後來是《廣韻》)作爲後代的材料,我們能不能從中證明古音的消息,這也是值得討論的問題。當然,語音的演變是富有系統性的,後代語音系統在一定程度上也反映着上古的語音系統。問題在於古本韻的概念。這個概念在黄氏的著作中始終是模糊的。是陸法言深明古韻，有意識地把這些古本韻獨立成部呢，還是後代語音系統反映古音系統呢？若説是陸法言深明古韻，有意識地把這些古本韻獨立成部，這是不可能的，因爲陸法言還不能像清儒那樣科學地研究古音；若説是後代語音系統反映古音系統，黄氏却又否定了等韻兩呼八等的可能性。他把一等韻與二等韻的實際讀音等同起來，三等韻與四等韻的實際讀音等同起來，所謂變韻，在洪細的分別上還好理解（如東二爲東一的變韻，仙爲寒桓的變韻），在洪細相同的情況下（如删山爲寒的變韻，肴爲豪的變韻，鹽爲添的變韻）就不好瞭解了。如果二等讀同一等，三等讀同四等，就無所謂變韻；如果二等不讀同一等，三等不讀同四等，那又該讀什麼音呢？黄氏不是主張開合洪細（開齊合撮）之外不可能有其他的音嗎？

我在《漢語音韻學》中批評説：

> 所謂古本紐（例如幫）與變紐（例如非）在古代的音值是否相同呢？如不相同，則非不能歸併於幫，亦即不能減三十六紐爲十九紐①；如古代非、幫的音值相同，則幫紐可切之字，非紐何嘗不可切呢？……我們不信黄氏的説法，這也是一個强有力的理由。

對於古本韻和變韻，也可以這樣説。如果古本韻與變韻在上古音值不相同，就不能合併爲二十八部；如果音值相同，則古本韻之外怎麼能有變韻呢？

黄氏雖然建立了古本韻之説，還不能不照顧前人研究的成果。若按没有變紐就算古本韻，則遠遠地超過了二十八部。黄氏先依段氏古無去聲的理論把去聲韻排除在古本韻之外，又按自己的主觀臆斷把上聲排除了，這樣，古本韻就大大地減少了。但是，即以平入兩聲而論，談盍兩韻

① 依黄氏學説，當云："不能減四十一紐爲十九紐。"

也没有變紐①,爲什麽不算古本韻呢?這因爲前人於談添都不分,盍帖都不分,黄氏就不敢擅自把它們分開。這是他的謹慎處,但同時也使他不能嚴格遵守他自己所立的原則。

黄氏去世後,《制言》半月刊第八期發表了《談添盍帖分四部説》,標明是"黄季剛先生遺稿,孫世揚録"。人們因此認爲這是黄氏晚年的主張,其實是誤解。孫世揚在附記裏説:"右表及説皆黄先生民國七年所作。先生論古音先分二十八部,至是加分談盍爲三十部。其後《國學巵林》《華國月刊》並載先生所撰《音略》,其中古韻仍舊爲二十八部。不知《音略》之作在何時也。世揚得此稿十餘年,既不能引申師説,亦不知先生晚年定論云何。"按:民國七年(1918)時黄氏只有三十二歲,不能説是他晚年的主張。既然黄氏早年就有三十部的主張,爲什麽後來還讓《國學巵林》《華國月刊》發表他的《音略》,《唯是月刊》發表他的《與友人論小學書》而不加以補正呢?這始終是一個謎。如果黄氏真的把談添盍帖分爲四部,當然彌補了他理論上一個缺陷,但是,談添盍帖四部分立的證據也是不充分的,韻文材料既少,諧聲關係又犬牙交錯。我們讀了《談添盍帖分四部説》以後,覺得説服力不强。

依段王等人的研究結果,幽部(蕭部)是有入聲的。黄氏拘於古本韻的理論,在幽部入聲中找不出古本韻,衹好犧牲了這個古韻部(覺部)。如果這些字不算入聲,那就不合乎語言事實;如果是入聲而不獨立出來,就破壞了陰陽入三分的大原則。我們在上文把陰陽入三分(入聲獨立)作爲黄氏的優點提出來,但若覺部不獨立,這個優點也得大大地打折扣。據説黄氏晚年頗想改古韻爲二十九部(二十八部加覺部)②,那就合理得多,但是古本紐與古本韻的理論却又因此被推翻了。

有人爲黄氏學説的"巧合"所迷惑,以爲黄氏從古本韻學説所得出的古韻二十八部跟前人所得的結果適相符合,總還有些道理。其實即使是

---

① 談盍是一等韻,應該没有變紐。今本《廣韻》上聲敢韻有"灁",賞敢切,入聲盍韻有"譫",章盍切,都是"後人沾益"(黄氏原語)。《切韻》殘本和王仁昫《刊謬補缺切韻》都没有這兩個字。

② 參看張世禄《中國音韻學史》下册第281頁。

巧合也不能認爲是科學的定論，何況連巧合也談不上呢？如上文所說，從古本韻理論得不出覺部來，這已經是一個大漏洞。此外還有東部和歌部的古本韻也是不合標準的。《廣韻》的東韻和戈韻都有三等字，也就是都有變紐，黃氏衹好把東韻分爲兩類，戈韻分爲三類，各以其中一類爲古本韻。這是削足適屨的辦法，還有什麼巧合可言呢？

由上所述，黃氏的理論在邏輯上毛病百出，根本不能成爲理論。有人會問：錯誤的理論爲什麼能引出一些正確的結論來呢？實際上，黃氏的一些正確的結論並不是從他的古本紐、古本韻互證的錯誤理論引出來的。照系二等和三等分立，本來是陳澧所證明了的，黃氏進一步從實際材料中證明照系三等和古端系爲一類，二等和精系爲一類，這是合乎科學方法的。入聲韻部的獨立本來不是黃氏的創見，但是黃氏善於把戴震的入聲九部和段玉裁去入爲一類的學說結合起來，得到了新的結論。假定黃氏没有建立古本紐、古本韻互證的理論，也同樣地能得出這些結論，甚至比他所實際達到的學術水平更高一些，因爲覺部如果獨立了，入聲韻部的體系就更完整了。

黃氏對語音發展的規律缺乏正確的瞭解。首先是關於變的看法。語音的演變，是由簡單到複雜呢，還是由複雜到簡單呢？這要看具體的歷史情況，不能一概而論。發展固然意味着由簡單到複雜，但是複雜有多方面的因素，例如現代北京話的聲母系統和韻母系統比起中古音系來是簡單化了，但是輕音、兒化的複雜性則是空前的。語音的簡化，又可以從詞彙的複音化得到補償。如果設想語音系統越古越簡單，先秦時代的漢語衹有極貧乏的聲母、韻母系統，那就想得太天真了。試舉唐部爲例，就可以看黃氏把古音簡單化到了什麼程度。依照江永《四聲切韻表》，這一部平上去三聲共有二百十七個音（以二百十七個字爲代表）[①]，而黃氏簡化爲二十四個：

---

① 在這二百十七個字中，應該除去一些僻字和兩讀的字。這裏衹是想要說明江、黃古音學說差別之大，不必要求嚴格的數字。

影(于喻)ang 央鞅怏,陽養漾,佒坱盎,英影映。

uang 枉,王往迋,汪湗汪,永詠。

見kang 姜繈,岡巤焵,庚梗更,京境竟。

uang 桂獷誑,光廣廣,觥礦,憬。

溪(群)khang 羌硗哓,強彊弶,康慷抗,阬,卿慶,鯨競。

khang 匡恇眶,狂俇狂,骲廰曠,筶,憬。

曉xang 香響向,炕夯,亨。

xuang 怳況,荒慌,兄。

匣hang 杭沆吭,行杏行。

huang 黄晃潢,横横。

疑 ngang 仰軥,昂駠枊,迎迎。

端(知照)tang 張長帳,章掌障,當黨當,趟。

透(徹穿審)thang 倀昶悵,昌敞倡,商賞餉,湯儻盪,瞠。

定(澄神禪)dang 長丈杖,常上尚,唐蕩宕,棖。

來 lang 良兩亮,郎朗浪。

泥(娘日)nang 娘釀醸,穰壤讓,囊曩儾。

精(莊)tsang 將獎醬,莊傸壯,臧駔葬。

清(初)tshang 鏘搶嗆,創磢刱,倉蒼槍。

從(牀)dzang 墻篣匠,牀狀,藏奘藏,傖。

心(邪疏)sang 襄想相,詳像,霜爽,桑顙喪。

幫(非)puang[1] 幫榜謗,祊併榜,方昉放,兵丙柄。

滂(敷)phuang 滂髈膌,烹,芳紡訪。

並(奉)buang 旁傍,彭矙,房防,病。

明(微)muang 茫莽漭,盲猛孟,亡罔妄,明皿。

在這一個韻部中,黄氏所定的音比江永所定的音簡化了九倍,實在是令人吃驚的。前人雖也説古讀“英”如“央”,讀“行”如“杭”等(嚴格地説,那

① 黄氏認爲脣音字都屬合口。

也是不對的,理由見下文),那衹是把庚韻讀入陽唐而已。黄氏拘於古本韻之説,不但庚韻被認爲變韻,連陽韻也被認爲變韻[1],於是必須做到“英”讀如“泱”(烏郎切),“良”讀如“郎”,“姜”讀如“岡”,“將”讀如“臧”,等等,纔算合乎古韻。關於古紐,他也要求人們讀“長”如“唐”,讀“商”如“湯”,等等。關於聲調,由於他否定了上古的上聲和去聲,他也要求人們讀“掌”如“當”,讀“永”如“汪”,等等。他這種做法是嚴重地違反了歷史語言學原則的。歷史語言學中有一個很重要的原則是:在相同的條件下,不可能有不同的變化。因此,凡發音部位相同的語音總是朝着同一個方向演變,凡同音的字到了後代一般也總是同音[2]。如果古音像黄侃想象的那樣簡單,後代就没有分化的條件了。現在分聲母、韻母、聲調三方面來討論。

聲母方面,前人所謂古音舌上歸舌頭,輕脣歸重脣,娘日歸泥等,都還要仔細分析。這裏有兩種情況:一種是聲母相同,韻母不同,例如知徹澄娘在上古是 t、th、d、n,與端透定泥無别,但是由於知徹澄娘主要是三等字,其韻頭是 j、jw,而端系字或者没有韻頭,或者韻頭是 i、iw[3],既然上古讀音有了差别,後代就有可能分化成爲兩類聲母。又如非敷奉微在上古是 p、ph、b、m,與幫滂並明無别,但是由於非敷奉微是三等合口字,其韻頭是 jw,而幫系字没有這種韻頭,也就形成了分化條件。另一種情況是聲母相似而不相同,例如照穿神審禪日在上古就不可能是 t、th、d、n,否則它們與知徹澄娘就没有分别了(因爲大家都是三等),我想它們在上古可能是 tj、thj、dj、sj、zj、nj[4]。又如莊初牀疏,上文説過,黄氏把它們歸到精系一類去是對的。但是莊初牀疏在上古也不可能讀 ts、tsh、dz、s,因爲在某些古韻部中,莊系與精系同時在 ĭ、ĭw 前面出現(如之部的“事字”,

---

① 錢玄同解釋説:“陽,唐之變韻,由開合呼變爲齊撮呼。”

② 其中有極少數例外是受外因的影響。有受文字影響的,如現代北京話讀“埍”爲“絮”,是受胥聲的影響。有文言、白話的分别,如溪母開口字在廣州較文的字讀 kh-,較白的字讀如英文的 h-。也有方言的影響。

③ 關於聲母與韻母的擬音,依照拙著《漢語史稿》。這些擬音不都是定論。下仿此。

④ j 表示舌前面音。

魚部的“沮初”)。現在我們把莊初牀疏暫定爲 tzh、tsh、dzh、sh①。這裏附帶講一講,黄侃以喻于歸影是毫無道理的。曾運乾以于(喻三)歸匣,以喻(喻四)歸定,其説比較可從。于母(喻三)歸匣毫無問題,匣母正缺三等,可以互補。其實一直到《切韻》時代,喻三與匣仍然不分(如雄,羽弓切)。至於喻四歸定,就衹能瞭解爲近似,不能瞭解爲相同。喻四在上古可能是 d 與 tj-部位相當的一種閃音,也可能不止一個來源。

韻母方面,我們絶對不能同意黄氏簡單化的作法。每一個古韻部都應該有洪有細,而不是像黄氏那樣造成洪細互相排斥。我們没有任何理由説明“將”字古讀如“臧”而不讀細音,反證倒是有的,“將”字即良切,而“即”字正是屬於細音(屬於黄氏的屑部)。許多韻部都有開有合,特别是脂部(黄氏所謂灰部),不能衹有合口呼,没有開口呼。四個等也應區别清楚。黄氏不瞭解分等的意義,以致認爲不可能有四等。其實不但中古有四等,上古也有四等,不過不須要擺出“等”的名稱罷了。章炳麟説:“齊部字雖雜有支脂,而以從支流入者爲多,應直稱支爲得。”②這個爭論是多餘的,要緊的是從古音中區别支齊,因爲支屬三等,應爲 je、jwe,齊屬四等,應爲 ie、iwe。前人説“英”讀如“央”也不對,“英”與“央”在中古既有分别,上古也該不同。我以爲“英”在上古屬四等,後來纔轉入三等。

黄氏的變韻概念又是前後矛盾的。古本韻可以各有變韻,例如魚爲模的變韻,虞爲模侯的變韻,但是兩個變韻如果開合洪細全同,實際讀音是不是一樣呢?照上文所引,黄氏説“開合洪細雖均,而古本音各異,則亦不能不異”,可以瞭解爲實際讀音一樣。錢玄同也説:“魚,模之變韻,由合口呼變爲撮口呼。虞,模侯二韻之變韻,模由合口呼變爲撮口呼,侯由本音變同模韻之撮口呼。”③但是黄氏又説:“兩變韻之相溷,以本音定之。如魚虞今音難别,然魚韻多模韻字,此必音近於模也;虞韻多侯韻

---

① tsh 等於英文的 ch,tzh 等於英文不送氣的 ch,dzh 等於英文的 j,sh 等於英文的 sh。

② 章炳麟《與黄永鎮書》,見黄永鎮《古韻學源流》卷首。

③ 錢玄同《文字學音篇》第 23 頁。

字,此必音近於侯也。"[①]這樣,實際讀音又不一樣了。再者,虞韻既有一部分字古歸模,古音又與魚相同,何以不以這一部分字一併歸魚呢?這也是無法解釋的。

聲調方面,我們也不能同意黃氏古無上去的看法。假定上古衹有兩聲,後代憑什麼條件分化爲四聲呢?中古四聲分化爲現代某些方言的八聲,是以清濁音爲分化條件的。廣州陰入分爲兩聲,是以長短音爲分化條件的。上古如果衹有兩聲,我們找不出分化條件來。實際上所謂平入兩聲就等於取消了聲調,因爲讀入聲的音節(收-k、-t、-p 的)不可能讀平聲,而讀平聲的音節(收元音和-ng、-n、-m 的)不可能讀入聲。

段玉裁說去入爲一類是對的,說古無去聲就有問題了。所謂古無去聲,其實是古有兩種入聲:一種是長入,後來變爲去聲;另一種是短入,後來保持入聲。之幽宵侯魚支六部的去聲字,凡諧聲或先秦押韻與入聲相通的,都該是長入,至於諧聲或先秦押韻與平上聲相通的,都該是上聲。

黃氏說古無上聲,並没有有力的證據。他的《詩音上作平證》,是缺乏說服力[②]。《詩經》單句本來可以不押韻,黃氏所引《采蘩》的"沚之事",《柏舟》的"舟流憂酒游",《日月》的"諸土處顧",《谷風》的"菲體違死",等等,其中的"之酒諸違"等都可以認爲不入韻,段玉裁正是這樣處理的。黃氏認爲《谷風》叶"遲違爾畿薺弟",其實當依段氏,"爾"字不入韻,"薺弟"算轉韻。黃氏以爲《北門》叶"我我我爲何",其實當依段氏,以"敦遺摧"爲韻,"爲何"爲韻。當然,平上互押的地方也不是没有,如《小星》的"昴裯猶",《野有死麕》的"包誘",《定之方中》的"虚楚",等等。但是漢語的民歌從來就有平仄互押的傳統,我們決不能因爲互押了就否定平上去三聲的區别。《詩經》以同聲相押爲常,平仄通押爲變,我們決不能因此消滅了平上兩聲的界限。《詩經》裏平入通押、上入通押的地方也不少,而黃氏毅然把入聲獨立出來了,爲什麼厚於彼而薄於此呢?

---

① 《唯是月刊》第三期,黃侃《與友人論小學書》第 12 頁。

② 參看黃永鎮《古韻學源流》第 84—86 頁所引。

黄氏對於變的看法，完全是錯誤的。其次，黄氏對於本的看法，也是不合於歷史語言學原則的。

在黄氏心目中，有兩種截然不同的語音：一種是變的，一種是不變的。變的爲什麽變（在什麽條件下變），他説不出個道理來；不變的爲什麽不變，他也説不出個道理來。其實語音的發展意味着變化，不變的音畢竟是少數。先秦到現在二千多年，像黄氏想象的那樣少的變化是不合事實的，特别在韻母方面是如此。

黄氏承認陰陽對轉。錢玄同在解釋陰陽對轉的時候説："要之，陰聲陽聲實同一母音，惟有無鼻音爲異。故陰聲加鼻音即成陽聲，陽聲去鼻音即成陰聲。"①又説："入聲者，介於陰陽之間……故可兼承陰聲、陽聲，而與二者皆得通轉。"②陰陽入三聲通轉的道理被錢氏講得很清楚，但是黄侃的古本韻學説並不能很好地説明這一點。除了屑 iat：先 ian、齊 i：錫 ik：青 ing、合 ap：覃 am、帖 iap：添 iam 比較地符合對轉的道理以外，其他都不合。東$^{\circ}$ung 和冬^{a}ung 是主觀臆斷的怪音，所以侯 ou：屋$^{\circ}$uk：東$^{\circ}$ung、豪 au：沃^{a}uk：冬^{a}ung 的搭配完全是人爲的。再説，冬豪對轉也是没有根據的。孔廣森主張冬幽對轉，章炳麟主張幽與侵冬緝對轉，嚴可均併冬於侵③，主張幽侵對轉，都比較合乎實際。但是最合理的恐怕還是幽覺對轉、冬幽對轉。

黄氏把灰没痕的對轉定爲 uei：uet：en、uen 是不對的。既然痕部具備開合口，則灰没兩部也應該具備開合口。這三部都應該有細音。

黄氏把歌曷寒的對轉定爲 o、uo：at、uat：an、uan，曷寒二部比較合理（但仍應有細音），但是歌部的 o 與 at、an 元音不同，怎能對轉呢？歌部應該是 a 或 ai，我在《漢語史稿》裏擬成 a，後來在《漢語音韻》裏擬爲 ai。我認爲凡與-n、-t 尾對轉的都帶-i 尾，似乎更合乎實際。歌部亦應有細音。

---

① 錢玄同《文字學音篇》，第 11 頁。

② 錢玄同《文字學音篇》，第 11 頁。

③ 章氏晚年也主張併冬於侵，見於他所著《音論》，載於光華大學《中國語文學研究》，又見於《與黄永鎮書》，載於黄永鎮《古韻學源流》卷首。

黄氏把模鐸唐的對轉定爲 u：ok、uok：ang、uang 更是不合理了。模部不是没有開口字的，試看"者"聲有"暑"又有"著"（丁呂、陟慮、張略、直略四切），依今韻"暑"在語韻屬合三，"著"在語御兩韻亦屬合三，但"著"又在藥韻屬開三，"者"字本身在馬韻開三。"者"聲的字古音應該一律屬開口，然後陰聲和入聲纔能對應。當然，這一套韻部也跟歌灰等部一樣，應該有細音（"者"聲既有洪音的"屠"，又有細音的"暑"等）。再説，從 u：ok、uok：ang、uang 的搭配中，主要元音不同，完全看不出對轉的道理來。依黄氏的擬測，鐸部配歌倒是合適的，因爲 o、uo：ok、uok 正是整齊得很，魚部配東也是合適的，因爲 u：ung 正是整齊得很。實際上，魚部古讀 a 音已爲汪榮寶所證明①。模鐸唐的對轉應該定爲 a：ak：ang（不包括韻頭），那是毫無疑義的。

黄氏把咍德登的對轉定爲 ai：ek、uek：eng、ueng，缺點和歌曷寒的擬音是一樣的。黄氏從《切韻》系統裏尋找古本韻，勢必造成入聲與陽聲相應，而與陰聲不相應的情況。所以必須回到上古音系，然後能找出正確的答案來。黄氏的咍部擬音，跟灰部擬音一樣，是受章炳麟的影響②。楊樹達曾作《之部古韻證》，企圖證明章氏之説③。其實楊氏所有的證據都衹能證明之咍相通，到底古音之讀咍還是咍讀如之，還是一個謎。我認爲咍讀開口洪音 e，之讀開口細音 je，灰（梅等字）讀合口洪音 ue，尤讀合口細音 jwe，這樣，它的主要元音是 e，和德部的 e、je、ue、jwe，登部的 eng、jeng、ueng、jweng④，就對應上了⑤。

應該指出，如果主觀地規定某部與某部對轉，然後要求兩部主要元音相同，那就是錯誤的。如黄氏主觀地規定冬豪對轉，再規定冬讀 aung，侯讀 au，那是錯誤的。如果從《詩經》押韻和諧聲偏旁證明了對轉，然後

① 汪榮寶《歌戈魚虞模古讀考》，《國學季刊》一卷二號。

② 章炳麟《國故論衡・二十三部音準》，章氏叢書本，第 29 頁。

③ 楊樹達《之部古韻證》，見其所編《古聲韻討論集》第 119—136 頁，好望書店。

④ 這裏的 e，都等於英文 attempt 中的 a。

⑤ 參看《漢語史稿》。

肯定兩部主要元音相同,那就是合理的。以之蒸對轉爲例,《詩經·女曰雞鳴》"來、贈"互押,《大田》"螣、賊"互押,"等"從"寺"聲,"仍"從"乃"聲,證明了對轉,再肯定兩部主要元音相同,就是合理的了。

由上述的各方面看來,黄氏的"本""變"學説,可謂一無是處。他的變紐、變韻、變調是天上掉下來的,他從來不講爲什麽(在什麽條件下)發生這些變化;他的本紐、本韻、本調又是一成不變的,彷彿從先秦到現代二千多年仍然保持着原來的樣子。這種研究方法是唯心主義的研究方法。黄氏在古音學上雖然有一些貢獻,但是他在研究方法上的壞影響遠遠超過了他的貢獻。

原載《大公報在港復刊三十周年紀念文集》

現代漢語語音分析中的幾個問題

一、日母的音值問題

二、標調問題

三、漢語拼音方案和四呼的關係問題

這裏談三個問題：日母的音值問題；標調問題；漢語拼音方案和四呼的關係問題。

一、 日母的音值問題

現代漢語的日母，在漢語拼音方案中用 r 來表示；在現代漢語教科書中，用國際音標來説明日母的音值時，通常用[ʐ]來表示。漢語拼音方案用 r 來表示日母，是正確的；教科書中用國際音標[ʐ]來表示日母，則是錯誤的。日母應該是個捲舌閃音[ɽ]。1963 年，我把這個[ɽ]寫進我所寫的《漢語音韻》裏。現在我講一講日母不應該定爲[ʐ]而應該定爲[ɽ]的理由。

據我所知，現代漢語日母定爲[ʐ]，是從高本漢（B. Karlgren）開始的。在《中國音韻學研究・方言字彙》中，他把北京話“惹”標爲 ʐə、“蕊”

標爲 ʐuei、"鋭"標爲 ʐuei、"染"標爲 ʐan、"任"標爲 ʐən、"然"標爲 ʐan、"軟"標爲 ʐuan、"人"標爲 ʐen、"閏"標爲 ʐən、"仍"標爲 ʐəŋ、"攘"標爲 ʐaŋ、"饒"標爲 ʐau、"柔"標爲 ʐou、"如儒"標爲 ʐu、"戎茸"標爲 ʐuŋ、"熱"標爲 ʐə、"日"標爲 ʐʅ、"若"標爲 ʐo、"肉辱入"標爲 ʐu①。他這樣做,不是没有理由的。我想,他有兩個理由:第一,既然知、癡、詩、日四母發音部位相同,那麼,日母應該是詩母的濁音。詩母是[ʂ],日母就應該是[ʐ]了。第二,威妥瑪式的漢字譯音把日母譯成法文字母 j,如"然"澤爲 jan、"讓"譯爲 jang、"擾"譯爲 jao、"熱"譯爲 jê、"人"譯爲 jên、"日"譯爲 jih、"若"譯爲 jo、"柔"譯爲 jou、"入"譯爲 ju、"軟"譯爲 juan、"鋭"譯爲 jui、"潤"譯爲 jun、"戎"譯爲 jung。的確,現代漢語日母很像法語的 j,只不過法語的 j 不捲舌,漢語的日母捲舌。既然法語的 j 在國際音標是[ʒ]②,那麼,再加捲舌,豈不就是[ʐ]了?

我們認爲,現代漢語日母並不是[ʐ],而是個[ɽ]。理由有四:

第一,在聽覺上,它不是[ʐ]。[ʐ]是摩擦音,而日母字並不能令人有摩擦的感覺。實際上,日母也並不是摩擦發出來的音。試使一個法國人按照法語的 j 再加捲舌讀一個現代漢語普通話的日母字,像不像?很不像。許多人依照 ʐ 的發音方法來説中國話的日母字,很難聽。

第二,從語音系統上説,現代漢語的日母也不可能是個[ʐ]。我們知道,任何語言的語音都是很有系統性的,現代漢語普通話也不例外。在音韻學上,濁音聲母分爲全濁、次濁兩種③。全濁包括塞音、擦音和塞擦音的濁音,次濁包括鼻音、邊音、半元音。滚音和閃音,也應該歸入次濁一類。音韻學家把三十六字母中的群、匣、定、澄、床、禪、從、邪、並、奉十母歸入全濁,疑、泥、娘、明、微、喻、來、日八母歸入次濁。現代漢語普通話只有次濁聲母,没有全濁聲母。如果説,雙唇[p][p']、唇齒[f]、舌尖塞音[t][t']、舌尖前音[ts][ts']、[s]、舌面音[tɕ][tɕ'][ɕ]都没有相配的全濁聲

① 高本漢《中國音韻學研究》中譯本第 551—731 頁。

② 編者注:底本與《中國語文》初發表版(1979 年第 4 期)皆作[ʐ],按文意徑改為[ʒ]。

③ "全濁"又稱"濁","次濁"又稱"清濁"或"不清不濁"。

母,單單是舌尖後音(捲舌音)[tʂ][tʂ'][ʂ]有一個全濁聲母[ʐ]和它們相配,那就太没有系統性了。事實上是不可能的。

第三,從語音發展規律説,現代漢語普通話的日母也不可能是個全濁聲母。我們知道,中古全濁上聲字,到南宋以後,已經轉入了去聲,所謂濁上變去,例如"動"音如"洞"、"是"音如"豉"、"似"音如"寺"、"巨"音如"懼"、"杜"音如"渡"、"弟"音如"第"、"在"音如"再"、"旱"音如"汗"、"踐"音如"賤"、"肇"音如"召"、"抱"音如"暴"、"坐"音如"座"、"丈"音如"仗"、"蕩"音如"宕"、"静"音如"淨"、"舅"音如"舊"、"朕"音如"鴆"、"頷"音如"憾"、"範"音如"梵",等等。但是,次濁聲母卻安然無恙,直到今天,上聲字仍讀上聲,"勇"不讀如"用"、"蟻"不讀如"義"、"以"不讀如"異"、"語"不讀如"御"、"吕"不讀如"慮"、"武"不讀如"務"、"羽"不讀如"芋"、"魯"不讀如"路"、"禮"不讀如"麗"、"你"不讀如"膩"、"乃"不讀如"耐"、"引"不讀如"胤"、"吻"不讀如"問"、"滿"不讀如"漫"、"眼"不讀如"雁"、"免"不讀如"面"、"鳥"不讀如"尿"、"渺"不讀如"妙"、"卯"不讀如"貌"、"馬"不讀如"罵"、"網"不讀如"妄"、"兩"不讀如"亮"、"朗"不讀如"浪"、"有"不讀如"右"、"柳"不讀如"溜"、"廩"不讀如"吝"、"儼"不讀如"驗",等等。日母也屬於次濁聲母,所以也安然無恙,上聲字仍讀上聲,不變去聲,例如"汝"不讀如"洳"、"忍"不讀如"刃"、"擾"不讀如"繞"、"壤"不讀如"讓"、"稔"不讀如"任"、"戎惹冉"等字也都不讀去聲。這就有力地證明,日母決不是全濁聲母[ʐ],而應該是一種次濁聲母。

第四,從來源説,日母應該是捲舌閃音[ɽ]。音韻學家把聲母分爲七類,叫做七音:1. 唇音(幫滂並明,非敷奉微);2. 舌音(端透定泥,知徹澄娘);3. 牙音(見溪群疑);4. 齒音(精清從心邪,照穿床審禪);5. 喉音(影曉匣喻);6. 半舌(來);7. 半齒(日)①。其實,來、日二母應並爲一類,《韻

---

① 次序依照《韻鏡》。若依《切韻指掌圖》《四聲等子》《切韻指南》,則七音的次序是,1. 牙音;2. 舌音;3. 唇音;4. 齒音;5. 喉音;6. 半舌;7. 半齒。《切韻指掌圖》還分舌音爲舌頭、舌上二類,齒音爲齒頭、正齒二類。喉音次序,依《切韻指掌圖》和《四聲等子》卷首的《七音綱目》是影曉匣喻;依《切韻指南》是曉匣影喻。

鏡》把它們歸入同一欄,合稱"舌齒音"。《四聲等子》卷首有一個韻圖,也把它們歸入同一欄,合稱"半舌半齒音"。《韻鏡》和《四聲等子》把來、日二母合爲一類是正確的,因爲[l]和[ɽ]都是所謂液音(liquids),正是同一類的。從宋元韻圖中可以看出,半舌半齒音排列在最後,是由於它們的發音方法和舌音、齒音的發音方法不同;這些韻圖之所以把來、日二母排列在一起,則是由於它們的發音方法有相似之點(都是液音)。由此可見,宋元時代(甚至更早),日母就已經是個[ɽ]。我在我的《漢語音韻學》和《漢語史稿》中,採用高本漢的擬音,把中古日母擬測爲[nʑ],是錯誤的。

現代漢語普通話的日母確是和知、癡、詩三母同一發音部位,所以我把它定爲捲舌閃音[ɽ][1]。

上文說過,漢語拼音方案用拉丁字母 r 表示日母是正確的,因爲閃音是顫音的變種[2]。記得趙元任先生在什麼地方說過,漢語的日母就是英語的 r。的確,許多英國人讀 r 用的是閃音[3]。據英國語音學家瓊斯(D. Jones)說,英語的 r 是後齒齦音(post-alveolar),那就和漢語的舌尖後音(知癡詩日)[tʂ][tʂʻ][ʂ][ɽ]非常接近了。從前中國人唱樂譜時,把 re 唱成"咧",那是錯誤的,現在用日母唱成[ɽe],那就很好,因爲[ɽe]非常接近英語的閃音 re(國際音標寫作[re])。

二、 標調問題

現在通行的一種漢語標調法,是五度標調法[4],這是用一根分隔號分爲四等分,從下到上分爲五度(1、2、3、4、5),表示聲音高低的尺度(低、半低、中、半高、高),例如北京話陰平是 55 ˥(高平),陽平是 35 ˧˥(中升),上聲是 214 ˨˩˦(降升),去聲是 51 ˥˩(高降)。也可以把四聲畫成一個總圖,

① 關於閃音的性質,參看羅常培、王均《普通語音學綱要》第 81—82 頁。

② 關於閃音的性質,參看羅常培、王均《普通語音學綱要》第 81—82 頁。

③ 參看 D. Jones, An Outline of English Phonetics, 750 節,第 195 頁。

④ 羅常培先生把它叫做字母式聲調符號。參看羅常培、王均《普通語音學綱要》第 126 頁。

如圖 1。

據我所知,五度標調法是趙元任先生創造的①。1927 年,他向國際語音學會提出這個建議,後來發表在該會的刊物 Maitre Phonétique 上。從此以後,五度標調法就被採用了。在此以前,一般用的是樂譜標調法(高本漢用過這種標調法),例如北京話四聲的表示,如圖 2②。

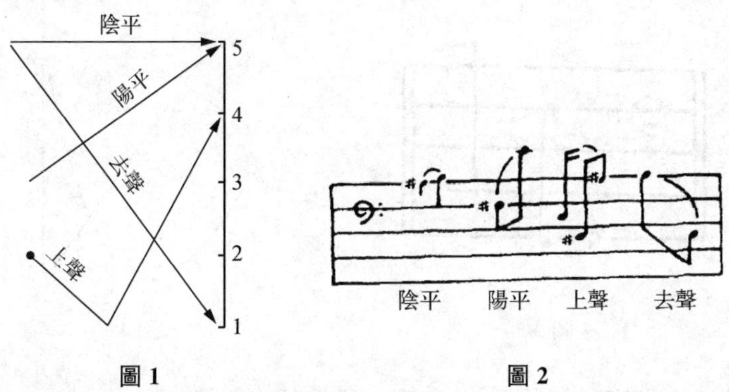

圖 1　　圖 2

五度標調法有優點,也有缺點。它的優點是不至使人誤會聲調是絕對音高;它的缺點是有時候不能準確地表示某種聲調。五度標調法(指現在通行的標調法)只能表示高平、中平、低平、全升、全降、高升、低降、中降、降升、升降等,它不能表示三折調,例如降平升、升平降。北京話的上聲,基本上是個低平調,調頭的降、調尾的升,都是次要的。所以劉復《四聲實驗錄》用樂譜記錄北京話的上聲時,就没有調頭的降,如圖 3。

上聲字在雙音詞組的第一字時,如果下字不是上聲,上字要讀半上,半上就是没有調尾升的部分的,有時候連調頭降的部分也可以不用,半上實際上是個低平調③。從《四聲實驗錄》北京話上聲的樂譜可以看出,低平占 3/4 拍,升的部分只占 1/4 拍,那麼,用數目字表示,應該是 2114,

① 劉復在他的《四聲實驗錄》裏也用過類似的標調法,但没有規定爲五度。

② 參看羅常培、王均《普通語音學綱要》第 126 頁。

③ 對於北京話的上聲,一般標爲 214,依劉復則應是 114,依半上則應是 211 或 11。調值不同,實際上應認爲同一調位。

而不是 214。如果標爲˥˩˥,那就是簡單的降升調,略等於去聲加陽平。簡單地用去聲加陽平的辦法,無論如何念不出一個北京話上聲來。所以 1958 年北京大學漢語教研室編寫的《現代漢語》和 1963 年我所寫的《漢語音韻》把聲調圖修改了一下,如圖 4。

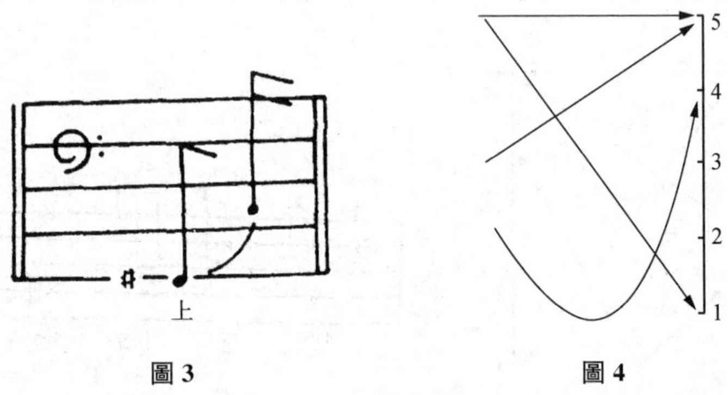

圖 3　　　　圖 4

依照劉復實驗的結果,北京話上聲的頻率曲線是:

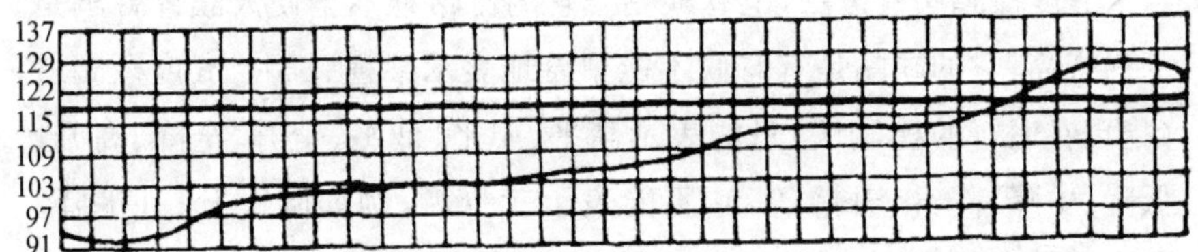

這是和他所做的樂譜標調相符合的。如果依照 214 ˨˩˦來發音,放到浪紋計上實驗,決不會得出這樣一個曲線來。

趙元任先生在他没有創造五度標調法以前,曾經使用過一種很好的標調法。在他的《現代吳語的研究》裏,他所使用的標調法是:先畫一根横線作爲平均音高,然後畫出聲調曲線(這是上述劉復《四聲實驗錄》的聲調曲線的簡化)。横標裏頭就是時間,竪標就算音高。右邊注出簡譜 1、2、3、4 等(簡譜只表示相對音高,不表示絕對音高),例如無錫的聲調有八個,如下:

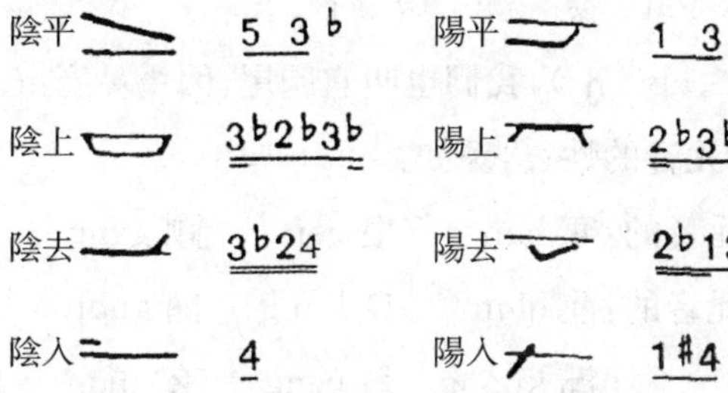

陰平	5 3♭	陽平	1 3♭
陰上	3♭2♭3♭	陽上	2♭3♭2
陰去	3♭24	陽去	2♭13♭
陰入	4	陽入	1♯4

這樣,無錫的陰上是降平升調,陽上是升平降調,陽平是低平升調,陰去是中平升調,都表示得很準確,這是五度標調法所做不到的。這種標調法,可以稱爲曲線標調法。曲線標調法也是分爲五度,但是由於使用了曲線,照顧到音的長短,就比現在通行的五度標調法更爲準確。我建議調查方言使用曲線標調法。

三、 漢語拼音方案和四呼的關係問題

每一個漢字是一個音節。每一個音節只有一個元音,稱爲韻母,例如:

大 da　理 li　波 bo　車 che　都 du　徐 xü

有些字似乎包含兩個或三個元音,其實是一個複合元音。兩個元音複合,叫做二合元音。二合元音中,有一個元音較長、較強,叫做主要元音;另一個元音較短、較弱,近似於半元音,叫做韻頭或韻尾。二合元音分爲兩種:第一種前弱後強,叫做上升的複合元音,這種二合元音只有韻頭,没有韻尾,例如:

家 jia　瓜 gua　過 guo　斜 xie　雪 xüe

第二種前強後弱,叫做下降的複合元音,這種二合元音只有主要元音和韻尾,没有韻頭,例如:

排 pai　飛 fei　高 gao　樓 lou

此外還有三合元音。在漢語裏,三合元音是兩頭弱當中強,既有韻頭,又有韻尾,例如:

條 tiao　憂 iou　懷 huai　威 uei

韻母收尾的 n、ng([ŋ]),我們也叫它韻尾,因爲鼻音 n、ng([ŋ])能獨立自成音節,帶有元音的性質,例如:

等於二合元音的:寒 han　根 gen　剛 gang　冷 leng

等於三合元音的:前 qian　良 liang　關 guan　溫 uen

况 kuang　翁 ueng　玄 xüan

根據這個漢語語音系統,中國音韻學家把漢字的音節分爲四類,叫做四呼:没有韻頭,主要元音爲 a、e、o 者,叫做開口呼;韻頭或主要元音爲 i 者,叫做齊齒呼;韻頭或主要元音爲 u 者,叫做合口呼;韻頭或主要元音爲 ü 者,叫做撮口呼。

四呼的説法,便於説明漢語音節系統的性質,所以許多現代漢語教科書都講四呼,這是合理的。

四呼本來是很好懂的,但是,最近我看了幾本稿子(講曲韻的),看見作者根據漢語拼音方案來講四呼,有些地方竟講錯了。這不是漢語拼音方案的過錯,因爲拼音方案不是音標,有些地方爲了某種便利,可以不嚴格依照實際讀音。爲了避免誤解,這裏我把漢語拼音方案和四呼不一致的地方加以説明。

1) 漢語拼音方案委員會認爲,在拼音方案中應該盡可能少用拉丁字母 u,因爲 u 在手寫時容易和 n 相混。這樣,"轟"的韻母本該是 ung,寫成了 ong;"雍"的韻母本該是 üng,寫成了 iong。合口呼變了開口呼了。我們講四呼時,仍應把它們歸入合口呼。"熬"的韻母本該是 au,由於怕容易和"安"的韻母 an 相混,改寫爲 ao;"腰"的韻母本該是 iau,由於怕容易和"煙"的韻母 ian 相混,改寫爲 iao。我們講韻尾時,應該把這類韻尾認爲是 u。

2) 音韻學認爲"恩、因、溫、暈"是相配的開齊合撮四呼,注音符號ㄣ、ㄧㄣ、ㄨㄣ、ㄩㄣ反映了這個系統。漢語拼音方案把ㄧㄣ寫成 in,不寫成 ien,把ㄩㄣ寫成 ün,不寫成 üen,一則因爲可以省掉一個字母,二則現在實際讀音也確是 in、ün。不過,從語音系統説,仍應認爲是相配的開齊合撮四呼，即 en、ien、uen、üen。十三轍把“恩、因、溫、暈”合爲一個轍（人辰轍），並不分爲兩個或三個轍，正是説明了這個道理。漢語拼音方案把它們並列一個横行，也是合理的。

3）音韻學認爲“亨、英、轟（翁）、雍”是相配的開齊合撮四呼，注音符號ㄥ、ㄧㄥ、ㄨㄥ、ㄩㄥ反映了這個系統。漢語拼音方案把ㄧㄥ寫成 ing，不寫成 ieng，一則因爲可以省掉一個字母，二則現在實際讀音確也是 ing①。方案把“轟”的韻母寫成 ong 是爲了避免 u 與 n 相混（前面説過了），方案把它擺在開口呼的直行，在音韻學上是錯誤的，但是已經改寫爲 ong，也只好這樣擺了。方案把“翁”寫成 ueng，是因爲北京話實際讀音是這樣。從音位學上説，ueng 是 ung 的變體，前面有聲母讀 ung，没有聲母讀 ueng。這樣，“翁”的讀音 ueng 倒可以證明 ung 是 eng 的合口呼。在許多方言裏，“翁”字念 ung 不念 ueng。方案把“雍”的韻母寫成 iong，其實應該是 üng，前面已説過了。依照實際語音，“雍”的韻母也可以認爲是 iung，因爲其音在 üng、iung 之間。但是，在音韻學上，必須認爲它是 üeng，然後 eng、ieng、ueng、üeng 成爲相配的四呼。方案把它擺在齊齒呼的直行，在音韻學上是錯誤的，但是已經寫成了 iong，也只好這樣擺了。《康熙字典》卷首的《字母切韻要法》把這四呼歸入庚攝，是合理的。十三轍把“亨、英、翁、轟、雍”合爲一個轍（中東轍），正是説明了這個道理。有人寫現代詩韻（韻書），分 eng、ing 和 ung、üng 爲兩個韻，則是錯誤的。

4）漢語拼音方案規定，iou、uei、uen 前面加聲母的時候，寫成 iu、ui、un，例如 niu（牛）、gui（歸）、lun（論）。這不但是爲了節省一個字母，而且也符合實際讀音。iou 和 iu 是互换音位，有人説 iou，有人説 iu，一般人聽不出分别來②。uei 和 ui、uen 和 un，也是同一音位。没有聲母，或聲母是 g、k、h 時，實際上讀 uei（威）、guei（歸）、huei（輝）、uen（溫）、guen（棍）、kuen（昆）、huen（婚）；其他情況，實際上讀 ui、un，如 zui（最）、dui（對）、lun

① 許多北京人説 ing 時，往往説成 iəng，那也説明 ing 是 eng 的齊齒呼。

② 有人説，上聲是 iou（如“柳”），其餘是 iu。

(論)、dun(頓)。漢語拼音方案没有加以區别,是按照音位論來處理的。但是,這樣規定以後,就引起許多誤解。照理,聲調符號應該放在主要元音上面,iou 的主要元音是 o,uei、uen 的主要元音是 e,現在規定,前面加聲母的時候寫成 iu、ui、un,o 和 e 不出現了,聲調符號放在哪一個字母上面呢? 當時漢語拼音方案委員會有兩種意見:一種意見主張把聲調符號放在 iu 中的 i 上、ui 中的 u 上。另一種意見主張把聲調符號放在 iu 中的 u 上、ui 中的 i 上[①]。我贊成前一種意見,因爲在這種情況下,iu 中的主要元音是 i,ui 中的主要元音是 u。後來委員會決定採用後一種意見,這樣就令人誤解,以爲 iu 中的 i、ui 中的 u 是韻頭,而 iu 中的 u、ui 中的 i 反而是主要元音了,例如"牛"寫作 niú,i 被認爲是韻頭,u 被認爲是主要元音。i 認爲是韻頭還不算大錯,但應説明主要元音 o 不出現;u 認爲是主要元音則是大錯。又如"催"寫作 cuī,u 被認爲是韻頭,i 被認爲是主要元音。u 認爲是韻頭還不算大錯,但應説明主要元音 e 不出現;i 認爲是主要元音則是大錯。我所看見的一本書稿,就是這樣錯了的。正當的辦法是:在分析四呼的時候,應該把主要元音補出,iu 還原爲 iou,ui 還原爲 uei,un 還原爲 uen,然後説明,在 iou 中,i 是韻頭,o 是主要元音(也叫韻腹),u 是韻尾;在 uei 中,u 是韻頭,e 是主要元音,i 是韻尾;在 uen 中,u 是韻頭,e 是主要元音,n 是韻尾。這樣,才不至陷於錯誤。

以上三個問題,都是在編寫現代漢語教材中遇到的問題。我在這裏提出我的意見,供參考。

原載《中國語文》1979 年第 4 期

① 關於 un,没有爭論,因爲不會有人主張把調號放在 n 上。

再論日母的音值，兼論普通話聲母表

最近看見《中國語文通訊》1982 年第 3 期上登載了關於普通話日母的音值的兩篇文章，一篇是朱曉農同志寫的，另一篇是夏秋同志寫的，讀了很受教益。我接受朱、夏兩同志的批評意見，所以寫這一篇文章。

我的錯誤在於把普通話日母說成是閃音。朱曉農同志批評說："'ㄖ'不是斷續的，發音時舌頭並不顫動，因此它不是閃音，不能用[ɽ]來表示。"他的話是對的。朱同志又說：

> 事情正像王力先生所說的，外國人學漢語，把"然"讀成[ʐan]，把"人"讀成[ʐən]，是很難聽的。其所以難聽，是因爲讀得太"強"了，摩擦太大了。實際上，"ㄖ"的摩擦並不大於[j]。試比較"壤"："陽"，"容"："勇"，"然"："鹽"，"日"："倚椅異"等。在音色上"ㄖ"最接近[ʅ]。當發"日"字音時，聽感上很難把聲母和韻母區別開，這有點像"倚"[ji]、"五"[wu]，只是韻母同部位有少量摩擦。"ㄖ"跟[ʅ]的關係平行於[j:i]的關係。"日"是個舌尖後濁久音，但不閃動(閃動便成了[ɽ])，摩擦也不太強(若是摩擦音便成了[ʐ])，也就是說，是個半元音。

這一段話也講得很好，所謂濁久音，就是趙元任先生在《中國話的文法》中所説的 voiced contiuants，吕叔湘先生譯作“濁持續音”，丁邦新先生譯作“濁通音”。

唯一可以商榷的是：日母可否認爲是半元音？我看不大合適。國際音標最後一欄是“無擦通音及半元音”。可見無擦通音和半元音不是同類，只是性質相近而已。趙元任先生只把日母歸入濁通音，没有認爲是半元音。趙先生是對的。夏秋同志比朱曉農同志更進一步，他認爲日母就是元音。他説：

> 如果不考慮聲調的因素，我們説“值日生”時，説完“值”，口型、舌位不作任何改變，只要拖長“值”的韻母[ʅ]，即成了“日”字的讀音。構成日音節的音素與“知癡詩”的韻母[ʅ]應該是同一個音。由此可見，“知癡詩”的韻母[ʅ]是可以自成音節的。日音節就是自成音節的韻母[ʅ]。它和聲母后的[ʅ]應該加以合併，在韻母表中佔有一個位置。

這話更不妥。“值日生”的“值”，即使不考慮聲調因素，隨便拉得多長，也拉不出一個“日”音。韻母[ʅ]在普通話裏不單獨成音；但是在京劇裏，支思韻字拉長時，就有自成音節的[ʅ][ɿ]出現，而這兩個元音並不就是“日、思”的字音。應該承認，日母是聲母，不是韻母。趙元任先生把日母認爲是聲母，那是對的。在中國音韻學上，一向認爲日母是聲母。

趙元任先生雖然採用過高本漢的[ʐ]作爲普通話日母的音標，但是他並不相信這個[ʐ]就是[ʂ]的濁音。他寧願相信這個[ʐ]等於英語的 r，而英語的 r 也就是無擦通音[ɹ]。在他的《現代吴語的研究》中，一方面，他採用高本漢的[ʐ]作爲普通話日母的音標（原書 26 頁）；另一方面，他又在説明聲母表的時候，説[ʐ]（如普通話“人”[ʐən]）等於英語 draw 中的 r。此後，他常常講起，普通話的日母就是個 r，他制訂的國語羅馬字也就用 r 作爲日母字的聲母。他的《中國話的文法》的聲母表中（原書 22 頁）並没有[ʐ]，也就是説，在塞音、塞擦音、擦音的發音方法中没有濁音一欄，日母[ɹ]作爲濁通音和邊音[l]同一直行，這是完全正確的。也就應了我的話:古人把來、日二母放在一欄內,叫做半舌、半齒,不是没有理由的。

趙元任先生把日母[ɹ]比作英語的 r,是有道理的。典型的英語 r,也就是無擦通音。Daniel Jones 說(《英語語音學綱要》47 頁):

無擦通音:發音部位和摩擦輔音一樣,但是氣流很微弱,以致聽不出摩擦音來,例如主要的英語 r。

普通話日母[ɹ]和英語的 r[ɹ]只有兩點不同:第一,發音部位方面,英語的[ɹ]是個舌尖前音,普通話日母[ɹ]是個舌尖後音;第二,發音方法方面,典型的英語[ɹ]是圓唇化的。但是趙元任先生並没有錯,他在《中國話的文法》的聲母表中,正是把濁通音[ɹ]放在捲舌音一欄內的。

我在我的《現代漢語語音分析中的幾個問題》中,也把日母比作英語的 r,本來是不錯的;但是,我認爲它是閃音,那就錯了。我說:

記得趙元任先生在什麼地方說過,漢語的日母就是英語的 r。的確,許多英國人讀 r 用的是閃音。

我這一段話是根據 D. Jones 的話來說的,D. Jones 的原話是:

許多人用閃音 r 作爲 r 音位的輔助音;主要是出現在非重音的、夾在兩元音中間的位置上,例如 very、period,或者用在一個單詞的末尾。這種輔助性的 r 還不是主要的;在這種情況下,也常常用的是摩擦音 r。

由此可見,我根據 D. Jones 這段話是不合適的。在英語 r 音位中,最常見的只有兩種讀音:一種是摩擦音 r,另一種是無擦通音 r,我應該把日母[ɹ]比作英語的無擦通音 r[ɹ][1]。

剩下的問題是音標問題。朱曉農同志說:

總之,"ㄖ"是個不易把握的音,說得確切點,是個用現有的國際

---

① 參看 D. Jones《英語語音學綱要》第二十二章《無擦通音》(205 頁)。

音標難以表示的音。幾十年來用了三個不同的音標且都不能使人滿意,正說明了這一點。因此我們想另外提出兩個供選擇的辦法。

朱同志的兩個辦法是:創造一個新音標[ɻ];用[ʐ]同時表示舌尖後濁擦音和舌尖後半元音。我認爲,朱同志第二個辦法不好;第一個辦法可以考慮採用。但音標問題不是重要的問題,只要決定它的音值,就便於教學和學習了。

這裏順便談談普通話聲母表的問題。過去我們搞漢語音韻學,一般依照國際音標的次序安排列表,例如北京大學中國語言文學系漢語教研室編寫的《現代漢語》(1962 年版),其中的輔音表如下①:

發音方法＼發音部位			雙唇音	唇齒音	舌尖音	舌尖前音	舌尖後音	舌面音	舌根音
塞音	清	不送氣	b		d				g
		送氣	p		t				k
塞擦音	清	不送氣				z	zh	j	
		送氣				c	ch	q	
擦音		清		f		s	sh	x	h
		濁					r		
鼻音		濁	m		n				ng
邊音		濁			l				

這種輔音表有一個缺點:漢語普通話沒有全濁聲母,塞音、塞擦音、擦音都没有濁音(普通話的 r 並不是 sh 的濁音),所以我們不必區別清濁。鼻音、邊音有濁無清,我們更不必區別清濁。強調了清濁的區分,反而掩蓋了漢語普通話的特點。

趙元任先生在他的《中國話的文法》裏,根據漢語普通話的特點,特製一個聲母表如下②:

---

① 表内是中文拼音字母,不是國際音標。

② 見原書 22 頁。原有兩個表:(甲)國語羅馬字;(乙)國際音標。這裏只錄第二表。

部位＼方法	不送氣塞音	送氣塞音	鼻音	擦音	濁通音
脣音	b̥	p^h	m	f	
舌尖音	d̥	t^h	n		l
舌尖前音	ts	ts^h		s	
捲舌音	tʂ	$tʂ^h$		ʂ	
舌面音	tɕ	$tɕ^h$		ɕ	ɹ
舌根音	g̊	k^h	(ŋ)	x	ʁ-∅

這個表有許多優點:第一,它改正了以前的錯誤,把日母從濁擦音移到濁通音的位置上來;第二,它把[l]和[ɹ]排在同一直欄內①,符合等韻學半舌、半齒並列的原則;第三,它略去了輔音清濁的對立,强調送氣不送氣的對立,符合漢語普通話的特點。我想,只要稍爲改動一下,就能適應教學和學習的需要了。我的意見是這樣:

第一,仍依國際音標的辦法,横行是發音部位,直行是發音方法。

第二,在發音部位上,取消濁通音的 ʁ-∅。據趙元任先生説,ʁ 指喉塞音,∅ 指元音開頭。從音位觀點看,都屬於零聲母,可以不列。

第三,在發音方法上,把塞擦音和塞音區别開來。塞擦音是先塞後擦(成阻是塞,除阻是擦),和塞音混在一起似乎欠妥。

第四,在聲母表上,應該有半元音②,國際音標把無擦通音和半元音合併在一欄,我們認爲,爲了照顧漢語的特點,應該分列。

第五,國際音標不必用[b̥][p^h][d̥][t^h][g̊][k^h]。固然,從實驗語音學上看,趙先生這樣標音是有道理的;但是,從音位觀點看,標作[p][p‘][t][t‘][k][k‘]就可以了。

根據上面的原則,我試擬一個漢語普通話聲母表如下:

---

① 輔音[l]既是邊音,又是通音,趙元任先生把[l]歸入通音是可以的。參看 D. Jones《英語語音學綱要》188 節。

② 我們認爲,中文拼音字母 y、w 也應該看作聲母,容當另文討論。

（甲）漢語拼音方案

發音方法＼發音部位	唇音	舌尖音	舌尖前音	捲舌音	舌面音	舌根音
不送氣塞音	b	d				g
送氣塞音	p	t				k
鼻音	m	n				
不送氣塞擦音			z	zh	j	
送氣塞擦音			c	ch	q	
擦音	f		s	sh	x	h
通音		l		r		
半元音	w,y(u)				y,y(u)	(w)

（乙）國際音標

發音方法＼發音部位	唇音	舌尖音	舌尖前音	捲舌音	舌面音	舌根音
不送氣塞音	p	t				k
送氣塞音	pʻ	tʻ				kʻ
鼻音	m	n				
不送氣塞擦音			ts	tʂ	tɕ	
送氣塞擦音			tsʻ	tʂʻ	tɕʻ	
擦音	f		s	ʂ	ɕ	x
通音		l		ɹ①		
半元音	w ɥ				j(ɥ)	(w)

原載《中國語文》1983 年第 1 期

① 日母依照朱曉農同志的建議,標作[ɻ]。但若印刷有困難時,仍可標作[ɹ](即倒寫的 r)。

從元音的性質說到中國語的聲調

一、引言

在入題之前，我們應該介紹一些關於中國語的聲調的常識。

世界各族語都有所謂重音(accent)①；但重音可分爲兩種：一種叫做音高的重音(accent de hauteur)，另一種叫做音強的重音(accent d'intensité)。

無論音高或音強，都可以有下列的三種作用：

1) 語句中含有特別的情緒，用高低或強弱的音變表現出來。

2) 語句中雖則没有特别的情緒，然而有些比較重要與不重要的字眼

---

① 趙元任先生說："accent 這個字代表兩種不同的東西，不幸而混用一個名詞。咱們在中文本來没有翻譯它的必要。一個就叫聲調，一個就叫輕重音得了。如必要翻譯它，暫可稱它爲'特音'，何如?"

須用高低或強弱的音變表現出來。

3）有些音高或音強既不表現情緒，又不關涉邏輯，卻占言語本身成分的一部分。

普通所謂重音，只是指上述的第三種作用裏的重音而言。

中國語的聲調，嚴格地說起來，很難下一個確切的定義。但普通的語言學家或語音學家都把它歸入音高的重音一類，另立一個專名，叫做聲調（ton）。

因此，中國的聲調——舊書所謂四聲——很粗淺地說起來，只像中國樂器裏的工、尺、合、四、上，或西洋樂器裏的 do、ré、mi、fa、sol、la、si，似乎是很容易懂得的。

然而有些人對於這粗淺的常識還弄得不很清楚。這都因爲他們被傳統的說法所誤。現在我舉出最普通的兩種錯誤來說一說：

第一，他們誤以爲四聲是有絕對調值的①。他們看到了古人所謂“平聲平道莫低昂……”或“平聲哀而安……”等語，就以爲平上去入都有一定的聲調，换句話說就是都有絕對調值。其實，古人已死去了，我們到現在還没能夠確切地考定古音裏的調值；至於在現代很分歧的中國的言語當中，所謂平上去入各類字的調值，當然也不是到處都一樣的。書本裏的四聲，只是一種總字類的“虛位”的名稱，而不是音值的直接描寫語。聲調的數目及其調值，都是隨各地的方音而不同的。固然，中國各地的方音裏都保留著古代四聲分域的痕跡；但是，其所保留的只是四聲的系統，而不是原來高低的調值。所以，假使有人把某一處方言的調值去衡量某一處的四聲，那就陷於謬誤了，譬如，一個北平人聽見一個重慶人讀“豪”字很像北平的“好”字，於是說“原來重慶的‘豪’字是念作上聲的”，這種措詞就很容易引起誤會。固然，重慶的陽平聲字念起來，都一律很像北平的賞半（即上聲的前半）②；但我們只能說重慶陽平的調值等

① 趙元任先生說：“我向來用‘音值、調值’等字樣。但近來有人覺得‘值’字在音樂上向來當長度講，用‘質’字似乎好一點。我現在主意不定，請斟酌。”

② 趙元任先生說：“賞半是我謅的名稱。現在多數仍用‘半上’或‘半上聲’名稱。我也從眾了。”

於——或類似——北平的賞半的調值,卻不能說重慶人把"豪"字念作上聲或把陽平念作上聲。讓我再設一個很淺的譬喻:譬如甲校的一年級的級旗是黃的,二年級的級旗是紅的,三年級的級旗是藍的,四年級的級旗是綠的;乙校的一年級的級旗是紅的,二年級的是黃的,三年級的是綠的,四年級的是藍的。乙校的學生看見甲校一年級的學生拿著黃旗,就說:"甲校奇怪極了,他們一年級學生都用二年級的旗子!"這豈非類推的謬誤?記得某音韻學者以爲廣東人把侯韻讀入豪韻,也是這一類的謬誤。所以我們須知,中國的四聲是沒有絕對調值的,只有各地的方音裏的聲調是有調值的(但也不能認爲是絕對的,說見下文)。

第二,他們誤以爲中國各地的陽調(陽平、陽上、陽去、陽入)都是濁音字。固然,有些方音裏的陽調字就是濁音字,例如吳語;但是,有些方音裏的陽調字卻是清音字,例如粵語及北方音系。古濁音字到了現代的粵語及北方音系裏都變了清音①,只把它們念作陽調,我們從此窺見古濁音字的系統,但我們不可以認爲它們是濁音字。

以上都是些很粗淺的常識,爲一般語音學者所知道的。但是,嚴格地研究起來,中國語的聲調問題並不如此簡單。其中有許多難題,我認爲直至現在還不曾解決。本篇的目的就在乎提出這些難題,希望與同道的人們合力去解決。但是,這些難題大半是與元音的性質有關係的,所以不得不先討論元音的性質;在提出這些未解決的難題以前,我們又應該把已往關於中國語聲調的結論敘述清楚。

二、 元音的性質

要懂得元音的性質,先須懂得音樂上所謂的音色(timbre)。音色是聲音的一種德性,藉此以分別音高與音強都相同的兩個聲音。譬如笛子與鋼琴,奏著同一的調子,我們聽起來,仍能分辨其爲笛子或鋼琴,這就

① 除了鼻音不算。

是音色的關係。

大家知道,聲音的顫動往往是複雜的。每一個樂音當中,有一個主要的顫動,又有許多次要的顫動。然而我們的耳朵所能感覺到的,只是這些顫動的總和。

在樂音裏,除掉鐘、磬等少數的樂器外,大半樂器中的次要的顫動數恰恰是主要的顫動數的二倍、三倍、四倍等。如果我們把 n 來代表主要的每秒顫動數,則其次要顫動數是 2n、3n、4n……。依照 Helmholtz 的説法,若要知道兩個複雜的聲音的音色的分别,須看:次要的顫動共有若干;它們的相對的音强;它們的起訖點的分别。

元音的性質的分别,主要就在乎音色上的分别。喉嚨裏發出的聲音,是由一個主要音或基本音與許多次要音或陪音組合而成的。元音的次要音往往是諧音(sons harmoniques)。當我們發音時,舌、唇、軟腭,一部或全部變了原有的位置或形式,把口腔造成一個共鳴器。某一些諧音適合於口腔的共鳴的,就被增加了强度,其餘的就窒滅了:其結果就成了每一元音的固有音色。

Helmholtz 的原則,大致是不錯的,他的功勞已經不小。但他對於每一元音的本質的研究,卻還没有成功。其研究的結果,都使人不能深信。其後,物理學家及語音學家如 Hermann、Rousselot、Lloyd、Marage、Guillemin 等,對於此問題,聚訟紛紜,莫衷一是。直到今年(1934),意大利語音學家 Gemelli 與 Pastori 才利用了電動音浪計(oscillographe)把元音的性質作實驗的研究。我們雖不敢説他們的話就是定論,然而究竟要比 Helmholtz 的結論好得多了。

依 Gemelli 與 Pastori 的意見,元音 e 只是從 a 至 i 的過程,元音 o 也只是從 a 至 u 的過程。從 a 至 i,從 a 至 u,都有無數的過程音,而 e 與 o 只是這些過程音的代表。這些過程音都可以認爲是不成型的元音,只剩有 a、i、u 三個元音是成型的元音。這三個成型的元音當中,每一個都有其特徵的組織。

元音 a 的特徵如下:

1）陪音（ton partiel）的闊度（amplitude）比基本音（ton fondamental）的闊度大了許多。

2）陪音相克而變弱。

3）其成型的音期（periode）的組織是富於抵抗力的，無論如何變化，都不易影響及其組織。

元音 i 的特徵如下：

1）基本音或其同"均"的音有最大的闊度。

2）在這元音中，一定包含著些很高的音。

3）如果那些具有很高的顫動數（frequence）的音消滅了，元音 i 就變爲一種非語音的呼聲。

4）它的組織很少抵抗力，甚易變化，尤其是當它變了高音調的時候。

元音 u 的特徵如下：

1）基本音的闊度是很大的。

2）只須要在基本音之外再加一個音，就足以形成它的音期，但是，這再加的音的起訖點（phase）與基本音的起訖點必須互相參差。

3）在這元音中，一定包含着些很低的音。

4）如果那些簡單的音浪（ondes simples）的起訖點不互相參差，元音 u 就變爲一種非語音的噓氣。

5）它的組織很少抵抗力，故甚易變化，尤其是在耳語的時候。

由此看來，一個元音之形成，必需一些諧和的陪音（tons partiels harmoniques）或不諧和的陪音（tons partiels anharmoniques）；又必需起訖點的參差，或陪音的相克。若要得到一個成型的元音（voyelle typique），必須這元音具有其他元音所無的特徵。我們可以概括地說：元音 a 需要些闊度很大而相克的陪音；元音 i 需要一個很小的不諧和的陪音，而這陪音的顫動數又須比基本音的顫動數大了許多；元音 u 需要一個陪音，其顫動數與基本音的顫動數相差不遠，惟其起訖點必須在某一定方式之下互相參差。

至於基本音對於元音的組織的影響，我們可以說：每逢基本音離去了語音常態的聲調的時候,無論是提高或降低,浪紋的組織就漸漸地簡單化,漸漸近於簡單的正弦線(sinusoide simple)。但是,元音 i 與元音 u 的浪紋,在某一些情形之下,可以達到簡單的正弦線的形式;元音 a 及與其近似的元音(o 或 e),唱起來也只能漸漸近於這種形式,永遠不能達到。

我們對於這種現象的解釋,大約可以作下列的假定:元音 a 的組織很複雜,能代表語音進化的最後階段,所以不能回到極簡單的聲音;至於元音 u 與元音 i 並沒有完全進化,只在變化形式的過程中,所以元音 i 容易回到非語音的呼聲,元音 u 容易回到非語音的噓氣了①。以上略述 Gemelli 與 Pastori 的話②。

中國語的聲調,大致可以歸入音高的重音一類。音高,就是指上述的基本音的高度而言。由此看來,我們可以想見中國語的聲調與元音的性質是有關係的。在已往的研究中,大家是否注意到這一關係了呢?

現在我先把已往對於中國聲調的結論略述,然後再回到這一個論點上來。

三、 已往對於中國聲調的結論

用科學方法研究過中國語聲調的,據我所知,只有吾師趙元任先生與最近逝世的劉半農先生二人。1922 年 9 月,趙先生在他的《中國言語字調的實驗研究法》一篇文章裏③,首先把中國聲調作科學的說明,並指示一種簡便的實驗方法。1925 年 3 月,劉半農先生的《漢語字聲實驗錄》

① 趙元任先生說:"i、u 元音簡單化是聲學上的現象。我想與語言在歷史上的進化不發生關係。a 音在歷史上至少與 i、u 同樣的 primitif。人類到有言語的時候,他所發的音,在聲學上已經是極 avancé 的了。"

② A. Gemelli et G. Pastori, Analyse electrique du language, A chives Néerlandaises de Phonétique expérimentale, Tome X, Martinus Nijhoff, La Haye 1934.(編者注:以上兩注,外文據 1935 年《清華學報》本校正,不出校注。)

③《科學》第七卷第九期。

(Étude expérimentale sur les tons du Chinois)出版①,可以說是關於中國聲調的空前巨著。劉先生所採用的乃是 Rousselt 的語音實驗法。本篇的興趣不在乎述說兩位先生的實驗方法,而在乎述說他們的結論,以爲提出難題之初步。

第一,關於古說的辟謬。趙先生說②:

> 對於字調的物理的性質,中國的字韻家一向只有過很糊塗的觀念。多數人不過用"長、短,輕、重,緩、急,疾、徐"等不相干的字眼來解說它,其實這些變量(variables)一點也不是字調的要素。一個字成爲某字調可以用那字的音高和時間的函數關係作完全不多不少的準確定義;假如用曲線畫起來,這曲線就是這字調的準確的代表。假如用器具照這音高時間曲線發出音來,聽起來就和原來讀的那腔調一樣。這是定義充足的證據。假如把上頭"長短、輕重、高低……",等純乎定性的字眼來解釋字調,無論說得再詳細,也不能使人用口或器具依那聲調發出來,這是定性的字眼不夠做字調定義的證據。(劉半農先生也說前人對於中國聲調没有科學的研究,見《漢語字聲實驗錄》頁 5 至頁 8。)

第二,關於區域的劃分。趙先生說:

> 現在各方言裏的調類和古時的調類有比較地簡單的關係。要說明這關係,要先把古時調類再分析一下。古時有真濁音(sonant or voiced consonant),現在只有吳音還保存它。凡是古時有濁音聲母的字叫做陽調類,其餘的叫做陰調類。照這樣凡是字就可以歸入陰平、陽平、陰上、陽上、陰去、陽去、陰入、陽入八類之一。現在大略說各處調類的系統:(一)黃河流域的北官話;(二)湖北、四川、雲南、貴州的西官話;(三)南京、江北一帶的南官話。這三種官話是屬於

① 出版處:Societe d'Edition "Les Belles Lettres", Paris。

②《科學》第七卷第九期,第 871—872 頁。

官話區域,對於平上去都一樣,就是陰平、陽平和古時一樣,古陰陽上並作"賞",而古陽上的一部分又變作去,古陰陽去歸併作一個去。入類在北方分散到前四類去了,所以没有這一類,在西官話裏完全歸在陽平裏,就是在南官話裏依舊保存,並作一個入類。(四)在吴音(江浙交界)和福建八調和古音差不多,就是陰陽上不大分辨,有時陽上也改成陽去;(五)在廣東八調俱全,而且陰入又分作上入、中入兩類,所以有九種調類①。(劉先生也把中國方言分爲北、南、極南三個區域,與趙先生大致相同,見《漢語字聲實驗錄》頁39。)

第三,關於音高的解釋。上面用很粗淺的説法説明中國的字調像西洋樂器裏的do、ré、mi、fa、sol、la、si。嚴格地説起來,問題並不是這樣簡單的。語音裏的聲調,絶對不會像樂器的音高在每一個工尺字的範圍之内一般地自始至終是一致的,没有變化的。在同一聲音裏,音高可以變高或變低,或高低遞嬗,或高的時間長,低的時間短,或低的時間長而高的時間短。古希臘語裏有所謂屈折的重音(accent circonflexe),就是先高後低的一種聲調。

語音裏的聲調,決不能與樂音裏的音階(gamme)相切合,例如la_3的顫動數是435,那近似la_3的聲調就往往只有432或438的顫動數。

還有一個最該注意的事實:就是中國語的聲調裏没有一定的絶對音高。關於這一點,趙先生説得最明白:

> 字調是一種相對的音高曲線,没有一定的絶對音高。老幼男女音高不相同,一個人説話響的時候,音高高些,輕的時候音高低些(這關係没有物理或生理上的必要,不過最自然的習慣如此)。但是每類字調的形狀還是一樣的,例如北京"賞"調比陽平低,但是一個孩子或女人的賞調比男人的陽平還高些,可是每調的形狀不變就是了。

① 只廣州有九個調類,新會、臺山各處並不如此。這是趙先生十餘年前的文章,當時他又未到廣東調查方音,所以只能説個大概。

這是關於中國字調的最重要的一個聲明。老幼男女音高不相同,還容易顧慮及;至於一個人說話響的時候音高高些,輕的時候音高低些,這一層就容易忽略了。我在巴黎大學語音學院實驗中國字調的時候,有一位助教看到我讀兩次"王"字就有兩種浪紋,其音高相差頗遠,覺得很奇怪。後來多驗幾次,才明白中國字調的特徵不在乎音樂性的音高,而在乎其音高轉變的形狀。可惜當時我没有看見趙先生這篇文章,否則,可以省了許多無謂的猜想。劉先生的書裏也不曾作這一種聲明,也許因他没有看見趙先生的文章,也許因他以爲不關重要,總之,我很替他可惜。一部研究中國語的聲調的書,如果不聲明這一點,就會令讀者誤會得很遠很遠。

第四,關於音色、音強、音長、音高,與中國聲調。元音共有四種性質:第一是音色;第二是音強(音的強度,即俗所謂響不響的程度);第三是音長(音的長度,即聲音所歷時間之久暫);第四是音高。中國的聲調,與這四種性質有什麼關係呢?劉先生說:

> 關於音色,我們可以說:既然在一個方言裏,我們可以任擇一音而發爲種種不同的可能的聲調,那麼,可見音色與字調是没有關係的了。①
>
> 關於音強,我們可以說:既然我們可以把一個字調讀得強些或弱些,而其特徵的聲調仍舊不變,可見音強是與字調問題没有關係的。②
>
> 關於音長,我們注意到:在南方與極南的方言裏,入聲總比平上去聲短些。③
>
> 關於音高,這就是字調的生命的本身:在北方的方言裏,字調是僅僅由音高構成的;在南方與極南的方言裏,雖則音色與音長不能

---

① Étude éxperimentale sur les ton du Chinois, p. 25.

② Ibid. p. 26.

③ Ibid. p. 28. 趙先生說:"只大致如此。比方長沙的入聲,廣州的中入就是例外。"

不管,然而人們究竟藉音高以辨認它們。①

依劉先生的意思,除南方與極南的方音裏的聲調與音色及音長頗有關係外,北方的方言裏的聲調是與音色、音強、音長毫無關係的,僅僅是音高的關係而已。爲研究的便利起見,這似乎是一種"利刀斬亂麻"的手段。兩年前,我自己也如此設想,所以在我所著的《博白方音實驗錄》②(Une Prononciation Chinoise de Po-Pei, Étudiée à l'aide de la phonétique expérimentale)裏,雖則實驗的方法與劉先生稍有不同,然而對於中國聲調與音色、音強、音長、音高的關係,我還相信劉先生的話。現在積了兩年的研究與體驗,又受了 Gemelli 與 Pastori 最近一篇文章的啟發,才曉得劉先生的話不盡合於事實。劉先生自己很客氣地說過"我並不敢自誇已經得了些不可動搖的結論"③。在這中國語音實驗方始萌芽的時候,誰也不敢自誇已經得了些不可動搖的結論。下面我只提出一些尚待解決的難題,希望同道的人們以此爲研究的路線罷了。

四、 現在提出的難題

聲調的研究,說易就易,說難就難。如果我們找一個人念一個中國字,用記音機記了下來,而研究這字的聲調的現象,那就是很容易的一件事。因爲只有一個人把一個字念一次,所以問題是很簡單的。我們可以利用測微器(micromètre)把每一個音期測量,又可以一定的時間爲標準(例如十分之一秒),去計算顫動的數目。由前一個方法,我們可以得到絕對音高(hauteur absolue),由後一個方法,我們可以得到平均音高(hauteur moyenne)。知道了那字的音高之後,可以畫成曲線④,真如趙先生所說,假如用器具照這音高的時間的曲線發出音來,聽起來就和原

---

① Étude expérimentale sur les tons du chinois, p. 28.

② 1932 年 7 月出版,發行者爲:Librairie Ernest leroux, Paris。

③ Étude expérimentale sur les tons du chinois, p. 2.

④ 参看 Rousselot, Principes de Phonétique expérimentale, tome Ⅱ, p. 1004 - 1005。

來讀的那腔調一樣。

但是,如果我們要對於中國某一方言裏的某一調類下一個完全不多不少的準確定義,那就難了!譬如我們找一個北平人念一個"圖"字,用記音機記了下來,我們可以把這次的"圖"字的聲調測量得非常準確;但是如果我們因爲"圖"字是屬於陽平調的,就把"圖"字的聲調的曲線當做北平的陽平調的定義,那就很有不準確的危險了。"圖"字的曲線,未必同于"田"字的曲線,"田"字的曲線,更未必同于"連"字的曲線。其間的關係很多,現在分段敘說如下:

(一) 音色的關係

依劉先生的結論,中國的聲調是與音色毫無關係的,至少在北方官話裏是如此。但是,就 Gemelli 和 Pastori 研究所得的元音的性質看來,音色與音高頗有關係;中國語的聲調既與音高發生關係,恐怕與音色也不能決無關係。北平"油"字的主要元音是 u,然而它的上聲"有"字的主要元音卻是 o;大致聽起來,北平把"油"字念 iu,卻把"有"字念 io。就普通說,北平的上聲字的元音往往比平聲字的元音更開口些,譬如"精"字的主要元音 i 雖不是很開的,也是個中音,而"井"字的主要元音 i 就開了許多;"誰"字念 shui 而"水"字念 shuei,這是耳朵裏可以聽出來的。這種傾向,以下流社會的人爲甚;我往往聽見有人把"走"字念作 tsao。

這並不是說上聲能使元音變開口,而是說像北平的上聲一類的聲調的曲線恐怕有使元音讀開的傾向(例如福州 u:ou;i:ei;ouy:ɔuy;y:øy 等)。但還須再有多一點的例證方能作充分的歸納。

至於音色能否影響及於聲調,在未作實驗以前,我們未便武斷。但是,依劉先生實驗的結果,元音不同而調類相同的兩個字,其音高及其曲線的形狀都有差別;因此我們就不能不小心。當我們作實驗時,最好是把元音不同而調類相同的字都拿來實驗許多次,看它的結果如何,再下結論。

（二）複合元音的關係

知道了音色與聲調的關係，同時就可以聯想到複合元音與聲調的關係。中國語裏，每一個字只有一個聲調，然而每一個字不一定僅包含一個簡單的元音，例如“陶”字 tɑ́o 與“頭”字 tóu 就各包含着兩個元音。但這兩個元音只有一個讀音作用，共成一個音綴（syllabe），所以叫做複合元音（其實，在未嚴格地實驗以前，我們也不敢斷定它們是複合元音而非兩個簡單元音的連續；尤其是北平 tuo、tsuo、suo、luo、shuo 等字①，非經實驗不可。現在姑從舊說，以便陳述）。複合元音裏包含著兩個成分，其一長而強，其一短而弱（例如“頭”字的 o 長而強，u 短而弱）。

於是問題就發生了。複合元音所成的字，其聲調是否完全寄託在主要成分的音高之上，而次要成分的音高可以不管呢？又是否把聲調的曲線分配在兩個成分之上，讓那長而強的成分占全字聲調的大部分，而讓那短而弱的成分占全字聲調的小部分呢？依前一說，則複合元音的全聲調必與簡單元音的全聲調不一樣。此指同調類的兩個字而言，例如“打”ta 與“倒”tau，二字同在上聲，然而它們的聲調未必相同。因爲“倒”字的主要成分 a 既有了“打”字的聲調，那麼，那次要成分 u 的聲調豈不成了“打”字所無的調尾？依後一說，字裏的元音既發生變化，其聲調也難保不發生變化。上面說過，音色可以影響及於聲調，那麼，元音的音色變動的時候，聲調也不得不變動。

再者，依高本漢的研究，在中國語的複合元音 ua 裏，我們很難決定哪一個成分是主要的，或哪一個成分比較長些②。那麼，我們更不能決定 ua 字的全聲調寄託在第一成分或第二成分了。而且我相信，以 u 爲主要成分的 ua，與以 a 爲主要成分的 ua，比較起來，其聲調（指調類相同時）的調值也不會完全相同的。

---

① 本篇只注重討論聲調，故用普通音標，以便排印，閲者諒之。

② Karlgren, Études sur la Phonologie Chinoise, p. 265.

如果"音色能影響聲調"這一個假定是真理,那麼,複合元音的聲調更没法子與簡單元音的聲調相同。所謂複合元音,嚴格地說起來,並非僅僅由兩種音色組合而成,例如複合元音 au,並非由 a 一躍而至於 u;從 a 到 u 之間還有許多許多的媒介音[①]。若用音標表示,可以說是 à—a—á—ò—o—ó—ù—u—ú,但實際上還比這數目多了不知若干倍。這樣說起來,如果音色真能影響聲調,那麼,複合元音的聲調就每一刹那都有變化的危險。

所以我們研究聲調的時候,應該注意到複合元音。此外還有所謂三合元音(triphtongues),其與聲調的關係也像複合元音一樣,不必細論了[②]。

(三) 音強的關係

要知道音強與聲調的關係,須先知道音強所必需的生理上的條件。音的強度,是與每一聲音所耗費的氣量有關係的。這並不是說音的強度與每一聲音所耗費的氣量成正比例;音強與氣量的關係不是這樣簡單的。

當元音相同而音高又相同的時候,氣量的平均數越大,則音的強度也越高。胸部的呼吸穴降低得越急,則氣管裏的氣壓越重;氣壓的結果,使兩個聲帶彎曲而分開,换句話說就是聲帶增加了長度,同時也增加了緊張的程度。但是,這氣壓作用的結果只叫做被動的緊張(tension passive);另有所謂主動的緊張(tension active),乃是喉頭筋絡收縮的結果。我們知道,音高之形成,乃是主動的緊張與被動的緊張的總和。因此,假使我們把一個字讀得響些,换句話說,就是氣壓重些,而同時我們又要保存着那字的原有的音高,那麼,我們就不得不減少了主動的緊張。這種現象叫做補償作用(compensation),是生理學家 J. Müller 所發明的[③]。如果聲帶的緊張程

---

① 參看 Roudet, Elements de Phonétique Cenerale, p. 111。

② 反過來說,聲調亦可影響及於複合元音的長度,見 Karlgren, Études sur la Phonologie Chinoise, p. 253。

③ J. müller, Uber die Compensation der physichen Krafte am mensch lichen Stimmorgane, 1839.

度不變,只增加了它們的長度與那推動它們的機械力(force mécanique),那麽,音的顫動的闊度就增加,而同時那音的強度也增加了。

當元音相同,音強也相同,只有音高不相同的時候,如果那聲音越提高,則其所耗費的氣量越少。又如果其所耗費的氣量不減少,則聲音更高時,音的強度亦隨之而增加。若要增加音高,同時又要保存着原有的音強,那麽,必須在喉頭的筋絡使聲帶緊張的時候,令呼吸穴降低得慢些。這也是一種補償作用,與 J. Müller 所述的補償作用相反,卻是一樣重要的①。

由此看來,普通的人們以爲音高與音強有連帶的關係,也未嘗没有幾分道理,說得響,聲音就高,除非你把喉頭筋絡收縮的程度減低,以補償呼吸穴降低的速度。聲音高了的時候,也就說得響,除非你把呼吸穴的降低作用弄慢些,以補償喉頭的筋絡收縮的程度②。

趙先生也說:“一個人說話響的時候音高高些,輕的時候音高低些。”跟着他又說:“這關係没有物理或生理上的必要,不過最自然的習慣如此。”③依我猜想,雖没有物理或生理上的必要,也許與心理頗有關係。當呼氣很急的時候,我們往往不知不覺地把喉頭的筋絡收縮得更緊。我們說話時,呼氣作用(expiration)、發音作用(phonation)、讀音作用(articulation)三者相應,其與心理的關係也頗與此相類似。總之,音強之足以影響音高,這是最普遍的事實。現在我們更進一步研究它是否可以影響及於聲調的形狀。

所謂聲調的形狀,是指曲線起伏的形式而言,不管其絕對的調值(參看上文第三段)。但音強既能影響及於音高,當然也能影響及於聲調的形狀。我們念一個字的時候,音高不能始終如一,同理,音強也不能始終如一。假使音高永遠跟着音強變化,换句話說就是已變以後的音強在每一音期中與音高的比例仍像未變以前的比例一樣,那麽,其聲調的形狀

① Roudet, De la depense d'air das la parole.

② Roudet, Elements de Phonétique Generale, p. 224.

③《中國言語字調的實驗研究法》,《科學》第七卷第九期,第 877 頁。

是不會發生變化的。然而這是絕對不可能的一種事實,例如在第一至第七音期中,音強增加了一倍,而音高增加了一又二分之一倍;在第八至第十二音期中,音強增加了一倍,而音高也只增加了一倍;由此類推,其曲線的形狀必不能與原來的形狀一樣了①。

(四)音長的關係

聲調可以影響及於音長,這是研究中國語音的人所不能不承認的事實。依高本漢的觀察:

1)字首的輔音,就普通說是短的,然其短的程度亦隨各種聲調而異。

2)字尾的輔音由聲調的影響而變化很大。在北京語裏,pan 字的 n 在上聲爲最長,在平聲就短了許多,在去聲則更短。

3)一個簡單元音在開的音綴裏(即元音後不帶鼻音韻尾者),就普通說是長的。其長的程度亦隨聲調而異。在北京語裏,ma 字的 a 在上聲比在平去聲長了許多。

4)一個簡單元音在閉的音綴裏(即元音後帶鼻音韻尾者),就官話語系說,照規矩是短的。但亦可受聲調的影響,例如北京 pən 字的 ə 在上聲比在平聲長些。

5)在複合元音與三合元音裏,其長度亦受聲調的影響。北京 ai 裏的 a 在上聲總比在別的聲調長些②。

由此看來,聲調可以影響及於音長,這是毫無疑義的了,現在要看音長是否可以影響及於聲調。

上面說過,中國語的聲調沒有絕對的音高;其特徵只在乎它的曲線的形狀。所謂形狀,非但指起伏的形狀,同時也指長短的形狀而言。聲

---

① 例如據趙先生的《現代吳語的研究》,江陰的陽平的調值是2 5 2,假使讀音的人讀到第一個2的時候,受了音強的影響而變爲3,後面的5 2沒有受音強的影響,沒有發生變化,那麼,它的調值就是3 5 2了。

② Karlgren, Études sur la Phonologie Chinoise, p. 252 - 253.

音短者,其音高的曲線必短;聲音長者,其音高的曲線亦長。我們須知,縱使起伏的形狀相同,如果長短的形狀不同,其調類亦可因之殊異,例如一個準平的曲線(大致看來似乎始終如一),如果長了一倍,就是平聲;短了一半,就是入聲。

我有一個猜想:我以爲某聲調的特徵的曲線只在起頭若干音期內呈現,過此以往,就只順著接上一個尾巴。譬如那字是以升音收的,如果你再把它念得長些,它就索性上升。又如那字是以降音收的,如果你再把它念得長些,它就索性下降。又如那字是以平音收的,如果你再把它念得長些,它就仍舊平行[①]。劉先生的《漢語字聲實驗錄》裹就有這種現象(pl. Ⅵ),但他自己没有找出一個解釋[②]。

如果我這一個猜想是對的,那麽,音長對於聲調的關係不很重大,至少可以說比音强的關係小些。但是,我這個猜想對不對,還待實驗而後能解決。

(五) 聲調組合的關係

在中國語裹,每字雖有一個標準聲調,然而只有單念一個字的時候是如此。當我們説話的時候,字的聲調受了上面的字的聲調的影響,或下面的字的聲調的影響,就不能保存它的標準聲調,多少總有一些變化,這與標準元音到了句中會發生變化的道理是一樣的。劉先生在他的《實驗錄》裹,有時候也注意到聲調的組合,但他似乎不曾去追究它的變化的規則。依我個人的研究經驗,聲調組合的變化有兩種:

① 依此説法,吳語裹有些入聲是可認爲與平聲同其調類的,如果我們不算它收音時那一個喉破裂音。

② 趙先生説:一個字的拉長,得要問在語言的何種實際情形拉長。如因一字在邏輯上要分辨的地位,比方説“不是人,是神”,“人、神”拉長時音程也放大,换言之,尾巴比平常翹得更高,但因躊躇而拉長,音程不但不加大,有時還更窄,比方説“你猜這個人是誰?”“我猜這個人……是張先生,是不是?”劉半農所試驗的長字都是邏輯上的分辨字。要是突然叫一個發音者把一個字讀長一點,他就會莫名其妙。各發音者因其所體會的拉長的用意不同,就會拉出不同的調來。北平上聲拉長(邏輯的)恐怕尾子不增高,只降更低一點,在低處多留一點,最後還是快升,升到跟平常高度一樣爲止。

第一,從甲調變到乙調。例如北平兩個上聲字相疊的時候,第一個上聲字就變了陽平(下一個字該讀輕聲者,不在此例)。這是一種變化的規則。中國各處方言裏,這一類的變化的規則一定很多;如果我們只學了某方言裏的標準聲調,而没有學會它們的變化的規則,說出話來別人雖也能懂得,但終究覺得很刺耳似的。我在我所著的《博白方音實驗錄》裏曾發見了博白方言裏聲調變化的規則①,比北平的更多,更有趣。其規則如下:

凡兩字相連的名詞或動詞語,其第一字的聲調往往變化②:

陰平變陰去;陽平變陽去;

陰上不變;陽上變陽去;

陰去、陽去、陰入急聲、陰入緩聲、陽入急聲不變③;

陽入緩聲變陽入急聲。

仔細看來,陰調類仍變陰調類,陽調類仍變陽調類,實在有趣而且有條理。我相信各地的聲調一定有許多像博白的例子,我們應該把那聲調變化的規則尋出來,不可僅僅研究它的標準聲調。

第二,從標準聲調變到另一個非標準聲調的調子。例如北平的上聲與其他非上聲的聲調組合的時候,就只念了一半,這也是大概的說法,所以趙先生把它叫做"賞半"。這還是耳朵所聽出來的。此外還有受了上面或下面的聲調的影響,失了其標準的曲線,而又非耳朵所能感覺者。劉先生也曾偶然注意到這種情形,例如他說到江陰的陰平的時候,有下面的敘述:

> 陰平乃是一個降音。當它被單念的時候,是從中高或高甚或很高開始,平均說起來,是從高開始,而其收結則永遠是很低的。受了上面或下面的聲音的影響,它的開始點和收結點就變化得很厲害,

① Une Prononciation Chinoise de Po-pei, p. 83－89.

② 福州方音裏也有這情形,看陶燠民《閩音研究》,《史語所集刊》第一本第四分,第 163—165 頁。

③ 博白標準聲調共有十個,入聲四個。

總之,它還是一個降音。

我們可惜的是劉先生没有把開始點或收結點的變化狀態仔細研究,看它在某種影響之下就變爲某種形狀。也許是受了上面或下面的音色的影響,也許是受了上面或下面的聲調的影響;總之,我覺得是有規則可尋的,正如北平的賞半有規則可尋一樣。

（六）輔音的關係

輔音對於聲調的關係,與元音對於聲調的關係是一樣重要的,也許可以説是更重要些。我們知道,元音與輔音的界限本來就很難劃分[①]。除了元音的極端(e、a、o)與輔音的極端(p、t、k)截然有别之外,其餘都是元音與輔音之間的媒介音,譬如鼻音、邊音與顫音都能自成一個音綴,其作用與元音無異。所以我説元音與輔音對於聲調的關係是一樣重要的。

聲調的變化,與輔音的發音部位有無關係,我們雖不敢完全斷定,但我們可以説其關係就有也是比較小的[②]。固然,當我們研究某一方言的聲調的時候,也不應忽略了發音部位的關係,例如我們必須把舌根音的去聲與唇齒音的去聲相比較,看它們有什麽異同之點。但是,最重要的還是該注意到輔音的發音方法,因爲它對於聲調的影響是不可避免的。現在就最重要的三點來説:

第一是吐氣的關係。我們知道,所謂吐氣的輔音,就是當那輔音已完,而後面的元音未來的時候,先有一段氣流。我們又知道,無論元音或輔音,其讀音作用都可分爲三個時期,即緊張期(tension);維持期(tenue);鬆弛期(détent)。一個輔音或一個元音單念的時候,必須經過這三個時期;但是,當一個輔音的後面緊跟著一個元音的時候,那元音的緊張期往往與那輔音的鬆弛期混合起來[③]。説到這裏,我們就可以明白

① 參看 J. Vendryes, Le Langage, p. 25 et suiv。

② 若以古今音比較研究,則見聲調的變化與聲母的發音部位全無關係,而與發音方法最有關係。見趙元任的《現代吳語的研究》第 73 頁。

③ 參看 Roudet, Elements de Phonétique Cenerale, p. 167 - 169。

吐氣對於聲調的關係了。吐氣的輔音既然把一段氣流放在它自己與元音的中間,那元音的緊張期就不會與輔音的鬆弛期混合起來了。由此看來,吐氣的輔音之後的元音乃是一個完整的元音,而不吐氣的輔音之後的元音卻往往是一個不完整的元音。其元音既不相同,對於其聲調當然容易發生影響。

第二是清濁音的關係。就中國語音的歷史看來,清濁音與聲調的關係是很深很深的。吳語非但保存著濁音(其實是很不純粹的濁音),而且濁音字的聲調與清音字的聲調絕對不相混淆。凡濁音字就念入陽調類,凡清音字就念入陰調類。粵音系雖沒有保存破裂、摩擦、破裂摩擦的濁音,然而它還保存著清濁音的系統,古代的清音字現在就念入陰調類,古代的濁音字現在就念入陽調類。最把清濁的系統弄亂了的要算北平音了,然而它到底還有陰平與陽平之別。這是大家所知道的。現在我們要研究的乃是同在一個調類裏的清濁音字,看它們的聲調的曲線究竟有沒有分別,例如北平的"打"(ta)字與"馬"(ma)字、"亭"(t'ing)字與"靈"(ling)字、"布"(pu)字與"怒"(nu)字,它們的聲調的曲線是否完全相同? 這也是不可忽略的。

第三是鼻音韻尾的關係。輔音裏的鼻音很有元音的性質,有時候竟可獨立而成爲一個音綴,其作用就等於元音的作用(例如蘇州"呒篤"裏的 n,廣州"唔系"裏的 m)。至於中國語裏的鼻音韻尾,雖不能等於一個元音,也就仿佛是複合元音裏的一個次要成分①。由此看來,凡是複合元音影響及於聲調的現象,也就可以說是鼻音韻尾影響及於聲調的現象,譬如北平的"比"(pi)字與"餅"(ping)字相比較,假定它們全字的聲音是一樣長短,那麼,"比"字的聲調只寄託在元音 i 上頭,而"餅"字的聲調卻寄託在元音 i② 與鼻音韻尾 ng 上頭。也許當單念的時候,"餅"字的元音 i 只表現了一個賞半,卻由那鼻音韻尾去完成它那漸高的曲線③。總之,一個純粹元音與一個帶有鼻音韻尾的元音相比較,其聲調的曲線盡可以

① 參看上文論複合元音的關係一節。
② 其實不真的是一個 i 音,現在姑叫它爲 i,以便陳說。
③ 趙先生說:"我相信這是事實。"

有不小的差別,這也是我們所應該注意的①。

(七) 情感的關係

這裏所說的情感的關係,是撇開驚呼、悲啼等聲調不說的。驚呼也自有它的聲調,但它的聲調是另一回事。這裏所說的只是有一定的聲調以表示某種情感的事實。

我這意思是在研究博白的聲調以後才有的。我在清華研究院的時候,做了一篇《兩粵音說》②,只知道博白有十個聲調;後來到了巴黎,再作詳細的研究,然後發現博白方音裏共有十一個聲調。標準的聲調仍舊只有十個,然而多了一個情感的聲調(ton affectif)③。無論哪一個標準聲調,如果它變了這情感的聲調,就有小的意思,或藐視的意思,或不客氣的意思,例如稱呼"三叔",如果那三叔的年紀大了,就念標準聲調;如果那三叔年紀還小,就把"叔"字念入情感的聲調了。又如普通把"肉"字念入陽入緩聲;如果叫小孩吃肉,就把"肉"字念入情感的聲調。而且當其變聲調的時候,往往連音色也一起變了。但是它們變音色也有一定的規則的:凡以-p、-t、-k 收尾的就變爲以-m、-n、-ng 收尾;凡以-u、-o、-e、-i、-a 收尾的就加鼻音韻尾-n。此外還有許多有趣的情形,此處不必細述④。

總之,這種情感的聲調是有規則的,是自成一種聲調而與標準聲調對立的,我們在研究某一地方的聲調的時候,不能不同時加以研究。

(八) 邏輯的關係

有時候,某字的聲調的念法,既不按照標準聲調,又不按照聲調組合

① 趙先生說:我想純元音與帶鼻元音(甚至帶 m-、l-聲母的元音)的聲調曲線形狀(時間配音高的曲線),在未作實驗以前,不料想它會有什麽不同的地方。不過帶鼻音的韻母的聲調曲線連鼻音也蓋滿了就是了。"餅"字非但升尾全是-ng,恐怕在半上聲未完的時候已經起頭有-ng 了。

② 見《清華學報》第五卷第一期,1928 年。

③ 參看 Une Prononciation Chinoise de Po-pei, p. 71-78。

④ 趙先生說:"似可添廣州'變音'的例,如陽平去變升('錢、帽'),陰平不降而變高橫調('雞')。"

的變化規則，這就是邏輯的關係。

北平的聲調裏，除了標準聲調之外，有所謂輕音，例如"饅頭"的"頭"字、"椅子"的"子"字、"趙家樓"的"家"字、"西單牌樓"的"樓"字，都不念入標準聲調而念入輕音①。"椅子"二字，若照上述北平聲調組合的變化規則，兩個上聲字相疊的時候，第一個就變陽平，那麼，"椅"字該讀陽平了；然而因爲"子"字已經變了輕音，不復是上聲字，所以"椅"字仍保存著原有的聲調②。

這上頭就有邏輯的關係。因爲"椅"字是主要的名詞，"子"字只是用以形成名詞的一個"小詞"(particle)。若照法國語言學家 Vendryes 的說法，"椅"字乃是意義成分(sémantème)，而"子"字只是一個文法成分(morphème)③。所以那些意義成分都該著重，那些文法成分都該輕輕地帶過去④。

此外還有受句中的節奏(rythmo)的影響的，譬如一個北平人要說"小女管家"，三個上聲字連在一起，究竟哪一個該改念陽平呢？假使那人的意思是說他的女兒管理家務，那麼，"小女"爲一音節，"管家"爲一音節，必定把"小"字念作陽平；又假定那人的意思是說把"女管家"當作一個名詞，指管家的女人而言，那麼，"小"字爲一音節，"女管家"爲一音節，必定是"女"字被念入陽平了。又如博白的陽上在另一聲調的前頭的時候，照規則該讀入陽去，例如"我買酒"的"買"字應該讀若"賣"；但如果說"我買一壺酒"，那麼，"買"字又仍舊保存著陽上的聲調了⑤。

---

① 趙先生說："有時上聲字雖變輕而仍有使前一個上聲字變陽平的能力，如'小姐'，'姐'字雖輕而'小'字仍變陽平；'有點兒'，'點兒'雖輕而'有'字仍變'由'音。有的是兩可的，如'想想看'，第一個'想'字可讀陽平，第二個'想'字讀低輕，亦可把第一個字讀半上，第二個字讀高輕。"

② 關於輕音，參看趙元任 Tone and Intonation in Chinese，《史語所集刊》第四本第二分，第129頁。

③ Vendryes, Le Langage, p. 98 - 99.

④ 趙先生說："不全是邏輯的。有好些例只可認爲 des faits isolés duvocabularie，如明天，白天；今天，半天；麻煩；規矩。"

⑤ Une Prononciation Chinoise de Po-pei, p. 89.

* * *

由上面的種種討論看來,中國語裏的聲調問題並不像普通人心目中所揣測的那樣簡單。若欲粗知梗概,就把聲調畫上五線譜,亦無不可。若欲窮其究竟,就必須再下一番更精細的工夫。這一篇只是理論的文章,但我希望將來從這一條路線去作實驗的工作,尤其希望國內同道諸君子分向各地的方言去研究,除了元音與輔音之外,特別注意到中國語裏的聲調問題。

[附言]本文經趙元任師很仔細地看過,詳加指正,謹志銘感(惟文中如有錯誤,仍由我自己負責),此外,朱佩弦、李方桂、葉石蓀、沈有鼎諸兄也都看過,並謝。

原載《清華學報》第 10 卷第 1 期,1935 年

語法學

中國文法學初探

一、比較語言學與中國文法

二、西洋文法與中國文法

三、中國文字與中國文法

四、死文法與活文法

五、古文法與今文法

六、本性、準性與變性

七、中國的文法成分

八、詞的次序

九、事物關係的表現

十、結語

一、 比較語言學與中國文法

中國人曾由比較語言學引起了對中國文法學的興趣；馬建忠拿拉丁文法比較中文，然後寫成了一部《馬氏文通》。我們現在要研究中國文法，當然不能避免其他族語的文法學的影響。不過，我們應該先問：(1) 該拿什麼文法與中文比較？(2) 比較後，該怎樣應用比較的結論，纔能避免牽強附會的毛病?

比較語言學並不限於同系統的族語互相比較;有時候兩族語的關係越淺,其文法上的異同越足引起我們的興趣。但是,如果我們希望從甲族語的文法上研究出乙族語的文法系統,尋覓其相符或相似之點,以作乙族語的文法分析的根據,那麽,甲乙兩族語就該是同一系統的,而且關係越深越好。由此看來,馬建忠從拉丁文法的比較上研究中國文法,就不算一個最好的方法;因爲拉丁語屬於印歐語系,中國語屬於支那語系,二者的關係算是極淺的了。

近年中國的語言學頗有進步,大家知道中國語屬於支那語系,如果我們要從語言比較上尋求中國的文法,與其拿印歐語系來比較,不如拿支那語系來比較。但是,支那語系各族語的文法都是尚待研究的,我們在没有確知甲族語的文法系統以前,就没有法子拿它的文法與乙族語的文法相比較。假使有人要研究緬語的文法,而拿中國的上古文法去比較,就可以說是很危險的,因爲中國的上古文法的系統,還没有得到切實的證明。先舉一個例罷。高本漢(Karlgren)以爲在中國上古文法裏,"吾、女"二字屬於主格與屬格,"我、爾"二字屬於目的格[①]。同時,我們知道緬語裏的第一人稱與第二人稱亦分爲主格與目的格二種[②]:

	第一人稱	第二人稱
主格	nga-ga'	nin-ga'
目的格	nga'-go	nin'-go

但是,我們不敢遽然斷定緬語的第一人稱與第二人稱的變化與中國語恰恰相同,因爲我們不肯認高氏的話爲鐵案。高氏的結論,是以《論語》爲主要根據的,但我們細檢《論語》則見例外甚多[③]。尤其是"莫我知"與"不吾知","吾與女弗如"與"我與爾有是","我不欲人之加諸我"與"吾

① Karlgren: Le Proto-Chinois langue flexionnelle.

② 參看 Les Langues du Monde, article de J. Przyluski sur le Sino-Tibətain, p. 364。

③ 在下節裏,我們將再回到這問題上並把諸例外之句寫出,詳加討論。我們將見高氏對於例外的解釋未能使我們滿意。

亦欲無加諸人"諸句裏"吾、我、女、爾"所屬的格完全相同,句的組織亦甚相似,我們更無從窺見格的屈折作用了。我們既不能遽然斷定中國上古文法也像緬語一般地有主格與目的格的屈折性,那麼,關於格的問題,也就無從比較起。

又假使我們看見中國上古文法有動詞變化的痕迹,我們似乎可以拿藏語某一些動詞的變化作比較。例如"充"字在藏語裏:

現在式 gens　過去式 b-kan　將來式 d-gan　命令式 k'on

但是,這些動詞是否依着時間而起屈折作用的尚是問題。依 Conrady 先生的意見,這上頭並没有真的屈折作用,因爲在最古的藏文裏,同一的形式的字可以表示幾個時間,並没有顯然的分野[①]。由此看來,藏語的文法系統本身尚未得到滿意的解決,我們如果拿某人一偏之見所定的藏語文法系統來比較漢語,其結論就未必能有價值。

支那語系的文法比較,既有上述的困難,我們似乎不妨更求其次,拿印歐語系的文法與中國文法相比較。同是人類的語言必有相似之處。語言的應用,在乎敘述某動作,說明某種狀況,命令某人,或表示某種感觸。在敘述語裏至少有動詞;在說明語裏,至少有名詞。在命令語裏,至少必有動詞;在感觸語裏,至少必有感歎詞。因此,名詞、動詞、感歎詞,爲人類所同有[②]。同屬於一名之人物而有形態性質之不同,同屬於一事之動作而有方式時間空間之不同,於是我們遇必要時就用各種限制詞去限制名詞與動詞。詞與詞的關係及句與句的關係,都可用各種關係詞去表示。因此,限制詞與關係詞又爲人類所共有。動作必有其主動者,又往往有其受動者,因此,主格與目的格又爲人類所共有。我們如果採用西文的"名詞、動詞"等名稱,並不是拿西洋文法來範圍中國文法;衹因世界各族語都有這些事實,我們縱欲避免這些名稱而不可得。如果我們能從相同點着眼,不把相異點硬認爲相同,豈但印歐語系可與中國語比較,

---

① 參看 L'article de Przyluski, p. 363。

② 至少可以說開化的民族所同有;所謂 sentence-words 衹是語言的雛形。

就是非洲土話也何嘗不可與中國語比較呢?

不過,我們對於某一族語的文法的研究,不難在把另一族語相比較以證明其相同之點,而難在就本族語裏尋求其與世界諸族語相異之點。看見别人家裏有某一件東西,回來看看自己家裏有没有,本來是可以的,衹該留神一點,不要把竹夫人誤認爲字紙簍。但是,我們尤其應該注意:别人家裏没有的東西,我們家裏不見得就没有。如果因爲西洋没有竹夫人,就忽略了我們家裏竹夫人的存在,就不對了。

丁聲樹先生發現否定詞“弗”“不”二字的分别,立了三個規律①:

(1)“弗”字衹用在省去賓語的外動詞之上,内動詞及帶有賓語的外動詞之上衹用“不”字,不用“弗”字;

(2)“弗”字衹用在省去賓語的介詞之上,帶有賓語的介詞之上衹用“不”字,不用“弗”字;

(3)“弗”字決不與狀詞連用,狀詞之上衹用“不”字,不用“弗”字。

這就是在我們家裏發現了我們的竹夫人!如果我們專拿西洋文法來比較中國文法,就永遠不會有這種成績②。《馬氏文通》說:“正義云:‘弗者,不之深也。’與‘不’字無異,惟較‘不’字辭氣更遽耳。”在這種地方,中國所特有的文法規律,往往爲馬氏所忽略,因爲馬氏先看西洋文法裏有什麼,然後看中國有無類似的東西;至於西洋所不分别者,他就往往不能在中國文法裏看出來了。此後我們最重要的工作,在乎尋求中國文法的特點;比較語言學能幫助我們研究,但我們不能專恃比較語言學爲分析中國文法的根據。

二、 西洋文法與中國文法

中國人學西洋語文的時候,同時注意到它的文法;研究中國文法的

①《釋否定詞“弗”“不”》,《史語所集刊》外編。

② 八年前我在我的《中國古文法》(清華研究院畢業論文,未刊)裏說:“按‘弗’之與‘不’,一則僅能限制動詞,一則並能限制區别詞。”那我只看見了丁先生的第三個規律。

人往往學過西洋語文,於是自然地傾向於以西洋文法來支配中國文法。如果作者衹懂英文,他會把"有朋自遠方來"的"有"字認爲與 there is 相似,而不知它與法文的 il y a 更相似。最可指摘的,就是把英文譯成不合中國文法的中文,算是中國文法裏的例子。陳浚介先生的《白話文文法綱要》裏就有這樣的兩個例子:

捉得的賊,已經受囑付去受嚴厲刑罰了。(頁 59)

除非他講話太快是一個優秀的教師了。(頁 62)

這是極端模仿西洋文法的一派。此外,就要說到努力在中國文法裏尋求西洋文法的一派了。西洋人研究中國文法的時候,總想看看中國文法所無而西洋文法所有的東西究竟是否真正没有;如果現代的中國没有,還要問古代的中國是否也没有。這種精神原是好的,但其流弊就在乎先存成見,然後去找證據;遇着例外的時候,再去尋求解釋。譬如高本漢以爲"我"字在上古衹用於目的格,但在《論語》裏發現了二十個例外:

(1)"我"字居主格者共十八個:

孟孫問孝於我,我對曰無違。(《爲政》)

爾愛其羊,我愛其禮。(《八佾》)

我未見好仁者,惡不仁者……我未見力不足者;蓋有之矣,我未之見也。(《里仁》)

我不欲人之加諸我也,吾亦欲無加諸人。(《公冶長》)

唯我與爾有是夫。(《述而》)

我非生而知之者。(《述而》)

蓋有不知而作者,我無是也。(《述而》)

我欲仁,斯仁至矣。(《述而》)

有鄙夫問於我,空空如也,我叩其兩端而竭焉。(《子罕》)

我待賈者也。(《子罕》)

人皆有兄弟,我獨亡。(《顔淵》)

君子道者三,我無能焉。(《憲問》)

賜也賢乎哉,夫我則不暇。(《憲問》)

我則異於是,無可無不可。(《微子》)

我之大賢與,於人何所不容;我之不賢與,人將拒我[①]。(《子張》)

(2)"我"字居領格者共兩個:

竊比於我老彭。(《述而》)

三人行必有我師焉。(《述而》)

高氏首先以"同化作用"(assimilation)去解釋"我對曰""我不欲人之加諸我"與"我叩其兩端而竭焉"。但是,"吾"字在下列的句子裏,何以不受"我"字的同化?

如有復我者,則吾必在汶上矣。(《雍也》)

大宰知我乎,吾少也賤。(《子罕》)

回也非助我者也,於吾言無所不說。(《先進》)

如有用我者,吾其爲東周乎。(《陽貨》)

"吾"字不被"我"字同化時,高氏把它當作"吾""我"分格的證據[②]:"我"字佔了高氏所定"吾"字的格時,高氏又説它被"我"字同化了。相反的兩種情形都被高氏利用做重要的論據,顯然是有矛盾的。此外如"我愛其禮"等句的"我"字,高氏又以"鋪張語"爲解釋,這也與"同化作用"同爲或然而非必然的現象。對於多數的例外加以或然的解釋,至少是不能令人深信的。

至於高氏以爲"爾"字在中國上古祇用於目的格,就更可怪,因爲他自己計算過,"爾"字在《論語》裏九次居主格,三次居領格[③],六次居目的格。例外比例内還多,而高氏輕輕地以"爾"字在《論語》裏已漸代主格爲解釋。這完全是想當然,更不能令人相信了。

---

① 這一句裏加着重點的兩個"我"字,高氏認爲領格。

② 上述的四句就是他的例證,見 Le Proto-Chinois, p. 8。

③ 其實有四次,《堯曰》篇的"天之曆數在爾躬",高氏未引。

高氏大約因爲“吾”字不能爲肯定句的目的格,就猜想到“吾”“我”在格上有分别,又因爲“吾、女”在古音爲同部,“我、爾”在古音爲同部,就猜想同部的即同格。但是,《論語》裹還有一個“予”字,用於三格。“吾、女”與“我、爾”雖則排成了很好的並行式,如果加上一個“予”字,却又不整齊了。關於這一點,高氏又輕輕地以“予”字罕見爲理由,把它撇開不提①。其實“予”字見於《論語》共二十次,“女”字見於《論語》共十六次,“爾”字共十八次,孰爲罕見? 較罕見的“女、爾”二字既值得詳細討論,較多見的“予”反撇開不提,似乎近於遷就自己的成見了。

總之,西洋文法所有而中國中古文法所無的現象,在中國上古固未必無,然亦未必有。如果没有顛撲不破的證據,我們寧信其無,不信其有。譬如我們存心去尋求中國上古的動詞的時間變化與名詞的性數的變化,未嘗没有一二字可以附會;但這樣附會下去,終成空中樓閣,例如“羊”與“群”,似乎是名詞的單複數;“麒”與“麟”、“鳳”與“凰”、“雌”與“雄”、“牝”與“牡”,似乎是名詞的陰陽性②;但我們決不能拿它們去比西洋文法的名詞的數與性;就因爲它們没有一定的屈折作用,而是古人爲每一個概念而造的一個名詞。

末了,我們要談到馬建忠的一派。這一派的人,似乎並不硬把西洋文法都搬到中國文法裹來,例如名詞的性與數、動詞的時間、代名詞的人稱,都不在他們所定的中國文法中提及。他們所定的系統,大約能使一般人認爲説得過去。但是,表面上説得過去的不一定就是事實。我們首先該注意到中國語的“語像”(法文 image verbale)③的結構與西洋語的“語像”的異同,而且我們該直溯到“語像”未成立時的精神行爲的兩個步驟:(1) 分析作用;(2) 綜合作用④。

例如説:“顔淵死。”我們的精神行爲先把這事的表象分析爲兩個成

① 參看 Le Proto-Chinois,p. 4。

② 參看陳承澤《國文法草創》第 3 頁。

③ 從前我把這字譯爲“語言觀念”。

④ 參看 Vendryes,Le Langage,p. 86。

分,即“顏淵”與“死”,同時我們承認“顏淵”與“死”的關係,這就是分析作用。後來我們的精神行爲再把這兩個成分組織起來,成爲一個語像,這就是綜合作用。分析作用與綜合作用都可與西洋語言不同。

譬如《孟子》說的“庖有肥肉”,拿來與英文的 There is some meat in the kitchen 或法文的 Il y a de la viande dans la cuisine 相比較,我們覺得“庖”與“肉”的關係,在中國人的心裏,與英法人的心裏,顯然不同①。英法人在精神行爲裏,把庖與肉分析了之後,認庖與肉祇有間接的關係,而中國人却把它們認爲有直接的關係,換句話說,就是英法人不認那肉是隸屬庖的,中國人却認那肉隸屬於庖。在中國人的心目中,覺得“庖有肥肉”與“桌有四足”或“馬有四蹄”是相似的。孟子在“庖有肥肉”句下接着就說“廄有肥馬,民有飢色,野有餓莩”。這裏的“庖、廄、民、野”都是主格,其與“肉、馬、色、莩”的關係是一樣的。這是分析作用上中西不同的一個例子。

表象所引起的許多觀念,由精神行爲把它們綜合起來的時候,更能形成族語之間的差異點,例如“馬跑”與“馬壯”都是兩個觀念組成的句子,中國人祇把兩個觀念依一定的次序放在一起,就顯出它們的關係來。在中國人的心裏,覺得馬的動作與馬的狀態一般地是與馬有關係的一種表象,動作與馬的關係既用不着一種聯繫物來表示,狀態與馬的關係也用不着一種聯繫物來表示了。西洋人的語像與我們的語像不同:他們覺得動作與馬的關係可以不用聯繫物來表示,而狀態與馬的關係却不能不用一種聯繫物,所以他們用一種繫詞(copula),就是英文所謂 verb to be。在英文裏,“馬跑”可以說 The horse runs,“馬壯”却必須說 The horse is strong。但我們決不能拿中文比附英文,而說“馬壯”爲“馬是壯”或“馬爲壯”的省略。若云省略,爲什麼我們從來不曾看見過它的原形呢?在古希臘語、梵文、古波斯語、古愛爾蘭語、俄語裏,verb to be 都可不用②,我

① 章士釗《中等國文法》(第 57 頁)以爲“園有桃”者,猶“於園有桃”也。這是以英文法勉強比附的。

② 參看 Vendryes, Le Langage, p. 145. 又 Bloomfield, An Introduction to the Study of Language 也引拉丁文 Cuniculus albus 爲證(p. 68)。

們何必認爲句中的要素呢?

子句與子句的關係(le rapport entre propositions),在中國語裏,往往讓對話人意會,而不用連詞。英文的 and,譯爲中文時,大多數可以省去。又如《史記・武安侯列傳》云:

非痛折節以禮詘之,天下不肅。

《馬氏文通》以"非"字爲承接連詞①,大約馬氏認爲與英文的 unless 相似。其實"非"字祇是一個否定詞,前面没有用"若"字,就被馬氏誤會了。現代白話裏有一個常用的句子"非走不可",意思是説如果不走就不成,但我們決不能説"非"是連詞。又如説"你不去,我也不去",有時候可以等於説"如果你不去,我也不去";但是我們能認"不"字爲連詞嗎?

總之,我們研究中國文法,該從語像的結構上着眼。説得更淺些,就是體會中國人的心理。中國人心裏把某字認爲甲種詞品,我們不該認爲乙種詞品。若要體會中國人的心理,每遇一個句子,該先就原文仔細推敲,不必問西文有無此類句子。此外,我們有時候也可以在駢語上看出中國人對於詞性的認定。中國人的駢語,雖不限定字字針對,但我們如果爲一字而搜求千百個駢語爲例證,則這字的詞性總可因此知其大概了。例如上文所引《孟子》的話:

庖有肥肉,廄有肥馬,民有飢色,野有餓莩。

我們看見四個"有"字駢舉,就知道它們的詞性相同,決不能以英文比較而説第三個"有"字等於 to have 而其餘的"有"字等於 there is 或 there are。又如梁昭明太子《文選・序》裏説:

椎輪爲大輅之始,大輅寧有椎輪之質;增冰爲積水所成,積水曾微增冰之凜。

"所"字與"之"字駢舉,我們就知道在中國人的心裏它們的詞性是相

① 《馬氏文通》卷八第 43 頁。

似的。怎樣相似,待下文再談。總之,我們不該認"所"字爲代名詞,因爲它從來不能與"吾、我、汝、爾"等字駢舉,甚至頗相近似的"其"字,也很少與"所"字對立過。

陳承澤說過:中國文法是獨立的,非模仿的①。我很相信這句話。我們並不反對從比較文法學上悟出中國文法的系統來,我們只像陳氏反對削足適屨的文法。

三、中國文字與中國文法

就普通說,中國每一個字,祇有一個音綴(syllable),許多語言學家的誤會都由此而起。第一,他們誤認中國語爲單音綴的語言;第二,他們誤以爲中國一字(character)即代表一詞(word)。這兩種誤會是互爲因果的。

因爲他們誤以爲中國一字即代表一詞,於是忽略了雙字以上的詞。我們如果舉"鸚鵡、葡萄、倉庚、蚯蚓"諸詞爲例,就知道中國的詞(word)也有兩音綴的。我們不要爲中國的文字(writing)所迷惑,假使我們把"葡萄"用羅馬字拼音,寫作 putao,不是也像法文的 raisin 一般地也有兩個音綴嗎?就是"廚房、客廳、書房、書架、書櫥"等等,也未嘗不可認爲兩字組合的一個詞;當我們說"客廳"的時候,心裏並没有"客"與"廳"兩個觀念,祇把一個名詞配上一個對象,而這唯一的對象就是客廳。也許這名詞初成立時,是由"客"與"廳"兩個觀念構成的,但當它成爲常用的名詞之後,說話的人祇有整個的客廳觀念,並非先想起客後想起廳。這種現象,可以拿希臘文變來的現代西洋名詞相比較。希臘文兩個詞,往往由後人拼合成爲一個,這與"客廳"之由兩詞變爲一詞很是相似。我們試看法文裏的幾個例子:

書櫥=bibliothèque<biblion 書,thêkê 櫥;

① 陳承澤《國文法草創》第 3 頁。

人類學＝anthropologie＜anthrôpos 人類，logos 學；

動物學＝zoologie＜zôon 動物，logos 學；

反感＝antipathie＜anti 反，pathos 感。

除此之外，近於複輔音而又有兩音綴者，像廣州的“石榴”seklao、“白果”pakkuo 等語，越發與西洋語近似。由上面的事實看來，我們不能把中國語認爲單音綴的語言；每字雖衹有一個音綴，但我們不能認每一個詞衹能包括一個字。

反過來說，我們又不能說每一個字必能成立一個詞。這一點更爲重要。假使一個西洋人不認得中國字，也不知道一字衹表一音，我們只教他學會了中國語，將來他寫一部中國語法，其所分別的詞性一定與普通中國文法家所定的大不相同。譬如我們說：

他們都把杯子拿起來喝酒；

你們把這些門兒都關上罷；

那粉紅的衣裳是她的不是我的；

他慢慢兒走，我連忙地趕上去。

依上面的一些例子，我們可以看得出許多字衹是一個詞的附加成分(affix)，這種附加成分原是一種文法成分(morphem)，用以表示詞性的。

表示名詞的詞性的，普通有“子”與“兒”字。除了少數例外(如：玩兒、慢慢兒)，我們看見它們總是附在名詞的後面的，而且它們本身沒有意義①，其唯一的作用即在乎表示詞性。

表示代名詞複數的，普通衹有“們”字，且衹用於人類的稱謂上。如果我們要說中國語有黏合作用(agglutination)，這一個“們”字勉強可以充數。假使有一個不認識中國字的人，我們拿羅馬字教他學中國語，他將發現下面的變化律(declination)：

	單數	複數
第一人稱	wo	women

① 也許從前有微小的意義，但現在這意義已傾於消滅了。

第二人稱　ni　　nimen

第三人稱　ta　　tamen

代名詞單數用語根，複數加語尾，這非但完全是種黏合作用，而且近似於所謂屈折語的名詞變化。英法文的名詞單數用本字，複數加 s 爲語尾，也差不多是一樣的道理①。但這種黏合作用似乎是後起的；在先秦的古籍裏，我們看見代名詞的單數複數竟没有分别，與名詞的單數複數没有分别是一樣的。這且待下文再提。"些"字爲指示形容詞的語尾，亦同此理。

表示限制詞(形容詞與副詞)的詞性的，有"的、底、地、之"諸字，其實衹算一個字："底、地"本與"的"字同意義，而"的"字又是從"之"字演變而來的。但"之"字本是一種關係詞，後來漸失其關係的作用而變爲語尾，等到它變爲"的"字的時候，已經不是一定要表示關係的了，例如上面所舉"是她的不是我的"，不能寫作"是她之不是我之"。

形容詞後的"的"字有點兒像英文的語尾-tive，法文的-tif 或-tive，副詞後的"的"字或"地"字像英文的-ly 或法文的-ment②。北京話的副詞語尾有用"兒"字的，例如"慢慢兒走"。

以上所舉的語尾，都是自身没有意義的。現在要説到有些字不是語尾，而是一個詞的組合成分。例如"拿起來"三個字並不是三個動詞相連，而是三個字組合的一個動詞。在這動詞中，"拿"字是主要成分，動詞大部分的意義即在它身上；"起來"二字有點兒像副詞，表示怎樣拿法。同是一種"拿"的動作，我們可以説成"拿起來、拿出來、拿出去、拿進來、拿進去"，等等，表示這動作當中的細微的區别。"關上、關起來、放上去、放進去、趕上去"也都可以如此解釋。這些組合的動詞與英文的superpose、subscript 等詞相近似，所不同者，sup-、sub-等爲附加成分，而"起來、出去"等原是動詞。但是，我們須知，當我們説"拿起來"的時候，

① 其間衹有一個小差别：men 是一個音綴，而 s 衹是簡單的一個輔音。

② 文言"喁喁然"的"然"也歸此例。

並没有起(to get up)與來(to come)的觀念存在,可見這兩字已失了本義而有附加成分的性質了。

上文所述,祇是些後加成分(suffix)或語尾(termination);此外如前加成分(prefix),似乎也存在於中國語裏。最顯明的就是"所"字,它不是代名詞,不是副詞,也不是助詞①;依我的意見,它祇是動詞的一種前加成分。在最初的時候,"所"字附於動詞,祇以表示其動作性;《左傳》"所不歸爾帑者②,有如河"等於説:"不歸爾帑,有如河。"後來這種含義甚少的"所"字漸漸增加了别的作用,不止於表示動作性了;於是這一類的語法歸於消滅。有時候,我們偶然發現古代文法的殘留,例如《孟子》還説:"國之所存者幸也。"

後來,"所"字的作用擴大了,非但表動作性,而且能使動詞再變爲形容詞,例如:

> 仲子所居之室,伯夷之所築與,抑亦盗跖之所築與?(《孟子·滕文公下》)

第一個"所",其所助的動詞下有目的格;"所居"二字(即一詞)可視同形容詞。介詞"之"字可視爲表示形容詞與名詞的關係,换句話説,動詞"居"字已帶形容性用以限制名詞"室"字。

"所築"與"所居"皆爲動詞所變成的形容詞。所不同者:"所居"所形容的名詞寫出,故其本身僅爲形容詞;"所築"所形容的名詞不寫出,故其本身復兼名詞之用,成爲形容詞性的名詞。"所築"本身既變爲名詞,故其上又可加介詞"之"字,以示此名詞與另一名詞(伯夷)的關係。如果它本身未變爲名詞,則不能加上介詞"之"字,例如我們不能説"仲子之所居之室"。

在被動態(passive voice)裏,"所"字所屬的動詞不能再帶形容詞,當然也不能再變爲名詞,於是"所"字的作用又復減小,成爲僅表動作性,

---

① 但認爲助詞總比認爲代名詞或副詞好些。數年前我把它認爲助詞。

② "者"字在這裏祇是一個助詞。

例如：

衞太子爲江充所敗。(《漢書・霍光傳》)

這裹的"所"字衹表示動作性,其作用近似於"所不歸爾帑"的"所";所不同者,此爲被動態,彼則爲主動態。關於"所"字的問題,將散見於下文第六節與第八節中。

四、死文法與活文法

中國的文法,在上古時,想必經過一個未固定的時期:第一,是詞品未固定;第二,是詞或句的次序未固定。

所謂詞品未固定者,是指文法成分的種類尚混合而言,我們知道,在文法學上,有所謂意義成分(semanteme)與文法成分(morpheme),如下圖:

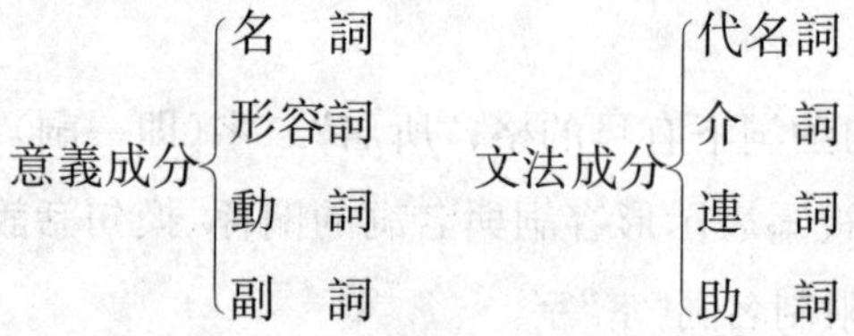

名、形、動、副就本身而言,詞性是有一定的①。至於文法成分中,代名詞、介詞、連詞、助詞等的界限,在上古就分不清楚,例如"之"字可以有下列數種詞性:

(1) 代名詞主格:聞之死,請往。(《禮記・檀弓》)

(2) 代名詞目的格:愛共叔段,欲立之。(《左傳・隱元》)

(3) 代名詞領格:爲人後者爲之子。(同上,《成十五》)

(4) 代名詞性的形容詞:之人也,物莫之傷。(《莊子・逍遙遊》)

(5) 領格後介詞:蔡澤,山東之匹夫也。(揚雄《解嘲》)

① 詞有本性、準性、變性,見第六節。

(6) 目的格介詞:之其所親愛而避焉[①]。(《禮記・大學》)

(7) 助詞:禮亦宜之。(《書・金縢》)

"其"字可以有下列兩種詞性:

(1) 代名詞領格:其旨遠,其辭文。(《易・繫辭》)

(2) 助詞:若之何其。(《書・微子》)

"而"字可以有下列數種詞性:

(1) 代名詞:而康而色。(《書・洪範》)

(2) 連詞:不好犯上而好作亂者,未之有也。(《論語・學而》)

(3) 助詞:俟我於著乎而。(《詩・齊風・著》)

"爾"字可以有下列數種詞性:

(1) 代名詞:且爾言過矣。(《論語・季氏》)

(2) 限制詞語尾:如有所立,卓爾。(同上,《子罕》)

(3) 助詞:便便言,唯謹爾。(同上,《鄉黨》)

我們不能說"之"字先爲代名詞,後爲介詞,或"而"字先爲連詞,後爲代名詞等等;我們衹能說這些文法成分都借用意義成分爲表號,例如"之"本訓往,"其"爲"箕"之本字,"而"本訓頰毛,"爾"本訓靡麗,因爲它們的字音與文法成分的字音相同,就借來作文法成分的表號。這與後人借"鵠的"的"的"字爲介詞是一樣的道理。既然同音便可借用,於是"之"字可爲代名詞,亦可爲介詞;"而"字可爲代名詞,亦可爲連詞。諸如此類,我們不一定說古人的詞品完全混而不分,但至少是同一的文法成分可以有許多用法。這許多用法當中,有些用法佔了優勢,就永遠流傳至今;有些失了勢,漸漸没人用它,就趨於消滅了,例如"若之何其"與"俟我於著乎而"等句中的"其、而"二字的用法,在漢代以後已成一種死文法了。

現在說到詞或句的次序未固定。主格、動格、目的格的位置,在現代中國語裏,算是比許多族語固定得多。但依世界語言的歷史來推測上古

① 此處"之"字詞性不明,今暫依《馬氏文通》之說,見卷七第 18 頁。

時代的中國語，它們在句中的位置該不能像現代這樣固定。後來屬於某一些模型的句子佔了優勢，習慣上就以此爲宗，别的模型就趨向於消滅了，例如近代的中國語裏，介詞“於”字不能置於其所介的動詞之前，但上古的中國語裏却有下列一些例子：

> 貪而無信，唯蔡於感。(《左傳・昭十一》)
>
> 其一二父兄私族於謀而立長親。(同上，《昭十九》)
>
> 諺所謂室於怒而市於色者，楚之謂矣。(同上，《昭十九》)

“感於蔡、謀於私族、怒於室、色於市”，在這裏的次序是顛倒了。我們不能認爲方言的現象，因爲在《左傳》裏，“於”字置於動詞後的要比這些例子多了許多。唯一的解釋就是當時容許有兩種的次序，不過，甲種已漸佔優勢，乙種已漸不爲人所常用，等到後來，就完全不用它了。又按：漢以後的中國語，連詞“與其”二字冠首之附屬句，須置於主要句之前，但《左傳》裏亦有與此相反的例子：

> 孝而安民，子共圖之，與其危身而速罪也。(《閔二年》)

凡此種種，都應該認爲死文法。我們研究中國文法，首先應該把死文法另列專篇，不與活文法混雜，然後系統分明。八年前，我已經注意到這一點，所以在我的《中國古文法》裏説①：

> 上古文法之未固定者，或不久即成固定，或終歸消滅而不能固定。其終歸消滅者，或成死句，或成死法。死句者，後人不復用此語句也；死法者，後人雖用其語句而不用其法則也。國人嚮慕古人，惟恐不肖，雖生當文法已固定時代，猶效文法未固定時代之語句以爲古雅。然吾人須知彼等但敢用古人之成語，不敢用古人之法則。今人敢言“有衆”而不敢言“有群”；敢言“有北”而不敢言“有東”；敢言“爰居爰處”而不敢言“爰坐爰行”；敢言“自詒伊戚”而不敢言“自尋

① 清華大學研究院畢業論文，未出版，亦未完成。

伊樂";敢言"室於怒而市於色"而不敢言"父於孝而君於忠";敢言"淒其以風"而不敢言"霎其以雨";敢言"之子于歸"而不敢言"之人于往";敢言"鉗之舌而奪之氣"而不敢言"降之志而辱之身";敢言"螽斯"而不敢言"蝗斯";敢言"利有攸往"而不敢言"害有攸至";敢言"自時厥後"而不敢言"自時厥前"。諸如此類,皆足證明今時已無此等文法,可謂文法已廢,古語僅存而已。若據"室於怒而市於色"一語,遂謂副格可置介詞之前;據"鉗之舌而奪之氣"一語,遂謂"之"字可用爲領格,以一例萬,豈通論哉? 故未固定與已固定之分期,誠最妥善之法。未固定文法之研究,僅欲以讀古人之書;已固定文法之研究,則兼以爲作文之程式;分則兩利,合則兩傷。吾國人爲文難於通順,未始非文法家有以誤之;蓋自眉叔以來,皆以未固定之死法與已固定之活法融爲一罏,令人眩惑,不知所從。謂宜劃分封域,昭示後學。

直至現在,我仍舊如此主張。當時我更爲未固定與已固定的文法下了這樣的一個定義:

所謂未固定者,周秦兩漢之間偶見於書,其後數千年不復有人用之者也;所謂已固定者,無論起於上古中古近古,其用能歷千年而不替者也。

現在我的意思衹有一點與前不同,就是我不再願意把文法分爲未固定與已固定二期,衹願把它分爲死、活二種。凡偶見於書,其後不復爲人所用者,就是死文法;凡其用能歷千年而不替者,就是活文法。

五、 古文法與今文法

所謂古文法與今文法,就是普通說的文言文的文法與白話文的文法。把中國文法分爲古、今兩大類,在字面上看來似乎不通,因爲至少該按時代分爲若干期,成爲文法史的研究。但是,中國的文章(指寫下來的文字)從古文變爲白話是那樣突然,就令我們感覺到文言文與白話文所代表的語言是兩個距離極遠的時代的語言。我們若從這兩種文體去窺測文法史的簡單輪廓,一定較易見功。

如果我們要寫一部中國文法史,那就很不容易了。固然,南北朝的小品文如《世說新語》、唐宋的小說雜記、宋人的語錄、宋元的詞曲等,其中都有當時的口語;甚至唐人所譯佛經裹,除了印度化的文法外,也未嘗不雜着當時的口語。但是,這工作太大了,我們一時談不到。簡單說一句,就是兩千年來,詞彙與語音的變化很多,文法上變遷很少。固然,古今文法的差異也儘有,然而與詞彙、語音的進化史相比,就算變化不多了。

現在先談古、今文法的大概。第一,我們注意到代名詞的人稱與格。在上古中國語裹,代名詞的第一人稱與第二人稱爲一類,第三人稱自爲一類。我們先在音韻上看出它們的分別:

(1) 第一人稱用於諸格者有"我、予、余"諸字,用於主格與領格及否定詞後之目的格者有"吾"字。除"予""余"同音外,"我""吾"二字爲雙聲。

(2) 第二人稱用於諸格者有"爾、女、汝"諸字,用於主格與領格者有"而"字。除"女""汝"可認爲同字外,"爾""女""而"亦爲雙聲。

(3) 第三人稱用於領格者有"其"字,用於目的格者有"之"字。"其""之"二字爲疊韻。

我們由此可以看出古人把第一、第二人稱認爲同類,所以同人稱的字都爲雙聲;第三人稱自爲一類,所以同人稱的字不用雙聲而用叠韻。我們再看代名詞的格,就可發現上古代名詞第三人稱沒有主格,與第一、第二人稱之有主格者大不相同。例如:

白話的:我從衛國回魯國。可譯爲文言的:吾自衛反魯。

白話的:你到那裏去?可譯爲文言的:女何之?

但是白話的:他是你的朋友。不可譯爲文言的:其爲爾友。

固然,我們不曾忘了代名詞“彼”字可以用於主格;但是我們須知,“彼”字本爲指示代名詞,與“此”字相對待。在古書中,“彼”字雖偶然借用爲人稱代名詞,但仍有彼此比較之意。例如:

彼丈夫也,我丈夫也,吾何畏彼哉?(《孟子·滕文公上》)

彼奪其民時。(同上,《梁惠王上》)

彼陷溺其民。(同上)

充其量,我們祇能承認“彼”字是指示性很重的代名詞,其詞性與“其、之”二字不能相提並論。我們再看有些“其”字似乎可認爲主格,例如:

其爲人也孝弟。(《論語·學而》)

其行己也恭,其事上也敬,其養民也惠,其使民也義。(同上,《公冶長》)

王若隱其無罪而就死地。(《孟子·梁惠王上》)

然而這些“其”字在實際上也有領格的性質;“其”字後的動詞及其附屬語都可認爲帶名詞性。因此,“其”字與動詞合起來祇能算一個主格(如第二例)或一個目的格(如第三例);如果這主格之後不加敘述或說明,這目的格之前不加動詞,就不能成爲完整的一句話。假使我們簡單地說“其無罪而就死地”,就等於有目的格而没有主要的動詞。在白話文裏,“他没有罪而被殺”是合文法的;在文言文裏,若說“其無罪而就死地”,就不通了。

在古文裏,普通的句子既不用主格的代名詞,那麼,主要動詞的主格祇能靠名詞的複說,否則唯有把它省略了。

名詞複說的如下列諸例:

齊侯欲以文姜妻鄭太子忽,太子忽辭。(《左傳·桓六》)

且私許復曹衛,曹衛告絕於楚。(同上,《僖二十八》)

非神敗令尹,令尹其不勤民,實自敗也。(同上)

臾駢之人欲盡殺賈氏以報焉。臾駢曰:"不可。"(同上,《文六》)

代名詞省略的如下列諸例:

公謂公孫枝日:"夷吾其定乎?"對曰:"臣聞之,唯則定國。"(《左傳·僖九》)

夫人以告,遂使收之。(同上,《宣四》)

郤子至,請伐齊,晉侯不許;請以其私屬,又不許。(同上,《宣十七》)

射其左,越於車下;射其右,斃於車中。(同上,《成二》)

這一類的省略法,不能拿來與下面的例子相比:

孟之反不伐。奔而殿,將入門,策其馬,曰"非敢後也"。(《論語·雍也》)

因爲"奔、入、策、曰"四種動作的主格都是"孟之反",所以省去了代名詞之後,仍可藉上句的主格爲主格。至若"射其左"等句,"射"與"越"的主格並不相同,似乎主格的代名詞必不可省。

然而我們試想:假使我們不改變這句的動詞的性質與位置,有什麼法子可以使句子更完善些呢?如果把主格的名詞完全補出,未免太囉唆了。如果把主格的代名詞補出,寫成:

彼射其左,彼越於車下;彼射其右,彼斃於車中。

姑勿論"彼"字在上古没有這種用法,單就句的意義而論,我們覺得這種代名詞實在毫無用處;加了四個"彼"字,反易令人誤會是同一的主格①。由此一點,我們可以悟到:這種語像能促成古人不用第三人稱代名詞的主格。

古人雖不用第三人稱代名詞的主格,但遇必要時,他們可以用些文

① 除非把句法改變,寫成"彼射其左,墜之於車下;射其右,斃之於車中",意義纔十分明顯。但這麼一來,就祇有一個"彼"字屬於代名詞主格了。

法成分去表示動詞的主格之變换。上文所舉“夫人以告,遂使收之”,句中的“遂”字已經令人悟到“使”的主格是變换了。但是,最普通的還是用連詞“則”字。試讀下列的《論語》兩章:

> 哀公問曰:“何爲則民服?”孔子對曰:“舉直錯諸枉,則民服;舉枉錯諸直,則民不服。”(《爲政》)
>
> 季康子問:“使民敬忠以勸,如之何?”子曰:“臨之以莊,則敬;孝慈,則忠;舉善而教不能,則勸。”(同上)

在第一章裏,也可以説“舉直錯諸枉,則服;舉枉錯諸直,則不服”。在第二章裏,也可以説“臨之以莊則民敬”等等。可見“則”字比主格還重要。有了“則”字,就表示這動作的結果,再加上了上文的語氣,就知道這動作與那動作不是屬於同一主格的了。

近來往往有人誤以文言的“其”字與白話的“他”字相當,以致寫下來的文言文不合文法。其實我們衹要守着下面的兩個規律,就不至於不會用“其”字了:

(1)“他”字可用爲代名詞主格,“其”字不能。

(2)在古文裏,目的格必須用“之”,不能用“其”。

依這兩個規律,我們就可知道“他不去”不能寫作“其不往”①,“替他執鞭”不能寫作“爲其執鞭”,等等。

第二,我們注意到代名詞的數。在中國上古語裏,代名詞單複數是同一形式的,至少在文字上的表現是如此。譬如下列諸例:

(1)第一人稱複數仍用“吾、我”等字:

> 楚弱於晉,晉不吾疾也;晉疾,楚將辟之,何爲而使晉師致死於我?(《左傳·襄十一》)

(2)第二人稱複數仍用“爾”字:

---

① 但“怪他不去”却可寫作“責其不往”。

爾無我詐,我無爾虞。(《左傳·成二》)

子曰:"以吾一日長乎爾,毋吾以也。"(《論語·先進》)

如或知爾,則何如哉?(同上)

(3) 第三人稱仍用"其、之"等字:

齊、晉、秦、楚,其在成周,微甚。(《史記·十二諸侯年表序》)

今天下大安,萬民熙熙,朕與單于爲之父母。(同上,《匈奴列傳》)

長沮、桀溺耦而耕,孔子過之。(《論語·微子》)

總之,白話的"我們",譯爲文言可用"吾"或"我";白話的"你們",譯爲文言可用"爾";白話的"他們",譯爲文言可用"其"或"之"或"彼"。古人雖有"吾人、吾黨、吾曹、吾儕、若輩、彼輩、彼等",種種說法,但這些說法在先秦甚爲罕見;有時偶見於書,也可把"吾、爾、彼"等字認爲領格。"吾曹、吾輩、吾儕"等於現在說"我們這班人"或"我們這一類的人",所以"吾、爾、彼"等字在此情形之下仍當認爲領格代名詞的複數,不當與"儕、輩"等字併合認爲一個不可分析的單位。例如:

文王猶用衆,況吾儕乎?(《左傳·成二》)

意思是說"何況我們這一類的人",非簡單的代名詞可比。非但人稱代名詞在上古没有複數的形式,就是指示形容詞或指示代名詞也没有複數的形式;換句話說,白話裏"這些、那些"等詞,如果譯爲文言,衹能寫作"此、斯、彼"等字,與單數的形式完全相同,例如:

今此下民……。(《孟子·公孫丑下》)

吾非斯人之徒與而誰與?(《論語·微子》)

這一點,非但違反了西洋人的心理,甚至違反了現代中國人的心理。我們似乎可以拿聲調去解釋,說代名詞的數由聲調表示,寫下來雖然一樣,念起來卻是兩樣,有點兒像現代北京所用詢問詞的"那"與指示詞的"那",寫起來是一樣的,念起來則前者爲上聲,後者爲去聲。但是,這種猜想的危險性太大了，因爲我們找不出什麼證據。不過，我們試就文法的本身仔細想一想，代名詞的數是不是必不可缺少的東西？先就中文本身而論，名詞單複數既可用同一的形式，代名詞爲名詞的替身，其單複數何嘗不可用同一的形式？名詞既可由意會而知其單複數，代名詞的單複數何嘗不可由意會而知？梵文與古希臘語裏，除了單複數之外，還有一個雙數(duel)；但現代歐洲諸族語大部分沒有雙數與單複數對立，我們並不覺得它們不合邏輯。同理，我們的祖宗嘴裏的代名詞没有數的分別，也像動詞没有時的分別一般地不能令他們感覺到辭不達意之苦。

第三，我們注意到關係詞的嬗變。所謂關係詞就是介詞與連詞，但中國上古的介詞與連詞没有清楚的界限，故不如統稱之爲關係詞。這理由且待下文再述。現在只舉出"之、於"兩字，以見關係詞嬗變之一斑。

文法成分的"之"字，除了有代名詞與助詞的用途之外，又可用爲關係詞。這一個關係詞，能表示名詞與名詞的關係、限制詞與名詞的關係、名詞與動詞的關係、動詞與動詞的關係、限制詞與動詞的關係。在古人的語像裏，衹把有關係的兩個觀念，用文法上的工具"之"字貫串起來，使它們併合而成爲一個名詞語。至於其所貫串者爲名詞或形容詞或動詞，皆視同一律，例如：

(1) 表示名詞與名詞的關係：

仲尼之徒，無道桓文之事者。(《孟子・梁惠王上》)

(2) 表示限制詞與名詞的關係：

大小之勢，輕重之權。(《史記・賈山列傳》)

吾嘗聞少仲尼之聞而輕伯夷之義者。(《莊子・秋水》)

(3) 表示名詞與動詞的關係：

德之不修，學之不講……(《論語・述而》)

不患人之不己知，患不知人也。(同上，《憲問》)

雖執鞭之士，吾亦爲之。(同上，《述而》)

(4) 表示動詞與動詞的關係:

浸潤之譖,膚受之愬,不行焉。(《論語·顔淵》)

有不虞之譽,有求全之毁。(《孟子·離婁上》)

(5) 表示限制詞與動詞的關係:

如知爲君之難也,不幾乎一言而興邦乎?(《論語·子路》)

在白話裏,有"的"字頗與古文關繫詞"之"字相當①。但我們應該仔細審察由"之"變"的"之過程中,其詞性是否發生變化。我們首先發現古文裏的"之"字並非個個能由"的"字替代的,例如"不患人之不己知",我們衹能譯爲"不怕人家不知道我",不能加入一個"的"字。其次,我們發現今文裏的"的"並非個個能由"之"字替代的,例如"這本書不是我的",我們衹能譯爲"此非吾書",或"此非吾之書",不能譯成"此書非我之"。從這兩點上,我們窺見"之"字變爲"的"字時,其詞性亦同時發生變化,换句話説,就是由關係詞變爲含限制性的一種後加成分(suffix)。"的"字的用途並不在乎表示兩個觀念之間的關係,而在乎幫助甲觀念去限制乙觀念。"不患人之不己知"不能譯爲"不怕人家的不知道我",就因爲"人"爲"知"的主動者,不是限制語;"這書不是我的"不能譯爲"此書非我之",就因爲"之"字不在"書"與"我"的當中,不適宜於表示兩觀念之間的關係。

現在談到"於"字。除了成語之外,"於"字在今天的口語裏可以説是死了。"於"字用於敘述句裏的時候,它表示動作與間接目的格的關係,例如説"子畏於匡"或"天將降大任於是人"。"於"字用於説明句裏,則表示限制詞的比較級,例如説"金重於羽"。

現代中國語對於"於"字的第一種用法,是借用動詞"在、給"等字替代的,譬如"子畏於匡"衹能譯爲"孔子在匡受驚","天將降大任於是人"衹能譯爲"天將要降大責任給那人"。同時,我們注意到:當間接目的格

① 我們甚至可以説"的"字爲"之"字古音之餘存。

表示地點的時候,必須置於動詞之前,例如“孔子在匡受驚”不能說成“孔子受驚在匡”。僅有極少的例外,例如“我在城裹住”也可以說成“我住在城裹”。這些例外可以說是古代文法的殘留;“住”字本帶外動詞的性質,所以“我住在城裹”也可以說成“我住城裹”。前者受了後者的同化作用(assimilation),所以能令我們說成了習慣而不覺得它不合於普遍的規律。

至於“於”字的第二種用法,在白話裹,我們也借用動詞“比”字來替代,而且詞在句中的次序也顛倒過來,譬如“金重於羽”,譯成白話就該說“金比羽毛重”。在兩廣大部分的方言裹,用動詞“過”字替代“於”字,但是詞的次序却未因此而變更,例如廣西南部的人不說“金比羽毛重”,而說“金重過羽毛”。這“過”字頗像“由也好勇過我”的“過”,有超過的意思。

從這上頭,我們可以看出一件很有趣的事實。“於”字本是純粹的文法成分,其職務衹在乎表示甲觀念與乙觀念的間接關係,本身毫無意義。後來“於”字的力量漸漸衰微,不復能執行它的職務,於是借用“存在”的“在”字去聯繫那動作發生的地點,借用“給與”的“給”字去聯繫那動作所間接施及的人物。更有趣的是:在北方人的語像裹,先注意到金與羽毛的比較,然後注意到它們的重量;在兩廣人的語像裹,先注意到金的重量,然後注意到它與羽毛的重量的比差。因此,兩處的人所借用的動詞不同:一則借用“比”字以示比較,一則借用“過”字以示其重量之比差。

中國語的詞性算是富於彈性的,而中國古文比今文還更富於彈性。除了代名詞的格恰是相反的情形外,其餘如代名詞的數、關係詞的形式,都比現代語更有伸縮的餘地。關於中國古今文法的變遷,盡可以寫成一部很厚的《中國文法史》,現在衹能提出幾個問題,對於每一問題也衹能舉很少的例子而已。

六、 本性、準性與變性

詞有本性、有準性、有變性。所謂本性,是指不靠其他各詞的影響而能有此詞性的;所謂準性,是爲析句的便利起見,姑且準定爲此詞性的;所謂變性,是因位置關係,受他詞之影響,而變化其原有的詞性的。

先說詞的本性。我們按照詞的本性,可以把它們分爲若干類,但這分類的標準是很難決定的。西文因有屈折作用,我們就能按照其屈折作用來分類。中文没有屈折作用,有許多詳細的分類就等於贅疣。如果照邏輯的分類法去分類,這是違背語言學原理的,因爲文法與邏輯並不是同一的東西。在這一點,我們仍舊應該去體會中國人的心理。最容易令人看得出中國人對於詞品的辨别的,就是駢體文或詩。依中國語的駢句看來,中國的詞衹能分爲下列的七類:

1. 名詞　2. 代名詞　3. 動詞　4. 限制詞

5. 關係詞　6. 助詞　7. 感歎詞

形容詞與副詞不必區别①,因爲許多字可以限制名詞或動詞而其形式不因此發生變化,例如"難事"的"難"與"難爲"的"難"的形式完全相同。連詞與介詞不必區别,一則因爲它們自身的界限本不分明,二則因爲駢體文裏没有它們不能相配的痕迹。"以"字與"而"字爲對偶,在駢體文裏是常事。實際上,我們也不能硬說"以"是介詞而"而"是連詞。"拂然而怒"的"而"字,與"節用而愛民"的"而"字,一則表示某種狀態與某種動作的關係,一則表示甲動作與乙動作的關係,爲析句方便起見,我們固可以認前者爲介詞(甚或認爲副詞性語尾),後者爲連詞,但這是上下文形成的詞性,並非"而"字本身有此不相同的兩種詞性。

助詞爲中國特有的詞品,有些表示動詞的時(tense),其用途等於西文的屈折作用;有些表示句的性質,頗近似於西文的標點。這且待下節討論。

詞的準性,本可不立。但有時爲析句方便,也不妨將某字暫命爲某詞,例如《孟子》:"地不改辟矣,民不改聚矣。""改"字本爲動詞;但我們如

---

① 但有時爲析句方便起見,不妨分爲形容詞與副詞。詞未入句時,雖無形容詞與副詞的分别,及其入句之後,仍可依其性分爲兩種詞品。

果從權,把它認爲動作的限制詞,就易於分析或圖解。不過,當我們研究文法的時候,仍該儘量地少談準性。

最該注意的乃是本性與變性的分別。中國語的詞既無屈折作用,又没有語根(radical)與語尾(termination)的組合,若要使詞性變更,就衹能靠詞的次序的形成。中國語句中,詞的次序比世界各族語更固定;有了這個特性,就省了語尾的麻煩。這好比叫化子到了御座上,至少可以做幾秒鐘的皇帝!中國的限制詞必須置於其所限制者之前:如果把它移在後面,它就變爲一種説明語,例如“黄菊花”,“黄”字衹是一個限制詞,是主格、領格或目的格的附加語;如果倒過來説“菊花黄”,“黄”字就變爲一種賓詞(predicate)。又如“他慢慢的走”與“他走的很慢”相比較,前句裏的“慢”字是限制“走”的動作的,後句裏的“慢”字却是賓詞。前句等於法語的 Il marche lentement,後句等於法語的 C'est avec lenteur qu'il marche。

除了詞的次序可以使詞性發生變化外,有時候,某詞爲前面語氣所影響,其詞性似乎稍爲變化,例如“也”字的本性不含疑問之意,但在“斗筲之人何足算也”句裏,因爲前面“何”字表示疑問,影響及於“也”字,我們似乎覺得“也”字也是一個帶疑性的助詞。其實,這是“何”字賦給“也”字的一種“幻相”;如果我們把“何”字取消了,换上一個“不”字,説成“斗筲之人不足算也”,我們又覺得“也”字完全没有疑問性了。再拿“耶”字與“也”字比較,我們覺得“耶”字的本性是疑問助詞,所以如果説成“斗筲之人不足算耶”仍有疑問之意。但是,嚴格説起來,“何足算也”的“也”字衹能認爲準性的疑問助詞,不能認爲變性的疑問助詞。

關於詞的變性,我在舊作《中國古文法》裏已論及:

> 中國有影響變性之文法。何爲影響?詞當獨立時,本無此性;及其入句也,以上下文之影響,其詞性即變。當此之時,但能認爲變質,不能認爲本質。譬如月之有光,借日之光以爲光,能謂光爲月之本質乎?影響之爲用大矣;不知影響之理而論詞之品質,鮮不誤者。故代名詞“之”字之前不能不爲動詞;介詞“之”字之後,不能不爲名

詞；“也”字非能代“耶”，唯有“豈、焉、安、何”等字爲之先則可代“耶”；“哉”字非能反詰，唯有“豈、焉、安、何”等字爲之先則能反詰。諸如此類，皆非字之本質。若謂“也”“耶”通用，“乎”“哉”同義，則謬甚矣。“耶、乎”本質可爲問辭，“也、哉”本質不能成問，必賴上文有發問之詞，然後助之成問耳。故“何爲者耶”可作“何爲者也”，而“是耶非耶”不可作“是也非也”；“豈有既乎”可作“豈有既哉”，而“傷人乎”不可作“傷人哉”。王伯申以“也、耶”爲同義，馬眉叔以“乎、哉”同屬傳疑助字，皆不知影響變性之理也。中國文法家對於“所”之一字，聚訟紛紜，莫衷一是。馬眉叔以“所”爲代字，或駁之以謂受動詞前之“所”字不能謂之代字。今按“所”字雖非代字，實爲帶代字性的助詞①；至受動詞前“所”字之所以喪失代字性者，則以上文帶受動性之助動詞“爲”字語意太重，影響及於“所”字，“所”字不能不喪失其代字性而復其古時有聲無義之本質。此種有聲無義之字，殊爲無謂，今俚語直將“所”字取銷，惟行文不敢擅變習慣之文法，故仍加“所”字耳。然如《論語》“不爲酒困”，《莊子》“卒爲天下笑”之類，亦已略去“所”字。“所”字可略而“爲”字不可略，則知“爲”字意重而“所”字意輕，意輕者爲意重者所影響，自易變其性質。……又如“士兵之”“諸侯之士門焉”“人其人，火其書，廬其居”等句，“兵、門、人、火、廬”諸字之本質，非能爲動詞也，必依某種影響變性之定律，而後能爲動詞。設今有人仿西洋字典之法，於中國字典每字之下注其詞品，以“兵、門、人、火、廬”等字爲有名動兩性，可謂不通之至！蓋其本質但爲名詞而已，與本質爲動詞者迥異。試以“火其書”與“焚其書”二語相比，“火”字必賴“其”字之影響，然後成爲動詞；苟減去“其”字，則“火書”復成何語？“焚”字不待“其”字之影響，雖減去“其”字，焚書之意猶昭然也。“火其書”“廬其居”之類，文法家謂之活用，或謂之假借，然知其然不知其所以然。予嘗疑活用、假借云

① 此乃八年前的舊見解，現在我只認“所”字爲動詞的前加成分，不認爲單獨的詞。

者，豈漫無規律者耶？則何以"諸侯之士門焉"，"焉"字略去，則"門"字不成其爲動詞；"士兵之"，"之"字易以普通名詞，則"兵"不成其爲動詞。因搜羅活用之語句，比例而同之，觸類而長之，乃恍然悟其一定之規律，著爲影響變性之定律一章以究其旨，向之驚爲神妙者，今則變爲平庸；向之不知所以然者，今則能言其故。馬眉叔於斯未嘗深究，特發假借之例，而不知其規則。乃喟然歎曰："古人用字之神，有味哉！有味哉！"夫治文法者，所貴乎觀其會通，求其律例，豈徒恃詠歎所能塞責者？影響變性之例既明，神奇之說自破……

我的意見至今未改。中國語的絕大彈性，形成了詞性的變化多端。然而終不至於毫無條理者，實因詞的次序已成固定。其變性的定律，有最顯明的幾條如下：

(甲)動詞

(1) 外動詞後無目的格者，變受動詞[①]：

舜有臣五人而天下治。(《論語·泰伯》)

吾不試，故藝。(同上，《子罕》)

入公門，鞠躬如也，如不容。(同上，《鄉黨》)

在邦必聞，在家必聞。(同上，《顔淵》)

君子疾没世而名不稱焉。(同上，《衛靈公》)

有此四德者，難必抒矣。(《左傳·文六》)

辰嬴嬖於二君。(同上)

蓋文王拘而演《周易》，仲尼厄而作《春秋》，屈原放逐乃賦《離騷》[②]。(司馬遷《報任安書》)

(2) 内動詞後加目的格者，變外動詞：

① "飲、食"等字可用於内動詞，不必有目的格，不在此例。

② 這是中國語的受動態(passive voice)，如果改爲歐化的句子，則成爲"文王被拘而演《周易》"等語。但這種"被"字還不能處處都應用，例如"難必抒矣"決不能改爲"難必被抒矣"。現代白話也衹説"飯没有燒好"，而不説"飯没有被燒好"。

小子鳴鼓而攻之可也。(《論語·先進》)

今我逃楚,楚必驕。(《左傳·襄十》)

太史公讀秦記至犬戎敗幽王①。(《史記·六國年表》)

天之亡人國,其禍敗必出於智所不及。(蘇軾《志林》)

(3) 名詞、形容詞、内動詞在代名詞之前者,皆變外動詞:

睹其一戰而勝,欲從而帝之。(《戰國策·趙策》)

曲肱而枕之。(《論語·述而》)

及其使人也器之。(同上,《子路》)

友其士之仁者。(同上,《衛靈公》)

於是乘其車,揭其劍,過其友,曰:"孟嘗君客我。"(《戰國策·齊策》)

人潔已以進。(《論語·述而》)

秦王足己而不問,遂過而不變。(賈誼《過秦論》)

博我以文,約我以禮。(《論語·子罕》)

夫子欲寡其過而未能也。(同上,《憲問》)

少君之費,寡君之欲,雖無糧而乃足。(《莊子·山木》)

德澤有加焉,猶尚如是,況莫大諸侯,權力且十此者乎?(賈誼《陳政事疏》)

起予者商也。(《論語·八佾》)

三已之,無慍色。(同上,《公冶長》)

求也退,故進之;由也兼人,故退之。(同上,《先進》)

故遠人不服,則修文德以來之。(同上,《季氏》)

(4) 介詞"於(于)"字前衹有名詞而無動詞時,則此名詞變爲動詞:

樂黡、士魴門於北門。(《左傳·襄九》)

甲戌,師於氾。(同上)

① "犬戎敗幽王"等於説"犬戎勝幽王",這是變性定律所産生的有趣的事實。

靡衣玉食以館於上者,何可勝數!(蘇軾《志林》)

(5)"不"字後之名詞變動詞:

何以不地?(《公羊傳·桓十三》)

君子不器。(《論語·爲政》)

人之不力於道者,昏不思也。(李翺《復性書》)

不耕而食鳥獸之肉,不蠶而衣鳥獸之皮。(蘇洵《易論》)

(6)"所"字後的名詞或形容詞或副詞變動詞:

何至一旦便易此情於所天。(晉武帝詔)

其所厚者薄,而其所薄者厚。(《禮記·大學》)

天子所右則寡君亦右之,所左亦左之。(《左傳·襄十》)

誠欲[①]以霸王爲志,則戰攻非所先。(《戰國策·齊策》)

(乙)名詞

(1)"其"字後僅有形容詞而無名詞,則此形容詞變名詞:

其知可及也,其愚不可及也。(《論語·公冶長》)

抑之欲其奧,揚之欲其明。(柳宗元《答韋中立》)

(2)"之"字後僅有形容詞而無名詞,則此形容詞變名詞:

不有祝鮀之佞而有宋朝之美。(《論語·雍也》)

不知鞍馬之勤道途之遠也。(韓愈《上于相公書》)

攻其惡,無攻人之惡,非修慝與?(《論語·顔淵》)

(丙)形容詞

凡兩名詞相連,前者變形容詞[②]:

夫顓臾,昔者先王以爲東蒙主。(《論語·季氏》)

---

① 編者注:底本、1936年《清華學報》本"欲"皆作"投",據《戰國策》改。

② 就某一些例子看來,也可以說變爲領格;但有些例子却不能認爲有領格的存在,例如"牛刀",我想把它認爲帶形容性好些。

割雞焉用牛刀?(同上,《陽貨》)

(丁)副詞

凡動詞前的名詞,不能認爲主格者,變副詞:

有席卷天下,包舉宇內,囊括四海之意。(賈誼《過秦論》)

天下雲集響應,贏糧而景從。(同上)

人頭畜鳴。(班固《記秦始皇本紀後》)

吾讀秦紀至於子嬰車裂趙高。(同上)

周有天下,裂土田而瓜分之……履布星羅,四周於天下。(柳宗元《封建論》)

獻孝以後,稍以蠶食諸侯。(《史記·秦楚之際月表》)

人臣狼顧脅息,以得死爲幸。(蘇軾《志林》)

撞搪呼號,以相和應,蜂屯蟻聚,不可爬梳。(韓愈《送鄭尚書序》)

至紛不可治,乃草薙而禽獮之。(同上)

聖人者立,然後宫居後粒食。(韓愈《送浮屠文暢師序》)

於馬之中,又有上者下者……立者,人立者。(韓愈《畫記》)

綿谷跨谿,皆大石林立……怒者虎鬬,企者鳥厲。(柳宗元《永州萬石亭記》)

由冉溪西南水行十里。(柳宗元《袁家渴記》)

潭西南而望,斗折蛇行,明滅可見。(柳宗元《至小邱西小石潭記》)

已而吾母病痿,蓐處者十有八年。(歸有光《王母顧孺人六十壽序》)

以上所舉諸定律,還不能算完備,至少還可加上一倍有餘。再者,縱使我們詳細找出了許多定律,認爲完備了的時候,也不能說毫無例外。但在這些例外裏,我們可以説詞性不受位置的影響,祇受上下文意義的襯托,使人們意會而知其性質。又有利用駢句,使詞的變性更顯著:

於是從散約解,爭割地以奉秦。(賈誼《過秦論》)

器利用便而巧詐生,求得欲從而心志廣。(蘇軾《始皇論》)

這些句子,如果不是駢偶的,就比較地難懂了。上面所列諸定律,除甲類第一條,乙類第一、二條及丙類之外,在現代白話裏已成死法。"帝之"不可譯爲"帝他","寡其過"不可譯爲"少他的過失","不器、不蠶、逃楚、敗幽王、狼顧、蛇行"等語,都不能用入白話裏[①]。上古的中國人,實際上有没有這種口語,現在尚未考定。所可斷定者,自唐以後,古文家利用詞性變化定律以求文字之簡練,決非當時的口語能如此。爲什麽文字能因此而簡練呢?因爲這些變性的詞在變性之後往往仍兼本性,例如"帝之"等於説"以之爲帝","帝"字雖加上了動詞性,然皇帝的本義仍在其中。因此,詞性變化的定律竟似成爲古文家的祕訣。

七、 中國的文法成分

所謂文法成分,就是舊時所謂虚字。古人往往以代名詞歸入虚字,很是合理;非但依語言學原理看來,代名詞該歸虚字,即就中國語本身觀察,代名詞與其他虚字實爲同源。除上文所舉"之、其、而、爾"既爲代名詞而又爲他種虚字之外,還有"若"字與"乃"字既爲第二人稱代名詞,又爲連詞。甚至第一人稱代名詞"余、予"與疑問助詞"歟(與)、邪(耶)"既爲雙聲,又爲疊韻,也許還有密切的關係哩。古人之於虚字,有一種下意識的傾向,某一些韻部的字常被用爲文法成分,另有些韻部的字則很少見,例如魚部、之部、歌部的字特別多用(於、與、以、于、所、惟、也、歟、耶、或、諸、乎、而、耳、何、兮、如、若、矣、其、則、乃、故、我、吾、女、者、亦、哉),寒部次之(焉、然、安),其餘各部,幾乎没有什麽常用的虚字了。

文法成分是文法學的主要對象,該有專篇作詳細的研究;現在祇就我所注意到的古文法略説一説,至於現代白話文法,則待將來再加討論了。

句尾助詞可以形成語句的性質。要知道這道理,先該知道中國的語

① "瓜分"一語是文言之混入白話者。

句顯然分爲兩大類:

(1) 名句(nominal sentence,法文 phrase nominale)。

在此類語句裏,普通衹用"也"字煞尾,例如:

唯女子與小人爲難養也。(《論語・陽貨》)

非其鬼而祭之,諂也;見義不爲,無勇也。(同上,《公冶長》)

夏,曹伯來朝,禮也;諸侯五年再相朝,以修王命,古之制也。(《左傳・文十五》)

所謂名句,非但指"仁,人也""義,宜也"之類而言,凡把上句視同名詞而加以說明者,皆可謂之名句,例如"非其鬼而祭之,諂也"就等於說"非其鬼而祭之,是諂也",這裏的"是"字與現代白話的"是"的含義也不相同。上古的"是"字衹等於"此"。故"是諂也"等於說"非其鬼而祭之"這一種行爲即是"諂"的行爲。又如"知之爲知之,不知爲不知,是知也"可寫成下列的公式:

知之爲知之,不知爲不知=知。

又"德之不修,學之不講,聞義不能徙,不善不能改,是吾憂也"也可寫成下列的公式:

德之不修,學之不講,聞義不能徙,不善不能改=吾憂。

此外,凡限制詞在後,對於動作成爲說明語者,亦可認爲名句,例如:

出,降一等,逞顔色,怡之如也。(《論語・鄉黨》)

總之,所謂名句者,說得淺些,就是表明句,衹表明事物之如此或否,並未敘述動作。我們如果分析這類語句,衹看見事物間的關係,換句話說,就是以甲事說明乙事,以甲物說明乙物,或以某狀態去形容某動作或某主格,說話的人並不着重在以動作的本身告訴我們。在這情形之下,"也"字很近似西文的繫詞(copula);所不同者,繫詞到現代,漸漸限定於名詞與名詞,或名詞與形容詞之間①,而"也"則必須用於句尾,然後能有繫詞的作用罷了②。

(2) 動句(verbal sentence,法文 phrase verbale)。

在此類語句裏,普通不用句尾助詞。如果用的時候,則於過去時用"矣"字,現在時用"也"字,例如:

有顔回者好學,不幸短命死矣。(《論語·公冶長》)

王曰:"吾既許之矣。"(《左傳·襄九》)

或問禘之說。子曰:"不知也。"(《論語·八佾》)

弗如也,吾與女弗如也。(同上,《公冶長》)

疑問句與感歎句,在西洋非但用標點以表示,有時候也從詞的次序表示。在中國,詞的次序另有作用,不爲表示疑問或感歎之用;標點又非中國所固有。因此,古人衹能利用助詞以表示疑問或感歎了。無論名詞或動詞,皆可加上疑問助詞以表示疑問,或加上感歎助詞以表示感歎。在最初的時候,名句與動句仍可照普通的規律先加"也"字或"矣"字於句尾,然後再加疑問助詞,成爲"也乎、也哉、也夫、矣乎、矣哉"等形式。

其次,我們注意到中國語裏的時的觀念。當其不用助詞時,動作發生之時間皆由上下文義而顯。如昨日或去年所爲之事當然是過去,明日或明年所爲之事當然是將來,用不着動詞的屈折作用。但是,當其用句尾助詞的時候,我們可以從此窺見古人的時的概念。上文說過,動句之過去時用"矣"字,現在時用"也"字,例如"吾既許之矣"不能寫作"吾既許之也","子曰,不知也"不可寫作"子曰,不知矣"。但是,當我們仔細觀察之後,覺得"矣"字非但用於事實上的過去時,而且用於心理上的過去時;換句話說,非但用於客觀的過去時,而且用於主觀的過去時。中國上古語裏的現在時,與西洋語裏的現在時的概念不完全相同。關於這一點,我們仍是在中西語像的異同中得到了滿意的解答。

---

① 尤其是在英法語裏。

② 補注:後來在《中國文法中的繫詞》裏,我又說"也"字並沒有繫詞的性質。後一說纔是對的。

過去時在中國，嚴格地說起來，應該叫做決定時(definitive tense)；無論動作或狀態已完成或未完成，衹要說話的人肯作主觀的決定，就可把它視同過去。因此，將來時亦可視同過去，如果說話的人肯作主觀的決定的話。馬眉叔說得有理："吾將仕矣者，猶云吾之將出仕於將來，已可必於今日也。"[①]所謂將來時，本是主觀的東西[②]。如果我們決定其必然，就等於看見那事已經實現，於是我們的古人就用過去時，例如"吾將仕矣"，如果我們不敢十分決定其必然，就索性用個疑問助詞，例如"庶幾免於戾乎？"[③]在"吾將仕矣"句中，既有助動詞"將"字表示將來，又有"矣"字表示過去，這有點兒像西文的 future perfect tense；但其用法稍有不同。中國人之用 future perfect，並非以與簡單的 future 相比較，却是把料其必然的 future 視同已經完成。在假設句中，欲表示其因果之必然性，亦用"矣"字，例如：

如有復我者，則吾必在汶上矣。(《論語·雍也》)

微管仲，吾其披髮左衽矣。(同上，《憲問》)

慎終追遠，民德歸厚矣。(同上，《學而》)

反過來說，凡說話的人要表示某動作或某狀態之未完成，並且料想將來也未必能完成者，則不用過去時而用現在時，換句話說就是不用決定時。在西洋人的語像裏，有過去的未，有現在的未，甚至有將來的未。在中國人的語像裏，凡未發生之動作或狀態決不能屬於過去，因爲實際上過去無此動作或狀態；也不能屬於將來，因爲將來亦未必能有此動作或狀態。依語言的普通現象，凡不能認爲過去、現在或將來者，衹能勉強放在現在時裏；所以中國語裏凡有"未"字的句子都用"也"字煞句而不用"矣"字，例如：

不好犯上，而好作亂者，未之有也。(《論語·學而》)

---

① 《馬氏文通》卷九第31頁。

② 參看 Vendryes, Le Langage, p. 179。

③ 《左傳·文十八》。

蓋有之矣,吾未之見也。(同上,《里仁》)

吾未見能見其過而內自訟者也。(同上,《公冶長》)

未聞好學者也。(同上)

非公事,未嘗至於偃之室也。(同上,《雍也》)

子食於有喪者之側,未嘗飽也。(同上,《述而》)

由也升堂矣,未入於室也。(同上,《先進》)

君子而不仁者,有矣夫;未有小人而仁者也。(同上,《憲問》)

夫子欲寡其過而未能也。(同上)

在上列九例中,尤以第二、七、八例爲最顯明。"矣""也"不能互易,則知古人用句尾助詞有一定的規律,而其規律則出於其對於時的概念。

解釋句亦用現在時。在這種語句裏,說話的人只着重在說明兩事的因果關係,並不着重在敘述動作。這與"仁,人也""義,宜也"同一作用,近於名句,所以無論其所解釋者爲過去、現在或將來,都不用過去時,例如:

告子未嘗知義,以其外之也。(《孟子·公孫丑上》)

故王之不王,不爲也,非不能也。(同上,《梁惠王上》)

名句也祇用現在時,不用將來時。這也與中國人的時間概念有關。譬如說"孔子,魯人也",在西洋人看來,孔子是古人,孔子之爲魯人,自然是一件過去的事。但中國人可以這樣想:孔子與魯的關係是永遠不滅的,"孔子雖死了許久,但他並未因此而停止其爲魯人"。因此,凡屬名句,都祇用"也"字煞尾。

在真理句裏,也用現在時;關於這一點却與西文相同。我們知道,這也是勉強歸入的;其實真理在過去已有其價值,在將來亦不失其價值①。在無可歸屬的時候,祇好把它當做現在時,例如:

人而無信,不知其可也。(《論語·爲政》)

① 至少在說話的人心理如此。

不患人之不己知，患不知人也。（同上，《憲問》）

當然，過去時與現在時也没有截然的鴻溝；因此，在有些情形之下，“也”字可用，“矣”字也可用。不過，用“也”字時，往往祇表示一時的事實，用“矣”字時，則表示時間前後的關係，有“已”字之意。譬如説“孺子可教也”①，僅表示眼前的事實如此；若云“孺子可教矣”②，則等於説“孺子已可教矣”，言外有昔者孺子猶未可教之意。這種細微的分别，是多讀古文的人都能感覺到的。

在古文裏，“也”字可置於主格之後，表示一個休止時間（pause）。這一類的助字，省去也可以；不省則更覺其頓挫有韻致，例如：

雍也仁而不佞。（《論語·公冶長》）

由也千乘之國，可使治其賦也。（同上）

丘也聞有國有家者，不患寡而患不均。（同上，《季氏》）

今由與求也相夫子。（同上）

是鳥也海運則將徙於南冥。（《莊子·逍遥遊》）

“也”字又可爲按斷助詞。凡將下斷語時，先設按語，而以“也”字助其語勢，例如：

其爲人也發憤忘食，樂以忘憂。（《論語·述而》）

三代之得天下也以仁；其失天下也以不仁。（《孟子·離婁上》）

這兩類的“也”字不能與煞句的“也”字相提並論，正像發語的“夫”字不能與煞句的“夫”字相提並論一樣。

助詞之能表示句的性質者，除了句尾助詞外，還有句首助詞。句首助詞之最常用者爲“夫”字，表示語句屬於議論的性質，例如：

夫人必自侮，然後人侮之。（《孟子·離婁上》）

夫兵，猶火也；弗戢，將自焚也。（《左傳·隱四》）

---

① 蘇洵《留侯論》。

② 《史記·留侯世家》。

夫樹國必審相疑之勢……。(賈誼《治安策》)

夫天之道也,東仁而首,西義而成。(李邕《麓山寺碑》)

馬眉叔以"夫"爲提起連字;連字謂之提起,實屬費解。其所以叫做連字者,據說"皆以頂承上文,重立新義";然如上面所舉第三、四兩例,既居一篇之首,則不能更謂之"頂承上文"。馬氏以"結煞實字與句讀者"爲助字,"夫"字既不結煞字句則不能不把它勉強歸入連字。但我很贊成陳承澤的說法:"夫非名象動副,而又無連介之作用,又不如歎字之得獨立表示意思者,皆助字也。"所以"夫"字也可認爲助詞。

助詞應討論者甚多;今爲篇幅所限,不能多談。文法成分不僅限於助詞,此外還有連詞、介詞、代名詞與詞的附加成分等等。現在爲篇幅所限,也都不詳細討論了。

八、 詞的次序

詞的次序,就是詞在句中的位置。在第六節裏,我已舉"黄菊花"與"菊花黄"爲例,證明詞的次序能確定詞性。但這也是漸漸地纔確定了的,例如"於"字後的名詞必爲間接目的格,這話衹適用於已固定的文法;如果拿"室於怒而市於色"等句法來看,則間接目的格却在"於"字之前。同理,"所"字後面的動詞,在文法未固定時代,也有種種不同的性質。今分析如下:

(1)"所"字後之動詞變爲動詞性的名詞,但此動詞應認爲由受動詞變來,例如:

大官大邑,身之所庇也。(《左傳·襄三十一》)

若譯爲文法已固定時代的古文,則該是:"身爲大官大邑所庇。"

(2)"所"字後之動詞變爲動詞性的名詞,但此動詞應認爲由內動詞變來,例如:

冀北之土,馬之所生。(《左傳·昭四》)

若譯成文法已固定時代的古文,則該是:"冀北之土,馬之所由生。"

(3)"所"字後之動詞變爲動詞性的名詞,但此動詞應認爲由外動詞變來,例如:

> 舉爾所知;爾所不知,人其舍諸?(《論語·子路》)
>
> 如有所譽者,其有所試矣。(同上,《衛靈公》)

這三種說法當中,第一種早已消滅。第二種則流傳頗久,楊惲《報孫會宗書》裏還說:"西河魏土,文侯所興。"但是,至少可以說它的勢力漸漸衰微,終於消滅。第三種說法最佔優勢,除最少的例外,凡"所"字後的動詞都可認爲外動詞,甚至本非外動者亦被"所"字影響而變爲外動①。由此看來,我們就普通的文法而論,自然可以說"所"字後的動詞或名詞或形容詞皆變爲外動詞了。

詞的次序在中國語裏,其固定程度遠非西文所能及。所以談中國文法決不能不談及詞的次序。現在舉幾條重要的規律,在中國人看來,覺得平平無奇;在外國人看來,這正是中國語的大特色。

(1)主格先於其動詞,例如"鄉人飲酒"不能寫成"飲鄉人酒"或"酒飲鄉人"。

(2)目的格後於動詞②,例如"鄉人飲酒"不能寫成"酒鄉人飲"或"酒飲鄉人"。

(3)領格先於其所領之名詞,例如"邦君之妻"不能寫成"妻之邦君"。

(4)形容詞必先於其所形容之名詞,例如"遠人不服"不能寫成"人遠不服";"攝乎大國之間"不能說成"攝乎國大之間"。

(5)副詞必先於其所限制之形容詞或動詞,例如"名不正"不能寫成"名正不";"善與人交"不能寫成"與人交善";"先進於禮樂"不能寫成"進先於禮樂";"億則屢中"不能寫成"億則中屢"。

---

① 參看第六節所舉例。

② 關於這一條,有些例外,見下文。(編者注:底本本條着重號仍在"鄉人"二字上,據文意改。)

(6) 空間副詞短語，以“於”字爲介詞者[1]，置於動詞之後。若在白話裏，以“在”字爲介詞，則置於動詞之前，例如“子畏於匡”不能寫成“子於匡畏”；“自經於溝瀆”不能寫成“於溝瀆自經”。又如“我在戲院裏聽戲”不能說成“我聽戲在戲院裏”；“他在我家吃飯”不能說成“他吃飯在我家”。

(7) 方式副詞短語，以“以”字爲介詞者，置於動詞前後均可。若在白話裏，以“拿”字爲介詞[2]，必置於動詞之前，例如“殺人以梃”亦可寫成“以梃殺人”；“淚盡，繼之以血”亦可寫成“淚盡，以血繼之”[3]。但“拿刀殺人”不能說成“殺人拿刀”。

(8) 在被動態(passive voice)裏，如用助動詞“爲”字，則主動者須置於動詞之前；如用介詞“於”字，則主動者須置於動詞之後。若在白話裏，則不用“於”字，僅用助動詞“被”字(或“給”字)，主動者須置於動詞之前，例如：

“衛太子爲江充所敗”(《漢書·霍光傳》)不可寫成“衛太子所敗爲江充”，却可寫作“衛太子敗於江充”。

“郤克傷於矢”(《左傳·成二》)不可寫成“郤克矢於傷”，却可寫作“郤克爲矢所傷”。

“郤克被箭傷了”(或“給箭射傷了”)不可寫成“郤克傷了被箭”。

(9) 附屬句必先於主要句，例如“微管仲，吾其被髮左衽矣”不能寫成“吾其被髮左衽矣，微管仲”；“如有復我者，則吾必在汶上矣”不能寫成“吾必在汶上矣，如有復我者”。在白話裏，偶然也可倒過來，例如“如果天下雨，我不出去”也可偶然說成：“今天我不出去，如果下雨的話。”

在上述的九個規律當中，第二個規律在某一些情形之下是與事實不符的。先說，否定句的動詞的目的格如果是一個代名詞，在古文裏，目的格必先於動詞，例如“不患人之不己知”“莫我知也夫”等等，已爲一般語

① 非限制空間者不在此例，如“於吾言無所不說”，“於吾言”三字在“無”字之前。

② “在”字、“拿”字本性屬於動詞，今認爲介詞，乃就其準性而言。

③ 有時因修辭的關係，依字的多寡與語氣的強弱而定“以”字的位置。

史學家所注意。但是,如果目的格是一個名詞就必須置於動詞之後,例如"不踐迹"不能寫成"不迹踐"。然而我們仍該注意到:否定句仍可使目的格在動詞之前;不過,其次序不復是否定副詞加目的格加動詞,而是目的格加否定副詞加動詞,例如:

子曰:"篤信好學,守死善道,危邦不入,亂邦不居。"(《論語·泰伯》)

在這情形之下,我們不能認爲"入"字與"居"字爲受動詞,因爲就上下文的語氣看來,"入、居"兩字顯然與"篤信好學,守死善道"同其主格,"危邦"與"亂邦"顯然是目的格。這種倒裝的可能性,顯然是否定句所特許。直至現代白話裏,"我今天不喝酒"也可以說成"我今天酒不喝",但"我今天喝酒"不能說成"我今天酒喝"。然而如果在後面加上副詞性的形容詞,說成"我今天酒喝了不少"或"我今天酒喝了許多",又可以說得通了。這可以說是一種習慣,大家用慣了這種說法,就通行了。其次,我們注意到一切目的格皆可提至主格之前,祇要在動詞後面補上一個代名詞就行了[①],例如:

高者抑之,下者舉之,有餘者損之,不足者補之。(《老子》)

老者安之,朋友信之,少者懷之。(《論語·公冶長》)

百畝之田,匹夫耕之。(《孟子·盡心上》)

三里之城,七里之郭,環而攻之而不勝。(同上,《公孫丑下》)

其他如第四規律(形容詞必先於其所形容之名詞)也在某一些情形之下該加以補充。如果動詞之後加上表示數量的形容詞("多、少"等字及數目字),這些形容詞就不必在其所形容的名詞之前,例如"我今天喝了不少的酒"也可說成"我今天酒喝了不少";"我吃了三個苹果"也可說成"我苹果吃了三個"或"苹果我吃了三個"。但這祇是現代白話裏的情形,古文裏這種文法是罕見的。此外,各規律在特殊情形之下也可變更,

---

① 在駢語裏,有時代名詞可以不補上,例如李斯《諫逐客書》:"不問可否,不論曲直,非秦者去,爲客者逐。"

不復細論了。

九、 事物關係的表現

語句乃是種種觀念的綜合。甲觀念與乙觀念綜合，有時候用文法成分表現二者的關係，這是所謂屈折作用及介詞；甲語句與乙語句綜合，有時候用文法成分去表示它們的關係，這是所謂連詞。我們說有時候用它們，因爲有時候也可以不用的。不用的時候，這些關係的表現，往往寄托在詞的次序之上；甚或不用文法成分與詞的次序去表現，衹把甲觀念與乙觀念並列着，甲語句與乙語句並列着，讓對話的人自己去體會它們的關係。這種情形，在中國語最爲常見，譬如英文的 while、if、to，法文的 lorsque、de 等關係詞，譯成中文，往往可省。反過來說，西文用不着關係詞的地方，在中文裏却用得着，例如副詞與動詞的關係，在西文裏，因爲它們各有特殊的形式並列，已經看得出它們的關係了；在中國的古文裏，往往用得着關係詞，把副詞與動詞焊接起來：

> 欲常常而見之，故源源而來。（《孟子·萬章上》）
> 旦旦而伐之，可以爲美乎？（同上，《告子上》）
> 使我欣欣而樂與？樂未畢也，哀又繼之。（《莊子·知北遊》）
> 往往而聚者百有餘戎。（《史記·匈奴列傳》）

但是，最令我們覺得中文的特點者，仍在文法成分之少用。事物關係之表現，在中文裏往往是不顯的。從這一點看來，中國的文字與口語很接近。懂得西洋語言的人都能察出他們的關係詞（包括關係代名詞）在文字上比在口語裏多了許多，例如“如果沒有錢，就沒有麵包”這句話在法國人口裏可以說成 Pas d'argent，pas de pain，但寫下來時必須寫成 Si l'on n'a pas d'argent，on n'aura pas de pain。我們又注意到：西文裏用許多介詞、連詞、關係代名詞組成的很長的複合句（compound sentence），何嘗在日常談話裏出現過？因此，我們可以說中國的文章組織就是口語的組織的變相；文言文在上古是與口語一致的。

現在把事物的種種關係，不爲中國語所表現者，分別説一説：

第一，人稱與動作的關係，用不着表示；主格屬於第一人稱，則動詞用不着語尾變化也可知道它屬於第一人稱。這完全因爲位置固定的關係；假使主格可以任意置於動詞的前後，非靠語尾變化就往往不能決定那動詞屬於何人稱了。

第二，數與動作的關係。這與人稱的關係同理；有了位置固定的好處，動詞裏就不必有數的表現了。有時候，主格没有數的表現，而説話的人想要表示數與動作的關係，就利用一個表示數量的副詞，例如説"他的兒子都來了"，就能表示"來"的動作是屬於複數的了。

第三，時與動作的關係，可由上下文推測而知。遇必要時，也可利用副詞來表示，例如"已浴、方浴、將浴"。

第四，主動者與動作的關係。在現在西文裏，除了命令式及感歎句之外每句必須有一個主格，以表示動作之所自來[①]。在中文裏，主格却不是必需的。譬如一段言語祇敘述同一主格的動作，自然用不着在每句指出其主格；此外，如中途變更主格，若可不言而喻者，亦不必將主格指出。所謂不言而喻者，往往是些代名詞；古文第三人稱代名詞之所以没有主格，就是這個緣故。至於第一、第二人稱，雖可用主格，但也盡可省略。在古人書札中，第一、第二人稱的主格以省略爲常；大約謙虚的話便屬於第一人稱，恭維的話便屬於第二人稱，例如：

> 琳死罪死罪。昨加恩辱命，並示《龜賦》。披覽粲然。（陳孔璋《答東阿王箋》）

"加恩辱命，並示《龜賦》"屬於第二人稱，"披覽"屬於第一人稱，雖然都没有主格，我們不至於誤會。在以上諸例裏，我們不可以説是主格省略。至於真理句裏，情形又大不相同；並不是本該有主格而被我們省略了，而是中國人認爲不該有主格，例如"不怕慢，祇怕站"，這"怕"不是我

---

① 這裏的動作包括 verb to be 而言。

怕,我們怕,不是你怕,你們怕,也不是他怕,他們怕,而是人人都怕。在西文裏,遇着這種情形,衹好用一種無定代名詞,像法文的 on、德文的 man、英文的 one。但是,在這上頭,中國人的邏輯與西洋人不同:既是代名詞就該有定,既無定就不該有代名詞。因此,像下列《論語》諸句子的主格都無法補出:

貧而無怨,難;富而無驕,易。(《憲問》)

可與言而不與之言,失人;不可與言而與之言,失言。(《衛靈公》)

過而不改,是謂過矣。(同上)

當仁,不讓於師。(同上)

第五,受動者與動作的關係。在中文裏,目的格不如主格之易於省略,但也不是絶對不可略去的。先說最常用的外動詞,如"飲、食"等字,其目的格往往可省,此在西文也有類似的情形。此外,在古人的書札裏,第一、第二人稱代名詞目的格也可省去,例如:

曩者辱賜書,教以順於接物,推賢進士爲務。(司馬遷《報任安書》)

適有事務,須自經營,不獲侍坐,良增邑邑。(應璩《與滿炳書》)

至於名詞的直接目的格也有可省略的,尤其是關涉君父的話,例如:

不期而會孟津八百諸侯,猶以爲未可,其後乃被弑。(《史記·秦楚之際月表》)

屈原既放,三年不得復見。(《楚辭·卜居》)

今之孝者,是謂能養。(《論語·爲政》)

間接目的格也有可省略的;最普通的是在介詞"以、與"或"爲、用"之後,例如:

成王以桐葉與小弱弟戲,曰:以封汝。(柳宗元《桐葉封弟辨》)

其後崔昌遐倚朱溫之兵以誅宦官……無一人敢與抗者。(蘇轍《唐論》)

時君莫尚之,是以王道遂用不興。(劉子政《戰國策序》)

王、謝相謂曰:"淵源不起,當如蒼生何?"深爲憂歎。(《世說新語·識鑒》)

"以封汝"等於說"以此封汝","敢與抗"等於說"敢與之抗","遂用不興"等於說"遂用此不興","深爲憂歎"等於說"深爲此憂歎",間接目的格代名詞都省略了。這種省略,與省略關係詞頗有不同:這裏是借關係詞的出現,以表示間接目的格的隱藏;如果省略關係詞而把間接目的格寫出,則此間接目的格與動詞的關係必待讀者意會而知了。當間接目的格是一個代名詞的時候,必須置於直接目的格之前,然後介詞可省,例如《左傳》"賜我南鄙之田"。當它是一個名詞的時候,介詞省略者,在古文爲較常有的情形。在古文裏,凡"於"字所介之目的格係表示動作之所止或所向者,均可省略:

百越之君,俛首係頸,委命下吏。(賈誼《過秦論》)

或窮居陋巷,委身草莽。(《五代史·一行傳敘》)

但受動詞後的"於"字,其所介的名詞即爲主動者,故必不可省去,例如《孟子》"治於人者食人,治人者食於人",若把兩個"於"字省略,就不能表示原來的意義了。

第六,表明語與主格的關係。第二節裏,我們已經談到:像"馬壯"一類的句子,"壯"爲"馬"的表明語,它們的關係祇由次序去表示就够了,没有用繫詞(copula)的必要。我們知道,亞里士多德一派的論理學認爲每一語句都該具有繫詞,於是他們以爲法文的 le cheval court 等於說 le cheval est courant。這是錯誤的。在現代西文裏,主格與動詞的關係用不着繫詞來表示;英語 the horse is running 句裏的 is 並不是表示動作與主格的關係的,祇是組合動詞的一部分罷了①。同理,主格與表明語的關

① 也有些語言學家認 running 這類詞爲 verbal adjectives 的,參看 Bloomfield, An Introduction to the Study of Language, p. 122。

係,在中國語裏也不必用繫詞來表示。嚴格地說起來,中國上古是没有繫詞的。非但現代的"是"字與上古的"是"字的詞性大不相同,就是上古的"爲"字,也由作爲的意義變來,不完全等於現代的"是"字。因此,凡古人用"爲"字的地方都是特别着重是非的;用"爲"字表示主格與表明語的關係乃是特殊的情形,不用"爲"字却是正常的情形。《論語》"唯天爲大,唯堯則之"的"爲"字動作意味很重,我們拿來比較"赤也爲之小,孰能爲之大",就可見"唯天爲大"不完全等於現代語"衹有天是大的"。

以名詞爲表明語的時候,也用不着繫詞。"孔子是魯國人",在古文裏非但可以説"孔子魯人也",甚至於可以説"孔子,魯人"。"孔子爲魯人"的説法,在古文裏是罕見的,除非在補充語裏,例如説"子不知孔子爲魯人耶?"

上面説的六條,是甲觀念與乙觀念的關係不必用字表現的。此外,還有甲句與乙句的關係,在中國語裏,也往往用不着表現,尤其在中國的古文裏。

第一,在假設句裏,連詞"如、苟、若"等字可以不用。在此情形下,往往用"則"字置於主要句之首。"則"有然則之意,上句的假設的意義藉此"則"字以顯。因此,"仁則榮,不仁則辱"等於説"如仁,則榮;如不仁,則辱"。"如用之,則吾從先進"也可省爲"用之則吾從先進"。如果把古書的假設句加以統計,將見不用"如、若、苟"等字的句子實較用者多了許多。甚至連"則"字也不用的,例如:

> 今不取,後世必爲子孫憂。(《論語·季氏》)
>
> 加我數年,五十以學《易》,可以無大過矣。(同上,《述而》)

尤其是主要句與附屬句都是否定句的時候,"如、若、苟"等字以不用爲常,"則"字也不必用,例如:

> 聖人不死,大盜不止。(《老子》)
>
> 不塞不流,不止不行。(韓愈《原道》)

這些句法直至現代還存在。我們可以説"無風不起浪""不是你説,我不信”等語，都用不着假設連詞。

第二，附屬句如果是表示時間的，連詞更用不着，例如“子適衛，冉有僕”，可以譯爲“當孔子適衛之時，冉有爲之御車”。但是，這一類表時間的附屬句太不明顯了，我們竟可把它認爲獨立句，譯爲“孔子適衛。冉有爲之御車”。“當”字當“當其時”講，乃是後起的用法；在先秦的書裏，“當孔子適衛之時”一類句子是没有的。但我們的先人另有一個法子表示時間附屬句，就是在主格與動詞之間加上一個介詞“之”字，句末再加助詞“也”字，表示這不是一個完全的句子，衹是表時間的短語，例如：

小人之過也必文。（《論語·子張》）

諸葛亮之爲相國也，撫百姓，示儀軌。（《三國志·諸葛亮傳》）

昔者，聖王之治天下也，參其國而任其鄙。（《國語·齊語》）

但是，有時候把很短的兩句縮爲一句，前一半表示時間，後一半表示主要的動作。前半與後半都有動詞，嚴格地説起來，顯然是附屬句與主要句的結合了，例如：

見利思義，見危授命。（《論語·憲問》）

食不語，寢不言。（同上，《鄉黨》）

這等於説“當見利時，思義；當見危時，授命”與“當食時，不語；當寢時，不言”。在這情形之下，非但没有文法成分，就是詞的次序也失了文法上的效用。“食不語”的“食”字，其所處的位置與平常主格的位置完全相同；衹因在邏輯上“食”不能爲“語”的主動者，絕不至被人誤會爲主格，於是“食”字實際自爲一個附屬句，以表示不語的時間。

在種種方面，我們都可以看出西文的組織偏重於法的方面，中文的組織偏重於理的方面。無論何種事物的關係，如果不必表現而仍可爲人所瞭解的，就索性不去表現它。固然，有時候假設的附屬句與表時的附屬句的界限分不清楚，例如“無風不起浪”既可譯爲“如無風則不起浪”，又可譯爲“没有風的時候不起浪”；“見利思義”既可譯爲“當見利時，思義”，又可譯爲“如見利則思義”。但是，這因爲這些語句的意義本身就相近似,不必分別也没有害處。法文的 quand 有時可譯爲“如果”,而 si 有時也可譯爲“當某時”。

拿現代白話與古文相比較,則見今人用的關係詞多些,例如“食不語”在白話裏往往説成“吃飯的時候不談話”。但是,偶然也會有相反的情形,例如“不患人之不己知”句裏,“人之不己知”衹像一個名詞短語,爲“患”的目的格,此句的組織顯得縝密,完全是介詞“之”字的功勞。在白話裏,我們衹説“不怕人家不知道我”,省去介詞,就顯得組織鬆弛了。

十、結語

以上所論的九個問題,每一個都是輕輕地説了過去的。自知範圍太大,以致研究不能深入。但是,本篇的旨趣不在乎搜求中國文法裏的一切系統,衹在乎探討它的若干特性,希望從此窺見中國文法學的方法。篇中非但於例證多所遺漏,即所謂特性亦未敢認爲定論。不過,我此後研究中國文法,當從這一條路出發;待修正的地方雖多,大致的方向是從此決定的了。

原載《清華學報》11 卷 1 期,1936 年 1 月

[後記]本文所用的術語,有許多都陳舊了,如“文法”應是“語法”,“觀念”應是“概念”,“音綴”應是“音節”,“詞品”應是“詞類”等。有些術語則是不妥的,如“中國語”應該是“漢語”,“支那語系”應該是“漢藏語系”。因爲是舊稿,所以保留原來的樣子。在語法理論上,有許多見解(如關於“所”字的詞性)已和今天的見解不同了,也不加改動,以見我的研究過程。文章雖然不深入,但是這仿佛是一篇“宣言”,我在這篇文章裏確定了我的研究方向和方法。

1962. 10. 22.

中國文法中的繫詞

一、導言
二、無繫詞的語句
三、論"爲"字
四、論"是"字
五、論"非"字
六、結論

一、 導言

在拙著《中國文法學初探》一文裏,我曾經討論到,表明語與主格的關係祇由詞的次序去表示就够了,没有用繫詞(copula)的必要。但是我没有徹底地考求過中國文法中的繫詞在歷史上的演變,祇是對它作了概略的觀察。這種觀察,在大體上雖是不錯,畢竟有不詳盡甚或不確當的地方。現在這一篇文章可以説是推闡並補充前文的一段話;但仍不敢認爲詳盡,恐怕將來還要補充或修正的。

我們研究中國文法,與校勘學發生很大的關係。古書的傳寫,可以由形似而訛,或由音同而訛,這是大家所知道的;但另有一種訛誤的來源:有些依上古文法寫下來的文章,後代的人看去不順眼,就在傳寫的時候有意地或無意地添改了一兩個字,使它適合於抄書人的時代的文法,例如《後漢書・竇憲傳・燕然山銘》"茲所謂一勞而久逸,暫費而永寧者也",《文選》作"茲可謂",當是傳寫之誤;因爲五臣本《文選》尚作"茲所謂",與《後漢書》正相符合。這與唐明皇改《書・洪範》的"無偏無頗"爲"無偏無陂",使它與下文"義"字協讀,同是以今律古的謬誤;不過一則是誤以今音正古音,一則是誤以今文法正古文法罷了。"所"之與"可",既非形似,亦非音同,自然是因古今文法的歧異了。又如《史記・刺客列傳》"此必是豫讓也"一句,依漢代以前的文法通例看來,應該祇說"此必豫讓也",不該有"是"字。因爲據我現在所曾注意到的史料看來,"此……是……"的說法不曾在《史記》以前的古籍中發現。《刺客列傳》敘述豫讓一段係根據《戰國策》,而《戰國策》恰恰缺少"是"字,祇作"此必豫讓也"。假使我們不能在《史記》以前或與《史記》同時的史料中找出"此必是豫讓也"一類句子("是"字爲繫詞,在"此"字之後),我們盡可以根據《戰國策》而認《史記・刺客列傳》的"是"字爲傳寫之訛。一般考據家對於形似而訛的字最苛,認爲不容不訂正,對於音似而訛的字已經采取寬容的態度,因爲在任何情形之下都可以有"同聲相假"爲護符;至於文法上的錯誤(以後代文法替代或冒充古代文法),更爲考據家所忽略了。這因爲在後代的人們看來,倒是錯誤的比原來的更通順些,譬如我們叫一個不大懂古文的人來讀"此必是豫讓也"與"此必豫讓也"兩個句子,他一定會覺得前者更順眼些。至於考據家看來,雖沒有順眼不順眼的分別,但他們認爲兩種文法都可通,就不管了,我們研究文法史的人,對於這類事實却絕對不該輕易放過。

因此,我在這一篇文章裏,嚴守着"例不十,法不立"的原則,凡遇單文孤證,都把它歸於存疑之列,以待將來再加深考。所謂文法者,本是語句構造上的通例;如果我們在某一時代的史料中,祇在一個地方發現了一種特別的語句構造方式,那麽就不能認爲通例,同時也就不能成爲那時代的文法。縱使不是傳寫上的錯誤,也衹能認爲偶然的事實罷了①。

說中國的繫詞等於西洋的繫詞,固然與事實距離太遠;但如果說中國文法中完全没有繫詞的存在,也未免武斷。我們該把問題看得複雜些。第一,我們得先問在什麽情形之下用得着繫詞,又在什麽情形之下用不着繫詞;第二,即使在同一情形之下,我們得再問在什麽時代不用繫詞,到什麽時代纔開始用它;第三,即使情形相同,時代相同,我們還應該看什麽字在當時有做繫詞的資格,而什麽字還没有這資格。

關於第一個問題,我們該把情形分得很細;越分得細,繫詞的職務越看得明顯。首先應該分别的是表詞的性質②:表詞是名詞性的(例如英文 He is friend),與表詞是形容詞性的(例如英文 He is honest),在中國文法中有很大的差别。此外,因别的情形不同而生出繫詞用途上的差别的也很多,都待下文詳述。

關於第二個問題,就是文法史上的問題,乙時代所有的文法,甲時代未必就有。文法與詞彙、語音、文字,都是隨着歷史而演化的;詞義的演變,語音之有古今音,文字之有古今體,都是考據家所津津樂道的,文法也一般地是帶時代性的東西,我們怎能忽略了時代呢?因此,假使我說"某種情形之下可用繫詞",這話是不够的;必須說"某種情形在某時代可用繫詞"。

關於第三個問題,就牽涉到詞彙的變遷了。凡是研究中國古代文法的人,都很容易注意到"爲"字比"是"字先被用爲繫詞。等到"是"字在口語裏替代了"爲"字的時候③,文字上仍舊是"爲"字佔優勢。但是,我們須知,繫詞"爲"與"是"的來源並不相同(見下文),因此,它們的用途也始終不能完全相等。否定詞"非"字也比"是"字先被用爲繫詞,它雖似乎與"是"字同出一源,但是我們不能因此就把它們認爲正反的一對。事實

① 例如《漢書》"由所殺蛇白帝子,所殺者赤帝子故也",《史記》作"由所殺蛇白帝子,殺者赤帝子,故上赤也",當以《史記》爲合當時的文法,《漢書》多一"所"字,係傳寫之訛。

② 我們把名句的 predicate 譯爲"表明語",把 predicative 譯爲"表詞"。

③ 這是隨俗的說法;實際上,"是"字在許多情形下都不能替代"爲"字,詳見下文結論。

上,“非”字能在反面作否定詞的時候,“是”字還不能在正面作肯定詞呢。

總之,我們應該在歸納的研究之下,看出來同情形、同時代、同字的文法規律。

二、 無繫詞的語句

在先秦的史料中,肯定的句子,主格與表明語之間沒有繫詞,乃是最常見的事實。如果我們以少見的事實爲例外,那麼,我們盡可以説有繫詞的是例外了。大概我們越往上古追溯,則越發少見繫詞的痕迹,這種現象自然使我們傾向於相信最古的中國語的肯定語句裏是不用繫詞的。《尚書》《儀禮》諸書裏,有些“惟”字,乍看起來,很像是繫詞:

> 厥土惟塗泥,厥田惟下下,厥賦下上。(《書·禹貢》)
>
> 醴辭曰:甘醴惟厚,嘉薦令芳。(《儀禮·士冠禮》)

我們會猜想“惟”就是“爲”,“惟”與“爲”爲古今字;《晉書·司馬叡傳》正作“厥土爲塗泥”,更令人覺得這話不錯了。然而我們如果從古音上考求,上古的“惟”字與“爲”字却不能通用。“惟”字屬於喻母四等,在上古是舌音或齒音字,“爲”字屬於喻母三等,在上古是牙音字①,牙與舌齒,並非雙聲;“惟”字古音屬脂部②,“爲”字古音屬歌部,也不是叠韻。我想“惟”字並不是動詞,衹是一種幫助語氣的虚字,與《皋陶謨》“惟帝其難之”、《洪範》“惟十有三祀”的“惟”字性質很相似,不過一在句首,一在句中罷了。

我們衹要很浮泛地觀察,也會覺得中國上古繫詞的缺乏。譬如試拿西洋書籍與中國古書比較,就可發現西洋書籍裏幾乎每頁都有繫詞,而中國先秦的古籍中往往全篇文章自始至終没有一個繫詞(例如《荀子·王制篇》)。至於西文須用繫詞的地方而中國古代不用者,亦不勝枚舉。

---

① 姑用舊名,以便敘述。

② 補注:後來我主張古韻脂微分部,則“惟”屬微部。

現在隨便舉例如下：

> 筮短龜長，不如從長。(《左傳·僖四》)
>
> 其政悶悶，其民淳淳，其政察察，其民缺缺。(《老子》)
>
> 親老出不易方，復不過時。(《禮記·玉藻》)

這是表詞爲形容詞的例子。在複合句裏，重音不在那形容詞上頭，所以衹把形容詞放在名詞之後，就由詞的次序形成一種表明語。如果在單純句裏，重音寄托在形容詞上頭，就往往在形容詞前面加上一個幫助語氣的"也"字，例如：

> 回也不愚。(《論語·爲政》)
>
> 雍也仁而不佞。(同上，《公冶長》)

至於以名詞或名詞短語爲表詞者，因爲重音常在名詞或名詞短語上頭，所以在先秦的文章裏，常是以助詞助足其語氣的，例如：

> 占之曰："姬姓，日也，異姓，月也，必楚王也。"(《左傳·成十六》)
>
> 王駘，兀者也。(《莊子·德充符》)
>
> 其母曰："孔子，賢人也。"(《戰國策·趙策》)
>
> 彼丈夫也，我丈夫也，吾何畏彼哉？(《孟子·滕文公上》)

這種"也"字衹是幫助語氣，並沒有繫詞的性質。我們有兩個理由可以證明"也"字不是繫詞：第一，當句末有他種助詞時，語氣已足，就用不着"也"字①；第二，有些作家索性在句末省去助詞，而主格後之名詞或名詞性短語仍能不失其表詞的功用。關於第一種情形，例如：

> 人不知而不愠，不亦君子乎？(《論語·學而》)
>
> 是故孔子曰："知我者，其惟《春秋》乎？"(《孟子·滕文公下》)
>
> 仲子所居之室，伯夷之所築與？抑亦盜跖之所築與？(同上)

---

① 自然用也可以，但不是必需的。

關於第二種情形,例如:

前識者,道之華而愚之始。(《老子》)

虎者戾蟲,人者甘餌。(《戰國策·秦策》)

天下者,高祖天下。(《史記·魏其列傳》)

相國、丞相,皆秦官……關都尉,秦官。(《漢書·百官公卿表》)

天德施,地德化,人德義。(《春秋繁露》卷十三)

凡禘、郊、宗、祖、報,此五者國之典禮。(《風俗通義》卷八)

釋道融,汲郡林慮人。(《高僧傳·道融傳》)

婚姻者,人道之始。(《北史·文成帝紀》)

君子所貴,世俗所羞;世俗所貴,君子所賤。(《近思錄》卷七)

這都可以證明"也"字可有可無,因此就不能認爲繫詞,衹能認爲助詞而已。無繫詞的語句幾乎可說是文章的正宗,所以後世的口語裏雖有了繫詞①,而所謂古文派的作品裏,仍舊不大肯用它;數千年來,名句(nominal sentence)裏不用繫詞,仍是最常見的事實。兹再舉若干例句如下:

(1) 表詞爲形容性的:

譚長而惠,尚少而美。(《後漢書·袁紹傳》)

自斯以後,晉道彌昏。(《宋書·武帝紀論》)

彼於有司,何酷至是?(同上,《周朗傳》)

名與身孰親也?得與失孰賢也?榮與辱孰珍也?(李康《運命論》)

末法以後,衆生愚鈍,無復佛教。(《隋書·經籍志》四)

羽,朕之懿弟,溫柔明斷。(《北史·武衛將軍謂傳》)

(2) 表詞爲名詞性的:

此用武之國而其主不能守。(《三國志·諸葛亮傳》)

佛出西域,外國之神。(《高僧傳·佛圖澄傳》)

① 也衹限於以名詞或名詞短語爲表詞的句子。詳見下文。

余亦與子同斯疾者也。(《抱朴子·遐覽》)

自太和十年以後,詔冊皆帝之文也。(《魏書·孝文紀》)

若夫一統之年,持平用之者,大道之計也。(《北史·孫紹傳》)

是時海内富實,米斗之價錢十三,青齊間斗纔三錢。(《隋書·食貨志》一)

今之天下亦先王之天下。(王安石《上仁宗皇帝言事書》)

臣草木瓦礫,陛下用之則貴,不用則賤。(《太平廣記·錢氏私志》)

帝師帕克斯巴者,土番薩斯嘉人足克衮氏①。(《元史·釋老列傳》)

鄭和,雲南人,世所謂三保太監者也。(《明史·鄭和傳》)

清代思潮果何物耶?(梁啟超《清代學術概論》)

從上述諸例看來,不用繫詞乃是中國古文的常態。既是常態,就不能認爲有所省略②。假使我們把"清代思潮果何物耶"改爲"清代思潮果爲何物耶",兩相比較,則見"爲"字的增加是後起的現象,是受了近代口語的影響纔加上去的。因此,如果我們認"果何物耶"爲"果爲何物耶"的省略,就是以流爲源,以枝葉爲根本,把一部中國文法史倒過來看了。

三、論"爲"字

(一)"爲"字繫詞性的來源

《説文》爪部:"爲,母猴也。"段注云:"假借爲作爲之字,凡有所變化曰爲。"但是,據古文字學家的説法:"爲,從爪從象,象牽象之形。古者役象以助勞其事,故引申以爲作爲字。"今按當以後一説爲是。然則"爲"字最初被用爲動詞的時候,必是作爲之義,可以斷言。

由此看來,"爲"字原是純粹的動詞,有作、造、治、從事於……諸意

---

① 編者注:底本此句未標註表詞,據《清華大學學報》初發表本補。

② 參看本書第233頁。(編者注:此注録自底本,"本書"指《龍蟲並雕齋文集》,中華書局2015年版。)

義，而其用途比“作、造、治”諸字較爲廣泛。後來行爲的意義漸漸變爲輕淡，然後有變爲、成爲……諸意義。段玉裁所謂“凡有所變化曰爲”，可以説是徹底瞭解“爲”字的意義；因爲凡有所造作，也就是對於原有的事物有所變化。演變到最後階段，“爲”字漸漸帶着多少繫詞性了；然而在許多情形之下，仍未完全脱離變爲、成爲……諸意義。再有一點該特别注意者，就是新的意義產生之後，舊的意義並不一定消滅，以致新義與舊義同時存在。我們可以説，“爲”字所有的一切意義，在先秦都已完成；僅憑先秦的書籍，很難斷定某種意義發生在後或在前。但我們追究諸意義引申的痕迹，也不能説毫無根據。譬如説，“爲”字最初是象形字，無論它是象猴形，或象人牽象之形，其所孳生的意義都應該是作爲。如果説從人牽象之形一變而爲毫無動作性的繫詞，就没法子説得通。所以我們盡有權利去假定作爲的意義爲由意義頗狹的動詞引申到意義甚廣的動詞的第一階段，而繫詞爲其最後階段。現在按照我們所假定的先後次序，把“爲”字分爲各種型式，如下①：

型甲　這是純粹的動詞，其動作性甚重，例如：

三月之末，擇日翦髮爲鬌②。（《禮記・内則》）

公攝位而欲求好於邾，故爲蔑之盟。（《左傳・隱元》）

名者實之賓也，吾將爲賓乎？（《莊子・逍遥遊》）

有爲神農之言者許行。（《孟子・滕文公上》）

王之爲都者，臣知五人焉。（同上，《公孫丑下》）

人皆可以爲堯舜。（同上，《告子下》）

斬木爲兵，揭竿爲旗。（賈誼《過秦論》上）

絳侯周勃始爲布衣時，鄙樸人也。（《史記・絳侯周勃世家》）

田文既死，公叔爲相。（同上，《孫子吴起列傳》）

及壯試吏，爲泗上亭長。（《漢書・高帝紀》）

---

① 最早的意義，至後代仍未消失者，則舉例不限於先秦。

② 編者注：底本作“鬌”，據《清華大學學報》初發表本改。

諸將故與帝爲編户民，北而爲臣，心常鞅鞅。（同上）

慢主罔時，實爲亂源。（《晉書·劉毅傳》）

汝爲第六世祖。（《壇經·自序品》）

散木也，以爲舟，則沈；以爲棺槨，則速腐。（《莊子·人間世》）

又以鄭愔爲侍郎，大納貨賂。（《新唐書·選舉志》下）

韋氏敗，始以宋璟爲吏部尚書，李乂盧從愿爲侍郎，姚元之爲兵部尚書，陸象先盧懷慎爲侍郎。（同上）

型乙　“爲”字與目的格之間，隔以“之”字。“之”字似乎是幫助語氣的助詞，又似乎是代名詞；但是，省去“之”字與否，都不能影響及於全句的意義[1]。這也是純粹的動詞，與型甲的分別很微。例如：

千室之邑，百乘之家，可使爲之宰也。（《論語·公冶長》）

原思爲之宰。（同上，《雍也》）

顏路請子之車以爲之椁。（同上，《先進》）

微子去之，箕子爲之奴。（同上，《微子》）

廛無夫里之布，則天下之民皆悦，而願爲之氓矣。（《孟子·公孫丑上》）

今之君子，豈徒順之，又從而爲之辭。（同上）

覆杯水於坳堂之上，則芥爲之舟。（《莊子·逍遥遊》）

夫道論至深，故多爲之辭，以抒其情。（《淮南子·要略》）

張天下以爲之籠，因江海以爲罟，又何亡魚失鳥之有乎？（同上，《原道》）

寒，然後爲之衣；飢，然後爲之食[2]。（韓愈《原道》）

型丙　這種“爲”字有變爲、成爲的意思，其動作性甚輕，但仍該認爲

① 讀者請特别注意下面所舉《淮南子·原道訓》的例子，對偶的兩句中，一句有“之”字，一句没有“之”字。

② 依《原道》的例子看來，“之”似頗有間接目的格的性質，有點兒像英文的 for him、for them；但這恐怕是後起的事實。

外動詞，因爲在形式上它與型甲完全相同，祇不過意義上稍有差別罷了，例如：

高岸爲谷，深谷爲陵①。（《詩·小雅·十月》）

其君之戎，分爲二廣。（《左傳·宣十二》）

一與言爲二，二與一爲三。（《莊子·齊物論》）

地入於漢爲廣陵郡。（《史記·五宗世家》）

拔劍斬蛇，蛇分爲二，道開。（《漢書·高帝紀》）

榮體變爲枯體，枯體即是榮體；絲體變爲縷體，縷體即是絲體。（《梁書·范縝傳》）

型丁　這與型丙的分別僅在乎用於條件句中：在某條件之下，則某事物變爲某狀況，可見也是變爲或成爲的意思。不過，“爲”字後的目的格不一定是名詞；有時是形容詞，有時是動詞。但這些形容詞或動詞皆可認爲帶名詞性，變成“爲”字的目的格，例如：

改之爲貴……繹之爲美。（《論語·子罕》）

何必讀書，然後爲學？（同上，《先進》）

能行五者於天下，爲仁矣。（同上，《陽貨》）

君子有勇而無義爲亂，小人有勇而無義爲盜。（同上）

執事順成爲臧，逆爲否；衆散爲弱；川壅爲澤。（《左傳·宣十二》）

掘井九軔而不及泉，猶爲棄井也。（《孟子·盡心上》）

若君不修德，舟中之人盡爲敵國也。（《史記·孫子吳起列傳》）

含笑即爲婦人，蹙面即爲老翁，踞地即爲小兒，執杖即成林木②。（《抱朴子·遐覽》）

知即是慮：淺則爲知，深則爲慮。（《梁書·范縝傳》）

---

① 凡詩歌中之文法與散文相同者，亦舉爲例。

② 注意“爲”“成”二字互用，可見“爲”有成爲之意。

型戊　這種“爲”字用於補足語裏，有作爲的意思。它與型甲的分別，在乎型甲“爲”字的主格是整個的主格，型戊“爲”字的主格是一種兼格。兼格是中國文法的特色。例如“我謝謝你替我做了這件事”，“你”字是個兼格，它對於“謝”字是目的格，對於“做”字是主格，以一身而兼兩職。同理，“我請你幫忙”，“政府升他做省長”，“你、他”也是兼格。型戊的“爲”字就很近似於“做”字，例如：

季氏使閔子騫爲費宰。（《論語·雍也》）

乃悉封徐盧等爲列侯。（《史記·絳侯周勃世家》）

使韓安國、張羽等爲大將軍。（同上，《梁孝王世家》）

盡立孝王男五人爲王。（同上）

請廢太子爽，立孝爲太子。（同上，《淮南衡山列傳》）

吴起取齊女爲妻，而魯疑之。（同上，《孫子吴起列傳》）

也有省去兼格的。例如：

拜爲將軍……遷爲丞相……謚爲共侯。（同上，《絳侯周勃世家》）

武王載木主，號爲文王。（同上，《伯夷列傳》）

晏子於是延入爲上客。（同上，《管晏列傳》）

型己　這種“爲”字與“以”字相應，其公式爲“以……爲”。《莊子·大宗師》：“以汝爲鼠肝乎？以汝爲蟲臂乎？”這就是“爲”與“以”相應的例子。如間接目的格已見於前，則“以爲”二字可以不必隔開，例如《莊子·逍遥遊》“剖之以爲瓢”，《大宗師》“浸假而化予之右臂以爲彈”。但這些“爲”字的動作性甚重，可以歸入型甲。至於動作性甚輕的，如《詩·邶風》“反以我爲讎”，《鄘風》“我以爲兄”，可以歸入型己。但是我們須知，型己與型甲的差別，僅在乎動作性的重輕：型甲是實際表現於外的動作；型己是意念中的動作，可以稱爲意動。意動仍算是動，不是繫詞。例如：

若臧武仲之知，公綽之不欲，卞莊子之勇，冉求之藝，文之以禮

樂,亦可以爲成人矣①。(同上,《憲問》)

賜也,女以予爲多學而識之者與?(《論語·衛靈公》)

一以己爲馬,一以己爲牛。(《莊子·應帝王》)

勃以織薄曲爲生。(《史記·絳侯周勃世家》)

今捨純懿而論爽德,以《春秋》所諱爲美談。(張衡《東京賦》)

老莊之作,管孟之流,蓋以立意爲宗,不以能文爲本。(蕭統《文選·序》)

型庚　型己與型庚的差別,僅在乎"爲"字後是名詞或是形容詞。其實,這一類"爲"字後的形容詞或形容短語,都可認爲帶名詞性,例如:

事君盡禮,人以爲諂也。(《論語·八佾》)

硜硜然小人哉,抑亦可以爲次矣。(同上,《子路》)

惡徼以爲知者,惡不孫以爲勇者,惡訐以爲直者。(同上,《陽貨》)

於是諸將乃以太尉計謀爲是。(《史記·絳侯周勃世家》)

高帝以爲可屬大事。(同上)

鮑叔不以我爲貪。(同上,《管晏列傳》)

斯自以爲不如非。(同上,《老莊申韓列傳》)

夫口論以分明爲公,筆辯以荴露爲通,吏民以昭察爲良。(《論衡·自紀篇》)

型辛　"以……爲"的公式,從型甲演化到型己,從型己演化到型庚,動作性已經够輕了;但它更進一步,把"以爲"合成一詞②。這仍是一種意動。型己與型辛的差別僅在乎一則以名詞爲目的格,一則以整個子句爲目的格,一則"以"字用爲介詞,一則"以"字失去介詞性而與"爲"字合併

---

① "以"與"爲"相應,不可把"可以"認爲一詞。現代白話裏的"可以"(助動詞)祇等於先秦一個"可"字。

② 馬建忠以型己的"爲"字爲斷辭,型辛的"以爲"爲動字(《文通》卷四,第15頁),我以爲不對。

爲意動[①],例如：

王往而征之,民以爲將拯己於水火之中也。(《孟子·梁惠王下》)

之則以爲愛無差等,施自親始。(同上,《滕文公上》)

已則棄去之,以爲龜藏則不靈,蓍久則不神。(《史記·龜策列傳》)

賈素驕貴,以爲將己之軍而己爲監,不甚急。(同上,《司馬穰苴列傳》)

型壬　此種"爲"字在助動詞"能、足、得"等字之後,在形容詞之前,看去頗像繫詞,但不可譯爲白話的"是"字,所以不是繫詞,例如：

今夫犛牛,其大若垂天之雲,此能爲大矣。(《莊子·逍遙遊》)

鄭之刀,宋之斤,吳粵之劍,遷乎其地而不能爲良。(《禮記·內則》)

繼縷茅簷下,未足爲高棲。(陶潛《飲酒》)

人離惡道,得爲人難。(《四十二章經》)

三公又奏請吏民入錢穀得爲關內侯云。(《晉書·食貨志》)

上述九種模型,都不能認爲繫詞。我們所以不憚詳細論列者,一則因要表明"爲"字繫詞性的來源,二則因要把一般人誤認爲繫詞的"爲"字都排除出去。下面可以敘述"爲"字的繫詞性了。

(二)"爲"字的繫詞性

"爲"字可認爲純粹繫詞的很少,但稍帶繫詞性者則頗常見。所謂稍帶繫詞性者,因爲仍含若干動作性在內。今仍照前節,把帶繫詞性的"爲"字分爲幾種模型,再逐一加以說明。

A. 表詞爲形容性者。

型子　此種"爲"字祇用於否定句,例如：

---

① 甚至以"曰以爲"合成一詞,如《史記·三王世家》:"皆曰以爲尊卑失序。"

萬取千焉，千取百焉，不爲不多矣。（《孟子·梁惠王上》）

齊卿之位不爲小矣，齊滕之路不爲近矣。（同上，《公孫丑上》）

樂歲粒米狼戾，多取之而不爲虐。（同上，《滕文公上》）

在太極之先而不爲高，在六極之下而不爲深，先天地生而不爲久，長於上古而不爲老。（《莊子·大宗師》）

韲萬物而不爲義，澤及萬世而不爲仁，長於上古而不爲老，覆載天地、刻雕衆形而不爲巧。（同上）

以上諸例中的“爲”字有可謂之意，也很近似現代白話裏的“算”字。“不爲不多”就是“不算少”，“不爲小、不爲近”也就是“不算小、不算近”；其中的“爲”字都帶普通動詞性，不是純粹的繫詞。我們最好是拿“非”字與“不爲”二字相比較，例如《孟子》：“城非不高也，池非不深也，兵革非不堅利也，米粟非不多也，委而去之，是地利不如人和也。”假定上文曾敘述某國某城，則此數語變爲實指而非泛指，可改爲：“城不爲不高矣，池不爲不深矣，兵革不爲不堅利矣，米粟不爲不多矣……。”然而“非”字却是繫詞①，而“爲”字不能認爲繫詞。我們可以在句尾的助詞上看出“非”與“不爲”的分别來。“非”字的句尾必須用“也”字，不能用“矣”字；“不爲”的句尾必須用“矣”字，不能用“也”字。這因爲“非”字的句子屬於名句(nominal sentence)，應該用“也”字煞尾；“不爲”的句子屬於動句(verbal sentence)，又因語氣加重而用決定時，應該用“矣”字煞尾②。我們從“也”“矣”的分别上看出名句與動句的不同，再從名句與動句的不同上便可看出“非”字與“爲”字詞性的歧異；因爲名句中衹許有繫詞或準繫詞，動句中衹許有動詞或準動詞。由此看來，型子的繫詞性，可以說衹是一種幻相而已。

型丑　這種“爲”字是從事物的比較上生出來的。我們雖猜想它也

---

① 補注：後來我認爲“非”字在上古也並不是繫詞；它衹是一個否定副詞（《漢語史稿》）。

② 關於“也、矣”二字與名句、動句的關係，參看拙著《中國文法學初探》。“未爲”亦與“不爲”同例，都屬於動句。但《說苑》“死然後知之，未爲晚也”，用“也”不用“矣”。因爲否定詞“未”字的句子必須認爲現在時，以“也”字煞尾。

從純粹的動詞變來,但它確在很早的時代就變爲繫詞了,例如:

禮之用,和爲貴;先王之道,斯爲美。(《論語・學而》)

唯天爲大,唯堯則之。(同上,《泰伯》)

唯女子與小人爲難養也。(同上,《陽貨》)

物皆然,心爲甚。(《孟子・梁惠王上》)

無恒產而有恒心者唯士爲能。(同上,《公孫丑上》)

唯仁者爲能以大事小①。(同上)

唯此時爲然。(同上)

唯天下至誠爲能盡其性。(《禮記・中庸》)

唯賢者爲不然。(《荀子・性惡》)

師直爲壯,曲爲老,豈在久乎?(《左傳・僖二十八》)

天下莫大於秋毫之末,而太山爲小;莫壽於殤子,而彭祖爲夭。(《莊子・齊物論》)

言對爲易,事對爲難,反對爲優,正對爲劣。(《文心雕龍・麗辭》)

有安息國沙門安靜……翻譯最爲通解。(《隋書・經籍志》四)

策萬行,懲惡勸善,同歸於治,則三教皆可遵行,窮理盡性,至於本源,則佛教方爲決了②。(宗密《原人論・序》)

此輩少爲貴,四方服勇決。(杜甫《北征》)

佛郎西貨船之至中國者少,而私赴各省之傳教者爲多。(江上蹇叟《中西紀事》卷二)

凡屬僅有的德性(如 2、3、5、6、7、8、9 例)、最高級的德性(如 1、4、13、15 例)、對比的德性(如 10、11、12、14、16 例),都用得着"爲"字做繫詞。我在《中國文法學初探》裏說"唯天爲大"不完全等於現代語"衹有天是大的"。這話不算錯,因爲"爲"與"是"的來源不同,用途也不能完全相等;但我又說"唯天爲大"的"爲"字動作意味很重,就說得不對了。它的動作

① "能以大事小"可認爲是形容短語。下面所舉《中庸》的例子亦同此理。

② "最爲、方爲、殊爲、甚爲、尤爲、更爲"諸形式較爲後起;大約最早衹能達到南北朝。

性很微，至少可認爲準繫詞。

型寅　此種“爲”字與型丑的差別，衹在乎句子是否帶疑問性，例如：

哀公問：“弟子孰爲好學[1]？”（《論語·雍也》）

事孰爲大？事親爲大。守孰爲大？守身爲大。（《孟子·離婁下》）

何者爲善？何者最大？（《四十二章經》）

凡欲從大範圍中指出一小範圍（如第一、二例），或浮泛地發問（如第三例），纔用得着“爲”字。“爲”字總是用於最高級的，“何者爲善”等於説“何者最善”。至於顯明地舉出所比較的人或事物，就不用“爲”字，例如《老子》“名與身孰親，身與貨孰多，得與亡孰病”，《論語》“女與回也孰愈”“師與商也孰賢”。因爲所比較的兩項都寫出，所以用不着“爲”字。但這規矩恐怕衹適用於六朝以上，後代凡語涉比較，都可用“爲”字了。

B. 表詞爲名詞性者。

型卯　這種“爲”字與型寅的差別，衹是型寅以形容詞爲表詞，型卯以名詞爲表詞，例如：

四體不勤，五穀不分，孰爲夫子？（《論語·微子》）

夫文由語也，或淺露分別，或深迂優雅，孰爲辯者？（《論衡·自紀篇》）

渾沌難曉，與彼分明可知，孰爲良吏？（同上）

型辰　此型雖亦用於疑問句，但無比較之意，“爲”字的位置反在疑問代名詞之前，例如：

長沮曰：“夫執輿者爲誰？”子路曰：“爲仲尼。”（《論語·微子》）

桀溺曰：“子爲誰？”曰：“爲仲由。”（同上）

今親不幸，仲子所欲報仇者爲誰？（《戰國策·韓策二》）

---

① “好學”可認爲形容短語。

這比以上諸型的繫詞性更重;《孟子·離婁下》"追我者誰也"可譯成"追我者爲誰",可見這一類的句子是屬於名句的①。

型巳 "爲"的主格是指示代名詞,例如:

老而不死,是爲賊。(《論語·憲問》)

辭十萬而受萬,是爲欲富乎②?(《孟子·公孫丑下》)

以兄之室則弗居,以於陵則居之,是尚爲能充其類者乎?(同上,《滕文公下》)

帝陽甲崩,弟盤庚立,是爲帝盤庚。(《史記·殷本紀》)

長子曰太子,是爲孝景帝。(同上,《梁孝王世家》)

雖職之高,還附卑品;無績於官,而獲高敘:是爲抑功實而隆虚名也③。(《晉書·劉毅傳》)

型午 這種"爲"字用於並行句,例如:

南海之帝爲儵,北海之帝爲忽,中央之帝爲渾沌。(《莊子·應帝王》)

爾爲爾,我爲我。(《孟子·公孫丑上》)

重爲輕根,靜爲躁君。(《老子》)

萬物爲道一偏,一物爲萬物一偏,愚者爲一物一偏。(《荀子·天論》)

乾爲馬,坤爲牛,震爲龍,巽爲鷄。(《易·說卦》)

天所賦爲命,物所受爲性。(《近思錄》卷一)

型未 這種"爲"字用於包孕句的附屬句裏,有點兒像英文的關係代名詞帶動詞 who is,例如:

潁考叔爲潁谷封人,聞之。(《左傳·隱元》)

---

① 用疑問代名詞而非疑問句者,亦歸此型,例如《史記·遊俠列傳》:"解實不知殺者,殺者亦竟絕,莫知爲誰。"

② "欲富"可認爲名詞短語。

③ 先秦時代用"是爲"則不用"也",用"是……也"則不用"爲";《晉書》的句法是後起的。

公子姊爲趙惠文王弟平原君夫人，數遺魏王及公子書，請救於魏。（《史記・信陵君列傳》）

吳興孟景翼爲道士，太子召入玄圃園。（《南齊書・顧歡傳》）

《左傳》所欲敘述者爲“潁考叔聞之”，《史記》所欲敘述者爲“公子姊請救於魏”，《南齊書》所欲敘述者爲“太子召孟景翼入玄圃園”。至於潁考叔之爲潁谷封人、公子姊之爲趙惠文王弟平原君夫人、孟景翼之爲道士，在文中幾等於插注。因此，我們可以譯成“潁谷封人潁考叔聞之”“趙惠文王弟平原君之夫人（即公子姊）數遺書魏王及公子，請救於魏”“太子召吳興道士孟景翼入玄圃園”，而原意不改。

型申　凡子句爲全句之賓語者，“爲”字可在此子句中爲繫詞，例如：

曾不知以食牛干秦穆公之爲汙也，可謂賢乎？（《孟子・萬章下》）

知與之爲取，政之寶也。（《史記・管晏列傳》）

最初的時候，有“之”字在“爲”字前以表示其爲子句；後世“之”字可以省去，例如“子不知張君爲吾友”“余不信某人爲賣國賊”等等。

型酉　“爲”字僅用於敘述名稱，其功用等於“曰”字，例如：

北冥有魚，其名爲鯤。（《莊子・逍遙遊》）

有鳥焉，其名爲鵬。（同上）

阿羅漢者，能飛行變化，曠劫壽命，住動天地。次爲阿那含……次爲斯陀含……次爲須陀洹……（《四十二章經》）

型戌　這是“爲”字變爲繫詞的最後階段，它的繫詞性最爲純粹。上面所舉子、丑、寅、卯、辰、巳、午、未、申、酉諸型的“爲”字，都是在某條件之下纔能爲繫詞：型子衹能用於否定句，而且是一種幻相；型丑與型寅、型卯衹能用於事物的比較上；型辰衹能用於疑問代名詞之前；型巳衹能以指示代名詞“是”字爲主格；型午衹能用於並行句；型未與型申衹能用於包孕句；型酉衹能代“曰”字之用。若求其不受條件的限制，能如英文

verb to be之自由者，在先秦可說是没有的。即以現代白話“張先生是我的朋友”爲例，在先秦衹該是“張先生，吾友也”，而不能寫成“張先生爲吾友”。直到了六朝以後，以普通名詞或專有名詞或名詞短語爲主格，以“爲”字爲繫詞而且是全句的主要骨幹，又以名詞或名詞短語爲表詞的句子纔漸漸出現，例如：

椎輪爲大輅之始，大輅寧有椎輪之質？增冰爲積水所成，積水曾微增冰之凜①。(《文選·序》)

都下人多爲諸王公貴人左右佃客典計衣食客之類。(《隋書·食貨志》)

天竺沙門佛陀邪舍譯《長阿含經》及《四分律》……並爲小乘之學。(同上，《經籍志》四)

西土俗書罕不披誦，爲彼國外道之宗。(《高僧傳·釋道融傳》)

負重者負米五斛，行二十步，皆爲中第。(《新唐書·選舉志》)

但是，我們仔細觀察，覺得這些例子仍是有條件的，譬如第一例有“大輅寧有椎輪之質”一句，然後上句“爲”字纔用得妥當；第二例的“多爲”是型丑的變相，仍從比較上生出來；第三、四、五例的“爲”字不是緊接主格的。由此看來，六朝以後，仍不能有“張先生爲吾友”一類的單純句子。譬如《史記·伯夷列傳》“伯夷、叔齊，孤竹君之二子也”，必不能代之以“伯夷、叔齊爲孤竹君之二子”；否則會弄成下面一段：

伯夷、叔齊爲孤竹君之二子。父欲立叔齊。及父卒，叔齊讓伯夷。伯夷曰：“父命也。”遂逃去。

依現代一般人看來，似乎很通順；其實這是不合古代文法的。如果勉強要用“爲”字，必須變爲下列諸式：

型卯：孰爲孤竹君之二子？曰：伯夷、叔齊也。

① 這雖也是並行句，但已發展到每句可以獨立的程度。以“大輅寧有椎輪之質”上承“椎輪爲大輅之始”，這種“爲”字是先秦所没有的。

型辰：伯夷、叔齊爲誰？曰：孤竹君之二子也。

型午：孤竹君之長子爲伯夷，次子爲叔齊。

型酉：孤竹君有二子，其名爲伯夷、叔齊。

雖也不能替代“伯夷、叔齊，孤竹君之二子也”的用途，但各句的本身還算不違反古代的文法。

總而言之，“爲”字雖在某一些情形之下認爲繫詞，但它的用途決不能像西文繫詞的用途那樣大；就拿現代白話的“是”字來說，也比“爲”字的繫詞性重得多了。“爲”“是”的異同，留待下文再說。但我們須知，“爲”字的用途至六朝已大致確定，後代對於“爲”字的應用，不能越出六朝以前的範圍；而“是”字的繫詞性却在六朝纔漸漸滋長，直至最近恐怕還要擴大範圍呢。

(三) 與“爲”字相近似的準繫詞

“曰”字、“謂”字，與“爲”字爲雙聲，其韻部也頗相近，故在某一些情形之下可以互相通假。王引之在《經傳釋詞》裏說：

> “曰”猶“爲”也，“謂之”也。若《書·洪範》“一曰水，二曰火，三曰木，四曰金，五曰土”之屬是也。故桓四年《穀梁傳》“一爲乾豆，二爲賓客，三爲充君之疱”，《公羊傳》“爲”作“曰”。
>
> 家大人曰：“謂”猶“爲”也。《易·小過》上六曰“是謂災眚”，《詩·賓之初筵》曰“醉而不出，是謂伐德”，“是謂”猶“是爲”也。莊二十二年《左傳》“是謂觀國之光”，《史記·陳杞世家》作“是爲”，是其證也。

我們再看《說文》“曰，詞也”“謂，報也”，段注云：“謂者，論人論事得其實也……亦有借爲‘曰’字者，如《左傳》‘王謂叔父’即《魯頌》之‘王曰叔父’也。”“曰、謂”古音同在脂部①，又爲雙聲，也許完全同音，所以它們

---

① 補注：後來我把“曰”歸入月部，“謂”歸入物部。

的意義最爲相近。它們原是普通的動詞,《詩·鄭風》"女曰雞鳴"的"曰"字,《召南》"誰謂雀無角"與《王風》"謂他人父"的"謂"字,乃是較早的形式。後來雖變得頗像繫詞,但仍不失其動作性;王引之以"謂之"釋"曰"字是很合理的。如果拿現代白話去翻譯這種"曰"字、"謂"字,也衹該譯成"叫做",不該譯成"是"字。

說到這裏,我們可以明白:在"爲"字與"曰、謂"通用的情形之下,衹是"爲"字被假借爲"曰、謂"之用,不是"曰、謂"被假借爲"爲"字之用。這種分別很關重要,因爲可以說明"爲"字在此情形之下仍可認爲普通的動詞,不必認爲純粹的繫詞。上節型酉所舉《莊子》"其名爲鯤"盡可譯成"它的名字叫做鯤";甚至型巳所舉《論語》"老而不死,是爲賊"也許還可以譯成"老而不死,這就叫做賊"。這樣一來,型巳、型酉的繫詞性也都受了動摇。至於我們把"曰、謂"二字稱爲準繫詞,意思是說它們本來没有繫詞性,僅有一種幻相而已。

四、論"是"字

(一)"是"字繫詞性的來源

"是"字繫詞性的來源,比"爲"字較難考究。《説文》:"是,直也,從日正。"這大約是以曲直解釋是非,但未必就是最早的意義,金文裏的"是"字也不像是從"正"。《廣雅》:"是,此也。"雖也不知道是否最初的意義,但至少在先秦是這種意義佔優勢。"是"字與"此"字、"斯"字都是叠韻。"此"與"斯"是旁紐雙聲;"是"字聲母的上古音值雖未經考定,但無論是z,是dz,或是d,都與"此、斯"的聲母ts'、s很相近。因此,"斯、此、是"三字往往通用①。這是指示代名詞;但又有當做名詞或形容詞用的。《莊子·齊物論》"未成乎心而有是非",是當名詞用;《禮·曲禮》"夫禮者,所以定親疏,決嫌疑,别同異,明是非",是當形容詞用。聞一多先生對我

① 《論語》無"此"字,凡該用"此"字的地方都用"斯"或"是"替代。

說："是"就是"此"，"非"就是"彼"①；古人以近指的事物爲"是"，以遠指的事物爲"非"。這樣說來，"彼是"的"是"與"是非"的"是"可認爲同一來源。不過，我仍舊認爲這兩種意義在先秦已經是分道揚鑣，各不相涉的了。

上文說過，"是"字當做繫詞用，乃是六朝以後的事情。但是，它的來源是"彼是"的"是"呢，還是"是非"的"是"呢？換句話說，它的來源是指示代名詞呢，還是名詞或形容詞呢②？這是很費考慮然後能答覆的，現在先把很像繫詞的指示代名詞"是"字仔細研究，再來答覆繫詞性的來源問題。

在某一些情形之下，"是"與"此"的用途完全相等，例如《莊子・逍遥遊》"其視下也，亦若是則已矣"與同篇"其自視也，亦若此也"，句法完全相同，可證其用途完全相等。至於"是"字用於句首，則與"此"字或相等或不完全相等。但無論如何，它仍舊衹是指示代名詞，不是繫詞。兹分述如下。

型甲　表詞是名詞或名詞短語者。這一類的"是"字都可代以"此"字，例如：

富與貴，是人之所欲也。(《論語・里仁》)

是知其不可而爲之者與？(同上，《憲問》)

謂我諸戎：是四岳之裔胄也，毋是剪棄。(《左傳・襄十四》)

既不能令，又不受命，是絶物也。(《孟子・離婁上》)

千里而見王，是予所欲也③。(同上，《公孫丑下》)

無父無君，是周公所膺也。(同上，《滕文公下》)

莊子曰："是非吾所謂情也。"④(《莊子・德充符》)

---

① "非、彼"雙聲。

② 在這情形之下，名詞與形容詞的界限是不很分明的。或者我們可認爲形容詞，用爲名詞衹算活用，像它被活用爲動詞一樣。《齊物論》"欲是其所非，而非其所是"，《韓非子・顯學篇》"是墨子之儉，將非孔子之侈"，都是活用爲動詞的例子。

③ 參看《後漢書・馬援傳》："好議論人長短，妄是非正法，此吾所大惡也。"

④ 在這一類的句子裏，最能看出"是"字是指示代名詞。因爲下面已有繫詞"非"字，則前面的"是"字顯然不是繫詞。

日月星辰瑞歷,是禹桀之所同也。(《荀子·天論》)

妻不以我爲夫,嫂不以我爲叔,父母不以我爲子,是皆秦之罪也。(《戰國策·秦策二》)

這些“是”字,都是複指上文的名詞或子句的。如果它與所複指的名詞或子句不相緊接,如上面第二例與第七例,“是”字是不可省去的。如果它與所複指的名詞或子句緊接,如其餘諸例,則“是”字可以省去,寫成“富與貴,人之所欲也”一類的形式。“也”字普通是不省去的;如果像《荀子·性惡篇》“禮義積僞者,是人之性”,偶然省去“也”字,加上“者”字,就不可以“此”字代“是”字了。由此看來,“是”字與“此”字畢竟有很微的差別:“是”字的複指性較輕,“此”字的複指性較重。

型乙　表明語爲形容詞或形容短語者。這一類的“是”字不可代以“此”字,例如:

既欲其生,又欲其死,是惑也。(《論語·顔淵》)

不逆詐,不疑不信,抑亦先覺者,是賢乎?(同上,《憲問》)

知而使之,是不仁也;不知而使之,是不知也。(《孟子·公孫丑下》)

三宿而後出晝,是何濡滯也?(同上)

型丙　表詞爲動詞(infinitive)及其目的格或補足語者。這一類的“是”字都可代以“此”字,例如:

穀與魚鼈不可勝食,材木不可勝用,是使民養生喪死無憾也。(《孟子·梁惠王上》)

楊氏爲我,是無君也;墨氏兼愛,是無父也。(同上,《滕文公下》)

今天子立諸侯而建其少,是教逆也。(《國語·周語上》)

今世咸知百年之外必至萬歲,而不信積萬之變至於曠劫,是限心以量造化也。(《弘明集·後序》)

我們試拿《孟子》“庖有肥肉,廏有肥馬……此率獸而食人也”與上面第一例的“是使民養生喪死無憾也”相比較，就知道“此”與“是”可以通用了。“也”字普通是不省去的；但《莊子・養生主》“彼其所以會之，必有不蘄言而言，不蘄哭而哭者，是遁天倍情，忘其所受”，句末没有“也”字也就不能代以“此”字。

型丁　表詞爲整個子句者。這種“是”字一般也可代以“此”字，例如：

然而不勝者，是天時不如地利也。（《孟子・公孫丑下》）

未成乎心而有是非，是今日適越而昔至也。（《莊子・齊物論》）

禮，孫爲父尸，故祖有蔭孫令，是祖孫重而兄弟輕。（《新唐書・刑法志》）

“是”字雖是指示代名詞，但當其用於複指時，其作用在乎説明上文。故凡欲加重説明的語氣者，都可以加上承接連詞“則”字，尤其是型乙、型丙、型丁，更往往用得着“則”字，放在“是”字的前面：

型乙：不識王之不可以爲湯武，則是不明也。（《孟子・公孫丑下》）

型丙：識其不可，然且至，則是干澤也。（同上）

若駟之過隙，然而遂之，則是無窮也[①]。（《禮記・三年問》）

然而夷子葬其親厚，則是以所賤事親也。（《孟子・滕文公上》）

魯衛，兄弟之國也，而君用起，則是棄衛。（《史記・孫子吴起列傳》）

型丁：諸侯替之，而建王嗣，用遷郟鄏，則是兄弟之能用力於王室也[②]。（《左傳・昭二十六》）

這些“是”字仍當認爲指示代名詞，不能因其前有“則”字而改變其詞性。此外有“是”與“非”對立的句子，例如：

型甲：是祭祀之齋，非心齋也。（《莊子・人間世》）

是集義所生者，非義襲而取之也。（《孟子・公孫丑上》）

故王之不王，非挾太山以超北海之類也；王之不王，是折枝之

---

① “無窮”亦可認爲形容短語，歸入型乙。

② “兄弟之能用力於王室”亦可認爲名詞短語，歸入型甲。

類也。(同上,《梁惠王上》)

型丁:楚王後車千乘,非知也;君子啜菽飲水,非愚也:是節然也。(《荀子·天論》)

若疑教在戎方,化非華夏者,則是前聖執地以定教,非設教以移俗也。(《弘明集·後序》)

"非"字是繫詞,"是""非"相形之下,很容易令人認"是"字也是繫詞。其實,在這種情形之下,"是"字仍當認爲指示代名詞。"是折枝之類也"的"是"字,與上文所舉"是予所欲也"的"是"字,用法完全相同,不能因其偶然與"非"字對立,就把它認爲繫詞。除非我們把上述諸型的一切"是"字都認爲繫詞,然後這些"是"字也能類推爲繫詞。然而這是不可能的;因爲"是"字與"此"字往往通用,例如上文所舉"此率獸而食人也"等於説"是率獸而食人也",又如《莊子·德充符》"是何人也"等於説"此何人也"。我們盡可把《孟子》的話改成"是率獸而食人也,非愛民也"①,但我們並不能因此就認"是"字爲繫詞。

上面説過,"彼是"的意義與"是非"的意義分道揚鑣:由"彼是"的意義生出型甲、型乙、型丙、型丁;那麽,由"是非"的意義生出來的是什麽?依我看來,下列的兩種模型可説是由"是非"的意義生出來的:

型戊　這種"是"字衹用於舉例。先説出某一類的事物,然後舉一兩個實例來證明,例如:

水由地中行,江淮河漢是也。(《孟子·滕文公下》)

子游曰:"地籟則衆竅是已,人籟則比竹是已。"(《莊子·齊物論》)

墜茵席者,殿下是也;落糞溷者,下官是也。(《梁書·范縝傳》)

天官顯驗,趙簡、秦穆之錫是也;鬼道交報,杜伯、彭生之見是也;修德福應,殷代、宋景之驗是也;多殺禍及,白起、程普之證是也。(《弘明集·後序》)

---

① 參看《戰國策·魏策》:"此庸夫之怒也,非士之怒也。"又《南齊書·顧歡傳》:"此修考之士,非神仙之流也。"

自古亡國,未必皆愚庸暴虐之君也……昭宗是已。(《新唐書·昭宗哀帝紀》)

這一類的“是”字其用途在乎是認某一些例證。它所以不能被認爲繫詞者,一則因爲它的用途僅限於舉例,二則因爲它並没有連繫兩項(terms)的效能。

型己　這種模型與型戊的差别,在乎型戊用於舉例,型己非用於舉例;型戊必須有主格,型己不一定要有主格,例如:

曰:“是魯孔丘與?”曰:“是也。”(《論語·微子》)

其友識之,曰:“汝非豫讓邪?”曰:“我是也。”(《史記·刺客列傳》)

馬建忠以爲“是魯孔丘與”的“是”與“是也”的“是”都是“決辭”①;黎錦熙先生批駁他説:“上‘是’字固指代,下‘是’字乃形容詞是非之是,用爲然否副詞耳。”②黎先生的話最爲有理。“是也”有點兒像英文的 yes,“非也”有點兒像英文的 no,“是耶非耶”有點兒像 yes or no;“是也”與“然”、“非也”與“否”,用途是很相像的。“我是也”的句式稍爲後起,與然否的意義頗有分别;現在勉强把它們歸入同一的模型,其實可細分爲兩種模型。

上面所述甲、乙、丙、丁、戊、己六種模型裏,都没有繫詞。正式的繫詞須是具備主格與表詞兩項,而繫詞置於兩項的中間,如“張先生是我的朋友”一類的句子。這類句子是先秦所絶對没有的,漢代也可以説是没有。六朝以後是有了;但它的繫詞性的來源是什麽呢?

就意義上看來,似乎是形容詞“是非”生出繫詞的“是”與“非”;因爲形容詞的“是”就是“對”,“非”就是“不對”,繫詞的“是”是是認那個事實,“非”是否認那個事實。因爲那事情是對的,所以是認它;因爲那事情是不對的,所以否認它。這樣看來,“是”字繫詞性該是由形容詞或副詞變

---

①《馬氏文通》卷一第 14 頁。

② 黎錦熙《比較文法》第 127 頁。

來的了。但是,從文法上看來,我們却該换一種看法。由"是非"的"是"生出來的祗有型戊與型己,它們都是很像副詞,没有表詞在後面,所以很難再變爲繫詞①。至於"彼是"的"是"所生出來的型甲就不同了。上文説過,"是"字雖是指示代名詞,但當其用於複指時,其作用在乎説明上文。繫詞的作用在乎表明主格,與説明上文的作用相差很近。祗要指示的詞性減輕,説明的詞性加重,就很自然地變爲繫詞了。型甲的表詞爲名詞或名詞短語,與繫詞句的表詞相同,因此,我們可以斷定"是"字的繫詞性是從型甲轉變而成的②。譬如"富與貴,是人之所欲也"轉變而成"富與貴都是人們所希望的",真是極自然的轉變了。

(二)"是"字的繫詞性

"是"字最初被用爲繫詞,該是在六朝時代。不過,六朝這一個時代太長,我至少該追究它在哪一個朝代就有了繫詞的功用。西洋的語史學家往往能考定某字始現於某年,某年代即以現存的古籍初見此字的年代爲準。照這種説法,我們要知道"是"字的繫詞性始於何年,並非絕對不可能的。不過,現在我的精力還不能達到那樣精確的地步,就祗能含混地説個六朝。如果就已經發現的例子看來,該説是起於晉末以後(約當西曆第五世紀),因爲陶潛、劉義慶、沈約、顧歡、慧皎、范縝諸人都曾經用"是"字爲繫詞(例證散見下文)。但是,在没有查遍六朝的書籍以前,我們還不敢斷定陶潛以前没有人把"是"字當繫詞用。因此,爲比較妥當起見,我們仍舊願意暫時説是六朝。

型子　這是最純粹的繫詞。上面所舉"張先生是我的朋友"就是屬於這種模型的。在中國語文裏,這可稱爲典型的繫詞。其主格爲名詞,

① 型戊不能認爲表詞在"是"字之前;"墜茵席者殿下是也"並不完全等於"墜茵席的是殿下"。譬如説"國貧而弱者,中國是也",大家都懂得它不能改爲"貧而弱的國家是中國"。因爲世界上盡可以還有許多貧弱的國家,不僅是中國。前者是舉例,後者是全稱,不容混同。

② 型乙没有關係,因爲形容性的表明語用不着繫詞。詳見下文。型丙、型丁因"是"字後爲動詞或子句,也不能生出正式的繫詞。

表詞亦具備，例如：

未聞孔雀是夫子家禽。（劉義慶《世説新語·言語》）

張玄之、顧敷是顧和中外孫。（同上）

豫章太守顧邵是雍之子。（同上，《雅量》）

佛是破惡之方，道是興善之術。（顧歡《夷夏論》，見《南齊書·顧歡傳》）

鳥王獸長往往是佛。（同上）

神仙是大化之總稱，非窮妙之至名①。（顧歡答袁粲語，見《南齊書》）

若枯即是榮，榮即是枯②，應榮時凋零，枯時結實也。（范縝《神滅論》，見《梁書·范縝傳》）③

若形骸即是骨骼，則死之神明不得異生之神明矣。（沈約《難神滅論》）

問今是何世④，乃不知有漢，無論魏晉。（陶潛《桃花源記》）

佛是外國之神，非天下諸華所宜奉。（《高僧傳·佛圖澄傳》）

佛是戎神，正所應奉。（同上）

問耆年是誰耶⑤？（同上，《法顯傳》）

弟子是嶺南新州百姓。（《壇經·自序品》）

孔老釋迦皆是至聖。（宗密《原人論·序》）

劫劫生生，輪迴不絕……都由此身本不是我。（《原人論·斥偏淺》）

大乘法相教者……有八種識，於中第八阿賴耶識是其根本。（同上）

---

① 參看上節所舉《莊子》："是祭祀之齋，非心齋也。"同是"是、非"對立，但《莊子》的"是"是指示代名詞，《南齊書》的"是"是繫詞，因爲有"神仙"做主格。

② "枯、榮"在此句裏皆當認爲抽象名詞。

③《梁書》雖爲唐姚思廉所撰，但《神滅論》則爲范縝所作，故可認爲齊梁作品。

④ 依時代而論，該把陶潛排在劉義慶的前頭。但"今"字不一定可認爲名詞（若依西洋文法，可認爲副詞），而且"今是何世"是疑問句，也難算正例。

⑤ "耆年"可認爲名詞。

古老傳云，此倉本是永安舊寺也。（《續高僧傳》卷十三）

律是慧基，非智不奉。（同上，卷二十七）

佛是胡中桀黠欺誑，夷俗遵尚，其道皆是邪僻小人模寫莊老玄言，文飾妖幻之教耳。（《唐會要》卷四十七）

近代白話小說裏，這類“是”字很多，不必贅述。此外有“所”字構成的名詞短語，也可歸入型子，例如：

如此衣形者，是汝所擬者非邪？（《世說新語·容止》）

舍利弗，汝勿謂此鳥實是罪報所生。（《阿彌陀經》）

又如下面的例，亦可歸入型子：

戲演的是《八義觀燈》八齣。（《紅樓夢》第五十四回）

“戲演的是”略等於“所演的戲是”，雖然在句子結構上稍有不同，但爲歸類的方便起見，也就暫時歸入型子了。

型丑　型子與型丑的差别，衹在乎一則以名詞爲主格，一則以代名詞爲主格，例如：

諸客曰：“此是安石碎金。”（《世說新語·文學》）

顯問：“此是何地耶？”獵者曰：“此是青州長廣郡牢山南岸。”（《高僧傳·法顯傳》）

汝是嶺南人，又是獦獠，若爲堪作佛？（《壇經·自序品》）

斯是陋室，惟吾德馨。（劉禹錫《陋室銘》）

弟子慧進入問：“此是何人？”（《續高僧傳·明建傳》）

賈母……便問：“這是薛姑娘的屋子不是？”（《紅樓夢》第四十回）

型寅　這是主格省略的①；或主格雖未省略，而不是與“是”字緊相連繫的，例如：

① 所謂主格省略，衹是方便的說法。嚴格地說，並非省略，因主格不能補出，例如“知是漢地”不能改爲“知其是漢地”。

卿云“艾艾”,定是幾艾?對曰:“鳳兮鳳兮,故是一鳳。”(《世說新語·言語》)

衛玠總角時,問樂令夢,樂云是想。(同上,《文學》)

苟是天下人望,亦可無言而辟,復何假一?(同上)

因倒箸水中而飲之,謂是乾飯。(同上,《紕漏》)

顯雖覺其韻高,而不悟是神人。(《高僧傳·法顯傳》)

每至夏坐訖,龍輒化作一小蛇,兩耳悉白,衆咸識是龍。(同上)

忽至岸,見藜藿菜依然,知是漢地。(同上)

昨見融公,復是大奇聰明釋子。(同上,《釋道融傳》)

戡初不見,謂是神仙所爲。(《續高僧傳》卷二十七)

其實是大夫以否,不可委知也。(孔穎達《左傳疏·隱元》)

上云:“是箇享福節度使。”(《太平廣記·錢氏私志》)

《玉臺新詠·陌上桑》“使君遣吏往,問是誰家姝”,乍看“是”字很像型寅,其實衹是型甲,與《莊子·德充符》“是何人也”的“是”字同一用途[①]。松陵吳顯令箋注本《玉臺新詠》作“問此誰家姝”,注云“一作是”,就是“是”字與“此”字通用的證據[②]。

型卯　表詞省略者,例如:

形即是神者,手等亦是邪?(范縝《神滅論》)

師曰:“汝從玉泉來,應是細作。”對曰:“不是。”師曰:“何得不是?”對曰:“未說即是,說了不是。”(《壇經·頓漸品》)

以其所住爲大像寺,今所謂際顯寺是也。(《續高僧傳》卷三十九)

某,漢元帝是也。(元曲《漢宮秋》)

祖曰:“道信禪師,貧道是也。”(《指月録》卷六)

---

① 古體的詩歌與散文的文法無大差別,所以我們以詩文相提並論。

②《後漢書·仲長統傳》“均是一法制也”亦是“均此一法制也”的意義,故未引。

第一、二兩例爲表詞省略,最易看出,故不討論。第三例的"是也"與上面型戊的"是也"或"是已"並不相同。型戊"是"字用於舉例;《莊子》"人籟則比竹是已"並不是說"人籟等於比竹",比竹衹是人籟之一種;現在型卯的"是"字却是把完全相等的兩種東西放在一起,大像寺就是際顯寺,並不像人籟與比竹有範圍大小的差別。這可以說是"是也"的用途發生了變化,不復是先秦的"是也"或"是已"了。第四、五兩例與第三例文法相同。

型辰　表詞爲動詞(或帶目的格)或子句,可視同名詞性者,例如:

謝太傅曰:"不得爾;此是屋下架屋耳。"(《世說新語・文學》)

又夷俗長跽,法與華異;翹左跂右,全是蹲踞。(《南齊書・顧歡傳》)

又若生是稟氣而欻有,死是氣散而欻無,則誰爲鬼神乎?(《原人論・斥執迷》)

邢以爲人死還生,恐是爲蛇畫足。(《北史・杜弼傳》)

纔着意,便是有個私心。(《近思錄》卷二)

型巳　表詞爲動詞或子句,可認爲帶形容性者,例如:

其寺是五祖忍大師在彼主化。(《壇經・自序品》)

極樂國土……皆是四寶周匝圍繞。(《阿彌陀經》)

房之此請,乃是破格。(《日知錄》卷八)

其稿亦是無錫門人蔡瀛與一姻家同刻。(同上,卷十六)

小可是祖代打造軍器爲生。(《水滸傳》第五十五回)

明日正是天子駕幸龍符宫。(同上)

衆頭領都是步戰。(同上)

這砲必是凌振從賊教他施放。(《水滸傳》第五十六回)

寶玉和林黛玉是從小兒一處長大。(《紅樓夢》第二十七回)

型午　略如型巳,但句末加"的"字,使表詞帶名詞性,例如:

幸虧他是個使力不使心的。(同上,第五十三回)

誰又是二十四個月養的?(同上,第五十五回)

型午似乎是較後起的形式;但型巳大致都可加一個"的"字,使它們變爲型午,例如說"其稿亦是無錫門人蔡瀛與一姻家同刻的""這砲必是凌振從賊教他施放的"等等。但也有須在"的"字後添一個名詞的,例如說"明日正是天子駕幸龍符宮的日子"。

型未　句末仍加"的"字,但"的"字前面是名詞、代名詞,或形容詞;表詞亦帶名詞性,例如:

我們有兩件事:一件是我的,一件是四妹妹的。(《紅樓夢》第四十五回)

想着那畫兒也不過是假的。(同上,第四十回)

意思是說"我的事、四妹妹的事、假的畫兒"。雖把後面的名詞省略了,仍帶名詞性。但這也是後起的形式,六朝似乎没有它①。

型申　主格爲一子句或數子句者,例如:

銅山西崩,靈鐘東應,便是"易"耶。(《世説新語·文學》)

孔經亦云:立身行道,以顯父母,即是孝行。(《續高僧傳·慧遠傳》)

但發心慈悲,行事利益,使蒼生安樂,即是佛心。(《唐會要》卷四十七)

型酉　"是"字的補位兼爲主位(即兼格)者,例如:

悵然遙相望,知是故人來。(《孔雀東南飛》)

祖云:"合是吾渡汝。"(《壇經·自序品》)

倒是三妹妹高雅。(《紅樓夢》第三十七回)

衆人看了,都道是這首爲上。(同上)

老太太……見人就說到底是寶玉孝順我。(同上)

---

① 但元曲裏已有它,例如《老生兒》第一折:"久以後,這家緣家計,都是我的。"

這種形式頗像法語的C'est…qui…,比型午、型未的時代都要早些。但最早也該不會超過六朝,所以依文法看起來,《孔雀東南飛》該是六朝的作品①。

型戌　這是表詞前置的,例如:

滿腔子是惻隱之心。(《近思錄》卷一)

拶出通身是口,何妨罵雨訶風。(《明高僧傳》卷六)

劉老老之下便是王夫人,西邊便是史湘雲,第二便是寶釵,第三便是黛玉。(《紅樓夢》第四十回)

左邊是張天……當中是個五合六。(同上)

宋元以後,常有"如何是……"的說法,也可歸入此型,例如:

問:"如何是近思?"曰:"以類而推。"(《近思錄》卷三)

僧問:"如何是佛法大意?"(《指月錄》卷五)

帝曰:"如何是心?"遠正身叉手立曰:"只這是。"(《明高僧傳》卷四)

如何是和尚無老婆心②?(同上,卷六)

型亥　型戌與型亥的差別,在一則以副詞短語前置爲表明語,一則以副詞後置爲問句,例如:

我當日與這劉員外做女婿,可是爲何?(元曲《老生兒》)

這是爲什麼?唬得你這個樣兒!(《紅樓夢》第三十九回)

以上自子至亥,共十二種模型,除型巳稍帶形容性,型戌、型亥的表詞可認爲副詞短語外,其餘各型的表詞都是名詞性的。至於表詞爲簡單的形容詞者,就用不着繫詞。《文法學初探》所舉英文 The horse is

---

① 因此,《昭明文選》也没有錄它。我們不願意單憑文法去斷定史料的時代性;但如果同時有了別的證據,文法倒是可以做個次要的證據的。

② "和尚無老婆心"整個子句可認爲"是"的主格,後置。

strong 的例子①,其中的 is 是中國文法裏所不用的。在文言裏,衹簡單地寫成“馬壯”;在現代白話裏,也衹說成“那馬很壯”。在文言不能寫成“馬爲壯”,在白話不能說成“那馬是壯”。偶然有“是壯”的說法,却等於說“實在很壯”,“是”字有特别承認的語氣,不是普通繫詞,仍不能等於英文的 verb to be。“那馬很壯”的“很”字也不完全等於英文的 very;在這種情形之下,“很”字衹等於形容詞的前加部分(prefix),用來助足語氣的②。在否定的句子裏,因有“不”字,語氣已足,就用不着“很”字,衹說“那馬不壯”就行了,仍不會說成“那馬不是壯”。此外如“他這人很好”“他這人不好”“我的花園很小,他的也不大”……一類的句子,都用不着“是”字的。

(三)“是”字繫詞性的活用

“是”字自從被用爲繫詞之後,越來越靈活了,於是生出了許多似繫詞而非繫詞的用途。上文說過,正式的繫詞該是連繫主格與表詞的,如果不足兩項,必須認其中一項爲被省略。但是,談文法的人不能一味談省略,否則有牽強附會的危險③。在本節裏,我們所舉各種模型,都不該認爲正式的繫詞,衹能認爲繫詞的活用,換句話說就是離開了繫詞的正當用途,擴充到别的領域去。這幾種“是”字都已近似副詞,不能再認爲繫詞了。

型 A　是認或否認某一件事實,例如:

衹爲衆生迷佛④,非是佛迷衆生。(《壇經·付囑品》)

人生氣稟,理有善惡,然不是性中元有此兩物相對而生也。(《近思錄》卷一)

昨夜晚,是有這般一個人挑着個羊皮匣子過去了。(《水滸傳》第五十五回)

---

① 見本書。

② 關於形容高度的副詞用久便失其力量,參看 Vendryes,Le Langage, pp. 252—253。

③ 參看 Jespersen, The Philosophy of Grammar, pp. 306—307。

④ “爲”字也是活用,與下面“是”字用途相同。

我不是不會，衹是未諳得①。（《明高僧傳》卷六）

我方纔不過是說趣話取笑兒。（《紅樓夢》第四十一回）

不是陰盡了又有一個陽生出來。（同上，第三十一回）

型B　追究原因，例如：

庾曰："君復何所憂慘而忽瘦？"伯仁曰："吾無所憂，直是清虛日來，滓穢日去耳。"（《世說新語·言語》）

司馬太傅問謝車騎："惠子其書五車，何以無一言入玄？"謝曰："故當是妙處不傳。"（同上，《文學》）

學不能推究事理，衹是心麤。（《近思錄》卷三）

人不能祛思慮，衹是吝；吝故無浩然之氣。（同上，卷五）

謂之全無知則不可；衹是義理不能勝利欲之心，便至如此也。（同上，卷七）

五更裏，聽得梁上響，你說是老鼠廝打。（《水滸傳》第五十五回）

今日如何反虛浮微縮起來？敢是吃多了飲食，不然就是勞了神思。（《紅樓夢》第五十三回）

也別怪老太太，都是劉姥姥一句話。（同上，第四十二回）

型B　與型亥相近似，其差別在乎一則僅用副詞短語爲問句，一則往往用整個子句爲表明語。

型C　判斷事情做得對不對，或好不好。這類又可以細分爲兩種：第一種是"是"字放在動詞之後，例如：

不如家去，明兒來是正經。（《紅樓夢》第二十四回）

第二種是"是"字放在動詞之前，例如：

此刻自己也跟了進去，一則寶玉不便，二則黛玉嫌疑，到是回來的妙。（同上，第二十七回）

① 這個例子與型巳的差別，在乎型巳可加"的"字變爲型午，而此則不能。下面"說趣話取笑兒"一例亦同此理。

型D　僅助連詞或副詞的語氣，例如：

若是韓彭二將爲先鋒，何愁狂寇不滅。（《水滸傳》第五十四回）

或是馬上，或是步行，都有法則。（同上，第五十五回）

湯隆雖是會打，却不會使。（同上）

又是傷心，又是慚愧。（《紅樓夢》第三十五回）

姑娘們分中，自然是不敢講究。（同上，第五十六回）

寶玉雖是依了，只是近日病着，又有事，尚未得說。（同上，第六十回）

張天君從陣裏出來，甚是兇惡。（《封神演義》第五十一回）

型E　成爲副詞的一部分的，例如：

都從我的份例上勻出來，不必動官中就是了。（《紅樓夢》第三十六回）

明日老太太問，衹說我自己燙的就是了。（同上，第二十五回）

型F　完全變了副詞，略等於“然否”的“然”或“對不對”的“對”，例如：

卿說的是，就加卿爲選擇使……（元曲《漢宮秋・楔子》）

翠縷道：“說的是了，就笑的這麼樣兒！”湘雲道：“很是很是[①]。”（《紅樓夢》第三十一回）

翠縷聽了笑道：“是了，是了！”（同上）

普通答應人的“是的”，或卑輩對尊輩說“是，是，是”，也都可以歸入此型。型F的副詞性該是從形容詞直接變來的，並未經過繫詞性的階段。所以型F放在這裏也衹算是便宜歸類，其實不該認爲繫詞性的活用的。型E的“是”字或者也有“對”的意思，“就是了”也許略等於“就對了”或“就可以了”。如果照這看法，型E該與型F爲一類，都認爲從形容詞

---

① 這種“是”字來源很古，參看《論語・陽貨》：“偃之言是也，前言戲之耳。”

變來。《紅樓夢》第三十四回"君子防未然,不如這會兒防備的爲是","是"字仍帶形容性,但已經與"說的是"的"是"很相似,這就是從形容詞轉到副詞的關頭。

(四)與"是"字相近似的準繫詞

除"爲、是"二字外,被一般人認爲肯定繫詞的有"即、乃、係"等字。

"即"字,從某一些觀點看來,比"爲"字的繫詞性更純粹,比"是"字的繫詞性更古,例如"伯夷、叔齊,孤竹君之二子也",若寫成"伯夷、叔齊爲孤竹君之二子",在先秦兩漢的文法是不通的,若寫成"伯夷、叔齊即孤竹君之二子",雖與原意不完全相等,但在先秦兩漢的文法上是通的,所以該說"即"字比"爲"字的繫詞性更純粹。若寫成"伯夷、叔齊是孤竹君之二子",通是通的,但這是六朝以後的文法①。所以該說"即"字比"是"字的繫詞性更古。

然而從另一些觀點看來,"即"字並不是純粹的繫詞。它衹是副詞略帶繫詞性;我們甚至可以說,"即"字當認爲副詞,所謂略帶繫詞性衹是名句所形成的一種幻相。《文通》把"即"字認爲斷詞及連詞②,其實"即"字略等於白話的"就"字,既不是斷詞,也不是連詞,《文通》所謂斷詞的"即"與連詞的"即",在意義上是差不多的,例如:

> 非其父兄,即其子弟。(《左傳・襄八》)
>
> 此不北走胡即南走越耳。(《史記・季布列傳》)

這兩類的"即"字都一樣地是加重敘述或判斷語氣的副詞,其差別衹在乎一則在動詞或動詞短語之前,一則在名詞或名詞短語之前;換句話說,一則用於動句,一則用於名句罷了。後世因爲"即其子弟"可譯成"就是他的子弟",於是誤認"即"爲繫詞。其實"就是"並不是從"即"字直接變來的,至少可分爲三個階段:

① 參看《世說新語・棲逸》:"李廞是茂曾第五子。"

②《馬氏文通》所謂斷詞就是本文所謂繫詞。

即→即是→就是。

在先秦兩漢,這一類句子用不着繫詞,所以衹用"即"字;六朝以後,用得着繫詞,所以變爲"即是"(范縝《神滅論》"枯體即是榮體,縷體即是絲體");後來"即"字再變而爲"就"字("即、就"旁紐雙聲,意義亦通,故《說文》云"即,即食也,一曰就也"),於是成爲"就是"。如果說"即"含有"是"字的意義,有了"即"字,就不必再用"是"字了,何以六朝有"即是"的說法呢?

退一步說,縱使我們承認"即"字帶有若干繫詞性,也該承認它是以副詞性爲主的。至多衹能算它是一種準繫詞。現在舉例如下:

吾翁即若翁。(《史記·項羽本紀》)

梁父即楚將項燕。(同上)

充即廬江人,所聞異於此。(《世說新語·方正》)

此即真教,何謂非實?(《北史·杜弼傳》)

其中以《世說新語》的例子最能表現"即"字的詞性。《世說新語》敘述王含作廬江郡,貪濁狼藉,王敦護其兄,故於衆坐稱"家兄在郡定佳,廬江人咸稱之",何充正色曰:"充即廬江人,所聞異於此。""即"字,以現代語勉強翻譯,可譯爲"恰巧就是",可見繫詞性甚微(假設是有的話),而副詞性甚重了。

"乃"字是否可與"即"字一例看待呢?表面看來,我們覺得"乃"與"即"有語氣緩急的分別,但下面的例子又使我們傾向於相信它們的用途頗有可相通之處了,例如:

呂公女乃呂后也。(《史記·高祖本紀》)

呂公女即呂后也。(《漢書·高帝紀》)

其他如:

故善吾生者,乃所以善吾死也。(《莊子·大宗師》)

無傷也,是乃仁術也。(《孟子·梁惠王上》)

夫非乃上蔡布衣,閭巷之黔首。(《史記·李斯列傳》)

夫人所以貴者,乃此男也。(同上,《高祖本紀》)

是乃君子思濟物之意也。(嵇康《與山巨源絕交書》)

援曰:"吾乃松父友也。"(《後漢書·馬援傳》)

斯人乃婦女,與人別,唯啼泣!(《世說新語·方正》)

此乃古今同然,百王之定法也。(《北史·孫紹傳》)

斯乃得道超生之勝兆,人師無上之奇徵。(《續高僧傳》卷十六)

有司覩檢,乃龍齒也。(同上,卷三十九)

有些是可拿"即"字替代的(如第一、四、六、九例),有些是不能代以"即"字的(如第二、三、五、七、八、十例),又可見它們的用途並不完全相同。"即"字的副詞性甚重,繫詞性甚輕:"乃"字的繫詞性甚重,副詞性甚輕。故凡用不着現代副詞"就"字的地方,就不能代以"即"字。

六朝以後,有了繫詞"是"字,也就有了"乃、是"連用的例子,與上文所述由"即"變爲"即是"的演化情形相同,例如:

郗公曰:"正此好!"訪之,乃是逸少。(《世說新語·雅量》)

謂是火起,及至倉所,乃是光相。(《續高僧傳》卷十三)

同時,因爲"乃"字的繫詞性甚重,後來就漸漸被認爲繫詞,與"是"字某一些用途相等。我們試看:

道是佛之父師,佛乃道之子弟。(《續高僧傳》卷三十一)

"是"與"乃"遞代爲用,可見唐以後的"乃"字已變爲純粹的繫詞了。到了近代,"乃"字前面還可以再加副詞,例如:

雲中子乃福德之仙也;今不犯黄河陣,真乃大福之士。(《封神演義》第五十一回)

"真乃"等於"真是"。"真是"可譯爲"真乃",而不可譯爲"真即",於此可見"乃、即"的繫詞性的重輕。

末了說到"係"字。它雖然有時可當"是"字之用,但它的歷史就短得多了。據我所能考見,"係"字之爲繫詞,始見於《近思錄》。因此,它的繫詞性該是起於宋代，但未盛行。直至元代的詔令公文裏，纔常用它來代“是”字[1]。近代公牘中，也常有“委係、確係”的說法。今舉例如下：

國子監自係臺省，臺省係朝廷官。(《近思錄》卷十)

丘神仙應有底修行院舍等，係逐日念誦經文告天的人每。(《元代白話碑》第 15 頁)

有長清縣南一鄉淨然神寶寺；係靈巖寺下院。(同上，第 48 頁)

這原係我起的主意。(《紅樓夢》第三十七回)

《說文》：“係，絜束也。”《爾雅·釋詁》：“係，繼也。”《左傳·僖二十五年》注：“係，縛也。”皆與“是”字意義相差甚遠。依我們的猜想，“係”字是從係屬的意義轉入繫詞性的，《廣韻》“係”訓“連係”，義與此近[2]。試看《近思錄》的例，我們也可解釋作“國子監自屬於臺省，臺省屬於朝廷官”；不過，到元代以後，它的繫詞性越重，係屬的意義就消滅無餘了。但我們現在還有“實屬……、殊屬……”等說法，與“委係、確係”很像同出一源，它們的動詞性之消滅也如出一轍，更令我們傾向於相信這種假定了。

然而另有一種事實，却令我們猜想“係”字的繫詞性起源頗古，未必是宋代以後的產品。現代粵語(一部分)與客家話都用“係”字來替代“是”字：粵語念[hɐi]，客家念[hɛ]。就書籍而論，我們雖則可以把它認爲宋代纔有的；就實際的語言事實而論，我們應該承認它的來源是很遠的。因爲粵人與客家很早就離開了中原，我們不能想像宋代以後產生的繫詞會流傳到閩粵，並且祇能保存在閩粵人的口語裏。總之，“係”字繫詞性的來源問題很複雜，我們祇好存疑了。

以上所述“即、乃、係”三個字，除了“即”字與“是”字相差太遠之外，“乃、係”二字都可以有“是”字的功用。然而我們須知，它們祇能有“是”字一小部分的功用，有許多可用“是”字的地方却是不能用它們的。這因爲“是”字本身是繫詞，再由繫詞生出種種活用的形式；“乃、係”二字祇是

① 參看馮承鈞《元代白話碑》。

② 這意見是聞一多先生啟發我的。

借來替代繫詞之用的，就不能再活用了。“乃”字與“係”字的表詞必須是名詞或名詞短語，其主格亦必不可省略，所以祇能與“是”字的型子、型丑、型辰、型午大略相當，其餘諸型都不是它所能勝任的了。

五、論“非”字

（一）“非”字繫詞性的來源

《說文》：“非，違也。”[①]朱駿聲云：“違背，故爲不是之辭。”[②]《說文》喜歡以雙聲叠韻字爲訓（這是漢儒的派頭，走極端的是劉熙《釋名》），朱駿聲勉強從違背的意義牽涉到不是的意義[③]。其實“非”就是“非”；如果從形容詞方面看它，還可以說是“違也”，違背事理謂之“非”；如果從繫詞方面去看它，簡直没法子解說。《廣韻》：“非，不是也。”似乎是從繫詞方面去解說了；然而依上文研究的結論，漢代以前“是”字未爲繫詞，叫許叔重怎能如此解說（“不、是”二字連用，恐怕也是漢以前没有的）？許叔重不便於解說它的繫詞性；而且《說文》一書又以解釋名、形、動三種詞類爲主，所以索性拿“非”字當做形容詞看待了。

“非”與“匪”通，“匪”與“彼”通，均見於《經傳釋詞》；因此我們很容易聯想到“非”與“彼”也有相通的可能。聞一多先生“非”出於“彼”的說法，是很值得我們重視的。但依先秦古籍看來，“彼”“非”顯然是分開了。至於“匪”與“非”的關係，就《詩經》《易經》諸書看來，是很密切的。但是，“匪”字有當“彼”字講的，有當“不”字（純粹的否定副詞）講的，都該撇開不提。單就普通認爲與“非”同義的“匪”字而論，我們應該仔細觀察，看它們到底有没有分別，兹舉《詩經》《易經》“匪”訓“非”的例子如下[④]：

---

① 段玉裁注本作“韋也”。

② 聞一多先生云：“非、飛”古今字，飛去，故引申而有違背之義。

③《說文通訓定聲·履部》。

④《詩經》裏的例子大約都可用；《易經》則《文言》《繫辭》以下不引，因爲我認爲它們是戰國以後的作品，不足根據以研究“非”字繫詞性的來源。

我心匪鑒,不可以茹。(《邶風·柏舟》)

我心匪石,不可轉也;我心匪席,不可卷也。(同上)

匪女之爲美,美人之貽。(同上,《靜女》)

氓之蚩蚩,抱布貿絲;匪來貿絲,來即我謀。(《衛風·氓》)

送子涉淇,至於頓丘;匪我愆期,子無良媒。(同上)

匪報也,永以爲好也。(同上,《木瓜》)

雞既鳴矣,朝既盈矣;匪雞則鳴,蒼蠅之聲。(《齊風·雞鳴》)

東方明矣,日既昌矣,匪東方則明。日出之光。(同上)

析薪如之何,匪斧不克;取妻如之何,匪媒不得。(同上,《南山》)

伐柯如何,匪斧不克;取妻如何,匪媒不得。(《豳風·伐柯》)

屯如邅如,乘馬班如,匪寇婚媾。(《屯卦》)

匪我求童蒙,童蒙求我。(《蒙·彖》)

獲匪其醜,元咎。(《離卦》)

王臣蹇蹇,匪躬之故。(《蹇卦》)

而"非"字用爲繫詞者則僅有:

溥天之下,莫非王土;率土之濱,莫非王臣。(《小雅·北山》)

雷在天上,大壯,君子以非禮不履。(《大壯》)

在用途上,我們看不出"匪"與"非"的分別;衹有一點極應注意,就是全部《國風》都不曾用一個"非"字,除了《十翼》不算外,全部《易經》也不曾用一個"非"字。凡該用"非"字的地方都用"匪"字,可見"匪""非"乃是古今字了。大約較古的形式是"匪",較後的形式是"非",我們也不必在用途上找出它們的分别來了①。

"非"字之爲繫詞,比"是"字至少早一千年②,比"爲"字又純粹得多。

① 聞一多先生云:"非"本"飛"字,故繫詞須加"匚"作"匪"以別於"非";然"匪"乃"篚"本字,用爲繫詞,亦是假借。

② 如果我們認爲《詩經》是春秋時代的作品的話。

如果我們相信"匪""非"是古今字的話,《詩·邶風》"我心匪石"一句就可證明"非"字的前身已是最富於繫詞性的了;假使我們要從肯定方面去說"我心是石",這是六朝以後的文法;若說"我心爲石",就變爲不通的句子。

但是,如果我們認繫詞爲必須連繫主格與表詞兩項,那麽,"非"字應分爲兩類:第一類是純粹的繫詞,即具備兩項,或其中一項可認爲省略者;第二類是準繫詞,即不具備兩項,而近於副詞性者。若以上文所述"匪"字爲例,"我心匪石"的"匪"字是頗純粹的繫詞,因爲主格"我心"與表詞"石"兩項俱全;"匪我愆期,子無良媒"的"匪"字爲準繫詞,因爲它並不連繫兩項,衹是否認某一件事實而已。下面即將"非"字的繫詞性及準繫詞性分别討論。

(二)"非"字的繫詞性

"非"字略等於現代的"不是",但我們不該把它看爲"不是"的合體,換句話說就是不該認爲繫詞性之外再加副詞性。"非"是否定式的繫詞,是不可分析的單體。在中國文法史上,並非先有肯定式的繫詞"是"字,然後再加副詞性而成爲"非"字,像英文先有 to be 再有 not to be,法文先有 être 再有 ne pas être;却是先有否定式的繫詞"非"(或"匪"字),一千年後,纔從指示代名詞裏變出一個繫詞"是"字與它對立。爲什麽會有這現象?且待下章再談。

"非"字既爲否定之用,稱爲繫詞,似乎名不副實;繫詞是表示主格與表詞二者之間的關係的。如果否定它們的關係,適與繫詞的功用相反,與其稱爲繫詞,反不如稱爲"絕詞",因爲"非"字正是特來斷絕它們的關係的。但我們並不把它這樣看待:在意義上,它是"絕詞";在論理學上,它還是繫詞,因爲它能從反面去連繫主格與表詞兩項。現在把它分爲數種模型如下:

A. 表詞爲名詞、名詞短語或子句者①。

① 如爲動詞短語,亦可視同名詞,歸入A類。

型子　主格與表詞兩項俱全者，例如：

回也，非助我者也。(《論語·先進》)

子貢曰："管仲非仁者與?"(同上，《憲問》)

行或使之，止或尼之，行止非人所能也。(《孟子·梁惠王下》)

尺地莫非其有也，一民莫非其臣也。(同上，《公孫丑上》)

夫言非吹也，言者有言。(《莊子·齊物論》)

曰："惡，惡可！子非其人也。"(同上，《大宗師》)

莊子曰："是非吾所謂情也。"(同上，《德充符》)

是非埳之鼃與？(同上，《秋水》)

惠子曰："子非魚，安知魚之樂?"莊子曰："子非我，安知我不知魚之樂?"(同上)

寧割席分坐曰："子非吾友也。"(《世說新語·德行》)

人之質非木質也，木之質非人質也。(范縝《神滅論》)

吾女非可試者也。(《近思錄》卷七)

型丑　此型之所以別於型子，在乎是非並舉，例如：

所謂故國者，非謂有喬木之謂也，有世臣之謂也[①]。(《孟子·梁惠王下》)

"六"者非它也，三材之道也。(《易·繫辭》)

公曰："同非吾子，齊侯之子也。"(《公羊傳·莊元》)

此修考之士[②]，非神仙之流也。(《南齊書·顧歡傳》)

型寅　在包孕句中者，例如：

如知其非義，斯速已矣。(《孟子·滕文公下》)

以指喻指之非指，不若以非指喻指之非指也。(《莊子·齊物論》)

---

① 注意，如在末句添一字，衹能添作"乃有世臣之謂也"，不能添作"是有世臣之謂也"。

② 注意"此"字下没有"爲"字或"是"字。

予惡乎知惡死之非弱喪而不知歸者邪?(同上)

庸詎知吾所謂天之非人乎?(同上,《大宗師》)

型卯　主格省略者,例如:

子曰:"非吾徒也,小子鳴鼓而攻之可也。"(《論語·先進》)

唯求則非邦也與?(同上)

非求益者也,欲速成者也。(同上,《憲問》)

古之有也,非吾有也[①]。(《莊子·人間世》)

若遵此命,真報吾恩;倘固違言,非吾之子。(《指月錄》卷九)

型辰　表詞省略者,例如:

始也,吾以爲其人也,而今非也。(《莊子·養生主》)

以爲陽虎也,故圍之;今非也,請辭而退。(同上,《秋水》)

型巳　主格爲動詞(或帶目的格)或子句者,例如:

攻其惡,無攻人之惡,非脩慝與?(《論語·顏淵》)

久於齊,非我志也。(《孟子·公孫丑下》)

赤子匍匐將入於井,非赤子之罪也。(同上,《滕文公上》)

子路曰:"未同而言,觀其色,赧赧然,非由之所知也。"(同上,《滕文公下》)

臣弒其君,子弒其父,非一朝一夕之故。(《易·文言》)

鞭撻甯越,以立威名,恐非至理之本。(《世說新語·政事》)

型午　表詞爲動詞(或帶目的格)或子句者,例如:

今人乍見孺子將入於井,皆有怵惕惻隱之心,非所以內交於孺子之父母也,非所以要譽於鄉黨朋友也。(《孟子·公孫丑上》)

二者兇器,非所以盡行也。(《莊子·人間世》)

上下無常,非爲邪也;進退無恒,非離群也。(《易·文言》)

---

① 《憲問》與《人間世》二例皆是非並舉,可入型丑;今因其無主格,姑置於此。

而君以法奏之，非吾所以共承宗廟意也[①]。（《史記·張釋之傳》）

型未　在條件句（conditional）的主要子句者。此型的主格必須省略，例如：

無惻隱之心，非人也；無羞惡之心，非人也；無辭讓之心，非人也；無是非之心，非人也。（《孟子·公孫丑上》）

故樂通物，非聖人也；有親，非仁也；天時，非賢也；利害不通，非君子也；行名失己，非士也；忘身不真，非役人也[②]。（《莊子·大宗師》）

型申　"非"字下連名詞，可認爲名詞短語者，例如：

以指喻指之非指，不若以非指喻指之非指也，以馬喻馬之非馬，不若以非馬喻馬之非馬也。（《莊子·齊物論》）

亦得人矣，而未始出於非人。（同上，《應帝王》）

其知情信，其德甚真，而未始入於非人。（同上）

型酉　在條件句的附屬子句，而表詞爲名詞或爲名詞短語者，例如：

非禮勿視，非禮勿聽，非禮勿言，非禮勿動。（《論語·顔淵》）

非天下之至精，其孰能與於此？（《易·繫辭》）

苟非其人，道不虛行。（同上）

非梧桐不止，非練實不食，非醴泉不飲。（《莊子·秋水》）

非命世之才，不能取之矣。（《晉書·懷愍帝紀論》）

型申與型酉的差别，在乎一則以"非"字連名詞爲名詞短語，一則"非"字主格省略，其本身爲附屬子句中之動詞。型卯與型酉的差别，在乎一則居於主要句，一則居於附屬子句。《論語·爲政》"非其鬼而祭之，諂也"，亦可歸入型酉，不過有了"而"字，加上一番轉折而已。

① 如認"所"字爲關係代名詞，則第一、二、四例可分别歸入型子、型巳。

② "仁、賢"皆可認爲帶名詞性，"役人"是動詞短語。

B. 表詞爲形容詞或形容短語者。

型戌 "非"字後加"不"字,作跌宕語氣者,例如:

城非不高也,池非不深也,兵革非不堅利也,米粟非不多也,委而去之,是地利不如人和也。(《孟子·公孫丑下》)

非不呺然大也,吾爲其無用而掊之。(《莊子·逍遙遊》)

白旃檀非不馥,焉能逆風?(《世説新語·文學》)

型亥 "非"字後不加"不"字,然亦作跌宕語氣者。這種形式似較後起,故與型戌分列,例如:

且夫天下非小弱也……陳涉之位,非尊[1]於齊、楚、燕、趙、韓、魏、宋、衛、中山之君;鉏櫌棘矜,非銛於句戟長鎩也;適戍之衆,非抗於九國之師也;深謀遠慮行軍用兵之道,非及鄉時之士也[2];然而成敗異變,功業相反也。(賈誼《過秦論》)

這種"非"字之否定某種德性,與否定副詞"不"字大有分别。"非"字僅助跌宕之勢,正意尚在後頭(例如上面的"成敗異變,功業相反"纔是正意);"不"字則可居於主要句中而爲正意所在。"天下非小弱也"與"天下不小不弱"並不相同;"天下不小不弱"可以獨立成語;"天下非小弱也"則僅引起下文。這種分别極關重要;下文當再論及。總之,表詞爲形容性者,"非"字並不是十分純粹的繫詞。

以上自子至亥,共十二個模型,都可認爲繫詞。尤其是型子值得我們注意,因爲那種作用是"爲"字所没有的;六朝以前的"是"字也没有那種用途。

(三)"非"字的準繫詞性

"非"字的準繫詞性,未必全由繫詞變化而來。但我們盡可以設想它

① "非尊"《古文觀止》作"不尊",誤;宜依《史記·秦本紀》作"非"。

② "抗於九國之師"與"及鄉時之士"皆可視同形容短語。

是與"非"字的繫詞性同時起源的。"非"字的根本作用在乎否定;用於主格與表詞之間則爲繫詞,否則衹能爲準繫詞,我們不該説哪一種用途較古。嚴格地説,"準繫詞"的名稱也不妥當,我們可以索性把它認爲否定副詞,與"不"字用途異而詞性相同。玆分類舉例如下:

型A　否認某一件事實,例如:

非敢後也,馬不進也。(《論語·雍也》)

非不説子之道,力不足也。(同上)

古之善爲道者,非以明民,將以愚之。(《老子》)

是集義所生者,非義襲而取之也。(《孟子·公孫丑上》)

以力服人者,非心服也,力不贍也。(同上)

非愚於虞而知於秦也,用與不用,聽與不聽也。(《史記·淮陰侯列傳》)

周不能制,非德薄,形勢弱也。(同上,《婁敬傳》)

非苦城乏糧也,但苦將不食耳。(《潛夫論·救邊》)

今世非無孝弟之人,而不能盡性至命者,由之而不知也。(《近思録》卷六)

或先非而後是,或先是而後非,但"非"字的用途並没有改變,都是用以否認一件事實的。因爲反面的意思不足以顯示正面的意思,所以正面與反面并舉。這種"非"字所以不能認爲繫詞者,因爲它所在的動句仍舊不失其爲動句(verbal sentence)①;"非敢後也"的"敢後",既不可認爲名詞短語,又不可認爲形容短語,衹是用"非"字去否認那"敢後"的事實。"非敢後"與"不敢後"的差别,衹在乎"非"字所否認者是"敢後"二字,而"不"字所否定者僅有一個"敢"字;我們並不能説"非敢後也"的"敢後"等於"敢後者"或"敢後之人"。再者,像"非敢後也,馬不進也"這樣正反兩面對舉的複句,我們也很難説其中一句爲名句而另一句爲動句;因此,

① 當然,如本爲名句者,也不能變爲動句,如第六、七例。

“非敢後也”必須與“馬不進也”同樣看待，“非以明民”必須與“將以愚之”一樣看待。

既從反面否認，則正面爲唯一可能的事實（至少説話人的心理是如此），所以正面的句子，都可加上一個“耳”字，例如“非敢後也，馬不進耳”“是集義所生者耳，非義襲而取之也”“非心服也，力不贍耳”等等。

凡屬型A而句末有“也”字者，往往爲推究原因之用；推究原因還有一種更簡的形式，如型B。

型B　型A與型B的區别，在乎一則“非”字後爲子句或動詞短語，一則“非”字後僅有名詞或名詞短語；一則除推究原因外，兼爲别用，一則僅爲推究原因之用，例如：

雖在縲紲之中，非其罪也。（《論語·公冶長》）

人死則曰：“非我也，歲也。”（《孟子·梁惠王上》）

曰：“天也，非人也……以是知其天也，非人也。”（《莊子·養生主》）

禹以治，桀以亂，治亂非天也[1]。（《荀子·天論》）

型C　在條件句的附屬子句，而其作用在乎否認某一件事實者。在此情形之下，“非”字之後必爲動詞或子句，例如：

吾非至於子之門，則殆矣。（《莊子·秋水》）

非痛折節以禮詘之，天下不肅。（《史記·武安侯列傳》）

非盡族是，天下不安。（同上，《高祖本紀》）

非有詔召，不得上。（同上，《刺客列傳》）

非夫人之爲慟而誰爲？（《論語·先進》）

此子非靈山會上業已習之，焉能至此哉？（《明高僧傳》卷一）

這種“非”字因在條件句的附屬子句，很像有“若非”的意義，因此《馬

① 注意“天”不是治亂的表詞。

氏文通》把它"引列於連字"①。其實"非"本身並不包含"若"字的意義，衹是句的組織生出假設的意義來。

型D　在條件句的附屬子句，而"非"字後衹有一個名詞，或名詞短語，"非"字之前又不能補出主格者，例如：

非公事，未嘗至於偃之室也。(《論語·雍也》)

君非姬氏，居不安。(《左傳·僖四》)

非彼無我，非我無所取。(《莊子·齊物論》)

婦人之美，非誄不顯。(《世説新語·文學》)

這類"非"字，譯爲近代語，可勉強説是"非有"的意思。總之，"非"字衹是否認事物的存在，並不是繫詞，又不能認爲主格省略。故與型酉大有差別。

型E　"非"字後加"徒、但、止"等字，作頓挫語氣。這類"非"字的詞性更近於副詞了，例如：

病非徒瘇也，又苦蹵。(賈誼《治安策》)

非但能言人不可得，正索解人亦不可得。(《世説新語·文學》)

此童非徒能畫，亦終當致名。(同上，《識鑒》)

斯乃非止人謀，抑亦天也。(《隋書·高祖紀論》)

型F　此型該是從形容詞變來的副詞，勉強放在此處，其實連準繫詞的名稱也夠不上了，例如：

對曰："然。非與？"曰："非也，予一以貫之。"(《論語·衛靈公》)

"仕而不受祿，古之道乎？"曰："非也。"(《孟子·公孫丑下》)

型F與型辰的分别，在乎型辰的"非"字用於表明句中，爲主要部分；而型F的"非"字衹是表示然否的副詞，不必認爲主格及表明語省略。

"非"字本有"不是"的意義，後來大約因爲在口語裏"不是"已替代了

①《馬氏文通》校注本下册第392—393頁，中華書局1954年。

"非",它的繫詞性漸漸爲普通人所忽略,以致"非"字後再加"是"字,例如:

彼佛有無量無邊聲聞弟子,皆阿羅漢,非是算數之所能知。(《阿彌陀經》)

心中恍惚想道,莫非是他親家母。(《紅樓夢》四十一回)

最近白話裏的"無非"變爲"無非是","除非"變爲"除非是",都是這個道理。這裏不必詳談了。

六、結論

(一)繫詞"爲、是、非"的時代性

"爲、是、非"三字之爲繫詞,孰先孰後,從上文已可看出。現在再作總括的敘述。

三字之中,起源最早的是"非"字;如果我們承認"匪"就是"非"的話,那麼,它在《詩經》時代,甚至《易經》時代已經用作繫詞了。因此,我們可以斷定:否定繫詞的產生,遠在周代以前。

"爲"字在《詩經》《易經》裏,都不曾被用爲繫詞。《詩經》祇有《邶風》"匪女之爲美","爲"字頗似繫詞;但它的繫詞性並不純粹,因爲它在名詞短語"女之爲美"裏,不是全句的主要部分。自古至今,"爲"字始終沒有做過極純粹的繫詞。"張先生爲吾友"或"此女爲美"一類的句子始終沒有出現過;除非把它們變爲名詞短語,譬如說"張先生之爲吾友,已將十載矣""此女之爲美,固衆所共稱許也"等語。由此看來,"爲"字縱勉強認爲繫詞,亦決不能與"是、非"相提並論。但它這種近似繫詞的用途,也發生於戰國以前。

"是"字繫詞性的起源最晚;上文說過,我們在六朝的作品裏,纔開始發現"是"字爲真正的繫詞。但是,自從它有了繫詞性之後,就變化無窮;在現代白話文裏,幾乎每頁總有"是"字。許多新的用途還不斷地產生,

譬如説“買是買了,不知道好用不好用”“風是停了,雨却來了”。我們預料將來還有許多歐化的“是”字出世呢。

(二)“爲”與“是”的異同

一般人往往以“爲”“是”爲古今字,以爲文言裹的“爲”等於白話文的“是”;這是很大的謬誤。它們的來源既不相同①,用途又不相等,可見在詞性上大有差别。繫詞的“爲”字共有十一種模型②,除卯、辰、巳、午、未、酉、戌七型可以勉強由“是”字替代外,其餘四種模型都不可由“是”字替代,例如:

型子:“不爲不多矣”不能譯成“不是不多了”;

“在太極之先而不爲高”不能譯成“在太極之先而不是高”。

型丑:“禮之用,和爲貴”不能譯成“禮之用,和是貴”;

“唯天爲大”不能譯成“唯天是大”③;

“師直爲壯,曲爲老”不能譯成“師直是壯,曲是老”。

型寅:“孰爲好學”不能譯成“誰是好學”;

“守身爲大”不能譯成“守身是大”④。

型申:“曾不知以食牛干秦穆公之爲汙也”不能譯成“並不知……的是汙穢的”⑤;

“知與之爲取”不能譯成“知與的是取”。

反過來説,繫詞“是”字共有十二種模型,除型寅外,竟没有一種是可由“爲”字替代的⑥!例如:

型子:“弟子是嶺南新州百姓”不能譯成“爲……百姓”;

“都由此身本不是我”不能譯成“……本不爲我”。

---

① 參看上文第二章第一節及第三章第一節。

② 參看上文第二章第二節。

③ 衹能譯成“是大的”。

④ 縱使加“的”字譯成“守身是大的”,也不能表達原意,因爲原意是含比較性的。

⑤ 因爲“之”字必須去掉。

⑥ 分型的標準,“爲、是”不相同,故“是”能代“爲”之型與“爲”能代“是”之型數不相等。

型丑:"此是安石碎金"不能譯成"此爲安石碎金";

"這是薛姑娘的屋子不是?"不能譯成"此爲……否?"

型卯:"對曰:不是"不能譯成"對曰:不爲"。

型辰:"纔着意,便是有個私心"不能譯成"……即爲有個私心"。

型巳:"其寺是五祖忍大師在彼主化"不能譯成"其寺爲……在彼主化"。

型午:"誰又是二十四個月養的?"不能譯成"孰爲二十四月生者?"

型未:"想着那畫兒也不過是假的"不能譯成"……爲僞者"。

型申:"使蒼生安樂,即是佛心"不能譯成"……即爲佛心"。

型酉:"知是故人來"不能譯成"知爲故人來";

"倒是三妹妹高雅"不能譯成"却爲三妹妹高雅"。

型戌:"滿腔子是惻隱之心"不能譯成"滿腔子爲……"。

型亥:"這是爲什麽?"不能譯成"此爲何故?"或"此爲何耶?"

至於"是"字繫詞性的活用,自型A至型F,更非"爲"所能替代。今試就宋以前的文章爲例,"故當是妙處不傳",不能譯成"故當爲妙處不傳";"學不能推究事理,衹是心麤",也不能譯成"……衹爲心麤"。《世説新語》"爲、是"二字都用,正因二字不能互相替代:"向雄爲河内主簿"(《方正篇》),衹能用"爲",不能用"是"①;"豫章太守顧邵是雍之子"(《雅量篇》),衹能用"是",不能用"爲"。由此看來,"爲、是"二字,即在六朝以後,也衹能説是小同大異,決不能認爲古今字的。

（三）"是"與"非"的異同

"是"與"非"在意義上,處於相反的地位,有異而無同。本節所謂異同,僅指其詞性而言。

就六朝以後而論,"是"與"非"的詞性頗有相似之處。"是"字的型

① 這種"爲"字,有時被誤認爲繫詞,其實是動詞,請參看上文第二章第一節型甲,又請比較《世説新語·方正》"郭淮作關中都督"。

子、型丑等於“非”字的型子①;“非”字的型丑是從型子分出來的,型寅也可認爲從型子分出(“是”字的型子就能包括“非”字的型寅)。“是”字的型寅等於“非”字的型卯,“是”字的型卯等於“非”字的型辰。“是”字的型申等於“非”字的型巳,“是”字的型辰等於“非”字的型午。

然而“是”字有些較後起的模型,不能與“非”字相對待,祇能與“不是”二字相對待,例如型巳“寶玉和林黛玉是從小兒一處長大”,型午“幸虧他是個使力不使心的”,型未“一件是我的,一件是四妹妹的”,型酉“都道是這首爲上”,如果要説反面的話,也祇能説“不是”,不能説“非”。

“是”字的型戌與型亥,因爲表詞是副詞短語,所以不能與“非”字相對待,甚至不能與“不是”相對待。“滿腔子是惻隱之心”不能從反面説成“滿腔子不是惻隱之心”。

至於“是”字繫詞性的活用,祇有型A、型B與“非”字的型A相似,其餘都大不相同。“非”字的準繫詞性,也祇有型A與“是”字相似,又型F與“是”字的型巳相似,其餘也大不相同。

因此我們可以説:就它們用爲繫詞的時候而論,它們的詞性是大同小異的,若就它們不用爲繫詞的時候而論,却是小同大異了。

(四) 繫詞的缺乏及其理由

從上文的研究,我們對於中國文法中的繫詞,可得結論如下:

表明語爲形容性者,不用繫詞;

表明語爲名詞性者,在六朝以前,無肯定式的繫詞。

第一個結論是包括古代、現代,而且包括肯定、否定兩方面而言的。The rose is red 在中國文言是“玫瑰花紅”或“玫瑰之色紅”,不是“玫瑰花爲紅”或“玫瑰之色爲紅”;在白話是“玫瑰花是紅的”,不是“玫瑰花是紅”②。在文言裏,“爲”字後可用形容詞的,祇有型子、型丑、型寅,然而型

① 其實“非”字的型子亦細分爲二型,與“是”字的型子、型丑完全相等。

② 如果説“是紅”就等於説“實在是紅”。

子的繫詞性衹是一種幻相,型丑與型寅是限於比較德性的,都不是純粹的繫詞。在白話裏,"玫瑰花是紅的","紅的"帶有名詞性,並不是純粹的形容詞。上面所舉《紅樓夢》的例"我們有兩件事:一件是我的,一件是四妹妹的","是"字後的名詞性,是很容易看得出的;但"玫瑰花是紅的"也是從這種型式變出來的。"世界上有種種不同顔色的花:玫瑰是紅的,梨花是白的……",不是也跟《紅樓夢》的例子差不多了嗎?

最值得我們注意的,就是形容詞前面加上了副詞之後,更用不着繫詞。《老子》"其精甚真"不能寫成"其精爲甚真";《論語》"回也不愚"不能寫成"回爲不愚"。在白話裏,我們説"玫瑰花很紅"或"梨花不紅"就够了,也用不着"是"字。這因爲有了副詞,語氣更足,所以用不着繫詞了。

再説到"非"字,依原則也是不能用的。"梨花不紅"盡够了,我們用不着説"梨花非紅"。在這裏,我們可以順便説到中西語言對於否定式的名句,其結構很不相同。英文的...is not...,not 所限制的是 verb to be;中文的"梨花不紅","不"字所限制的是形容詞"紅"字。我們切不可誤認"梨花不紅"的"不"字等於英文...is not...的 not;否則我們既承認"不"字所限制的是繫詞,就衹好承認繫詞是被省略了。

第二個結論衹指六朝以前,因爲六朝以後有"是"字;衹指肯定式,因爲否定式有"非"字,而且遠在周代以前。肯定繫詞產生於六朝,又常常在佛教書籍中發現,也許會有人猜想是受了印度文法的影響。但是,無論如何,我們須假定中國文法先有此種傾向或可能性,然後外族的文法纔容易輸入。

專就上古而論,爲什麼没有肯定式的繫詞?我們要解答這一個問題,必須先問:繫詞在語言裏,是不是絕對不可缺少的東西?

亞里士多德一派的論理學者,把一切語句都分析爲三個成分:主格;繫詞;賓辭。非但 My father is old 一類的句子是有繫詞的,連 The man walks 一類的句子也可認爲包含着主格 the man,繫詞 is,賓辭 walking。由此看來,繫詞乃是構成語句的必要成分了。然而這種邏輯却被現代的語言學家根本推翻。Otto Jespersen 在他的 The Philosophy of

Grammar 裏說(pp. 305—306):

> 依傳統的論理學的說法,每一個句子都可分爲主格、繫詞、賓辭三部分。論理學家把他們所要討論的一切句子(命題)都分析爲三個成分,於是得到了一種固定的圖解式,以便解說。但是,即使就純然理智的命題看來,這種圖解已經是不自然的,虛幻的了;至於日常的句子,多少帶些感情的色彩,而爲文法家主要對象的,更是有一大半跟它完全不相適合。

他在同書裏又說(p. 131 附錄):

> 繫詞與典型的動詞差得太遠了,所以有許多語言從來不曾產生任何繫詞,另一些語言也在許多情形之下可以不用它,觀上文所述可知。

J. Vendryes 在他的 Le Langage 裏也說(p. 144):

> 整個的論理學都寄托於動詞 être 的最先存在,以爲它是一切命題的兩項之間必需的連繫物,是一切肯定的表現,是一切三段論法的基礎。然而語言學非但不依靠這經院派的學說,而且根本推翻了它。依照大多數族語的證明,動句與動詞 être 毫無關係;就說在名句罷,它被用爲繫詞,也是頗晚的事情呢。

由這兩位語言學家的話看來,我們應該注意兩個要點:第一,繫詞在語言中並非必要,所以有許多族語完全不曾用它,另有好些族語在許多情形之下也不用它;第二,繫詞用於名句,在歐洲也是後起的事實。因爲它在語言中並非必要,所以我們看見了它就說有它,看不見它就說没有,犯不着談省略。因爲繫詞用於名句,在歐洲也是後起的事實,所以我們中國的肯定繫詞後起,並不足怪。

西文的 predicate,普通譯爲"賓辭";但是爲了便於說明中國文法的特性起見,我提議分賓辭爲兩種:動句的賓辭稱爲敘述語,名句的賓辭稱爲表明語。至於 predicative 則譯爲"表詞"。此意既明,則中國上古的繫詞現象可以一言以蔽之曰：

中國上古文法裏衹有賓辭，没有表詞。

動句是表示主格與某種動作的關係，名句是表示主格與某種屬性的關係。主格與某種動作之間既可不用繫詞，如“國興”，那麼，主格與某種屬性之間自然也可以不用繫詞，如“國強”。“強”字不靠繫詞的力量而能與主格相連屬，恰如“興”字不靠繫詞的力量而能與主格相連屬；事之自然，無過於此者①。如果我們不先存西洋文法的成見，倒反覺得這是很整齊的形式，因爲就中國上古而論，我們盡可以把“國強”的“強”字也稱爲賓辭（predicate），與“國興”的“興”字受同等待遇。如果要仔細分別，“興”字可稱爲敘述語，“強”字可稱爲表明語；但“強”字不必稱爲表詞（predicative），因爲表詞是在繫詞之後出現的，既然没有繫詞，也就不必稱爲表詞了。

這一層道理可以使我們明瞭中國形容詞與動詞的界限爲什麼往往分不清，譬如“老”字本質是形容詞，但當我們說“吾老矣”或“我老了”的時候，“老”字又像變了動詞。這因爲“矣”字或“了”字表示整個賓辭的過去時，“老”字既是賓辭，自然可用“矣”字或“了”字來表示時間。假使我們認它爲表詞，則“矣”字、“了”字都無着落，自然衹好說它是變了動詞了。

在“孔子，賢人也”與“虎者戾蟲，人者甘餌”一類的句子，也可把“賢人、戾蟲、甘餌”認爲表明語或實辭，不必認爲表詞。

上古的否定句裏，也可認爲没有表詞嗎？“我心匪石”的“石”字也不認爲表詞嗎？在第五章第二節裏，我們曾經承認“非（匪）”字爲繫詞，“石”字爲表詞。“石”字之是否表詞，須視“非”字之是否繫詞而定。但是，在同章第三節裏，我又說：“非”字根本作用在乎否定；用於主格與表詞之間則爲繫詞，否則衹能爲準繫詞。“非”字的根本作用既在乎否定，

---

① 參看本書第 233—234 頁。（編者注：此爲底本原注，“本書”指《龍蟲並雕齋文集》，中華書局 2015 年版。）

則繫詞性不是它的根本作用可知。嚴格地説,“非”字否定某種事物與主格的關係,比之“不”字否定某種作用或德性與主格的關係,其間並没有什麽歧異之點。“我心匪石”與“我心不説”“我躬不閲”“我思不遠”,其歧異處衹在實詞的性質,不在繫詞的有無。如果我們認“非”字與“不”字同爲純粹的否定詞,則可歸納成下列的規律:

在動句裏,否定動作與主格的關係者,用“不”字;

在名句裏,否定德性與主格的關係者,仍用“不”字;

在名句裏,否定事物與主格的關係者,則用“非”字。

由此看來,“非”與“不”都可認爲否定賓辭的;“非”字的繫詞性衹是句式所形成,並非其本身在最初就含有此性。要證明此理,我們衹須看上古的“匪”字可有“不”字的功用,如《詩經》“夙夜匪解”“稼穡匪解”等;甚至“非”字也有“不”字的功用,“不”字也有“非”字的功用①。可見它們的詞性完全相同;後來雖然分道揚鑣,我們仍不能把它們看得十分歧異。我們在上文把“非”字認爲繫詞,“非”字後的名詞認爲表詞,乃是爲便於分析起見。實際上,“非”字既不是純粹的繫詞,“非”字後的名詞也可不必認爲表詞。

説到這裏,我們可以明白上古爲什麽既然没有肯定式的繫詞,却能有否定式的繫詞了。原來“非”字所賴以存在者,不是它的繫詞性,而是它的否定性。正面的話,用不着肯定詞已能顯示;反面的話,非加否定詞不能表示。“國亡”的反面,必須説“國不亡”;“孔子,賢人也”的反面,必須説“孔子非不賢之人”。但“孔子非不賢之人”的正面不必説成“孔子是賢人”,恰如“國不亡”的正面不必説成“國是亡”一樣。

假定中國上古没有肯定式的繫詞“是”字,却有否定式的“不是”,就可怪了。因爲“不是”裏頭的“是”乃是真正的繫詞,有了正面的“是”,然後能生出反面的“不是”。

繫詞“是”字產生之後,同時也產生了反面的“不是”。我們應該特別

---

① 參看王引之《經傳釋詞》卷十。

注意:這“不、是”二字是顯然分得開的兩個詞,一個是副詞,一個是繫詞,與“非”字之爲單體者絕對不同。“非”字並非“不是”的前身,單靠“非”字,永遠不會產生“不是”;“不是”祇是“是”字反映出來的,祇是被否定了的“是”,有了“是”然後有“不是”。“爲”與“是”不是古今字;“非”與“不是”更不是古今字。最嚴格地說,我們可以把第二個結論改爲:

表明語爲名詞性者,在六朝以前,没有真正的純粹的繫詞。

原載《清華學報》12 卷 1 期,1937 年 1 月

[後記]這是二十多年以前的舊作。在今天看來,除了繫詞產生的時代應該提早到東漢(參看拙著《漢語史稿》)以外,其他論點基本上都是可以成立的。“非”字應該肯定不算繫詞;這樣,東漢以前也就没有真正繫詞了。

1962. 10. 24.

[附言]本文寫成後,承聞一多、朱佩弦兩先生爲閲一遍,各有所指正。謹此志謝。

關於漢語有無詞類的問題

一、 詞類的定義問題

要判斷漢語有没有詞類,必須先肯定什麼是詞類。

按説,如果詞類就是詞的分類的話,有詞就該有詞類。從邏輯上講,一般概念總是可以劃分的。詞是用來表達個別概念的言語單位,既然概念可以分類,似乎詞也因此可以分類。但是,語法上所謂"詞類"不是這個意思;它不應該是邏輯上的分類,而應該是語法上的分類。

詞類是詞的語法分類。對於這一點,語法學家的意見是完全一致的。即使有人反對這一個簡單的定義,也衹因爲它不够全面;但是,所謂詞類,基本上是語法的事情,這一點無論如何不會有人反對的。由此可以得出一個結論:單純地從概念範疇去分別詞類是錯誤的。下文第二節我們將回到這個問題上來。

詞類不但帶着形態上的標誌,而且可以從造句的功能上劃分。關於這一點,可以有兩種不同的瞭解:第一種瞭解是:造句的功能雖然也可以認爲詞類劃分的標準,但必須結合着形態來看;假定詞在形態上並没有任何標誌,則單憑造句的功能是不能分别詞類的。至少在實詞是如此。第二種瞭解是:在一般不具備某一詞類的外部形態的標誌的語言裏,可以用另外一些標準來劃分詞類,例如 1. 一定詞類對某一句子成分的不同的擔任能力;2. 這一類詞跟其他各類的詞以及跟某些形式成分的不同的結合能力。照我看來,不但第一種能力,連第二種能力也是屬於句法範圍的。下文我們將再回到這一點。

此外還有一種不同的意見,就是認爲衹有形態足以決定詞類,詞類和句法没有多大關係。一般語法書把詞類放在形態學上講,已經容易令人有此印象。"語法範疇"這一個術語,有時候就指具有一定語法範疇的詞類來説,譬如説動詞具有態、體、式、時、人稱、數、性等範疇。語法範疇和詞類,在有語法範疇的語言裏差不多變了同義詞,令人意識到:起初的確是單純地從語法範疇去劃分詞類,换句話説也就是單純地從形態上劃分詞類的。抱着這種見解的語言學家必然認爲漢語没有詞類,因爲他們拿"詞類是單純地從形態劃分的(指實詞)"作爲大前提,又拿"漢語是没有形態的"作爲小前提,他們的結論不可避免地是"因此,漢語是没有詞類的"了。

我個人認爲:如果不把詞彙範疇和語法範疇對立起來,那麽詞彙-語法的範疇和語法範疇並不是不相容的東西;前者是補充後者的,而不是排斥後者的。我在後面將要談到,詞彙範疇和語法範疇正是密切相關的,把詞類看成詞彙-語法的範疇,是把問題看得更全面些。

有人説,詞類是由詞義上的、句法上的和形態上的特徵互相區别開來的。這一個説法和詞彙-語法範疇的説法並没有什麽不同;因爲句法和形態是語法上的事,從詞義、句法、形態上劃分詞類,也就是從詞彙-語法的範疇上劃分詞類。

現在談一談資產階級語言學家對詞類的看法,我衹舉馬魯梭(Marouseau)的《語言學術語詞典》爲例。馬魯梭在說明"詞類"時說:

詞類是傳統語法所賴以分別語言的詞的種類的一些範疇。或者依照基本意義來分類(如適宜於指稱一種概念的叫做名詞,適宜於指稱一種性質的叫做形容詞),或者依照它們在句子結構中的作用來分類(聯繫兩項的叫做連詞,限制動詞的叫做副詞),或者依照它們的構詞方式和屈折方式等等。這些分類的原則,没有一個是有絕對價值的(例如在副詞、前置詞、連詞的中間,往往分不出清楚的界限來),因此,有時候,在屈折語裏,衹好按照屈折形式分爲三大類:1. 靜詞(有格變化的詞);2. 動詞(有人稱變化的詞);3. 不變的詞。

這一段話的大錯誤是不能分別看待不同的問題,以致嫌分類的原則没有絕對價值。實際上,實詞和虛詞是應該分別處理的。

我們認爲,無論以詞彙-語法的範疇爲標準,或以單純的語法範疇爲標準,漢語都是有詞類的。下面我們將從詞義、形態、句法三方面來證明這一個事實。

二、詞義和詞類的關係

詞義和詞類的關係也就是概念和詞類的關係,因爲詞是表示概念的。按理,誰也不能反對這種關係,因爲詞類如果離開了現實,就是離開了物質的基礎。假使我們簡單地說"名詞是指稱事物的,動詞是指稱行爲的"等等,雖然說得不够全面,但是並没有犯原則上的錯誤。正是在這一個基礎上,連小學生也能判斷"人"和"馬"是名詞,"走"和"跑"是動詞。也正是在這一個基礎上,就漢語來說,爲了教科書的可接受性,用不着給詞類下一些太複雜的定義,衹要抓住詞類反映客觀存在這一個要點就行了。

差不多每一部語法書對每一實詞詞類下定義的時候,都先指出這一點。有些書中衹憑詞義的觀點給予各個實詞詞類的定義：

表示事物的詞類叫做名詞；

表示事物特性的詞類叫做形容詞；

表示事物的數量或表示事物在計算時的順序的詞類，叫做數詞；

表示事物的行爲或狀態的詞類叫做動詞；

表示行爲的特性或行爲在進行中的各種不同的狀況的詞類，叫做副詞。

印歐語系的形態是那樣複雜，而爲每一詞類下定義的時候，也可以衹管詞義方面。就漢語來說更可以這樣做了。

我們也知道，就屈折語來說，實詞的詞類是按照語法範疇來分的。但是，必須指出，語法範疇本身也就是以客觀存在的物質和現象爲基礎的。

必須强調語法範疇的客觀基礎。名詞之所以有數，是因爲事物是有數量可言的；動詞之所以有時，是因爲行爲是有時間性的；動詞之所以有人稱和數，那是因爲要表示行爲者是說話人、對話人或第三者，而且要表示行爲者是單獨的或不是單獨的；形容詞之所以和名詞同具某些語法範疇，是因爲當人們想象人物的時候，同時想到他們的性質。總之，一切語法範疇都可以從客觀事物的屬性中找根據。資產階級語言學家過分强調了語法範疇與事實不符的一方面，就好像語法範疇是憑空杜撰出來的，和客觀事物没有密切的關係，那就是把語言和思維割裂開來，陷入唯心主義的泥潭中去了，例如法國語言學家勃吕諾(Brounot)和房特里耶斯(Vendryes)都特别强調名詞的性和人物的性的不一致①；但是，我們應該先肯定名詞的性是從人物的性來的，這是主要的一面，因爲這樣就肯定了語法範疇的物質基礎；至於它們之間的不一致，我們可以再從歷史上去尋找其原因。現代俄語裏，數目 2、3、4 後面的名詞用單數生格，表面上是和 5 以上後面用複數的情形不一致了，但是現在這種不一致的原

① 勃吕諾《思想和語言》第 35—86 頁；房特里耶斯《語言論》第 108—110 頁。

因已經被語言史學家找出來了。關於名詞的性也一定能從歷史上找出原因來。我個人認爲這和遠古時期的部落和部族的心理狀態有關。總之,語法範疇也是一種概念,不過因爲它們表現在語法上,所以它們衹是語法概念,而不是一般概念罷了。

但是,把語法概念和一般概念區別開來,這也是非常重要的。詞彙方面(所謂物質意義)和語法方面各有它的特點;概念範疇和語法範疇决不能混爲一談。概念範疇是没有民族性的,而語法範疇是有民族性的。漢語裏没有性的語法範疇,並不能證明漢族人民没有性的概念。在有性的語法範疇的語言裏,性别的區分也不能一致。法語裏没有中性名詞,這是大家所知道的;此外,在東非洲某些語言裏,對於大而强的東西有一種特殊的範疇,對於小而弱的東西又有一種特殊的範疇。必須這樣去瞭解,然後語言纔能成爲民族特徵之一。拿現代漢語來説,"們"字可以認爲表示名詞複數的詞尾,但是,由於它衹用於指人,而且名詞前面有了數詞就不能再用"們"字,於是有些同志就懷疑它的形態性質。其實"們"字正是表示複數的語法概念,它所受的限制是民族特性的表現;正是這樣,纔能證明語法範疇和概念範疇不是同一的東西。

我們承認詞義對於劃分詞類的重要性,並不等於承認可以單憑概念的範疇來劃分詞類。如果單憑概念的範疇分别詞類,就會造成了所謂"世界文法的通規",而埋没了語言的民族特點。馬爾(Marr)學派主張有全世界通用的詞類,因爲他們認爲有所謂"一切人類語言所固有的普遍需要的概念"。無論他們怎樣解釋他們和資産階級語言學家所謂共同語法有什麽不同,始終不能掩飾他們對於語言的民族特點的否定。

在這一點上,我過去是有過錯誤的看法的。我在我的《中國語法理論》裏説:"至於中國的詞呢,它們完全没有詞類標記,正好讓咱們純然從概念的範疇上分類,不受形式的約束。"[①]這顯然是一種形而上學的觀點。我一方面强調漢語的特徵,另一方面又純然從概念範疇上分别詞類,漢

---

① 王力《中國語法理論》。

語的特徵何在？過去我是輕視詞類的①。輕視詞類是不對的，因爲正是在詞類上表現着漢語的特徵。再說，不管輕視與否，既然要分詞類，就不該單純地依照概念的範疇來分。

在斯大林關於語言學的偉大著作發表以後，我對於詞類的錯誤觀點仍然存在。我在對聯文學（對對子）上看詞類的客觀存在。我說在對對子的時候，名詞對名詞，形容詞對形容詞，動詞對動詞，虚詞對虚詞②。其實這是不對的。對對子實際上是概念對概念，而不是同類的詞相對。概念和詞性雖然是密切聯繫的，並不是同一的東西。我那樣混爲一談，仍然是不對的。

關於詞義和詞類的關係，我們的結論是：詞是概念的表現，因此詞類和詞義是有一定的關係的，連語法範疇也可以從現實的現象中找到根據；但是，詞是關於現實的概括知識的社會性的表現，離開了民族的特性就無所謂具體的詞，因此咱們不能把詞和概念混同起來，也就是不能根據概念的分類來決定詞的分類。

假使漢語的詞類不能根據形態和句法來劃分，而衹能根據概念來劃分，那就等於否認漢語的詞類。我過去正是這樣做，現在我知道這樣做是錯誤的。如果說由於概念能分類，所以詞也能分類，這種主張是站不住脚的。

三、 形態和詞類的關係

形態和形態學，在英語裏同是一個詞：morphology。這詞來自希臘語的 morphe（形）和 logos（理論）。它是研究詞形的語法部門，同時也是某一語言的詞形的總稱，可見 morphology 既可譯爲形態學（因爲它是研究詞形的語法部門），又可譯爲形態（因爲它是某一語言的詞形的總稱）。

構形法和構詞法不同。構形法指的是同一個詞的各種變形；所謂詞

---

① 我說："分類不是語法。"見《中國語法理論》。

② 底本編者原注：見《王力全集》第九卷《漢語語法綱要》所附《漢語的詞類》。

形也是指同一詞的各種變形來說(有人把漢語歸入"無形語",就是認爲在漢語裏同一個詞没有各種變形)。構詞法則是加詞頭、詞尾或構成複合詞等。狹義的形態學衹研究構形法;廣義的形態學則兼研究構詞法。

構形法和構詞法的分别,對於漢語詞類的研究非常重要,因爲我們可以從狹義的形態上看漢語有無詞類,也可以從廣義的形態上看漢語有無詞類。下文我們將要回到這個問題上。現在我們先看一看蘇聯的學者們是不是都承認上文第一節裏所説的漢語屬於"無形語",换句話説,是不是都否認漢語裏有形態這樣東西。

依我個人的看法,像形容詞詞尾"的"字顯然是構詞性質的,因爲它衹表示修飾或附加,並没有表示任何語法範疇,也不發生什麽變化。"的"字不但用作形容詞的詞尾,同時它也用作一個修飾性仂語的語尾,因此,"的"字不但帶有構詞的性質,而且還帶有造句的性質。

"兒"和"子"還是屬於構詞性質的,"兒"和"子"不算狹義的形態,它們不像"的"字對形容詞那樣普遍應用。但是,既然就一般説它們可以作爲名詞的標誌,我們也就不能把它們排斥在廣義的形態之外。

"們"字是不是構形法裏面的東西,就很值得研究了。依我看,它是屬於狹義的形態的,因爲它表示了指人的複數。有了數目字不再用"們",這不能認爲構形法的不能普遍應用,應該認爲:有了數目字之後,單數或複數已經很明白,就没有加"們"字的必要了。

名詞前面和數詞後面的單位名詞,恐怕還不能算是構形性質的東西。因爲如果把它們看成數詞的形尾,它們都是跟着名詞起變化的;如果看做名詞的前加成分,即冠詞性的詞頭,它們又不是連下念的,而是連上念的。漢語裏的單位名詞還衹是黏在數詞或指示詞後面,它們還没有像越南語的單位名詞那樣發展爲冠詞性的詞頭(con bò 牛、con cá 魚、con dao 刀、cai nhà 房子、bông hoa 花、bông lúa 稻,等);爲謹慎起見,還不能輕易斷定它們是構形性質的。但是,應該肯定,就廣義的形態來説,無疑地它們是能表示形態的。因爲單位名詞是在數詞和名詞中間起聯繫作用的,它們決定了數詞和名詞的詞性。

現代漢語裏的動詞是諸詞類中最富於形態變化的。依我看來，動詞的變化最像西洋的語法範疇。誰也不能否認，情貌（體）也是語法範疇之一，俄語裏的情貌是相當豐富的。衹是因爲《俄語詞典》裏把不同體的詞當做不同的詞看待，所以一般衹説動詞按人稱、時、數來變化，而不説按體來變化。實際上，不但斯拉夫語族裏有情貌這個語法範疇，連日耳曼語族、羅馬語族等也有。英語裏的進行時（progressive tense）其實不是時制，而是情貌，甚至 have 加在過去分詞前面的所謂複合時制（compound tense）也是屬於情貌範疇的東西。同樣，法語裏助動詞 avoir（或 être）加上過去分詞，也應該認爲一種情貌[①]。可見情貌是屬於語法範疇之列的。漢語的情貌和俄語的情貌（體）雖不完全相同，但作爲一種語法範疇來看，它們是同一性質的。

這裏有兩個問題須要解決：第一，漢語裏的情貌大多數是從仂語使成式發展起來的，是否衹能認爲構詞性質，而不能認爲構形性質呢？第二，漢語的情貌不能普遍用於一切動詞，是不是因此就不能認爲語法範疇呢？

關於第一個問題，我們得承認，漢語裏的情貌確是從使成式發展起來，連構形性質的“了”和“着”在最初也是動詞。但是，我們不能把歷史發展的事實和現存的語言事實混爲一談，因此，應該肯定，已經喪失了動詞的意義的“了”和“着”是純粹的一種形尾，是屬於狹義的形態的東西。“過”字和“了、着”的性質相近。至於另外有些由使成式仂語發展起來的單詞，如“擴大、推廣、展開”等，則屬於構詞性質，但是不能因此否認它屬於語法範疇。俄語的完成體和未完成體的分別，很少像 взять 和 брать 的分別、сказать 和 говорить 的分別等，也很少像 собрать 和 собирать 的分別、распространить 和 распростьанять 的分別等，而多數是把前置詞變爲詞頭。這種加詞頭（接頭部）的辦法顯然是構詞性質的，但是從來没有人懷疑它們也同樣地表示情貌（體）。凡富於俄文翻譯經驗的人都能體會

① 參看 Gustave Guillaume《時間與動詞》第二章第 15—28 頁，1929 年巴黎。

到,俄語裏多數完成體動詞都和漢語的使成式大致相當。這可以證明漢語的情貌是有它的客觀基礎的。

關於第二個問題,我們也得承認,漢語裏有些動詞用不着“着”字作爲形尾(如“知道”),甚至於“了”和“着”都不能用(如“怕、喜歡”)。但是,這衹能顯示詞義對於語法範疇所起的決定作用,而不能因此否認語法範疇的普遍性。當我們説某一規律是普遍的時候,意思衹是説在同一情況下(同一條件下)它是普遍的。漢語裏有些動詞,從詞義上説,它們是特殊類型的動詞;某些“行爲”在漢語的詞義上不能瞭解爲正在進行中,例如“死”這一件事在漢族人民看來是不會有正在進行的情況的,因此“死着”就不成話了。“知道、看見、聽見”等詞也是一樣。這一類的事情,在漢族人民看來,是衹有點而没有綫的,所以不能用進行貌。使成式一般也都被看做有點没有綫,所以就一般説使成式或由使成式變成的單詞都没有進行綫(不説“打倒着、推廣着”等)。另一方面,有些動詞(如“像”)並不表示點和綫,因此,也就没有什麽情貌可言。俄語裏所謂體,也不是十分整齊地配對的。俄語裏有所謂“分體”(подвид),如定態分體、不定態分體等,它們是少數動詞所特有的,那不必詳談了。就拿完成體和未完成體來説,也不是每一種行爲都具有兩種情貌。某些完成體動詞是没有未完成體和它相配的,例如 очнутъся(醒悟)、очутиться(出現)等;至於未完成體動詞没有完成體和它相配對的,就更多了,例如 знаяить(意味着)、обитать(居住)、обстоять(處於某種情况)、содержать(包含有)、соответствовать(適合於)、состоять(存在某種狀態)等。缺乏未完成體的原因是這些動詞表示很快的行爲、頃刻的行爲,或者很快地由某一狀態轉到另一狀態,或者衹表示行爲的結果等。缺乏完成體的原因是這些動詞表示行爲的過程或狀態,與行爲的結果無關,與過程的個别時段無關。這樣,缺乏的原因是被發現了的。漢語在什麽情形之下不用“了”字或不用“着”字,也可以找出個原因來。這種研究工作是值得做的。不過不能呆板地按照俄語的體來類推,而是應該依照漢語自己的情貌系統來看問題,例如漢語的“知道、看見、聽見”等,着重在行爲的結果,所以衹能有完成貌。總之,情貌形尾之不能普遍應用,是不能作爲理由來否定漢語的情貌作爲一種語法範疇的。

由上所論,現代漢語裏,廣義和狹義的形態都有了。現在我們想順帶談一談,古代漢語是不是所謂無形語。

關於古代漢語有無形態這一個問題,我想須要長期研究纔能解決,現在不應該輕下斷語。這裏我不打算多談;衹想提出一些值得注意的事實,就是某些詞類似乎是帶有詞類的標誌的。就動詞來說,不但有一些標誌,而且這些標誌還像是能表示某種時的範疇。舉例來說,在《詩經》裏,"言"字顯然是動詞的詞頭:"言告師氏""言刈其楚""言采其蕨""言至於漕""言念君子""言私其豵""言旋言歸""言就爾居""言采其蓫""言就爾宿""言歸斯復""言抽其棘""言從之邁""言示之事""言提其耳""言授之縶",這些例子足以爲證。"止"字則顯然是動詞的詞尾,如"亦既見止,曷又極止""齊子歸止,其從如雲""方叔涖止,其車三千"等。有人說"止"是"之矣"的合音,那是靠不住的,"歸止"不能解釋爲"歸之矣"! 此外還有種種迹象使我們傾向於相信"言"字表示現在時,"止"字表示過去時。《詩·小雅·庭燎》:"君子至止,言觀其旂。""至"是過去的事,"觀"是現在的事。就這兩個例子來看,可見研究古代漢語的形態不但要脱離外國語法的束縛,而且要脱離現代漢語語法的束縛。如果冒冒然斷定古代漢語没有形態,那也是没有科學根據的。

施萊赫爾(A. Schleicher 1821—1868)對於語言的形態分類法至今將近一百年,仍然有它一定的勢力。馬爾無批判地接受了施萊赫爾的學說,來助成他的語言發展階段論,認爲語言的發展是從根詞語(施萊赫爾叫做孤立語)到黏合語,再到屈折語。假使語言真是這樣發展的,那麽施萊赫爾的學說自然有很大的價值。現在語言發展階段論已經被斯大林批判了,施萊赫爾的學說就没有很大的價值了。現在我們已經否定發展階段論,然而仍然接受"漢語無形態"這一個施萊赫爾-馬爾學說,我覺得這和馬克思主義語言學是相抵觸的。如果要談語言的形態分類,我認爲這不是一個有無形態的問題,而是一個語法範疇的多寡及其性質的異同的問題。

說漢語語法中沒有形態學是錯誤的。我本人過去曾有過這個錯誤觀點。我一方面發現了漢語有情貌等語法範疇的存在,另一方面又接受資產階級語言學的傳統説法,硬説漢語没有形態學①。這是應該批判的。當然,如果漢語裏没有形態,也不能硬說它有;但是如上所述,漢語實際上是有形態的,就不能根據資產階級語言學的傳統說法而把它取消。實際上,資產階級語言學家衹是根據古典文學中的古代漢語來看問題,而漢字單音也引起了許多誤解。

拿漢語來說,狹義的形態加上廣義的形態,也就能解決漢語詞類劃分的一部分問題,另一部分的問題可以由詞義和詞跟詞的配合上獲得解決。

四、句法和詞類的關係

句法又稱造句法,在英語裏是 syntax。這個術語來自希臘語 syntaxis,本來是組合的意思,而最初又是 syn 加 taxis,syn 等於英文的 with,taxis 等於英文的 order。可見 syntaxis 含有順序安排的意思。它是研究句子和句中詞與詞的組合方式的一個語法部門。可見我們翻譯爲"造句法"或"句法"是不全面的,因爲 syntax 除了造句法的意義之外,還包含着造仂語法或造詞組法的意義。先聲明了這一點,纔不至於引起誤會。

首先要說的是:句法和形態學雖然不應該混爲一談,也不應該把它們分割開來。它們之間是有着非常密切的關係的。譬如說,名詞的格自然是語法範疇,但是這個語法範疇却是依存於句法中的。作爲形態的格,它所表現的却是造句的功能,可見没有句法也就没有這一種形態。如果把形態孤立起來,和句法斷絕關係,有許多地方是講不通的。

① 王力《中國語法理論·導言》。

關於漢語的形態標準,我同意以詞的結合能力爲標準。拿使成式來說,在兩個詞的結合中,第一個詞必定是動詞,第二個詞必定是内動詞或形容詞。這樣,不但把動詞辨别出來了,而且把内動和外動也辨别出來了。當然有時也需要詞義方面來幫助辨别,例如"燒死"和"燒紅",從詞義上就能辨别"死"是内動詞,"紅"是形容詞。

但是,我們不須要對於每一個詞都放在句子裏實驗過它的功能,然後確定它屬於哪一個詞類。詞類的分别除了句法基礎以外,還有更深刻的基礎——語義的基礎。憑着詞義與客觀現實的聯繫,知道某詞所表示的是事物、性質或行爲,就能大概地知道它是名詞、形容詞或動詞,例如"人、手、刀、馬"等詞不問而知道是名詞,因爲它們是表示事物的;"老、幼、大、小"等詞不問而知道是形容詞,因爲它們是表示性質的;"走、跑、哭、笑"等詞不問而知道是動詞,因爲它們是表示行爲的。表示事物的詞經常用作主語、賓語或領有語,表示性質的詞經常用作修飾語或描寫句的謂語,表示行爲的詞經常用作敘述句的謂語。名詞是因爲表示了事物所以纔用作主語、目的語或領有語,不是因爲用作主語、目的語或領有語纔成爲名詞。形容詞和動詞也是這樣。

我姑且把名詞分爲三類:第一、二兩類基本上没有問題,也就是説,可以按照詞所表示的事物性而很容易辨别出它們是名詞。事件一項可能有一些困難,因爲事件往往和行爲有關,也就往往和動詞有關。第三類是困難所在,因爲行爲本來是動詞所應該表示的,特性本來是形容詞所應該表示的,現在要作爲思想的對象來指稱,而漢語裏對於由動詞和形容詞派生的名詞又往往没有任何標誌①,所以就比較難於辨别了。應該指出,隨着漢語的發展,某些雙音詞已經專用作爲思想的對象的名稱,如"戰爭、睡眠、思想、成就、勇氣、愛情、弱點"等等;看來這種名詞專用的趨勢還要發展下去。另一方面也必須承認,動詞如"批評"等,形容詞如"偉大"等,還是不能跟名詞劃清界綫。在這種情形之下,就得用語法的

① 形容詞後面加"性"字變爲名詞,這一類方法還不能普遍應用。

特徵,特別是句法的特徵加以辨別了。

在漢語裏一詞多類的情形比較普遍,容易令人懷疑漢語詞類的存在。但是,事物、性質、行爲三者本來就是有機聯繫着的,我們不能希望它們中間有一道鴻溝。

五、結論

上文爲了說明漢語是有詞類的,就論到詞類應根據什麼標準來劃分。因漢語無詞類的理論正是以漢語無法劃分詞類作根據的。

由上文看來,可以得到漢語劃分詞類的三個標準:

第一,詞義在漢語詞類劃分中是能起一定作用的,應該注意詞的基本意義跟形態、句法統一起來;

第二,應該儘先應用形態標準(如果有形態的話),這形態是包括構形性質的和構詞性質的;

第三,句法標準(包括詞的結合能力)應該是最重要的標準,在不能用形態標準的地方,句法標準是起決定作用的。

這三個標準是有機地聯繫着的;不是根據三個標準來分類,而是要求同時適合這三個標準。

應該承認,漢語詞類的劃分,在實施上還是有不少困難的。過去我以爲詞類的劃分衹是爲了語法說明上的便利,那種態度是不科學的。說爲了便利,就等於承認漢語實際上没有詞類的存在。我們研究漢語詞類的劃分,應該有其積極的意義:一方面,我們用歷史觀點來看漢語語法的發展過程,看出現代漢語有可能按形態特徵來分類;另一方面,科學地劃分了漢語詞類之後,還可以有助於漢語發展方向的認識。

原載《北京大學學報》1955 年第 2 期

古漢語自動詞和使動詞的配對

一、字形相同

二、由字形相同變爲不同

三、字形不同

在古代漢語構詞法上有一種特殊現象,就是自動詞和使動詞的配對。這種現象在現代漢語裏也還存在着,不過有些詞的古義已經死去或僅僅殘存在合成詞裏,自動詞和使動詞的關係就不如古代漢語那樣明顯了。因此,我們最好還是從古代漢語構詞法上討論。

自動詞是和使動詞相對立的名稱。凡與使動詞配對的,叫做自動詞。從前有人把不及物動詞叫做自動詞,及物動詞叫做他動詞。本文所謂自動詞不是那個意思。無論及物不及物,衹要它是與使動詞配對的,都叫自動詞。

在古代漢語造句法中,有所謂動詞的使動用法:主語所代表的人物並不施行這個動作,而是使賓語所代表的人物施行這個動作,例如《論語·先進》:"求也退,故進之;由也兼人,故退之。"一個動詞是不是使動用法,往往由上下文的語意來決定,例如《論語·憲問》:"孔子沐浴而朝。""朝"字是動詞的一般用法,施行"朝"的動作者是主語"孔子"。《孟子·梁惠王上》:"然則王之所大欲可知已:欲辟土地,朝秦楚,莅中國,而撫四夷也。”這個“朝”字却是使動用法,施行“朝”的動作者不是主語“王”(承上省略),而是“秦楚”,意思是說“使秦楚來朝”。凡是多讀古書的人,對於動詞的使動用法,是很容易體會出來的。

但是,動詞的使動用法,衹是造句法的問題,不是構詞法的問題。像上文所舉的“進、退”和“朝”,它們衹能說是在句中有使動用法,嚴格地說,它們本身並不是使動詞,因爲它們在形式上和一般動詞没有區別,没有形成使動詞和自動詞的配對。

構詞法上的使動詞,就古漢語說,它們是和自動詞的語音形式有着密切關係的。配對的自動詞和使動詞,二者的語音形式非常近似,但又不完全相同。近似,表示它們同出一源(一般是使動詞出自自動詞);不完全相同,這樣纔能顯示使動詞和自動詞的區別。不完全相同的語音形式具有三種表現方法:字形相同;由字形相同變爲不同;字形不同。這三種情況都必須具備同一條件:自動詞和使動詞必須是既雙聲又疊韻的字,單靠雙聲或單靠疊韻還不能形成自動詞和使動詞的配對。當然,旁紐也算雙聲,旁韻也算叠韻。但是,如果自動詞和使動詞之間衹有雙聲關係而韻部距離很遠,或者衹有疊韻關係而聲母距離很遠,爲慎重起見,概不認爲配對。

現在按照上述自動詞和使動詞配對的三種情況,分別加以敘述。

一、 字形相同

字形相同,衹要讀音不同,就可認爲自動詞和使動詞的配對。既然兩個詞在語言裏表現爲不同音,就算是具備了不同的語言形式,字形的同與不同是無關重要的。這又可以細分爲兩種情況:

(一) 同紐,同韻①,異調

[飲:飲]a. 於錦切,自動詞。《說文》:“歠也。”《論語·鄉黨》:“鄉人

① 所謂同韻,指上古的韻部。下仿此。

飲酒。”b. 於禁切,使動詞,飲之也。按:即使飲之意。《左傳·宣公十二年》:“將飲馬於河而歸。”《釋文》:“於鴆反。”於鴆反即於禁切。

[去:去]a. 丘據切,自動詞。《廣韻》:“離也。”意思是離開、走了。《論語·微子》:“子未可以去乎?”b. 羌舉切,使動詞。《廣韻》:“除也。”按:即使離之意,指使人物離開,也就是“除去”。《論語·八佾》:“子貢欲去告朔之餼羊。”《顔淵》:“必不得已而去,於斯三者何先?”《釋文》皆注云:“起吕切。”起吕切等於羌舉切。

(二)旁紐,同韻,同調

[敗:敗]a. 薄邁切,自動詞。《廣韻》:“自破曰敗。”b. 補邁切,使動詞。《廣韻》:“破他曰敗。”按:“破他”即使敗之意。

[折:折]a. 常列切,自動詞。《説文》:“斷也。”《廣韻》:“斷而猶連也。”《左傳·昭公十一年》:“末大必折,尾大不掉。”b. 旨熱切,使動詞。《廣韻》:“拗折。”按:即使斷之意。《詩·鄭風·將仲子》:“無折我樹杞。”《釋文》:“折,之舌反。”①之舌反等於旨熱切。

[别:别]a. 憑列切,自動詞。《説文》:“分解也。”《廣韻》:“異也,離也,解也。”《詩·邶風·谷風》:“行道遲遲,中心有違。”毛傳:“遲遲,舒行貌。違,離也。”鄭箋:“徘徊也。行於道路之人,至將於别,尚舒行。”b. 彼列切,使動詞。《廣韻》:“分别。”按:即使離異爲二、使有分别之意。《詩·大雅·生民》:“克岐克嶷。”鄭箋:“能匍匐則岐岐然意有所知也,其貌嶷嶷然有所識别也。”《釋文》:“别,彼列反。”②

[著:著]a. 直略切,自動詞。《廣韻》:“附也。”《左傳·宣公四年》:“著於丁寧。”《釋文》:“著,直略反。”b. 張略切,使動詞。《廣韻》:“服衣於身。”按:即使著之意,意義範圍縮小,通常衹指使著於身。衣冠皆可用“著”。《禮·玉藻》:“皮弁以日視朝。”孔疏:“著皮弁視朝。”《後漢書·馬

① 《釋文》以常列反爲如字,故未注音;以之舌反(即旨熱切)爲讀破,故注音。

② 《釋文》以憑列反爲如字,故未注音;以彼列反爲讀破,故注音。

后紀》:"左右但著帛布。"

[解:解]a. 胡買切,自動詞。自解爲解。《易・解卦》:"天地解而雷雨作,雷雨作而百果草木皆甲坼。"《莊子・大宗師》:"此古之所謂縣解也。"《釋文》皆云:"解,音蟹。"b. 佳買切,使動詞。《說文》:"判也。"《莊子・養生主》:"庖丁爲文惠君解牛。"

《顔氏家訓・音辭》說:"江南學士,讀《左傳》口相傳述,自爲凡例:軍自敗曰敗,打破人軍曰敗(補敗反)。諸記傳未見補敗反。徐仙民讀《左傳》,唯一處有此音,又不言自敗、敗人之別。此爲穿鑿爾。"段玉裁《六書音均表・古音義說》說:"字義不隨字音爲分別。"又在《說文解字》"別"字下注云:"今人分別則彼列切,離別則憑列切,古無是也。"其實陸德明等人不見得是穿鑿。試看上述諸例,自動詞都讀濁音,使動詞都讀清音,清濁配對,系統分明。想來陸德明等人一定是有師承的。至於這種讀音上的區別是原始的,還是後起的,則有待於進一步的研究。

二、 由字形相同變爲不同

自動詞和使動詞采取同一書寫形式,給讀者帶來了一些不便。因此,後來有些字就分化爲兩個字:一個代表自動詞,一個代表使動詞。現在舉出幾個例子:

(一) 同紐,同韻,異調

[視:視(示)]a. 承矢切[①],自動詞。《說文》:"瞻也。"《論語・顔淵》:"非禮勿視。"b. 神至切[②],使動詞。以物示人曰視。按:即使視之意,等於說"給看"。《詩・小雅・鹿鳴》:"視民不恌。"《釋文》:"視,音示。"[③]使

---

① 今大徐《說文》作神至切,是讀使動詞之音。應依《玉篇》作時止切。時止切等於承矢切。

②《廣韻》神至切不載"視"字,而常利切有"視"字,注云"又音是"。敦煌王韻作"又神至反",當以王韻爲正。

③ 陸德明獨於此處注明"音示",可見他認爲去聲是讀破,上聲是如字。

動詞又寫作“示”。《論語·八佾》：“‘知其說者之於天下也，其如示諸斯乎？’指其掌。”

“示”字在先秦古籍中經常出現，容易造成人們的錯覺，以爲“示”是正字，“視”是假借字。《說文》說：“示，天垂象見吉凶所以示人也。”更令人覺得“示”就是示人的“示”。其實許慎把“示”當做名詞來解釋，所以他在後面說“示，神事也”①。而“示人”衹是聲訓。漢時已經假借“示”字表示使動的“視”，所以許慎從當時的習慣寫成“示人”。

在《漢書》裏，使動的“視”仍一律作“視”，不作“示”，例如《刑法志》“用相夸視”、《食貨志》“以視節儉”、《郊祀志》“以視不臣也”、《項籍傳》“視士必死”，等等。

《禮·曲禮上》：“幼子常視毋誑。”鄭玄注：“視，今之‘示’字。”這句話有力地證明了“示”當“示人”講衹是漢代的事，而先秦古籍的“示”字可能是後人改的。孔疏引申鄭注的話說：“古者觀視於物及以物示人則皆作‘示’傍著‘見’，後世以來，觀視於物作‘示’傍著‘見’，以物示人單作‘示’字。”“視”和“示”的分工，在孔疏裏是講得很清楚的②。

［趣：趣（促）］a. 七句切，自動詞。《說文》：“趣，疾也。”按：指疾走，與“趨”音義略同（《廣韻》去聲遇韻“趣”字注云“又七俱切”，則與“趨”同音）。《詩·大雅·棫樸》：“左右趣之。”毛傳：“趣，趨也。”b. 七玉切③，使動詞。字又作“促”。《說文》：“促，迫也。”這就是催促的“促”。按：即使趣之意，使人快做某事，也就是催促。《禮·月令》：“命有司趣民收斂。”《釋文》：“趣音促。”

（二）旁紐，同韻，同調

［見：見（現）］a. 古電切，自動詞。《說文》：“視也。”等於現代的“看

① 示，甲骨文作丅，象神主之形。

② 李富孫《說文辨字正俗》也講了這個道理。

③《廣韻》七玉切未收“趣”字，但是在遇韻“趣”字下面注云：“又親足、七俱、倉苟三切。”親足切即七玉切。

見”。《論語・里仁》:“見賢思齊焉,見不賢而內自省也。”b. 胡甸切,使動詞。《廣韻》:“露也。”按:即使見之意,等於説“讓人看見”。古人於謁見的意義用使動詞,意思是讓在上者或尊者看見自己。一般用作不及物動詞。《左傳・莊公十年》:“曹劌請見。”《論語・述而》:“童子見。”《衛靈公》:“子路慍見。”有時候,“見”字後面帶“於”字,仍是用作不及物動詞。《論語・顔淵》:“鄉也吾見於夫子而問知。”《孟子・梁惠王下》:“暴見於王。”①使動詞“見”也可以用作及物動詞,表示讓謁見,使拜見。《論語・八佾》:“從者見之(讓他謁見孔子)。”《微子》:“見其二子焉(使二子拜見子路)。”這是構詞法的使動與造句法的使動相結合。

“以見”的“見”也是使動詞,因爲不是自己看見,而是讓人看見。《左傳・桓公十年》:“先書齊衛,王爵也。”杜注:“《春秋》所以見魯猶秉周禮。”《釋文》:“見,賢遍反。”賢遍反即等於胡甸切。

“見”作爲使動詞,又可以解作“出現”。《論語・泰伯》:“天下有道則見。”皇疏:“見謂出仕也。”其實是出現、露面。

《佩文韻府》和《經籍籑詁》於胡甸切的“見”字注云“俗作現”。那是不對的。衹有“出現”的意義到後代纔寫作“現”。謁見等意義不能寫作“現”。

[入:入(內)]a. 人執切,自動詞。出之反。《論語・八佾》:“子入太廟。”b. 奴答切,又奴對切,使動詞。《説文》:“內也。”內,古納字。按:即使入之意。《戰國策・秦策》:“入其社稷之臣於秦。”注:“納也。”《史記・楚世家》:“靈王於是獨傍偟山中,野人莫敢入王。”《魏世家》:“商君亡秦歸魏,魏怒不入。”

《廣韻》奴答、奴對兩切都不載“入”字,但是我們想象“入”字在上古應另有奴對切一音,而較早則是奴答切。章炳麟《文始》也以爲“入”字有兩讀。又説:“《説文》‘入,內也’‘內,入也’。古文本以‘入’爲‘內’,入者象從上俱下爲初文,‘內’乃變易字也。‘入’本在緝部,轉入隊,而‘內’聲

① 如果“見”字後面帶直接賓語,如“孟子見梁惠王”,則“見”是自動詞,不讀胡電切。

之'軜',《詩》亦與'合邑'爲韻,讀入緝部,明'入'即'内'也。古無彈舌日紐,'入'本作奴葉切,故轉爲'内'。"我的意見與章氏略同。我把"入"字的上古音擬爲 ȵiəp,"内"字的上古音擬爲 nuəp-nuət[①]。這樣,使動詞"入"的上古音也該是 nuəp-nuət。

(三) 旁紐,同韻,異調

[食:食(飤)]a. 乘力切,自動詞。《廣韻》:"飲食。"《論語·學而》:"君子食無求飽,居無求安。"b. 祥吏切,使動詞。以食與人。按:即使食之意,等於説"給吃"。《左傳·宣公二年》:"不食三日矣。食之。"《釋文》於"食之"的"食"注云:"音嗣。"

《説文》把使動的"食"寫作"飤",《廣韻》去聲志韻衹收"飤、飼"("飼"同"飤"),不收"食"。但是,經典中常見的只有"食",没有"飤"。至於"飼"字也不能完全代替"食"字,一般衹用於飼養禽獸,如杜甫《黄魚》:"脂膏兼飼犬。"

[辟(避):辟]a. 毗義切,自動詞。《説文》:"避,回也。"按:即迴避。本來衹寫作"辟"。《論語·憲問》:"賢者辟世。"《釋文》:"辟,音避。"b. 必益切,使動詞。《廣韻》:"除也。"按:即使避之意。《周禮·秋官·士師》:"王燕出入則前驅而辟。"鄭注:"道王,且辟行人。"(道,同"導"。辟行人,使行人迴避。)後人成語"辟邪"亦是此意。

這一類雖由字形相同變爲不同,但是在上古是字形相同的,與第一類的情況也就差不多。

三、 字形不同

對於字形相同、讀音相近的字,我們講自動詞和使動詞的配對,是容易瞭解的,因爲有同一的字形把它們聯繫起來。至於字形不同的兩個

① 參看王力《漢語史稿》。

字,我們講它們是自動詞和使動詞的配對,就不容易瞭解了。有人會說,既然字形不同,我們就不必說兩個詞之間有什麼配對關係。但是,我們仍然應該從語音上考慮。如果有兩個字既雙聲又叠韻,一個自動,一個使動,正好配對,那就決非偶然。現在列舉一些事實:

(一) 同紐,同韻,異調

[買:賣]a. 莫蟹切,自動詞。《說文》:"市也。"《莊子·逍遙遊》:"請買其方百金。"b. 莫懈切,使動詞。《說文》寫作"𧶠",解云:"出物貨也。"按:即使買之意,等於說"讓人買"。《史記·平準書》:"貴即賣之。"

徐灝《說文解字注箋》說:"出物貨曰'𧶠',購取曰'買',衹一聲之輕重,與物好曰'好',好之曰'好',物醜曰'惡',惡之曰'惡'同例。竊謂'買''賣'本是一字,後以其聲異而從'出'以別之。書傳'買''賣'二字往往互用。如《周官·賈師》'凡國之賣價',鄭注:'故書賣爲買。'《萍氏》'幾酒',鄭注:'苛察沽買過多。'《釋文》'買一本作賣'是也。"按:徐氏說得很對。我想"買""賣"在最初也許完全同音,正像"沽"字既當"買"講,又當"賣"講。後來纔分化爲二音,形成兩個字。

[受:授]a. 殖酉切,自動詞。《說文》:"相付也。"《論語·鄉黨》:"康子饋藥,拜而受之。"b. 承呪切,使動詞。按:即使受之意。《說文》:"予也。"《廣韻》:"付也。"《詩·鄭風·緇衣》:"還予授子之粲兮。"

林義光《文源》說:"'受''授'二字,古皆作受。盂鼎:'今余其遹(率)先王,授民授疆土。''授'皆作'受'。"按:林氏說得很對。《說文》:"受,相付也。""相付"即兼有授、受二義。大徐注"授"爲殖酉切,則"授、受"同音。《廣韻》分爲二音,"受"讀上聲,"授"讀去聲。大概是先同形同音而後分化爲兩形兩音。

[啖:啗]a. 徒敢切,自動詞。字亦作"噉"。《說文》:"噍啖也。"《墨子·魯問》:"楚之南有啖人之國者。"b. 徒濫切,使動詞。《說文》:"食也。"按:即使食之意。《國語·晉語》:"主孟啗我。"《史記·滑稽列傳》:"啗以果脯。"字又作"噉"。《史記·樂毅列傳》:"令趙噉說秦以伐齊

之利。”

“啖”與“啗”很早就通用了。《漢書·霍光傳》:“與從官飲啗。”《王吉傳》:“吉婦取棗以啖吉。”《廣韻》上聲亦收“啗”字。但是,以通例推之,上聲本當是自動詞,去聲本當是使動詞。即使字形一樣,讀音也不一樣。《漢書·高帝紀》:“使酈食其、陸賈往說秦將,啗以利。”師古注:“啗,本謂食啗耳。音徒敢反。以食餧人,令其啗食,音則改變爲徒濫反。”顔說必有所承,可以爲證。朱駿聲《說文通訓定聲》說:“啗與啖微別,自食爲啖,食人爲啗。”從字形的分化上說,朱氏也有道理。

[去:袪]a. 丘據切,自動詞。《廣韻》:“離也。”意即離開。已見前。b. 去魚切,使動詞。《廣雅·釋詁二》:“袪,去也。”《文選》殷仲文《南州桓公九井作詩》:“惑袪吝亦泯。”“去”的使動詞讀平聲是後起的現象。

[敬:警]a. 居慶切,自動詞。《說文》:“肅也。”“肅,持事振敬也。”《詩·周頌·閔予小子》:“維予小子,夙夜敬止。”注意:“敬”字衹有用作不及物動詞時與使動詞“警”配對。b. 居影切,使動詞。《說文》:“警,戒也。”按:即使敬之意。敬是警惕自己,警是警惕別人。《左傳·宣公十二年》:“今天或者大警晉也。”《說文》另有“儆”字,解云“戒也”。段注:“與‘警’音義同。”

《詩·大雅·常武》:“既敬既戒。”鄭箋:“敬之言警之,警戒六軍之衆。”這是以自動詞作使動詞用。《釋名·釋言語》:“敬,警也,恒自肅警也。”這是以使動詞釋自動詞。

[就:造]a. 疾僦切,自動詞。《廣韻》:“就,成也。”《禮·孔子閒居》:“日就月將。”b. 昨早切,使動詞。《廣韻》:“造,造作。”按:即使成之意。《禮·玉藻》:“大夫不得造車馬。”

(二) 旁紐,同韻,同調

[至:致]a. 脂利切,自動詞。《廣韻》:“至,到也。”《論語·子罕》:“鳳鳥不至。”b. 陟利切,使動詞。《說文》:“致,送詣也。”《廣韻》:“致,至也。”按:即使至之意。使人物來都叫“致”。《莊子·逍遥遊》:“彼於致福者,

未數數然也。”《論語·子張》:“君子學以致其道。”把東西送到别人那裏去也叫“致”。《左傳·宣公十二年》:“不腆先君之敝器,用使下臣致諸執事。”《論語·學而》:“事君能致其身。”

[出:黜]a. 尺律切,自動詞。入之反。《論語·雍也》:“誰能出不由户?”b. 丑律切,使動詞。《説文》:“黜,貶下也。”《廣雅·釋詁三》:“黜,去也。”按:“黜”之本義爲使出。《國語·周語》:“王黜翟后。”注:“廢也。”其實等於出妻。《楚辭·愍命》:“蔡女黜而出帷兮。”使動詞“黜”與自動詞“出”前後照應。《公羊傳·襄公二十七年》:“黜公者非吾意也。”何休注:“黜猶出逐。”

“出”又讀尺類切,這種讀音本來也是使動詞。《論語·子罕》:“河不出圖。”《釋文》:“出,如字,舊尺遂反。”尺遂反即尺類切。可見舊音於使動詞“出”字是讀去聲的。後來“出”字也有去聲一讀,如柳宗元《永州韋使君新堂記》:“既焚既釀,奇勢迭出。清濁辨質,美惡異位。”“出”與“位”押韻①。但是已經不是用於使動意義了。

[效(傚):教]a. 胡教切,自動詞。《説文》:“效,象也。”《廣韻》:“學也,象也。”字又作“傚”。《左傳·莊公二十一年》:“鄭伯傚尤。”《詩·小雅·鹿鳴》:“君子是則是傚。”b. 古孝切,使動詞。《説文》:“教,上所施,下所效也。”按:即使效之意。《論語·爲政》:“舉善而教不能則勸。”

“學、斆、效、教”四字關係密切。斆,《廣韻》:“學也。”《禮·學記》引《書·兑命》“學學半”,僞古文《尚書》作“斆學半”,可見“斆”就是“學”。但“斆學半”實際上指教學相長,故“斆”又是“教”。“學”字轉去聲則爲“效”。所以朱熹説“學之爲言效也”(《論語》“學而時習之”注)。我們説“教”是“效”的使動詞,也就等於説“教”是“學”的使動詞。

(三) 同紐,旁韻,同調

[動:蕩]a. 徒總切,自動詞。《廣韻》:“摇也。”按:指物體自摇動。

---

① 上文“蕪”與“塗”押,“邱”與“瀏”押;下文“舒”與“餘隅”押,“仆”與“怒”押。

《莊子·天地》:“蕩蕩乎忽然出,勃然動。”《孟子·公孫丑上》:“如此則動心否乎?”①b. 徒朗切,使動詞。按:即使動之意。《禮·樂記》:“天地相蕩。”注:“猶動也。”《月令》:“毋或作爲淫巧以蕩上心。”注:“謂動之使生奢泰也。”注意“動心”與“蕩心”的分别。

[存:全]a. 徂尊切,自動詞。《廣韻》:“存,在也。”按:存是亡之反。《孟子·離婁上》:“國之所存者幸也。”揚雄《解嘲》:“攫挐者亡,默默者存。”b. 疾緣切,使動詞。《説文》:“全,完也。”作使動詞用時,有使存、使完之意。《易·繫辭》:“以全身也。”《釋文》:“全,本亦作存。”司馬遷《報任安書》:“今舉事壹不當,而全軀保妻子之臣隨而媒櫱其短。”

(四)旁紐,同韻,異調

[糴:糶]a. 徒歷切,自動詞。《説文》:“市穀也。”《左傳·隱公六年》:“冬,京師來告饑,公爲之請糴於宋衛齊鄭。”b. 他弔切,使動詞。《説文》:“出穀也。”按:即使糴之意,等於説“讓人買(穀)”。《史記·貨殖列傳》:“販穀糶千鍾。”

“糴、糶”,依段氏《六書音均表》同在第二部。依我的《漢語史稿》同在藥部。

《説文》另有“糶”字,解云:“穀也。”《玉篇》“糶”有徒的、徒弔二反。徐灝《説文解字注箋》云:“古傳注未見有名穀爲糶者。出部:‘糶,出穀也。’入部:‘糴,市穀也。’‘糶’音他弔切,‘糴’音徒歷切,本一聲之轉,故‘弔’字亦讀如‘的’。‘糶、糴’皆售穀,自買者言之則爲糴,自賣者言之則爲糶,正如出物貨曰賣,購取曰買,皆一事而以出入爲二義,實是一字。蓋‘糶’之本義即售穀,古音讀如‘覞’,聲轉爲‘的’,因聲歧爲二義,故加‘出’爲‘糶’,加‘入’爲‘糴’耳。”徐氏講得很有道理。衹是應該説“糶”字古音讀如“翟”,聲轉爲“覞”。

[進:引]a. 即刃切,自動詞。《廣韻》:“進,前也。”《論語·雍也》:“非

① “動”又有引起的意義,如《論語·季氏》“而謀動干戈於邦内”。這種意義不和“蕩”字配對。

敢後也,馬不進也。”b. 余刃切,使動詞。“引”字古音屬端母濁音,故與“進”爲旁紐。《廣雅·釋詁三》:“引,道也。”按:指引導。實即使進之意。《詩·大雅·行葦》:“以引以翼。”鄭箋:“在前曰引。”

[到:招]a. 都導切,自動詞。《説文》:“到,至也。”《詩·大雅·韓奕》:“靡國不到。”b. 止遥切,使動詞。《説文》:“招,手呼也。”按:即使到之意。《孟子·滕文公下》:“招虞人以旌。”《荀子·議兵》:“招延募選。”注:“謂引致之也。”

“召”與“招”並爲“到”的使動詞。以手曰“招”,以言曰“召”。

[順:馴]a. 食閏切,自動詞。《廣韻》:“順,從也。”《孟子·公孫丑下》:“多助之至,天下順之。”b. 詳遵切,使動詞。《説文》:“馬順也。”李善引作“順也”。《廣韻》:“從也。”按:即使順之意,意義範圍縮小,限於使鳥獸順從。《一切經音義》引《説文》:“養野鳥獸使服謂之馴。”《淮南子·説林》:“馬先馴而後求良。”

[藏:葬]a. 昨郎切,自動詞。《廣韻》:“藏,隱也。”《説文》無“藏”篆。小學家以爲“臧”即“藏”。《論語·子罕》:“有美玉於斯,韞匵而藏諸?求善賈而沽諸?”b. 則浪切,使動詞。《説文》:“葬,藏也,從死在茻中。”按:即使藏之意,意義範圍縮小,限於使死人隱藏。《論語·先進》:“門人欲厚葬之。”

(五)旁紐,旁韻,同調

[失:奪]a. 式質切,自動詞。得之反。《論語·陽貨》:“既得之,患失之。”b. 徒活切,使動詞。依《説文》本作“敚”,今作“奪”。《説文》:“敚,彊取也。”按:即使失之意:對强取者來説是奪,對被强取者來説是失。《論語·憲問》:“奪伯氏駢邑三百。”

“失”和“奪”的關係很密切。《説文》:“奪,手持隹失之也。”一般人以爲“奪”等於後世的“脱”,“敚”等於後世的“奪”。但段玉裁以爲“奪”引申爲凡失物之稱,仍然應解爲“失”。《説文》:“失,縱也,從手,乙聲。”朱駿聲説:“謂在手而奪去也。”他從“失”又講到“奪”。《孟子·梁惠王上》:

“百畝之田,勿奪其時。”《荀子》注作“失”。《孟子》在另外兩個地方也說“無失其時”。無論“勿奪、無失”,都應該解作“勿使失去”。

當然,如果以“奪(脱)”與“敓”相配對,也可以講得通;不過“奪”必須讀他活切,然後和“敓”有分别。如果讀音全同,則字形不同所產生的詞義微别就是不可靠的了。

[移:推]a. 弋支切,自動詞。《廣韻》:“移,遷也。”《説文》作“迻”(“移”是禾相倚移)。《孟子·梁惠王上》:“河内凶,則移其民於河東。”按:“移”古音屬端母濁音,故與“推”爲旁紐。b. 他回切,使動詞。《説文》:“推,排也。”按:即使移之意。《孟子·萬章上》:“若己推而内之溝中。”《楚辭·漁父》:“聖人不凝滯於物,而能與世推移。”“推”與“移”連用,可見二字意義相近:分開來説,一個是使動詞,一個是自動詞。

(六)旁紐,旁韻,異調

[瘳:療]a. 敕鳩切,自動詞。《説文》:“瘳,疾瘉也。”《書·金縢》:“王翼日乃瘳。”按:“瘳”從翏聲(翏,力救切),可能“瘳”的上古音是 tliəu,故與“療”配對。b. 力照切,使動詞。《説文》:“𤻲,治也,或從尞。”按:即使瘳之意。《左傳·襄公二十六年》:“不可救療。”

[溼:漸]a. 失入切,自動詞。《廣韻》:“溼,水霑也。”《詩·王風·中谷有蓷》:“中谷有蓷,暵其溼矣。”b. 子廉切,使動詞。《説文》:“瀸,漬也。”通作“漸”。《廣雅·釋詁一》:“漸,溼也。”按:即使溼之意。《詩·衛風·氓》:“漸車帷裳。”《釋文》:“漸,溼也。”《荀子·勸學》:“其漸之滫。”注:“漬也。”

[壞:隳]a. 下怪切,自動詞。《説文》:“壞,敗也。”按:自穨曰壞,見《史記·秦始皇本紀》“墮壞城郭”正義。《韓非子·説難》:“宋有富人,天雨墻壞。”b. 許規切,使動詞。《説文》作“隓”,又作“𡐦”。後人又寫作“墮”(“墮”又有徒果一切,字當作“陊”,落也)、作“隳”。《説文》:“隓,敗城𨸏曰隓。”按:即使壞之意。《左傳·襄公二十六年》:“入南里,墮其城。”《國語·魯語》:“墮會稽。”《戰國策·秦策》:“攻城墮邑。”賈誼《過秦

論》:“隳名城,殺豪傑。”

［垂:縋］a. 是爲切,自動詞。字本作“𠂹、𩃬”。《説文》:“𠂹,艸木華葉𠂹。”《廣韻》:“𩃬,草木華葉縣。”①按:即下垂的“垂”。《莊子·逍遙遊》:“其翼若垂天之雲。”b. 馳僞切,使動詞。《説文》:“縋,以繩有所縣也。”《廣韻》:“繩懸也。”按:即使垂之意,意思範圍縮小,限於繩懸使垂②。《左傳·僖公三十年》:“夜縋而出。”《昭公十九年》:“子占使師夜縋而登。”

“縋”字讀馳僞切,依音系應屬古音歌部,與“垂”爲叠韻。但是,“縋”字從追得聲,依諧聲偏旁又應屬古音微部。歌、微二部音近,不必細考。

(七) 對轉

［窮:鞠］a. 渠弓切,自動詞。字本作“竆”。《説文》:“竆,極也。”《禮·樂記》:“窮高極遠而測深厚。”b. 居六切,使動詞。字本作“簐”。《説文》:“簐,竆治罪人也。”按:即使窮之意,意義範圍縮小,等於“追究到底”。《詩·大雅·雲漢》:“鞠哉庶正。”《瞻印》:“鞫人忮忒。”鄭箋並云:“窮也。”《漢書·張湯傳》:“爰書訊鞫。”師古注:“鞫,窮也,謂窮覈之也。”

孔廣森以爲古韻冬幽對轉,章炳麟以冬侵緝幽對轉。按:冬部與幽部入聲(覺部)對轉較爲常見。即如我所主張,以冬、侵合併,“窮”讀gʻĭwəm,“鞠”讀kʻĭəuk,聲相近,亦得相轉。

［回:運］a. 户恢切,自動詞。《説文》:“回,轉也。”《詩·大雅·雲漢》:“昭回于天。”毛傳:“回,轉也。”b. 王問切,使動詞。“運”字古音屬匣母文部,與“回”字爲文微對轉。《説文》:“運,迻徙也。”徐鍇説:“按《莊子》:‘天其運乎?地其處乎?’天道回轉迻易也。”《廣雅·釋詁四》:“運,轉也。”按:即使轉之意。“回”的本義是旋轉,“運”是使之旋轉。《楚辭·九章·哀郢》:“將運舟而下浮兮。”王逸注:“回也。”《淮南子·天文》:“運

① 依周祖謨校本加“華”字。

② 注意:《廣韻》既以“縣”釋“𠂹”,又以“懸”釋“縋”。

之以斗。"高誘注:"運,旋也。"

上面所舉古漢語自動詞和使動詞配對的事實,我自信十分之九以上是可靠的。有些不大可靠的例子,就暫時存疑,不列舉出來,例如"搖"字也可以認爲"動"的使動詞,因爲"搖"在上古的聲母是 d,與"動"旁紐相轉。但是,"動"古韻屬東部,"搖"古韻屬宵部,韻部距離太遠,爲謹慎起見,寧可不舉。這並不排除將來進一步的研究。

使動詞的構成,是按照自動詞的語音形式而加以變化。這種變化采取三種方式:變聲調;變聲母;變韻母。這三種方式可以衹採用一種,但也可以同時採用兩種乃至三種。無論變聲母或變韻母,都是變而不出其類。這樣,就使對話人意識到它是從跟它配對的自動詞變來的,兩個詞之間既有聯繫,又有區别。在某些情況下,自動詞和使動詞的分用不能劃若鴻溝。但是主要的分工則是非常明顯的。

使動詞構成的規律是值得研究的,但是似乎這種規律相當複雜,由於研究得不够,還不容易得到十分肯定的結論。現在我把我的初步意見陳述如下:

聲調方面:使動詞以去聲爲主。自動詞或者是入聲,或者是上聲,或者是平聲。在上文所述跟自動詞異調的二十二個使動詞當中,有十二個是讀去聲的,即:飲飲、視視(示)、見見(現)、入入(内)、食食(飤)、買賣、啖啗、糴糶、藏葬、瘳療、垂縋、回運;五個是讀平聲的,即:去祛、到招、順馴、溼漸、壞隳;三個是讀上聲的,即:去去、敬警、就造;兩個是讀入聲的,即:趣趣(促)、辟(避)辟。雖然讀去聲的使動詞佔多數,但是有些自動詞反而讀去聲,仍然得不到滿意的解釋。我想比較合理的假設是:去聲是比較後起的現象(如段玉裁所斷言的),後來有了去聲,人們就拿去聲跟别的聲調配對,來表示自動詞和使動詞的配對,不管是自動詞或使動詞,衹要其中有一個讀去聲就行。

聲母方面:情況也相當複雜。其中比較明顯的是清濁的對立。在二十四個旁紐的例子當中,清濁對立的佔了十五個。特别值得注意的是:自動詞一般讀濁母,使動詞一般讀清母,如:敗敗、折折、别别、著著、解解、辟(避)辟、效(傚)教、糴糶、進引、藏葬、移推、壞隳、窮鞫。有一種情況也值得注意,那就是正齒三等字和舌上音的配對,如:至致、出黜,例子雖不多,但是很能説明問題。自動詞屬正齒三等(至、出),使動詞屬舌上音。錢大昕説:"古人多舌音,後代多變爲齒音,不獨知徹澄三母爲然也。"①又説:"至、致本同音,而今人強分爲二(至,照母;致,知母)。"②他的話衹説出了一半真理。照系衹有三等和舌頭、舌上相通,二等則和齒頭相通(黄侃的意見是對的)。相通不等於相同:"至""致"並不同音,古人正是靠這種相近而不相同的兩個音來形成自動詞和使動詞的配對的(至 tɕiĭet:致 tiĭet)。由於介音的關係,照系三等和舌上音親些,和舌頭音疏些。

韻母方面:似乎没有一定的配對方式,衹有一條,就是韻部必須相同或相近。旁韻或對轉相配的情況如下:

東陽旁轉:動蕩

文元旁轉:存全

歌微旁轉:移推　壞隳　垂縋

幽宵旁轉:瘳療

質物旁轉:失奪

緝談旁轉:溼漸

微文對轉:回運

冬幽(覺)對轉:窮鞫

上文説過,自動詞和使動詞的配對衹是構詞法的問題,不是造句法的問題,因此,自動詞和使動詞在造句法中的作用並没有明顯的分别。誠然,自動詞多數用作不及物動詞,使動詞多數用作及物動詞,但是這種分别不是絶對的。

漢語詞族的問題是一個研究得很不够的問題。這裏提出的自動詞

① 錢大昕《十駕齋養新録》卷五。

② 錢大昕《十駕齋養新録》卷五。

和使動詞的配對,可以認爲詞族問題的一個方面。用力不深,研究得還不够全面。補苴修正,有待於他日。

1964年8月21日寫畢

原載《中華文史論叢》第6輯,1965年

詞彙學

新訓詁學

一、舊訓詁學的總清算

二、新訓詁學

訓詁學，依照舊説，乃是文字學的一個部門。文字學古稱小學。《四庫全書提要》把小學分爲三個部門：第一是字書之屬；第二是訓詁之屬；第三是韻書之屬。依照舊説，字書之屬是講字形的，訓詁之屬是講字義的，韻書之屬是講字音的。從古代文字學的著作體裁看來，這種三分法是很合適的。不過，字書對於字形的解釋，大部分衹是對於訓詁或聲音有所證明，而所謂韻書，除注明音切之外還兼及訓詁，所以三者的界限是很不清楚的。若依語言學的眼光看來，語言學也可以分爲三個部門：第一是語音之學；第二是語法之學；第三是語義之學。這樣，我們所謂語義學（semantics）的範圍，大致也和舊説的訓詁學相當。但是，在治學方法上，二者之間有很大的差異，所以我們向來不大喜歡沿用訓詁學的舊名稱。這裏因爲要顯示訓詁學和語義學在方法上的異同，纔把語義學稱爲新訓詁學。

一、 舊訓詁學的總清算

以前研究訓詁學的人,大致可分爲三派:第一是纂集派;第二是注釋派;第三是發明派。這三者的界限也不十分清楚,不過爲陳述的便利起見,姑且這樣分開而已。

纂集派　這一派是述而不作的。他們衹把古代經籍的訓詁纂集在一起。阮元的《經籍籑詁》,以及近人的《韻史》《辭通》,等等,都屬於這一類。述而不作的精神也可算是一種科學精神,衹要勤於收集,慎於選擇,也就不失爲一種好書。不過從學問方面看來,這還不能算爲一種學問,衹是把前人的學問不管是非或矛盾,都纂集在一起而已。這種訓詁學,如果以字典的形式出现,就顯得蕪雜不堪,因爲字典對於每字,應該先確定它有幾種意義,不能東抄西襲,使意義的種類不分,或雖分而没有明確的界限。前者例如《中華大字典》,它的體裁很像《經籍籑詁》,不過《經籍籑詁》抄的是上古的訓詁,而它則搜集至於近代而已。後者例如《康熙字典》《辭源》《辭海》之類,因爲故訓字面上有差異,所以不免①分爲數義,其實往往衹是一個意思而已,例如《辭海》"媚"字下有三種意義:(一)説也,引《説文》;(二)愛也,引《詩》"媚兹一人";(三)諂也,引《史記》"非獨女以色媚"。其實"媚"字衹有一種意義,就是《説文》所謂"説也"。"説也"就是"悦也","悦也"就是取悦於人,俗話叫做"討好"。討好皇帝顯得是愛,因爲古代對於君主必須討好的;討好平輩往往被認爲壞事,所以是"諂"了。這是雜引故訓的缺點,也就是纂集派的流弊。

注釋派　這一派是闡發或糾正前人的訓詁,要想做古代文字家的功臣或諍臣的。《説文解字》的注家多半屬於這一派,因爲《説文》雖是字書之屬,却是字形、字義並重,注家就原注加以闡發,可以使字義更加顯明而確定,例如王筠的《説文釋例》裏説:"禾麻菽麥,則禾專名也;十月納禾

① 編者注:"免"底本作"覔",據1947年《開明書店二十周年紀念文集》本改。

稼,則禾又統名也。"這是補充《說文》"禾,嘉穀也"的說法。這一類的書,做得好的時候,的確很有用處,因爲前人的話太簡單了,非多加補充引證不足以使讀者徹底瞭解。因此,像段玉裁《說文解字注》一類的書確是好書。但是,有時候太拘泥了,也會弄出毛病來,例如《說文》"夫"字下云"丈夫也","壻"字下云"夫也",段氏以"夫"爲男子的通稱,這是對的;而連"壻"字也認爲男子的通稱,就糊塗了,因爲古書中没有一個"壻"字可解爲男子的通稱的。《說文》所謂"夫也"顯然衹是"夫妻"的"夫"。注釋家對於《說文》,闡發者多,糾正者少,這固然因爲崇拜古人的心理,造成"不輕疑古"的信條,但是新的證據不多,不足以推翻古說,也是一個大原因。近代古文字逐漸出土,正是好做許氏諍臣的時代,將來從這方面用力的人必多。例如《說文》"行"字下云:"人之步趨也,從彳從亍會意。""人之步趨也"的說法不算錯,但在講求本義的《說文》裏就算錯了。"行"字在古文字裏作╬,顯然是表示十字路的意思,所以"術"(邑中道)、"衖"(巷同)、"街"(四通道)、"衝"(交道)、"衢"(四達道,或云大通道)都是從行的。《詩經》裏有幾處"周行"(《卷耳》"寘彼周行"、《鹿鳴》"示我周行"、《大東》"行彼周行")都是大路的意思("周"是四通八達的意思)。不過有些地方係用象徵的意義,可解作"大道"或"至道"罷了("周道如砥"也是同樣的道理)。《易經》的"中行獨復"和《論語》的"中道而廢"相仿,《詩·豳風·七月》的"遵彼微行"和《周南》的"遵彼汝墳"相仿,"中行"也就是"中途","微行"也就是"小路"。這樣去解釋古書,纔可以糾正前人的錯誤。

發明派　這可說是比較新興的學派。古人解釋字義,往往衹根據字形。直到王念孫、章炳麟等,纔擺脫了字形的束縛,從聲韻的通轉去考證字義的通轉。本來,注釋派也可以有所發明,但爲《說文》《爾雅》等書所拘囿,終不若王念孫、章炳麟的發明來得多,而且新穎。又古代雖有聲訓之學,如劉熙《釋名》等(《說文》也有聲訓),但那是用訓詁來講造字的大道理(如"馬,武也""牛,事也"之類),和章氏講字族(word family)的學問不同。章氏從聲韻的通轉着眼,開闢了兩條新路:其一是以古證古,這可以他所著的《文始》爲代表;另一是以古證今,這可以他所著的《新方言》爲代表。《文始》裏的字族的研究很有意思,例如"貫、關、環"等字,在字形上毫無相關的痕迹,而在字義上應該認爲同一來源。但這是頗危險的一條路,因爲聲音儘管相近甚至於相同,也不一定是同源。這一種方法可以引導後人作種種狂妄的研究,例如有人以爲中西文字或亦同源,如"君"字和英文 king 音相近,"路"字和英文 road 相近;又如某君作《說音》一書,以爲人類自然的傾向,可使語音和意義有一種自然的聯繫,如"肥"字和英文 fat 爲雙聲。但是語言學家曾經指出,波斯的 bad 和英文的 bad 音義完全相同,法文的 feu 和德文的 Feuer,英文的 whole 和希臘文的 ὅλος(holos)意義全同,音亦相近,然而並非同源。因此,新聲訓的方法必須以極審慎的態度加以運用;《文始》已經不能無疵,效顰者更易流於荒謬。

《新方言》的方法更爲危險。現代離開先秦二千餘年,離開漢代也近二千年,這二千年來,中國的語言不知經過了多少變化。《新方言》的作者及其同派的學者懷抱着一個錯誤的觀念,以爲現代方言裏每一個字都可以從漢以前的古書尤其是《說文》裏找出來,而不知有兩種情形是超出古書範圍以外的:第一,古代方言裏有些字,因爲衹行於一個小地域,很可能不見於經籍的記載。而那個小地域到後來可能成爲大都市,那些被人遺棄的字漸漸佔了優勢。第二,中國民族複雜,古代尤甚,有些語彙是借用非漢族的,借用的時代有遠有近,我們若認爲現在方言中每字都是古字的遺留,有時候就等於指鹿爲馬。上述的兩種情形,以後者的關係爲尤大,例如現在粵語區域有些地方稱"嚼"爲[ɲɔi],這可能是從越南的 nhai 字借來的,假使我們要從古書去找它的來源,一定不免穿鑿傅會了。現在試從章炳麟的《新方言》裏舉出一個例子。他追溯"啥"的來源說:"余,語之舒也。余亦訓何,通借作舍,今通言甚麽,舍之切音也。川楚之間曰舍子,江南曰舍,俗作'啥',本余字也。"爲什麽他知道"舍"字有"何"的意義呢?他說:"《孟子·滕文公》篇'舍皆取諸其宫中而用之',猶言何物皆取諸其宫中而用之也。"這上頭有兩個疑問無法解答:第一,"何物皆取諸其宫中而用之”一類的句子不合於上古的語法;“什麼都……”祇是最近代語法的產品,唐宋以前是没有的,何況先秦?第二,“舍”字變爲“甚麼”很奇怪,“舍”是清音字,“甚”是濁音字,不能成爲切音,而且中間有個m爲什麼消失了,也很難解釋。後來步武章氏的人,越發變本加厲,以致成爲捕風捉影,例如《辭海》“嚇”字下有三種意義:“(一)以口拒人謂之嚇,見《集韻》。《莊子·秋水》:‘鴟得腐鼠,鵷雛過之,仰而視之曰,嚇!’《釋文》引司馬云:‘嚇,怒其聲。’按義與《集韻》合。(二)驚恐人曰嚇。《莊子·秋水》:‘今子欲以子之梁國而嚇我也。’①語音讀如下,亦寫作吓……。”其實,《莊子》裏的“嚇”字祇有一種意義,就是“怒其聲”,也就是一個擬聲字。“嚇我”就是拿這種聲音來對待我,也就是以爲我羡慕你的梁國,像鴟以爲鵷雛羡慕它的腐鼠一樣。《辭海》憑空引來作恐嚇的意義,就大錯了。大概一個字義見於古書決不止一次,除非變形出現(所謂假借),否則祇見一次者必極可疑,因爲既是語言中所有的字義,何以没有别人沿用呢?因此,像《新方言》裏所釋的“舍”字和《辭海》裏所釋的“嚇”字都是極不可靠的。

自從清人提倡聲韻之學以後,流風所播,許多考據家都喜歡拿雙聲疊韻來證明字義的通轉,所謂一聲之轉,往往被認爲一種有力的證據。其實這種證據的力量是很微弱的;除非我們已經有了别的有力的證據,纔可以把“一聲之轉”來稍助一臂之力。如果專靠語音的近似來證明,就等於没有證明。雙聲疊韻的字極多,安知不是偶合呢?譬如廣州有一個“淋”字,意義是熟爛了的,若依一聲之轉的説法,我們儘可以説“淋、爛”一聲之轉,“爛”是俗語“淋”的前身。我們之所以不這樣説,因爲除了一聲之轉的武斷之外,毫無其他强有力的理由。再看粤語區域中另一些地方,“淋”讀如“稔”的平聲(粤語“稔”讀nɐm上聲),倒反令我們懷疑它的本音是[nɐm],廣州有一部分人n、l不分,才念成了“淋”的。如果我們猜想的不錯,更不能説它是由“爛”字變來了。聲韻的道理,本極平常,而前

①《莊子》原文“也”作“邪”。

人認爲神祕,所以雙聲叠韻之説也由於它的神祕性而取得了它所不應得的重要性。這是新訓詁學所不容的。

舊訓詁學的弊病,最大的一點乃是崇古。小學本是經學的附庸,最初的目的是在乎明經,後來範圍較大,也不過限於明古。先秦的字義,差不多成爲小學家唯一的對象。甚至現代方言的研究,也不過是爲上古字義找一些證明而已。這可説是封建思想的表現,因爲尊經與崇古,就是要維持封建制度和否認社會的進化。

二、 新訓詁學

以上對於舊訓詁學的功罪,説了不少的話;舊訓詁學的功罪既定,新訓詁學應該采取什麼途徑,也可以"思過半"了。

我們研究語義,首先要有歷史的觀念。前人所講字的本義和引申假借(朱駿聲所謂轉注假借),固然也是追究字義的來源及其演變,可惜的是,他們衹着重在漢代以前,漢代以後就很少道及。新訓詁學首先應該矯正這個毛病,把語言的歷史的每一個時代看作有同等的價值。漢以前的古義固然值得研究,千百年後新起的意義也同樣地值得研究。無論怎樣"俗"的一個字,衹要它在社會上佔了勢力,也值得我們追求它的歷史,例如"鬆緊"的"鬆"字和"大腿"的"腿"字,《説文》裏没有,因此,一般以《説文》爲根據的訓詁學著作也就不肯收它(例如《説文通訓定聲》)。我們現在要追究,像這一類在現代漢語裏佔重要地位的字,它是什麼時候產生的。至於"脖子"的"脖"、"膀子"的"膀",比"鬆"字的時代恐怕更晚,但是我們也應該追究它的來源。總之,我們對於每一個語義,都應該研究它在何時產生,何時死亡。雖然古今書籍有限,不能十分確定某一個語義必係產生在它首次出現的書的著作時代,但至少我們可以斷定它的出世不晚於某時期;關於它的死亡,亦同此理。前輩對於語義的生死,固然也頗爲注意,可惜衹注意到漢以前的一個時期。我們必須打破小學爲經學附庸的舊觀念,然後新訓詁學纔真正成爲語史學的一個部門。

關於語義的演變,依西洋舊說,共有擴大、縮小、轉移三種方式。我們曾經有機會在別的地方解釋過這三種方式,現在不妨重說幾句。擴大式例如“臉”字,本是“目下頰上”的意思,現在變了面部的意思,這樣是由面上的一小部分擴大至於整個面部了。縮小式例如“趾”字,“趾”本作“止”,足也(《儀禮·士昏禮》“皆有枕,北止”鄭注“足也”),後來變了腳趾的意思,這樣是由整個的腳縮小至於腳的一部分了。轉移式例如“腳”字,本是“脛”(小腿)的意義,後來變了與“足”同義,這樣是由身體的某一部分轉移到另一部分。上述這三種方式並不限於名詞,動詞和形容詞等等也是一樣。現在試再舉幾個例子。“細”字從糸,大約本來衹用爲絲的形容詞,後來變了小的意義,這是擴大式;現在粵語的“細”就是小,而官話的“細”又變了細緻、精細的意義,這是縮小式。“幼”字本來是幼穉的意思,現在粵語白話稱絲麻布帛之細者爲“幼”(形容詞),這又是轉移式。又如現在官話“走”字等於古代的“行”,也是轉移式。

除了上述的三種方式之外,還有一種特殊情形是在三式之外的,就是忌諱法。在古代,帝王的名諱往往引起語言的轉變。漢明帝名“莊”,以致“莊光”變了“嚴光”,甚至諱及同音字,“治裝”變了“治嚴”,“妝具”變了“嚴具”。唐太宗名“世民”,以致“三世”(祖孫三世)變了“三代”,“生民”變了“生人”。此外還有對於人們所厭惡的事物的忌諱。粵語中此類頗多,例如廣東“蝕本”的“蝕”音如“舌”,商人諱“蝕”,於是“豬舌”變了“豬利”,“牛舌”變了“牛利”;商人和賭徒諱“乾”(“乾”是没有錢的象徵),“乾、肝”同音,於是“豬肝”變了“豬潤”,有些地方變了“豬濕”;甚至有些地方的賭徒諱“書”爲“勝”,因爲“書、輸”同音的緣故。這是關於財富上的忌諱。粵語區域的人忌諱吃的血,所以稱豬血爲“豬紅”;雲南人也有同樣的忌諱,所以稱豬血爲“旺子”。粵語區域稱“殺”爲“劏”(音如“湯”),所以有些地方諱“湯”爲“羹”(但“羹”義古已有之),例如南寧;有些地方的某一部分人諱“湯”爲“順”,例如欽廉一帶的賭徒及商店夥計們。這是關於死傷方面的忌諱。又如廣東有許多人諱“空身”爲“吉身”。

所謂“空身”，是不帶行李貨物而旅行的意思。粵語“空、凶”同音，所以諱“凶”而說“吉”。這是關於吉凶的忌諱。

有些語義的轉移，可認爲語義的加重或減輕。現在試舉“誅、賞”二字爲例。“誅”字從言，起初衹是責的意思(《論語》“於予與何誅”)，後來纔轉爲殺戮的意思，由責以至於殺戮，這是加重法。“賞”字從貝，起初衹是賞賜的意思，後來纔轉爲贊賞的意思，由實物的賞賜以至於言語的贊美，這是減輕法。又試舉現代方言爲例。粵語以價賤爲“平”，本來是像平價、平糶的“平”，衹是價值相當的意義，由價值相當以至於價賤，也是一種加重法。西南官話有許多地方稱價賤爲“相應”，恐怕也是這個道理。加重法似乎可歸入擴大式，減輕法似乎可歸入縮小式，但二者也都可認爲轉移式。意義的轉變不一定就是新舊的替代，有時候，它們的新舊兩種意義是同時存在過(如“誅”字)，或至今仍是同時存在(如“賞”字)。因此我們知道語義的轉移共有兩種情形：一種如蠶化蛾，一種如牛生犢。

上面說過，語言學可分爲三個部門：語音；語法；語義。但語義學並不能不兼顧到它與語音或語法的關係。關於語音和語義的關係，前人已經注意到。章炳麟一部《文始》，其成功的部分就是突破了字形的束縛，從音義聯繫的觀點上得到了成功。這可以不必多談。至於語法和語義的關係，向來很少有人注意到。上面說及“什麼都……”一類的語法(疑問代詞後緊接着範圍副詞)是上古所沒有的，於是我們知道“舍皆……”不能解作“何物皆……”，就是從語法上證明語義的。試再舉一些類似的例子。許多字典都把“適”字解釋爲“往也”，然而上古的“往”字是一個純粹的內動詞，“往”的目的地是不說出或不能說出的；上古的“適”字是一個外動詞或準外動詞(有人稱爲關係內動詞)，“適”的目的地是必須說出的。“往”等於現代官話的“去”，“適”等於現代官話的“到……去”，這是語法的不同影響到語義的不同。

研究語義的產生及其演變，應該不受字形的束縛，例如“趣”與“促”、“陽”與“佯”、“韜”與“弢”、“矢”與“屎”、“溺”與“尿”，論字形毫無相似之處,若論音義則完全相同(當然這不是說它們所含別的意義也全同)。有些字,形雖不古,而其意義則甚古,我們斷定它們出生的時代,應該以意義爲準,例如“糖”字出世雖晚,“餳”字則至少漢代就有,於是我們可以斷定“糖”的語義是頗古的。反過來說,另有些字,意義雖不古而其形則甚古者,我們斷定它們出生的時代,也不能以字形爲準,例如搶劫的“搶”大約是宋代以後纔產生的語義,先秦雖也有“搶”字(《莊子・逍遙遊》“飛搶榆枋”),但和搶劫的“搶”無關。又如穿衣的“穿”,雖很可能是從貫穿的意義變來,但它在什麼時候開始有穿衣的意義,我們不能不管。現在許多字典(如《辭海》)甚至於不把穿衣的一種意義列入“穿”字下,就更不妥了。又如“回”字,雖然在先秦經籍上屢見,但來回的“回”却大約遲至唐代纔產生。上古的“回”等於後代的“迴”,《說文》“回”下云“轉也”,《醉翁亭記》所說的“峰回路轉”就是“峰迴路轉”。來回的意義自然是由轉的意義引申來的,因爲走回頭路必須轉彎或向後轉。現代吳語一部分(如蘇州話)和客家話都以“轉”爲“回”,可爲明證。但我們衹能說當“回”字作“轉”字講的時代已潛伏着轉變爲來回的意義的可能性,我們不能說上古就有了來回的“回”。現代的“回”在上古叫做“反”(後來寫作”返”)。這樣研究語義,纔不至於上了字形的當。

從前的文字學家也喜歡研究語源,但是他們有一種很大的毛病是我們所應該極力避免的,就是“遠紹”的猜測。所謂遠紹,是假定某一種語義曾於一二千年前出現過一次,以後的史料毫無所見,直至最近的書籍或現代方言裏纔再出現。這種神出鬼没的怪現狀,語言史上是不會有的。上文所述《辭海》裏解釋“嚇”字,就犯了這種武斷的毛病。此外另有一種情形和這種情形相近似的,就是假定某一種意義在一二千年前已成死義,隔了一二千年後,還生了一個兒子,例如“該”字,《說文》云:“軍中約也。”應該的“該”和該欠的“該”似乎都可以勉強說是由“軍中約”的意義引申而來(段玉裁就是這樣說)。但可怪的是,應該的“該”大約產生於宋代以後,該欠的“該”或者更後。而“軍中約”的古義,即使曾經存在過,也在漢代以前早成死義,怎能在千年之後忽然引申出兩種新興的意義來呢？這是語源學方法中最重要的一點。

但是，從歷史上觀察語義的變遷，我們首先應該有明鋭的眼光，任何細微的變化都不能忽略過去。多數語義的轉移總不外是引申，所謂引申，好比是從某一地點伸張到另一地點。既是引申，就不免或多或少地和原義有類似之點；如果太近似了，雖然實際上發生了變化，一般人總會馬馬虎虎地忽略了過去，以差不多爲滿足。這樣，在許多地方都不會看得出變遷的真相來，例如上文所舉的"腳"字，本來是"脛"的意思，"脛"就是現代所謂"小腿"，"小腿"和"腳丫子"差得頗遠，而《辭海》於"腳"字下第一義竟云："脛也，見《說文》。按腳爲足之别稱。"這樣是說足等於腳，腳等於脛，完全没有古今的觀念了。段玉裁的眼光最爲敏鋭，譬如他注釋"僅"字，會注意到唐代的"僅"和清代的"僅"不同，唐代的"僅"是庶幾的意思，段氏舉杜甫詩"山城僅百層"爲例。我們試拿唐人的詩文來印證，就會覺得確切不易，例如白居易《燕子樓·序》："爾後絶不復相聞，迨茲僅一紀矣。"按唐代的"僅"和清代的"僅"都是程度副詞，很容易被認爲一樣，然而前者歎其多，後者歎其少，實際上恰得其反。與"僅"字相類似的有"稍"字，宋代以前"稍"字都作"漸"字講，近代纔作"略"字講。像這種地方最有興趣，我們絶對不該輕易放過。

現在試舉兩個很淺的字爲例。"再"字，唐宋以前都是二次(twice)的意思，"再醮、再造、再生"都是合於這種意義的，現代變了復(again)的意思，就不同了，例如說"某君已來三次，明日再來"，這種地方在古代衹能用"復來"，不能用"再來"。古代的"再"字非但不能指第三次以上的行爲而言，而且也還不是專指第二次的行爲而言，而是兼指兩次的行爲。《說文》"再"下云："一舉而二也。"最妥。又如"兩"字，現在意義是和"二"字差不多了(語法上稍有異點，見拙著《中國現代語法》第四章)，但在最初的時候，"兩"和"二"的意義應該是大有分别的。本來，數目上的"兩"和車兩的"兩"(今作"輛")是同源的。《說文》以"㒳"爲數目的"兩"，"兩"爲車兩的"兩"，那是强生分别，像唐人之分别"疏、疎"，今人之分别"乾、乹"一樣。《風俗通》裏說"車有兩輪，故稱爲兩"，這是很對的。我們猜想最初的時候,祇有車可稱爲“兩”,所以《詩·召南》“之子于歸,百兩御之”,“百兩”就可以表示百車。由車兩的意義引申,凡物成雙的都可以叫做“兩”。但它和“二”字的不同之點乃是:前者祇指兩物相配,不容有第三者存在;後者無所謂相配,祇是泛指“二”數而言。因此,“兩儀、兩端、兩造、兩廡”之類都是合於上古的意義的,因爲没有第三儀、第三端、第三造、第三廡的存在的可能。“兩漢、兩晉、兩湖、兩廣”也是對的。至於像《史記·陳軫列傳》説“兩虎方且食牛”,這就和“二”字的意義差不多了。可見漢代以後,“兩”和“二”的分别漸歸泯滅。現在我們説“買兩斤肉、吃兩碗飯”之類是完全把“兩”和“二”混而同之,若依上古的意義,是不能用“兩”的,因爲市面上不止有兩斤肉,我不過祇買其中的兩斤;飯鍋裏也不止有兩碗飯,我不過祇吃其中的兩碗而已。這種地方是很容易忽略過去的。有時候,我們祇須利用前人所收集的資料,另换一副頭腦去研究它,就可以有許多收穫。

曾經有人提及過文字學和文化史的關係,有許多的語源可以證明這一個事實。依《説文》所載,馬牛犬豕的名目那樣繁多,可以證明畜牧時代對於家畜有詳細分别的必要。“治”字從水,它的本義應該就是治水。《説文》以“治”爲水名,朱駿聲云:“治篆實當出别義,一曰汩也,理導水也。”這是妥協的説法。其實祇有“理導水”是最初的意義。因此,我們可以證明太古確有洪水爲災,古人先製“治”字,然後擴大爲普通治理的意義;治玉、治國之類都祇是後起的意義而已。又上古重農,所以稻麥的名稱也特繁。祇須看買賣穀米另有“糴、糶”二字(“䭆”字可能就是“糶”字的前身),就可知上古的農業重要到了什麽程度。再説,關於風俗習慣,也可以由語詞的分化或合併看出來,例如關於鬍子,上古共有“髭、鬚、髯”三字,在口上叫做“髭”,在頤下叫做“鬚”,在頰旁叫做“髯”。鬍子分得詳細,就顯示古人重視鬍子。近代的人把鬍子剃得光光的,自然不需要分别,祇通稱爲“鬍子”就够了。

其實何止如此?一切的語言史都可認爲文化史的一部分,而語義的歷史又是語言史的一部分。從歷史上去觀察語義的變遷,然後訓詁學纔有新的價值。即使不顧全部歷史而祇作某一時代的語義的描寫(例如周代的語義或現代的語義),也就等於斷代史,仍舊應該運用歷史的眼光。等到訓詁脫離了經學而歸入了史的領域之後,新的訓詁學纔算成立。到了那時節,訓詁學已經不復帶有古是今非的教訓意味,而是純粹觀察、比較和解釋的一種學問了。

原載《開明書店二十周年紀念文集》,1947 年

雙聲疊韻的應用及其流弊

雙聲、疊韻這兩個名詞,在現代已不復有神祕的意義。大家都知道:兩個字的聲紐相同,叫做雙聲;兩個字的韻部相同,叫做疊韻。在這樣容易瞭解的情況之下,有些學者,當應用雙聲疊韻的道理來幫助他們的議論的時候,還容易陷於謬誤。這是什麼緣故呢?

原來學者之應用雙聲疊韻,往往爲的是證明歷史上的問題,因此,如果不知道古代的聲紐與韻部,就不免要弄錯了,例如“交”與“際”,在今北京是雙聲,然而在上海已經不是雙聲,在古代更不是雙聲;“金”與“銀”,在今北京上海是疊韻,然而在廣州已經不是疊韻,在古代更不是疊韻了。所以我們要談雙聲疊韻的時候,首先不要囿於現代方音。這話說來容易,做時就難。常見很好的一篇考據文章,由於錯認了雙聲疊韻,就成了白圭之玷。若要免於錯誤,最好的方法就是查書。關於雙聲,可查黄侃的《集韻聲類表》;關於上古疊韻,可查江有誥的《諧聲表》(在《音學十書》內);關於中古疊韻,可查《廣韻》。

除了普通的雙聲之外,還有古雙聲與旁紐雙聲。古雙聲例如“門”與“問”(“門”明母,“問”微母)、“丁”與“張”(“丁”端母,“張”知母);旁紐雙聲例如“忌”與“驕”(“忌”群母,“驕”見母)、“天”與“地”(“天”透母,“地”定母)。在適當的情形之下,古雙聲與旁紐雙聲都可應用;但最好是加注説明,否則讀者也許以爲作者連守溫三十六字母也還没弄清楚。再者,關於古雙聲,尚有些未解決的問題(例如端照雙聲、定喻雙聲等);至於旁紐雙聲,又不如正紐雙聲之可靠。注明了,可以表示作者之認真,不願以不十分可靠的雙聲冒充雙聲。

普通所謂疊韻往往是指古叠韻而言(因爲往往是考據上古的史料纔去談叠韻),似乎不必加注説明了。但是,爲了讀者的便利,我們最好加以説明,例如要説"思、才"疊韻,最好是注明"思、才"皆屬古音之部。

雙聲疊韻的證明力量是有限的,前輩大約因爲太重視音韻之學了,所以往往認雙聲叠韻爲萬能。其實,無論在何種情況之下,雙聲叠韻衹能做次要的證據。如果是既雙聲,又叠韻,則其可靠的程度還可以高些,因爲這樣就是同音或差不多同音(如僅在韻頭有差别),可以認爲同音相假;至於衹是雙聲或衹是叠韻,那麽,可靠的程度更微末了;再加上古雙聲、旁紐雙聲、旁轉、對轉等等説法,通假的路越寬,越近於胡猜。試把最常用的二三千字捻成紙團,放在碗裏搞亂了,隨便拈出兩個字來,大約每十次總有五六次遇着雙聲叠韻,或古雙聲、旁紐雙聲、旁轉、對轉。拿這種偶然的現象去證明歷史上的事實,這是多麽危險的事! 由此看來,當我們要證明某一歷史事實的時候,必須先具備直接的充分證據,然後可以拿雙聲叠韻來幫助證明;我們決不該單憑雙聲叠韻去做唯一的證據。

前輩對於雙聲疊韻最爲濫用者,要算方言之研究。章太炎先生一部《新方言》,十分之八九是單憑雙聲叠韻(或同音)去證明今之某音出於古之某字。大致説起來,他的方法是,先博考群書,證明某字確有此種意義,然後説明現代某處口語中有音與古籍中某字之音義皆相同或相近(音相近即雙聲或叠韻),因而證明今之某音即古之某字,例如《新方言》二,頁 53:

> 《説文》,悸,心動也,其季切,今人謂惶恐曰"悸",以北音"急"讀去聲,遂誤書"急"字爲之。

依這一段文章看來,可以分析成爲下面的邏輯:

1. 古“悸”字有心動義；

2. 今“急”字有惶恐義；

3. 古“悸”字與今“急”字音相近(“悸”群母,“急”見母,旁紐雙聲)；

4. 古“悸”字與今“急”字義相近(心動與惶恐同屬心情之變化)；

5. 故今“急”字即由古“悸”字演變而來。

1、2、3、4 都是原有的判斷,5 纔是推演出來的另一判斷,因此,1、2、3、4 都是不錯的,衹是 5 就犯了推理上的謬誤了。像 5 這種結論,如果我們補出它的大前提,成爲三段論法,就是:

凡古字與今字音義相近者,必係同字之演變；

今“悸”與“急”音義相近；

故“悸”字與“急”字係同字之演變。

這麼一分析,我們就會覺得這個大前提說不通。因爲古今字音義相近者甚多,未必皆是同字之演變。若依這個大前提去研究方言,決不能得到顛撲不破的結論。假如另有人說具惶恐意義的急字(急字是否與惶恐之義完全相當,也是疑問,現在姑且假定是相當的)是從古代兢字演變而來(“兢”見紐,“急”亦見紐,是雙聲,《詩・雲漢》“兢兢業業”,傳:“兢,恐也。”“兢”與“急”音義更相近),我們就没法判斷誰更有理。這樣研究方言,可以“言人人殊”,除令人欽佩作者博聞強記之外,對語言的歷史實在没有什麼大貢獻。

不過,這種研究法所得的結論可靠的程度也不能一律。大約音義相同或差不多相同者,其可靠程度較高；僅僅音義相近者,其可靠程度較低,例如《新方言》同頁:

> 《說文》,悑,惶也,或作“怖”,普故切,今人謂惶懼曰“怖”,轉入禡韻,以憺怕字爲之。唐義淨譯佛律已作怕懼,此當正者。

這是可靠程度較高的,因爲:“怖”與“怕”既雙聲又疊韻(“怖”和“怕”聲同屬滂母,又同屬古韻魚部),而且魚部在上古很有念-a 的可能,則怕(pà)也許就是古音的殘留；“怖”與“怕”都有惶懼的意義,不像“悸”之心動與“急”之惶恐畢竟相差頗遠。由此看來,“怖、怕”之相承,並非單憑雙聲叠韻的證明。因此更可見雙聲疊韻不足爲主要證據。

除了研究方言之外,講訓詁的人也往往應用雙聲叠韻。有時候,别的證據很多,再加上雙聲或叠韻爲證,固然更有力量;但有時僅以雙聲或叠韻爲據,說了也幾乎等於没有說。又如近人要證明古書人名地名的異文,也往往單憑雙聲叠韻爲證,這至多衹能認爲一種尚待證明的猜想。譬如我們要證明莊周即楊朱,或陽子居即楊朱,我們就該努力來尋求更有力的證據,不可以雙聲叠韻之說爲滿足(“莊、楊”叠韻,“周、朱”雙聲,音頗相近,“子、朱”衹可認爲準古雙聲,“居、朱”又可算是旁轉,故“陽子居”與“楊朱”音不甚近)。其他一切考證,都是這個道理。

總之,我們做學問,猜想本來是可以的。但是,作者必須明顯地承認這是一種猜想,讀者也該瞭解這是一種猜想。我們不能再認雙聲叠韻爲萬能。它們好比事實的影子,當我們看見某一個影子很像某一件事實的時候,自然可以進一步而求窺見事實的真面目;如果衹憑那影子去證明事實,那就等於“捕風捉影”了。

原載燕京大學《文學年報》第3期

[收入《漢語史論文集》時的附記]這篇短文是1937年發表的,到現在已經二十年了。其中談的都是極淺近的道理,似乎没有收入《漢語史論文集》的必要。但是,就在最近的一二年來,仍舊有許多人把雙聲叠韻看做是從語言學上考證古代歷史和古代文學史的法寶,因此,把這篇文章再印出來,也還不算是浪費紙墨。

1956.12.10.

同源字論

一、什麼是同源字

二、從語音方面分析同源字

三、從詞義方面分析同源字

四、同源字的研究及其作用①

一、 什麼是同源字

凡音義皆近、音近義同，或義近音同的字，叫做同源字。這些字都有同一來源。或者是同時產生的，如“背”和“負”；或者是先後產生的，如“犛”（牦牛）和“旄”（用牦牛尾裝飾的旗子）。同源字，常常是以某一概念爲中心，而以語音的細微差別（或同音），表示相近或相關的幾個概念，例如：

小犬爲“狗”，小熊、小虎爲“豿”，小馬爲“駒”，小羊爲“羔”。

草木缺水爲“枯”，江河缺水爲“涸”、爲“竭”，人缺水欲飲爲“渴”。

水缺爲“決”，玉缺爲“玦”，器缺爲“缺”，門缺爲“闕”。

① 編者注：底本無此目録。現添此目録，一爲方便讀者，二爲與其他論文體例統一。

遏止爲“遏”,字亦作“閼”,音轉爲“按”;遏水的堤壩叫“堨”,音轉爲“堰”。遏與塞義近,塞則不流,故水不流通爲“淤”,血不流通爲“瘀”。遏與抑義近,故音轉爲“抑”、爲“壓”。

“句(勾)”是曲的意思,曲鉤爲“鉤”,曲木爲“枸”,軛下曲者爲“軥”,曲竹捕魚具爲“笱”,曲礙爲“拘”,曲脊爲“痀”(駝背),曲的乾肉爲“朐”。

“聚”是聚集,“湊”也是聚集的意思。車輻聚於轂爲“輳”,物聚爲“簇、蔟”,同宗聚居的人爲“族”,樹木聚生爲“叢”。

“驚”是馬驚,引申爲警覺。“警”是警戒,“儆”是使知所警戒,都和驚義相近。“敬”是做事嚴肅認真,警惕自己,免犯錯誤。

“皮”是生在人和動物體上的,“被”是覆蓋在人體上的。“被”的動詞是“披”(也寫作“被”),一般指覆蓋在肩背上。“帔”是古代披在肩背上的服飾。

“兩”是成雙的二。車有兩輪,所以車的量詞是“兩”(後來寫作“輛”),屨一雙也叫“兩”(《説文》作“緉”)。古代背心叫“裲襠”,因爲它既當胸,又當背(兩當)。

“兼”字原指兼持兩個禾把,引申爲兼併。“縑”是并絲繒,即用雙線織成的絲織品。“鶼”是比翼鳥,“鰜”是比目魚。

“乾”是乾燥。“暵、熯”也都是乾。“旱”是乾旱。

“卷”的本義是膝曲,“捲”是卷起來。“棬”是屈木盂。“拳”是卷起來的手。“鬈”是頭髮卷曲。

“關”是門閂。“楗、鍵”是關牡,即木鎖或銅鎖。“管”是鑰匙。

“暗”是日無光,“闇”也是暗,但多用於抽象意義糊塗。“陰”是山北,即太陽照不到的一面。“霒”是天陰,通常寫作“陰”。“蔭”是草陰地,也指樹陰。引申爲庇蔭,也寫作“廕”。

黑色叫“盧”,也寫作“黸”。黑弓叫“玈”,黑土叫“壚”,黑狗叫“獹”,黑色的橘子叫“櫨”,瞳子因爲是黑色的,叫“矑”。

爲什麼説它們是同源呢?因爲它們在原始的時候本是一個詞,完全同音,後來分化爲兩個以上的讀音,纔產生細微的意義差別。有時候,連讀音也没有分化(如“暗、闇”),衹是字形不同,用途也不完全相同罷了。

同源字產生的另一個原因是方言的差異,例如:

《方言》卷二:“鍇、鐕,堅也。自關而西,秦晉之間曰鍇,吳揚江淮之間曰鐕。”

“堅”是通語,“鍇、鐕”是方言。“鍇”與“鐕”雙聲叠韻,“鍇、鐕”與“堅”是脂真對轉。

《方言》卷三:“凡草木刺人,北燕朝鮮之間謂之茦(初革反)……自關而西謂之刺(七亦反)。”

“茦”與“刺”錫部叠韻。

《左傳·哀公三年》:“無備而官辦者,猶拾瀋也。”釋文:“北土呼汁爲瀋。”

“瀋”與“汁”侵緝對轉。

《說文》:“埂,秦謂阬爲埂。”

“阬”與“埂”陽部叠韻。

《方言》卷五:“牀,齊魯之間謂之簀,陳楚之間或謂之笫。”

“笫”與“簀”脂錫通轉。

同源字必然是同義詞或意義相關的詞。但是,我們不能反過來說,凡同義詞都是同源字,例如,“關”與“閉”同義、“管”與“籥”同義,但是,它們不是同源字,因爲讀音相差很遠,即使在原始時代,也不可能同音。語音的轉化是有條件的。

通假字不是同源字,因爲它們不是同義詞或意義相近的詞,例如“蚤”和“早”、“政”和“征”。我們不能說,跳蚤的“蚤”和早晚的“早”有什麼關係,也很難說政治的“政”和征伐的“征”有什麼必然的關係。

異體字不是同源字,因爲它們不是同源而是同字,即一個字的兩種或多種寫法,例如“綫”和“線”、“姻”和“婣”、“簀”和“䈙”、“迹”和“蹟、速”

等。這一類字在本字典中，一般祇用括號注在較常用的字後面（不拘泥於《説文》所收的本字）。但是，《説文》分爲兩個或幾個字頭而實際上應認爲異體的字，我們仍然把它們當做同源字看待，不過説明它們實同一詞。

這樣，我們所謂同源字，實際上就是同源詞。我們從語言的角度來看同源字，就會發現，同字未必同源，不同字反而同源，例如"戾"字有乖戾、暴戾、罪戾、戾止（蒞止）等多種意義，這些意義各不相關。這就是同字未必同源。這實際上是幾個各别的同音詞，將來漢字改爲拼音文字以後，在詞典中應該分爲幾個詞頭，不要混在一起。又如"比"字有齊同、密列、頻繁等多種意義。齊同的"比"，其同源字是"妣、媲、妃、配、匹"；密列的"比"，其同源字是"密、篦"；頻繁的"比"，其同源字是"頻"。"比"字的幾種意義，齊同、密列、頻繁等義又復相關。這就是不同字反而同源。

語言中的新詞，一般總是從舊詞的基礎上產生的，例如梳頭的工具總名是"櫛"，後來櫛又分爲兩種，齒密的叫"篦"，齒疏的叫"梳"。"篦"是比的意思，"比"就是密。"梳"是疏的意思。可見"篦、梳"雖是新詞，它們是從舊詞的基礎上產生的。同源字中有此一類。

還有一類很常見的同源字，那就是分别字（王筠叫做"分别文"）。分别字歷代都有。背東西的"背"，晚近寫作"揹"，以區别於背脊的"背"。嘗味的"嘗"，晚近許多人寫作"噌"，以區别於曾經的"嘗"。這些字曾經行用一個時期，漢字簡化後，纔又取消了。有些近代產生的分别字，至今還没有取消，例如阻擋的"擋"本來寫作"當"（螳臂當車），近代造了一個分别字"擋"，以區别於應當的"當"。《説文解字》一書中，就有許多分别字，例如柴祭的"祡"本來寫作"柴"，後來爲了區别於柴薪的"柴"，就另造一個"祡"字。懈怠的"懈"本來寫作"解"，後來爲了區别於解結的"解"，就另造一個"懈"字。存歿的"歿"本來寫作"没"，後來爲了區别於淹没的"没"，就另造一個"歿"字。《説文》寫作"歾"，以"歿"爲重文。這些字我們都當作同源字看待。由於祡祭是焚柴祭天，可見"祡、柴"同源；由於懈怠是心情鬆懈，有似解帶，可見"懈、解"同源。至於人死叫"没"，那是委婉語,用淹没來比喻死亡,可見"殁、没"同源。分别字產生於一詞多義,在文字上也可說是一種進步。但是我們應該知道,分别字乃是後起的字,如果認爲本字,那就是倒果爲因。《玉篇》云:"歾、殁,古文没字。"朱駿聲云:"没,叚借爲殁。"這種解釋都是錯誤的。

分别字可以產生,也可以不產生,例如"長"字,既是長短的"長",又是長幼的"長",至今没有人造出分别字。但是,"陳"字就不同了。漢代以前,陳列的"陳"和行陳的"陳"同形,漢代以後纔產生了"陣"字。顔之推指出,行陳的"陳(陣)"來源於陳列的"陳"(《顔氏家訓·書證篇》),可見大多數分别字都是同源字。從前文字學家把《説文》所收的分别字認爲是本字,又把《説文》所未收的分别字認爲是俗字,那是不公平的,也是不合理的。本字典所收的同源字,一直收到漢代以後乃至明清以後的俗字,如"住、螄、殞、呪、濾、硯、鋼、腑、臟、膈、透、嶺、殮、嶂、鼴、雯、擱、擋、慌、踢"等。這對於語源的探索是有幫助的。

判斷同源字,主要是根據古代的訓詁。有互訓,有同訓,有通訓,有聲訓。互訓的例子是:

《説文》:"走,趨也。"又:"趨,走也。"

《説文》:"譁,讙也。"又:"讙,譁也。"

《説文》:"頂,顛也。"又:"顛,頂也。"

《説文》:"琱,琢也。"又:"琢,琱也。"

《説文》:"銷,鑠金也。"又:"鑠,銷金也。"

《説文》:"捨,釋也。"《左傳·哀公八年》注:"釋,舍也。"

《説文》:"窮,極也。"《楚辭·離騷》注:"極,窮也。"

《説文》:"晚,莫也。"《詩·齊風·東方未明》傳:"莫,晚也。"

《廣雅·釋器》:"蒼,青也。"《文選·謝朓〈始出尚書省詩〉》注:"青,即蒼也。"

《廣雅·釋詁二》:"躍,跳也。"《列子·湯問》注:"跳,躍也。"

《廣雅·釋詁一》:"柔,弱也。"《淮南子·原道》注:"弱,柔也。"

《廣雅·釋言》:"逆,迎也。"《史記·五帝本紀》正義:"迎,逆也。"

《廣雅·釋言》:"報,復也。"《左傳·定公四年》注:"復,報也。"

《廣雅·釋詁三》:"界,竟也。"《周禮·夏官·掌固》注:"竟,界也。"

《爾雅·釋詁》:"溢,盈也。"《易·坎卦》虞注:"盈,溢也。"

《爾雅·釋言》:"遞,迭也。"《易·說卦》虞注:"迭,遞也。"

《左傳·成公十六年》服注:"注,屬也。"《國語·晉語五》注:"屬,猶注也。"

《左傳·文公十年》注:"強,健也。"《戰國策·秦策二》注:"健者,強也。"

《左傳·襄公十四年》注:"蒙,冒也。"《漢書·食貨志下》注:"冒,蒙也。"

《詩·大雅·抑》箋:"舊,久也。"《文選·班固〈答賓戲〉》注:"久,舊也。"

《詩·豳風·七月》傳:"疆,竟也。"《說文新附》:"境,疆也。"

《書·禹貢》傳:"奠,定也。"《國語·齊語》注:"定,奠也。"

《老子》二十一章王注:"孔,空也。"《漢書·張騫傳》注:"空,孔也。"

《荀子·非十二子》注:"存,在也。"《淮南子·原道》注:"在,存也。"

《漢書·欒布傳》注:"徒,但也。"《王尊傳》注:"但,徒也,空也。"

同訓的例子是:

《說文》:"省,視也。"又:"相,省視也。"《爾雅·釋詁》:"相,視也。"

《說文》:"扶,佐也。"又:"輔,佐也。"

《說文》:"國,邦也。"又:"或(域),邦也。"

《說文》:“句,曲也。”又:“鉤,曲也。”

《說文》:“溢,器滿也。”又:“盈,器滿也。”

《說文》:“仰,舉也。”《說文新附》:“昂,舉也。”

《說文》:“迫,近也。”《說文新附》:“偪,近也。”

《說文》:“噣,喙也。”《詩·曹風·候人》傳:“咮,喙也。”

《說文》:“遼,遠也。”《廣雅·釋詁一》:“超,遠也。”又:“遙,遠也。”

《說文》:“踣,僵也。”《廣雅·釋詁四》:“仆,僵也。”

《說文》:“夕,莫也。”《詩·大雅·烝民》箋:“夜,莫也。”

《爾雅·釋詁》:“乃,汝也。”《小爾雅·廣詁》:“若,汝也。”又:“爾,汝也。”又:“而,汝也。”

《爾雅·釋詁》:“吾,我也。”又:“卬,我也。”

《爾雅·釋詁》:“斯,此也。”《廣雅·釋言》:“是,此也。”

《爾雅·釋木》:“叢,聚也。”《漢書·叔孫通傳》注:“輳,聚也。”

《爾雅·釋天》:“迴風爲飄。”《禮記·月令·孟春》注:“回風爲猋。”

《爾雅·釋言》:“登,升也。”《書·舜典》傳:“陟,升也。”

《爾雅·釋詁》:“弘,大也。”又:“宏,大也。”

《廣雅·釋器》:“赭,赤也。”又:“朱,赤也。”

《廣雅·釋詁三》:“湊,聚也。”又:“族,聚也。”

《廣雅·釋詁一》:“亟,急也。”《禮記·檀弓上》注:“革,急也。”

《廣雅·釋詁二》:“惻,痛也。”又:“憯,痛也。”

《廣雅·釋詁四》:“增,重也。”《楚辭·招魂》注:“層,重也。”

《廣雅·釋詁四》:“著,明也。”又:“彰,明也。”《荀子·正名》注:“章,明也。”

《詩·唐風·山有樞》傳:“考,擊也。”《淮南子·說林》注:“叩,擊也。”

《詩·小雅·信南山》傳:“彧彧,茂盛貌。”《文選·古詩十九首》注:“鬱鬱,茂盛也。”

《左傳·襄公二十五年》注:"億,度也。"《列子·説符》注:"意,度也。"

《荀子·禮論》注:"直,但也。"《吕氏春秋·君守》注:"特,但也。"

《吕氏春秋·孟春》注:"殖,長也。"《樂成》注:"植,長也。"

應當指出,互訓、同訓的字並不都是同義詞。有些字衹是詞義相關,並非完全同義,例如"盈"和"溢"。《廣雅》以"盈"釋"溢",《易》注以"溢"釋"盈"是互訓;《説文》對於這兩個字都解作器滿,是同訓。其實"盈"是器滿,"溢"是充滿而流出來,詞義是不相同的。

通訓,是在某字的釋義中,有意義相關的字,例如:

《説文》:"脢,背肉也。""脢、背"音近。

《説文》:"祡,燒柴焚燎以祭天神。""祡、柴"音同。

《説文》:"漁,捕魚也。""漁、魚"音同。

《説文》:"房,室在旁也。""房、旁"音近。

《説文》:"馨,香之遠聞者。""馨、香"音近。

《説文》:"骿,并脅也。""骿、并"音近。

《説文》:"齅,以鼻就臭也。""齅、臭"音同。

聲訓,是以同音或音近的字作爲訓詁,這是古人尋求語源的一種方法。聲訓,多數是唯心主義的,其中還有許多是宣揚封建禮教的,應該予以排斥。但是,也有一些聲訓是符合同源字的,不能一概抹殺,例如:

《釋名》:"負,背也,置項背也。"

《釋名》:"福,富也。"

《釋名》:"曲,局也。"

《釋名》:"瘧,虐也。"

《易·震卦》鄭注:"驚之言警戒也。"

《詩·魯頌·泮水》箋:"泮之言半也。半水者,蓋東西門以南通水,北無也。"

《荀子·禮論》注:"鍪之言蒙也,冒也。"

《漢書·藝文志》注:“詠者,永也。永,長也,歌所以長言之。”

《急就篇》顔注:“櫛之大而粗,所以理鬢者,謂之梳,言其齒稀疏也;小而細,所以去蟣蝨者,謂之比,言其齒比密也。皆因其體而立名也。”

在漢字中,有所謂會意兼形聲字。這就是形聲字的聲符與其所諧的字有意義上的關連,即《説文》所謂“亦聲”。“亦聲”都是同源字,例如:

《説文》:“婢,女之卑者也。从女,从卑,卑亦聲。”

《説文》:“祏,宗廟主也。《周禮》有郊宗石室。一曰大夫以石爲主。从示,从石,石亦聲。”

《説文》:“旄,幢也。从㫃,从毛,毛亦聲。”

《説文》:“警,戒也。从言,从敬,敬亦聲。”

《説文》:“憼,敬也。从心,从敬,敬亦聲。”

《説文》:“彰,文章也。从彡,从章,章亦聲。”

《説文》:“齅,以鼻就臭也。从鼻,从臭,臭亦聲。”

《説文》:“劃,錐刀曰劃。从刀,从畫,畫亦聲。”

《説文》:“忘,不識也。从心,从亡,會意,亡亦聲。”

《説文》:“阱,陷也。从𨸏,从井,井亦聲。”

《説文新附》:“詔,告也。从言,从召,召亦聲。”

有些字,《説文》没説是會意兼形聲,没有用“亦聲”二字,其實也應該是“亦聲”,例如:

《説文》:“詁,訓故言也。从言,古聲。”朱駿聲曰:“按:會意,古亦聲。”

《説文》:“賣,出物貨也。从出,从買。”朱駿聲曰:“按:買亦聲。”

《説文》:“伍,相參伍也。从人,从五。”段玉裁曰:“五亦聲。”朱駿聲曰:“按:五亦聲。”

《説文》:“什,相什保也。从人十。”段玉裁曰:“此舉會意兼形聲。”

《説文》:“佰,相什佰也。从人百。”朱駿聲曰:“按:百亦聲。”

《説文》:“髦,髮也。从髟,从毛。”段玉裁曰:“毛亦聲。”

《説文》:“瀏,捕魚也,从𩺰,从水。漁,篆文瀏从魚。”朱駿聲曰:“从𩺰,从水,會意。按:𩺰亦聲。”

《説文》:“骿,并脅也。从骨,并聲。”段玉裁曰:“形聲包會意也。”朱駿聲曰:“从骨并,會意,并亦聲。”

《説文》:“儆,戒也。从人,敬聲。”朱駿聲曰:“从人,从敬,會意,敬亦聲。”

《説文》:“諍,止也。从言,争聲。”朱駿聲曰:“从言争,會意,争亦聲。”

《説文》:“詠,歌也。从言,永聲。”力按:从言永,會意,永亦聲。

《説文》:“駢,駕二馬也。从馬,并聲。”力按:从馬,从并,會意,并亦聲。

《説文》:“驂,駕三馬也。从馬,參聲。”力按:从馬,从參,會意,參亦聲。

《説文》:“駟,一乘也。从馬,四聲。”朱駿聲曰:“从馬,从四,會意,四亦聲。”

二、 從語音方面分析同源字

由上所述,可以看出,我們所定的同源字,是有憑有據的,不是臆斷的。但是同源字還有一個最重要的條件,就是讀音相同或相近,而且必須以先秦古音爲依據,因爲同源字的形成,絕大多數是上古時代的事了。先從上古韻部説起。

上古漢語共有二十九個韻部。可以分爲三大類,八小類,如下:

(甲) -〇、-k、-ng 類

(1) 没有韻尾的(用-〇表示),包括六個韻部:

1. 之部[ə]　　2. 支部[e]　　3. 魚部[a]

4. 侯部[o]　　5. 宵部[ô]　　6. 幽部[u]

(2) 韻尾爲-k 的,包括六個韻部:

7. 職部[ək]　　8. 錫部[ek]　　9. 鐸部[ak]

10. 屋部[ok]　11. 沃部[ôk]　　12. 覺部[uk]

(3) 韻尾爲-ng 的,包括四個韻部:

13. 蒸部[əng]　14. 耕部[eng]　15. 陽部[ang]

16. 東部[ong]

(乙) -i、-t、-n 類

(4) 韻尾爲-i 的,包括三個韻部:

17. 微部[əi]　　18. 脂部[ei]　　19. 歌部[ai]

(5) 韻尾爲-t 的,包括三個韻部:

20. 物部[ət]　　21. 質部[et]　　22. 月部[at]

(6) 韻尾爲-n 的,包括三個韻部:

23. 文部[ən]　　24. 真部[en]　　25. 元部[an]

(丙) -p、-m 類

(7) 韻尾爲-p 的,包括兩個韻部:

26. 緝部[əp]　　27. 盍部[ap]

(8) 韻尾爲-m 的,包括兩個韻部:

28. 侵部[əm]　　29. 談部[am]

韻部系統如下表:

韻　表

甲類	之 ə	支 e	魚 a	侯 o	宵 ô	幽 u
	職 ək	錫 ek	鐸 ak	屋 ok	沃 ôk	覺 uk
	蒸 əng	耕 eng	陽 ang	東 ong		
乙類	微 əi	脂 ei	歌 ai			
	物 ət	質 et	月 at			
	文 ən	真 en	元 an			
丙類	緝 əp		盍 ap			
	侵 əm		談 am			

同韻部者爲叠韻,例如:

之部	待:俟	乃:而	東部	空:孔	囱:窗
支部	柴:祡	買:賣	微部	雷:罍	回:違
魚部	遽:懼	呼:歔	脂部	比:篦	涕:淚
侯部	走:趨	逗:住	歌部	哿:可	爲:僞
宵部	小:少	招:召	物部	掘:搰	帥:率
幽部	鏊:冒	爪:搔	質部	一:殪	疐:跌
職部	特:直	國:域	月部	割:犗	厲:癘
鐸部	夜:夕	赦:釋	文部	紛:棼	遁:遜
屋部	曲:局	屋:幄	真部	填:瑱	濱:瀕
沃部	虐:瘧	糶:糴	元部	安:晏	乾:暵
覺部	呪:祝	復:複	緝部	合:翕	濕:隰
蒸部	宏:弘	增:層	盍部	胠:脅	踏:蹀
耕部	并:骿	驚:警	侵部	霪:霖	中:仲
陽部	旁:房	昂:仰	談部	甘:柑	斬:芟

叠韻的字,有些是完全同音,如"柴、祡";有些是同音不同調,如"買、賣";有些是聲韻都同,但韻頭不同,如"特[dək]、直[diək]";有些是同韻部不同聲母,如"國[kuək]、域[hiuək]"。值得注意的是,今音很不近似的字,如"特"和"直"、"國"和"域",古音都是十分近似或相當近似的。

同類同直行者爲對轉,這是元音相同而韻尾的發音部位也相同。無韻尾的韻部和韻尾爲舌根音-k、-ng 的韻部相對應,韻尾爲舌面元音-i 的韻部和韻尾爲舌尖音-t、-n 的韻部相對應,韻尾爲脣音-p 的韻部和韻尾爲脣音-m 的韻部相對應,例如:

之職對轉[ə:ək]	負[biuə]:背[puək]
之蒸對轉[ə:əng]	起[khiə]:興[xiəng]
職蒸對轉[ək:əng]	陟[tiək]:登[təng]
支錫對轉[e:ek]	斯[sie]:析[syek]
支耕對轉[e:eng]	題[dye]:定[dyeng]

錫耕對轉[ek:eng]　　溢[jiek]:盈[jieng]

魚鐸對轉[a:ak]　　捨[sjya]:釋[sjyak]

魚陽對轉[a:ang]　　吾[nga]:卬[ngang]

鐸陽對轉[ak:ang]　　逆[ngyak]:迎[ngyang]

侯屋對轉[o:ok]　　趣[tsio]:促[tsiok]

侯東對轉[o:ong]　　聚[dzio]:叢[dzong]

屋東對轉[ok:ong]　　讀[dok]:誦[ziong]

宵沃對轉[ô:ôk]　　超[thiô]:卓[teôk]

幽覺對轉[u:uk]　　鍒[njiu]:肉[njiuk]

微物對轉[əi:ət]　　非[piuəi]:弗[piuət]

微文對轉[əi:ən]　　饑[kiəi]:饉[giən]

物文對轉[ət:ən]　　類[liuət]:倫[liuən]

脂質對轉[ei:et]　　細[syei]:屑[syet]

脂真對轉[ei:en]　　比[piei]:頻[bien]

質真對轉[et:en]　　跌[dyet]:顛[tyen]

歌月對轉[ai:at]　　施[sjiai]:設[sjiat]

歌元對轉[ai:an]　　鵝[ngai]:鴈[ngean]

月元對轉[at:an]　　闊[khuat]:寬[khuan]

緝侵對轉[əp:əm]　　襲[ziəp]:侵[tsiəm]

盍談對轉[ap:am]　　柙[heap]:檻[heam]

同類同橫行者爲旁轉。這是元音相近,韻尾相同(或無韻尾),例如:

侯幽旁轉[o:u]　　叩[kho]:考[khu]

職鐸旁轉[ək:ak]　　偪[piək]:迫[peak]

職屋旁轉[ək:ok]　　踣[bək]:仆[phiok]

耕陽旁轉[eng:ang]　　省[sieng]:相[siang]

微脂旁轉[əi:ei]　　饑[kiəi]:飢[kiei]

質月旁轉[et:at]　　質[tjiet]:贄[tjiuat]

文元旁轉[ən:an]　　焚[biuən]:燔[biuan]

緝盍旁轉[əp:ap]　　合[həp]:闔[hap]

侵談旁轉[əm:am]　　寖[tziəm]:漸[dziam]

旁轉而後對轉者爲旁對轉,例如:

幽屋旁對轉[u:ok]　　琱[tyu]:琢[teok]

幽沃旁對轉[u:ôk]　　柔[njiu]:弱[njiôk]

幽東旁對轉[u:ong]　　冒[mu]:蒙[mong]

微元旁對轉[əi:an]　　回[huəi]:還[hoan]

月真旁對轉[at:en]　　曳[jiat]:引[jien]

不同類而同直行者爲通轉。這是元音相同,但是韻尾發音部位不同,例如:

之文通轉[ə:ən]　　在[dzə]:存[dzuən]

魚歌通轉[a:ai]　　吾[nga]:我[ngai]

魚元通轉[a:an]　　徒[da]:但[dan]

職侵通轉[ək:əm]　　極[giək]:窮[giuəm]

錫質通轉[ek:et]　　遞[dyek]:迭[dyet]

鐸元通轉[ak:an]　　莫[mak]:晚[miuan]

陽月通轉[ang:at]　　境[kyang]:界[keat]

陽元通轉[ang:an]　　強[giang]:健[gian]

歌盍通轉[ai:ap]　　何[hai]:盍[hap]

月盍通轉[at:ap]　　介[keat]:甲[keap]

元談通轉[an:am]　　岸[ngan]:巖[ngeam]

雖不同元音,但是韻尾同屬塞音或同屬鼻音者,也算通轉(罕見),例如:

質盍通轉[et:ap]　　疾[dziet]:捷[dziap]

真侵通轉[en:əm]　　年[nyen]:稔[njiəm]

在同源字中,疊韻最爲常見,其次是對轉。至於旁轉、旁對轉、通轉,都比較少見。但通轉也有比較常見的,例如魚鐸陽和歌月元的通轉。

其次説到上古的聲母(又叫紐)。上古漢語共有三十三個聲母,可以分爲五大類,七小類,如下:

(甲)喉音　祇有一個聲母

1. 影母(○)　這是零聲母。

(乙)牙音(舌根音)　共有六個聲母

2. 見母[k]　3. 溪母[kh]　4. 羣母[g]

5. 疑母[ng]　6. 曉母[x]　7. 匣母[h]

(丙)舌音,分兩類

(一)舌頭音　共有五個聲母。

8. 端母[t]　9. 透母[th]　10. 定母[d]

11. 泥母[n]　12. 來母[l]

(二)舌面音(中古屬正齒三等,喻屬喉音四等,日屬半齒)　共有七個聲母。

13. 照母[tj]　14. 穿母[thj]　15. 神母[dj]

16. 日母[nj]　17. 喻母[j]　18. 審母[sj]

19. 禪母[zj]

(丁)齒音,分兩類

(一)正齒音(中古屬正齒二等)　共有五個聲母。

20. 莊母[tzh]　21. 初母[tsh]　22. 牀母[dzh]

23. 山母[sh]　24. 俟母[zh]

(二)齒頭音　共有五個聲母。

25. 精母[tz]　26. 清母[ts]　27. 從母[dz]

28. 心母[s]　29. 邪母[z]

(戊)脣音　共有四個聲母。

30. 幫母[p]　31. 滂母[ph]　32. 並母[b]

33. 明母[m]

上古聲母的歸類,與中古聲母的歸類不同,理由見於字典凡例。聲母注音與國際音標的對照,亦見於字典凡例。

聲母系統如下表:

紐　表

喉		影○						
牙		見 k	溪 kh	羣 g	疑 ng		曉 x	匣 h
舌	舌頭	端 t	透 th	定 d	泥 n	來 l		
	舌面	照 tj	穿 thj	神 dj	日 nj	喻 j	審 sj	禪 zj
齒	正齒	莊 tzh	初 tsh	牀 dzh			山 sh	俟 zh
	齒頭	精 tz	清 ts	從 dz			心 s	邪 z
脣		幫 p	滂 ph	並 b	明 m			

同紐者爲雙聲,例如:

見母雙聲[k:k]　剛[kang]:堅[kyen]

溪母雙聲[kh:kh]　叩[kho]:敲[kheô]

羣母雙聲[g:g]　勤[gin]:倦[giuan]

疑母雙聲[ng:ng]　逆[ngyak]:迎[ngyang]

曉母雙聲[x:x]　讙[xuan]:喧[xiuan]

匣母雙聲[h:h]　丸[huan]:圜[hiuən]

端母雙聲[t:t]　陟[tiək]:登[təng]

透母雙聲[th:th]　吐[tha]:唾[thuai]

定母雙聲[d:d]　特[dək]:直[diək]

泥母雙聲[n:n]　男[nəm]:農[nuəm]

來母雙聲[l:l]　冷[leng]:涼[liang]

照母雙聲[tj:tj]　注[tjio]:屬[tjiok]

日母雙聲[nj:nj]　如[njia]:若[njiak]

喻母雙聲[dj:dj]　覦[jio]:欲[jiok]

審母雙聲[sj:sj]　施[sjiai]:設[sjiat]

清母雙聲[ts:ts]　青[tsyeng]:蒼[tsang]

從母雙聲[dz:dz]　在[dzə]:存[dzuən]

心母雙聲[s:s]　　省[sieng]:相[siang]

並母雙聲[b:b]　　別[biat]:辨[bian]

明母雙聲[m:m]　　勱[meat]:勉[mian]

同類同直行,或舌齒同直行者爲準雙聲,例如:

端照準雙聲[t:tj]　　著[tia]:彰[tjiang]

泥日準雙聲[n:nj]　　乃[nə]:而[njiə]

照莊準雙聲[tj:tzh]　　至[tjiet]:臻[tzhen]

審心準雙聲[sj:s]　　鑠[sjiôk]:銷[siô]

同類同横行者爲旁紐,例如:

見羣旁紐[k:g]　　勁[kieng]:強[giang]

見匣旁紐[k:h]　　國[kuək]:域[hiuək]

溪羣旁紐[kh:g]　　曲[khiok]:局[giok]

端定旁紐[t:d]　　蹢[tyek]:蹄[dye]

透定旁紐[th:d]　　太[that]:大[dat]

照穿旁紐[tj:thj]　　汁[tjiəp]:瀋[thjiəm]

精清旁紐[tz:ts]　　走[tzo]:趨[tsio]

精從旁紐[tz:dz]　　增[tzəng]:層[dzəng]

幫並旁紐[p:b]　　背[puək]:負[biuə]

同類不同横行者爲準旁紐,例如:

透神準旁紐[th:dj]　　它[thai]:蛇[djya]

定喻準旁紐[d:j]　　跳[dyô]:躍[jiôk]

喉與牙、舌與齒爲鄰紐,例如:

影見鄰紐[○:k]　　影[yang]:景[kyang]

神邪鄰紐[dj:z]　　順[djiuən]:馴[ziuən]

喻邪鄰紐[j:z]　　夜[jyak]:夕[zyak]

鼻音與鼻音、鼻音與邊音,也算鄰紐,例如:

疑泥鄰紐[ng:n]　　釅[ngiam]:醲[niuəm]

來明鄰紐[l:m]　　令[lieng]:命[mieng]

在同源字中,雙聲最多,其次是旁紐。其餘各種類型都比較少見。

值得反復強調的是,同源字必須是同音或音近的字。這就是說,必須韻部、聲母都相同或相近。如果衹有韻部相同,而聲母相差很遠,如"共 giong、同 dong";或者衹有聲母相同,而韻部相差很遠,如"當 tang、對 tuət",我們就衹能認爲是同義詞,不能認爲是同源字。至於憑今音來定雙聲叠韻,因而定出同源字,例如以"偃、羸"爲同源,不知"偃"字古屬喉音影母,"羸"字古屬舌音喻母,聲母相差很遠;"偃"字古屬元部,"羸"字古屬耕部,韻部也距離很遠,那就更錯誤了。

三、 從詞義方面分析同源字

詞義方面,也跟語音方面一樣,同源字是互相聯繫的。分析起來,大概有下面的三種情況:

(一) 實同一詞

1.《說文》分爲兩個以上的字,實同一詞,例如:

欺:諆　　忌:惎　　顛:媒　　窺:闚　　饌:醧　　扁:漏

皎:皦　　佼:姣　　韜:弢　　謷:嗷　　叫:訆　　睢:翯

皓:暤　　彧:郁　　幎:幦　　斲:椓　　劚:欘　　疐:躓

町:氓　　鴈:雁　　往:迋　　玩:翫　　嵒:巖　　滄:滄

從語言的角度看,上面每一組字讀音相同(如"鴈、雁")或極爲近似(如"滄、滄"),詞義則完全相同,應該認爲是同一個詞。《說文》強生分別(如"鴈,鳥也;雁,鵝也"),或釋義全同(如"滄,寒也;滄,寒也")而仍分爲兩個字頭,都是不可信的。

2.《說文》已收的字和未收的字實同一詞,例如:

荼:茶　　區:鏂　　恧:忸　　曳:拽　　逖:逷　　愒:憩

3. 分別字。

(甲)《說文》已收的分別字,即早期的分別字,例如:

神佑本寫作“右、佑”，後來寫作“祐”，以區别於佑助的“佑”。

沽酒本寫作“沽”，後來寫作“酤”，以區别於一般買賣的“沽”。

雕刻玉石本寫作“雕、彫”，後來寫作“琱”，以區别於雕鳥的“雕（鵰）”和彫畫的“彫”。

火息滅本寫作“息”，後來寫作“熄”，以區别於止息的“息”。

用錐刀畫物，本寫作“畫”，後來寫作“劃”，以區别於畫界的“畫”。

穀一百二十斤爲石，本寫作“石”，後來寫作“秳”，以區别於山石的“石”，但是不通行。

博弈本寫作“博”，後來寫作“簙”，以區别於博大的“博”。

月望本寫作“朢”①，古文又寫作“朢”，《説文》以“朢”爲月望的“望”，區别於遠視的“望”，但是不通行。

音樂和諧本寫作“和”，後來寫作“龢”，以區别於和平的“和”。

音樂和諧本寫作“諧”，後來寫作“龤”，以區别於和洽的“諧”，但是不通行。

鼓吹本寫作“吹”，後來寫作“龡”，以區别於吹嘘的“吹”，但是不通行。

癩疾本寫作“厲”，後來寫作“癘”，以區别於磨厲的“厲”。

“啜、歠”同音，義本相通，但在文字上加以區别，“啜”指食，“歠”指飲。

懶惰本寫作“賴”，後來寫作“嬾（懶）”，以區别於依賴的“賴”。

戰栗本寫作“戰”，後來寫作“顫”，以區别於戰鬥的“戰”。

接木本寫作“接”，後來寫作“椄”，以區别於交接的“接”，但是不通行。

原始的針是用竹製成的，所以寫作“箴”；後來的針是用金屬製成者，所以寫作“鍼（針）”。

（乙）《説文》未收的分别字，即後期的分别字，例如：

五伯本寫作“伯”，後來寫作“霸”，以區别於伯叔的“伯”。

---

① 底本編者原注：商務本作“望”。

歷象本寫作“歷”,後來寫作“曆”,以區别於經歷的“歷”。

禽獲本寫作“禽”,後來寫作“擒”,以區别於禽獸的“禽”。

衣厨本寫作“厨”,後來寫作“㡡(橱)”,以區别於庖厨的“厨”。

腑臟本寫作“府藏”,後來寫作“腑臟”,以區别於府庫的“府”、寶藏的“藏”。

胸膈本寫作“隔”,後來寫作“膈”,以區别於隔離的“隔”。

屬目本寫作“屬”,後來寫作“矚”(高瞻遠矚),以區别於連屬的“屬”。

詛呪本寫作“祝”,後來寫作“呪”,以區别於祝願的“祝”。

方舟本寫作“方”,後來寫作“舫”,以區别於方圓的“方”(《説文》有“舫”字,但不是這個意思)。

清徹本寫作“徹”,後來寫作“澈”,以區别於通徹的“徹”。

烈風本寫作“烈”,後來寫作“颲”,以區别於烈火的“烈”。

殯殮本寫作“斂”,後來寫作“殮”,以區别於收斂的“斂”。

擱置本寫作“閣”,後來寫作“擱”,以區别於樓閣的“閣”。

分别字不都是同源字。如果語音相同或相近,但是詞義没有聯繫,那就不是同源字,例如“舍”和“捨”。房舍的“舍”和捨棄的“捨”在詞義上毫無關係,它們不是同源。但是,多數分别字都是同源字。

分别字掩蓋了語源,例如“五伯”寫成“五霸”以後,就很少人知道“霸”來源於“伯”。分别字掩蓋了本字,例如戰栗的“戰”寫成了“顫”以後,人們(包括文字學家)就認爲“顫”是本字,“戰”是借字。這種認識是錯誤的,因爲是違反歷史事實的。

(二) 同義詞

音義皆近的同義詞,在原始時代本屬一詞。後來由於各種原因(如方言影響),語音分化了,但詞義没有分化,或者只有細微的分别。這種同義詞,在同源字中佔很大的數量,例如:

(1) 完全同義。

熙:熹　　待:俟　　乃:而　　止:已　　兹:此

斯:是	謀:謨	罞:罠	改:革	志:識
能:耐	存:在	繫:係	簀:第	蹄:蹢
踶:踢	提:擲	題:定	於:于	抒:紓
胥:須	撫:拊	假:格	遇:遌	如:若
爾:然	汝:若	捕:搏	濾:漉	鉅:鋼
吾:卬	迓:迎	溥:旁	無:亡	奢:侈
汙:穢	遽:懼	去:朅	如:奈	惡:安
譁:讙	徒:但	餘:羨	盜:偷	叩:考
聚:湊	泭:桴	咮:噣	注:屬	趣:促
姣:嬌	超:跳	踔:躍	遼:遙	潦:澇
小:筱	燋:爝	銷:鑠	琱:琢	疇:孰
早:夙	報:復	蒙:冒	意:億	直:特
側:仄	偪:迫	亟:急	陟:登	彧:鬱
代:遞	克:堪	極:窮	隘:阨	踣:仆
瀝:漉	實:寔	昔:夕	燠:郁	迫:薄
逆:迎	格:架	惻:慘	悅:懌	暮:晚
數:速	著:彰	濯:滌	弘:宏	騰:乘
并:並	甖:瓮	蕩:動	勍:競	鵬:鳳
梃:杖	頂:顛	廣:曠	坑:埂	荒:凶
煌:晃	粻:糧	盲:矇	亡:滅	兇:恐
丯:丰	崇:崧	歸:饋	傀:偉	非:匪
開:闓	亹:勉	爲:僞	它:蛇	巋:巍
偏:頗	隳:墜	曷:何	槐:楣	施:設
施:延	蔚:鬱	坂:坡	鬱:藴	匱:困
靡:蔑	倫:類	率:遵	萃:集	閟:閉
髻:紒	顛:跌	疾:徇	愒:歇	癘:癩
絕:截	曳:引	濱:瀕	乙:燕	闊:寬
害:患	健:偈	爇:然	介:甲	札:牒

珍:琛　陳:展　申:展　慴:讋　懾:叠

關:鍵　轉:邅　安:宴　斷:剸　劗:翦

蹋:躡　汁:瀋　函:匣　深:甚　豊:芃

譖:讒　寖:漸　浸:漸

所謂同義,是說這個詞的某一意義和那個詞的某一意義相同,不是說這個詞的所有意義和那個詞的所有意義都相同,例如"疾、徇"同義,是說它們在速的意義上相同(疾,速也;徇,速也),並不是"徇"有疾病的意義、"疾"有徇行的意義。又如"介、甲"同義,是說它們在甲胄、甲殼的意義上相同,並不是說"介"又等於甲乙的"甲",或者說"甲"又等於介紹的"介"。這是應該弄清楚的。

(2) 微別。

跽,直腰跪着;跪,先跪後拜。

不,一般否定;弗,不帶賓語的否定。

旗,繡熊虎的旗子;旂,繡交龍的旗子。

與(歟),較輕的疑問;邪(耶),較重的疑問。

遇,道路相逢;晤,會面。

赤,大紅;赭,紅褐色。

無,没有;莫,没有誰,没有什麼。

筥,圓形的竹筐;筐,方形的竹筐。

古,舊時的;故,舊的。

逋,奴隸或罪犯脱逃;亡,逃亡。

舉,舉起;揭,高舉;挈,提着。

悦,高興;豫,快樂。

言,直言曰言;語,論難曰語。

走,跑;趨,快走。

號,叫喊;吼,獸大聲叫。

哮,吼叫;虓,猛虎怒叫;嗥,野獸吼叫。

首,頭,具體的和抽象的;頭,多指具體的。

鳧,野鴨;鶩,家鴨。

飄,形容詞,又名詞;飆,名詞。

老,年老;耄,八九十歲的年紀。

霧,地氣發天不應;雺,天氣下地不應。

盈,器滿;溢,充滿而流出來。

斫,斜砍;斮,正砍。

谷,山谷;壑,山溝。

顔,眉目之間;額,眉上髮下。

讀,閲讀;誦,朗誦。

廉,屋側,角落;稜,角,稜角。

聽,用耳朵聽;聆,傾聽,細聽。

命,命令,名詞;令,命令,動詞。

脛,小腿;胻,脛端。

涼,溫度低,近於冷;冷,寒冷。

青,藍色;蒼,淺青。

霆,霹靂;電,電光。

瞑,閉目;眠,睡眠。

境,邊界;疆,邊疆。

昂,高昂;仰,擡頭。

坑,泥坑;坎,陷下的地方。

總,總合;統,統領。

非,不是;微,若非。

倚,倚傍;依,依靠。

可,可以;哿,還可以。

配,匹配;妃,后妃。

何,什麽;盍,何不。

毋,禁止副詞,帶賓語;勿,禁止副詞,不帶賓語。

韍,用作祭服的蔽膝;韠,不用作祭服的蔽膝。

蹎,跌跤;跌,跌倒,跌跤的結果。

疾,快速;捷,反應快,敏捷。

薦,無牲而祭曰薦;祭,薦而加牲曰祭。

年,年歲;稔,年歲,只用於數詞後面。

觀,有目的的觀看;看,瞧;瞰,向下看。

忿,狷急;憤,氣盈。

侵,師行無鐘鼓曰侵;襲,密聲取敵曰襲。

這一類字,大多數不是同音字,而是音近的字。字音的分化,導致詞義的分化。不過,這種分化衹是細微的分别而已。有些同音字,實際上也是後起的一種區别字,例如“享、饗”本來同音同義,後來“享”字多用於享獻、享祀,“饗”字多用於饗食、歆饗,就區别開了。又如“聯、連”實同一詞(周代用“聯”,漢代用“連”),後來才産生細微的分别,“聯”字多用於聯合,“連”字多用於連接。“欲、慾”本同一詞,貶義也寫作“欲”(《説文》“欲,貪欲也”);後來“慾”字專用於貶義,纔和“欲”字區别開來了。

有些同源字,本有細微的分别,如“命”和“令”都指命令,但是前者是名詞,後者是動詞(《孟子》“既不能令,又不受命”),但有時也互相通用。在通用時,注釋家往往加注,因爲那是特殊情況,需要注明。

(三)各種關係

在同源字中,有許多字並不是同義詞,但是它們的詞義有種種關係,使我們看得出它們是同出一源的。分析起來,大約可以分爲十五種關係。現在一一加以叙述:

(1)凡藉物成事,所藉之物就是工具,例如:

右,右手;佑,用右手幫助人。

左,左手;佐,用左手幫助人。

背,背脊;負,用背馱。

柴,木柴;祡,燒柴祭天。

帚，箬帚；掃，用箬帚除塵。

爪，指甲；搔，用指甲撓。

腋，夾肢窩；掖，把別人的胳膊放在自己的腋下攙着走。

噣，鳥嘴；啄，鳥用嘴啄東西。

勺，杓子；酌，用杓子舀酒。

湯，熱水；盪，用熱水洗滌器皿。

箠，鞭子；捶，用鞭子或棍子打。

礦，石磨；磨，用石磨磨。

硯，硯台；研，用硯台磨。

筭，籌碼；算，用籌碼計算。

咽，喉嚨；嚥，用喉嚨吞下，使食物下咽。

(2) 對象，例如：

耳，耳朵；刵，割耳朵；珥，耳墜子。

古，古代的；詁，解釋古語的。

魚，魚類；漁，捕魚。

輿，轎子；舁，擡轎子。

柄，把子；秉，握住把子。

臭，氣味；嗅，用鼻子辨別氣味。

道，路；導，引路。

獸，野獸；狩，獵取野獸。

頸，脖子；剄，用刀割脖子。

威，威力；畏，害怕威力。

術，道路；述，遵循前人的道路。

內，裏邊；入，走進裏邊。

田，田地；佃，耕田，種地。

賓，賓客；儐，導引賓客。

粲，餐飯；餐，吃飯。

篋，箱篋；緘，捆箱篋。

銜，馬含的；琀，死人含的；含，用嘴含。

(3) 性質，作用，例如：

卑，卑賤；婢，卑賤的婦女。

句，曲；鉤，一種彎曲的工具；軥，彎曲的車軛；痀，曲脊；朐，屈曲的乾肉。

浮，漂浮；桴，浮在水面的交通工具。

副，副貳；駙，副馬。

聚，聚集；輳，衆輻所聚集的轂；族，聚居在一起的氏族；叢，聚集在一起的灌木。

弱，柔弱；蒻，蒲之柔弱者。

挺，直的；脡，直的乾肉。

冒，蒙蓋；帽，蒙蓋在頭上的。

并，并列；骿，并脅；駢，并駕的兩馬。

停，停留；亭，旅客臨時停留的地方。

横，横放的；衡，横放的秤。

永，長；詠，長歌。

當，對當；襠，袴之當隱處爲襠。

張，張開；帳，張開在牀上的；掌，張開的手。

卷，捲起；拳，捲起的手。

空，空的；孔，物中空，窟窿。

蕤，花下垂的樣子；緌，纓結之餘，散而下垂者。

加，把一物放在另一物上；駕，把車加於馬上；架，放東西在上的器具；枷，加於犯人脖子上的刑具。

宜，應該；義，應該做的事。

頗，偏；跛，偏任爲跛。

蔽，遮蔽；箅，用來遮蔽甑底的竹席；韍(芾市韨)，用來蔽前的蔽膝。

填，塞；瑱，用來塞耳的玉器。

引，牽引；紖，用來牽牛的繩子。

圜，圓的；丸，彈丸是圓的東西。

全，完整；牷，用來祭祀的完整的牛。

半，一半；泮，泮宫，南面有水，北面無水，是半水。

合，合起來；盒，底蓋相合的盛物器。

聽，用耳聽；廳，聽事的地方。

合，合併；祫，合祭。

濕，潮濕；隰，低濕的地方。

終，末了；冬，一年的末了。

(4) 共性，例如：

崖，山邊；涯，水邊。

淤，水凝滯；瘀，血液凝滯。

嘘，呵氣；呼，往外出氣，呼吸。

枯，草木缺水；涸，竭，江河缺水；渴，人缺水。

耦，兩人共耕；偶，兩人在一起，配偶。

旭，太陽照亮；煦，太陽照暖。

少，數量小；小，面積少，容量少。

學，學習；效，向别人學習。

久，時間長；舊，經過長時間的。

柔，柔軟；櫌，柔順。

住，人停留；駐，馬停留。

招，以手招；召，以口招。

背，背脊；北，背的方向。

郭，外城；椁，外棺。

獲，畋獵所得；穫，耕種所得。

間，門縫；隙，牆壁的裂縫。

強，弓有力；剛，強斷。

僮，未成年的男子；童，未成年的奴隸。

尨，雜色；牻，白黑雜毛牛；駹，白黑雜毛馬；哤，雜語。

饑，穀不熟；饉，菜不熟。

回，旋轉，回環；環，玉環，環繞。

決，水被打開缺口；缺，器皿被碰破了缺口；玦，環形有缺口的佩玉；闕，皇宫門前面兩邊的樓，中間是缺口。

堅，土堅爲堅；鋻，金堅爲鋻。

反，翻轉；返，回轉。

集，羣鳥集於樹上；輯，把文章聚集在一起。

合，閉嘴；閤，閉門。

合，合口；協，合力。

暗，目無光；闇，昏暗；陰，太陽照不到的地方，陰暗。

濃，水厚；膿，汁厚；醲，酒厚；襛，衣厚；穠，花木厚。

任，懷抱；妊，懷孕。

侵，侵犯；祲，陰陽相侵。

兼，雙禾拿在一起；縑，雙线織成的絲織品；鶼，成雙的鳥；鰜，成雙的魚。

曲，彎曲；跼，彎腰。

矯，矯首，舉首；蹻，舉足；翹，舉起尾巴。

(5) 特指，例如：

獻，進獻；享，以祭品進獻給神。

紆，彎曲；迂，走彎路。

倍，加倍；培，加土。

夏，大；廈，大屋。

途，路；唐，廟中路。

輔，助；賻，以財助喪。

怒，發怒；獳，犬怒。

跨，跨騎；騎，跨馬。

構，搭架；篝，烘衣服的架子。

取，取得；娶，取妻。

高，高；驕，馬高；喬，木高。

少，年輕；叔，兄弟中年輕的。

包，包裹；胞，包裹胎兒的膜。

伏，覆；孵，鳥類伏在卵上使卵化爲雛。

孔，洞，窟窿；好，璧孔。

石，石頭；祏，宗廟中藏主石室。

側，偏斜；昃，太陽偏西，日斜。

朝，早上；潮，早上漲的海潮。

夕，夜間；汐，夜間漲的海潮。

背，背脊；脢，背肉。

白，白色；皤，老人髮白。

增，增加；層，重屋。

庭，庭院；廷，帝王的庭院。

爭，争論；諍，盡言力争。

生，生的，不熟的；腥，生肉。

冥，幽暗；暝，晦暝，天暗。

香，氣味好；馨，香之遠聞者。

剛，刀刃堅；鋼，剛鐵。

揚，揚起；颺，隨風飄揚。

民，人民；甿，田民。

腫，浮腫；尰，腳腫。

蒙，陰暗，不明；曚，曚昽，日未明；朦，朦朧，月不明；矇，目不明。

融，融化；鎔，金屬融化。

非，不合理的，不對的；誹，認爲不合理。

微，細微，微小；溦，小雨。

播，播揚；簸，揚米去糠。

加，把某物放在另一物上；蓋，由上向下覆蓋。

出，出來；茁，草初生出地的樣子。

遂,道路;隧,墓道,地道。

一,一次;殪,一箭射死。

割,割掉;犗,閹割牛;羯,閹割羊;犍,閹割了的牛。

脱,解脱;蜕,蛇蟬等動物脱皮。

大,大的;太,最大的。

列,排列;栵,排列成行的樹木。

雪,冰雪;霰,稷雪,雨雪雜下。

貪,貪心;餮,貪吃。

彎,彎曲;灣,水流彎曲的地方。

間,中間;澗,兩山中間的水。

管,竹管;琯,候氣的玉管。

乾,乾燥;暵,晒乾;熯,烤乾,烘乾。

貫,貫穿;擐,穿戴甲胄,穿衣。

踐,踏上;躔,日月行到某一星次。

按,摁,用手壓;摩,輕按。

豎,直立,豎着;樹,把植物豎着栽。

夜,夜間,晚上;夕,傍晚,黄昏。

擴,擴張;彍,張弓。

(6)行爲者,受事者,例如:

沽,買賣;賈,買賣人。

率,率領;帥,率領全軍的人。

輔,輔佐;傅,輔佐帝王、太子的人。

咽,咽喉;噎,食物蔽塞咽喉。

(7)抽象,例如:

寤,睡醒;悟,覺醒。

扶,攙扶;輔,扶助,幫助。

撫,撫拍;憮,愛撫。

逆,對着走;忤,忤逆。

釋，解脱，放下；赦，使脱罪；舍（捨），放棄。

超，越過；卓，卓越。

角，比力；較，比較。

驚，驚竦；警，警惕；敬，心存警惕，不要犯錯誤。

相，視；省，内視，反省。

工，手工；功，工作；攻，進行某種工作。

疼，疼痛；痛，悲痛；恫，痛心；慟，極度悲痛。

捧，雙手捧着；奉，奉承，供奉。

宛，屈曲；冤，冤屈。

軟，柔軟；懦，軟弱無能。

喟，歎氣；慨，感慨。

瘁，勞累得病；悴，憔悴。

演，長流；延，延長；衍，延之使長，延之使廣。

製，裁製衣裳；制，制裁，制定。

蔭，樹陰；廕，祖先的餘蔭。

沈，沈溺在水裏；耽，沈溺在歡樂裏。

歉，食不滿；慊，心不滿。

函，含，容；涵，涵容，包涵。

(8) 因果，例如：

知，知識；智，多知。

冶，冶煉；鎔，銷鎔。

逋，奴隸或罪犯逃亡；捕，把逃亡的人捉回來。

霤，中霤，穴居室中雨水流下處；漏，雨水從屋頂流下。

照，太陽照耀；昭，明亮。

噪，吵鬧；嘈，吵鬧的聲音。

眊，目少精；瞀，目不明。

窈，深；幽，暗。

煣，用火烤木使曲；輮，車輞，煣木所成。

福,鬼神佑助;富,多財,古人以爲是神祐的結果。

革,去掉獸皮的毛;鞟,去毛的獸皮。

阨,阻塞;厄,受困。

鬄,剃髮;髢,把頭髮剃下來做成的假髮。

遻,心不欲見而見;愕,驚愕。

造,創造,製造;就,造成。

清,水清;淨,清潔。

景,日光;影,物體擋住日光,四周有光,中間無光。

獻,進獻;饗,神享受人所進獻的祭品。

饑,饑荒;飢,飢餓。

回,回轉;還,歸來。

碎,粉碎,破碎;屑,碎末。

遏,阻止,阻擋;堨,堰,擋水的工程。

斬,斬首;殺,殺戮。

浚,挖深;深,水深。

陳,陳列;陣,軍隊的行列。

捲,捲曲;拳,捲曲的手;鬈,髮曲;卷,捲起來的竹簡或帛書。

乾,乾燥;旱,乾旱。

見(現),出現;顯,顯現。

摶,把東西揉成圓形;團,圓形。

斷,截斷;段,截(量詞)。

燔,烤;膰,烤熟的祭肉。

(9) 現象,例如:

踞,蹲,箕踞;倨,没有禮貌。

瞿,驚視貌;懼,害怕。

伏,趴倒;服,降服。

(10) 原料,例如:

紫,紫色;茈,茈草,可染紫。

綟,蒼艾色;莀,莀草,可染蒼艾色。

旄,用氂牛尾裝飾的旗子;氂,氂牛。

屋,用帷幄做成的住所;幄,帷幄。

幣,束帛,用來送禮;帛,絲織品。

桷,方形的椽子;構,木頭搭的房子。

(11) 比喻,委婉語,例如:

趾,腳;址,地基,牆腳。

枝,樹枝;肢,四肢,肢體。

解,解結;懈,鬆懈,不緊張。

材,木材;才,人材。

阻,阻塞;沮,阻止。

張,張弓,張開;脹,膨脹,體積增大;漲,水漲。

強,弓有力;健,強壯。

浸,泡,浸漬,滲透;漸,逐漸。

没,沈没;歿,死亡(委婉語)。

隕,從高處摔下來;殞,死亡(委婉語)。

徂,往;殂,死亡(委婉語)。

(12) 形似,例如:

籥,管籥,樂器;鑰,鑰匙。

登,禮器;鐙,膏燈。

莖,草木榦;頸,頭莖;脛,腳莖。

領,脖子;嶺,山腰,山的脖子。

井,水井;阱,陷井。

瑟,樂器;箏,似瑟的樂器。

梗,草木刺人;鯁,魚刺。

障,屏障;嶂,像屏障的山。

裳,下裙;常,旗似裳。

箱,車箱;廂,東西廂似車箱。

囱,烟囱;窗,天窗似烟囱。

螺,螺螄;腡,指紋回旋似螺。

鴈,鴻鴈;鵝,家鴈,舒鴈。

根,樹根;跟,脚跟似樹根。

緜,絲棉;棉,木棉似絲棉。

文,文采;雯,雲文。

(13) 數目,例如:

一,數目;壹,專一。

二,數目;貳,二心,副職。

三,數目;參,成三的集體,三分;驂,駕三馬。

四,數目;駟,一乘爲駟,四馬的集體。

五,數目;伍,戶口五家爲伍,軍隊五人爲伍。

十,數目;什,十倍,十分,軍隊十人爲什。

百,數目;佰(伯),百倍,軍隊百人爲佰。

兩,雙;輛(兩),車有兩輪,故以輛爲量詞;緉(兩),履兩枚相配成雙,故以緉爲量詞;裲襠,即兩當(既當胸,又當背);麗,駕兩謂之麗;儷,配偶。

(14) 色彩,例如:

綦,青黑色;騏,青黑色的馬。

鐵,黑金;驖,馬如鐵赤黑色。

黸,黑色;旅,旅弓,黑弓。

皓,白;縞,白繒。

(15) 使動,例如:

貣,借入;貸,借出,使貣。

賒,賒入;貰,賒出,使賒。

買,買入;賣,賣出,使買。

糴,買米;糶,賣米,使糴。

受,接受;授,授予,使接受。

贅，典押入；質，典押出，使贅。

入，進入；納，使入。

至，到來；致，使至。

去，離開；袪，袪除，使去。

食，吃；飤(飼)，使吃。

別，分別；辨，辨別，使分別。

勱，努力；勉，使努力。

以上敘述的同源字，包括《同源字典》所收的一部分字。字典中引用許多古代訓詁，無非要證明各組的字確實同源，同時也加深讀者對詞義的瞭解。有一點需要特別聲明的，各組的字既然同源，讀音相近乃至相同，就不免有通用的時候。分用是常，通用是變，例如"命"用作名詞，"令"用作動詞，這是常；"命"有時用作動詞，"令"有時用作名詞，這是變。"一"用來指稱具體數目，"壹"用來指稱抽象概念(如"專一")，這是常；"一"有時也指抽象概念，"壹"有時也指具體數目，這是變。注釋家對於常例不加注釋，因爲讀者不會不懂；對於變例往往加上注釋，如："命，令也。""令，命也。""一，猶專也。""壹，讀爲一。"這是不可以誤會的。

四、 同源字的研究及其作用

從前有人研究過同源字，但是都沒有成功。

首先要提到的是東漢劉熙，他費了很大的力氣寫了一部《釋名》，企圖尋找漢語的語源。他說："名號雅俗，各方名殊……百姓日稱而不知其所以之意。"他的《釋名》，是企圖把各種事物的名稱的用意解釋清楚。這實際上是認爲概念和語音有必然的聯繫，而不承認荀子約定俗成的原理。這樣他就陷入了唯心主義的泥坑，例如他說：

> 人，仁也，仁生物也。故易曰："立人之道，曰仁與義。"(《釋形體》)

女,如也,婦人外成如人也。故三從之義:少如父教,嫁如夫命,老如子言。(《釋姿容》)

父,甫也,始生己也。(《釋親屬》)

母,冒也,含生己也。(《釋親屬》)

這些都是唯心主義的解釋。

概念、語音天然結合論雖然是唯心主義的,但字有同源,則是唯物主義的。在語言發展的過程中,某詞的語音分化或字形分化,但是詞義相近,那就是同源。因此,《釋名》有一小部分的解釋還是正確的,例如:

負,背也,置項背也。(《釋姿容》)

負,在背上之言也。(《釋車》)

《釋名》用的是聲訓。聲訓不是劉熙所專有。古代語文學家鄭玄、許慎,直到顔師古、孔穎達等,都作了許多聲訓。他們的聲訓,大部分都有參考價值。

清代語文學家得力於聲音之學,對於同源字的研究超越前人。在他們的著作中,常常可以發現很精確的論斷,例如段玉裁在他的《說文解字注》中說:

小宰"傅别",故書作"傅辨";朝士"判書",故書"判"爲"辨",大鄭"辨"讀爲"别"。古"辨、判、别"三字義同也。

這種地方,是很好的發現。但是段玉裁他們爲文字所束縛,不能從語言看問題,他們對於同源字的探討,受到了很大的局限。就拿"辨、判、别"這一組同源字來說,還可以加上"分、半、片",因爲"分"的本義是一物分爲兩半,"片"的本義是判木(《說文》"片,判木也,从半木"),所以"分、半、判、片、别、辨"六字實同一源。清代語文學家對同源字的研究,成績是不大的。

對漢語同源字作全面的研究,是章炳麟的創舉。他寫了一部《文始》(在《章氏叢書》內),把《説文》中的獨體字認爲是初文,把《説文》中雖算是獨體,而實際上是由其他獨體發展來的,認爲是準初文,共得510字,457條。凡音義皆近,叫做孳乳;音近義通,叫做變易,共得五六千字。

章氏的《文始》,實際上是語源的探討。他在叙例裏説,研究文字應該依附聲音,不要"拘牽形體",這個原則無疑是正確的。但是他自己違反了這個原則。他以《説文》的獨體作爲語源的根據,這不是"拘牽形體"是什麼?要知道,語言遠在文字之先。可以想象,在原始社會千萬年的漫長歲月中,有語言而無文字,何來"初文"?文字是人民羣衆創造的,並且是不同時期的積累,決不是有個什麼倉頡獨力創造出一整套文字來。許慎距離中國開始創造文字的時代至少有二三千年,他怎能知道哪些字是"初文"?

即使是初文,也不能説明問題。何況最簡單的筆畫也不是初文,像丨、丿、亅之類,是不是獨體字還成問題;不簡單的合體字也不一定不是初文,例如"爲"字,甲骨文作,以手牽象會意,應該是初文。章氏迷信《説文》,他所定的初文是不可靠的。

由於迷信《説文》,章氏跟着許慎鬧笑話。"也"字本是"匜"的古文,許慎偏要説是"女陰也",章氏跟着錯,甚至説"地"字古文也當作"也",因爲重濁陰爲地。這種議論是站不住脚的。

除了上述的原則性錯誤之外,章氏還有兩個方法上的錯誤:第一,聲音並不相近,勉强認爲同源;第二,意義相差很遠,勉强加以牽合,例如他説:

> "出、生"同義。"生"孳乳爲"青",謂青如艸茲也。"出"爲"青",於艸無所見,於鳥爲"翠",青羽雀也。變易爲"鷸",知天將雨鳥也。《釋鳥》曰:"翠,鷸。"翡翠本以雌雄爲異,翠亦兼赤,故"絀"音近"翠"而訓絳,"瓊"音近"鷸"而訓赤玉("瓊"亦作"璚")。《魏都賦》:"喬雲翔龍。"注以爲內赤外青,蓋鷸色如此。

出,穿母,物部,生,山母,耕部,聲音相差很遠;翠,清母,鷸,喻母,聲音相差也很遠。這衹能認爲同義詞("出、生"同義也還嫌勉強),不能認爲同源字。知天將雨鳥的鷸並非翠鳥的鷸(參看段玉裁《説文解字注》、桂馥《説文解字義證》、王筠《説文句讀》、朱駿聲《説文通訓定聲》),章氏在這裏是張冠李戴。"翡"是赤羽雀,"翠"是青羽雀,章氏説翡和翠衹有雌雄之異,於是"翠"也兼有赤義,這種邏輯是不能成立的。又如他説:

> 《説文》:"㕣,山間陷泥地。从口,从水敗完。"此合體象也。《易》:"兑爲澤。"借爲"㕣"字,兑從㕣聲也,其聲蓋亦兼在喉舌,或舒作齒音。"隉"訓兩阜之間,《唐韻》作似醉切,蓋亦"㕣"之變易,即今"隧"字,而古或作"兑"。《詩》傳曰:"兑成蹊也。"疑亦"㕣"之變易,説乃引申義。蓋"㕣"對轉泰爲"兑",次對轉隊爲"隉",又爲"術",邑中道也。"兑"又孳乳爲"達",行不相遇也。行無爭啎,故亦訓通。爲"駾",馬行疾來皃。爲"戾",輜車旁推户也。《老子》曰:"閉其門,塞其兑。""兑"者戾也,謂戶。

章氏以㕣聲兼在喉舌,是錯誤的。他不知道,喻母三等在上古屬牙音,四等在上古屬舌音。"㕣"以轉切,是喻母四等字,在上古屬舌音,章氏誤認爲喉音。其實"㕣"字既非喉音,何得云㕣聲兼在喉舌?從聲音方面看,"㕣、兑、隧、術、達、駾、戾"相通是没有問題的;但是,從詞義方面看,則大有問題。山間陷泥地與湖澤大相徑庭,與隧道更是風馬牛不相及。至於孳乳爲達、爲駾、爲戾(戶),更不知何所據而云然。

《文始》所論,自然也有可採之處(如以"隧、術"爲同源),但是,其中錯誤的東西比正確的東西多得多。

瑞典漢學家高本漢寫了一篇《漢語的詞族》,也是探討同源字的。他不列"初文",不武斷地肯定某詞源出某詞,這是他比章炳麟高明的地方。他衹選擇比較普通的流行的詞來作分析,這也是嚴謹可取的。但是章炳麟所有的兩大毛病——聲音不相近而勉強認爲同源，意義相差遠而勉強牽合——高本漢都有，而且高本漢的漢文水平比章炳麟差得多（許多漢字都被他講錯了）。因此，他的《漢語的詞族》也不是成功的著作，例如他所列舉的一組同源字：

梗（有刺之樹，多刺的）

骾（魚骨，用尖物刺痛）

荆（荆棘，多刺的樹）

穬（麥芒等）

耕（犁嘴）

穎（麥芒，尖端，尖鋭）

刑（割斷，砍斷肢體，刑罰）

研（使尖鋭之器，磨刀石）

穫（割稻）

刻（割斷）

棘（荆棘，多刺的）

馘（割去敵人的耳朵，戰利品）

刲（刺，割）

鉸（尖端，鉸剪）

鍔（尖端，刀口）

從語音方面看，"穎"是喻母四等字，在上古屬舌音，不可能和這些牙音字同源。又，這一組字分屬於這些韻部：

耕部：荆耕穎刑；

陽部：梗骾穬；

元部：研（高氏誤以爲耕部字）；

職部：刻棘馘；

鐸部：穫鍔；

支部：刲；

宵部：鉸。

讀音相差這樣遠,通轉的範圍這樣廣,這就說明了高氏所定的同源字是不可靠的。再從詞義方面看,這一組字包括下面幾個主要的概念:刺;割;磨;刻。這四個概念相差很遠,怎能算得上親屬關係呢?至於釋義的錯誤,也很不少。"耕"字解作犁嘴,是極端錯誤的。"刑"字解作割斷肢體和刑罰是混"刑、荆"爲一字(《說文》分爲二字)。"研"是磨刀石,但不能解作使尖銳之器,因爲磨刀的作用是使刀快,不是使刀尖。"刻"字解作割斷也不對,刻是用刀子挖,不是割斷。"穫"字解作割稻也不恰當。"穫"是整個收穫穀物的過程,而不是單純的割稻。高氏歪曲詞義,無非企圖證明這些字都是同源字,這在方法上也是錯誤的。

爲了避免重蹈章、高的覆轍,我將要謹慎從事,把同源字的範圍縮小些,寧缺無濫,主要是以古代訓詁爲根據,避免臆測。這樣做,不但結論比較可靠,而且對漢語的歷史研究也有幫助。

同源字的研究,有什麼作用呢?

第一,這是漢語史研究的一部分。從前,我們以爲,在語言三大要素中,語音、語法都有很強的系統性,惟有詞彙是一盤散沙。現在,通過同源字的研究,我們知道,有許多詞都是互相聯繫着的。由此,我們對漢語詞彙形成的歷史,就有了認識。

通過同源字的研究,對於詞的本義能有更確切的瞭解,例如《說文》云:"舁,共舉也。"這個釋義是不够確切的,必須瞭解到,二人所共舉的是輿,"輿、舁"同音,二字衹是名詞和動詞的分別。這樣,才算真正瞭解"舁"字的本義了。又如《說文》云:"左,手相左助也。"又:"右,手口相助也。"段注:"以手助手,是曰左;以口助手,是曰右。"這樣講"左、右"的本義,是錯誤的。《說文》的"𠂇、又",後人寫作"左、右";《說文》的"左、右",後人寫作"佐、佑"。那麼,"佐、佑"的本義是什麼呢?決不是以手助手、以口助手。"左、右"都是手,用作動詞時,寫成"佐、佑",本義都是以手助人(左手、右手是一樣的)。《史記·陳丞相世家》:"乃解衣躶而佐刺船。"這裏的"佐"纔是用了本義。

新詞的產生，不是從天上掉下來的，往往是借舊詞作爲構成新詞的材料（如“輪船、電話”）。有些字，近代纔出現，但並不是什麽新詞，而是舊詞的音變而已，例如腳踢的“踢”不見於古代的字典，衹見於《正字通》，它是近代纔出現的一個詞。《水游傳》第二十九回：“蔣門神見說，吃了一驚，踢翻了交椅。”宋代以前，没有腳踢的“踢”，但是古代有個“踶”字，音大計切。《莊子・馬蹄》：“喜則交頸相靡，怒則分背相踶。”“踶”就是踢。“踶”的本義是用馬蹄踢。“蹄、踶”古音同屬支部，“蹄”是名詞，“踶”是動詞。“踶”與“踢”是支錫對轉。毫無疑問，“踢”是“踶”的音變。

由此看來，同源字的研究，和漢語史的研究密切相關。

第二，把同源字研究的結果編成字典，可以幫助人們更準確地理解字義，例如“旁”與“溥、普”同源，則知“旁”的本義是普遍。“傍”與“溥、普”不同源，因爲“傍”的本義是依傍（《說文》“傍，近也”），引申爲旁邊。後來旁邊的字寫作“旁”，以致“旁、傍”相混。但是旁溥的“旁”決不寫作“傍”，“旁魄、旁薄”決不寫作“傍魄、傍薄”。《經籍籑詁》在“傍”字下云“亦作旁”，把廣、大等義放在“傍”字條，是完全錯誤的。“廣”就是“溥”。《辭海》於“旁”字第一義引《說文》：“旁，溥也。”於第二義又說：“廣也。”分爲二義，也是不恰當的。

通過同源字的研究，僻字變爲不僻了，例如蹄義的“蹢”衹見於《詩經》一次（《小雅・漸漸之石》“有豕白蹢”）、《爾雅》一次（《釋畜》“四蹢皆白，騚”），可算僻字了。但是，“蹄、蹢”同源，支锡對轉，“蹢”就是“蹄”，字雖僻而詞不僻。

通過同源字的研究，僻義變爲不僻了，例如額義的“定”，衹見於《詩經》一次（《周南・麟之趾》“麟之定，振振公姓”）。《爾雅》改“定”爲“顁”（《釋言》“顁，題也”），則變了僻字。其實“題、定”同源，支耕對轉，“定”就是“題”。“題”解作額，則是比較常見的。又如“比，頻也”，此義上古常見，後世罕見。爲什麽呢？因爲“比、頻”脂真對轉，“頻”字代替了“比”字。又如《史記・五帝本紀》：“幼而徇齊。”裴駰云：“徇，疾；齊，速也。”這是正確的解釋,"徇"與"齊"是同義詞連用。司馬貞不同意裴駰的解釋,以爲"徇"應解作通。今按:"齊、徇、疾、捷"四字同源,"齊、疾"脂質對轉,"齊、徇"脂真對轉,"疾、捷"質盍通轉,"徇、齊"都是敏捷的意思。"徇"當疾講,"齊"當速講,僻而不僻。

由此看來,同源字的研究,可以認爲新訓詁學。《同源字典》,正是爲了這個目的而編寫起來的。

漢語與周邊語言

漢越語研究

一、 小引

1939 年秋天至 1940 年夏天，我因爲得清華大學准我休假，在河內遠東學院(Ecole française d'Extrême-Orient)做了一年的研究工作。除了閱讀一般關於東方語言的著作之外，特別注重漢越語的研究工作。關於漢越語(Sino-annamite)，我寫了一本筆記。1940 年秋天，我在西南聯合大學開這一門功課；1947 年，我在中山大學文科研究所也開這一門功課。

我始終没有敢把它寫成一本書或一篇文章,因爲我以爲短短一年的研究是不够的,希望將來有機會再到越南去繼續研究。但是,那種機會是很不容易得到的;現在我想先把它寫成一篇文章,留待將來補充和修正。

因爲印刷的不便,許多特別的字體都不得不改爲普通的字體(詳見下文);遇必要時,另用影印的附頁。這種苟且遷就的辦法,在這年頭,大約是能邀讀者原諒的。

二、 越語概說

古時的越南王國東邊和南邊濱海,北邊是中國,西邊是老撾和柬埔寨(老撾靠北,佔西邊的一大半;柬埔寨靠南,佔西邊的一小半)。老撾是泰語的區域,柬埔寨是蒙高棉語(Mon-khmer)的區域。因此,越語在地理上和三種語言接觸:第一是漢語;第二是泰語;第三是蒙高棉語。

與越語顯然同一語言系統者,則有芒語。芒語是芒人(Muong)的語言,流行於東京西部及越南北部的山林間。"芒"字就是山裏人的意思。

越語本身也頗複雜。没有人把它細分爲若干種方言,但是我們認爲大致可以分爲兩系:(1) 北圻和南圻爲一系;(2) 中圻自爲一系。北圻和南圻距離較遠,爲什麽語言倒反較爲近似呢? 據馬伯樂(H. Maspéro)的研究,南圻的越南人多數是從北圻的平定遷移來的,所以南圻和北圻的語言相近。中圻多存古音;非但元音有許多古代痕迹,即以輔音而論,古代許多清音字在北圻和南圻已變爲濁音的,在中圻仍能保存着它們的清音,又如複輔音 tl 之類,中圻有些地方尚能保存。甚至語彙方面,也顯得北圻和南圻是一派,中圻自成一派,例如"爲"字,在北圻和南圻是 lam^2,而在中圻是 $mən^2$。

越語受三種語言的影響最深:漢語;泰語;蒙高棉語。換句話說,越語裏面有一部分字是從漢語來的,另一部分是從泰語來的,而從蒙高棉語來的字亦復不少。蒙高棉語和泰語是顯然不同系屬的;它和漢語也没有親屬關係。至於漢語和泰語,普通認爲同屬於漢藏語系,但馬伯樂還認爲證據不足。如果我們認爲漢語、泰語和蒙高棉語是三個不同的系統,那麼,到底哪一個系統是越語的來源呢?

首先我們要說,漢語不可能是越語的親屬。越語裏所容納汉語的語彙是很豐富的,尤其是在書報上。但是,大批漢字輸入越南乃是第十世紀的事,可見在第十世紀以前越語裏的漢字很少。有些字,是越語、泰語和漢語所同有的(形式上有不同而已),在此情形之下,越語的形式總是比較地接近泰語。除非先認泰語和漢語爲同系,否則我們是没法子承認越語和漢語爲同系的。依語言學上的通則,語彙的借用無論多到什麼程度,都不能改變某一種語言的系屬。最重要的還是從語法方面去證明:單就形容詞放在其所限制的名詞的後面這一點而論,越語是接近泰語和蒙高棉語的。

有些語言學家認爲越語和蒙高棉語同系;Przyluski 就是這一派,他把越語和蒙高棉語都歸入南亞語系(見 Les Langues du Wonde)。實際上,蒙高棉語彙在越語裏很多,而且是常用語。數目字完全是由蒙高棉語來的。下列這些常用字也都出於蒙高棉語(下文簡稱高棉語):

trɐi^{2}	天	dət^{5}	地	song^{1}	河
giɔ^{5}	風	mya^{1}	雨	trʌng^{1}	月
nyɐc^{5}	水	səm^{5}	雷	da^{5}	石
chim^{1}	鳥	lua^{5}	稻	nɔn^{5}	笠
mʌt^{6}	臉	chən^{1}	腳	cʌm^{2}	下巴
cɔn^{1}	子女	chau^{5}	孫,姪,甥	mui^{4}	鼻
chɐp^{5}	電	lya^{3}	火	muoi^{5}	鹽
den^{2}	燈	la^{5}	葉	chuoi^{5}	香蕉
mʌng^{1}	笋	chɔ^{5}	狗	kᴇ^{3}	誰
dɔ^{5}	那裏	mot^{6}	一	nʌm^{1}	五
nʌc^{6}	穿衣服	mang^{1}	抬	de^{3}	放置
dan^{1}	編織	chet^{5}	死	chay^{6}	跑
cɔng^{1}	彎曲				

(爲了印刷的便利,字體稍有變更,下文將有詳細說明。)

但是,除了數目字之外,没有一類的事物是完全由高棉語構成的,多少總有些泰語的字摻雜在裏頭,例如"風、雨"雖來自高棉語,而"霧"(mɔc[6])却出於泰語;"河"雖來自高棉語,而"田"(dong[2])却出於泰語;"臉、脚"雖來自高棉語,而"背"(lyng[1])、"肚"(bung[6])、"胸"(yc[5])、"頸"(co[3])却出於泰語;"稻"雖來自高棉語,而"米"(gao[6])却出於泰語;"鳥"雖來自高棉語,而"雞"(ga[2])、"鴨"(vit[6])却出於泰語。

再說,除了語彙的比較之外,越語就没有什麼像高棉語的了。在高棉語裏,字尾 s、h、l、r,很多,而越語則完全没有(因此,許多越南人把法文字尾 l 讀成 n,例如 ciel 讀爲 cien)。在語法上,也很不相似:高棉語有些詞頭(prefixes)和詞腹(infixes),它們表示使成式(causative)、主動式(active)、被動式(passive)等,越語則完全没有,尤其是詞腹不能說是有。

還有一個最重要的論據,令我們不能相信越語和高棉語是同系的,就是高棉語没有聲調的分別。現在大家承認,東方各語言的聲調的來源是很古的,如果它們有聲調的話;而高棉語是没有聲調的(意思是說,它不是以聲調的不同去表示語義的不同)。越南人把高棉語的語彙借了來,然後在每一個字的上頭,加上了一個聲調。這種情形,可以叫做蒙語越化。我們如果假定越語最初本是出自高棉語,後來因受漢語和泰語的影響,纔有聲調的産生,則這個假設是很靠不住的。譬如高棉語受暹羅語的影響很大,借用暹羅字很多,爲什麼它並未因此而産生了聲調呢?

由上文看來,越語決不是由高棉語來的。相反地,它在各方面都和泰語相近。據馬伯樂說,二者的聲調系統和語音系統都特別相似。那麼,越語就是泰語的一支嗎?據馬伯樂說,現在也不能十分斷定,因爲苗瑤等語還没有研究,泰語和高棉語的研究也不够細,連漢語方言的研究也還不够。不過,越語的近代形式大部分顯然是受泰語的影響最深,假使我們必須從漢語、高棉語和泰語三種語言當中選擇一種認爲越語的親屬,那麼,我們是傾向於選擇泰語的。

越南在没有淪爲法國殖民地以前,正式的文字就是漢文;文人們另爲土話造出一種越字,叫做字喃(詳見下文第八節)。但是,距今六七十年以前,西洋教士們在越南傳教的時候,已經替越南人製造好幾種標音文字,其中有葡萄牙籍神父 Alexandre de Rhodes 所創造的越語羅馬字是被認爲最合用的。法國吞併了越南之後,就採用它爲國語(其實該稱爲國語羅馬字),替代原來的漢字和字喃。國語字母不能按照一字表一音的原則,又有些奇怪的字母,所以在 1906 年前後,有伯希和(Pelliot)等人建議修改,終於敵不過保守派,所以改不成。Rhodes 對於越語的語音系統是研究得很精確的;至於用什麼字母去表示什麼音,在學術的價值上看來,倒反是次要的了。

依照國語來分析,越語的語音系統如下:

(1) 輔音二十二個

雙脣音兩個:b、m

脣齒音兩個:ph(讀如 f‘)、v

齒音六個:t、th(讀如 t‘)、đ(讀如 d)、n、x(讀如 s)、d(讀如 z)

邊音一個:l

顫音一個:r

捲舌音兩個:tr(讀如 tʂ)、s(讀如 ʂ)

舌面音三個:ch(讀如 tɕ,在字尾則讀如 ȶ)、gi(讀如 ʑ)、nh(讀如 ɳ)

舌根音四個:k(在 i、y、e 前寫作 k,在 a、o、u 之前寫作 c,在代表 kw 時寫作 qu)、kh、g(在 i、y、e 前寫作 gh,其餘寫作 g)、ng(在 i、y、e 前寫作 ngh,其餘寫作 ng)

喉音一個:h

d 和 gi 的分別衹是理論的;實際上,恐怕各地都混同了,例如“皮”字,本該寫作 da,但是有許多人寫作 gia,可見實際語音裏 da 和 gia 是分不清的了。gi-在別的元音之前衹等於[ʑ](g+i=ʑ),d 在理論上等於[z];但[ʑ]和[z]是可以互換的。河内對於 d 和 gi-往往一律讀成[ʑ]。

ch 和 tr 在北圻没有分別;凡 tr 在北圻都讀成 ch①,例如“傳”字,本

① 編者注:底本 h 作 n,據上下文改。

該寫作 truyện,但也可以寫作 chuyện。但是,在中圻和南圻,ch 和 tr 還是有分别的。

x 和 s 在北圻没有分别,都讀成[s]。但它們在中圻和南圻是有分别的。

r 在北圻讀與 d、gi 同(即讀作[ʑ]);中圻 r 讀成[ʒ],南圻 r 即讀[r],不與 d、gi 混。

l 和 n,在北圻有些地方是相混的。

ch 和 x 在 a、o、u 前往往讀成[ts]和[s]。在越語裏,[t‘][k‘]的吐氣極重,不像漢語的吐氣音;[f‘]更爲特别,這是吐氣極重的 f。[t]音極緊(硬),不像北京的[t]那樣鬆(軟)。v 音極近[w],很不像吴語的 v。

在上述的二十二個輔音裏,衹有兩個是我們在下文要改爲另一寫法的,就是 đ 和 d。前者既然代表[d]音,我們索性就寫作 d,例如 đi(去),改寫爲 di。後者既然代表[z]音,我們索性就寫作 z,例如 di(移),改寫爲 zi。其餘的越語羅馬字雖也有些不很合理的地方,但於印刷上並無不便,就不必更動了。

(2) 元音十一個

前元音五個:i(y)、ê、e、a、ă

後元音三個:o、ô、u

混元音三個:ư(讀如[ɯ])、â(讀如[ə])、ơ(讀如[ɐ])

ê 是一個極閉(極高)的[e],e 在輔音前是個[ᴇ],在字尾是個[ɛ],有時竟近於[æ]。

ă 和 â 永不獨用爲韻母;它們的後面是必須帶着 i、y,或 o、u,或 m、n、nh、ng、p、t、ch、k 等輔音的。â 是一種模糊的音,現在雖注爲[ə],其實它在輔音之前讀近[ɐ],在複合元音裏讀近[a]。

字母 y 表示一種長音的[i];k 和 kh 後面的[i]本寫作 i,近來通作 y。在複合元音中,y 在字尾的時候,表示前面的[a]是一個短元音,因此造成 ai 和 ay 的分别。â 本來是一個短元音,所以衹有 ây,没有 âi(比較:tai 耳:tay 手:tây 西)。

uy 等於[uj];因此 tuy(雖)和 tui(俗"我"字)不同。uy 作爲介母(韻頭)時却衹表示[y]音,等於漢字的撮口呼,例如 chuyện(故事)。

u 在複合元音中,表示前面的[a]是一個短元音,因此造成 ao 和 au 的分别。â 本來是一個短元音,所以衹有 âu,没有 âo(比較:cao 高:cau 檳榔;câu 句)。

u 是極閉(極高)的[u];ư像昆明的"五"字的音,有人拿它比俄語裏的[ï]。

有些合口呼的寫法值得提一提:oa 或 oa-等於[wa],oă-等於[wă],oe 等於[wɛ],ua 等於[uo],ưa 等於[ɯə]。

越語的陽聲韻共有四種,即-m、-n、-nh、-ng;入聲韻也有四種,即-p、-t、-ch、-c(即-k)。參看下文第五節。

在上述的十一個元音裏,爲了印刷上的便利,有八個是須變更寫法的:

ê 改寫爲 e,例如 dê(羊)改寫爲 ze。

e 改寫爲 ᴇ(小一號的大寫字母),例如 xe(車)改寫爲 xᴇ。

ă 改寫爲 ᴀ(小一號的大寫字母),例如 ăn(吃)改寫爲 ᴀn。

o 改寫爲 ɔ(c 的倒寫),例如 cho(給)改寫爲 chɔ。

ô 改寫爲 o,例如 cô(姑)改寫爲 co。

e 和 o 本可不必改寫爲 ᴇ 和 ɔ,但是,漢越語裏没有 e,也很少 o,不如把它們改寫了,騰出 e 和 o 來替代越語羅馬字的 ê 和 ô,因爲漢越語裏 ê 和 ô 是最常見的,而在印刷上太不方便了。

ư這個字母,一般人稱爲"有鬍子的 u"(u barbu),在印刷上太不方便了,在本文裏,我們改寫作 y。這不至於和複合元音字尾的 y 相混,因爲複合元音字尾没有這個有鬍子的 u。這個有鬍子的 u 如果作爲單獨的韻母時,我們寫作 y,例如ư(居)改寫爲 oy。但是,如果採用這個辦法,凡[i]作爲單獨的韻母時,必須寫作 i,方不至於相混,例如 ki(奇)不寫作 ky;尤其是"衣",本作 y 的,也該寫作 i。

â 改寫爲 ə(e 的倒寫),例如 cây(樹)改寫爲 cəy。

ȯ這個有鬍子的 o 在印刷上也不方便，現在改寫爲 ɐ(a 的倒寫)，例如 c ȯm(飯)改寫爲 cɐm

(3) 聲調六個

1. 平聲(bàng)˧

2. 弦聲(huyèn)˩(“弦”字未必是確當的譯義)。

3. 問聲(hỏi)˧˩˧

4. 跌聲(ngã)˩˥(這是一種斷續的聲調)。

5. 鋭聲(Sác)˦˥ ˥˩

6. 重聲(nạng)˨˩

六聲衹是依照越語一般説法；若依中國人的眼光看來，應該説是共有八聲。鋭聲共有兩種：一種例如 cá(魚)，它的調形是˦˥；另一種例如 cách(方式)，它的調形是˥˩。重聲也有兩種：一種如 m ạn(鹹)，另一種如 m ạt(臉)，它們的調形雖差不多一樣，但前者該被認爲去聲，後者該被認爲入聲，因爲在漢語裏，以 p、t、k 收尾的字是被認爲入聲字的。

越語羅馬字對於平聲(第一聲)是不加聲調符號的；對於弦聲則加[ˋ]號，問聲加[ˀ]號，跌聲加[～]號，鋭聲加[ˊ]號，重聲加[·]號。弦、問、跌、鋭的符號加在元音字母的上面，重聲的符號加在元音字母的下面。爲了印刷便利起見，本文裏將改用 1、2、3、4、5、6 等數目字來表示聲調，例如 ma(魔)，加數目字寫作 ma¹；mà(而)改寫作 ma²，mả(墓)改寫作 ma³，mã(馬)改寫作 ma⁴；má(頰)改寫作 ma⁵，mạ(秧)改寫作 ma⁶。入聲字亦以 5 或 6 表示，例如 mác(槍)改寫作 mac⁵，mạc(莫)改寫作 mac⁶，等等。

三、 漢越語在越語中的地位

本文的主要研究對象是漢越語，其次是古漢越語，其次是字喃(因爲從此可以窺見古漢越語的本來面目)；至於漢語越化，是最難研究的一部分，祇能附在古漢越語的後面隨便說說。其實古漢越語和漢語越化是頗難辨別的。以性質而論，前者是比唐代更古的語言殘迹，後者是比唐音更多走了一步，二者絕不相同。但是，在表面上，它們二者之間有最相同的一點，就是越南人已經不把它們當做漢越語，而認爲純粹的越語了；因爲他們已經不用漢字去表示它們，而是用字喃（如果不用羅馬字）去表示它們了。

漢越語祇在文言裏佔優勢，尤其在科舉時代；至於在日常口語裏，漢越語是没有什麼勢力的。同意義的兩個字，其中往往有一個是漢越語，用於文言，另一個是泰語或高棉語或來歷不明的字，用於白話，例如：

漢字	文言（漢越語）	白話
貧	bən^{2}（bən^{2} tien^{6} 貧賤）	nghɛo^{2}（nha^{2} nghɛo^{2} 貧家）
六	luc^{6}（luc^{6} suc^{5} 六畜）	sau^{5}（sau^{5} thang^{5} 六個月）
天	thien^{1}（thien^{1} dang^{2} 天堂）	giɐi^{2}（giya^{4} giɐi^{2} 天空裏）
難	nan^{1}（gian^{1} nan^{1} 艱難）	khɔ^{5}（khɔ^{5} biet^{5} 難知）
見	kien^{5}（chyng^{5} kien^{5} 證見）	thəy^{3}（cɔ^{5} thəy^{5} khong^{1} 看見嗎）

像下面的一段會話，我幾乎找不出一個漢字來：

Lay^{6} ong^{1} a^{6}，ong^{1} di^{1} chɐi^{1} dəu^{1} bəy^{1} giɐ^{2} a^{6}？

日安，先生，你現在到哪兒玩去呢？

Toi^{1} di^{1} dang^{2} nay^{2} mot^{6} ti^{5}，cɔ^{5} mot^{6} ti^{5} viec^{6}。

我到那邊去一會兒，有點兒事情。

Ong^{1} ba^{2} va^{2} cac^{5} chau^{5} cɔ^{5} manh^{6} khoe^{3} khong^{1}？

你的父母和小孩子們都很健康嗎？

Ong^{1} ba^{2} toi^{1} vən^{4} manh^{6}，cac^{5} chau^{5} van^{4} chɐi^{1} ca^{3}，khi^{1} nao^{2} thong^{1} tha^{3} mɐi^{2} ong^{1} lai^{6} chɐi^{1} xɐi^{1} nyec^{5}。

家父家母還算健康，小孩們也都還好（還愛玩），什麼時候你有工夫，請到舍下來喝一杯水。

Phai^{3}，de^{3} khi^{1} nao^{2} thong^{1} tha^{3} toi^{1} hay^{4} lai^{6} chɐi^{1}，thai^{1} toi^{1} xim^{1} vo^{1} phɛp^{5}。

是的，等到什麼時候有工夫，我再來玩。好，請恕我無禮（恕不奉陪了）。

Khong^{1} zam^{5},lay^{6} ong^{1}。

豈敢豈敢！日安,先生！

這裏衹有五個字是可以用漢字表示的：

ong^{1}翁　viec^{6}役　ba^{2}婆　cac^{5}各　vo^{1}無

這五個字當中,“翁、婆、役”都不是漢字原來的意義了,“翁”是先生,“婆”是太太(一般人竟另寫作𡢐),“役”是事情。依馬伯樂說,viec^{6}是由泰語來的。據此,它還不是漢語裏的“役”字呢。這樣,真正的漢越語衹有“各”字和“無”字。但是,此外還有兩個字可能是古漢越語,一個是 lai^{6}字,也許它和“來”字(lai^{1})是一個 doublet;另一個是 phep^{5}字,它就是“法”字(phap^{5})的白話音。總之,漢越語在日常的越語裏佔着很少的成分;越南人越掉書袋,就越用得着漢越語,例如在著名小說(彈詞)《金雲翹》裏,却又不少“彼嗇此豐”“梅骨格,雪精神”一類的字眼了。

在越語二十二個輔音當中,有兩個是和漢越語没有關係的。第一個是 r。漢語既没有 r,自然漢越語也没有它了。第二個是 g。這似乎有點兒奇怪,漢語在古代是有濁音的,爲什麼漢越語裏不能有 g 呢?這因爲漢越語並没有拿帶音的聲母去表示漢語裏的濁母,却衹拿陽調類去表示它們,恰像粵語拿陽平、陽上、陽去和陽入去表示古代的濁音一樣。k-、c-、qu-的字讀作弦、跌、重三聲的時候,已經足以表示古代的群母字了。

在越語十一個元音當中,也有兩個是和漢越語没有關係的。第一個是ᴇ。雖有 xᴇ^{1}(車)、hoᴇ^{2}(槐)等字,但它們是古漢越語,不是漢越語。第二個是 c①。thɔ^{3}(兔)字也是漢語越化的。-oa、-oan、-oang 等裏面的 o 其實衹代表 w。

但如果依照越語的整個韻母系統來說,漢越語更佔一個不重要的位置,因爲多數韻母是漢越語所不能具備的。大致計算起來,越語共有一百四十個韻母,現在把它們寫了下來,凡與漢越語有關者就注上一個韻目或代表字：

① 編者注：據上下文,c 應作 ɔ。

純元音韻母 39 個：

a 歌	ia*	oa 戈	ua	
uya(uia)	ya*	ᴇ	oᴇ*	uᴇ
e 齊	ue 桂	i 支	ɐ 初	ɔ*
o 模	u 虞	y 魚		
ai 咍	oai 懷	ay	əy	ɔi
oi 灰	uoi*	ɐi*	ui*	uy 水
yi	yɐi	ao 豪	eo	au
əu 侯	eu	ieu 蕭	iu	uyu
yu 友	yɐu			

鼻韻母 51 個：

am 咸	ᴀm	əm 侵		
ɐm	ɔm	om	uom	um
yɐm	ᴇm	em	iem 鹽	im*
an 寒	oan 桓	ᴀn*	oᴀn	ən 真
uən 諄	ɐn*	yɐn	ɔn	on 魂
uon	un	yn	ᴇn	uᴇn
en	uen	ien 先	in*	uyen 元
anh 庚	oanh 橫	enh 病	uenh	inh 清
uynh 兄	ang 郎	oang 光	ᴀng 登	uᴀng 肱
əng	ɔng 雙	ong 東	uong 狂	ung 鍾
yng 蒸	yɐng 陽	ieng		

入聲韻母 50 個：

ap 盍	ᴀp	əp 緝		
ɐp	ɔp	op	up	yɐp
ᴇp	ep	iep 葉	ip	
at 曷	oat 活	ᴀt	oᴀt	ət 質
uət 術	oet	ɐt	ɔt	ot 没

uot	ut	yt	ᴇt	uᴇt
et	uet	iet 屑	it	uyet 月
ach 陌	oach 獲	ech	uech	ich 昔
uych 闃	ac 鐸	oac 郭	ᴀc 黑	uᴀc 或
əc	ɔc 學	oc 屋	uoc*	uc 燭
yc 職	yɐc 藥	iec 席		

由上表看來,漢越語的韻母衹有 66 個,其餘 74 個可認爲越語所獨有的韻母。有 * 號的韻母表示有極少數的不規則的漢字屬於它們,例如 im 韻就衹有一個“金”字(kim)(參看下文第五節)。

漢越語在越語裏雖然没有很重要的地位,但漢語對於越語的影響不能說是很小;有時候,遇到要翻譯一個新名詞,正像西洋人取材於希臘文一樣,越南人也常常取材於漢越語。而且我們研究漢越語的主要目的不在於明白越語的現狀或前途,而在於希望研究的結果可以幫助漢語古音的探討。這樣,漢越語還是值得研究的。

四、漢越語的聲母

現在我們依照漢語等韻的系統來看漢越語的系統。每一類語音先列一表,後面附一段總討論。這裏先講聲母。

(一) 牙音

甲、見母

(子)一、三、四等及合口二等。[k],聲調 1、3、5。

歌 ca^{1}	感 cam^{3}	改 cai^{3}	高 cao^{1}	幹 can^{5}
謹 can^{3}	景 canh^{3}	給 cəp^{5}	計 ke^{5}	兼 kiem^{1}
經 kinh^{1}	久 cyu^{3}	公 cong^{1}	孤 co^{1}	果 qua^{3}
官 quan^{1}	卷 quyen^{3}			

例外:叫 khieu^{5}　潔 khiet^{5}　激 khich^{5}

(丑) 開口二等。[ʑ],聲調 1、3、5。

嘉家加 gia^{1} 假 gia^{3} 價架嫁 gia^{5} 覺角 giac^{5} 解 giai^{3}

監 giam^{1} 減 giam^{3} 間艱姦 gian^{1} 江 giang^{1} 講 giang^{3}

降 giang^{5} 交膠 giao^{1} 教 giao^{5} 甲 giap^{5}

梗攝開二讀[k],如更 canh^{1},不在此例。

乙、溪母。[k‘],聲調 1、3、5。

客 khach^{5} 開 khai^{1} 抗 khang^{5} 懇 khən^{3} 欽 khəm^{1}

泣 khəp^{5} 乞 khət^{5} 契 khe^{5} 謙 khiem^{1} 怯 khiep^{5}

氣 khi^{5} 輕 khinh^{1} 困 khon^{5} 孔 khong^{3} 科 khoa^{1}

快 khoai^{5} 寬 khoan^{1} 款 khoan^{3} 勸 khnyen^{5}

例外:巧 xao^{3} 確 xac^{5} 酷 coc^{6}

丙、群母。[k],聲調 2、4、6。

近 cən^{6} 及 cəp^{6} 強 cyɐng^{2} 強(勉)cyɐng^{6} 舅 cyu^{4}

舊 cyu^{6} 巨 cy^{6} 極 cyc^{6} 傑 kiet^{6} 轎 kieu^{6}

儉 kiem^{6} 件 kien^{6} 奇 ki^{2} 共 cung^{6}

群裙 quen^{2} 郡 quen^{6} 狂 cuong^{2} 扃煢 quynh^{2}

丁、疑母

(子)一、三、四等及合口二等。[ŋ],聲調 1、4、6。

愕 ngac^{6} 額 ngach^{6} 礙 ngai^{6} 遨 ngao^{1} 藕 ngəu^{4}

吟 ngəm^{1} 銀 ngən^{1} 藝 nghe^{6} 嚴 nghiem^{1} 研 nghien^{1}

業 nghiep^{6} 疑 nghi^{1} 逆 nghich^{6} 訛 ngoa^{1} 瓦 ngoa^{4}

外 ngoai^{6} 玉 ngɔc^{6} 遇 ngo^{6} 愚 ngu^{1} 御 ngy^{6}

元源 nguyen^{1} 阮 nguyen^{4} 願 nguyen^{6} 月 nguyet^{6}

(丑) 開口二等。[ȵ],聲調 1、4、6。

衙牙 nha^{1} 雅 nah^{1} 樂(音樂)nhac^{6} 顔 nhan^{1}

眼 nhan^{4} 雁 nhan^{6}

牙音總討論:

牙音的開口二等顯然是自成一類的,所以見母的開二是 gi,和 k 不同;疑母的開二是 nh,和 ng 不同。群母没有二等字(僻字不算)。溪母開二的字不多,所以不顯;但是,由“巧、確”兩字來看,也可以得到一點兒消息。“巧”字讀 xao^{3},“確”字讀 xac^{5},它們的聲母是 x,這是很特別的(“酷”字衹是誤讀,没有意思);恰巧它們是二等字。另有一個 kheo^{5} 字,我以爲是古漢越語裏的“巧”字,因爲意義完全相同。雖然字喃另寫作“窖”,那是不足爲憑的。由此看來,“巧”的古聲母本是 kh,但到了唐音傳入以後,因爲開口二等自成一類,才變了 x。x 和 gi[ʑ]的聲音頗相近,很可能地,溪母的開口二等的聲母是個 x 或類似的語音。開口二等和合口二等分道揚鑣,恰與現代漢語一樣,試比較北京話的“家”和“瓜”、“間”和“關”,前者由 k 變了 tɕ,後者未變。至於牙音三、四等字在漢越語裏並未變爲舌面音,則又和北京話不同了。

見母開口二等的 gi-,很容易令人聯想到現代漢語膠東話裏的 ki-。譬如 kia=gia:k=g,i=i,a=a。實際上,這種聯想是不對的。gi-在越語羅馬字裏,自始至終,没有代表過[g]和[i]。在 17 世紀,造字的人仿照意大利文的規矩,採用 gi 來代表舌面破裂音 ɟ。後來語音雖已變遷,教士們的舊寫法仍舊保存着。由此看來,見母的[k]始終没有變過[g],衹是由[k]變爲 ɟ,再變爲[ʑ](在廣平及交趾變爲半元音 j)。至於梗攝二等之所以未變爲 gi-,和漢語官話裏的梗攝二等未變爲 tɕ-,是同一理由的。

(二) 喉音

甲、曉母。[h],聲調 1、3、5

海 hai^{3}	好 hao^{3}	黑 hʌc^{5}	吸 həp^{5}	軒 hien^{1}
獻 hien^{3}	羲 hi^{1}	孝 hieu^{5}	曉 hieu^{5}	香 hyɐng^{1}
向 hyɐng^{5}	呼 ho^{1}	虎 ho^{3}	婚昏 hon^{1}	虚 hy^{1}
花 hoa^{1}	火 hoa^{3}	化 hoa^{5}	歡 hoan^{1}	荒 hoang^{1}
血 huyet^{5}	兄 huynh^{1}			

乙、匣母。[h],聲調 2、4、6

何河遐 ha^{2}　下賀 ha^{6}①　骸孩鞋 hai^{2}　駭 hai^{4}　害 hai^{6}

含鹹銜 ham^{2}　寒 han^{2}　侯 həu^{2}　後后 həu^{6}　恒 hᴀng^{2}

學 hɔc^{6}　合 hɐp^{6}　號 hieu^{6}　協俠 hiep^{6}　刑型形 hinh^{2}

湖 ho^{2}　户護 ho^{6}　魂 hon^{2}　回 hoi^{2}　紅 hong^{2}

雄 hung^{2}　和 hoa^{2}　禍畫 hoa^{6}　懷 hoai^{2}　壞 hoai^{6}

完丸 hoan^{2}　緩 hoan^{4}　患 hoan^{6}　黃皇 hoang^{2}

螢 huynh^{2}(螢,《廣韻》戶扃切)。

例外:換 hoan^{5}(“換”字衹是聲調不對,大約是誤讀)

丙、影母。[○],聲調 1、3、5

惡 ac^{5}　哀 ai^{1}　愛 ai^{5}　安 an^{1}　案 an^{5}

奧 ao^{5}　恩 ən^{1}　嘔 əu^{3}　阿鴉 a^{1}　亞 a

英 anh^{1}　影 anh^{3}　映 anh^{5}　鴨押 ap^{5}　隱 ən^{3}

印 ən^{5}　陰 əm^{1}　邑 əp^{5}　憂 əu^{1}　幼 əu^{5}

益 ich^{5}　依 i^{1}　意 i^{5}　掩 yem^{3}　謁 yet^{5}

要 yeu^{5}　幽 u^{1}　應 yng^{1}　抑 yc^{5}　殃 yɐng^{1}

約 yɐc^{5}　汙 o^{1}　屋 oc^{5}　溫 on^{1}　翁 ong^{1}

枉 uong^{3}　威 uy^{1}　畏 uy^{5}　雍 ung^{1}　鬱 uɐt^{5}

例外:因 nhən^{1}—nhət^{5}　矮 nuy^{6}(但又 uy^{6})

丁、喻母

(子)三等(于類)

a. 合口。[v],聲調 1、4、6

雲 vən^{1}　運 vən^{6}　衛 ve^{6}　爲 vi^{1}　位胃彙 vi^{6}

榮 vinh^{1}　永 vinh^{4}　詠泳 vinh^{6}　員圓 vien^{1}　遠 vien^{4}

院 vien^{6}　越 viet^{6}　王 vyɐng^{1}　旺 vyɐng^{6}

于迂(《廣韻》“迂”有羽俱、憂俱兩切)vu^{1}　禹 vu^{4}

b. 開口。[h],聲調 4、6

---

① 編者注:底本與山東教育出版社《王力文集》本都作 na^{6},據上下文改。

友右有 hyu^4　侑又 hyu^6　矣 hi^4

例外：炎 viem^1　尤 vyu^1

（丑）四等（余類）。[z]，聲調 1、4、6

遙 zao^1　引 zən^4　酉 zəu^6　淫 zəm^1　鹽閻 ziem^1

演 zien^4　遺 zi^1　以 zi^4　異 zi^6　譯 zich^6

營 zinh^1　猶由 zɔ^1　嬴籯盈 zoanh^1　余餘 zy^1　翼 zyc^6

亦 ziec^6　陽羊 zyɐng^1　藥 zyɐc^6　遊 zu^1　誘 zu^4

惟 zuy^1　容 zung^1　勇 zung^4　用 zung^6　緣沿 zuyen^1

閱悦 zuyet^6　聿 zuət^6

喉音總討論：

喉音的二等字和一等字没有分别，所以“遐”“河”同音，“下”“賀”同音，“畫”“禍”同音，“鞋”“孩”同音，“鹹”“含”同音，“鴉”“阿”同音。但這種混合衹是韻母的關係，不是聲母的關係。

影母例外字“因”和“一”都以 nh 爲聲母。這兩個字本來的音大約是 yən、yət，字首是半元音[j]。半元音[j]變爲[ȵ]是很容易的，現代湖南寶慶有這類的情形。“矮”字既有兩讀，可以存而不論。

喻母四等字和三等字大有分别，所以“惟”“爲”不同音，“余”“于”不同音，“緣”“圓”不同音，“誘”“右”不同音，“營”“榮”不同音。這一個事實是非常值得珍視的。喻母在《切韻》系統裏顯然分爲兩類；喻$_{三}$和喻$_{四}$，非但在中古有别，它們在上古也是有别的。可惜在漢語各處的方言裏無從證明這一種分别，現在漢越語裏的喻$_{三}$和喻$_{四}$截然不紊，這是很好的一個證據。

漢越語裏，喻母三等還分爲[v][h]兩類，也很值得注意。我們姑且認爲合口讀 v-，開口讀 h-；“炎、尤”二字被認爲例外，因爲它們是開口字，反而讀 v-。喻$_{三}$和微母都讀 v-（參看下文），但是它們的來源應該是不同的。微母的來源是 m 或類似的音；喻$_{三}$的 v 的來源應該是 w。至於 h 呢，它應該是古音的殘留；喻$_{三}$和匣母本是一家，匣母没有三等，正是喻$_{三}$的所從來處①。因此，

① 補注：後來我認爲喻$_{三}$與匣同屬一母，見《漢語史稿》。

當匣讀 h-的時候，喻$_{三}$跟着讀 h-是不足怪的；至於合口字，起初應該是讀 hw，或類似的音（如撮口呼），後來 h 消失了（如“黄”hwang 在粤語變爲 wong），祇有 w 音，漸漸又轉變爲 v 的。

由諧聲系統來看，喻$_{三}$和喻$_{四}$的系統是頗爲清楚的，例如從“于”的字必屬喉牙，從“余”的字必歸舌齒。但也有少數的例外，如“榮”和“營”同一諧聲，而一在喻$_{三}$，一在喻$_{四}$；“炎”和“談”同一諧聲，而一在喉音，一在舌音（如認爲“矣”從“已”聲，又多一例）。這些少數的例外，幾乎令我們疑心《廣韻》是錯了。現在有漢越語作爲證據，我們知道在隋唐時代它們確有此音。不過，依常理推測，從“𤇾”得聲的字，上古當屬喉牙；從“炎”得聲的字，上古當屬舌齒（“矣”聲亦然），不過後代稍亂系統罷了。

喻母四等的 z，本來應該是個 d；因爲 Rhodes 神父所定的越語羅馬字是 d-（惟 duy，遙 dao），可見當時漢越語裏的喻母四等字確有[d]音，或和[d]類似的音。據馬伯樂的研究，在河靖（Ha-tinh）一帶，現代還讀 d^{y}音；東京是經過了 d^{y}的階段，然後變爲 z 的。但是，馬氏又説，這 d^{y}是 15 世紀以後的產品；15 世紀以前，應該是一個 y（即[j]），現在南圻還保存着這個 y 音。我們對於馬氏的説法，認爲頗有理由。

（三）舌上音

甲、知母。[tʂ]，聲調 1、3、5

珍 trən^{1}　知 tri^{1}　智 tri^{5}　貞 trinh^{1}　徵 tryng^{1}

鎮 trən^{5}　帳 tryeng^{5}　豬 try^{1}　追 truy^{1}　中忠 trung^{1}

竹 truc^{5}①　轉 truyen^{3}（往往誤作 chuyen^{3}）

乙、徹母。[ʂ]，聲調 1、3、5

癡 si^{1}　抽 syu^{1}　丑 syu^{3}　暢 syeng^{5}　敕 sʌc^{5}

畜 suc^{5}

丙、澄母。[tʂ]，聲調 2、4、6

① 編者注：底本与山東教育出版社《王力文集》本都作 trnc^{5}，據下文所見改。

茶 tra^{2}　長 tryɐng^{2}　丈 tryɐng^{6}　沈 trəm^{2}　朝 trieu^{2}

兆 trieu^{6}　持 tri^{2}　治 tri^{6}　呈 trinh^{2}　懲 tryng^{2}

綢 tryu^{2}　朕 trəm^{4}　鄭 trinh^{6}　直 tryc^{6}　稠 tru^{2}

仲重 trɔng^{6}　除 try^{2}　佇 try^{4}　箸 trɐ^{6}　紂柱 tru^{6}

軸 truc^{6}　朮 truət^{6}　傳(平聲)truyen^{2}

傳(去聲)truyen^{6}(或誤作 chuyen^{6})

丁、娘母。[n],聲調 1、4、6

女 ny^{4}　娘 nyɐng^{1}　濃 nung^{1}　尼 ne^{1}　拏 na^{1}

聶 niep^{6}

舌上音總討論:

漢越語以 tr 表示知母,以 ch 表示照母,分得很清楚(tr 由 tl 來,ch 由 ch 來);又以 s 表示徹母,以 x 表示穿母,也自截然不紊。衹有東京人對於它們是混的,於是寫法也不免有少數的錯誤了。澄母和床母,連東京也不至於相混(參看下文)。衹有娘母和泥母是混的①。

(四) 舌齒音

甲、莊母(照二等)。[tʂ],聲調 1、3、5

莊粧 trang^{1}　壯 trang^{5}　爭 tranh^{1}　責 trach^{5}　札 trat^{5}

債 trai^{5}　齋 trai^{1}　爪 trao^{3}　阻 trɐ^{3}　詛 trɐ^{5}

菑 tri^{1}

乙、初母(穿二等)。[ʂ],聲調 1、3、5

差 sai^{1}　抄 sao^{1}　瘡 sang^{1}　創 sang^{5}　册策 sach^{5}

雛 so^{1}　窗 sɔng^{1}　初 sɐ^{1}　楚 sɐ^{3}

例外:厠 xi^{5}　釵 xoa^{1}(又 thoa^{1})

丙、床母(床二等)。[ʂ],聲調 2、4、6

乍 sa^{6}　豺儕 sai^{2}　巢 sao^{2}　孱 san^{2}　棧 san^{6}

---

① 補注:後來我認爲娘母應屬泥母,見《漢語史稿》。

岑 səm^{2}　驟 səu^{6}　愁 səu^{2}　鋤 sy^{2}　事 sy^{6}

士俟 si^{4}　牀 sang^{2}　崇 sung^{2}　撰 soan^{6}

例外：查 tra^{1}　寨 trai^{6}　狀 trang^{6}

丁、山母(審二等)。[ʂ],聲調 1、3、5

沙 sa^{1}　殺 sat^{5}　雙 sɔng^{1}　朔 sɔc^{5}　山 sɐn^{1}

史使 sy^{3}　師 sy^{1}　霜 syɐng^{1}　筲 sao^{1}　瘦 səu^{5}

生 sinh^{1}　色穡 sᴀc^{5}　所 sɐ^{3}　數 so^{5}　疎蔬 sɐ^{1}

衰 suy^{1}

舌齒音總討論：

莊母和知母没有分别,徹、初、山三母也没有分别。初母於"厠、釵"二字寫作 x-,因爲東京 x 和 s 混,這是不足深怪的;"釵"字另有一個 thoa^{1} 音,就頗可怪了。"查"字讀 tra^{1} 是誤讀;"查"字本屬莊、床兩母,但調查的"查"應該讀入床母。"寨、狀"恐怕是宋以後傳入的,所以像近代漢語官話。

照系二等和三等大不相同,可惜守溫三十六字母把它們混在一起,後代的學者們有不少人被迷惑了。在《切韻》的系統裏,前者和後者判若鴻溝;陳澧的《切韻考》裏已經指出了。現在依照漢越語看來,莊初床山和知徹澄最相近;而它們和照穿神審禪相遠(參看下文)。這樣,莊系應該是知系的二等,不該是照系的二等。知系二等字甚少,而且多數是僻字,所以莊系恰好補上這一個缺。這衹是一種猜想;但知、莊兩系相近則是事實(知莊澄的[tʂ]和徹初床山的[ʂ]都是捲舌音)。

(五) 正齒音

甲、照母(照三等)。[tɕ],聲調 1、3、5

質 chət^{5}　執 chəp^{5}　針 chəm^{1}(又 trəm^{1})　制 che^{5}

證 chyɐng^{5}　戰 chien^{5}　招 chieu^{1}　隻 chiec^{5}　志 chi^{5}

整 chinh^{3}　正 chinh^{5}　珠 chəu^{1}　朱 chu^{1}　終 chung^{1}

衆 chung^{5}　祝囑 chuc^{5}

例外:者 gia^{3}　蔗 gia^{5}

乙、穿母(穿三等)。[s],聲調 1、3、5

車 xa^{1}　醜 xəo^{5}　齒 xi^{3}　侈 xi^{5}　赤 xich^{5}

稱 xyng^{1}　昌 xyɐng^{1}　唱 xyɐng^{5}　處 xy^{5}　衝 xung^{1}

春 xuən^{1}　出 xuət^{5}　川 xuyen^{1}　釧 xuyen^{5}

丙、神母(神三等)。[t‘],聲調 2、4、6

神 thən^{2}　實 thət^{6}　舌 thiet^{6}　食 thyc^{6}　繩 thyng^{2}

順 thuən^{6}　盾 thuən^{4}　術 thuət^{6}　馴 thuən^{2}

例外:蛇 xa^{2}　射麝 xa^{6}

丁、審母(審三等)。[t‘],聲調 1、3、5

聖 thanh^{5}　失 thət^{5}　升陞 thʌng^{1}　勝 thʌng^{5}　聲 thanh^{1}

世勢 the^{5}　設 thiet^{5}　燒 thieu^{1}　少 thieu^{3}　詩 thɐ^{1}

施 thi^{5}　試 thy^{3}　商傷 thyɐng^{1}　賞 thyɐng^{3}　釋 thich^{5}

收 thu^{1}　首守 thu^{3}　獸 thu^{5}　書 thy^{1}　恕 thy^{5}

說 thuyet^{5}　稅 thue^{5}　叔束 thuc^{5}　水 thuy^{3}　舜瞬 thuən^{5}

例外:賒奢 xa^{1}　捨 xa^{3}　舍赦 xa^{5}

戊、禪母。[t‘],聲調 2、4、6

石 thach^{6}　成城 thang^{2}　臣 thən^{2}　十 thəp^{6}　涉 thiep^{6}

韶 thieu^{2}　紹 thieu^{6}　時 thi^{2}　氏侍 thi^{6}　辰 thin^{2}

盛 thinh^{6}　常償 thyɐng^{2}　上 thyɐng^{6}　善 thiən^{6}　承 thya^{2}

仇 thu^{2}　受 thu^{6}　贖蜀 thuc^{6}　船 thuyen^{2}　誰 thuy^{2}

例外:社 xa^{4}

正齒音總討論:

照母“者”字讀 gia^{3} 和“蔗”字讀 gia^{5} 爲例外。但是,在漢語越化的字當中,還有一些照系字是讀 gi-的。例如“紙”,漢越語作 chi^{3},而越語作 giəy^{5}。“種”,漢越語作 trong^{3}(疑當作 chuong^{3} 或 chung^{3}),而越語作 giong^{5}。依馬伯樂說,這是由清變濁的結果。那麼,“者、蔗”兩字應該是越化了的漢語。

神母“蛇”字讀 xa^{2}，“射、麝”讀 xa^{6}，審母“賒、奢”讀 xa^{1}，“捨”字讀 xa^{3}，“舍、赦”讀 xa^{5}，禪母“社”字讀 xa^{4}，都是例外。巧得很，這些例外都是麻韻字(包括照母“者、蔗”在內)；這顯然是受了韻母的影響。

照母和知莊兩母有分別，知莊讀 tr，照讀 ch。穿母和初山兩母也有分別，初山讀 s，穿讀 x。可惜這些分別在東京不能保持了。神母和禪母却是没有分別的，都讀 th，聲調也同一類，例如“神”字讀 thən^{2}，禪母的“臣”字也讀 thən^{2}。

（六）齒頭音

甲、精母。[t]，聲調 1、3、5

左 ta^{3}　災 tai^{1}　再 tai^{5}　臟 tang^{1}　早 tao^{3}
走 təu^{3}　增 tʌng^{1}　浸 təm^{3}　進 tən^{5}　祭 te^{5}
接 tiep^{5}　節 tiet^{5}　椒 tieu^{1}　子 ty^{3}　將 tyɐng^{1}
酒 tyu^{3}　祖 to^{3}　宗 tong^{1}　尊 ton^{1}　卒 tot^{5}
最 toi^{5}　遵 tuən^{1}

乙、清母。[t‘]，聲調 1、3、5

草 thao^{3}　青清 thanh^{1}　妻 the^{1}　砌 the^{5}　千 thien^{1}
妾 thiep^{5}　切 thiet^{5}　刺 thich^{5}　倉 thyɐng^{1}　秋 thu^{1}
粗 tho^{1}　催 thoi^{1}　村 thon^{1}　爨 thoan^{3}

例外：侵 xəm^{1}(但又 thəm^{1})　蔡 sai^{5}

丙、從母。[t]，聲調 2、4、6

鑿 tac^{6}　財才 tai^{2}　在 tai^{6}　蠶 tam^{2}　殘 tan^{2}
藏 tang^{2}　造 tao^{6}　雜 tap^{6}　齊 te^{2}　尋 təm^{2}
盡 tən^{6}　席 tiec^{6}　餞 tien^{6}　囚 tu^{2}　墻 tyɐng^{2}
坐 toa^{6}　全 toan^{2}　聚 tu^{6}　從 tung^{2}　絕 tuyet^{6}

丁、心母。[t]，聲調 1、3、5

三 tam^{1}　散傘 tan^{3}　喪 tang^{1}　掃 tao^{3}　燥 tao^{5}
僧 tʌng^{1}　寫 ta^{3}　腥 tanh^{1}　西 təy^{1}　心 təm^{1}

悉 tət^{5}　先仙 tien^{1}　惜 tiec^{5}　消 tieu^{1}　性 tinh^{5}

相 tyɐng^{1}　修 tu^{1}　秀 tu^{5}　算 toan^{5}　孫 ton^{1}

送 tong^{5}　荀 tuən^{1}　選 tuyen^{3}　雪 tuyet^{5}　須 tu^{1}

歲 tue^{5}　髓 tuy^{3}　雖 tuy^{1}

戊、邪母。[t],聲調 2、4、6

謝 ta^{6}　祥 tyɐng^{2}　巳 ti^{6}　邪 ta^{2}　詞辭 ty^{2}

似 ty^{6}　松 tung^{2}　俗 tuc^{6}　徐 ty^{2}　隨 tuy^{2}

旬 tuən^{2}

齒頭音總討論:

齒頭音的例外字很少。“侵”雖讀 xəm^{1} 爲例外,但又讀 thəm^{1} 不爲例外。這和“釵”字的情形相似,因“釵”字也有 xoa^{1} 和 thoa^{1} 兩音。不過,也可以說它們的情形恰恰相反,因爲“侵”該讀 th-而以讀 xəm^{1} 爲較常見,“釵”該讀 x-而以讀 thoa^{1} 爲較常見。此外,還有“蔡”字讀 sai^{5},也是例外。依我們猜想,“侵、釵、蔡”都應該各有兩讀,其一是 thəm^{1}、thoa^{1}、thai^{5},另一是 səm^{1}、xoa^{1}、sai^{5},th 和 s 相通是事實,但是它們相通的原因則頗難指出。我們或者可以假定,“侵”和“蔡”是古漢越語的殘留,因爲越語裏没有[ts‘]音,所以讀作[s](古漢越語還有一個“砌”字讀 xəy^{1});其餘的字是唐代整批傳入的,當時雖仍没有[ts‘],但是,却另外以 th 代 ts‘了。

精系字衹有兩種輔音:其一是[t],包括精從心邪四母;另一是[t‘],代表清母。憑着聲調的分别,[t]又可以分爲兩類:其一是聲調 1、3、5 的[t],包括精心兩母;另一是聲調 2、4、6 的[t],包括從邪兩母。因此,精和心是没有分别的,所以下列的每一組字都是相混的:

左:寫　早:掃　增:僧　祭:細　椒:消

子:死　尊:孫　將:相　贜:桑

從和邪也是没有分别的,例如:

墻:祥　從:松　慈:辭

但是,精系本身雖然易混,它和知照兩系却不易混(初系當知系看待);除了清和審混之外,其餘都是三系分明的,例如:

知 tri^1：支 chi^1：咨 ty^1　　驰 tri^2：〇：慈 ty^2

〇：誰 thuy^2：隨 tuy^2　　豬 try^1：朱 chu^1：租 to^1

疏 sɐ^1：樞 xu^1：蘇 to^1

這種分別，比現代北京話分別得多些，比吳語分別得更多。

（七）舌頭音

甲、端母。[d]，聲調 1、3、5

多 da^1　帶 dai^5　擔 dam^1　膽 dam^3　黨 dang^3

刀 dao^1　倒禱 dao^3　答 dap^5　德 dyc^5　當 dyɐng^1

帝 de^5　點 diem^3　顛 dien^1　弔 dieu^5　的嫡 dich^5

丁 dinh^1　都 do^1　督 doc^5　對 doi^5　東 dong^1

端 doan^1　斷 doan^5

乙、透母。[t']，聲調 1、3、5

胎 thai^1　太 thai^5　討 thao^3　貪 tham^1　歎 than^5

透 thəu^5　湯 thang^1　聽 thinh^5　天 thien^1　鐵 thiet^5

土吐 tho^3　通 thong^1　統 thong^3　腿 thoai^3

例外：挑跳 khieu^1

丙、定母。[d]，聲調 2、4、6

駝 da^2　度 dac^6　臺 dai^2　待 dai^4　大 dai^6

淡 dam^6　彈 dan^2　桃 dao^2　道 dao^6　踏 dap^6

達 dat^6　頭 dəu^2　特 dyc^6　堂塘 dyɐng^2　題 de^2

田 dien^2　調 dieu^6　笛敵 dich^6　庭 dinh^2　定 dinh^6

圖 do^2　毒 doc^6　隊 doi^6　屯 don^2　突 dot^6

同童 dong^2　團 doan^2　斷 doan^6　奪 doat^6

丁、泥母。[n]，聲調 1、4、6

男南 nam^1　難 nan^1　難（去）nan^6　囊 nang^1　惱 nao^4

納 nap^6　能 nʌng^1　泥 ne^1　黏 niem^1　念 niem^6

年 nien^1　寧 ninh^1　佞 ninh^6　怒 no^6　内 noi^6

農 nong^{1}

舌頭音總討論：

例外字衹有“挑、跳”作 khieu^{1}，由[t‘]轉入[k‘]，這是頗難解釋的。

端定作 d，和精從的 t 不至於相混。泥和娘相混是不足怪的，因爲漢語各地的方言都混了。最令人感覺興趣的，是透清審三母相混（滂母一部分字亦與此混，見下文）。下面各組的字都是同音的，或同輔音的（*號的字，其韻母不盡相同）：

替：砌：世　　鐵：切：設　　聽*：清：聲

〇：親：身　　〇：七：失　　踢：刺：釋

湯*：倉：傷　　偷*：秋：收

但是，這衹是後起的現象，我們不能説原始漢越語裏它們就是相混的。

尤其是端定和精從，現在既不相混，古時更不至於相混。人們很容易誤會：以爲端母在唐代顯然是個[t]，若精母也讀[t]，豈不相混了？實際上，當端母讀[t]的時候，精母決不會是個[t]，否則後代它們決不會再分家的。大約在最初的時候，端母的[t]也許是一個捲舌音[ʂ]（如馬伯樂所説的）。

（八）半舌音和半齒音

甲、來母。[l]，聲調 1、4、6

羅 la^{1}　落 lac^{6}　來 lai^{1}　藍 lam^{1}　蘭 lan^{1}

朗 lang^{1}　冷 lanh^{4}　老 lao^{4}　臘 lap^{6}　樓 ləu^{1}

略 lyɐc^{6}　量 lyɐng^{6}　力 lyc^{6}　廩 ləm^{4}　鄰 lən^{1}

立 ləp^{6}　流 lyu^{1}　陵 lʌng^{1}　禮 le^{4}　令 lenh^{6}

廉 liem^{1}　連 lien^{1}　料 lieu^{6}　歷 lich^{6}　路 lo^{6}

籠 lɔng^{1}　雷 loi^{1}　纍 luy^{4}　累 luy^{6}　六錄綠 luc^{6}

論 luən^{6}　律 luət^{6}

乙、日母。[ȵ]，聲調 1、4、6

人 nhən^{1}　忍 nhən^{4}　認 nhən^{6}　入 nhəp^{6}　日 nhət^{6}

仍 ngyng^{1}　染 nhiem^{4}　然 nhien^{1}　熱 nhiet^{6}　饒 nhieu^{1}

兒 nhi^{1}　二 nhi^{6}　若 nhyɤc^{6}　讓 nhyɤng^{6}　妊 nhəm^{1}

柔 nhu^{1}　如 nhy^{1}　儒 nhu^{1}　乳 nhu^{4}　絨 nhung^{1}

冗 nhung^{4}　閏 nhuən^{6}

半舌半齒總討論：

這裏毫無例外。來母和泥娘並沒有相混的現象。日母似乎和疑母開口二等相混，但是日母没有二等字，它不在[a]前面出現，所以也不至於相混。

（九）重脣音

甲、幫母。[b]，聲調 1、3、5

波 ba^{1}　駁 bac^{5}　百 bach^{5}　拜 bai^{5}　半 ban^{5}

幫 bang^{1}　包 bao^{1}　保 bao^{3}　稟 bəm^{3}　逼 byc^{5}

北 bʌc^{5}　冰 bʌng^{1}　變 bien^{5}　表 bieu^{3}　兵 binh^{1}

補 bo^{3}　本 bon^{3}

例外：賓濱 tən^{1}　必 tət^{5}　蔽 te^{5}　卑 ti^{1}

比 ti^{3}　臂 ti^{5}　帲 tinh^{2}　并 tinh^{5}

辟 tich^{5}　鞭 thien^{1}

乙、滂母。[fʻ]，聲調 1、3、5

判 phan^{5}　礮 phao^{5}　拋 phao^{1}　珀 phach^{5}　頗 pha^{3}

坡 pho^{1}　樸 phac^{5}　烹 phanh^{1}　品 phəm^{3}　批 phe^{1}

丕 phi^{1}　片 phien^{5}　鋪 pho^{1}　配 phoi^{5}

例外：匹 thət^{5}　譬 thi^{5}　篇偏 thien^{1}　聘 sinh^{5}

丙、並母。[b]，聲調 2、4、6

婆 ba^{2}　薄 bac^{6}　白 bach^{6}　排 bai^{2}　伴 ban^{6}

旁 bang^{2}　袍 bao^{2}　朋 bʌng^{2}　貧 bən^{2}　皮 bi^{2}

平 binh^{2}　別 biet^{6}　病 benh^{6}　部 bo^{6}　僕 boc^{6}

倍 boi^{6}　盆 bon^{2}

例外：頻瀕 tən^{2}　牝 tən^{4}　脾 ti^{2}　避鼻婢 ti^{6}

便 tien^{6}　並 tinh^{6}

丁、明母。[m],聲調 1、4、6

魔 ma^{1}　馬 ma^{4}　莫 mac^{6}　脉麥 mach^{6}　梅 mai^{1}

買 mai^{4}　蠻 man^{1}　盲 manh^{1}　毛 mao^{1}　冒貌 mao^{6}

末 mat^{6}　墨 mʌc^{6}　某 mo^{4}　迷 me^{1}　免 mien^{4}

廟 mieu^{4}(又 mieu^{5}例外)　命 menh^{6}　美 mi^{4}

明 minh^{1}　謀 myu^{1}　募 mo^{6}　木 moc^{6}　門 mon^{1}

夢 mong^{6}　目 muc^{6}

例外:名 zanh^{1}　茗 zanh^{4}　酩 zanh^{5}　民岷泯 zən^{1}

彌瀰 zi^{1}　藐 zieu^{1}　眇 zieu^{4}　妙 zieu^{6}

面偭勔 zien^{6}　滅 ziet^{6}

重脣音總討論:

重脣音的例外字最多。大致看來,幫並兩母的例外字混入精從兩母,作 t;滂母混入清母,作 th;明母混入喻四,作 z。此外,如幫母的“鞭”字作 thien^{1},滂母的“聘”字作 sinh^{5},衹好認爲誤讀(th 和 s 相通,見上文)。

脣和齒,在音理上講,頗難相通,所以這一類的事實甚饒興趣;尤其是輕脣音(脣齒)倒反不和齒音相通(見下文),更爲奇特。滂非敷奉四母皆讀[f']音,獨滂母字有讀 th 的,最值得注意。

重脣音的變音字,在《韻鏡》中都屬四等,在《切韻》中是所謂重紐字。輕脣音因爲衹有三等字,所以完全没有變音。由此看來,在音理上我們雖不能滿意地説明它們是如何變的,但在事實上我們總算能證明它們在什麼條件之下發生了變化的了①。

(十) 輕脣音

甲、非母。[f'],聲調 1、3、5

反返 phan^{3}　法 phap^{5}　發 phat^{5}　分 phən^{1}　粉 phən^{3}

---

① 補注:這一段是改寫過了的。

弗 phət^{5}　癈 phe^{5}　沸 phi^{5}　飛 phi^{1}　販 phien^{5}

放 phɔng^{5}　方 phyɐng^{1}　風封 phɔng^{1}　夫 phu^{1}　府 phu^{3}

富 phu^{5}　諷 phung^{5}　福 phuc^{5}

乙、敷母。[f‘],聲調 1、3、5

忿 phən^{3}　拂 phət^{5}　紛芬 phən^{1}　肺 phe^{5}　妃 phi^{1}

費 phi^{5}　番 phien^{1}　芳 phyɐng^{1}　豐峰蜂 phong^{1}

覆 phuc^{5}　敷 phu^{1}　撫 phu^{3}　副 phu^{5}

丙、奉母。[f‘],聲調 2、4、6

伐 phat^{6}　分(份)phən^{6}　憤 phən^{4}　佛 phət^{6}　房防 phɔng^{2}

肥 phi^{2}　蕃 phon^{2}　奉 phung^{6}　扶 phu^{2}　父婦負附 phu^{6}

服伏 phuc^{6}

丁、微母。[v],聲調 1、4、6

萬 van^{6}　晚 van^{1}　文 vʌn^{1}　聞 vən^{1}　刎 vən^{4}

問 uən^{6}　物 vət^{6}　亡 vɔng^{1}　網 vɔng^{4}　望 vɔng^{6}

微 vi^{1}　尾 vi^{4}　味 vi^{6}　無 vo^{1}　誣 vu^{1}

武 vu^{4}

輕脣音總討論：

非母和敷母没有分别,跟漢語各地的情形一樣。因此,下列的每一組字是相混的。

方:芳　分:芬　弗:拂　沸:費　癈:肺

飛:妃　富:副　風:豐　福:覆

微母和喻$_{三}$没有分别,這一點和現代漢語頗有相同之處。試看下列的每一組字都是相混的：

聞:雲　微:爲　味:胃　誣:于　武:雨

但是,有些字,它們在《廣韻》裏是同韻同等的,既然微、于相混,應該是完全同音的了;事實上,雖然字首的 v 音相同,它們的主要元音並不相同,例如：

文 vʌn^{1}:雲 vən^{1}　無 vo^{1}:于 vu^{1}　亡 vɔng^{1}:王 vyɐng^{1}

網 vɔng^4:往 vang^4　望 vɔng^6:旺 vyɛng^6

這顯然因爲它們在古漢越語裏本來是不同聲母的;受了不同聲母的影響,韻母可能變爲不同。等到聲母已經相混了之後,韻母仍舊不混。由此一說,"文"和"聞"、"無"和"誣",應該是不同時代傳進來的。

以上所說,是由漢語音韻的系統來看漢越語的聲母;我們現在可以反過來,以越南話的輔音爲綱,看看漢越語的聲母是怎樣分配在這些輔音之下的。下面這一個表就是爲了這個目的而造的①。

漢越語聲母表

聲調 輔音	3、5	1	4、6	2
b	幫		並	
ph	滂、非、敷		奉	
t	精、心、幫*		從、邪、並*	
th	清、審、透、滂*		神、禪	
d	端		定	
x	穿		○	
tr	知、莊		澄	
ch	照		○	
s	徹、初、山		床	
gi	見$_{\text{開二}}$		○	
c、k、qu	見		群	
kh	溪		○	
h	曉		匣	
○	影		○	
m	○	明		○
v	○	微、喻$_{\text{三}}$		○
n	○	泥、娘		○
z	○	喻$_{\text{四}}$、明*		○
l	○	來		○
nh	○	日、疑$_{\text{開二}}$		○
ng、ngh	○	疑		○

* 表示一小部分字。

① 編者注:此表底本有誤,現據1991年山東教育出版社《王力文集》改。

中古漢語裏聲母的清濁,在漢越語裏不復分別;但是,清濁的遺迹可以從聲調上分辨出來。其分配如下:

全清和次清:1、3、5

全濁:2、4、6

次濁:1、4、6

最有趣的是次濁的聲調,它們不是 2、4、6,而是 1、4、6。次濁和全濁的畛域是那樣分明,令人佩服古人把它們分爲兩類。

五、 漢越語的韻母

明清的等韻學家把開口一、二等叫做開口呼,三、四等叫做齊齒呼;合口一、二等叫做合口呼,三、四等叫做撮口呼。嚴格說起來,這是不很對的;但是,四呼的說法,在說明方言上有相當的便利。現在我們試從四呼來看漢越語的情形。

(1) 開口呼。開口呼大部分字的主要元音是 a,例如:

河 ha^{2}　　鞋 hai^{2}　　鹹 ham^{2}　　寒 han^{2}　　行 hanh^{2}

杭 hang^{2}　　豪 hao^{2}　　洽 hap^{6}　　轄 hat^{6}　　核 hach^{6}

鶴 hac^{6}

另有一個 ᴀ,只見於蒸登韻(登韻讀 ᴀng 爲正)及其入聲:

登 dᴀng^{1}　　層 tᴀng^{2}　　得 dᴀc^{5}　　賊 tᴀc^{6}

又有一個 ə,這又可分爲兩類:第一類是 əu,它是本來的開口,例如:

鈎 cəu^{1}　　頭 dəu^{2}　　口 khəu^{3}　　後 həu^{6}

第二類是 ən、ət 和 əm、əp。它們是本來的齊齒字,在漢越語裏變了開口,例如:

銀 ngən^{1}　　臣 thən^{2}　　悉 tət^{5}　　質 chət^{5}

吟 ngəm^{1}　　沈 trəm^{2}　　吸 həp^{5}　　執 chəp^{5}

(2) 齊齒呼。主要元音是 i 或 e。其以 i 爲主要元音者,例如:

欺 khi^{1}　　而 nhi^{1}　　丁 dinh^{1}　　形 hinh^{2}　　歷 lich^{6}

逆 nghich^{6}

其以 e 爲主要元音者，例如：

計 ke^{5}　題 de^{2}　令 lenh^{6}　病 benh^{6}　天 thien^{1}

顯 hien^{3}　亦 ziec^{6}　隻 chiec^{5}　別 biet^{6}　節 tiet^{5}

曉 hieu^{3}　要 yeu^{5}

又有一個 y(越語羅馬字寫作“有鬍子的 u”)，當其用於韻頭或韻腹的時候，是表示齊齒呼：

章 chyɐng^{1}　娘 nyɐng^{1}　興 hyng^{1}　應 yng^{5}

九 cyu^{3}　牛 ngyu^{1}

當其用爲主要元音的時候，衹有一小部分是本來的齊齒呼的字：

私 ty^{1}　慈 ty^{2}　子 ty^{3}　四 ty^{5}

大部分却本來是撮口呼的字：

去 khy^{5}　諸 chy^{1}　慮 ly^{6}　恕 thy^{5}

注意：主要元音 a、ə、i、e 的前面如果有韻頭[w](寫作 o 或 u)，就代表合口或撮口了。見下文。

(3) 合口呼。主要元音是 o、ɔ 或 ɐ，或韻頭是 o-或 u-者，都代表合口呼。其主要元音是 o 者，例如：

都 do^{1}　布 bo^{5}　雷 loi^{2}　隊 doi^{6}　門 mon^{1}

損 ton^{3}　忽 hot^{5}　突 dot^{6}　送 tong^{5}　空 khong^{1}

木 moc^{6}　穀 coc^{5}

其主要元音是 ɔ 或 ɐ 者，例如：

窗 sɔng^{1}　房 phɔng^{2}　朔 sɔc^{5}　學 hɔc^{6}　阻 trɐ^{3}

楚 sɐ^{3}

其韻頭是 o-或 u-者，例如：

花 hoa^{1}　壞 hoai^{6}　算 toan^{5}　寬 khoan^{1}　橫 hoanh^{2}

黄 hoang^{2}　撮 toat^{5}　獲 hoach^{6}　關 quan^{1}　廣 quang^{3}

春 xuən^{1}　順 thuən^{6}　國 quoc^{5}　郭 quac^{5}

(4) 撮口呼。主要元音是 u：

驅 cu^{1}　聚 tu^{6}（齊齒尤韻讀與此混）　恭 cung^{1}

鐘 chung^{1}　菊 cuc^{5}　燭 chuc^{5}

又全韻是 uy 或韻頭是 uy-：

毀 huy^{3}　水 thuy^{3}　卷 quyen^{3}　選 tuyen^{3}　閱 zuyet^{6}

說 tuyet^{5}　兄 huynh^{1}　傾 khuynh^{1}　闃 khuych^{5}

此外，有蟹攝合口四等的“桂、惠、歲、稅、銳”諸字，它們的韻母是-ue。就理論上說，它們是撮口字；實際上，它們已經變了合口字了。

以上所說，當然是很粗的說法。現在我們想要更仔細地研究，就非分攝分韻研究下去不可。

(一) 果攝①[a][wa]

甲、開一、二、三、四：歌、麻[a]

河 ha^{2}　羅 la^{1}　多 da^{1}　我 nga^{4}

下 ha^{6}　查 tra^{1}　巴 ba^{1}　牙 nha^{1}　紗 sa^{1}

鴉 nha^{1}（又 a^{1}）　爺 za^{1}　也 gia^{3}　邪 ta^{2}　寫 ta^{3}

謝 ta^{6}　蔗 gia^{5}　且 tha^{3}　蛇 xa^{2}　車 xa^{1}

乙、合一、二、三、四：戈、瓜（麻合）

（子）脣音[a]

波 ba^{1}　婆 ba^{2}　魔 ma^{1}　破 pha^{5}

（丑）非脣音[wa]

火 hoa^{3}　和 hoa^{2}　貨 hoa^{5}　禍 hoa^{6}　科 khoa^{1}

訛 ngoa^{1}　臥 ngoa^{6}　鍋 oa^{1}　躲 doa^{3}　妥 thoa^{3}

唾 thoa^{5}　鎖 toa^{3}　坐 toa^{6}

花 hoa^{1}　化 hoa^{5}　跨 khoa^{5}　瓦 ngoa^{4}

果攝總討論：

果攝在漢越語裏祇有開口呼和合口呼，沒有齊齒呼和撮口呼。本來

① 補注：這裏所謂果攝包括假攝。

齊齒呼的字,混進開口呼裏去了(“車”讀如“叉”)。本來撮口呼的字太少,故不顯。

歌戈麻三韻是相混的,它們的主要元音都是a。因此,下列每一組的字都變爲同音了:

波:巴　婆:爬　磨:麻　蹉:嗟　左:寫

佐:瀉　娑:些　訶:煆　何:遐　戈:瓜

果:寡　科:誇　貨:化　和:華

祇有見母開口的歌韻字和麻韻的字不混,前者的聲母是k,後者的聲母是gi-。因爲後者的聲母是gi-,所以倒反是“假”和“者”混,“嫁”和“蔗”混了。

(二) 止攝[ʉ][i]

甲、開二、三、四:支脂之希(微開)

(子)精系(包括精清從心邪莊初床山)[ʉ]

私思咨 ty^{1}　慈辭詞 ty^{2}　子死 ty^{3}　四 ty^{5}　字自嗣 ty^{6}

師獅 sy^{1}　史 sy^{3}　使 sy^{5}　事 sy^{6}

例外:絲司 ti^{1}

(丑)非精系[i]

知 tri^{1}　脂支之 chi^{1}　是 thi^{6}　奇旗 ki^{2}　記 ki^{5}

欺 khi^{1}　氣 khi^{5}　喜 hi^{3}　戲 hi^{5}　疑 nghi^{1}

而 nhi^{1}　依 i^{1}　遺 zi^{1}　異 zi^{6}　碑 bi^{1}

皮 bi^{2}

例外:義 nghia^{4}　地 dia^{6}

機姬基箕幾譏 cɐ^{1}　詩 thɐ^{1}

起 khɐi^{3}　利 lɐi^{6}

始 thuy^{3}(但又 thi^{3})　匙 thuy^{3}

梨 le^{1}

乙、合二、三、四:隨(支合),雖(脂合),微

(子)脣音及喻三[i]

被 bi^{6}　美 mi^{4}　飛 phi^{1}　肥 phi^{2}　費 phi^{5}

爲韋圍微 vi^{1}　尾偉 vi^{4}　味位胃 vi^{6}

(丑)其他[uj](j 表示短弱的 i)

雖 tuy^{1}　隨垂 tuy^{2}　髓 tuy^{3}　水 thuy^{3}　危 nguy^{1}

偽 nguy^{6}　毀 huy^{3}　諱 huy^{5}　壘 luy^{4}　累 luy^{6}

衰推 thuy^{1}　威 uy^{1}　畏 uy^{5}　歸 quy^{1}　鬼 quy^{3}

貴 quy^{5}　惟 zuy^{1}　炊 xuy^{1}　嘴 chuy^{3}

例外:類 loai^{6}　瑞 thoai^{6}　未(干支)mui^{6}

止攝總討論:

乍看起來,似乎精系的止攝開口字之所以讀-y,係受了近代漢語官話的影響,越南人拿-y 來表示漢語官話裏的[ɿ]和[ʅ]。但是,等到我們仔細觀察之後,會覺得這種猜想是不對的,因爲知系的"知癡持"等字和照系的"支鴟時試"等字並没有跟着走。我想,比較安全的假定應該是精系字比較地和元音-y 容易接近,自然而然地由-i 變了-y。

在許多例外字當中,最能啟示我們的,莫若"義、地"兩字。它們顯然是古音的殘留。我們知道,"義"在古音屬歌部,"地"若認爲從"也"得聲,也該屬於歌部,它們的上古音是-ia,應該是没有問題的。其他的例外就衹能說是誤讀,或歸於暫未可知的原因了。

(三) 遇攝[o][ɐ][ʉ][u]

甲、合一:模[o]

汙 o^{1}　蒲 bo^{2}　補 bo^{3}　布 bo^{5}　步部 bo^{6}

普 pho^{3}　孤姑 co^{1}　古鼓 co^{2}　固 co^{5}　都 do^{1}

圖徒 do^{2}　度 do^{6}　路 lo^{6}　呼 ho^{1}　乎胡湖 ho^{2}

虎 ho^{3}　護戶 ho^{6}　枯 kho^{1}　苦 kho^{3}　鋪 pho^{1}

募 mo^{6}　怒 no^{6}　蘇 to^{1}　祖 to^{3}　素訴 to^{5}

粗 tho^{1}　土吐 tho^{3}　梧 ngo^{1}

例外：五 ngu^{4}　姥 məu^{4}　兔 thɔ^{3}　簿 ba^{6}

乙、合二：疏（魚二）[ɐ]

初疏 sɐ^{1}　所楚 sɐ^{3}　詛 trɐ^{3}　阻 trɐ^{3}　助 sɐ^{6}

丙、合三、四

（子）魚[ʉ]

渠 cy^{2}　居 cy^{1}　舉 cy^{3}　拒 cy^{4}　據 cy^{5}

御 ngy^{6}　餘 zy^{1}　預豫 zy^{6}　虛 hy^{1}　去 khy^{5}

慮 ly^{6}　書 thy^{1}　恕 thy^{5}　除 try^{2}　貯 try^{3}

於 y^{1}　鑪 ly^{1}　處 sy^{5}　諸 chy^{1}　著 try^{5}

例外：許 hya^{3}　序 tya^{6}　呂 la^{4}　箸 trɐ^{6}

（丑）虞[u]

句 cu^{5}　具 cu^{6}　區驅 khu^{1}　愚 ngu^{1}　儒 nhu^{1}（又 nhɔ^{1}）

乳 nhu^{4}　夫 phu^{1}　扶 phu^{2}　府 phu^{3}　父附 phu^{6}

須 tu^{1}　聚 tu^{6}　柱 tru^{6}　迂誣 vu^{1}　誅 chu^{1}

武禹雨 vu^{4}　寓 ngu^{6}　喻 zu^{6}　趨 xu^{1}　霧 vu^{6}

例外：俱 cəu^{1}　珠 chəu^{1}　輸 thəu^{1}　戊 məu^{6}　無 vo^{1}　過 ngo^{6}

遇攝總討論：

在韻攝中，魚虞是没有分别的；在漢越語裏，它們的分别却是十分清楚（試比較“居”與“拘”，cy^{1} : cu^{1}；“巨”與“懼”，cy^{6} : cu^{6}；“諸”與“誅”chy^{1} : chu^{1}；“豫”與“裕”zy^{6} : zu^{6}）。遇攝二等衹有莊系字，也讀與三等不同。一個遇攝分爲四個主要元音，這是漢語任何方言所没有的現象。-y 是代表魚韻的；止攝的精系字衹可説是讀入魚韻。至於-u 代表虞，也代表尤（見下文），就不能説是尤讀入虞；衹能説是兩韻走到同一的路上去了。

有兩種例外字是富於啟示性的：第一種是“許、序”之讀作-ya 和“呂、簿”之讀作-a，這是古漢越語的殘留，表示上古的魚韻該是 a，或其類似的聲音。第二種是“俱、珠、輸、戊”之讀作-əu，這是讀入侯韻。我們知道，在上古音系裏，虞韻一部分的字是歸入侯部的，“俱、珠、輸”恰是這一部分的字；“戊”字則更在上古音的幽部裏了。

其餘的例外字,“無、遇”由撮口呼變入合口呼,“五”字由合口呼變入撮口呼,“姥”字由模入侯,“箸”字由魚入疏,“兔”字另讀ɔ韻,都是偶然的現象。而且這些字除“姥”字外,都没有超出遇攝的範圍,更是不足深怪了。

(四) 蟹攝[ai][oi][wai][e][we]

甲、開一、二:咍、泰、佳、皆[ai]

哀 ai^{1}　改 cai^{3}　開 khai^{1}　鞋孩 hai^{2}　海 hai^{3}
駭 hai^{4}　害 hai^{6}　胎 thai^{1}　臺 dai^{6}　大 dai^{6}
太 thai^{5}　財才 tai^{2}　在 tai^{6}　再 tai^{5}　礙 ngai^{6}
齋 trai^{1}　債 trai^{5}　寨 trai^{6}　差 sai^{1}　曬 sai^{5}
排牌 bai^{2}　拜 bai^{5}　買 mai^{4}　賣 mai^{6}　解 giai^{3}
皆 giai^{1}

例外:戒界芥 giɐi^{5}　宰 te^{3}

乙、合一:灰、會(泰合)[oi]

對 doi^{5}　隊 doi^{6}　回徊 hoi^{2}　悔 hoi^{5}　會 hoi^{6}
倍 boi^{6}　魁恢 khoi^{1}　雷 loi^{1}　内 noi^{6}　配 phoi^{5}
罪 toi^{6}　每 moi^{4}　最 toi^{5}　催 toi^{1}　塊 khoi^{5}
堆 doi^{1}　媒 moi^{1}

例外:梅 mai^{1}　外 ngoai^{1}　妹昧 muoi^{6}

丙、合二:蛙(佳$_{合}$)、懷(皆$_{合}$)、夬

(子)脣音[ai]

派 phai^{5}　敗 bai^{6}

(丑)非脣音[wai]

懷 hoai^{2}　壞 hoai^{6}　拐掛 quai^{3}　怪卦 quai^{5}　快 hoai^{5}
話 hoai^{6}

例外:畫 hoa^{6}　槐 hoe^{2}

丁、開三、四:齊、祭[e]

蹄題 de^{2}　帝 de^{5}　第 de^{6}　係 he^{6}　雞 ke^{1}

計 ke^{5}　　曀 e^{5}　　制 che^{5}　　㓺 tre^{6}　　犀㾷 te^{1}

祭細 te^{5}　　妻梯 the^{1}　　體 the^{3}　　勢世替 the^{5}　　齊 te^{2}

誓 the^{6}　　黎 le^{1}　　禮 le^{4}　　例 le^{6}　　泥 ne^{1}

陛 be^{6}　　髀 be^{4}　　迷 me^{1}　　批 phe^{1}

例外：西 təy^{1}　洗 təy^{3}

戊、合三、四：圭（齊$_{\text{合}}$）、歲（祭$_{\text{合}}$）、廢

（子）脣音及喻三[e]

肺 phe^{5}（又 phoi^{3}）　衛 ve^{6}

（丑）其他[we]

桂 que^{5}　　奎 khue^{1}　　携 hue^{2}　　惠恚 hue^{6}　　歲 tue^{5}

稅 thue^{5}　　銳 nhue^{6}

蟹攝總討論：

蟹攝開口一、二等相混，所以“孩”與“鞋”、“海”與“蟹”、“害”與“懈”，是没有分别的。“該”與“皆”、“改”與“解”，却有分别，則因爲見母開二自成一類的緣故。

蟹攝合口一、二等不相混，這和現代漢語的情形相同。最值得注意的是“掛、卦、話”三個字讀-oai。它們在漢語各方言裏，似乎都混入麻韻去了。“畫”字讀 hoa^{6}，大約是受了近代漢語的影響。“槐”字讀 hoe^{2}，則是古漢越語的殘留。參看下文第七節。

蟹攝三、四等的讀音没有什麽值得特别解釋的。中國厦門正是這種讀法，客家於這些韻的齊齒字，讀音也大致相同。“西、洗”二字讀 təy，原因不明。

（五）效攝[ao][ieu]

甲、開一、二：豪、肴[ao]

奥 ao^{5}　　包 bao^{1}　　胞 bao^{2}　　保飽 bao^{3}　　報豹 bao^{5}

暴 bao^{6}　　高膏 cao^{1}　　告 cao^{5}　　桃逃 dao^{2}　　倒禱 dao^{3}

道 dao^{6}　　豪壕毫肴爻 hao^{2}　　好 hao^{3}　　蒿哮 hao^{1}

皓 hao^{6}　考拷 khao^{3}　勞 lao^{1}　老 lao^{4}　毛 mao^{1}

帽冒貌 mao^{6}　惱 nao^{4}　傲 ngao^{6}　遨 ngao^{1}

掃早燥棗 tao^{3}　草 thao^{3}　爪 trao^{3}　罩 trao^{5}　巢 sao^{2}

交 giao^{1}　教 giao^{5}　敲 xao^{1}　巧 xao^{3}

例外:號效灝 hieu^{6}　孝 hieu^{5}

乙、開三、四:蕭、宵[ieu]

標 bieu^{1}　表 bieu^{3}　招 chieu^{1}　照 chieu^{5}　調條 dieu^{2}

弔 dieu^{5}　曉 hieu^{3}　驕 kieu^{1}　轎 kieu^{6}　僚 lieu^{6}

料 lieu^{6}　廟 mieu^{5}　饒 nhieu^{1}　消椒 tieu^{1}　小 tieu^{3}

燒 thieu^{1}　韶 thieu^{2}　少 thieu^{3}　紹 thieu^{6}　朝 trieu^{2}

兆 trieu^{6}　貓 mieu^{1}　叫 khieu^{5}　夭 yeu^{3}　要 yeu^{5}

例外:遙 zao^{1}

效攝總討論:

在漢越語裏,一切二等韻(江佳皆删山耕咸銜等)的開口字都是和一等字相混的,肴韻也不能例外,所以弄得"保""飽"同音,"報""豹"同音,"豪""肴"同音,"帽""貌"同音。又和其他二等韻字一樣,見母開二的肴韻字是不會和其他相當的豪韻字相混的,所以"高""交"不混,"告""教"不混。至於"尻"與"敲"有分别,"考"與"巧"有分别,則又因爲肴韻溪母讀 x-的緣故了。

例外字恐怕都是些偶然的現象,所以不談。

(六) 流攝[əu][u][ɯu]

甲、開一、二:侯鄒(尤二)[əu]

鈎 cəu^{1}　頭 dəu^{2}　斗 dəu^{3}　鬬 dəu^{5}　豆 dəu^{6}

后後 həu^{6}　侯 həu^{2}　口 khəu^{3}　樓 ləu^{1}　漏 ləu^{6}

透 thəu^{5}　走嫂 təu^{3}　奏 təu^{5}　母 məu^{4}　鄒 trəu^{1}

愁 səu^{2}

乙、開三、四:尤幽

(子)聲母爲 ph、t、th、z、tr、nh、ch、x 者[u]

婦負 phu^{6}　修 tu^{1}　囚 tu^{2}　秀 tu^{5}　首守 thu^{3}

獸 thu^{5}　受 thu^{6}　稠 thu^{2}　遊油 zu^{1}　誘 zu^{6}

紂 tru^{6}　周 chu^{1}(又 chəu^{1})　柔 nhu^{1}

醜 xu^{5}(又 xəu^{5})

例外:副 phɔ^{5}　由猶 zɔ^{1}　壽 thɔ^{6}

酉 zəu^{6}　就 tyu^{6}　帚 tryu^{3}

(丑)聲母爲 c、h、ng、m、l、s 者[ʉu]

舅 cyu^{4}　九久 cyu^{3}　救 cyu^{5}　舊 cyu^{6}　休 hyu^{1}

友有右 hyu^{4}　牛 ngyu^{1}　謀 myu^{1}　流劉 lyu^{1}　抽 syu^{1}

丑 syu^{3}

例外:求 cəu^{2}　謬 məu^{6}　朽 hu^{3}　柳 lieu^{4}

(寅)字首爲元音者[əu][u][ʉu]

憂 əu^{1}　幼 əu^{5}　幽 u^{1}　耰 yu^{1}

流攝總討論:

流攝一、二等没有問題;三、四等的情形頗爲複雜。尤韻大部分的字讀-u,這是和虞韻相混的。尤和虞在上古,相近是當然,相混却不至於。依我們猜想,尤韻在古漢越語裏大約是個 yu,或其類似的音(如 iu);後來有一部分字受了聲母影響,就混進了虞韻去了,以致“須”“修”同音,“儒”“柔”同音,“喻”“誘”同音了。這些混入虞韻的字大致都是舌齒音(t、th、z、tr、nh、ch、x);至於輕唇音的“父”“婦”相混之類,則恐怕又是另受近代漢語的影響了。

(七) 宕攝①[aŋ][waŋ][ʉəŋ][ɔŋ][woŋ]

[ak][wak][ʉək][ɔk][wok]

甲、開一、二:唐、莊(陽)、江[aŋ]

① 這裏宕攝包括江攝。

鐸、覺[ak]

黨 dang^{3}　湯 thang^{1}　幫 bang^{1}　傍 bang^{2}　行 hang^{2}

康 khang^{1}　抗 khang^{5}　郎 lang^{1}　囊 nang^{1}　喪贓 tang^{1}

藏 tangh^{2}　葬 tang^{5}　臟 tang^{6}

莊粧 trang^{1}　壯 trang^{5}　狀 trang^{6}　牀 sang^{2}

江 giang^{1}　講 giang^{3}　降 giang^{5}　降(平聲)hang^{2}

巷 hang^{6}　邦 bang^{1}　龐 bang^{2}

度 dac^{6}　作 tac^{5}　鑿 tac^{6}　惡 ac^{5}　薄 bac^{6}

各閣 cac^{6}　落 lac^{6}　莫 mac^{6}　愕 ngac^{6}　鶴 hac^{6}

覺角 giac^{5}　確 xac^{5}　樂 nhac^{6}　朴 phac^{5}

例外:堂塘唐糖 dyɐng^{2}　當 dyɐng^{1}　倉蒼 thyɐng^{1}

剛綱 cyɐng^{1}　霜 syɐng^{1}　學 hɔc^{6}

注:莊類入聲(藥二)祇有"斮"字,頗僻,不論。但以理推之,"斮"當讀作 trac^{5}。

乙、合一:光(唐合)[waŋ]

郭(鐸合)[wak]

光 quang^{1}　廣 quang^{3}　荒 hoang^{1}　黃皇 hoang^{2}

郭 quac^{5}　鑊 hoac^{6}　藿 hoac^{5}

例外:汪 uong^{1}

丙、合二:雙(江合)[ɔŋ]

朔(覺合)[ɔk]

窗雙 sɔng^{1}　朔稍槊 sɔc^{5}　捉 trɔc^{5}

例外:桌 trac^{5}

丁、開三、四:陽[ɯɐŋ]

藥[ɯɐk]

強 cyɐng^{2}　章 chyɐng^{1}　脹瘴 chyɐng^{5}　陽羊楊 zyɐng^{1}

香 hyɐng^{1}　向 hyɐng^{5}　糧 lyɐng^{1}　量 lyɐng^{6}

娘 nyɐng^{1}　讓 nhyɐng^{6}　暢 xyɐng^{5}　墻詳祥 tyɐng^{2}

想 tyɐng^{3}　將相 tyɐng^{5}　槍傷商 thyɐng^{1}　常 thyɐng^{2}

長 tryɐng^{2}　仗 tryɐng^{6}

腳 cyɐc^{5}　虐 ngyɐc^{6}　著 tryɐc^{5}　綽 xyɐc^{5}

約 yɐc^{5}　藥 zyɐc^{6}　略 lyɐc^{6}　若 nhyɐc^{6}

爵雀削 tyɐc^{5}

戊、合三、四:狂(陽$_{\text{合}}$)

(子)牙音及影母[woŋ]

狂 cuong^{2}　誑 cuong^{5}　匡筐 khuong^{1}　枉 uong^{3}　況 huong^{5}

(丑)喻母[ʉɐŋ]

王 vyɐng^{1}　旺 vyɐng^{6}

例外:往 vang^{4}

(寅)脣音[ɔŋ]

房防 phɔng^{2}　放 phɔng^{5}　亡 vɔng^{1}　網輞 vɔng^{4}

望 vɔng^{6}

例外:方 phyɐng^{1}

注:狂類入聲(藥$_{\text{合}}$)常用字衹有一個"縛"字,讀 phac^{6},是例外。依古漢越語 buoc^{6}字看來,它應該讀 phɔc^{6}(buoc→phuoc→phoc→phɔc)。

宕攝總討論:

以漢越語本身的系統而論,宕攝的 ang、ac 代表開口呼,oang、oac 和 ɔng、ɔc 代表合口呼,yɐng 代表齊齒呼,uong 代表撮口呼。"堂塘當倉剛霜"等字由開口讀入齊齒,"學"字由開口讀入合口;"桌"字由合口讀入開口,"汪"字由合口讀入撮口;"往"字由撮口讀入開口,"王旺方"由撮口讀入齊齒,"房放亡望"等字由撮口讀入合口。這是頗爲雜亂的。

爲什麽 ɔng、ɔc 可認爲合口呢? 因爲其他合口韻如東屋模之類都有些字是以 ɔ 爲主要元音的。爲什麽 uong 可認爲撮口呢? 因爲那個 u-是重讀的 u,而 u 在漢越語裏恰表示撮口。

宕攝開口一、二等相混,合口一、二等不相混,情形和蟹攝相同。江韻分爲開合兩呼(入聲覺韻同),是依照《四聲等子》和《切韻指南》。

（八）曾攝[ăŋ][wăŋ][ʉŋ]

[ăk][wăk][ʉk]

甲、開一、二：登、磳（蒸二）[ăŋ]

德、側（職二）[ăk]

恒 hAng^{2}　登 dAng^{1}　能 uAng^{1}　增僧 tAng^{1}　甑 tAng^{5}

層 tAng^{2}　騰 dAng^{2}

黑 hAc^{5}　刻克剋 khAc^{5}　得 dAc^{5}　則塞稷 tAc^{5}　特 dAc^{6}

劾 hAc^{6}　側仄 trAc^{5}　賊 tAc^{6}　測穡色 sAc^{5}　北 dAc^{5}

匐 hAc^{6}

例外：肯 khyng^{5}　曾（曾經）tyng^{2}

德 dyc^{5}　墨 myc^{6}（又姓墨 mAc^{6}）

乙、合一：肱（登$_{合}$）[wăŋ]

或（德$_{合}$）[wăk]

肱 quAng^{1}　弘 hoAng^{2}　或惑 hoAc^{6}

例外：國 quoc^{5}

丙、開三、四：蒸[ʉŋ]

職[ʉk]

應 yng^{5}　興 hyng^{1}　蒸 chyng^{1}　證 chyng^{5}　稱 xyng^{1}

孕 zyng^{6}　繩 thyng^{2}　徵 tryng^{1}　懲 tryng^{2}　憑 byng^{6}

極 cyc^{6}　職織 chyc^{5}　識 thyc^{5}　逼 byc^{5}　翼 zyc^{6}

棘 cyc^{5}　抑臆 yc^{5}　實食 thyc^{6}　息即 tyc^{5}　直 tryc^{6}

例外：蠅 zAng^{1}　升陞 thAng^{1}　勝 thAng^{5}　陵 lAng^{1}

冰 bAng^{1}　兢 cAng^{1}　承丞乘 thya^{2}

陟 trAc^{5}　敕 sAc^{5}　匿 nAc^{6}

丁、合三：域（職$_{合}$）[ʉk]

域蜮 vyc^{6}　洫 hyc^{5}

曾攝總討論：

在《切韻指掌圖》裏，蒸登及其入聲是和庚耕清青及其入聲合爲一攝的。在漢越語裏，前者和後者截然不紊（参看下文），所以我們依照《切韻指南》把它們分爲曾梗兩攝。

曾攝二等平聲只有“磳、殑”等僻字，上去聲没有字，入聲則有很普通的字如“側、仄、昃、測、色、嗇、穡”等。一等合口呼的字很少，三等合口（撮口）更少，而且衹有入聲。

一、二等讀-ʌng，三、四等讀-yng，衹是從常理推測而定的；其中例外字頗多，如“肯、曾、德、墨”是一等字而讀-yng，“蠅、升、陵、冰、兢、陟、敕、匿”是三、四等字而讀-ʌng。“國”字讀 quoc 也許是受了近代漢語的影響。最特别的是“承、丞、乘”讀-ya，可能是古音的殘留。

（九）通攝［oŋ］［uŋ］

［ok］［uk］

甲、合一：東、冬［oŋ］

屋、沃［ok］

公功工攻 cong^1　貢 cong^5　東冬 dong^1　同童銅桐 dong^2

動 dong^6　紅 hong^2　空 khong^1　翁 ong^1　孔 khong^3

控 khong^5　農 nong^1　宗 tong^1　總 tong^3　送宋 tong^5

通 thong^1　統 thong^3　捧 bong^4　蒙 mong^1　夢 mong^6

穀 coc^5　酷斛 hoc^6　督 doc^5　毒獨 doc^6　木 moc^6

僕 boc^6　鹿祿 loc^6　屋 oc^5　速 toc^5　族 toc^6

乙、合二、三、四：中（東$_{\text{二、三、四}}$）、鍾［uŋ］

竹（屋$_{\text{三、四}}$）、燭［uk］

宫恭 cung^1　窮 cung^2　終鍾 chung^1　衆 chung^5　兇 hung^1

雄 hung^2　絨 nhung^1　膿 nung^1　諷 phung^5　馮縫 phung^2

奉 phung^6　蟲 trung^2　充 xung^1　崇 sung^2　頌 tung^6

中忠 trung^1　中（射中）trung^5　廱 ung^1　容 zung^1

用 zung^6　松 tung^2

菊 cuc^{5}　育欲 zuc^{6}　曲 khuc^{5}　足 tuc^{5}　俗 tuc^{6}

六錄綠 luc^{6}　目 muc^{6}　福 phuc^{5}　服伏 phuc^{6}　束 thuc^{5}

竹 truc^{5}　燭 chuc^{5}　蜀贖 thuc^{6}　肉 nhuc^{6}

例外：共 cong^{6}（又 cung^{6}）　衝 xong^{1}　風封峰蜂 phɔng^{1}

龍 lɔng^{1}　重仲 trɔng^{6}（又 trung^{6}，chuong^{6}）

從 tɔng^{2}（又 tung^{2}）　玉 ngɔc^{6}　屬 thuoc^{6}

通攝總討論：

通攝二等祇有一個“崇”字（入聲無字），没有什麽值得討論的。一等没有例外字。東冬無别，中鍾無别，與漢語各方言的情形相同。但是，合口呼與撮口呼大有分别，爲漢語官話所不及，它是和客家話異曲同工的。客家話能分辨“公”與“恭”、“孔”與“恐”、“穀”與“菊”、“隆”與“龍”、“祿”與“六”、“農”與“濃”、“宗”與“蹤”、“叢”與“從”等字，漢越語也是如此。祇有“共、衝”二字是由撮口呼讀入合口呼的。

最值得注意的，是“風封峰蜂龍重仲從玉”等字，它們的主要元音是ɔ。試以“諷”與“風”比、“鍾”與“重”比、“中”與“仲”比、“松”與“從”比、“肉”與“玉”比，則見前者是合規則的，後者是不合規則的。但是，在這不規則的上頭，也許我們可以窺見古音的殘留。漢代的東鍾韻，也許正是一個 ɔng，所以它那樣容易和陽部押韻。由此一說，則江韻的“雙窗”與其入聲“朔捉學”，也都是古東鍾韻及其入聲的殘留。而“放房亡望”等字倒反可説是讀入古東鍾韻去了。我們可以假定漢代的東是個 ɔng，而鍾是個 uɔng（“鍾”讀-uong 是另一種殘迹）。

（十）梗攝[aɲ][waɲ][iɲ][yɲ]

[aƫ][waƫ][iƫ][yƫ]

甲、開二：庚耕[aɲ]

陌、隔（麥開）[aƫ]

鶯鸚 anh^{1}　庚耕更羹 canh^{1}　行 hanh^{2}　杏行（去聲）hanh^{6}

冷 lanh^{6}　盲 manh^{1}　爭 tranh^{1}　孟 manh^{6}

生 sanh^{1}（又 sinh^{1}，senh^{1}）

百 bach^{5}　白 bach^{6}　隔革 cach^{5}　核 hach^{6}

客 khach^{5}　額 ngach^{6}　責 trach^{5}　策冊 sach^{5}

宅 trach^{6}

乙、合二：橫（庚$_{\text{合二}}$）、宏（耕$_{\text{合}}$）[waȵ]

麥[waȶ]

橫宏 hoanh^{2}　觥 quanh^{1}　轟 hoanh^{1}　獲 hoach^{6}　蟈 quach^{5}

例外：麥脈 mach^{6}

丙、開三、四：京（庚$_{\text{開三}}$）、清、青[iȵ]

戟（陌$_{\text{開三}}$）、昔、錫[iȶ]

瓶 binh^{2}　整 chinh^{3}　正 chinh^{5}　丁 dinh^{1}　庭廷停亭 dinh^{2}

鼎 dinh^{3}　訂 dinh^{5}　定 dinh^{6}　井省 tinh^{3}　形刑 hinh^{2}

輕 khinh^{1}　經京驚 kinh^{1}　敬鏡 kinh^{5}　迎 nghinh^{1}（又 nghenh^{1}）

寧 ninh^{1}　佞 ninh^{5}（又 sinh^{6}？）　星精晶 tinh^{1}　淨靖 tinh^{6}

靜 tinh^{4}　貞 trinh^{1}　呈 trinh^{2}　性 tinh^{5}　盛 thinh^{6}

益 ich^{5}　擊 kich^{5}　逆 nghich^{6}　的嫡 dich^{5}　敵笛 dich^{6}

歷曆 lich^{6}　積迹 tich^{5}　籍寂 tich^{6}　釋刺 thich^{5}　尺赤 xich^{5}

例外：英嬰 anh^{1}　影 anh^{3}　映 anh^{5}　名 zanh^{1}

景境 canh^{3}　慶 khanh^{5}　釘 danh^{1}（但又 kinh^{1}）

聲清 thanh^{1}　腥 tanh^{1}　餅 banh^{5}（但又 binh^{5}）

病 benh^{6}（但又 binh^{6}）　令 lenh^{6}（但又 linh^{6}）

盈嬴 zoanh^{1}

亦 ziec^{6}　隻 chiec^{5}　惜錫 tiec^{5}　席 tiec^{6}

石 thach^{6}

丁、合三、四：兄（庚$_{\text{合三}}$）、營（清$_{\text{合四}}$）、螢（青$_{\text{合四}}$）

役（昔$_{\text{合三、四}}$）、闃（錫$_{\text{合四}}$）

（子）唇音及喻母[iȵ][iȶ]

平 binh^{2}　並 tinh^{6}　明 minh^{1}　兵 binh^{1}　丙 binh^{3}

榮 vinh^{1}　永 vinh^{4}　泳詠 vinh^{6}　營 zinh^{1}（又 zoanh^{1}）

碧 bich^{5}（又 biec^{5}）　役 zich^{6}

例外：命 menh^{6}（又 mang^{6}）

（丑）其他[yn̡][yƫ]

兄 huynh^{1}　螢 huynh^{2}　傾 khuynh^{1}　煢 quynh^{2}　扃 quynh^{1}

闃 khuych^{5}　砉 huych^{5}

梗攝總討論：

梗攝和曾攝截然不同：非但主要元音不同，甚至字尾的收音也相差很遠。曾攝的收音是 ng、k，梗攝收音是 nh、ch。在《切韻指掌圖》裏，蒸登與庚耕清青共入一圖，因爲後一種韻没有一等字，所以登韻還不至於和他韻相混；但是，蒸韻的字却和庚清青三韻的字混在一起了。依漢越語的系統看來，正如魚虞不該相混一樣，曾攝和梗攝也不該相混，試看下列的每一組字，在漢語各方言裏大約都讀成同音字了。它們在漢越語裏仍舊是不相混的。

驚 kinh^{1}：兢 cᴀng^{1}　迎 nghenh^{1}：凝 ngyng^{1}

呈 trinh^{2}：懲 tryng^{2}　征 chinh^{1}：蒸 chyng^{1}

聲 thanh^{1}：升 thᴀng^{1}　盈 zoanh^{1}：蠅 zᴀng^{1}

馨 hinh^{1}：興 hyng^{1}　靈 linh^{1}：陵 lᴀng^{1}

逆 nghich^{6}：嶷 ngyc^{6}　積 ticli^{5}：即 tyc^{5}

辟 tich^{5}：逼 byc^{5}　釋 thich^{5}：識 thyc^{5}

益 ich^{6}：憶 yc^{5}　譯 zich^{6}：翼 zyc^{6}

歷 lich^{6}：力 lyc^{6}

梗攝脣音合口字都讀入開口（開口齊齒兩呼）。實際上，它們也許是假合口。合三的喻母字也讀入齊齒，這因爲聲母 v-已有合口的性質。"營、役"二字是喻$_{四}$的字，也讀入齊齒是不可解的，除非我們假定它們是受了近代漢語官話的影響（官話"營"ing、"役"i）。

有些越化漢字，如"名景釘聲石"等，都變了開口呼；另有些讀成-enh。最特别的是"亦隻碧惜錫席"等字的韻母都讀作-iec。這是保存古漢越語的[k]尾了（參看下文第七節）。恰好這些都是昔韻字，令我們猜想這個韻有點兒特別。依照漢語古音的系統，梗攝入聲也該是[k]尾；其所以大多數入聲都變了[t]尾的原因，頗難索解，但這幾個字的[k]尾總算是古音的殘留。由此類推，平上去三聲也該是本來有[ŋ]尾的了。

（十一）山攝[an][wan][ien][yen]

[at][wat][iet][yet]

甲、開一、二：寒、刪、山[an]

曷、黠、鎋[at]

安 an^{1}	肝 can^{1}	彈 dan^{2}	寒 han^{2}	看 khan^{5}
蘭 lan^{1}	難（去）nan^{6}	殘 tan^{2}	歎 than^{1}	
姦間艱 gian^{1}	閒 han^{2}	簡 gian^{3}	蠻 man^{1}	慢 man^{6}
顏 nhan^{1}	眼 nhan^{4}	鴈 nhan^{6}	晏 an^{5}	燦 san^{5}
曷 hat^{6}	渴 khat^{5}	達 dat^{6}	闥獺 that^{5}	
轄 hat^{6}	札 trat^{5}	察擦 sat^{5}		

例外：山 sɐn^{1} 單丹 dɐn^{1}

乙、合一、二：桓、關（刪$_{\text{合}}$）、鰥（山$_{\text{合}}$）

末、滑（黠$_{\text{合}}$）、刮（鎋$_{\text{合}}$）

（子）脣音[an]

[at]

班 ban^{1}	半 ban^{5}	潘 phan^{1}	判 phan^{5}	滿 man^{4}
鉢八 bat^{5}	拔 bat^{6}	末 mat^{6}		

（丑）非脣音[wan]

[wat]

官棺 quan^{1}	管 quan^{3}	館 quan^{5}	寬 khoan^{1}	款 khoan^{3}
歡 hoan^{1}	完丸 hoan^{2}	緩 hoan^{4}	換 hoan^{5}	端 doan^{1}
盌 oan^{3}	短 doan^{3}	酸 toan^{1}	算 toan^{5}	卵 loan^{4}
亂 loan^{6}				

關 quan^{1}　還 hoan^{2}　患 hoan^{6}　頑 ngoan^{1}　撰饌 soan^{6}

刮括 quat^{5}　闊 khoat^{5}　活 hoat^{6}　奪 doat^{6}　撮 toat^{5}

丙、開三、四：軒（元$_{\text{開三}}$）、先、仙［ien］

歇（月$_{\text{開三}}$）、屑、薛［iet］

軒 hien^{1}　獻 hien^{5}　建 kien^{5}　健 kien^{6}

堅 kien^{1}　見 kien^{5}　牽 khien^{1}　研 nghien^{1}　賢 hien^{2}

顯 hien^{3}　現 hien^{6}　癲 dien^{1}　典 dien^{3}　田 dien^{2}

殿電 dien^{6}　演 zien^{4}　戰 chien^{5}　遣 khien^{5}　年 nien^{1}

然 nhien^{1}　連蓮 lien^{1}　煙 ien^{1}　先仙 tien^{1}　前錢 tien^{2}

善 thien^{6}　天千 thien^{1}

竭 kiet^{6}　歇 hiet^{5}　謁 iet^{5}

結 kiet^{5}　傑 kiet^{6}　潔 khiet^{5}　熱 nhiet^{6}　節 tiet^{5}

切設鐵 thiet^{5}　哲 triet^{5}

例外：練 luyen^{6}　綫 tuyen^{5}　蟬 thuyen^{2}　延 zuyen^{1}

結髻 ket^{5}（但“結”又讀 kiet^{5}）

丁、合三、四：元、淵（先$_{\text{合}}$）、緣（仙$_{\text{合}}$）

月、穴（屑$_{\text{合}}$）、雪（薛$_{\text{合}}$）

（子）輕脣音［an］

［at］

反返 phan^{3}　飯 phan^{6}　晚 van^{4}　萬 van^{6}　發髮 phat^{5}

伐罰 phat^{6}

例外：番 phien^{1}　煩 phien^{2}　筏 phiet^{6}

（丑）重脣及喻三［ien］

［iet］

園 vien^{1}　遠 vien^{4}　越 viet^{6}　曰 viet^{5}

編邊 bien^{1}　扁 bien^{3}　變 bien^{5}　員圓 vien^{1}　院 vien^{6}

面 zien^{6}　免 miən^{4}　片 phien^{5}　便 tien^{6}　篇偏 thien^{1}

別 biet^{6}　滅 ziet^{6}

（寅）其他[yen]

[yet]

元原源 nguyen^{1}　阮 nguyen^{4}　願 nguyen^{6}　勸 khuyen^{5}

月 nguyet^{6}　闕 khuyet^{5}

捐 quyen^{1}　權拳 quyen^{2}　卷 quyen^{3}　眷 quyen^{5}　淵 uyen^{1}

宛 uyen^{3}　玄懸絃 huyen^{2}　緣 zuyen^{1}　川 xuyen^{1}　釧 xuyen^{5}

舛 xuyen^{3}　專 chuyen^{1}　轉 chuyen^{3}　傳 chuyen^{6}　選 tuyen^{3}

決 quyet^{5}　血 huyet^{5}　穴 huyet^{6}　雪 tuyet^{5}　絕 tuyet^{6}

說 tuyet^{5}　閱 zuyet^{6}　輟 suyet^{5}

例外：寃 oan^{1}　怨 oan^{5}　鳶 zien^{1}

全旋 toan^{2}（但又 tuyen^{2}）

山攝總討論：

漢越語裏先仙没有分別，正如蕭宵没有分別一樣。寒山没有分別卻是出乎意料之外的。又在《切韻》裏，元仙距離頗遠，而《指掌圖》《四聲等子》等書則元仙同攝同等；現在漢越語是和後者相合的。元和仙，月和薛，實際上是相混的。

"山、單、丹"的韻母是-ɐn，這是很特別的（依照 Chéon，"單丹"仍該是 dan^{1}）。咸攝裏有個"膽"字讀 dɐm^{3}，可以比對着看。

合口脣音和喻$_{三}$總是一種特殊情形。因爲 b、f、v 之類既是脣音，近於合口，不必在它們的後面再加上一個[w]或[y]了。於是合一的脣音讀如開口呼。合三的喻母字及合口三、四的重脣字讀如齊齒呼，又合三的輕脣字讀如開口呼（少數讀入齊齒）。

元韻合口影母"寃怨"讀 oan，先韻合口影母"淵"字讀 uyen，似乎可以表示元和先仙是有分別的。但"寃怨"是三等字，"淵"是四等字，也許是等的影響，而不是韻的影響。

（十二）臻攝[ən][on][wən]

[ət][ot][wət]

甲、開一、二：痕臻[ən]

櫛[ət]

恩 ən^{1}　痕 hən^{2}　恨 hən^{6}　懇 khən^{3}　臻 trən^{1}

櫛 trət^{5}　瑟 sət^{5}

例外：根 cᴀn^{1}

乙、合一：魂[on]

没[ot]

盆 bon^{2}　本 bon^{3}　屯 don^{2}　昏婚 hon^{1}　魂 hon^{2}

混 hon^{5}　溷 hon^{6}　坤 khon^{1}　困 khon^{5}　門 mon^{1}

尊孫 ton^{1}　損 ton^{3}　溫 on^{1}　村 thon^{1}　存 ton^{2}

奔 bon^{1}　骨 cot^{5}　突 dot^{6}　卒 tot^{5}　訥 not^{5}

忽 hot^{5}

例外：論 luən^{6}　悶 muon^{6}

丙、開三、四：真、欣[ən]

質、迄[ət]

印 ən^{5}　貧 bən^{2}　民 zən^{1}　引 zən^{4}　鄰 lən^{1}

人因 nhən^{1}　銀 ngən^{1}　忍 nhən^{4}　認 nhən^{6}　盡 tən^{6}

新濱 tən^{1}　身親 thən^{1}　神臣 thən^{2}　塵 trən^{2}　鎮 trən^{5}

陣 trən^{6}　巾 cən^{1}　嗔 xən^{1}　殷 ən^{1}　隱 ən^{3}

欣 hən^{1}　勤芹 cən^{2}　斤筋 cən^{1}　垠圻鄞 ngən^{1}　謹 cən^{3}

質 chət^{5}　密 mət^{6}　一 nhət^{5}　不 bət^{5}　日 nhət^{6}

悉必 tət^{5}　疾 tət^{6}　失七 thət^{6}　實 thət^{6}　窒 trət^{5}

溢 zət^{6}

迄 hət^{5}　訖 cət^{5}　乞 khət^{5}

例外：辰 thin^{2}　信 tin^{5}　進 tien^{5}（但又 ten^{5}）

筆 but^{5}　吉 cat^{5}（但又 cət^{5}）　姪 diet^{6}

丁、合三、四：諄、文

術、物

(子)脣音及喻$_{\text{三}}$[ən][ət]

分 phən^{1}　粉 phən^{3}　分(去)憤 phən^{6}　刎 vən^{4}

問 vən^{5}　運 vən^{6}　云雲 vən^{1}

拂佛 phət^{5}　佛 phət^{6}　物 vət^{6}

例外:文聞 vᴀn^{1}

(丑)其他[wən][wət]

均 quən^{1}　遵荀 tuən^{1}　旬 tuən^{2}　訓 huən^{5}　春 xuən^{1}

倫 luən^{1}　閏 nhuən^{6}　馴 thuən^{2}　順 thuən^{6}

軍君 quən^{1}　群裙 quən^{2}　郡 quən^{6}　薰醺勳 huən^{1}　韞蘊 uən^{3}

橘 quət^{5}　出 xuət^{5}　律 luət^{6}　述術 thuət^{6}　戌 tuət^{5}

絀 truət^{5}　朮 truət^{6}　蟀 suət^{5}

屈 khuət^{5}　鬱 uət^{5}

臻攝總討論:

臻攝開一、二等和三、四等,在漢越語裏是相混的。但是,我們猜測古漢越語的情形並不如此。從幾個例外字的上頭,我們可以窺見古音的遺迹。"根"字讀 cᴀn^{1},我們由此猜想古漢越語的臻攝開口一、二等字本來是個[ăn],恰和曾攝開口呼的[ăŋ]相配。"辰"字讀 thin^{2},"信"字讀 tin^{5},我們由此推測臻攝三、四等字本來是個[in](參看下文第七節)。

等韻學家一向把諄文放在同一個攝裏,這在漢越語裏可以得到證明。所謂文韻,幾乎可説是從諄韻抽出來的喉牙脣三類的三等字。輕脣音及喻$_{\text{三}}$,也像山攝那樣,變入開口。"文、聞"二字也變開口,但它們不變爲 ən 而變爲 ᴀn,這是很富於啟示性的,因爲它們是古漢越語遺音,而古時臻攝的開口呼恰該是 ᴀn[ăn]。

(十三) 咸攝[am][iem]

[ap][iep]

甲、開一、二:覃、談、咸、銜[am]

合、盍、洽、狎[ap]

暗 am[5]　柑甘疳 cam[1]　感敢 cam[3]　擔 dam[1]　膽 dam[3]（又 dɐm[3]）

淡 dam[6]　含函 ham[2]　堪 kham[1]　婪 lam[1]　三 tam[1]

暫 tam[6]　貪 tham[1]　探 tham[5]　蠶 tam[2]　酣 ham[1]

談壜 dam[2]　咸銜鹹 ham[2]　監 giam[1]　減 giam[3]　鑑 giam[5]

荅 dap[5]　雜 tap[6]　臘 lap[6]　踏 dap[6]　塔 thap[5]

納 nap[6]　甲 giap[5]　鴨押壓 ap[5]

例外：盒 hop[6]　合 hɐp[6]（但又 hɔp[6]，hap[6]）

乙、開三、四：鹽、添、嚴、劍（凡開）[iem]

葉、帖、業[iep]

佔 chiem[5]　鹽閻 ziem[1]　嫌 hiem[1]　險 hiem[3]　檢 kiem[3]

謙 khiem[1]　廉 liem[1]　斂 liem[6]　黏 niem[1]　念 niem[6]

嚴 nghiem[1]　驗 nghiem[6]　貶 biem[3]　炎 viem[1]　掩 yem[3]

瞻 chiem[1]　劍 kiem[5]　欠 khiem[5]

脅 hiep[5]　劫 kiep[5]　俠協 hiep[6]　怯 khiep[5]　業 nghiep[6]

接 tiep[5]　妾 thiep[5]　涉 thiep[6]　葉 ziep[6]

丙、合三：凡[am]

乏[ap]

凡 pham[2]　犯梵 pham[6]

法 phap[5]　乏 phap[6]

例外：汎 phiem[5]

咸攝總討論：

咸攝二等和一等没有分别，恰像山蟹效諸攝一樣。見母開二字和開一有别（甘 cam：監 giam），亦與諸攝的情形相同。凡韻分開合兩呼，係依明清等韻家。凡韻輕脣字讀入開口，與元韻輕脣字同；"汎"字讀 phiem[5] 爲例外，亦與元韻"番煩"二字之讀 phien[1]、phien[2] 情形相同。

(十四) 深攝[əm][əp]

開二、三、四：侵[əm]

緝[əp]

錦 cəm^{3}　禁 cəm^{5}　欽 khəm^{1}　吟 ngəm^{1}　淫 zəm^{1}

林臨 ləm^{1}　廩 ləm^{4}　沈 trəm^{2}　簪 trəm^{1}　朕 trəm^{4}

侵 xəm^{1}　心 təm^{1}　尋 təm^{2}　浸 təm^{3}　深 thəm^{1}

審 thəm^{3}　滲 thəm^{5}　稟 bəm^{3}　品 phəm^{3}

急給 cəp^{5}　及 cəp^{6}　吸 həp^{5}　泣 khəp^{5}　入 nhəp^{6}

邑揖 əp^{5}　執 chəp^{5}　十 thəp^{6}　習集 təp^{6}　立 ləp^{5}

例外:金 kim^{1}

深攝總討論:

深攝非常簡單。但是,我們應該特別注意者:侵韻在古漢越語裏應該是個-im。“金”字讀 kim^{1} 已經足以啟示我們了;此外還有白話“尋”字說成 tim^{2},“沈”字說成 chim^{2},也可幫助證明。和侵韻相當的緝韻也有類似的情形:“急”字白話是 kip^{5},“及”字白話是 kip^{6},由此可知緝韻的古音是 ip。再拿上文的真質韻來看,更覺得事非偶然的了。

“稟”字今漢語官話讀 ping,“品”字讀 p‘in;粵語本該有-m 尾的,但廣州“稟、品”都讀 pɐn。漢越語“稟、品”都能保持着字尾-m,這是很難得的。

現在我們對於上述的韻母系統試作一個結論。下面的一個圖可以表示整個韻母系統的大概情形:

橫看第一排,果止遇三攝是元音的韻,第二排蟹攝是前升的複合元音,第三排效流兩攝是後升的複合元音,第四排宕曾通三攝是舌根韻,第五排梗攝是舌面韻,第六排山臻兩攝是舌尖韻,第七排咸深兩攝是脣韻。

直看第一排,果蟹宕山咸五攝開口呼的主要元音都是 a;合口呼除灰韻的 oi 外,都是 ua-;齊齒呼除宕攝外,主要元音都是 e;撮口呼也是一樣。第二排止流曾梗臻深六攝比較地參差些,它們的齊齒呼可以分爲三類,止和梗的主要元音是 i,臻和深是 ə-,流和曾是 y-(有鬍子的 u)。第三排遇通兩攝頗整齊,合口呼的主要元音是 o,撮口呼的主要元音是 u,魚韻的 ɐ 和 y 在通攝裏没有相配的韻。

果					止				遇					
a	ua						i	uy			o	ɐ	u	y
蟹														
ai	oi	uai	e	ue										
效					流									
ao			ieu		əu		u	yu						
宕					曾				通					
ang	uang	ɔng	yɐng	uong	ʌng	uʌng	yng				ong		ung	
ac	uac	ɔc	yɐc		ʌc	uʌc	yc				oc		uc	
					梗									
					anh	uanh	inh	uynh						
					ach	uach	ich	uych						
山					臻									
an	uan		ien	yen	(ʌn)	on	ən	uən						
at	uat		iet	yet	(ʌt)	ot	ət	uət						
咸					深									
am			iem				əm							
ap			iep				əp							

六、漢越語的聲調

漢越語的聲調系統是很簡單的。在上文第二節末段裏，我們已經說了一個大概。在中國的吳語、閩語和粵語裏，大致說來，四聲都可以分爲兩類，即陰平、陽平、陰上、陽上、陰去、陽去、陰入、陽入，共八聲。上文說過，如果把收音於-c、-ch、-t、-p 的字認爲入聲字（事實上也代表了漢語的入聲字），則第五聲（sʌc^5）可分爲陰去和陰入兩類，第六聲也可分爲陽去和陽入兩類，連同 1、2、3、4，也是共有八聲，爲了稱呼的方便起見，我們直截了當地就用陰平、陽平……等字來表示越語的聲調：

陰平＝bʌng^2　　　陽平＝huyen^2

陰上＝hɔi^3　　　陽上＝nga^4

陰去＝以元音或鼻音收聲的 sʌc^5

陽去＝以元音或鼻音收聲的 nʌng^6

陰入＝以破裂音收聲的 sʌc^5　　　陽入＝以破裂音收聲的 nʌng^6

在漢語各地的方言裏,如果聲調分爲陰陽兩類,則古清母的字讀入陰調類,古濁母的字讀入陽調類。在漢越語裏,大致也是依照這一個規則,只是對於次濁的字與漢語的規則稍有不同。

原來中國的等韻家非但把聲母分清濁,而且於清音還細分爲全清和次清兩種,濁音還分爲全濁和次濁兩種,如下:

全清:見端知幫非影精照心審;

次清:溪透徹滂曉清穿敷;

全濁:群定澄並奉匣從床邪禪;

次濁:疑泥娘明微喻來日。

全清和次清完全依照漢語的規則,讀入陰調類;全濁也完全依照漢語的規則,讀入陽調類。祇有次濁一類和漢語的規則不盡相同:它的平聲讀入陰調類,和漢語適得其反;祇有仄聲讀入陽調類是和漢語相同的。關於疑泥娘明微來日七母,它們是鼻音和邊音(二者在古希臘語裏都屬於 liquids),自然可以獨成一類,並不足怪。其中最特別的乃是喻母:喻$_{三}$讀 v 與微相混猶有可說,喻$_{四}$讀 z 則是齒音,應該和邪母相似,若按古音則應該和定母相似,怎會跟着鼻音和邊音走呢?這是暫難解答的一個問題。在未得解答以前,我們祇有先佩服古人分類的高明。

現在對於漢越語的八聲,分別舉例如下:

(1) 陰平聲

全清:金 kim^{1}　公 cong^{1}　堆 doi^{1}　都 do^{1}　貞 trinh^{1}

中 trung^{1}　班 ban^{1}　邊 bien^{1}　分 phən^{1}　飛 phi^{1}

安 an^{1}　哀 ai^{1}　宗 ton^{1}　災 tai^{1}　章 chiyɐng^{1}

周 chu^{1}　心 təm^{1}　絲 ti^{1}　收 thu^{1}　身 thən^{1}

次清:牽 khien^{1}　欽 khəm^{1}　通 thong^{1}　偷 thəu^{1}　癡 si^{1}

抽 syu^{1}　潘 phan^{1}　抛 phao^{1}　敷 phu^{1}　峰 phɔng^{1}

虛 hy^{1}　軒 huyen^{1}　親 thən^{1}　聰 thong^{1}　昌 xyɐng^{1}

充 xung^{1}

次濁　疑母:疑 nghi^{1}　梧 ngo^{1}　嚴 nghiem^{1}

牙 nha^{1}　顔 nhan^{1}

泥母：泥 ne^{1}　年 nien^{1}　南 nam^{1}　農 nong^{1}

能 nᴀng^{1}

娘母：娘 nyɐng^{1}　濃 nung^{1}　尼 ne^{1}　拏 na^{1}

明母：蠻 man^{1}　毛 mao^{1}　民 zən^{1}　彌 zi^{1}

謀 myu^{1}

微母：文 vᴀn^{1}　微 vi^{1}　亡 vɔng^{1}　無 vo^{1}

喻$_{三}$：炎 vien^{1}　尤 vyu^{1}　于 vu^{1}　員 vien^{1}

王 vyɐng^{1}

喻$_{四}$：遺 zi^{1}　由 zɔ^{1}　遊 zu^{1}　容 zung^{1}

緣 zuyen^{1}

來母：羅 la^{1}　蘭 lan^{1}　連 lien^{1}

日母：人 nhən^{1}　兒 nhi^{1}　儒 nhɔ^{1}　然 nhien^{1}

（2）陽平聲

全濁：狂 cuong^{2}　橋 kieu^{2}　談 dam^{2}　騰 dᴀng^{2}　呈 trinh^{2}

陳 trən^{2}　貧 bən^{2}　蒲 bo^{2}　肥 phi^{2}　扶 phu^{2}

還 hoan^{2}　侯 həu^{2}　曹 tao^{2}　慈 ty^{2}　愁 səu^{2}

床 sang^{2}　隨 tuy^{2}　松 tung^{2}　辰 thin^{2}　常 thyɐng^{2}

（3）陰上聲

全清：改 cai^{3}　景 canh^{3}　鼎 dinh^{3}　董 dong^{3}　肘 tru^{3}

冢 trung^{3}　飽 bao^{3}　本 bon^{3}　府 phu^{3}　粉 phən^{3}

隱 ən^{3}　掩 yem^{3}　剪 tien^{3}　獎 tyɐng^{3}　整 chinh^{3}

枕 chəm^{3}　選 tuyen^{3}　寫 ta^{3}　手 thu^{3}　少 thieu^{3}

次清：款 khoan^{3}　可 kha^{3}　桶 thong^{3}　討 thao^{3}　昶 syɐng^{3}

逞 sinh^{3}　頗 pha^{3}　品 phən^{3}　撫 phu^{3}　髣 phɔng^{3}

好 hao^{3}　海 hai^{3}　淺 thien^{3}　且 tha^{3}　齒 xi^{3}

剗 san^{3}

(4) 陽上聲

全濁:舅 cyu^4	待 dai^4	佇 try^4	朕 trəm^4	憤 phən^4
駭 hai^4	緩 hoan^4	餞 tien^4	士仕俟 si^4	盾 thuən^4
次濁:藕 ngəu^4	雅 nha^4	惱 nao^4	弩 no^4	女 ny^4
買 mai^4	馬 ma^4	尾 vi^4	晚 van^4	刎 vən^4
網 vɔng^4	武 vu^4	雨 vu^4	遠 vien^4	往 vang^4
永 vinh^4	矣 hi^4	勇 zung^4	右 hyu^4	衍 zien^4
以 zi^4	引 zən^4	誘 zu^4	呂 la^4	禮 le^4
忍 nhən^4	乳 nhu^4			

(5) 陰去聲

全清:幹 can^5	故 co^5	對 doi^5	帝 de^5	鎮 trən^5
智 tri^5	布 bo^5	報 bao^5	諷 phung^5	放 phɔng^5
暗 am^5	案 an^5	贊 tan^5	再 tai^5	證 chyng^5
戰 chien^5	信 tən^5	四 ty^5	稅 thue^5	聖 thanh^5
次清:氣 khi^5	快 khoai^5	透 thəu^5	痛 thong^5	暢 syɐng^5
詫 sa^5	判 phan^5	片 phien^5	費 phi^5	訪 phɔng^5
漢 han^5	化 hoa^5	趣 thu^5	粲 than^5	唱 xyɐng^5
處 xy^5				

(6) 陽去聲

全濁:共 cong^6	舊 cyu^6	電 dien^6	鈍 don^6	仲 trɔng^6
傳 truyen^6	叛 ban^6	敗 bai^6	梵 pham^6	飯 phan^6
恨 hən^6	賀 ha^6	暫 tam^6	聚 tu^6	助 sɐ^6
事 sy^6	袖 tu^6	羨 tien^6	授 thu^6	慎 thən^6
次濁:傲 ngao^6	御 ngy^6	怒 no^6	耨 nəu^6	念 niem^6
膩 ni^6	妙 zieu^6	夢 mong^6	務 vu^6	萬 van^6
又 hyu^6	院 vien^6	耀 zieu^6	用 zung^6	亂 loan^6
浪 lang^6	讓 nhyɐng^6	二 nhi^6		

(7) 陰入聲

全清：閣 cac^{5}　轂 coc^{5}　的 dich^{5}　督 doc^{5}　竹 truc^{5}

哲 triet^{5}　八 bat^{5}　百 bach^{5}　法 phap^{5}　髮 phat^{5}

一 ngət^{5}　鴨 ap^{5}　接 tiep^{5}　足 tuc^{5}　質 chət^{5}

執 chəp^{5}　雪 tuyet^{5}　索 tac^{5}　濕 thəp^{5}　設 thiet^{5}

次清：刻 khᴀc^{5}　哭 khoc^{5}　鐵 thiet^{5}　忒 thᴀc^{5}　畜 suc^{5}

敕 sᴀc^{5}　樸 phac^{5}　匹 phət^{5}　拂 phət^{5}　蝮 phuc^{5}

黑 hᴀc^{5}　歇 hiet^{5}　七 thət^{5}　切 thiet^{5}　綽 xyɐc^{5}

插 xap^{5}

(8) 陽入聲

全濁：局 cuc^{6}　傑 kiet^{6}　踏 dap^{6}　蝶 diep^{6}　著 tryɐc^{6}

直 tryc^{6}　拔 bat^{6}　僕 boc^{6}　佛 phɐt^{6}　伏 phuc^{6}

核 hach^{6}　學 hɔc^{6}　絕 tuyet^{6}　族 toc^{6}　續 tuc^{6}

席 tiec^{6}　食 thyc^{6}　術 thuət^{6}

次濁：額 ngach^{6}　齧 nghiet^{6}　諾 nac^{6}　納 nap^{6}　搦 nac^{6}

聶 niep^{6}　目 muc^{6}　墨 myc^{6}　物 vət^{6}　韈 vat^{6}

越 viet^{6}　域 vyc^{6}　藥 zyɐc^{6}　育 zuc^{6}　獵 liep^{6}

劣 luyet^{6}　日 nhət^{6}　辱 nhuc^{6}

和漢語一樣，漢越語的聲調也有些不規則的現象。首先值得提及者，是全濁上聲變去聲的情形。下面這些字，在《廣韻》裏是屬於上聲的，現在漢越語都讀入去聲了：

道 dao^{6}　肇 trieu^{6}　抱 bao^{6}　皂 tao^{6}　紹 thieu^{6}

皓 hao^{6}　動 dong^{6}　重 trɔng^{6}　奉 phung^{6}　巨 cy^{6}

杜 do^{6}　簿 ba^{6}　父 phu^{6}　敘 tu^{6}　豎 thu^{6}

户 ho^{6}　紂 tru^{6}　部 bo^{6}　受 thu^{6}　厚後 həu^{6}

儉 kiem^{6}　簟 diem^{6}　范 pham^{6}　漸 tiem^{6}　件 kien^{6}

但 dan^{6}　棧 san^{6}　善 thien^{6}　旱 han^{6}　篆 truyen^{6}

伴 ban^{6}　近 cən^{6}　盡 tən^{6}　腎 thən^{6}　墮 doa^{6}

坐 toa^{6}　　禍 hoa^{6}　　強 cyɐng^{6}　　蕩 dang^{6}　　項 hang^{6}

幸 hanh^{6}　　在 tai^{6}　　跪 quy^{6}

據我所知,除溫州、衢州、無錫等地之外,全濁上聲的字,在漢語都變了去聲。劉鑑《切韻指南》自序云:"時忍切'腎'字,其蹇切'件'字,其兩切'強'字,皆當呼如去聲。"在《切韻指南》以前,《韻鏡》早有濁上讀去之說。現代漢語除"強緩"二字之外,没有别的全濁上聲字仍舊保存上聲的了。粵語裏保存的全濁上聲較多,如"舅抱動重簿厚旱伴近坐禍在亥"等字都還保存着上聲(其中有些字在文言裏變了去聲),但還不及漢越語保存得多。試看"待朕憤餞士俟盾"等字,粵語不能保存上聲的,漢越語還能保存呢。據我們所知,除了溫州、衢州、無錫等之外,没有其他的方言比漢越語能保存更多全濁上聲的了。

次濁上聲的保存,在漢語各方言頗能一致(有些吳語讀入陰上),但是,有極少數字在漢語已變了去聲,而漢越語仍讀上聲,例如"誘"字,現代漢語讀去聲,漢越語讀上聲;又如"右"字,連粵語也讀入去聲,漢越語仍舊維持着它的上聲。

除了全濁上聲讀入陽去之外,其他各聲大致依照常軌。零星的例外是有的,譬如:

1. 次濁平聲字,應讀陰平,而讀入陽平:寅 zən^{2}

2. 全濁上聲字,應讀陽上或陽去,而讀入陰去:混 hon^{5}

3. 清音上聲字,應讀陰上,而讀入陰去:統 thong^{5},腿 thoai^{5},餅 banh^{5},丙 binh^{5}

4. 濁音去聲字,應讀陽去,而讀入陰去:問 vən^{5}

例外少到了這個程度,漢越語的聲調系統,仍舊可以說是很整齊的。

七、 古漢越語及漢語越化

所謂古漢越語,指的是漢字尚未大量傳入越南以前,零星傳到越南口語裏的字音。這個時代,大約是在中唐以前。它們是比漢越語更古的一種語言形式。所謂漢語越化,和古漢越語恰恰相反,它們的產生,是在整套的漢越語傳入了之後。但是,前者和後者有一個共同之點:它們都是脱離了漢越語,混入了日常應用的越語裏去了的。它們在越語裏生了根,完全改變了漢家的面目,越南語裏再也少不了它們。將來漢越語也許將會漸趨消滅;但是,那些和越南話融爲一體的古漢越語及越化漢語是永遠不會消滅的。古漢越語好比漢族人在越南住了十幾代,現在已經没有人知道他們是漢族的血統了。越化漢語好比漢族人和越南人結婚生的兒子,事實上他們已經不是純粹的漢族了。總之,漢越語是死的或半死的語言①,越化漢語纔是活的語言;古漢越語能傳到現在,也就和越化漢語的性質相似。撇開歷史不論,二者的價值是一樣的。正因爲它們的性質相似,有時候頗難分辨。再說,它們和那些道地的越南字也不是容易分辨的。所以這一節裏所談的話恐怕不能没有多少牽強或誤解的地方。

有些字,依馬伯樂說是來自泰語的;但是,泰語裏的字也有來自漢語的,越語裏一些字也許直接來自泰語,而間接來自漢語。現在不打算一一加以說明。

古漢越語裏,有些非常有趣的事實。現在試舉出三個例子如下:

《說文》:"鴈,鵝也。"上古天鵝和普通的鵝都叫做"鴈"。"鴈、鵝"雙聲,寒歌對轉。越語有 ngan¹ 字,是"鵝"之一種(《三千字》釋 ngan¹ 爲"鵝"),越字寫作從鳥,奸聲(或安聲),其實就是古"鴈"字(今"鴈"字作 nhan⁶)。漢族人没有稱"鵝"爲"鴈"的了,而越南人還稱"鵝"爲"鴈"呢。

"爲"字,依古文字學的研究,就是"象"字。那麽,上古的"爲"字到底讀如"象"音呢,還是讀如"爲"音呢?依越語看來,正該讀作"爲"音。越語有 vɔi¹ 字,是"象"的意思。"爲"字在漢越語裏讀 vi¹,和 vɔi¹ 音相近,也許就是一個字。越字寫作從犬,爲聲。

"鮮"字,在《詩·新臺》與"泚、瀰"爲韻("泚、瀰"皆支部字,或云脂部,非),那麽,它該是支部字。越語有 tyɐi¹ 字,是新鮮的意思。譬如說

① 補注:漢越語不應認爲死的語言,理由見上文的補注。

ca^{5} tyɐi^{1}，就是“鲜魚”。漢越語裏“鲜”字雖讀 tien^{1}，但是，依我們猜想，它在古漢越語裏該是讀 tyɐi^{1}。支韻字，古漢越語裏有讀作-ɐi 的，例如“移”zɐi^{2}，甚至也有讀作-yɐi 的，例如“寄”gyɐi^{3}。這樣，《詩經》“鲜”字讀入支部就有了很好的證明了。

其他的古漢越字也許没有這樣新奇有趣，但它們的真實可靠的程度却遠勝於這三個字。我們如果走得太遠了，就不免有危險。雖然我們對於一部分疑似的古漢越字不妨暫作一個假設，但是，可能性太小了的假設我們也應該放棄的，例如 song^{5} 字，它雖和“生”字音義俱近，但我們不能假定它是古漢越語的“生”，一則因爲聲母 s 是從 r 來的，二則因爲有事實可以證明它是來自高棉語，和漢字毫無淵源可言。

現在我們分爲聲韻調三方面去討論古漢越語。

（一）古聲母

甲、牙音開口二等字

在上文第四節裏，我們敘述了見母開二讀 gi-，溪母開二讀 x-，疑母開二讀 nh，那是和漢語古音不合的。依照漢語古音，它們應該和其他各等的字一樣地讀爲 k、kh、ng；古漢越語也正可以證明這一點。

cai^{3}，越字從艸，改聲，其意義正與“芥”同，可見它就是古“芥”字。漢越語“芥”字作 giɐi^{5}，反爲後起。cai^{3} 字來源較古，倒反是日常用語。由此看來，古漢越語是白話，漢越語是文言；在越南一般人看來，後者倒反顯得古，前者因爲是活的語言，倒反顯得是現代的了。後仿此。

cɐi^{3}，越字從手，改聲，其意義恰等於解開的“解”，例如 cɐi^{3} zəy^{1} 即“解繩”。“解”作 giai^{3} 爲後起。

ca^{4}，當即“價”字。漢越語“價”字作 gia^{5}，但在越語裏偶然以 gia^{5} ca^{4} 二字連用，共成一義。gia^{5} 入白話，ca^{4} 反趨於消滅，這是違反常例的。

ga^{3}，當即“嫁”字，越語以“許配”爲 ga^{3}，意義稍有轉移。“嫁”字的聲音演變大致如下：ke→ka→ga→gia。

kheo^{5}，越字作“窖”，解作機巧、靈敏，其實就是古“巧”字。漢越語

“巧”字作 xao³ 爲後起。

nga²，當即“牙”字，來自泰語，疑間接來自漢語。越語稱齒爲 rʌng¹，但於“象牙”則稱 nga² vɔi。“牙”讀 nha¹ 爲後起。

ngan¹，即“鴈”字，今作 nhan⁶。說見上文。

乙、古舌頭音

錢大昕說古音舌上歸舌頭，又說齒音也歸舌頭。怎樣歸法，不是一言所能盡的；但在古漢越語裏確有這種現象。

duc⁶，當是古“濁”字，“濁水”叫做 nyɐc⁵ duc⁶。漢越語“濁”字讀 trɔc⁶，是由定母變爲澄母。《釋名・釋言語》：“濁，瀆也。”“濁”讀入定母。

duoc⁵，越字從火，篤聲，炬也。此當是古“燭”字。《禮記・曲禮》“燭不見跋”疏：“古者未有燭，唯呼火炬爲之也。”朱駿聲云：“大燭樹地曰庭燎，葦薪爲之，小者麻蒸爲之。”可見“燭”的本義是火炬，與 duoc⁵ 義正同。“燭”字今作 chuc⁵，是由端母變爲照母。按《古今人表》顔燭雛，《左傳・哀二十七年》作“涿聚”，是“燭”字本歸知母；知端古同聲，則“燭”又本屬端母。

du³，越字從足，覩聲，它的意義是“够”。疑即古“足”字。“足”屬古侯部，侯的古音正該是 u，或其近似的音。

dua⁴，越字從竹，杜聲，它的意義是筷子。此當是“箸”字。今“箸”字讀 trɐ⁶，是由定入澄。

theu¹，越字從系，兆聲，繡也。疑即古“繡”字。“繡”字屬心母，今讀 tu⁵，古代或混入審，而審母正讀 th-音。

上面這幾個舌頭字，如果我們的考證不錯的話，除了“繡”字之外，它們傳入越南應該是很早，甚或早到漢代。

丙、古重脣音

一般人都相信古無輕脣音。我們似乎只可以說，許多輕脣字在古代讀重脣，但我們不能證明一切輕脣字都是如此，更不能證明現代的非輕脣字在古代一定不念輕脣，尤其不知道古代是否每一個方言都缺乏輕脣。但是，越南古代却似乎是没有輕脣音的。現在的 ph 在古代祇代表吐氣的[p],v 衹代表介音[w]。因此,有一部分非敷奉微的字在古漢越語裏是和幫滂並明没有分别的。

bay[1],越字從冠(疑是草書"飛"字之訛),悲聲①。按即古"飛"字。如 chim[1] bay[1] 即"鳥飛"。今"飛"字讀 phi[1],是由幫變非。

buon[1],越字從手,奔聲,或徑省作"奔",經商也。疑即"販"字。buon[1] ban[5] 就是做生意(直譯是"販賣")。

buong[1],越字從手,芃聲(芃亦是越字),即古"放"字。buong[1] tha(放捨)就是"釋放";buong[1] tuông[2] 就是"放縱"。今漢越語"放"字讀 phɔng[5],實爲後起的現象。在古代,它是像 quong[2](狂)khuong[1](匡)等字讀入撮口的。

byc[5],越字寫作"幅",疑即"幅"字,未敢斷言。

byng[1],越字從手,邦聲,是雙手拿起的意思,當係古"捧"字,其後由幫母轉入滂母,復變輕脣入敷母。

bua[5],越字從金,布聲,斧也。這無疑是古"斧"字。

bua[2],符也。這無疑是古"符"字,因爲連韻母和聲調都對了。漢越語作 phu[2],是由並母轉入奉母。

buom[2],帆也。這也無疑是古"帆"字,因爲"帆"字屬合口三等,由"房放"等字推之,它的韻母正該是-uom。這是音韻學上的奇迹。本來,依照異化作用(dissimilation),像漢越語裏的"帆"字作 pham[2],字尾的-m 已經難於維持了(所以廣州"帆"字變了 fan),何况再加上一個脣元音 u 呢? 越語裏維持着這個字,可以證明 dissmilation 只是可能的,並不是必然的。

buoc[6],縛也,越字從糸,僕聲,或假"撲"爲之。實即古"縛"字。漢越語"縛"字作 phac[6]。

buong[2],越字從房,蓬聲,實即古"房"字。臥房叫做 buong[2],繡房叫做 buong[2] theu[1]。漢越語"房"字作 phɔng[2]。

buon[2],越字從心,盆聲,是傷心或憂愁的意思。馬伯樂以爲是"煩"

① 編者注:底本、《王力文集》本俱作"悲語",據上下文改。

字,大概是不錯的。漢越語“煩”字讀 phien^{2}。

bua^{6},只在 goa^{3} bua^{6}一個成語裏用得着。goa^{3} bua^{6}①就是“寡婦”,可見 bua^{6}就是古“婦”字。拿“符”字比較着看,“婦”字讀 bua^{6}是很正常的。今客家白話“婦”字念[pu],廣州白話“新婦”(媳婦)說成[sɐmp‘ɔu],也仍保持着重脣音。漢越語“婦”字作 phu^{6},讀入輕脣。

bo^{5},父也,越語“父”義共有 cha^{1}、bo^{5}、thay^{2}三字,但東京平常祇把前二者稱父,後一字則用來稱師,“父母”可稱爲 cha^{1} me^{6},亦可稱爲 bo^{5} me^{6}。bo^{5}當是古“父”字。現在漢越語裏變爲 phu^{6},也是由並入奉。

but^{6},越字從人,孛聲,佛也。這顯然是古“佛”字,因爲 buddha 正該讀作 but。但這一個字並不是印度直接傳入的,而是由漢字間接傳入的。今越南白話念 but^{6},文言讀 phət^{6}。

mu^{2},越字從雨,謨聲,或作戊聲,暗也,又作“霧”解,如 khi^{5} mu^{2}(“氣霧”)。這是來自泰語的字,但也可能是從漢語“霧”字傳來的。漢越語“霧”字作 vu^{6},是後起的字。

mua^{5},越字從手,某聲,舞也。看它從手,是着重手的姿勢的舞。載歌載舞叫做 mua^{5} hat^{5}(hat^{5}唱也)。這應該是古“舞”字。漢越語“舞”字作 vu^{4},由明母轉入微母。

mui^{2},越字寫作“味”,但漢越語的“味”字讀 vi^{6}。mui^{2}和 vi^{6}是古今字。白話的 mui^{2} thɐm^{1}(香味)和 mui^{2} thui^{5}(臭味)之類讀成 mui^{2}音;文言的 vo^{1} vi^{6}(無味)和 mi^{4} vi^{6}(美味)讀成 vi^{6}音。注意 thɐm^{1}和 thui^{5}是越語,而 vo^{1}(無)和 mi^{4}(美)是漢越語。干支的“未”字就祇讀作 mui^{2},不讀作 vi^{6},可見干支傳到越南的時代是很古的(參看下文“卯”字的韻母)。

(二) 古韻母

甲、外轉二等韻的主要元音

所謂外轉二等韻,就是麻肴佳皆刪山咸銜臻耕江等韻。這些韻,除

① 編者注:底本與山東教育出版社《王力文集》本都作“goa^{2} bua^{6}”,據上文改。

了麻韻有少數三等字之外,都是衹有二等字的。依上文所述的漢越語的系統看來,它們的韻值和一等韻的韻值完全相同,例如麻與歌混,肴與豪混,佳皆與咍泰混,删山與寒桓混,咸銜與覃談混,臻與痕混,江與唐混(耕因梗攝無一等字,故無可混)。唯一的例外是佳皆的合口呼未與灰混。但是,我們相信古漢越語裏的情形並不如此。除了臻韻字少不論,又江耕兩個收-ng 的韻或當别論之外,我們有充分證據,可以證明麻肴佳皆删山咸銜八個韻的字(及其入聲)的主要元音本來不是一個 a,而是一個 ᴇ(越語羅馬字寫作 e)。下面我們將舉一些古漢越語的實例,以爲證明。

(子)麻韻[ᴇ][ᴡᴇ]

chᴇ^{2},就是"茶"字。漢越語"茶"字作 tra^{2},但日常談話裏的"泡茶"衹説成 pha^{1} chᴇ^{2}。

xᴇ^{1},就是"車"字,越語徑寫作"車",但也有寫作"更"的。漢越語"車"字讀 xa^{1},但日常談話都説成 xᴇ^{1}。"車"是三等字,我們猜想古漢越語裏全麻韻字的主要元音都是 ᴇ;"車"在古漢越語裏也許有介音 i,讀-iᴇ,也許根本没有介音 i。

chᴇ^{1},越字從雨,支聲,遮也,覆也,匿也。當即古"遮"字。chᴇ^{1} mya^{1} 即"禦雨"(直譯是"遮雨")。今漢越語"遮"作 cha^{1}。"遮"是三等字,情形與"車"字相同。

hᴇ^{2},就是"夏"字。nᴀng^{5} hᴇ^{2} 就是"夏熱"。漢越語"夏"作 ha^{6},與"賀"字同音。古漢越語 hᴇ^{2} 讀入陽平,陽去多混入陽平,不足怪。

khoᴇ^{1},就是"誇"字。漢越語"誇"字似乎也作 khoᴇ^{1},待考。這一個例子很重要,它可以證明麻韻非但開口呼讀 ᴇ,連合口呼也讀-uᴇ 了。

ngɔi^{5},越字從土,瓦聲,疑是古"瓦"字。nha^{2} ngɔi^{5} 是瓦房子,ngɔi^{5} əm^{1} 是陰瓦,ngɔi^{5} zyɐng^{1} 是陽瓦。這字的主要元音雖不是 ᴇ,但它消極地證明了"瓦"字在古漢越語裏並不讀 a。現在"瓦"字在文言裏讀 ngoa^{4}。"瓦"字的語音演變情形大概是 ngoᴇ→ngoe→ngoi→ngɔi;至於 ngoa^{4} 則是漢越語時代的官音,它並非由 ngɔi^{5} 變來的。

(丑)肴韻[EO]

kEO^{1},越字從肉,喬聲,是膠或膠水的意義,當即是古"膠"字。漢越語"膠"字作 giao^{1},與豪韻混。按:kEO^{1} 也可以證明見母開二字本讀 k-,不讀 gi。

khEO^{5},即"巧"字,見上文。

chEO^{2},越字從手,朝聲,是蕩槳的意義,又用作名詞,就是槳。今按:此即古"棹"字(或作"櫂")。依漢越語當作 trao^{6}。

mEO^{2},就是"貓"字,依漢越語"貓"字應該是 mao^{1} 或 mieu^{1}(因"貓"字入肴宵兩韻),所以 mEO^{2} 是古漢越語的遺迹。

mEO^{6},就是"卯"字。在《廣韻》裏,"卯""貌"同音異調;但在漢越語裏,它們却是同調異音("貌"讀作 mao^{6}),這顯然因爲它們不是同一個時代傳入的。干支名稱之傳入越南,遠較一般漢字爲早。

bEO^{1},就是"豹"字。依漢越語的系統,"豹"字應該是 bao^{5};這 bEO^{1} 乃是古音的遺留。

(寅)佳皆韻[E]

vE^{4},越字從畫,尾聲,畫也。按:此當即古"畫"字。本來該是 hwE^{4}(依越語羅馬字該是 hoe^{2}),其後因匣母合口字前面的 h 在口語中多數不能保持了(參看下文),所以變爲 wE,再變爲 vE。這個 hwE^{4} 字大約曾經在漢越語裏當"畫"字用過,而 hoa^{6} 字則係近代的形式,比"快話卦"等字尤爲後起,因爲"快話卦"還可以讀 khoai^{5}、hoai^{5}、quai^{5},比較地接近古音,hoa^{6} 則完全是中國近代官話的形式了。

quE^{3},越字從卦,鬼聲,卦也。按:此當即古"卦"字。今漢越語"卦"字讀 quai^{5},是後起的音讀。

hoE^{2},就是"槐"字。漢越語裏似乎没有另造一個 hoai^{2}。

(卯)删山韻[En][wEn]

入聲黠鎋[Et][wEt]

kEn^{5},擇也。kEn^{5} re^{3} 是"擇壻";kEn^{5} zəu^{1} 是"擇媳"。這應該是古漢越語裏的"揀"字。今漢越語裏,"揀"當作 gian^{3}。

hᴇn^{6},就是“限”字,和漢越語裏的 han^{6} 通用,例如“限定日期”可作 hᴇn^{6} ngay^{2},亦可作 han^{6} ngay^{2}。但是前者要比後者常用些,如“到期”是 den^{5} giɐ^{2} hᴇn^{6},“展期”是 hᴇn^{6} lai^{6},皆不作 han^{6}。

chᴇn^{5},越字從土,戰聲,是酒杯的意義,按:即“盞”字。漢越語當作 tran^{3}。

quᴇn^{1},越字寫作“悁”(這是越字,和“悁悁、悁急”的“悁”毫無關係),慣也,熟習也。按:當即“慣”字,但有時引申,相熟亦曰“慣”,如言與某人“悁熟”(quᴇn^{1} thuoc^{6}),像廣東人所謂“慣熟”。漢越語裏“慣”當作 quan^{5}。

xᴇt^{5},越字從目,察聲,或徑作“察”,其實就是“察”字。常用語有 tra^{1} xᴇt^{5}(查察)、xᴇt^{5} doan^{5}(察斷)、phan^{5} xᴇt^{5}(判察,即審判)等等。漢越語當作 xat^{5}。

(辰)咸銜韻[ᴇm]

入聲洽狎[ᴇp]

chᴇm^{5},斬也。依漢越語的系統,“斬”字當作 tram^{3}。今 chᴇm^{5}、tram^{3} 通用,不過前者比較通俗些。

kᴇp^{5},越字從衣,劫聲,複也。疑即古“夾”字,故“夾衣”叫做 ao^{5} kᴇp^{5}。今漢越語“夾”當作 cap^{5}。

hᴇp^{6},就是“狹”字。“狹路”是 dang^{2} hᴇp^{6}。依照漢越語的系統,“狹”當作 hap^{6}。

以上所述這些二等韻是一致的,它們的主要元音都是 ᴇ。這是事實。但是,爲什麼不把它們認爲比漢越語更晚的事實(漢語越化),而偏要認爲古漢越語呢?這因爲一等字没有讀 ᴇ,只有二等字讀 ᴇ,假使先有漢越語,然後由 a 變 ᴇ,就不會衹影響到二等字了。

乙、魚虞兩韻的古讀

在漢越語裏,遇攝魚韻讀 y,虞韻讀 u,已見上文第五節。談到古漢越語,它們又是另一個樣子,魚韻的古音應該是 ya,虞韻的古音應該是 ua。它們的主要元音是 y 和 u,後面的 a 衹是複合元音裏的短弱部分。試讀 mya^{1}(雨)和 mua^{1}(買),就可以證明這一點。現在越語裏 y 後的 a

實際念 ə,u 後的 a 實際念 ɔ,我們猜想它們當初也許是一致的,大約一律念 ɔ。總之,虞韻的 ua 和戈韻的 ua 是有分別的;戈韻 ua 的主要元音是 a,a 前的 u 實際是 w。試比較 cua^{3}(財產)和 qua^{3}(水果),就明白這兩種 -ua是完全不同性質的。下面是一些魚虞古讀的例子。

(子)魚韻[ya]

ngya^{6},越字寫作“馭”,其實是“馬”的意思。我們以爲也許就是古“御”字。使馬曰“御”,其後意義變遷(metonymy),由“御”而轉爲“所御之物”,就是“馬”。這衹是一種假設。

hya^{5},就是“許”字。lɐi^{6} hya^{5} 是“諾言”。

lya^{2},就是“驢”字,依漢越語當作 ly^{1}。lya^{2} 的韻母和聲調都和漢越語的系統不合,依漢越語當讀陰平,今讀陽平。大約古漢越語的次濁平聲字也和全濁字一般地讀陽平,例子很多,如上文所述的“寅”字讀 zən^{2} 就是。下文論古聲調時當再詳論。

tya^{6},就是“序”字,依漢越語的系統當作 ty^{6},但今漢越語亦作 tya^{6},想是古漢越語的遺迹。

chya^{5},就是“貯”字,但漢越語另作 try^{3}。

xya^{1},越字從古,初聲,是“從前”的意義。馬伯樂以爲即“初”字,可信。今漢越語另作 sɐ^{1}。

thya^{1},或作 sya^{1},即“疎”字,不密也。今漢越語另作 sɐ^{1}。

thya^{3},疑即“所”字。今漢越語另作 sɐ^{3}。“初疎所”都是二等字,它們在漢越語是和三等字不同韻母的。但是依它們的古音看來,却該是本來韻母相同,衹聲母有異;到了後代,才因聲母不同而影響到韻母不同的。

ngya^{3},越字從仰,語聲,仰也。ngya^{3} mʌt^{6} 就是“仰面”,nʌm^{2} ngya^{3} 就是“仰臥”。“仰”雖是陽韻字,但魚陽對轉即可入魚。

(丑)虞韻[ua]

khua^{1},追也,驅也,擊也。疑是古“驅”字,未敢十分斷定。

chua^{5},就是“主”字。“主”字在漢越語裏有 chua^{5}、chu^{3} 兩式,其實前者應該是古漢越語。

thua^{1},越字借用“收”字,敗也。當是古“輸”字。“戰敗”叫做 thua^{1} trən^{6}(輸陣),“認輸”叫做 chiu^{6} thua^{1}。這字雖是古漢越語,但也許產生較晚,因爲“輸”字當輸赢講衹是近古的事。今漢越語“輸”字作 thəu^{1}。

zua^{1},即“諛”字。a^{1} zua^{1} 即“阿諛”,zua^{1} ninh^{6} 即“諛佞”。漢越語“諛”字也是這様寫的。

bua^{2},符也;bua^{5},斧也;mua^{5},舞也。並見上文。

dua^{4},即古“箸”字,見上文。“箸”是魚韻去聲字,今讀 dua^{4},是讀入虞韻。漢越語中,“箸”不讀 try^{6} 而讀 trɐ^{6},亦是超出常軌。

vua^{1},越字從王,布聲,君也,王也。疑即古“王”字。“王”之作 vua,與“仰”之作 ngya 同理,都是魚陽對轉的關係。古漢越語陽韻開合齊撮四呼大約是-ang、-wang、-yang、-uang;魚韻和陽韻齊齒呼相當,虞韻和陽韻合口呼相當。

ma^{3},越字從土,馬聲,墓也,當即古“墓”字,大約本作 mua 音,其後受脣音影響(是可能的,不是必要的)喪失了 u 音,就只讀作 ma^{3} 而與麻韻混了。“簿”字讀 ba^{6},也是這個道理。

丙、侵真兩韻的古讀

侵真兩韻的古讀應該是 im 和 in,我們在第五節裏已經說過了。關於侵韻,現在再補幾個字。第一個是“嬸”字作 thim^{5},雖然聲調不合,但在意義上確是“嬸”字。又尊稱女人也叫做 thim^{5},這和廣東人尊稱不認識的女人爲“阿嬸”正同。第二個是“針”字作 kim^{1} 或 ghim^{1}。“針”是照母字,讀入牙音,頗爲可怪。也許因爲“針”本作“鍼”,“鍼”從咸聲,本是牙音的緣故罷。總之,就意義上看,kim^{1} 一定就是“針”。第三個是“沈”字作 chim^{2} 或 trim^{2}。這些都可以補充第五節的話,證明侵韻在古漢越語裏是一個-im。

關於真韻,上文第五節裏已經提及“辰”(thin^{2})、“信”(tin^{5})等字,現在不再贅述了。

丁、梗攝古尾

漢越語裏梗攝的韻尾是 nh,它的入聲的韻尾是 ch,這是很特別的。

一般人衹知道漢語在古代鼻音韻尾有-m、-n、-ng 三種，入聲韻尾有-p、-t、-k三種，現在依漢越語看來，却有了四種。若說漢語上古的鼻音韻尾本來也有四種，那是很難說得通的。“盲”從“亡”聲，爲什麽“亡”是-ng 尾而“盲”是-nh 尾呢？《詩・雞鳴》“明、昌、光”押韻，爲什麽“昌、光”是-ng 尾，而“明”是-nh 尾呢？甚至同是一個“行”字，也讀爲-ng、-nh 兩種韻尾，那也太難索解了。比較合理的答案還是承認梗攝的古尾和宕攝一樣地是個-ng；它的入聲也和宕攝入聲一樣地是個-k。關於這個假定，我們可以提出若干證據。

mang^{6}，就是“命”字。因爲“命”在梗攝，所以又作 menh^{6}，依我們猜想，mang^{6} 該是較古的形式。

zyng^{2}，停也。zyng^{2} kieu^{6} 就是“停轎”，zyng^{2} chən^{1} 就是“停腳”（休息），zyng^{2} ngya^{6} 就是“駐馬”。上文說過，z 在古音原是一個［d］，所以 zyng^{2} 就是古“停”字。今漢越語“停”作 dinh^{2}。

gieng^{1}，越字從月，正聲，正月也。陰曆第一個月叫做 thang^{5} gieng^{1}。今漢越語“正”字讀平聲時作 chinh^{1}。

bac^{5}，越字借用“博”字，是伯父的意思。父之姊則稱爲 bac^{5} gai^{5}（女伯）。這就是古“伯”字。今漢越語另作 bach^{5}。

thyɐc^{5}，越字從尺，托聲，尺也。當即古“尺”字。今漢越語另作 xich^{5}，但日常用語皆作 thyɐc^{5}。

ngyɐc^{6}，越字借用“虐”字，其實就是古漢越語的“逆”字。nyɐc^{5} ngyɐc^{6} 就是“逆流”，di^{1} ngyɐc^{6} giɔ^{5} 就是“逆風而行”。今漢越語作 nghich^{6}。

第五節裏所舉的“隻”（chiec^{5}）、“亦”（ziec^{5}）、“惜錫”（tiec^{5}）、“席”（tiec^{6}）等字也都可以證明梗攝入聲古尾是-k。

戊、覃韻古讀

在山宕兩攝裏，開口一等衹有一個韻：在山攝是寒，在宕攝是唐。咸攝一等却有兩個韻：一個是覃，另一個是談。這樣，令人猜想覃韻和談韻實際上是有分别的。假使是有分别的話，覃的元音應該是比談的元音後些,譬如覃是 om 而談是 am;入聲準此,合是 op 而盍是 ap。古漢越語裏有相當充足的證據,可以證明這一點。

nom^{1},越字從口,南聲,意義是俗的或民衆的。chy^{4} nom^{1}就是越南的文字。依 A. Chéon 說,"喃",就是"南";"字喃"就是"越南字"。如果這話是不錯的,則"南"在古漢越語裏是 nom^{1},到了漢越語裏纔變爲 nam^{1}。

hɔm^{2},越字從木,函聲,其實就是"函"字。hɔm^{2}的意義是箱、櫃,而漢語"函"字也有"匱"義。《晉書·張華傳》:"掘獄屋基入地四丈餘,得一石函。"今漢越語"函"字讀 ham^{2}。

nop^{6},就是"納"字。漢越語寫作 nop^{6}、nap^{6} 均可。其實 nop^{6} 和 nap^{6} 應該是古今字。

hop^{6},就是"盒"字,這是很常用的一個字。"函、盒"對轉(或平或入),古所謂"函",即今所謂"盒"。漢越語似乎没有爲它另製 hap^{6}字。

hɐp^{6},或作 hɔp^{6}、hap^{6},就是"合"字。hɔp^{6} 和 hap^{6} 應該是古今字,hɐp^{6}則是 hɔp^{6}的變相。

己、鍾韻古讀

鍾韻字和東韻三、四等字,在漢越語裏是没有分别的,但它們在古漢越語裏却很可能是有分别的。有些鍾韻字共有兩個音讀,一個是 ung(或 ɔng),另一個是 uong。馬伯樂以爲 uong 是產生於漢越語之後;我們的意見恰恰相反,我們以爲它是古漢越語的遺迹。而這 uong 正代表了鍾韻,它藉此與東韻撮口的 ung 有了分别。入聲由此類推,例如:

鍾 chuong^{1}　　重 chuong^{6}

從 tuong^{2}　　容 zuong^{1}

贖 chuoc^{6}　　辱 nhuoc^{6}

庚、支韻古讀

我們在上文第五節討論止攝的時候,提到"義"(nghia^{4})、"地"(dia^{6})二字,以爲這是支韻的古讀。歌韻缺乏齊齒呼(麻韻在古漢越語裏讀 ᴇ,與歌有别),支韻恰好填補。假定歌韻古音是 a,支韻是 ia,這是說得過去的。除了“義地”兩字之外,古漢越語裏還有幾個例子,第一個是“碑”字,它在漢越語裏雖讀 bi^{1},但在古漢越語裏却讀 bia^{1},例如 tac^{1} bia^{1} 即“鑿碑”。

第二個是“離”字,它有 li^{1}、lia^{2} 兩音,後者顯然是古漢越語的殘留。第三個是“紫”字,它也有 ti^{3}、tia^{5} 兩讀,後者雖另寫作從紫,祭聲,但也有人徑寫作“紫”,其實也就是古漢越語的“紫”字。第四個是“匙”字,它本字雖讀作 thi^{2},但另有 thia^{2} 字,寫作從土,施聲,或作他聲,其實也就是“匙”字。“義、地、碑、離、紫、匙”共有六個字,例子雖不多,已經足以顯示支的古讀了。

(三) 古聲調

關於古漢越語的聲調,祇有一件事值得討論的。就是次濁字的平聲。如上文所述,漢越語次濁字平聲讀作陰平,這和全濁字並不一致,和漢語各地的方言也不相同。依照漢語各地的方言,次濁字的平聲是讀陽平的。現在我們試從古漢越語來觀察,就可以發見,次濁的平聲字在古代也並不讀陰平,而是和漢語一樣地讀陽平,例如:

(1) 明母:眉 may^{2}

(2) 來母:連 lien^{2}　樓 ləu^{2}　鐮 liem^{2}　籠 long^{2}　離 lia^{2}

(3) 疑母:疑 ngɐ^{2}

(4) 喻$_{四}$:姨 zi^{2}　移 zɐi^{2}

此外像“歎”讀平而不讀去,“刺”讀入而不讀去,“館”讀去而不讀上,“過”(經過)讀平而不讀去(寫作“戈”),都比現代漢語爲比較地靠近古音。

其他像陽去往往讀入陽平之類,祇能認爲不規則的現象,而不必認爲古漢越語的特徵了。

和古漢越語的時代相反,然而又很難辨别的,是漢語越化。譬如某一個字有兩種形式:其中一種是官定的漢音(正音),另一種呢,也許比官定的漢音更早,它是由老百姓口口相傳得來的白話音;又也許比官定的漢音更晚,它是“文字口語化”,漸漸和“字音”距離更遠。我們的困難就是衹知道它不是漢字的官音，换句話説就是知道它並非漢越語，然而我們没有充分的材料去證明它是不是更古或更晚。上文所述的古漢越語，是以漢語古音爲標準的説法，那也是唯一比較可靠的辦法。下文我們將敍述另一種事實，就是漢越語傳入越南以後，漢語越化的情形。

（一）聲母的越化

甲、清音濁化

依馬伯樂的研究，越南古代是没有濁音聲母的。他拿芒語及其他方言來比較，他的證據頗爲確切可信。現在我們根據這一點，來判斷清音字之讀入濁音是漢語越化的結果。這種字大約都是見群母字，例如：

漢字	漢音	越字	越音
鏡	kinh⁵	姜＋司	gyɐng¹
強（上）	cyɐng⁶	—	gyɐng¹
閣	cac⁵	檊	gac⁵
肝	can¹	—	gan¹
鋼	cang¹	—	gang¹
近	cən⁶	貝＋斤	gən²
錦	cəm³	—	gəm⁵
筋	cən¹	—	gən¹
急	cəp⁵	—	gəp⁵
記	ki⁵	竹（上）＋記（下）	ghi¹
寡	qua³	化（借）	goa⁵
寄	ki⁵	口＋改	gyi³
薑	cyɐng¹	艸（上）＋澄（下）	gyng²
劍	kiem⁵	鎌	gyɐm¹

乙、匣母越化

匣母合口呼的字，本來應該是讀 hw-的，後來有些常用字的［h］失掉了，衹剩一個［w］，又變爲［v］（其實越南的 v 與 w 頗近似），例如：

漢字	漢音	越字	越音
劃	hoach^{6}	拍(借)	vach^{6}
畫	hoa^{6}	尾+畫	vɛ^{4}
禍	hoa^{6}	—	va^{6}
鑊	hoac^{6}	—	vac^{6}
回	hoi^{2}	衛(借)(其中韋改爲米)	ve^{2}
完(無缺)	hoan^{2}	援(借)	vɛn^{6}

至於開口字的情形就不容易明瞭了。有一個 giəy^{2}字,又讀作 giay^{2},越字寫作從皮,苔聲,鞋也。這應該是古"鞋"字。越南古代也許没有鞋,衹有屐;鞋是由中國傳入的。但"鞋"讀爲 giay^{2},衹像一個群母二等字,不像匣母字。而且字喃從"苔"得聲,又恐怕本當作 day^{2}(今=zay^{2}),不屬匣母,也就不能説是古"鞋"字,除非假定這個字喃造得晚,直到 gi-、d-相混的時期纔由東京人造出來的。這始終是一個疑案。此外還有一個 nhan^{2}字,當是"閒"字。nhan^{2} ha^{6} 就是"閒暇",但我們不懂爲什麼 h-變了 nh-。

丙、脣音越化

《切韻指掌圖》把一切脣音字都歸入合口。實際上,脣音既然用脣,和合口介音[w]的性質有其共通之點。因此,本來合口的脣音字很容易變爲開口(見上文第五節);本來開口的字也很容易變爲合口。當其本爲合口或變爲合口時,就是 bw-、b'w-、fw-之類,後來脣輔音失掉了,半元音[w]再帶一點輔音性,就變爲 v-了。因此,有一部分幫滂非奉的字混入微母作 v,例如:

漢字	漢音	越字	越音
本	bon^{3}	本(資本)	von^{5}
板	ban^{3}	—	van^{5}
壁	tich^{5}	—	vach^{5}
譬	thi^{5}	嘈	vi^{5}
補	bo^{3}	播(借);衣+白;系+伯	va^{5}

破	pha^{5}	手+氵+尾	vɐ^{4}
方	phyɐng^{1}	方+匡(方尺)	vuong^{1}
婦	phu^{6}	嬏(妻也)	vɐ^{6}

再從字喃的諧聲來證明,譬如 va^{2} 從巴聲,vac^{5} 從博聲,vai^{3} 從罷聲,vay^{6}、vəy^{6}、vəy^{5} 皆從丕聲,vao^{2} 從包聲,vəng^{1} 從邦聲,ve^{5} 從閉聲,vɔc^{5} 從卜聲,vɔi^{6} 從倍聲,voi^{1}、vui^{1} 皆從盃聲,voi^{6} 從倍省聲,vang^{2} 從旁聲,vuc^{6} 從仆聲,vun^{1} 從奔聲,vung^{6} 從奉聲,vuot^{5} 借用“撥”字,vya^{5} 借用“皮”字,或從吧聲,都是幫滂並非敷奉和 v 相通的證據。

丁、端定母字

依神父 Rhodes 的說法,越南共有兩種 d 音,他把第一種寫作 đ(本文作 d),說明它是舌尖後音;第二種寫作 d(本文作 z),說明它是舌尖前音。在漢越語裏,前者代表端定兩母,後者代表喻母四等,本來是很清楚的;但像下面的三個字却有兩種或三種讀音:

刀	dao^{1}		zao^{1}
帶	dai^{5}	dai^{1}	zai^{3}
停	dinh^{2}		zyng^{2}

這雖可認爲後起的現象,但也應該是發生在舌尖前 d 未變爲 z 之前,因爲舌尖後的 d 混入舌尖前的 d 比較容易,若變爲 z 音就較難了。

我們可否倒過來說,“刀、帶、停”之說成 zao^{1}、zai^{3}、zyng^{2},是古漢越語的遺迹呢?這似乎是不可能的。因爲非但 d 被認爲舌尖後音,連 t、th 和 n 也被認爲舌尖後音,d、t、th 和 n 是整套的,不會衹有 d 跑到舌尖前去了。

戊、照莊系

照莊兩系裏,偶然有幾個字是超出常軌者。像下面四個字都有兩種讀音:

牀 sang^{2}	giyɐng^{2}
正(正月)chinh^{1}	gieng^{1}(越字從月,正聲)
種 chung^{3}	giong^{5}(越字作“橦”)

紙 chi³　　　　　　giəy⁵（越字作"䊼"）

依馬伯樂的說法，giyɐng² 是來自芒語的；但是，我們還疑心它是間接來自漢語。至於 giong⁵ 和 giəy⁵，連馬伯樂也承認它們是越化了的 chung³ 和 chi³。這三個音——s、ch、gi——本來性質相近，稍爲有些流動，也是不足深怪的。

己、來母越化

來母越化，有兩種情形：第一種變爲 s，第二種變爲 r。現在分別討論於下：

第一種：l—s，例如：

漢字	漢音	越字	越音
力	lyc⁶	飭（借）	syc⁶
蓮	lien¹	—	sen¹

這兩個字的韻母聲調都和漢越語相符（"蓮"字由齊齒變開口，說見下文），可見得就是越化的"力"和"蓮"。我們知道，越語聲母 s 的來源是複輔音 tl、tr 之類，那麼由 l 變 tl 就是不難瞭解的了。

第二種：l—r，例如：

漢字	漢音	越字	越音
龍	lɔng¹	蝏	tong²
簾	liem¹	—	rem²

大家知道 r 和 l 的性質有其相似之點，所以 l 會變爲 r。但是，這種變化一定發生在 r 未變 z 之前。rong² 的韻母聲調都比 lɔng¹ 更爲正常。"簾"字由齊齒變爲開口，情形恰和"蓮"字相同。

（二）韻母的越化

甲、齊齒呼變開口呼

這是最常見的一件事實。也許齊齒呼對於越語不甚相宜，所以果攝没有齊齒呼，臻深蟹三攝的齊齒字實際念了開口，宕曾流三攝的齊齒字實際念近合口，真正的齊齒呼衹存在於山咸效止四攝裏。最後這四攝的齊齒字在白話裏仍有不能保持之勢，所以有許多變了開口。又宕曾流三攝的齊齒字也有變爲開口的。舉例如下：

欠 khiem^{5}—kᴇm^{5}（差也，不足也）　　簟 diem^{6}—dem^{6}（褥墊也）

添 thiem^{1}—them^{1}　　朝（覲見）trieu^{2}—chəu^{2}

朝（施禮）trieu^{2}—chao^{2}　　節（年節）tiet^{5}—tet^{5}（新年）

殿 dien^{6}—den^{2}（從土，殿聲）　　繭 kien^{3}—kᴇn^{5}

樣 zyɐng^{6}—zang^{6}　　兩（斤兩）lyɐng^{6}—lang^{6}

良 lyɐng^{6}—lanh^{2}（hien^{2} lanh^{2}，賢良；lɐi^{2} lanh^{2}，良言）（從善，令聲）

邊 bien^{1}—ben^{1}　　青 thinh^{1}—xanh^{1}（從青，撐聲）

便 tien^{6}—ben^{2}（寫作卞，即也）　　箭 tien^{5}—ten^{1}（從矢，先聲）

橋 kieu^{2}—cəu^{2}（從木，求聲）　　結 kiet^{5}—ket^{5}

舅 cyu^{4}—cəu^{6}（從舅，舊聲）

叫 khieu^{5}—keu^{1}（從口，喬聲或高聲）

娘 nyɐng^{1}—nang^{2}（女人尊稱）　　摺 chiep^{5}—xəp^{5}（？）

妙 zieu^{6}—məu^{2}　　紙 chi^{3}—giəy^{5}（從系，曳聲）

遲 tri^{2}—chəy^{2}（從遲，從甚，會意；或寫作迡）

屍 thi^{1}—thəy^{1}　　眉 mi^{1}—may^{2}

稚 tri^{6}—trᴇ^{3}（從少，雉聲）　　理 li^{4}—lᴇ^{4}

寄 ki^{5}—cɐi^{3}，gyi^{3}，gyai^{3}（從手，改聲）

移 zi^{1}—zɐi^{2}（從手，移聲）　　待 dai^{4}—dɐi^{6}（從足，待聲）

時 thi^{2}—thɐi^{2}　　利（　）—lɐi^{4}

起（　）—khɐi^{3}

乙、撮口呼變合口呼，或變齊齒呼

此類甚少。撮口變合口者，例如“券”當作 khuyən^{5}，而另有 khoan^{5} 字。“券約”即作 khoan^{5} yec^{5}。變齊齒者，例如“髓”當作 tuy^{3}，而另有 ti^{3} 字。這些都是偶然的現象而已。

丙、魚虞模韻字

有些魚虞模韻字念成-ɔ，這可說是由合口和撮口變爲開口，例如：

魚韻：慮 ly^{6}—lɔ^{1}（寫作爈①）

虞韻：扶 phu^{2}—phɔ^{2}　　付 phu^{5}—phɔ^{5}　　住 trɔ^{6}

模韻：戶 ho^{6}—hɔ^{6}（家也，姓也）　　庫 kho^{5}—khɔ^{1}　　爐 lo^{1}—lɔ^{2}

還有像“婦”的古式是 vɐ^{4}，“姆”的古式是 mɐ^{6}，那又是更進一步了。

丁、雜類

還有些字也是有文言、白話兩式的，但是不容易分出一個系統來，尤其不容易說出爲什麼變成那樣。姑且雜列於此，以待將來作進一步的研究。

每 moi^{4}—mɔi^{6}　　疑 nghi^{1}—ngɐ^{2}（從心，疑聲，心中以爲也）

法 phap^{5}—phᴇp^{5}　　槌 truy^{2}—giui^{2}

拔 bat^{6}—byt^{5}　　寶 bao^{3}—bau^{5}（“珠寶”作 chəu^{1} bau^{5}）

割 cat^{5}—cᴀt^{5}（“剪髮”即 cᴀt^{5} tɔc^{5}）

齋 trai^{1}—chay^{1}（“吃齋”作 ᴀn^{1} chay^{1}）

劫 kiep^{5}—cyɐp^{5}（從手，劫聲）

（三）聲調的越化

其實聲調無所謂越化，衹有誤讀。越化語聲調之不合於漢越語者甚多，不能盡述。但是，有些字，它們的聲母韻母和漢越語完全相同，或差不多相同，衹有聲調不同。我們對於這種情形，打算舉出一些例子。例如：

陰平—陽去：來 lai^{1}—lai^{6}

陰上—陰平：試 thy^{3}—thi^{1}

陰上—陰去：粉 phən^{3}—phən^{5}　　斗 dəu^{3}—dəu^{5}　　感 cam^{3}—cam^{5}

　　　　　　賭（打賭）do^{3}—do^{5}　　子 ty^{3}—ti^{5}（甲子）

陰去—陰平：糞 phən^{5}—phən^{1}　　稅 thue^{5}—thue^{1}（租賃也）

　　　　　　印 ən^{5}—in^{1}　　帶 dai^{5}—dai^{1}（從巾，帶聲）

---

① 編者注：底本“爈”前衍“屢戰”二字，據《王力文集》本删。

耗 hao^5—hao^1　　散 tan^5—tan^1

算 toan^5—toan^1(打算)　　炭 than^5—than^1

對 doi^5—doi^1(雙也)　　四 ty^5—ty^1

陰去—陽平:種 chung^5—trong^2(種植)

陽去—陰平:怒 no^6—ny^1

陽去—陽平:份 phən^6—phən^2　　樣 zyɐng^6—zyɐng^2

爲(因爲)vi^6—vi^2　　墓 mo^6—mo^2

願 nguyen^6—nguyen^2　　座 toa^6—toa^2

幔 man^6—man^2　　運韻 vən^6—vən^2

玳瑁 doi^6 moi^6—doi^2 moi^2　　二 nhi^6—nhi^2

代 dai^6—dɐi^2(從世,代聲,世代也)

類 loai^6—loai^2　　外 ngoai^6—ngoai^2

自 ty^6—ty^2(寫作“詞”自從也)

剩 thya^6—thya^2　　跪 qui^6—qui^2

陽去—陰上:兑 doi^6—doi^3(换也,從手,對聲)

陽去—陽上:暴 bao^6—bao^4(暴風雨也)(?)

陽去—陰去:遁 tron^6—tron^5

朗 lang^6—lang^5(從火,朗聲,明也)

廟(　　)—mieu^5

上文説過,凡一字有兩種形式的時候,一定是“非官式”的一種在口語裏最佔勢力——不管它是古漢越語或漢語越化。如果連“非官式”的漢字也算起來,漢語對於越語的影響確也不小。

八、 仿照漢字造成的越字

當我們研究漢越語的時候,似乎和越字是没有關係的。實際上,越字的關係頗大,因爲:(1) 越字往往透露出漢字的古音,這是研究古漢語的旁證;(2) 越字既是仿照漢字造成的,就是受了漢越語的直接影響,不能不連帶談及。

在法國人没有統治越南以前，越南衹有兩種字：一種是儒字（chy^{4} nho^{1}），就是中國字（漢字）；另一種是字喃（chy^{4} nom^{1}），或喃字，這是依照漢字的造字方法，替越南土話造出來的字。其實這兩種字衹是一種字，因爲字的構造成分完全相同。法國人未統治越南以前，神父 Rhodes 所造的越語羅馬字衹是爲傳教之用的，並没有被認爲正式的字體。現在越語羅馬字盛行了之後，字喃漸歸消滅。在大都市裏，衹有老年人認得它；聽説鄉下人認得它的倒反多些，但是我們没有調查過。

依 Chéon 的説法，"喃"就是"南"，"字喃"就是越南字的意思。但是，nom^{1} 又解作"民間的"或"土俗的"，也許 chy^{4} nom^{1} 就是"土字"的意思。現在爲印刷的方便起見，改稱"越字"。

越字可以説是根據六書而造的。但是，象形和指事衹是儒字裏的事；如果説越字裏也有象形指事的話，就衹等於説那些借用漢字的偏旁如"人、八"之類罷了。轉注原是不知所指的東西，可以不談。於是六書之中，就衹有三書是越字所採用的，即：假借；會意；形聲。

我們把假借排在第一，因爲所假借的就是漢字，可以説是越南人最初採用的一種方法。口語裏的越南字，用同音或聲音相近的漢字表示出來，這是最自然而又最方便的，例如：

越語	意義	漢字	越語	意義	漢字
toi^{1}	（我）	碎	cho^{1}	（給）	朱
nhau^{1}	（互相）	饒	phai^{3}	（是）	沛
cai^{5}	（個）	丐	mot^{6}	（一）	没
biet^{5}	（知）	別	rʌng^{2}	（説道）	浪
lang^{2}	（村）	廊	nha^{2}	（家）	茹
diem^{2}	（兆）	恬	dyɐng^{2}	（路）	塘
ai^{1}	（誰）	埃	anh^{1}	（兄）	英
ban^{5}	（賣）	半	ca^{3}	（一切）	奇
deu^{2}	（一齊）	調	gɔi^{6}	（呼）	噲

hat5	（唱）	喝	kia1	（彼）	箕
kien6	（訟）	件	lanh5	（避）	另
nʌng1	（常）	能	que1	（鄉）	圭
bao1	（幾何）	包	bəy1	（現在）	悲
mɔc6	（生出來）	木	ta1	（我們）	些
khong1	（不）	空	nay2	（這）	尼
roi2	（矣）	耒	cung4	（亦）	拱
dyɐc6	（能，可）	特	lai6	（又）	吏
zan6	（不怕）	憚	chʌc5	（靠得住）	側
cɔn2	（尚）	群	hay1	（知）	哈
mua1	（買）	謨			

有些字，本來大約衹是假借漢字，後來因爲要有分別，纔有人改爲形聲字。現在這兩種形式是隨便通用的。爲了書寫的簡便，似乎還是用假借字的人多些，例如：

越語	意義	借用漢字	另造形聲字
cɔ5	（有）	固	在"固"的左邊加"有"
den5	（至）	典，旦	在"典"或"旦"左邊加"至"
mɐi5	（始，方）	買	在"買"的上面加"始"

也許可以倒過來說，先有形聲字，然後省作"固、典、買"等。但是，我們仍舊傾向於先有假借字的說法。

介乎假借字和新形聲字之間，有一種加記號的辦法。普通總是在漢字的右邊加[ㄑ]號，使漢字變爲字喃。例如：

越語	意義	加記號的漢字
mɐi5	（新）	買ㄑ
nhyng4	（複數冠詞）	仍ㄑ
mɔc6	（生出來，推出）	木ㄑ
cut5	（孤兒）	骨ㄑ
nay5	（掛慮）	乃ㄑ

lᴇ¹　　　　(song¹ lᴇ¹，但也)　　　𠸜

有一種形聲字，很近似於這一種加記號的字，就是以“口”字爲形符。這“口”字並没有意義，它衹表示那字和不加“口”旁的字意義不同。這和中國新造“咖、啡”一類的字是同一的方法，例如：

va²，並也，從口，巴聲；

hʌn²，仇恨也，從口，韓聲；

hɛn²，凡劣也，從口，寒聲(或作從心，賢聲，則是真正的形聲字)；

gɐi³，寄也，從口，改聲(或作從手，則是真形聲字)。

説到這裏，我們因爲避免印刷上的困難，把若干越字寫在另紙，用影印印出來，作爲附頁。每字編有號碼，以便檢查。下文述及越字的時候，如果這字是附頁裏有的，就把號碼注上，讀者請對照着看。

在越語裏，會意字非常罕見。現在只能舉出五個例子：

giɐi²(trɐi²)，天也，從天上(403_a)；

trum²，鄉長也，從人上(203)；

chəy²，遲也，從甚遲(1409)；

mət⁵，失也，從亡，從失(503_a)；

myɐi²，十也，從𨑨，從什(403_b)。

mət⁵字從亡從失恰好成爲一個反切字，亡失相切則爲 mət⁵，但是造字的人不會想得那麽深，只因“亡”和“失”意義相同，就把它們合成一個字就是了。myɐi²字從𨑨不可解。

越字也和漢字一樣，形聲字佔大多數。其中有一大部分的字是依照《説文》的部首而改成的，例如：

lao²，老摑人也，從人，牢聲；

cʌt⁵，割也，從刀，吉聲；

an¹，食也，從口，安聲；

gai⁵，女兒也，從女，丐聲；

ngɔ⁴，巷也，從土，午聲；

chau⁵，姪也，孫也，從子，召聲；

myng^{2}，滿意也，從心，明聲；

dɔng^{5}，關閉也，從手，東聲；

luc^{5}，時也，從日，六聲；

gieng^{1}，正月也，從月，正聲；

cau^{1}，檳榔也，從木，臯聲；

zɔng^{2}，流派也，從水，用聲；

bep^{5}，廚也，從火，乏聲；

bɔ^{2}，黃牛也，從牛，甫聲(407_{a})；

chuot^{6}，鼠也，從犬，朮聲；

hɔ^{1}，咳嗽也，從疒，乎聲；

xᴇm^{1}，視也，從目，占聲；

manh^{2}，簾也，從竹，明聲；

may^{1}，縫也，從系，埋聲；

nghᴇ^{1}，聽也，從耳，宜聲；

ruot^{6}，腸也，從肉，律聲，或聿聲；

byɐm^{5}，蝶也，從虫，砭聲；

khoai^{1}，芋也，從艸，虧聲；

cɐm^{1}，飯也，從米，甘聲；

chʌn^{1}，被也，從衣，真聲；

cua^{3}，財也，從貝，古聲；

gɔt^{5}，踵也，從足，骨聲；

lyng^{1}，背也，從身，夌聲；

chɐi^{1}，玩耍也，從辵，制聲；

say^{1}，醉也，從酉，差聲；

məy^{1}，雲也，從雨，迷聲；

nɔ^{1}，飽也，從食，奴聲；

tom^{1}，蝦也，從魚，心聲；

vit^{6}，鴨也，從鳥，越聲；

rəu^{1}，鬚也，從髟，婁聲。

此外，我們勉強可以說，越字另有一個部首，就是“巨”部。字数雖然不多，總算是把幾種意義放進同一個範疇裏去的：

lɐn^{5}（nhɐn^{5}），大也，從巨，懶聲。或作賴聲（579）；

giəu^{2}，富也，從巨，朝聲（584）；

sang^{1}，貴顯也，從巨，郎聲（563）。

還有另一種形聲字，也可以叫做注音字，因爲它們無所謂部首，衹有一個義符和一個音符。這個義符就是一個字的意義，而不是意義的範疇，例如 chong^{2} 是“夫”（夫妻）的意思，於是越字從夫，重聲（409_{b}）。假使這字是從人或從士，就是意義的範疇；現在從夫，就等於徑用“夫”字表示 chong^{2}，不過又怕人們讀作漢越語的 phu^{1}，所以注上一個“重”字，表示這字是讀若重的。這種注音字可說是超出了六書的範圍之外。例如：

vao^{2}，入也，從入，包聲（205_{c}）；

tam^{5}，八也，從八，參聲（205_{a}）；

ba^{1}，三也，從三，巴聲（304）；

nghin^{2}，千也，從千，彥聲（309）；

bɛ^{5}，小也，從小，閉聲（311_{a}）；

tren^{1}，上也（或在上），從上，連聲（310）；

zyɐi^{5}，下也（或在下），從下，帶聲（311_{c}）；

zəng^{1}，上也（獻上），從上，登聲（312）；

tɔ^{1}，大也，從大，蘇聲（320）；

nthɔ^{3}，小也，細也，從小，乳聲（371）；

təc^{5}，寸也，從寸，則聲（372）；

it^{5}，少也，從少，乙聲（401）；

tʌm^{1}，片也，從片，心聲（404_{b}）；

chia^{1}，分也，從分，支聲（404_{a}）；

vua^{1}，王也，從王，布聲（405_{a}）；

nay^{1}，今也，從今，尼聲（405_{b}）；

vua^{1}，方也(始也)，從方，皮聲(405_c)；

vuong^{1}，方也(平方)，從方，匡聲(406_c)；

nʌm^{1}，五也，從五，南聲(409_a)；

thang^{5}，月也(年月)，從月，尚聲(408_e)；

len^{1}，升也，從升，連聲(410_c)；

ləy^{5}，以也，取也，從以，禮聲(451)；

trᴇ^{3}，少也(年幼)，從少，雉聲(458)；

nya^{3}，半也，從半，女聲(503_b)；

bon^{5}，四也，從四，本聲(505_a)；

da^{5}，石也，從石，多聲(506_a)；

va^{3}，且也，從且，尾聲(507_a)；

ten^{1}，名也，從名，先聲(606_a)，又矢也，從矢，先聲(506_c)；

ngay^{1}，正也(廉忠)，從正，宜聲(508_a)；

dᴇ^{3}，生也(分娩)，從生，底聲(508_b)；

thʌng^{3}，正也(嚴正)，從正，尚聲(508_a)；

dɐi^{2}，世也，從世，代聲(523)；

bɔ^{3}，去也(抛棄)，從去，浦聲(537)；

trʌng^{5}，白也，從白，壯聲(543)；

chɐ^{6}，市也，從市，助聲(552)；

xya^{1}，古也，從古，初聲(562)；

cɔng^{1}，彎也，從曲，弓聲(603)；

chy^{4}，字也，從字，宁聲(605_a)；

giy^{4}，守也，從守(或從手)，宁聲(605_b)；

ze^{1}，羊也，從羊，氏聲(605_c)；

vieng^{5}，憑弔也，從吊，永聲(605_d)；

giɔ^{1}(trɔ^{1})，灰也，從灰，由聲(605_e)；

vay^{6}，曲也，從曲，丕聲(605_f)；

vəy^{5}，邪也，從曲，丕聲，與 vay^{6} 同；

thit^{6}，肉也，從肉，舌聲(606_{b})；

canh^{5}，翼也，從羽，更聲(607_{a})；

trʌm^{1}，百也，從百，林聲(608_{b})；

nʌm^{1}，年也，從年，南聲(609_{a})；

het^{5}，尽也，從尽，曷聲(609_{b})；

ma^{2}，而也，從而，麻聲(611_{b})；

nhieu^{2}，多也，從多，堯聲(612_{a})；

nghɛo^{2}，危也，從危，堯聲(612_{c})；又貧也，從貧，堯聲(1112)；

tuoi^{3}，年齡也，從年，歲聲(613)；

chet^{5}，死也，從死，折聲(634)；

rɐ^{6}，夷狄也，從夷，助聲(652)；

linh^{5}，兵也，從兵，另聲(705)；

quɛo^{6}，彎也，從曲，轎聲(679)；

cat^{5}，沙也，從吉，沙聲(706_{a})；

zai^{2}，長也，從長，曳聲(706_{b})；

thieng^{1}，灵也，從灵，聲聲(707_{a})；

nen^{1}，宜也，從宜，年聲(806_{a})；又成也，從成，年聲(706_{c})；

gɔc^{5}，隅也，從角，或從方，谷聲(707_{d})；

minh^{2}，身也，從身，命聲(708_{b})；

hang^{1}，谷也，從谷，香聲(709_{a})；

thəy^{5}，見也，從見，体聲(725)；

ngoi^{2}，坐也，從坐，外聲(732)；

duoi^{1}，尾也，從尾，堆聲(738)；

ngya^{3}，仰也，從仰，語聲(777)；

dɔ^{3}，紅也，從赤，覩聲(797)；

vu^{5}，乳也，從乳，于聲(803)；

va^{2}，數也(數年，數日)，從數(寫作效)，巴聲(804)；

chiu^{6}，受也，從受，召聲(805)；

trai^{5}，果也，從果，至聲(806_{b})；

vᴇ^{3}，彩色也，從采，尾聲(807_{b})；

nᴀm^{2}，臥也，從臥，南聲(809)；

quᴇ^{3}，卦也，從卦，鬼聲(810)；

cya^{4}，門也，從門，埲聲(811)；

buong^{2}，房也，從房，蓬聲(815)；

vac^{5}，以肩承之也，從肩，博聲(829)；

may^{1}，幸也，從幸，枚聲(844)；

xanh^{1}，青也，綠也，從青，撐聲(839)；

mᴀt^{6}，面也，從面，末聲(905)；

gom^{2}，並也，從並，兼聲(910)；

zəy^{2}，厚也，從厚，台聲(909)；

bay^{1}，飛也，從飛，悲聲(912)；

lay^{6}，施礼也，從拜，礼聲(951)；

lai^{4}，利息也，從息，乃聲(1002)；

cɔ^{3}，草也，從草，古聲(1005)；

ƶəy^{6}，起也，從起，曳聲(1006)；

xyɐng^{1}，骨也，從骨，昌聲(1008_{a})；

suot^{5}，通也，從通，卒聲(1008_{b})；

gəp^{5}，倍也，從倍，急聲(1009)；

chɔng^{5}，速也，從速，衆聲(1011)；

lᴇ^{3}，單也，從隻，禮聲(1051)；

ben^{2}，堅也，從堅，卞聲(1104)；

nhᴇ^{4}(lᴇ^{4})，理也，從理，尔聲(1105)；

mɐ^{3}，開也，從開，美聲(1209)；

tia^{5}，紫也，從紫，祭聲(1211)；

nɐ^{6}，債也，從債，女聲(1303)；

sieng^{1}，勤也，從勤，生聲(1305)；

cəu^{6}，舅也，從舅，洎聲(1308)；

gɔp^{5}，聚斂也，從聚，合聲(1406)；

mɐi^{5}，新也，從新，買聲(1312)；

so^{3}，窗也，從窗，數聲(1408)；

mui^{4}，鼻也，從鼻，每聲(1407)；

chya^{5}，貯也，從聚，渚聲(1439)；

tha^{2}，老實也，從實，他聲(1423)；

via^{5}，魄也，從魄，尾聲(1507_b)；

rong^{6}，廣也，從廣，弄聲(1507_a)；

rʌng^{1}，齒也，從齒，夌聲(1508)；

rᴇ^{3}，價賤也，從賤，礼聲(1551)；

tay^{1}，手也，從手，西聲(406_a)；

thuoc^{5}，藥也，從藥或從艸，束聲(1907)。

其中從小、從寸、從方、從石、從矢、從白、從羽、從肉、從長、從谷、從赤、從老、從身、從見、從門、從青、從飛、從面、從艸、從骨、從鼻、從齒、從手之類，表面上像是依照《說文》的部首，實際上造字的並沒有這個意思。試看 thit^{6}字從"肉"，tay^{1}字從"手"，就規規矩矩地寫一個"肉"字或"手"字，並沒有寫作"月"或"扌"，cɔ^{3}字從艸，也並沒有寫作艹，就明白它們不是當部首用字了。至於像下列這些字，則認爲形聲字或注音字均可：

chɔ^{5}，犬也，從犬，主聲(305_a)；

cɔn^{1}，子也，從子，昆聲(308)；

bɔ^{2}，牛也，從牛，甫聲(407_a)；

lɔng^{2}，心也，從心，弄聲(407_b)；

mʌt^{5}，目也，從目，末聲(505_a)；

gao^{6}，米也，從米，告聲(607_b)。

有些越字，偶然和漢字的字形相同，却是一種越語形聲字，不可不辨，例如：

唁,代表 ngɔn^{1},味美也,不是弔唁的唁;

坦,代表 dət^{5},地也,不是平坦的坦;

疸,代表 dɐn^{5},傷心也(猶言“心碎”),不是黃疸病的疸;

瀝,代表 sach^{6},潔也,不是滴瀝的瀝;

絏,代表 giəy^{5},紙也,不是縲絏的絏;

核,代表 cəy^{1},樹也(或從荄聲),不是果核的核;

湄,代表 mya^{1},雨也(或從雨,眉聲),不是水湄的湄;

瘖,代表 om^{5},病也,不是瘖啞的瘖;

沚,代表 chay^{3},流也,不是沼沚的沚;

搭,代表 dᴀp^{5},築也,不是搭船搭車的搭。

甚至有意義相反的,例如“憚”字代表 zan^{6},是不怕的意思。和漢語“憚”字的意義是適得其反的。

《說文》裏有省聲,越語裏也有這一種辦法。字喃比儒字的筆畫繁得多了,省聲可以稍稍補救,例如:

lɐn^{5},大也,從巨,賴聲。即懶省聲(579);或徑從大,懶聲;

lᴀm^{5},多也,從多,稟聲,即廩省聲(612_{b});

di^{1},去也,從去,多聲,即移省聲(506_{a});

moi^{2},餌也,從食,某聲,即媒省聲;

tuoi^{3},歲也,從歲,卒聲,即碎省聲;或從年,歲聲(613);

dət^{5},地也,從土,旦聲,即怛省聲;

hai^{1},二也,從二,台聲,即咍省聲(205_{a});

ngyɐi^{2},人也,從人,㝵聲,即碍省聲(208_{b}),ngay^{2}從日,㝵聲(408_{b}),同理;

ngᴀn^{5},短也,從短,艮聲,即銀省聲(1206);

chay^{6},走也,從走,豸聲,即豺省聲(707_{b});

ngoi^{1},位也,從位,嵬聲,即巍省聲(713);

dᴇp^{6},美也,從美,葉聲(913),當是牒省聲,其後再加草頭;

quat^{6},扇也,從扇,夬聲,即決省聲(1004),或作橛;

cu^{4},舊也,從舊,屢聲,即屨省聲(814);

zʌm^{6},里也,從里,炎聲,即淡省聲(708$_{c}$);

tai^{1},耳也,從耳,思聲,即腮省聲(609$_{c}$);

thɐ^{2},事也,崇奉也,從事,余聲,即途省聲(807$_{a}$);

xoi^{1},蒸也,從米,欠聲,即吹省聲;

ao^{1},池也,從水,幻聲,即坳省聲。

同音異義的字,在越語羅馬字裏是混了,但它們在字喃裏並没有混,例如上文所舉的nghɛo^{2},其義符從危與從貧不同,又nʌm^{1}有從年、從五之不同,nen^{1}有從宜、從成之不同,ten^{1}有從名、從矢之不同。現在再舉兩個例子:

may^{1},縫也,從系,埋聲;又幸也,從幸,枚聲。

tra^{3},還也,償也,從月(未詳其用意),吒聲,即咤省聲;又翡翠也,從鳥,查聲。

如果一個是漢字,一個是越語,更不相混,例如:

cao^{5},告也,即漢語"告"字;又狐也,從犬,告聲。

cai^{3},改也,即漢語"改"字;又芥也,從艸,改聲。

有些義符(形符)是頗難索解的。上面所述tra^{3}的從月,就是一例。現在再舉幾個例子:

gən^{2},近也,從貝,斤聲;

gyɐng^{1},鏡也,從司,姜聲;

hay^{1},知也,從⿱匕匕,台聲(但又借作"咍");

the^{5},如此也,從力,世聲。

"近"義從貝,"鏡"義從司,都是說不出一個所以然的。"知"義從⿱匕匕,也許是從能省;至於從世、從力的字,大約就是"勢"的省筆字,那麼,它就衹是假借字,不是形聲字了。

在這裏,我們順便述及兩個很特別的字:一個是"辰"字,越南人總把它當作"時"字用,連最著名的典籍如《大越史記》之類亦所不免。越語裏thi^{2}字當"然則"講,本該借用"時"字,但一般也寫作"辰"。另一個是"坤"

字,普通不當乾坤的坤字用,衹是用來代表 khɔ⁵ 字,是“難”的意思。若說這是假借字,則該借“庫”,不該用“坤”;若說這是新形聲字,則從土,申聲,更不合理了。

就一般情形而論,字喃形聲字的形符和聲符都是借用原有的漢字;但也有一些更複雜的情形,就是以字喃爲形符或聲符,例如:

(1) 以字喃爲聲符者

lɐi²,語也,從口,giɐi²聲。因爲 giɐi² 是從天上,所以 lɐi² 是從口從天上。

mɐi²,邀請也,從口,myɐi²聲。因爲 myɐi² 是從㐱從什,所以 mɐi² 是從口從㐱從什。

vuong¹,平方也,從方,bong¹聲(但又匡聲,見上文)。因爲 bong¹(棉花)是從艸,風省聲(省筆的“風”見附頁三),所以 vuong¹ 是從方從艸,風省聲。

bua²,扶也,從手,vua¹聲。因爲 vua¹ 是從王,布聲,所以 bua² 是從手從王,布聲。

ngay⁵,鼾也,從口,ngay¹聲。因爲 ngay¹ 是從正,宜聲,所以 ngay⁵ 是從口從正,宜聲。

gəu⁵,流蘇也,從糸,gəu⁵聲(“熊”義的 gəu⁵)。因爲“熊”義的 gəu⁵ 是從犬,鬲聲,所以“流蘇”的 gəu⁵ 是從糸從犬,鬲聲。

mya³,嘔吐也,從口,mya¹聲。因爲 mya¹ 是從雨,眉聲,所以 mya³ 是從口從雨,眉聲。

xoi⁵,灑也,從雨,xoi¹聲。因爲 xoi¹ 是從米,欠聲(吹省聲),所以 xoi⁵ 是從雨從米,欠聲。

nəu¹,栗色也,從木,nao¹聲。因爲 nao¹ 是從少從免,所以 nəu¹ 是從木從少從免。

di⁴,妓也,從女,di¹聲。因爲 di¹ 是從去,多聲(移省聲),所以 di⁴ 是從女從去,多聲。

(2) 以字喃爲形符者

dʌt^5，價貴也，從 ban^5（賣也），怛聲，因爲字喃借“半”爲“賣”義，所以 bʌt^5 是從半，怛聲。或徑借“怛”字爲之。

就聲母方面而論，有三種聲符在一般人看來是很奇怪的，就是以[l-]諧[ʂ]、以[l-]諧[tʂ-]、以[d-]諧[z]。其實這也不是奇怪的事，因爲字喃產生頗早，當時還是古音時代，若依古音看來，就不奇怪了。

第一：[ʂ]，越語羅馬字寫作 s，依馬伯樂的研究，它的古音是 r，再加前附成分(prefixes)，如 gr-、jr-、pr-、mr-、kr-、dr-、čr-等。r 和 l 音相近，自然不妨以 l 諧 r 了，例如：

sach^6，潔也，從水，歷聲；

sau^5，六也，從六，老聲(406$_b$)；

sao^1，星也，從星，牢聲(907$_b$)；又何也，從何，牢聲(707$_c$)；

sang^1，度過也，從辵，郎聲；又貴顯也，從巨，郎聲(563)；

sau^1，後也，從後，婁聲(611$_c$)；

sʌn^1，獵也，從犬，粦聲(但或又從真聲，或從足，詵聲)；

səm^5，雷也，從雨，㐭聲，即廩省聲；

sən^1，庭也，從土，粦聲；

səu^1，深也，從水，婁聲；又蟲也，從虫，婁聲；

sɔi^1，照也，從水，雷聲；

sɔi^5，狼也，從犬，磊聲；

sɔn^1，硃也，從朱，侖聲(608$_c$)；

sɔng^5，波也，從水，弄聲；

soi^1，沸也，從火，雷聲，與 sɔi^1 同；

song^1，河也，從水，龍聲(“龍”作省筆字，見附頁三)；

song^5，生也，從生，弄聲；

sɛt^5，霆也，從雨，列聲；

sɯm^5，旦也，從旦，或從日，斂聲(594)；

suoi^5，源也，泉也，從水，磊聲；

syng,角也,從角,夌聲(708_a)。

第二:[tʂ-],越語羅馬字作 tr,它的古音是 bl-、tl-、ml-之類,所以用 l-爲聲符是可以的。神父 Rhodes 的字典裹仍寫作 bl-之類,可爲鐵證。下面是一些以 l-諧 tr-的例子:

$trai^3$,歷也,從歷省,吏聲(506_d);

$trao^1$,授也,從手,牢聲;

trʌm^1,百也,從百,林聲(608_b);

trʌm^5,黑魚也,從魚,廩省聲;

trəu^1,水牛也,從牛,婁聲(411)。古音是 bləu^1;

trᴇo^1,懸也,借"撩"字爲之;

$tren^1$,在上也,從上,連聲;

trɔ^2,伶人也,從人,路聲;

trɔi^5,束也,借"擂"字爲之;

trɔn^2,圓也,從員,侖聲;

$troi^1$,溺也,從水,雷聲;

trɔng^1,清也,從清,龍(寫作竜)聲(1110_a);又内也,從中,龍(寫作竜)聲(410_a);

trong,望也,從目,或從望,龍(寫作竜)聲(1110_b);

tryʁc^5,先也,從先,或從前,略聲(611_a)。

第三:[z],越語羅馬字作 d,本文裹作 z。它在 Rhodes 時代還讀作[d],也許是[dj],那麼,以[d-]爲聲符正是應該的。這在上文已經談過了,這裹衹須補充三個例子:

zo^4,誘也,從口,杜聲;

zoi^5,瞞也,從口,對聲;

zot^5,無知識也,從心,突聲。

有些字,已經由 bl-變 tr-,而東京又再變爲 gi-,但它們的聲符仍舊是 l-,顯示出它們的古音,例如:

$giai^1$,男子也,從男,來聲(708_a)。因爲:$blai^1 \rightarrow trai^1 \rightarrow giai^1$。

giʌng^{1}，月亮也，從月，夌聲(408_{d})。因爲：blʌng^{1}→trʌng^{1}→giʌng^{1}。

另有些字，已經由 ml-變 l-，而東京又再變爲 nh-，但它們的聲符也仍舊是 l-，例如：

nhɐi^{2}，語也，從口，利聲(或從 giɐi^{2}聲，見上)。因爲 mlɐi^{2}→lɐi^{2}→nhɐi^{2}。

nhɐn^{5}，大也，從巨，賴聲。因爲 mlɐn^{5}→lɐn^{5}→nhɐn^{5}。

東京的語音對於 z(d)和 gi 没有分别，所以在越語羅馬字裏往往混用。但是，有些字在字喃裏是用端母字(或定母字)作聲符的，由此可知它們本該寫作 z(b)，不該寫作 gi，例如：

za^{1}，皮也，從肉，多聲，東京人往往寫作 gia^{1}；

zəu^{1}，桑也，從木，兜聲，東京人往往寫作 giəu^{1}；

zot^{6}，漏也，從水，突聲，東京人往往寫作 giot^{6}。

我們在第三節裏説過，漢越語没有聲母 r 和 g；在字喃裏，越南人總得用漢字作聲符，於是以相近的音替代，就是以 l-代 r-，以 k-代 g-，例如：

r：l　ryng^{2}，林也，從木，夌聲

g：k　ganh^{5}，挑擔也，從手，更聲

至於 gi-，它在漢越語裏代表見母開口二等(參看上文第四節)，那麽，字喃對於從 gi-的字，應該用見母二等字作爲聲符纔是。但是，事實上並不如此。大約在字喃的造字時代，見母開二的字還没有由 k-變爲 gi-，倒反是知系字和 gi-音相近(有些竟是由 tr-變來)，所以就用知系字(或照系字)作聲符了，例如：

gia^{2}，老也，從老，茶聲(610)；

giəu^{2}，貴顯也，從巨，朝聲(584)，本音 trəu^{2}；

giən^{6}，怒也，嗔也，從心，陣聲；

giup^{5}，助也，從助，執聲(783)。

偶然有些字，放棄了聲音較近的聲符，而用了聲音較遠的聲符，就衹認爲不規則的現象了，例如：

r：tr　rieng^{1}，私也，從私，貞聲(709_{a})，似當從靈聲。

r：ch　rach^{5}，裂也，從衣，責聲。或從歷省聲，較合理。

gi：t　giɐ^{2}，時也，從日，徐聲。或從余聲，可認爲惟①省聲，較合理。

就韻母方面而論，字喃没有什麽特别值得注意的地方，總是韻母大致相同的字就用爲聲符了。聲調方面，儘可能地以平諧平，以上諧上，以去諧去，以入諧入，但必要時也可以通融，所以不必細論了。

字喃裹也有省筆字。它們有些是和漢文省筆字相同的，但是，大部分都和漢文的不同，或大同小異。我們挑選了九十多個，寫在附頁三，作爲舉例。有些字，在字喃裹幾乎衹見省筆，不見正體，例如“龍”。

另有一種省筆字却是和繁筆字有分别的。嚴格地説，那些不能算是省筆字，衹能算是特製字，因爲繁筆字不能作爲它們的正體。我們揀了十一個例字，寫在附頁一的頭兩行。現在一一加以解釋，如下：

lam^{2}，爲也，從爲省（衹寫上半的“爪”），缺聲符（104_{a}）。

əy^{6}，此也，不知從何字省作。似是從衣省，若然，則缺形符（104_{b}）。

da^{4}，已經也，似從拖省，或從駝陀等字省，若然，則缺形符（105）。

nao^{2}，哪也（哪一個，哪一種），似從鬧省（106）。

chʌng^{1}，疑問助詞，從莊省（107_{a}）；又 chʌng^{3}，不也，亦從莊省。

cung^{2}，共同也，從窮省（107_{b}）。

la^{2}，是也，繫詞，從羅省（108）。

nao^{1}，搖亂也，從少從免（111），不知何故。

tɔn^{6}（lɔn^{6}），全也，從長省，侖聲（112_{a}）。其所以從長之故未詳。

ve^{2}，歸也，從衛省，其字行中從米不從韋，似專爲 ve^{2} 而設者，與衛護之衛不同字（112_{b}）。

chang^{2}，男人之稱，從撞省（132）。

末了，我們從 A. Chéon 的《字喃講義》裹録出一篇故事，寫作附頁四，以見整段的字喃是這樣寫的。下面是它的譯文：

① 編者注：底本、《王力文集》本同，疑有訛誤。

牛飛的故事

有一個鄉下人,拿十二塊錢買了一條牛,回家種田。這牛力氣很大,很好用。有一天晚上,那人做了一個夢,夢見那牛身上長出兩個翅膀來,竟飛去了。等到那人醒來的時候,他以爲是一個不祥之兆。他想:"如果我不把這牛賣掉,結果也會失掉的。"明兒一早起來,就把那牛牽到市場上去,便宜賣給人家,得了六塊錢。他已經很滿意了,連忙把錢縛在腰帶裏,匆匆地回家。回到了半路,看見一隻很大的鳥,正站在那裏吃着一隻死老鼠。那人又走近去看,那鳥倒也不怕人,没有飛去。於是那人把它捉住了,就拿那縛錢的腰帶縛住了它的雙脚,纔走向家裏去。走不到一會兒,鳥用力掙扎,並且啄那人的手。那人痛極了,衹好放了那鳥。於是那鳥帶着那錢,一起都飛上天空,不見了。那人回到家裏,纔想道:"我夢見牛飛,已經把牛賣得六塊錢,以爲是靠得住的了,誰知道還會受這一場損失呢?都是因爲我貪心要捉那鳥,纔弄成這樣的結局啊!"

九、 結語

以上所論,關於漢越語的各方面都説到了。但是,因爲這一個題目的範圍太大了,文章雖然寫得很長,仍舊意有未盡,自己知道不免有許多疏漏之處。

關於聲母方面,我們的主要參考資料是馬伯樂的《越語音韻學史的研究》(H. Maspéro, Phonétique historique de la Langne Annamite. Les Initiales)。他似乎衹寫了聲母的部分,就擱筆了。我們從漢越語的觀點去看,和馬伯樂氏從越語的觀點去看,見解稍有不同。馬氏除了漢語之外,兼注意到泰語、高棉語和芒語的來源;我們則很少談到後者,而於前者則作更詳細的分析。

關於韻母和聲調方面,没有什麽書籍可供參考,全靠自己從越語字典及《三千字》《金雲翹》《征婦吟》《宫怨吟曲》和《二度梅》一類的書(都有越語羅馬字的譯文)歸納出一個系統來。關於古漢越語和漢語越化,我們也是這樣地進行研究的。

關於字喃,我們的主要參考書是 A. Chéon 的《字喃講義》(Cours de Chŭ-nôm)。但是 Chéon 衹從字喃本身研究,不從形聲字的觀點去研究,所以我們研究的結果和他研究的結果大不相同。此外,《三千字》和《金雲翹》一類的書也是研究字喃的好資料。記得聞宥先生在《燕京學報》上發表過一篇《字喃研究》,我們因爲手邊没有《燕京學報》,暫時不能參考到它了。

末了,我趁此機會感謝清華大學當時給我一個休假進修的機會,並且在外匯上給我許多便利,使我能在河内安居一年(實際上是十個月),否則這一篇文章是不會產生的。

1948 年 10 月 26 日至 11 月 19 日

附頁一　　字喃舉例 上

104a 乡　104b 氏　105 㐌　106 节　107a 庄　107b 穷

108 罡　111 苋　112a 𡗶　112b 術　132 払

203 仝　205a 𠄩　205b 尨　205c 𠃩　206 丁彡　208a 𠔭

208b ⿰最人　=　得　210 ⿰黑匕　=　⿰罷匕

304 ⿰臣三　305a ⿰犭主　305b ⿰占亇　307 ⿰口叁　308 琨　309 ⿰彥千

310 連　311a 闌　=　⿰忄闌　311b 數　311c ⿰帶下　312 ⿰登上

313 ⿰奄下　320 ⿱大森　371 ⿰豸也　372 ⿱罒寺

401 ⿺辶飞　403a ⿱天上　403b 进　404a 妢　404b ⿰片心　405a ⿱丢巾

405b ⿸户今　405c 旇　406a ⿰手西　406b ⿰米六　406c ⿰方匡　407a ⿰牛甫

407b ⿱丢心　=　⿱丢心　408a ⿰方虎　408b ⿰昌日　408c ⿱天森　408d ⿰月夌

408e ⿰月尚　409a 𠄼　409b ⿰重失　409c ⿺辶盛　410a ⿰奄中　410b ⿰毛奄

410c 蓮　411 ⿰牛婁　451 ⿰礻以　458 ⿱艹雒

503a ⿰讠失　503b 姅　505a ⿱罒本　505b 相　506a ⿰走多　506b ⿰石多

506c ⿰牛失　506d ⿰𧾷史　507a ⿸尸且　507b ⿰禾生　508a ⿰𧾷宜　508b ⿰虫底

508c ⿱罒巫　=　⿰羅出　508d ⿰𧾷尚　509 ⿰美司　510 ⿰黑由　513 ⿰奄田

523 ⿱艹民　535 ⿰忄半　557 ⿰去甫　543 ⿱巨昆　552 ⿱巨帝　562 ⿱巨吉

563 ⿱巨郎　579 ⿱巨賴　=　⿱大賴　584 ⿱巨朝　594 ⿱巨嚴　=　⿱巨嚴

603 ⿰弓曲　605a ⿰宁字　=　⿰字字　605b ⿰宁守　=　拧　605c ⿰羊底

605d ⿰吕永　605e ⿰灰由　605f ⿰曲不　606a ⿰米名　606b ⿰舌內　607a ⿰夷羽

607b ⿰米告　608a ⿰至典　=　⿰至旦　608b ⿱天森　608c ⿰米侖　609a ⿰车南

附頁二 字喃舉例 下

609b 碣 609c [illegible] 610 [illegible] = [illegible] 611a [illegible] = [illegible]

611b [illegible] 611c [illegible] 612a [illegible] 612b [illegible] 612c [illegible] 613 [illegible]

634 [illegible] 635 [illegible] 652 [illegible] 653 [illegible] 679 [illegible]

705 [illegible] 706a [illegible] 706b [illegible] 706c [illegible] 707a [illegible] 707b [illegible]

707c [illegible] 707d [illegible] 708a [illegible] 708b [illegible] = [illegible] 708c [illegible]

708d [illegible] 709a [illegible] 709b 稹 713 [illegible] = [illegible] 725 [illegible]

732 [illegible] 738 [illegible] 777 [illegible] 783 [illegible] 797 [illegible]

803 [illegible] 804 [illegible] 805 [illegible] 806a [illegible] 806b [illegible] 807a [illegible]

807b [illegible] 808 [illegible] 809 [illegible] 810 [illegible] 811 [illegible] 812 [illegible]

814 [illegible] 815 [illegible] 829 [illegible] 834 [illegible] 839 [illegible] 844 [illegible]

905 栭 907a [illegible] 907b [illegible] 908 [illegible] 909 [illegible] 910 [illegible]

912 [illegible] = [illegible] 913 [illegible] 951 [illegible]

1002 [illegible] 1004 [illegible] = [illegible] 1005 [illegible] 1006 [illegible] 1008a [illegible]

1008b [illegible] 1009 [illegible] 1011 [illegible] 1051 [illegible]

1104 [illegible] 1105 [illegible] 1110a [illegible] 1110b [illegible] 1112 [illegible]

1205 [illegible] 1206 [illegible] 1207 [illegible] 1209 [illegible] 1211 [illegible]

1303 [illegible] 1305 [illegible] = [illegible] 1307 [illegible] 1308 [illegible] 1312 [illegible]

1406 [illegible] 1407 [illegible] 1408 [illegible] 1409 [illegible] 1423 [illegible] 1439 [illegible]

1507a [illegible] 1507b [illegible] = [illegible] 1508 [illegible] 1551 [illegible]

1605 [illegible] 1907 [illegible] = [illegible]

附頁三	省筆字			
學斈	尊夺	啻峦	舉夲	聖圣
默犬	盤盘	羅罗	等䒭	鶯鴬
雷畄	蘭兰	霜相	雪丞	癡痴
義羑	命侖	無旡	登癶	會会
審宅	嚴昃	蕭羊	單ク	厭厌
翁公	書卡	窮穷	舊苗	出乜
藝芸	鑛熿	饒烧	類頪	數敉
群烊	觀覔	張外	撞払	護护
鄭郑	博抙	傳付	隨随	網纲
輕柽	孀婚	遲迡	停仃	運运
調詷	傷伤	瀝泟	灑源	道迿
險阶	輝粆	佛伕	禍衬	門门
闌冈	圍囬	風凨	圖囙	率卒
團团	南㒨	關閞	辦办	嫩朩
術术	固古	謝身	虧亏	能㠯
樣羕	銀艮	弊廾	沒𠬛	時㝵
影㝵	罷罢	飛飞	龍竜	意乄
體体	錢ソ	德匆	萬万	饑饥
聽咱	疑亐	歸收	當当	爐炉
齊斉	寶宝	鸞鸾	雖虽	離离

附頁四　　牛飛的故事

傳猑犪𩙪

国汝𠁅姑圭，謨特汝猑犪，进𠇋銅鉑。挠術禖𡨧，跬彰。国汝脂冣箕，𠁅㐆𨠵占包，篢猑犪木𠇋丐翹，癠𩙪𢒉诶。昕𠁅㐆賦趟，祉乡恬醜。忓浪：𡴭空挠半猑犪尼𢒉，来拱诶。𨪛翦晭㝡，挠罨帮，半𥜥朱𠁅𡴭，特𢗉銅鉑，𢔇彰。倍鐄纀𠬛頭忑駿，癠術𨪛𡧜塘。篢汝猑𩿣，𩖏彰，當蹻癠咹𪘁猑犹𦰏。𠁅㐆吏𧶄眙，癠猑𩿣拱惮𠁅，空𩙪。𠁅㐆買觧祉猑𩿣㐆，癠祉丐忑駿纀𠬛𠇋蹎猑𩿣㐆，癠𢒉術。𢒉特汝昕，猑𩿣㐆捷梶癠喋𠬛𥝱𠁅㐆，疠過。𠁅㐆攉猑𩿣㐆罨，辰猑𩿣㐆拃奇丐忑駿纀鉑㐆，癠𩙪𢒉蓮達歪诶。𠁅㐆術𨪛茹，買忓罨浪：軨𨠵占包，篢猑犪𩙪，㐌挠半𢒉，特𢗉銅鉑，想芭罳側禾；埃群疑浪吏诶！罢軨貪扒猑𩿣㐆化罨苦。

随　筆

談談怎樣讀書

我們指定研究生要讀兩本書:一本是《說文段注》,一本是《馬氏文通》。同學們希望我講一次課,談談怎樣讀書。今天我就來講一講,分三部分講:第一部分論讀書,泛泛地講關於讀書的一些問題;第二部分講怎麽讀《說文段注》;第三部分講怎樣讀《馬氏文通》。

先講第一部分,論讀書。

首先談讀什麽書。

中國的書是很多的,光古書也浩如煙海,一輩子也讀不完,所以讀書要有選擇。清末張之洞寫了一本書叫《書目答問》,是爲他的學生寫的,他的學生等於我們現在的研究生。他說寫這本書有三個目的:第一個目的是給這些學生指出一個門徑,從何入手;第二個目的是要他們能選擇良莠,即好不好,好的書才念,不好的書不念;第三個目的是分門别類,再加些注解,以幫助學生念書。從《書目答問》看,讀書就有個選擇的問題,好書才讀,不好的就不用讀。他開的書單子是很長的,我們今天要求大家把他提到的書都讀過也不可能,今天讀書恐怕要比《書目答問》提出的書少得多,我們没那麽多時間,因此,選擇書很重要。到底讀什麽不讀什麽?拿漢語史來説,所有有關漢語史的書都讀,那也夠多了,也不可能。

而且如果是一本壞書,或者是没有用處的書,那就是浪費時間,不只是浪費時間,有時還接受些錯誤的東西,所以選擇書很重要,如對搞漢語史的來説,倘若一本書是專門研究六書的,或者專門研究什麽叫轉注的,像這樣的書就不必讀,因爲對研究漢語史没什麽幫助。讀書要有選擇,這是第一點,可以叫去粗取精。

第二點叫由博返約。對於由博返約,現在大家不很注意,所以要講一講。我們研究一門學問,不能説限定在那一門學問裏的書我才念,别的書我不念。你如果不讀别的書,只陷於你搞的那一門的書裏邊,這是很不足取的,一定念不好,因爲你的知識面太窄了,碰到别的問題你就不懂了。過去有個壞習慣,研究生只是選個題目,這題目也相當尖,但只寫論文了,别的書都没念,將來做學問就有很大的局限性,如果將來做老師,那就更不好了。作爲漢語史的研究生除了關於漢語史的一些書要讀,還有很多别的書也要讀,首先是歷史,其次是文學,多啦,還是應該從博到專,即所謂由博返約。

第三點,要厚今薄古。這是什麽意思呢?這是因爲從前人的書,如果有好的,現代人已經研究,並加以總結加以發揮了。我們念今人的書,古人的書也包括在裏邊了。如果這書品質不高,没什麽價值,那就大可不念。《書目答問》就曾提到過這一點,他説他選的大多是清朝的書,有些古書,也是清朝人整理並加注解的,比如經書,十三經,也是經清朝人整理並加注解的。從前,好的書,經清朝人整理就行了,不好的書,清朝人就不管它了。他的意思,也就是我剛才説的那個意思。他的話可適用於現在,並不需要把很多古書都讀完,那也做不到。

其次談怎樣讀書。

首先應讀書的序例,序文和凡例。過去我們有個壞習慣,以爲看正文就行了,序例可以不看。其實序例裏有很多好東西。序例常常講到寫書的綱領、目的,替别人作序的,還講書的優點。凡例是作者認爲應該注意的地方。這些都很好,而我們常常忽略。《説文》的序是在最後的,我建議你們念《説文段注》把序提到前面來念。《説文序》,段玉裁也加了注,更應該念。《說文段注》有王念孫的序,很重要。主要講《說文段注》之所以寫得好,是因爲他講究音韻,掌握了古音,能從音到義。王念孫的序把段注整部書的優點都講了。再如《馬氏文通》序和凡例也是很好的東西,序裏邊有句話:"會集衆字以成文,其道理終不變。"意思是說許多單詞集合起來就成文章了,它的道理永遠不變。他上面講到了字形常有變化,字音也常有變化,只有語法自始至終是一樣的。當然他這話並不全面,語法也會有變化的,但他講了一個道理,即語法的穩定性。我們的語法自古至今變化不大,比起語音的變化差得遠,語法有它的穩定性。另外,序裏還有一句話:"字之部分類別,與夫字與字相配成句之義。"這句意思是說研究語法,首先要分詞類,然後是這些詞跟詞怎麼搭配成爲句子。語法就是講這個東西,這句話把語法的定義下了,這定義至少對漢語是適用的。《馬氏文通》的凡例更重要,裏邊說,《孟子》的兩句話"親之欲其貴也,愛之欲其富也","之"是"他"的意思,"其"也是"他"的意思,爲什麼不能互換呢?又如,《論語》裏有兩句話:"愛之能勿勞乎?忠焉能勿誨乎?"兩句格式很相像,爲什麼一句用"之",一句用"焉"?《論語》裏有兩句話:"俎豆之事,則嘗聞之矣;軍旅之事,則未之學也。"這兩句話也差不多,爲什麼一句用"矣",一句用"也"呢?這你就非懂語法不可。不懂,這句話就不能解釋。從前人念書,都不懂這些,誰也不知道提出這個問題來,更不知怎麼解答了。這些問題從語法上很好解釋,根據馬氏的說法,參照我的意見,可以這樣解釋,"親之欲其貴也……",爲什麼"之、其"不能互換?因爲"之"只能用作賓語,"其"相反,不能用作賓語。"之、其"的任務是區別開的,所以不能互換。"愛之能勿勞乎?忠焉能勿誨乎?"爲什麼"愛之"用"之","忠焉"用"焉"?因爲"愛"是及物動詞,"忠"是不及物動詞,"愛"及物,用"之","之"是直接賓語;"忠"不及物,只能用"焉",因爲"焉"是間接賓語。再有,"俎豆之事,則嘗聞之矣;軍旅之事,則未之學也","矣"是表示既成事實,事情已完成;"未之學也",是說這事没完成,没這事,所以不能用"矣",只能用"也"。凡没完成的事,只能用"也",不能用"矣"。從語法講,很清楚。不懂語法,古漢語無從解釋。他這樣一個凡例有什麼好處呢？說明了人們爲什麼要學語法，他爲什麼要寫一本語法書。不單是《説文段注》和《馬氏文通》這兩部書，别的書也一樣，看書必須十分注意序文和凡例。

其次，要摘要作筆記。讀書要不要寫筆記？應該要的。現在人們喜歡在書的旁邊圈點，表示重要。這個好，但是還不夠，最好把重要的地方抄下來。這有什麼好處呢？張之洞《書目答問》中有一句話很重要，他說："讀書不知要領，勞而無功。"一本書，什麼地方重要，什麼地方不重要，你看不出來，那就勞而無功，你白念了。現在有些人念書能把有用的東西吸收進去，有的人並没有吸收進去，看了就看了，都忘了。爲什麼？因爲他就知道看，不知道什麼地方是好的，什麼地方是最重要的，精彩的，即張之洞所謂的要領，他不知道，這個書就白念了。有些人就知道死記硬背，背得很多，背下來有没有用處呢？也還是没有用處。這叫勞而無功。有些人並不死記硬背，有些地方甚至馬馬虎虎就看過去了，但念到重要的地方他就一點不放過，把它記下來。所以讀書要摘要作筆記。

第三點，應考慮試着作眉批，在書的天頭上加自己的評論。看一本書如果自己一點意見都没有，可以說你没有好好看，你好好看的時候，總會有些意見的。所以最好在書眉，又叫天頭，即書上邊空的地方作些眉批。試試看，我覺得這本書什麼地方好，什麼地方不合適，都可以加上評論。昨天我看從前我念過的那本《馬氏文通》，看到上邊都寫有眉批。那時我才二十六歲，也是在清華當研究生。我在某一點不同意書上的意見，有我自己的看法，就都寫在上邊了。今天拿來看，拿五十年前批的來看，有些批的是對的，有些批錯了，但没有關係，因爲這經過了你自己的考慮，批人家，你自己就得用一番心思，這樣，對那本書的印象就特别深。自己做眉批，可以幫你讀書，幫你把書的内容吸收進去。現在我們自己買不到書，也可用另外的辦法，把記筆記和書評結合在一起，把書評寫在筆記裏邊，這樣很方便。筆記本一方面把重要的記下來，另一方面，某些地方我不同意書裏的講法，不管是《馬氏文通》還是《説文段注》，我不同意他的，可表示我的意思，把筆記和眉批並爲一個東西。

另外,要寫讀書報告。希望你們念完指定的兩本書後寫個讀書報告。如果你作了筆記,又作了眉批以後,讀書報告就很好寫了。最近看了一篇文章,一篇很好的讀書報告,就是趙振鐸的《讀〈廣雅疏證〉》,可以向他學習。《廣雅疏證》没有凡例,他給它定了凡例,《疏證》是怎麼寫的,有什麼優點,他都講到了。像這樣寫個讀書報告就很好,好的讀書報告簡直就是一篇好的學術論文。

下面講第二部分,論讀《説文段注》。

爲什麼要選《説文段注》給大家讀呢?爲什麼不單讀《説文解字》?因爲《説文》太簡單了,而且不容易讀懂,經段玉裁一注解就好懂了。《説文段注》我們一向認爲是很好的著作,念《説文》必須同時念《段注》。清代語言學者最有名的是段、王,二人是好朋友,段寫《説文注》,王寫《廣雅疏證》,都是很好的書,把古書加以注解、發揮,所以我們讀《説文解字》同時要讀段注。下邊講幾點應注意的地方:

第一點,注意段所講的《説文》凡例。許慎自己没定凡例,那時也不興寫凡例。段在注裏邊給他講凡例。比方説,《説文》頭一個字是"一",段説"一"在六書中屬指事,"弌"是古文,他就解釋什麼叫古文。"元"字下説"從一兀聲",這是形聲字。"天"字下説"天,顛也",段説是轉注,説轉注不大妥當。不過他下邊解釋了很多轉注,如:"元,始也。""考,老也。"可以互相轉注。但是"天,顛也",不能倒過來説"顛,天也",什麼道理呢?"考,老"今天説起來是形容詞,講抽象東西,不那麼具體,所以能轉注。但"天,顛"就不同了,它們是兩樣具體的東西,不能轉注。段常在頭一卷的注解中講凡例,如"丕"字下。還在《説文序》的注解中也講了不少凡例,這些都須要特别注意。在這一點上,可以説是他在讀懂了《説文》以後教别人怎樣讀。

第二點,要注意段的發明。段寫《説文注》不單是許慎功臣,替許書作注,而是有自己的創造,也就是説,不單是幫助你讀懂《説文》,而且有很多好東西超過《説文》本身。他的發明很多,講四點:

(1) 最大的優點是"因音求義",也叫"以音求義",從聲音求意義。王念孫在《廣雅疏證》序文裏說:"竊以詁訓之旨,本於聲音。故有聲同字異、聲近義同,雖或類聚群分,實亦同條共貫。"底下還有一段:"今則就古音以求古義,引申觸類,不限形體。"王念孫是這樣做的,段玉裁也是這樣做的。他的偉大成就就在他這幾句話。可以說,清人研究語言文字成功也就成功在這兒。從聲音求意義,不是光從形體來看。《說文解字》一向被人認爲是講字形的書,段玉裁也說,《說文》"形書也"。因此,研究《說文》的人常常爲字形所束縛,同形的他懂,換一個寫法他就不懂了。段是從聲音來求,不同字形,他也說二字實在是一個字,至少是同來源的字。"引申觸類,不限形體",整個語言文字的研究都應依據這個原則,因爲並不是先有文字後有語言,而是先有語言,後有文字,語言是根本的東西,而文字是隨人寫的,抓到語音就抓到了根本。《說文段注》最大的優點就在這裏。

(2) 他講了些同源字,這是跟第一點因音求義有關的。比如在"辨"字下講,"古辨判別三字義同也"。怎麽知道這三個字意思一樣呢?他看到《周禮》有的把"辨"寫成"判、別"。因爲三字意思一樣,同一來源。爲什麽同源?聲音相同。大家知道,我寫了一部《同源字典》,本來段玉裁很會寫同源字典的,不過,段那時還主要是研究文字,因爲念古書特別是經書主要要看字是什麽意思,所以,他重視聲音,還不是從語言來研究,如果從語言來研究,同源字典他是會寫得很好的。

(3) 段對假借的解釋很好。六書中最難懂的是轉注、假借,段說的轉注恐怕是不大好的。轉注怎麽講合適,可以不管它。跟大家講過了,弄清楚什麽是轉注對漢語史研究毫無幫助。對假借他有個很好的解釋,《說文序》中講到假借:"本無其字,依聲托事,令長是也。"《說文》這個定義非常好,本來没有這個字,依聲記事,借別的字來表示。定義非常准。底下例子舉得很不好,他說,"令"本來是"命令"的"令",後用作"縣令"的"令";"長"本是"長輩"的"長",後用作"縣長"的"長"。這樣,意義上還是有關聯的,不應叫假借,意義上没什麽關係的才是假借,所以後來朱駿聲把“令長是也”移到轉注去了，他說的轉注就是我們今天說的引申。許氏說“本無其字”很重要，朱駿聲把這個也改了，這就錯了，他說“本無其義，依聲托字”，朱這樣說就規定了凡假借都必有一個本字。朱的《說文通訓定聲》最大毛病就在這兒。段講假借講得很好，他說“假借有三變”，也就是三個階段：開始所謂假借，就是本無其字，借一個同音字，他舉了“難、易”爲例，“難”本是鳥名，“易”本是“蜥蜴”，借爲“困難”的“難”、“容易”的“易”，古人没有特别爲“困難”的“難”、“容易”的“易”造字，這是最初的假借，叫“本無其字”。他說這是第一個階段。第二階段是有了本字，但還借用另外的字，就像我們寫白字、别字。本有這個正字，但還要寫個同音字，結果就是本有其字，還要假借。到第三個階段，假借的不對。古人没有這個假借，就是寫錯了字，這也像我們今天寫别字。但段認爲這是第三個階段。其實二、三階段可並爲一個，但段玉裁認爲古人假借就是對的，後人假借就是錯的，所以他把這個階段分爲兩個階段，總共成三個階段了。這三個階段最重要的是他講的前兩個階段。有很多假借字本無其字，到後來也没給它造個正字。這個很重要，我們要研究通假、同源字，都很有用。

（4）段有歷史觀點，注意到這一點對我們研究漢語史很重要。可惜他講的不多，但是他講的這一點就足可以啟發我們了。這個字在什麼時代有什麼意義，什麼時代才產生這個意義，他講到了，比如“履”，又叫“屨”，他說先秦二字有别：“履”，動詞，走路；“屨”，名詞，鞋（他没說動詞、名詞，這是我說的）。二者完全不同。《詩經》有“糾糾葛屨，可以履霜”，不能說“葛履屨霜”。段玉裁說漢代以後才混同起來。現在查一查，到戰國時代，“履”可以當鞋講了。但段玉裁着重念的是經書，他的話也没什麼錯。可見，他注意了詞義的時代性。再舉一個例子，“僅”字表示“只有”，唐人文章甚言多，我們現在極言少，杜甫詩有“山城僅百層”，百層已很高，“僅”表示達到那麼高。例子還有很多，如韓愈的《張中丞傳後序》，有“士卒僅萬人”，意思是說張巡認識很多士卒，而且能叫出名字來，這些士卒多到一萬人。能叫出一萬名士卒的名字，可見是夠多了。“僅”用今天的意思去解釋就不對了,"僅僅一萬人",完全不是這個意思。還有白居易的《燕子樓》詩序,與燕子樓主人分别"僅一紀",意思是説分别好久了,用今天的意思解釋就不通了。

第三點,要看些批評段注的書。段玉裁的書寫得很好,但有没有缺點錯誤?當然還是有的。一切好書都有缺點,不能説好書就没缺點。段還是有一些地方講錯了或講得不夠妥當。後來就有人寫批評段注的書,其中有一本徐灝的《説文解字注箋》,他對段注加以補充、糾正。補充的地方也有,糾正的地方多一些,我看徐灝的書很好,從前我寫的《中國語言學史》好像没提他,以後修訂時要把徐灝提出來介紹。他雖是替段注作箋,好像不是自己寫的著作,其實他的學問很好,我看凡是批評段的地方,十之八九是對的,並且能提出自己的意見來。如果你有時間,可以找來看看,《説文詁林》收進去了,借不到《詁林》再想辦法,圖書館是否有單行本?給《説文段注》作箋,並不是看不起段,而是尊重他。段玉裁自己就説了,希望後來人給他糾正錯誤。我們清朝這些學者們有一個很好的優點,就是很謙虚,他們都認爲自己的東西還不夠好,希望後人給他糾正。所以徐灝這個作法是段氏的功臣,並不是看不起段。如果段的書没有價值,就根本没必要給他作箋,給他作箋就表示他的書已經夠好的了。

最後講第三部分,論讀《馬氏文通》。

大家知道,《馬氏文通》是中國最早的一部語法書。從前的人把語法書推到王引之的《經傳釋詞》。《經傳釋詞》也可以勉強算是語法著作,但還不是完整的語法著作,因爲他專講虚詞,而且也不是純粹從語法觀點講,另外,他没有語法的名詞術語。利用語法術語來講語法,那就從《馬氏文通》開始。還有人説中國語言學家應把他數在第一個。

馬建忠在清末是革新家,主張政治改革,使中國富強。另外,還寫了這樣一本書,叫《馬氏文通》,"文通"就是語法的意思,當時還不叫語法,就叫"文通"了。

讀《馬氏文通》,要注意幾點:

頭一點是要看懂文言文。《馬氏文通》是用文言寫的，他的文言還相當古。他認爲古代文言文是通的，到後代不通了，所以有些地方要仔細看，要看懂，不懂最好問問老師，舉幾個例子來說：

術語經常說“讀”，其實“讀”不念 dú，應該念 dòu（豆）。古代所謂句讀，句是句子，讀是中間稍微停頓，就是現在所謂分句。所以他有時提到一個詞放到全讀後面，“全讀”就是整個分句。還有他講到數詞時，講疇人講數詞不帶名詞。我們一般認爲數詞都要帶名詞，“一個人、一匹馬”。“疇人”即古代數學家。他講到“之”字，他認爲是一個介詞，他講了這樣一句話：“偏正之間蓋介之字，然未可泥也。大概以兩名字之奇偶爲取捨。”他的意思是說，“之”字是放在形容詞和名詞之間，比如“好書”也可以說“好之書”。現在北大講語法還講偏正結構，是從《馬氏文通》來的。什麼叫“蓋介之字”？蓋是一般的意思，一般是把“之”字放在偏正之間。“然未可泥也”，意思是說但是你不要太拘泥了，有時也可不放，並不一定非放不可，“大概以兩名字之奇偶爲取捨”，“大概”也是一般的意思，“以兩名字之奇偶爲取捨”，就是說字是雙數還是單數，如果是雙數就常用“之”字，單數就不用。比如“好書”，我們很少說“好之書”，但如果說“善本之書”，常加“之”，爲什麼？因爲“善本”是兩個字。這些地方好像很簡單，但不懂文言文就看不懂。

第二點，要弄懂《馬氏文通》裏邊的名詞概念。《馬氏文通》裏模仿西洋的那個 grammar，他序文裏也說 grammar 在希臘文原意是“字學”。他的術語全是外語語法書中的名詞概念，因爲出得早，與現在翻譯的不一樣，所以不好懂。比方開頭講“界說”，“界說”是什麼呢？英文叫 definiton，原意是劃個界，翻譯過來就成爲界說了，但後來譯成“定義”，“界說”就是“定義”。也有容易看懂的地方，比方名字就是名詞，靜字就是形容詞，動字就是動詞，狀字就是副詞，這比較好懂，但有些地方不那麼好懂，如書裏有“散動”，要好好體會，否則就不懂。“散動”在英文中是 infinitive，現在翻作“原動詞”，曾有一度翻作“無定動詞”，《馬氏文通》叫散動。剛才說讀書的讀，念 dòu，英文叫 clause。我說英文，是因爲比較好懂，其實據說馬建忠是從拉丁文來的,因爲馬建忠是天主教徒,拉丁文很好。他所謂接讀代字(代字即代詞),即在讀中間用代詞把它接起來,英文叫relative pronoun,後來翻譯爲"關係代名詞",馬氏叫接讀代字。弄清楚這個很重要,要不你《馬氏文通》就讀不懂。你要把裏邊的名詞概念一個一個譯成英文,每個概念等於英文什麼,如果你念的是俄文,就要知道他等於俄文什麼。說到這裏想到一件事,爲什麼漢語史研究生還要念外語?不念外語,《馬氏文通》能念嗎?你就念不懂了。讀《馬氏文通》應該拿英語語法來對照,然後你才能看得懂,《文通》裏邊講到的名詞術語,等於英文什麼,章錫琛的校注本都注了,我從前念的本子没有校注,校注本是解放後出版的,但還要注意,如果對英語語法懂得不透,他注等於什麼你還是不懂,所以你還要瞭解英語語法這個詞起什麼作用。比方說,《文通》所謂散動,等於英文infinitive,章錫琛校注本已經講到了,但是如果對英語語法的那個infinitive不懂或懂得不透,你還是没法理解,所以要知道英文作什麼用,詞性什麼,比方爲什麼叫infinitive;現在好像叫原動詞,最初叫不定式。原動詞好懂,但不確切。原動詞是說它原先就是那麼寫的,在字典裏查也是查到那麼個動詞,但這不符合原文的意思,原先翻作"不定式"或"無定動詞"就符合英文原意了。爲什麼叫不定式?因爲英文動詞要隨人稱的變化、數的變化、時態的變化而變化,在謂語中,謂語動詞是要有這些變化的。英文infinitive不須要有這些,在句子裏也不須有任何變化,有變化是定下來的形式,没有變化就是不定式了。不定式動詞主要有兩種用法:一種用作主語,當名詞用,所以不須要有動詞的變化。另一種還是動詞,但也不須要變化。那是在什麼情況下呢?是在謂語動詞後還帶有動詞,那就不須要變化了。英語常在動詞後加一個to,to後再加一個動詞,那個動詞就不須要變化了。《馬氏文通》所謂散動並不是不定式動詞當主語用的那類,而主要是後面那一類,動詞後再有動詞的叫散動。這個問題很重要,首先要把《文通》的名詞概念弄清楚,要知道這個名詞概念是從哪裏來的,在西洋語法裏邊等於什麼。否則,這書就没有念懂。這是基本功,這是最重要的,要不《文通》就白念了。

第三點,人家都批評馬建忠拿西洋語法作爲框框,按西洋語法辦事。這話怎麼理解?如果《文通》真正拿西洋語法作框框,也不能怪他,因爲他首先拿西洋語法來搞我們漢語語法,是中國語法學的創始人。世界各個語言的語法也有同有異,不能說各種語言的語法都完全不同,除極少數特殊語言外,一般語言都還有很多語法的共同點,所以如果按西洋語法來搞我們漢語語法,特别是在創始的時代,我們不能太責怪他。現在的問題是我們要仔細看《馬氏文通》是否真正完全拿西洋語法作框框,這個很重要。關於實詞的劃分,他大概是拿西洋語法作框框的。叫名字的就是名詞,叫動字的就是動詞,叫静字的就是形容詞,叫狀字的就是副詞,那是按西洋語法辦事,這有什麼不好?現在一般語法書還是這樣叫的,只不過名稱改了改。關於虚詞,《馬氏文通》有其獨創性。虚詞中有一種所謂"助字",我們現在叫語氣詞。馬氏自己説,助字是西洋没有的,中國特有的。西洋語法中有所謂語氣,我們没有,但我們有助字。這個觀點相當正確。助字是漢語特有的東西,這就没照抄西洋語法。所以不能説他照抄西洋語法。還有拿西洋語法作對比,不能説是框框,有些對比很巧妙,如接讀代字,要是别人抄西洋法不會這樣抄的。接讀代字有三個字:"其、者、所"。"所"字用的地方與英文所謂關係代名詞用的地方不完全相同,結構也不完全一樣,但他能悟得出來這個等於西洋的關係代名詞。當然是否完全等於關係名詞,大家有爭論。比如"所"字,我也曾批評過他,不應叫關係代名詞,楊樹達更批評過他,説"所"字不應叫代名詞,舉的例是"衛太子爲江充所敗",但後來編《古代漢語》時,我還是接受了《文通》的説法,認爲"所"是代詞。"衛太子爲江充所敗"是後來的發展,"所"字虚化了,失掉了代詞性,而"衛太子爲江充所敗"這種形式,先秦是没有的。這些地方的"所"拿來比西洋關係代名詞,還是有他的道理的。如果是拿西洋語法作框框,就絶不會想到這些地方。另外,《馬氏文通》對具體語法問題的分析有創造。如他舉了三個例子:"親之欲其貴也,愛之欲其富也。""愛之能勿勞乎,忠焉能勿誨乎?""俎豆之事,則嘗聞之矣;軍旅之事,則未之學也。”如單純拿西洋語法作框框,可能分析不出來,你想到西洋語法,還要想到具體在漢語中怎麼解釋這些問題。“之”和“其”比較好懂,“之”用作賓語,“其”,他認爲用作主語,其實還不大對,應該是“名詞+之”。“之”不能用作主語,“其”不能用作賓語,這個他是對的。底下,“愛之”“忠焉”,不是有分析能力的人,這個地方就講不清楚了。他就能想到及物、不及物,想到“愛”是及物,“忠”是不及物。你要拿西洋語法作框子,碰到具體問題就解決不了了,你不懂這個是怎麼個語法關係。“矣”和“也”也有分別,這在前邊已經講過了。我們不要用拿西洋語法作框框來說他,其實用西洋語法作框框,在漢語語法學初創時期,也是不容易的事。碰到具體問題,你能解決好那就是好。

還有一點,要看些批評《馬氏文通》的書。可看楊樹達的《馬氏文通刊誤》,所謂刊誤,是指出《馬氏文通》錯誤的地方,我看楊的水準跟我也差不多,有些地方批評《文通》是批評錯了的。比方說,他說這個地方應說省掉個“於”字,《文通》没講,但照理應有個“於”字。這個就是楊的錯誤了。爲什麼有“照理”呢?語法即語言習慣,每個民族,每個時代都有不同的語法,爲什麼說照理應有而省掉了呢?昨天看到一部字典的稿子,說《詩經·伐檀》的“寘之河之干兮”的“之”是“之於”的合音,應該是“寘之於河之干”。他不說省掉“於”字而說“之”是“之於”的合音,也是錯的。說“諸”是“之於”的合音,因爲“之於”兩個字作反切成爲“諸”,“之”怎麼能叫“之於”的合音?“之於”反切不出“之”字來。這怎麼行呢?那麼,他爲什麼說“之”是“之於”的合音?因爲他認爲“寘之河之干”的“之”下没有“於”字是不合理的,他不知道有很多語言裏邊就是可以把底下的名詞短語當間接賓語。間接賓語不加“於”字也可以,不管古代漢語還是西洋古代語言裏邊,都有無數例子,不能說“照理”應怎麼樣。語言不是照什麼理的。所以有些地方,他批評《文通》其實他本人就錯了。當然,有些地方楊還是說得對的。

爲什麼現在介紹讀《文通》?這跟漢語史很有關係,因爲他講的是古代語法。《馬氏文通》有個缺點,就是他没有歷史觀點,以爲符合古代語法的就是正確的,後來語法有所發展,他認爲是不正確的,錯誤的。他認爲唐代韓愈稍微知道些文法,不過連韓愈他也覺得不大行了。所以他舉例到韓愈爲止,底下的就不再舉了。如有歷史觀點就不會這樣,不但韓愈、蘇東坡是對的,直到後來《水滸傳》《紅樓夢》都是對的。因爲語法已隨時代發展成這個樣子,你就不能用上古語法來衡量他了。在這一點上,馬氏有很大的錯誤。

還有,要認識到《馬氏文通》是一本好書,一本很有價值的書。他不但開創了中國的語法學,而且他裏邊有很多東西,現在回頭再看看,還是應該吸收的,就是原來認爲不好的,現在仔細想想,也還是有用的。黎錦熙先生用杜詩"不廢江河萬古流"來稱讚《馬氏文通》,這絕不是過獎。

這是作者 1979 年 9 月給研究生的一次講課

原載 1981 年《大學生》第二期

我是怎樣走上語言學的道路的

問:您是怎麼開始研究語言學的?

答:我在年輕的時候,想當一個小說家。我七歲上學,老師給我們講《三國演義》,講到慷慨激昂的時候,拍起桌子來,給我留下深刻的印象,從此我就愛看小說。當時看的是章回小說,記得看過的是《水滸傳》《西遊記》《飛龍傳》《薛仁貴征東》《平山冷燕》等十多部小說。常常在月光底下看。我的眼睛就是這樣近視了的。我打算自己寫一部小說,主人公的名字都擬定了,名叫王鸞珠。後來這部小說没有寫出來,只是二十六歲時寫了一篇短篇小說投登在《小說世界》上。

我在什麼情況下開始研究語言學的呢?

我二十歲時當小學教師,看見我父親的書架上有一本周善培的《虚字使用法》,很感興趣,就拿來稍爲改編,加上自己的意思,教給學生(當時我的學生有比我年齡大的),這可以說是我研究語言學的開始。但是,真正走上語言學的道路,則是受了趙元任先生的影響。我二十六歲那年的秋季,考上了清華大學研究院國學系。趙元任先生給我們講"中國音韻學",我深感興趣。這個興趣比看了周善培《虚字使用法》所感的興趣大多了。因爲趙先生所講的"中國音韻學"是歷史比較法在漢語史上的應用,和清代音韻學家所講的大不相同。我在清華研究院的畢業論文是

《中國古文法》。這篇論文是梁啟超先生指導的,但是我又請趙先生審閱。趙先生寫的一些眉批我至今珍貴地保存着,這上頭都是語言學的大道理。我在清華大學研究院畢業後,就去法國巴黎大學專攻語言學。

問:什麼是語言學?語言學是不是枯燥無味?

答:語言學是研究語言的科學,它把語言作爲科學研究的物件,但是語言學並不等於語言。語言學家是要學習多種語言的,但他們學習本國語言和外語只是手段,不是目的。目的是對語言現象進行科學的研究,取得科研成果。更正確地說,語言學是研究語言的本質、結構和發展規律的科學。語言學的主要分科是普通語言學、語音學、實驗語音學、音韻學、語法學、語義學、詞彙學、方言學、歷史比較法、比較語言學、描寫語言學、語言史,等等。現代還有新的語言學派,如社會語言學、數理語言學等。所以有人說,語言學是社會科學和自然科學之間的邊緣科學。

語言學是不是枯燥無味的?如果拿文學來比較,語言學的確是枯燥無味了。但是,語言是科學,文學是藝術,是不好拿來比較的,我愛好文學藝術,但是我更愛科學,這就說明了我爲什麼從文學轉到語言學的道路上來。從科學的角度看,我自己覺得語言學比自然科學更有趣。因爲語言是社會交際工具,我們天天用得着它。把它研究好了,就能對文化作出貢獻。我們天天說話,但是對於許多語言現象習而不察,講不出一個道理來,一旦從科學研究中獲得解決,此中的樂趣,不是一般的人們所能體會到的。我和語言學結了五十多年的不解緣,決不是愁眉苦臉過日子的。

《人民日報》1982 年 6 月 3 日

我和商務印書館

商務印書館成立的時候(1897 年),我還没有出生,按年齡來說,我比商務小。關於商務的歷史,我知道的不多,但是我和商務的關係,已有五十多年的歷史了。

1927 年,那時我二十七歲,商務印書館出版了我的第一本書《老子研究》。那是我二十六歲時寫的,由當時正在主編《教育雜誌》的李石岑先生介紹到商務印書館,很快就被接受了。這位李石岑先生不但是我的老師,而且我們之間還有過一段共患難的經歷。他是當年反對南方大學校長江亢虎而被解聘的十四名教授之一,我是被開除的三名學生之一,這使我們之間的關係比一般師生更近了一層。李先生很欣賞此書,他把它編入《民鐸叢書》裏。

1927 年我到法國留學,由於經濟困難,我就想譯些書維持生活,仍然是由李石岑先生介紹到商務印書館,也被接受了。我共譯了二十多部劇本,後來又譯左拉的小說《小酒店》《娜娜》。每次譯稿寄出以後,都是很快就收到了稿費,這使我又高興又納悶。後來,和李石岑一起被解聘的教授之一周予同先生寫信告訴我,說我的譯稿都是葉聖陶先生審閲的,還說對我的譯文有十六字的評語:"信達二字,鈞不敢言;雅之一字,實無遺憾。"這時我才明白爲什麽我的稿子總被採用,並且稿費總能及時寄到。我在法國能夠完成學業,要感謝上面提到的這三位教授,特别是葉聖陶先生。後來商務説不要小説了,建議我翻譯涂爾幹的一本社會學著作《社會分工論》,我也譯了,並很快出版。此後又叫我譯一部經濟學的書,但不久商務就遭到了日本帝國主義的轟炸,我也就不能譯了。也正是因爲這次轟炸,我譯的劇本只出版了十多部,其餘的稿子都毁於兵燹。

1932年我結束了在法國的學業,寫信給清華大學,希望能夠回到母校教書,得到了肯定的答覆之後,我便啟程回國,想到自己欠下的債務,途經上海時我便去找王雲五。本來我不認識他,只是靠我和商務過去的一點因緣自我介紹。他告訴我《萬有文庫》還有四部書没人寫,問我願不願擔任。這四部書是:希臘文學、羅馬文學、論理學(現稱邏輯學)、巴士特(今譯巴士德)。我没有猶豫就答應下來。前兩本很快寫完了,不久,第三本也寫出來了,可是第四本就遇到了困難。巴士特是法國生物學家、化學家,微生物學的奠基人。這本書不但要介紹他的生平,更重要的是向中國讀者介紹他的醫學成就,而我於醫學卻是個門外漢,這可把我難壞了,當時有一個正在清華就讀準備出國留學的學生,我已記不清他的真名,只記得後來署名孫逸,聽説他是學生物學的,我就請他合作。後來這本書終於也寫成了,不過除第一章介紹生平外,都是孫逸寫的,我在該書的序言中如實地説明了這些情況,並表示:"以彰吾過,並表孫君之功。"

就在這個時候,我又由朱光潛先生介紹,給國立編譯館翻譯《莫里哀全集》。只譯了一册半,後來因爲國立編譯館把稿費改爲版税,我就没有繼續翻譯下去。《莫里哀全集》第一册由國立編譯館出版,商務印書館印刷並發行。其餘半册没有出版,解放前被帶去臺灣,不知下落。

我在清華開了"中國音韻學概要"和"普通語言學"兩門課,音韻學的講義後來交商務出版了,並編進《大學叢書》。其時我三十五歲,按清華的規矩,從外國留學回來的人,任教二年以後可以升教授,我已教了兩年書,但並没給我提升。我就帶著這個疑問去找當時任中文系系主任的朱自清先生,他笑了笑,我就明白了:因爲自己這幾年不務“正業”嘛! 花那麼多時間弄什麼希臘文學、羅馬文學、論理學、巴士特、莫里哀,這和中文系的專業有什麼關係呢? 於是我就又寫了一篇論文《中國文法學初探》,這回,朱先生看了就很滿意了。我在語言學方面的成就,這是頭一篇。我主要講中國文法不能按外國框框套,要找出和外語不同的特點。文章發表後,日本馬上翻譯過去並出了單行本,他們寄我一本,我就拿著這本書去找商務,後來又加進另外一篇文章,以單行本出版了。這時候,商務對我已經非常信任了。

此後,大概是1937年吧,還有一本書《中國語文概論》(解放後中國青年出版社重新出版時名爲《漢語講話》),本是我暑期課外講課的講稿,也交由商務出版了。

抗日戰爭時期,我隨校離京到南方去,在長沙辦臨時大學,我在書店買了一部《紅樓夢》,整天抱著讀,從中尋找漢語的特點,這樣我就又寫了《中國現代語法》和《中國語法理論》兩本書。原來作爲西南聯大的講義時,只是一部書。這還要感謝聞一多先生,是他建議我分成兩部書的,一部講法,一部講理。這兩本書又交商務出版了。

1938年我還寫過一本小書《漢字改革》。當時清華教授陳之邁編《藝文叢書》,要我寫這本書,我記得,是交香港商務印書館出版的。以後我在商務出的書就不多了。近年商務又出版了我的兩本書,一本是普及性的小册子《音韻學初步》,另一本是我的新著《同源字典》。

想起我和商務的這些歷史因緣,心裏很是激動,不光是對我個人的成長,更主要的是在發展中華民族的科學文化上,商務印書館有過重要的貢獻。我相信,今後,在實現祖國四化和建設精神文明的偉大事業中,商務印書館必將發揮越來越大的作用。明年是商務成立八十五周年,謹獻俚詞,以申祝賀:

翰墨因緣五十年,名山事業賴君宣。

印書豈但爲商務? 製版還看覆古編。

歇浦樓高百城擁，洛陽紙貴九州傳。

俚詩祝嘏將宏願，永把斯文播大千！

1981 年 12 月 10 日

該文系王力先生口述，郭慶山記錄、整理，

原載《新聞研究資料》1982 年第 4 期

懷念趙元任先生

去年5月17日,趙元任先生從美國回到北京。這是他在解放後第二次回北京。第一次在1973年春天,周恩來總理會見了他。這次回來,鄧小平副主席會見了他,中國社會科學院宴請了他,北京大學聘他爲名譽教授。他的女兒趙如蘭教授說,元任先生最滿意的一件事是去年夏天他同女兒、女婿回國來了。的確是這樣。他的高興的心情我看得出來,所以我兩次勸他回國定居。他說他在美國還有事情要處理,他回去再來。去年12月,清華大學打電話告訴我,元任先生已決定回國定居,我高興極了。不料今年2月他就離開了我們。

在去年6月10日北京大學授予趙元任先生名譽教授稱號的盛會上,我致了頌詞。我勉勵我的學生向元任先生學習,學習他的博學多能,學習他的由博返約,學習他先當哲學家、文學家、物理學家、數學家、音樂家,最後成爲世界聞名的語言學家。

我在1926年考進清華大學研究院,當時我們有4位名教授:梁啟超、王國維、趙元任、陳寅恪。我們同班的32位同學只有我一個人跟元任先生學習語言學,所以我和元任先生的關係特別密切。我常常到元任先生家裏看他。有時候正碰上他吃午飯,趙師母笑着對我說:"我們邊吃邊談吧,不怕你嘴饞。"有一次我看見元任先生正在彈鋼琴,彈的是他自己譜寫的歌曲。耳濡目染,我更喜愛元任先生的學問了。

我跟隨元任先生雖只有短短的一年,但是我在學術方法上受元任先生的影響很深。後來我在《中國現代語法》自序上說,元任先生在我的研究生論文上所批的“說有易,說無難”六個字,至今成爲我的座右銘。事情是這樣的:我在研究生論文《中國古文法》裏講到“反照句”“綱目句”的時候,加上一個附言說:“反照句、綱目句,在西文罕見。”元任先生批云:“刪附言!未熟通某文,斷不可定其無某文法。言有易,言無難!”這是對我的當頭棒喝。但是我還没有接受教訓。就在這一年,我寫了另一篇論文《兩粵音說》。承蒙元任先生介紹發表在《清華學報》上。這篇文章說兩粵没有撮口呼。1928 年元任先生去廣州調查方言,他寫信告訴當時在巴黎的我說,廣州話裏就有撮口呼,並舉“雪”字爲例。這件事使我深感慚愧。我檢查我犯錯誤的原因,第一,我的論文題目本身就是錯誤的。調查方言只能一個一個地點去調查,決不能兩粵作爲一個整體來調查。其次,我不應該由我的家鄉博白話没有撮口呼來推斷兩粵没有撮口呼,這在邏輯推理上是錯誤的。由於我在《兩粵音說》上所犯的錯誤,我更懂得元任先生“說有易,說無難”的道理。

我 1927 年在清華研究院畢業後,想去法國留學,元任先生鼓勵我,說法國有著名的語言學家,我可以去法國學習語言學。從此以後,我和元任先生很少見面了。但是,元任先生始終没有忘記我。1928 年夏天,他把他的新著《現代吳語的研究》寄去巴黎給我,在扉頁上用法文寫着“avec compliments de Y. R. Chao”(“趙元任向你問好”)。1939 年 6 月 14 日,他從檀香山寄給我一本法文書《時間與動詞》,在扉頁上用中文寫着“給了一兄看”。1975 年,他從美國加州寄給我一本用英文寫的《早年自傳》,在扉頁上寫着“送給了一兄存”。我至今珍藏着這三本書。元任先生每十年寫一封“綠色的信”,印寄不常見面的親戚朋友,我收到他的第二封和第五封。

我常常對我的學生說,元任先生之所以能有那麽大的成就,就是因爲基礎打得好。1918年他在哈佛大學取得了哲學博士學位,那時他才二十六歲。1919年他回到他的母校康乃爾大學當物理學講師。1921年,英國哲學家羅素來中國講學,元任先生當翻譯。在他的《自傳》裏可以看出,他是以此爲榮的。1922年,他翻譯了《阿麗思漫遊奇境記》。1925年,他從歐洲歸國後,在清華大學教數學,次年才當上研究院教授。在二十年代,元任先生譜寫了許多歌曲,如《教我如何不想她》等,撰寫了一些有關樂理的論文,如《中國派和聲的幾個小試驗》等。哲學、文學、音樂、物理、數學,都是和語言學有密切關係的科學,這些基礎打好了,搞起語言學來,自然根深葉茂,取得卓越的成果。他寫的《現代吳語的研究》、《南京音系》、《廣西瑤歌記音》、《鍾祥方言記》、《湖北方言調查報告》(主編)、《廣州話入門》、《北京話入門》、《中國話的文法》、《語言問題》等,都是不朽的著作。我們向元任先生學習,不但要學習他的著作,還要學習他的治學經驗和學術方法。

元任先生是中國的學者,可惜他在中國居住的時間太少了。據他的《自傳》所載,他1910—1919年在美國住了十年,1920—1921年在中國,1921—1924年在美國,1924—1925年在歐洲,1925—1932年在中國,1932—1933年在美國,1933—1938年在中國,1938—1982年在美國居住四十四年(1973年、1981年回國兩次)。假使他長期住在中國,當能對中國文化作出更大的貢獻。據我所知,中華人民共和國建國以來,我們的政府一直爭取元任先生返國。最後將近實現了,而元任先生卻與世長辭。這不但使我們當弟子的深感哀痛,我國語言學界也同聲嘆惜。最後,我把我的挽詩一首寫在下面,來表示我的悼念之情:

離朱子野遜聰明,
曠世奇才絕代英。
提要鉤玄探古韻,
鼓琴吹笛譜新聲。
劇憐山水千重隔,

不厭輶軒萬里行。
今後更無青鳥使，
望洋遙奠倍傷情！

1982 年 4 月 27 日《人民日報》

懷念朱自清先生

我初次認識朱自清先生是在 1932 年。當時他剛從英國回國,任清華大學中文系主任,我也剛從法國回國,受聘爲清華大學中文系專任講師(等於副教授)。朱先生比我大兩歲,但是他成名早,我把他看做我的前輩。我和他一見面就覺得他和藹可親。在開始的時候,我只知道他是一位文學家;接觸的日子長了,我發現他的學識淵博,作風正派,同事們都尊重他,學生們都敬愛他。

我說他作風正派,有兩件事可作證明:第一件事是,有一段時間他兼任圖書館長,有一個館員工作不稱職,他把那館員解聘了。當時他自己也辭去圖書館長的兼職,但他在離職前先把那人解聘了,以免把困難留給後任。第二件事和我有關係。按照清華大學的慣例,專任講師任職兩年得升爲教授,這是章程上規定了的。但是我任職兩年期滿,聘書發下來(當時學校每兩年發一次聘書),我還是專任講師。我到辦公室裏質問朱先生爲什麼不升我爲教授,他笑而不答。我回來反躬自責,我在學校所教的是"普通語言學"和"中國音韻學",而我不務正業,以課餘時間去翻譯《莫里哀全集》,難怪朱先生不讓我升教授。於是我發憤研究漢語語法,寫出了一篇題爲《中國文法學初探》的論文。朱先生點頭讚賞,就在第四年,我升任教授了。

抗日戰爭時期,大學教授的生活很艱苦。我和朱先生都在西南聯合大學任教,都住在昆明的鄉下。朱先生住在司家營,我住在龍頭村。朱先生每逢星期天都來龍頭村看我,共同吃一頓午飯。我們談論一些學術問題。我不知道他曾在英國研究語言學,在談論中我驚訝他在語言學方面有許多精闢的見解。

1943年,我的《中國現代語法》和《中國語法理論》寫成了,承蒙朱先生審閱全稿,並爲《中國現代語法》寫了序言。序言長達五千餘字,這簡直可說是這一部書的提要。這真是不尋常的友誼,我一輩子忘不了它。朱先生勸我把這兩部著作向當時的政府申請學術獎金,他說一定能得頭獎。結果發下來是三等獎。我大失所望,想把獎金退回去。朱先生笑着說:"幹嗎退回去? 拿來請我吃一頓豈不是好!"

朱自清先生的性格和聞一多先生不一樣。聞先生是剛,朱先生是柔。朱先生可謂溫溫君子。記得有一次,國民黨政府要創辦一個東方語言學校,聘羅常培先生和我當籌備委員。羅先生辭不肯幹,我也想辭。朱先生勸我不要辭,這也是明哲保身之一道。

1946年,聞一多先生被國民黨特務殺害,他受到了很強烈的刺激。當時我在廣州,他寫信告訴我,連呼"卑鄙! 卑鄙!"從此以後,他的思想有了很大的轉變。抗戰勝利後,他回到北平清華大學任教。這時他寫了不少具有革命思想的文藝論文,分別收入《新詩雜話》《標準與尺度》《論雅俗共賞》裏。

抗戰勝利後,我被中山大學借聘,留在廣州。朱先生幾次寫信催我回北平。我使他失望了。最後他來信說:"現在我想通了,我們這些人分散在各地是有好處的。"

1948年8月12日,朱自清先生病逝。我在廣州,噩耗傳來,不勝傷感。暫別竟成永訣!

解放後,我讀《毛澤東選集》,在《別了,司徒雷登》一文中,讀到毛主席讚揚朱自清說:"一身重病,寧可餓死,不領美國的救濟糧。"毛主席說我們應該寫《朱自清頌》。我有這樣一個具有愛國主義精神、有骨氣的朋友,也引以爲榮。

朱自清先生在文藝上、學術上的成就,用不着我來介紹。這裏只想講兩件事:第一件是他寫了一本《經典常談》。在這一本書裏,可以看見他是一位讀書破萬卷的學者。第二件是他的詩與散文都充滿着語言美。他不堆砌辭藻,不掉書袋。他晚年的文章漸趨平淡,但是更加清新可喜,堪稱白話文的典範。

前年我寫了一首懷念朱自清先生的詩,現在抄録在下面,作爲本文的結束:

懷佩弦

促膝論文在北院,
雞鳴風雨滯南疆。
同心惠我金蘭誼,
知己蒙君琬琰章。
子厚記遊清見底,
伯夷恥粟永流芳。
荷塘月色今猶昔,
秋水伊人已渺茫。

此文寫于1983年,發表于《完美的人格》,
1987年生活·讀書·新知三聯書店出版

詩

哭靜安師（一九二七年）

海內大師誰稱首？海寧王公馳名久。樗材何幸列門牆？昕夕親炙承相厚。日月跳丸將一年，心盲才拙枉鑽研。猶冀長隨幸一得，爭知此後竟無緣！黄塵擾擾羽書急，萬里朱殷天地泣[①]。勝朝遺老久傷心，經此世變增於邑。捐軀諸事早安排，猶勤功課誨吾儕。無知小子相猜度，不聞理亂故開懷。一朝報道無蹤跡，家人弟子忙尋覓。頤和園内得公屍，身首淋漓裹破席。竟把昆明當汨羅，長辭親友赴清波。取義舍生欣得所，不顧人間唤奈何。湖畔新荷暢生意，柳枝點水成深翠。枝頭好鳥鳴鉤輈，岸上有人獨酸鼻。似此良師何處求？山頹梁壞恨悠悠。一自童時哭王父，十年忍淚爲公流！

① 編者注：底本"泣"作"注"，據原書所附王力手跡改。

《惡之花》譯者序（一九四零年）

爲信詩情具别腸，生平自戒弄詞章。
蜉蝣投火心徒熱，鵾鳺鳴春語不香。
豈有鴻文傳鵬鳥，羞將秃筆詠河梁。
深知遍體無仙骨，敢與騷人競短長？

嗜飲焉能不愛詩，常將篇什當金卮。
青霜西哲豪狂句，醇酒先賢委宛詞。
夜浪激成滄海志，秋風吹動故園思。
盲心未必兼盲目，蜂蝶猶尋吐蕊枝。

頻年格物歎偏枯，偶譯佳詩只自娱。
不在文辭呆刻畫，要將神態活描摹。
移根漫惜踰淮橘，買櫝猶存入鄭珠。
莫作他人情緒讀，最傷心處見今吾！

影印舊作《中國古文法》（一九八二年）

窗稿初成盥手呈，嚴師指點破頑冥。
“精思妙悟”卷頭語，“有”易“無”難座右銘。
頗信椎輪能作始，敢誇肯綮未嘗經？
兩師手澤應珍惜，不忍摧燒覆醬瓶。

王力先生學術年表

1900 年　(清光緒二十六年庚子)8 月 10 日(農曆七月十六)生於廣西博白縣岐山坡村,原名王祥瑛。父親貞倫,晚清秀才。

1906 年　6 歲,入私塾,曾受到父親教導,誦讀唐詩、臨帖習字、學作對仗。

1911 年　11 歲,考入博白縣高小。

1914 年　14 歲,高小畢業後因家貧失學,居家自學。

1917 年　17 歲,爲教育幼弟在家辦私塾。

1919 年　19 歲,被同村紳士聘爲家庭教師。

1920 年　20 歲,受聘到浪平鎮大車坪李氏家塾任教。是年蒙學生李毓聰家長李子初同意借閱其先父李月莊藏書及讀書筆記 14 箱(經史子集俱全),從此打下深厚的國學基礎。

1921 年　21 歲,秋,受聘任初小教員,半年後破格升任高小教員。教學中閱讀《馬氏文通》,開始研究中國語法。

1924 年　24 歲,夏,考入上海私立南方大學國學專修班,開始學習英語。

1925 年　25 歲,夏,因參加反復辟帝制活動的學潮被開除。是年秋轉入章太炎爲校長的國民大學本科學習。

1926年　26歲,夏,考入清華大學國學研究院第二屆,受業于梁啟超、王國維、陳寅恪和趙元任等名師。是年在《甲寅週刊》第一卷發表《文話平議》一文,對文言和白話的使用範圍發表了看法。

1927年　27歲,在導師指導下撰寫畢業論文《中國古文法》,梁啟超先生的評語是"精思妙悟,可爲斯學辟一新途";趙元任先生的眉批是"言有易,言無難"。這一年先後發表《三百年前河南寧陵方音考》(《國學論叢》1卷2期)、《諧聲說》(北大《國學門月刊》1卷5期)、《濁音上聲變化說》(《廣西留京學會學報》4期)。論文展現出對漢語語音歷時發展變化和共時分佈差異的關注。是年秋自費赴法國留學,先入法語補習學校。

1928年　28歲,進入法國巴黎大學,攻讀實驗語音學,同時從房德里耶斯學習普通語言學,並爲了生計開始翻譯法國文學作品。是年,先生在上海學習時撰寫的《老子研究》由商務印書館出版。論文《兩粵音說》在《清華學報》5卷1期刊出。

1929—1930年　撰寫畢業論文《博白方音實驗錄》,在撰寫過程中熟悉了語音實驗儀器和操作方法,爲回國後參與語音實驗室的建設和發展打下基礎。同時繼續翻譯法國文學作品。

1931年　31歲,通過畢業論文《博白方音實驗錄》(法文本,巴黎大學出版社)獲巴黎大學文學博士學位。是年所譯紀德小說《少女的夢》和小仲馬劇本《半上流社會》,由上海開明書店出版。

1932年　32歲,離開巴黎回國,任清華大學中國文學系專任講師,講授"普通語言學"和"中國音韻學",並受聘燕京大學,先後講授"中國音韻學"與"中國語文概論"。講課過程中,逐漸形成了對中國音韻學一些重要問題的看法。

1933年　33歲,應商務印書館之約撰寫的《論理學》和《希臘文學》《羅馬文學》三書出版,同年所譯《巴士特》(傳記)由商務印書館出版。

1934年　34歲,商務印書館出版先生所譯多部法國文學作品,即嘉禾的劇本《我的妻》《買糖小女》,拉維當的劇本《伯遼賚侯爵》,米爾博的劇本《生意經》,左拉的小說《屠槌》(即《小酒店》),波多黎史的劇本《戀愛的婦人》，喬治桑的小說《小芳黛》，巴依隆的劇本《討厭的社會》，佘拉弟的劇本《愛》和埃克曼、夏鐸的劇本《佃戶的女兒》以及 E. Durkheim 的《社會分工論》。同年，還在上海啟智書局出版《幸福之路》一書；又在《獨立評論》132 期上發表論文《語言的變遷》。

1935 年　35 歲，發表論文《從元音的性質說到中國語的聲調》(《清華學報》10 卷 1 期)、《類音研究》(《清華學報》10 卷 3 期)及文章《文字的保守》《論讀別字》《論"不通"》(分別載《獨立評論》132 期、152 期、165 期)，又出版譯著左拉的小說《娜拉》、巴達一的劇本《婚禮進行曲》(以上商務印書館)和《莫里哀全集》(改編劇本六種，即《大夫學堂》《情仇》《斯加拿爾》《裝腔作勢的女子》《嘉爾西爵士》和《糊塗的人》，上海國立編譯局)。是年升任教授。12 月參加北平 66 名教授罷教活動，支持"一二·九"學生運動。

1936 年　36 歲，發表論文《中國文法學初探》(《清華學報》11 卷 1 期)、《中國文法歐化的可能性》(《獨立評論》198 期)、《漢字改革的理論與實際》(《獨立評論》205 期)、《南北朝詩人用韻考》(《清華學報》11 卷 3 期)和書評《"爨火叢刻"甲編》(丁文江)、《漢魏六朝韻譜》(于安瀾)(分別載天津《大公報》7 月 16 日與 9 月 17 日)。其中，《中國文法學初探》批評了基於印歐語語法的文法研究，提出從漢語本體特點出發的系統思考。《南北朝詩人用韻考》中提出南北朝脂微的分部對漢語語音史的研究有重大影響。是年出版專著《中國音韻學》(商務印書館)和《江浙人學習國語法》，又出版譯著都德的小說《小物件》。

1937 年　37 歲，發表論文《中國文法中的繫詞》(《清華學報》12 卷 1 期)、《上古韻母系統研究》(《清華學報》12 卷 3 期)、《古韻分部異同考》(《語言與文學》)、《雙聲疊韻的應用及其流弊》(《文學年報》3 期)。《中國文法中的繫詞》系統梳理了漢語歷史中出現的繫詞及其源流，提出上古漢語不存在專門繫詞的觀點，影響深遠。《古韻分部異同考》總結了上古韻部分類的已有結果，比較了顧炎武、江永、戴震、段玉裁、孔廣森、王念孫、嚴可均、江有誥、朱駿聲、章炳麟等古音學家的分部異同，區分了考古派和審音派,爲日後王力的上古音研究打下基礎。是年發表書評《近代劇韻》(張伯駒、余叔岩)和《黄侃集韻聲類表、施則敬集韻表》(均載天津《大公報》)。7月抗日戰爭爆發,先生隨校南遷,在長沙臨時大學期間,購得一部《紅樓夢》,開始研究現代中國語法。

1938年　38歲,春,回廣西,被借聘到桂林任廣西大學文史地專修科主任一學期,是年秋抵昆明任西南聯大教授,講授"語言學概要"和"中國現代語法"。

1939年　39歲,完成"中國現代語法"和"中國語法理論"兩部講義,其"中國現代語法"在西南聯大印發。商務印書館出版先生的《中國語文概論》。又發表文章《論漢譯地名人名的標準》《談用字不當》和《談標點格式》(載《今日評論》1卷11期、1卷19期和2卷6期)。是年夏,依照清華大學教授休假制,先生休假一年,得特准到越南遠東學院做訪問學者。

1940年　40歲,在越南遠東學院閱讀了大量東方語言書籍,著手研究越漢語的關係及其歷史,搜集、研究越語中的漢語借詞材料,爲《漢越語研究》的撰寫做準備。7月返回昆明。是年出版《中國文法學初探》和《漢字改革》兩書,發表論文《邏輯與語法》(《國文月刊》1卷6期)、《從語言的習慣論通俗化》(《今日評論》4卷25期)。

1941年　41歲,4月在清華大學30周年紀念會上做了題爲《理想的字典》的演講。是年發表《中國語法學的新途徑》《語言學在現代中國的重要性》(載《當代評論》1卷3期與16期)和《談意義不明》《古語的死亡、殘留和轉生》(《國文月刊》1卷5期與9期)。

1942年　42歲,發表論文《新字義的產生》(《國文雜誌》1卷2期)、《詩歌的起源與流變》和《文言的學習》(均載《國文月刊》1卷13期)。是年應邀開始撰寫小品文,先後爲重慶《星期評論》《中央週刊》《中央日報》和昆明《生活導報》《獨立週刊》《自由論壇》辟"甕牖剩墨""棷櫚軒詹言""清囈集"與"龍蟲並雕齋瑣語"等專欄。

1943年　43歲,專著《中國現代語法》上冊由商務印書館出版,朱自清先生爲之寫序,高度評價該書的學術價值。又發表《人稱代詞》《無定代詞複指代詞等》《指示代詞》《疑問代詞》(載《國文雜誌》1卷6期,2卷2期、4期、5期)和《什麼話好聽》(《國文月刊》21期)。是年兼任昆明粵秀中學校長。

1944年　44歲,專著《中國現代語法》下册和《中國語法理論》上册先後由商務印書館出版。發表文章《一個和一個》《基數、序數和問數法》(載《國文雜誌》2卷6期、3卷1期)、《觀念與語言》(《文學創作》3卷1期)、《字和詞》(《國文月刊》31、32合刊)和《大學入學考試的文白對譯》(載重慶《語文叢談》)。

1945年　45歲,抗日戰爭勝利。《中國語法理論》下册出版。發表論文《人物稱數法》《字史》(《國文雜誌》3卷3、4期,3卷4、5期)及《理想的字典》《詞類》《詞品》《仂語》《句子》(分別載《國文月刊》33—37期)。

1946年　46歲,3月出版《中國語法綱要》(開明書店)。5月西南聯大結束,先生應邀到中山大學講學,8月,應聘爲中山大學教授兼文學院院長,創辦中國第一個語言學系。發表《複音詞的創造》《中國文字及其音讀的類化法》《了一小字典初稿》《大學中文系與新文藝的創造》《敝帚齋讀書記》(分別載《國文月刊》40期,42期,43、44期合刊,45期)。

1947年　47歲,春,完成《漢語詩律學》書稿,發表論文《新訓詁學》。《漢語詩律學》系統研究中國詩的詩律,至今是該領域的經典著作。《新訓詁學》論述了傳統訓詁學的功過,提倡以新型語義學的角度,對傳統小學涉及的領域進行系統的研究。出版譯著都德的小說《沙苐》(開明書店)。

1948年　48歲,7月,辭去中山大學教職,應聘嶺南大學教授兼文學院院長,並擔任嶺南大學顧問委員會委員。是年發表論文《關於〈中國語法理論〉》(《中山大學文史集刊》1期)、《漢越語研究》(《嶺南學報》9卷1期),以及《漫談方言文學》(《觀察》5卷11期)。《漢越語研究》利用域外漢語材料研究漢語語音的歷史面貌,將越南語中的漢越語進行了系統的區分,對以後的語言歷史層次研究有很大啟發性。

1949年　49歲,10月,小品文集《龍蟲並雕齋瑣語》出版(上海觀察出版社),又發表文章《語法問答》、《東莞方音》(與錢淞生合作,《嶺南學報》10 卷 1 期)。

1950 年　50 歲,重印《中國語文概論》,易名爲《中國語文講話》(上海開明書店)。是年任華南文學藝術家聯合會副主席。開始學俄語。發表的論文有:《珠江三角洲方音總論》(與錢淞生合作,《嶺南學報》10 卷 2 期)、《台山方音》(與錢淞生合作,《嶺南學報》10 卷 2 期)。

1951 年　51 歲,出版《廣東人學習國語法》。發表論文《海南島白沙黎語初探》(與錢淞生合作,《嶺南學報》11 卷 2 期)。

1952 年　52 歲,全國高校進行院系調整,嶺南大學併入中山大學,先生任中山大學語言學系主任兼漢語教研室主任,講授"語法理論""現代漢語"等課程。在《語文學習》上發表《漢語的詞類》(4 期)、《詞和語在句子中的職務》(7 期)、《謂語形式和句子形式》(9 期)等文章。

1953 年　53 歲,發表論文《詞和仂語的界限問題》(《中國語文》9 期)、《漢語語法學的主要任務——發現並掌握漢語的結構規律》(《中國語文》12 期)。爲配合廣大幹部學習語法知識,在《語文學習》上連載《語文知識》(1953 年 3 期—1955 年 1 期),又出版通俗讀物《字的形音義》(中國青年出版社)。

1954 年　54 歲,秋,率領中山大學語言學系師生調入北京大學中文系,先生任漢語教研室主任,開設"漢語史"課程,並招收首屆漢語史研究生。11 月被任命爲中國文字改革委員會委員,參加"漢語拼音方案"的制定工作。是年發表《論漢族標準語》(《中國語文》12 期)、《我從〈紅樓夢〉研究的討論中得到的一點體會》(《中國語文》12 期)。其《漢語語法綱要》俄文版由莫斯科外文出版社出版,龍果夫爲之寫序。

1955 年　55 歲,5 月被推選爲中國科學院哲學社會科學部學部委員、語言研究所學術委員會委員。6 月參加學部委員會組織的"關於漢語有無詞類問題"的討論,並發表論文《關於漢語有無詞類的問題》(《北京大學學報》2 期),發表文章《論漢語規範化》(《人民日報》10 月 12 日)、《在推廣普通話的宣傳工作中應該注意掃除一種思想障礙》(《光明日報》10 月 21 日)及《關於"它們"的解釋問題》(《語文雜誌》4 期)等。是年其

《江浙人學習國語法》和《廣東人學習國語法》分别改名爲《江浙人怎樣學習普通話》和《廣東人怎樣學習普通話》由文化教育出版社出版,另又編寫出版通俗讀物《虚詞的用法》(工人出版社)和《有關人物和行爲的虚詞》(中國青年出版社)。

1956年　56歲,2月被任命爲中央推廣普通話工作委員會委員,4月參加與陸志韋、黎錦熙組成的三人小組負責擬定"漢語拼音方案"的修正草案(即修正第一式)。是年發表文章《論推廣普通話》(《人民日報》2月13日)、《談談在高等學校裏推廣普通話》(《高等教育》7期)、《爲什麽"知""資"等字要寫出韻母》(《拼音》1期)、《談談廣東人學習普通話)(《南方日報》3月25日)、《談談學習普通話》(《時事手册》3月號)、《漢字改革的必要性和可能性》(與魏建功、周祖謨等人合作,《北京大學學報》4期)、《主語的定義及其在漢語中的應用》(《語文學習》1期)、《語法的民族特點和時代特點》(《中國語文》10期)及《語法體系和語法教學》《關於詞類的劃分》(均收入人民教育出版社出版的《語法和語法教學》)等。又出版《談談漢語規範化》(北京工人出版社)和《漢族的共同語和標準音》(中華書局)。《中國音韻學》改名爲《漢語音韻學》由中華書局再版。

1957年　57歲,出版《漢語史稿》上册(科學出版社),構建起漢語語音史的研究框架。是年出版《廣州話淺説》(文字改革出版社),又將《中國語法綱要》改名爲《漢語語法綱要》並增補龍果夫的序言及評注由上海新知識出版社出版。是年倡議創刊《語言學論叢》,被推舉爲編委會主編,發表《中國語言學的現狀及其存在的問題》(《中國語文》3月號,這也是先生在天津語言學會成立大會上的講話)、《關於暫擬的漢語教學法系統問題》(《語文學習》11期)、《漢語拼音方案草案的優點》(《光明日報》12月11日)、《漢語被動式的發展》(《語言學論叢》1輯)等文章。是年夏任教育部高校中文系教材編委會成員並負責主編《漢語史》教材,7月率編寫組到青島編寫教材。12月先生應邀訪問波蘭並講學。

1958年　58歲,上半年講授"漢語詩律學"課,並出版《漢語詩律學》(上海新知識出版社)。是年還出版《漢語史稿》中、下册,爲漢語語法史、詞彙史的系統研究搭建起框架。同年出版《漢語史論文集》(科學出版社)。發表文章《爲語言科學的躍進而奮鬥》(《中國語文》4 期)和《語言課程改革筆談》(同上 7 期)。

1959 年　59 歲,主持“古代漢語”的教學改革,提出文選、通論和常用詞三結合的改革方案,領導漢語教研室編寫新的古代漢語教材,並親自講授“古代漢語”課。是年發表論文《中國格律詩的傳統和現代格律詩的問題》(《文學評論》3 期)、《漢語實詞的分類》(《北京大學學報》2 期)、《現代漢語規範問題(總論)》(《語言學論叢》3 輯)和《語言的規範化和語言的發展》(《語文學習》10 期)。

1960 年　60 歲,主編《古代漢語》講義上、中、下三冊内部印發。9 月出任北大中文系副系主任,主持修訂漢語專業教學計劃。是年發表論文《關於文字改革的三大任務》(《文字改革》3 期)和《上古漢語入聲和陰聲的分野及其收音》(《語言學研究與批判》2 輯)。《上古漢語入聲和陰聲的分野及其收音》討論了上古韻部研究中陰聲韻和入聲韻是否應當區分的問題,批評了將陰聲韻尾構擬成濁輔音的構擬,從理論上指出上古漢語韻部系統陰、陽、入三分格局的合理性,影響深遠。

1961 年　61 歲,5 月出席教育部召開的高等學校文科教材編選計劃會議,會後受教育部委託負責主編《古代漢語》教材。是年發表《在語言科學中開展百家爭鳴》(《光明日報》3 月 22 日)、《邏輯與語言》(《紅旗》17 期)和《古代漢語的學習和教學》(《光明日報》12 月 6 日)。同年還和沈從文先生在《光明日報》上開展“關於古人是否留鬍子問題”的討論。

1962 年　62 歲,完成有四分冊的高校文科教材《古代漢語》的主編工作,並寫了序言,由中華書局出版。同年還編寫出版《詩詞格律》(中華書局)、《詩詞格律十講》(北京出版社),爲詩詞格律普及提供了簡明易懂的教程。又發表《文言語法鳥瞰》(《人民教育》1 月號)、《訓詁學上的一些問題》(《中國語文》1 期)、《中國古典文論中談到的語言形式美》(《文藝報》2 期)、《文學與藝術的武斷性》(《當代文藝》1 卷 3 期)、《略論語言形式美》(《光明日報》10 月 9 日至 11 日)和《中國語言學的繼承和發展》

(《中國語文》10期)等文章。9月開設"清代古音學"課。

1963年　63歲,2月講授"中國語言學史"課。5月起在《中國語文》上連載《中國語言學史》前三章。6月應邀到桂林廣西師範大學講學一個月。8月出版《漢語音韻》(中華書局)。

1964年　64歲,發表論文《先秦古韻的擬測問題》(《北京大學學報》5期),系統地討論上古音構擬的材料和方法問題。同時出版《漢語淺談》(北京出版社)。

1965年　65歲,發表《論審音原則》(《中國語文》2期)、《略論清儒的語言研究》(《新建設》8、9期)和《古漢語自動詞和使動詞的配對》(《中國文史論叢》6期)。

1966—1971年　"文革"一開始被扣上"資產階級反動權威""學閥""反共分子"等帽子,多次被批鬥,失去自由,備受折磨。

1972年　72歲,春,隨北大中文系70級工農兵學員到天津日報搞開門辦學。5月回京後不再進牛棚,在家居住,開始秘密撰寫《詩經韻讀》和《楚辭韻讀》。

1974年　74歲,完成《詩經韻讀》和《楚辭韻讀》初稿,開始準備撰寫《同源字典》。與漢語專業72級和73級下放北京第三機床廠、北京齒輪廠和北京内燃機總廠,爲正在編寫《古漢語常用字字典》初稿的師生及工人講授《字的本義》《文體》等文化知識課程。

1975年　75歲,春夏間與岑麒祥、林燾等住在商務印書館審訂《古漢語常用字字典》。

1977年　77歲,制訂修訂《漢語史稿》的計劃,並著手進行準備工作。

1978年　78歲,2月出席全國第五屆政協第一次會議。8月完成《同源字典》,其前言《同源字論》發表在《中國語文》是年第1期上。同年還發表論文《黄侃古音學述評》(載《大公報在港復刊三十周年紀念文集》),發表文章《爲推廣普通話和中文拼音方案而努力》(《光明日報》10月11日)和《談談外語學習》(《外國語教學》)。是年冬應邀到南寧參加廣西壯族自治區成立二十周年慶典，並到廣西大學中文系做了《談談學習古代漢語》的報告。

1979 年 79 歲，5 月到上海參加文字改革教材協作會議，會後應邀到復旦大學講學，又游了蘇州。是年發表文章《談談學習古代漢語》（《廣西大學學報》1 期）、《白話文運動的意義》（《中國語文》3 期）、《漢語滋生詞的語法分析》（《語言學論叢》6 輯）和《現代漢語語音分析中的幾個問題》（《中國語文》4 期）。又出版《古代漢語常識》和《詩詞格律概要》二書。

1980 年 80 歲，1 月出版論文集《龍蟲並雕齋文集》一、二冊（中華書局）。4 月出任中國文字改革委員會副主任。5 月應邀到濟南參加山東語言學會成立大會，做了《積極發展中國的語言學》報告（發表在是年《東嶽論叢》8 期）。8 月先生八十華誕，由語文學界葉聖陶、胡愈之、呂叔湘、岑麒祥、周祖謨、倪海曙等發起，由文改會主持在北京舉行"慶祝王力先生從事學術活動五十周年座談會"，表彰先生的學術成就。10 月到武漢先後參加中國語言學會和中國音韻學研究會的成立大會，分別被選爲兩會的名譽會長。12 月應邀到廣州和香港，先後在中山大學、暨南大學、華南師大和香港大學做學術報告。是年出版了《詩經韻讀》和《楚辭韻讀》（上海古籍出版社），並發表《古代的曆法》（《文獻》1 期）、《漢語語音的系統性及其發展的規律性》（《社會科學戰線》1—2 期）、《"本"和"通"》（《辭書研究》1 輯）、《古無去聲例證》（《語言研究論叢》2 月號）、《推廣普通話的三個問題》（《語文現代化》2 期）、《需要再來一次白話文運動》（《教育研究》3 期）、《玄應一切經音義反切考》（《武漢師院學報》3 期）、《論古代漢語教學》（《語言教學與研究》4 期）、《漢字和漢字改革——1980 年 7 月在南開大學對美國留學生的講演》（《拼音報》10 期）、《語言學當前的任務》（《語文現代化》4 期）、《怎樣學習古代漢語》（《語文學習講座叢書》6 輯）等多篇論文和其他文章。

1981 年 81 歲，6 月初在北京大學授予趙元任先生名譽教授的歡迎儀式上，先生致了祝詞。7 月初到哈爾濱參加全國語法學術研討會；中旬參加教育部首屆學位評議會，並擔任中文組召集人。10 月應日本中國語學會邀請訪問日本並講學,受到東京大學校長的接見。是年應邀爲北京市語文學習講座先後講了《毛澤東詩詞四首》《唐詩三首》及《宋詞三首》;發表《關於語法體系的問題》(《中國語文研究》2 期)、《漢語史鳥瞰》(《語文園地》1 期)、《怎樣寫論文》(《大學生》1 期)、《語言與文學》(《暨南大學學報》1 期)、《漫談中學的語文教學》(《文化知識》1 期)、《同源字典的性質與意義》(《語文園地》6 期)、《談詞語規範化問題》(《百科知識》12 期)等。還發表譯文《語音分析初探》(《國外語言學》),出版譯著法國波德萊爾《惡之花》(外國文學出版社)及通俗讀物《音韻學初步》(商務印書館)。

1982 年　2 月趙元任先生在美國逝世,先生在《人民日報》(4 月 27 日)上發表《悼念趙元任先生》。4 月在北京語言學會上做題爲《我的治學經驗》的演講。8 月在北京出席第 15 屆國際漢藏語及語言學研討會,同月到西安參加中國音韻學研究會第二屆學術年會。後又到承德參加中國邏輯學會成立大會、10 月到蘇州參加中國訓詁學會,被選爲以上兩會顧問。是年出版《同源字典》(商務印書館)。《同源字典》以漢語中的"同源字"爲研究對象,探求音義相近的單音詞之間的源流關係,是一項具有重要開創意義的工作,為上古漢語史的研究提供了新路途。同年開始撰寫《〈康熙字典〉音讀訂誤》。出版《龍蟲並雕齋文集》第三冊(中華書局),發表《我是怎樣走上語言學道路的》(《人民日報》6 月 3 日)、《建議破音字用破讀號》(《文字改革》3 期)、《說"江""河"》(《中學語文教學》6 期)、《詞典和語言規範化》(《辭書研究》4 期)、《邏輯與學術研究、語言、寫作的關係》(《函授通訊》6 月號)和《語言的真善美》(《語文學習》12 期)等文章。

1983 年　83 歲,2 月出席《漢語拼音方案》公佈二十五周年座談會,並與周有光先生合作撰寫《進一步發揮漢語拼音方案的作用》,發表在《文字改革》(2 期)上。3 月作爲學術顧問到太原參加"漢語大詞典"座談會。6 月出席中國教育學會對外漢語教學研究會成立大會及第 1 次學術研討會,並發表講話。夏,山東教育出版社決定出版先生的語言學方面論著,先生指定幾個學生和出版社領導組成編委會,開始編輯《王力文集》(最後編成二十卷)。是年,廣西人民出版社出版《王力論學新著》,先生重新撰寫《清代古音學》交中華書局。同年發表《再論日母的音值，兼論普通話聲母表》(《中國語文》1 期)、《爲什麼學習古代漢語要學點天文學》(《學語文》1 期)、《研究古代漢語要建立歷史發展觀點》(《語文教學之友》2 期)、《字典問題雜談》(《辭書研究》2 期)、《漢語語音史中的條件音變》(《語言研究》4 期)等。

1984 年　84 歲，應中華書局之約，開始撰寫一部中型的《古漢語字典》。是年出版《龍蟲並雕齋詩集》(北京出版社)，並發表《〈經典釋文〉反切考》(《音韻學研究》1 輯)、《詞的本義應是第一項》(《辭書研究》2 期)、《漢語對日語的影響》(《北京大學學報》5 期)、《漫談古漢語的語音、語法和詞彙》(《蘇州鐵道學院學報》3 期)、《把話說得準確些》(《新聞業務》7 期)等。

1985 年　85 歲，夏，原計劃 12 集的《古漢語字典》完成 4 集 30 萬字；考慮到身體情況，先生約來了身邊的幾個學生交代他們各分擔部分編寫工作。8 月《王力文集》出版前三卷，恰逢先生 85 華誕，山東教育出版社領導到京爲先生祝壽，並舉行發行《王力文集》座談會，先生在會上宣佈將文集的全部稿酬(10 萬元)捐出，設立北京大學王力語言學獎，並分別成立評議會和基金會。是年出版《漢語語音史》(中國社會科學出版社)，並發表《〈詩經韻讀〉答疑》(《中國語文》1 期)、《方言區的人學習普通話》(香港《普通話叢刊》2 集)、《在第一次國際漢語教學研究會上的講話》(《語言教學與研究》4 期)和《天文與曆法的關係》(《刊授指導》10 期)等文章。

1986 年　86 歲，1 月出席國家教委和國家語委聯合召開的語言文字工作會議，先生做了題爲《堅定不移地推行漢語拼音方案》的發言。3 月出席全國政協六屆六次會議開幕式。27 日晚因身體不適住進北京友誼醫院，經診斷患急性單粒細胞白血病。5 月 3 日上午 9 時 35 分，醫治無效與世長辭。享年 86 歲。是年發表《〈古漢語字典〉序》(《語文研究》2 期)、《脣音開合口辯》(《河北廊坊師專學報》1 期)、《京劇唱腔中的字調》(《戲曲藝術》1、2 期)等論文。

先生生前脱稿的專著陸續問世:《〈康熙字典〉音讀訂誤》(中華書局,1988)、《漢語語法史》(商務印書館,1989)、《清代古音學》(中華書局,1992)、《漢語詞彙史》(商務印書館,1993)。《王力文集》20 卷(山東教育出版社)亦於 1991 年出齊。《王力古漢語字典》於 2000 年出版(中華書局)。《王力全集》25 卷於 2015 年出齊(中華書局)。

(據王緝國、張谷《王力年譜》,唐作藩
《王力生平與學術活動年表》删改補訂)

启　事

20世纪初短暂存在过的清华国学院，已成为令后学仰视与神往的佳话。而三年前，本院于文化浩劫之后浴火重生，继续秉承“独立之精神，自由之思想”，而更强调“中国主体”与“世界眼光”的平衡，亦广受海内外关注与首肯。

本院几乎从复建之日起，即致力于《清华国学书系》之“院史工程”，亟欲缀集早期院友之研究成果，以逼真展示昔年历程之艰辛与辉煌。现据手头之不完备资料，暂定在本套《书系》中，分册出版文存五十一种，以整理下述前贤之著述：

梁启超、王国维、陈寅恪、赵元任、李　济、吴　宓、梁漱溟、钢和泰、马　衡、林志钧、梁廷灿、赵万里、浦江清、杨时逢、蒋善国、王　力、姜亮夫、高　亨、徐中舒、陆侃如、刘盼遂、谢国桢、吴其昌、刘　节、罗根泽、蓝文徵、姚名达、朱芳圃、王静如、戴家祥、周传儒、蒋天枢、王　庸、冯永轩、徐景贤、卫聚贤、吴金鼎、杨筠如、冯国瑞、杨鸿烈、黄淬伯、裴学海、储皖峰、方壮猷、杜钢百、程　憬、王耘庄、何士骥、朱右白。

本《书系》打算另辟汇编本两册，收录章昭煌、余永梁、张昌圻、汪吟龙、黄绶、门启明、刘纪泽、颜虚心、闻惕生、王竞、赵邦彦、王镜第、陈守实等前贤之著述。

本《书系》已被列为国家十二五重点图书。为使其中收入的每部文存，皆成为有关该作者的"最佳一卷本"，除本院同仁将殚精竭虑外，亦深盼各界同好与贤达，不吝惠赐《书系》所涉之资料、线索，尤其是迄未付梓或散落民间的文字资料、照片、遗物等。此外，亦望有缘并有志之士，能够以各种灵活之形式，加入此项院史编集工程，主动承担某部文存的荟集与研究。如此，则不光是清华国学院之幸，更会是中国学术文化之幸。

惟望本《书系》能继前贤之绝学，传大师之火种，挽文明之颓势，为创造中国文化的现代形态，收到守先待后之功。

清华大学国学研究院

2012年8月11日